宜興年鑑

(2015)

(总第27卷)

宜兴市人民政府 主办
宜兴市史志办公室 编

方志出版社
Publishing House of Local Records

图书在版编目（CIP）数据

宜兴年鉴．2015 / 宜兴市史志办公室编．--北京：方志出版社，2015．7

ISBN 978-7-5144-1649-7

I．①宜… II．①宜… III．①宜兴市—2015—年鉴 IV．①Z525．34

中国版本图书馆CIP数据核字（2015）第174744号

宜兴年鉴（2015）

编　　者：宜兴市史志办公室

责任编辑：李 静

出 版 人：冀祥德

出 版 者：方志出版社

地址 北京市朝阳区潘家园东里9号（国家方志馆4层）

邮编 100021

网址 http://www.fzph.org

发　　行：方志出版社发行中心

电话（010）67110500

经　　销：各地新华书店

印　　刷：南京北极印刷厂

开　　本：889×1194　1/16

印　　张：33

字　　数：1082千

版　　次：2015年7月第1版　2015年7月第1次印刷

印　　数：0001～3000册

ISBN 978-7-5144-1649-7　定价:200.00元

宜兴市地方志编纂委员会

主　任：张立军

副主任：卢　敏

成　员：周　峰　王富民　狄胜君　闵曲成　许红霞
沈　中　范明荣　徐早其　彭福友　夏侯岭
蒋干达　丁汉洲　王迎春　蒋惠清　蒋志刚
蒋国强　吴锡军　陈雪峰　蒋德荣　陈建平
何　忠　苏锡林　夏红军　赵　辉　许夕华
钱西元　欧方明　王忠东　范燕慧　朱乾辉
胡焰刚

宜兴市史志办公室

主　　任：夏侯岭

副 主 任：周克平　耿海华　朱峻峰

《宜兴年鉴》编辑部

主　　编：夏侯岭

副 主 编：耿海华

执行主编：李明毅

执行副主编：吴　艳

编　　辑：陈惠萍　吴　艳　黄文婷　吴建群
叶　绿　吕　浩　朱　敏　解丽莉
李逸萍　陆思迪　王　雅　刘全忠
沈　菲

排　　版：汪慧芸

装帧设计：黄文婷

英文翻译：吴　艳

彩页提供：宜兴市邮政广告公司

地　址：江苏省宜兴市宜城街道陶都路8号
电　话：0510-87986705 87986703(传真)
Http://sqw.yixing.gov.cn/
E-mail: yxszb1996@sina.com

编 辑 说 明

一、《宜兴年鉴》是由宜兴市人民政府主办、宜兴市史志办公室编纂的综合性资料工具书，自1989年起，逐年编辑出版。

二、《宜兴年鉴（2015）》主要记载2014年1月1日—12月31日宜兴市经济、政治、文化、社会、生态等各方面的基本面貌和发展情况，为各级领导、决策者和管理者提供准确的信息和情况，为社会各界了解、研究宜兴提供基本信息资料，并为编修地方志综合志书积累资料。

三、《宜兴年鉴（2015）》按分类编辑法，分为特载、概况、陶艺·书画、政治建设、经济建设、“美丽宜兴”建设、文化建设、社会建设、镇·街道、人物·荣誉、附录·索引11大部类，下设类目、分目、条目3个层次，共有专文、重要文献、宜兴概貌、大事记、统计资料、陶艺、书画、中共宜兴市委员会、宜兴市人大常委会、宜兴市人民政府、政协宜兴市委员会、中共宜兴市纪律检查委员会、民主党派·工商联、军事、社会团体、工业经济、园区建设、对外开放、农业·农村、科技、金融业、建筑业、旅游业、商贸流通、信息化建设、服务与监管、新农村建设、城乡规划、城乡建设与管理、交通建设与管理、生态环保、教育、公共文化、文化产业、体育、史志·档案·文史、社会管理、社会保障、民政事务、公用事业、医疗卫生、镇、街道、人物、荣誉、附录、索引47个类目。条目为记述的基本单位，其标题用黑体加“【】”表示。

四、年鉴卷前公益彩页设“宜兴荣誉”“宜兴数字”“宜兴纪事”三个栏目，以图片的形式彰显宜兴地方特色和年度大事要事。由本刊编辑部主办的2014“精彩宜兴”年度照片征集评选活动获奖作品以刊中刊的形式收录，展示过去一年宜兴的自然和人文面貌。

五、“先进人物”原则上收录宜兴市在2014年受到国家部、委、办、局、行、院（公司），中共江苏省委，江苏省人民政府表彰的人物；“新闻人物”收录2014年度有特殊影响的人物；“逝世人物”收录2014年逝世的、较有影响的宜兴籍副县（团处）级（含）以上领导，曾在宜兴担任过副县（市）职以上的干部，享受地（市）级以上政治、生活待遇的在宜兴的离休干部，在市内外有一定影响的宜兴籍知名人士。

六、年鉴中收录的各行政村、社区基本情况为2014年年底时的情况。

七、《宜兴年鉴（2015）》部分文字后标有★，此类文字在附录中有缩略语、专用词语注释。

八、本年鉴中所有“上年”均指“2013年”。有关“江苏省”“宜兴市”“中共江苏省委员会”“中共宜兴市委员会”的记述，非特定需要时（标题名、文件名等），分别省略为“省”“市”“省委”“市委”。

九、《宜兴年鉴（2015）》的检索方式有目录和索引两种。目录在卷首，中文目录编排至条目，英文目录编排至分目。索引在卷末，采用主题分析法编制，按汉语拼音顺序排列，设条目索引、图片索引两部分。

十、《宜兴年鉴（2015）》的稿件和随文插图主要由各部门、各有关单位及各镇、园区、街道提供，并经各单位负责人审定核实。卷首彩页图片部分由宜兴日报社提供。各单位内容后均有撰稿人署名，《附录》中列有审稿人员名单。

十一、表格中无数字和无法获得数字和有关情况的单元格用“—”表示；数据为零的，用“0”表示。

十二、根据行文实际需要，《宜兴年鉴（2015）》部分机构使用简称，部分机构全称、简称对照表列于《附录》中。

十三、《宜兴年鉴(2015)》补白资料以宜兴市党史遗址为主题，以图片形式展示，加大年鉴的信息量。

十四、读者可以登录宜兴市情网查看《宜兴年鉴（2015）》所有内容。

十五、所用统计数据均以市统计局编纂的《宜兴统计年鉴》公布的数据为准，市统计局未作统计的，按各行业、各部门、各单位自行统计的数据实录。

同 心 共 筑
中国梦

携　手　共　建

文明城

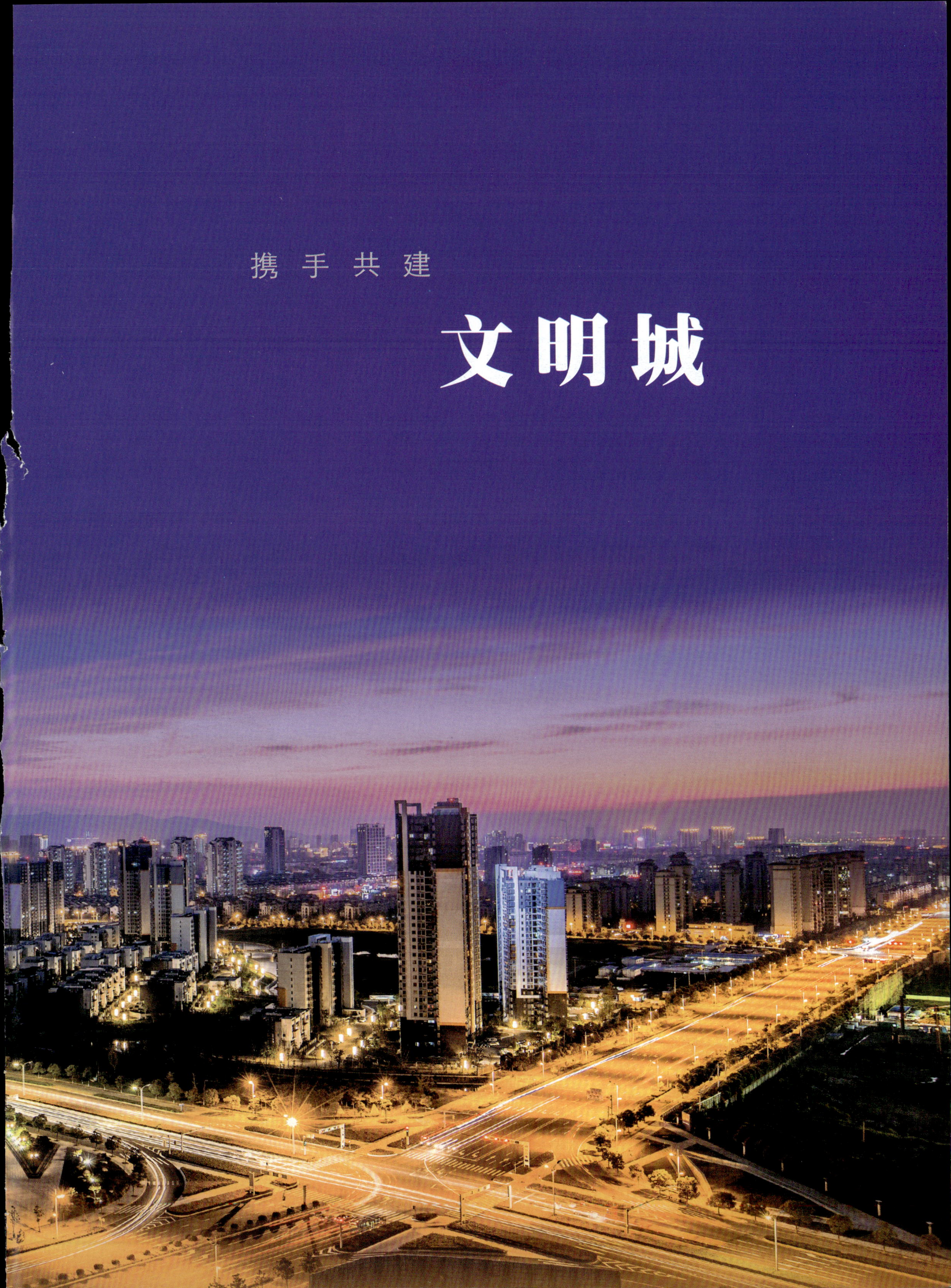

图说宜兴

宜兴荣誉

城市荣誉

中国人居环境奖

国家历史文化名城

国家生态市

国家环境保护模范城市

国家卫生城市

国家园林城市

国家可持续发展实验区

全国生态示范区

全国科技进步示范县（市）

全国计划生育工作先进县

全国体育先进县（市）

中国优秀旅游城市

全国广播电视先进县（市）

全国文化先进县

中国陶瓷历史文化名城

国家知识产权试点城市

全国节水型城市

全国绿化模范城市

全国义务教育发展基本均衡县（市、区）

2014年新获荣誉

2014中国县域综合竞争力排行榜第六位

全国县域经济与县域基本竞争力百强县第七位

2014年中国中小城市综合实力百强县市第六位

2014年长三角商业十强县（市）榜第五位

七星级慈善城市

第三次全国经济普查先进集体

全国休闲农业与乡村旅游示范县

全国“六五”普法中期先进县（市、区）

2011—2014年全省社会治安综合治理先进集体

2014年江苏省“法治县（市、区）”创建工作示范单位

2013年度平安县（市、区）

江苏省国土资源节约集约模范市

宜兴数字 2014

镇：13个

街道：5个

省级以上开发区：3个

行政村：213个

社区居委会：97个

全市总面积：1996.6平方千米

常住人口：125.16万人

年末总人口：108.19万人

人口自然增长率：2.26‰

城市化水平：63.75%

地区生产总值：1233.89亿元

人均地区生产总值：98648元

第一产业增加值：54.95亿元

第二产业增加值：643.15亿元

第三产业增加值：535.79亿元

工业总产值：3402.25亿元

工业利税总额：204.24亿元

规模工业增加值：473.70亿元

民营经济增加值：925.22亿元

全社会固定资料投资总额：602.15亿元

全社会货运量：3562万吨

全社会港口吞吐量：4213万吨

社会消费品零售总额：464.42亿元

到位注册外资：18523万美元

外贸进口总额：187001万美元

外贸出口总额：367638万美元

旅游接待人数：1737.57万人次

旅游总收入：178.92亿元

公共财政预算收入：94.45亿元

公共财政预算支出：100.29亿元

金融机构本外币存款余额：1758.86亿元

金融机构本外币贷款余额：1391.54亿元

居民储蓄存款余额：822.90亿元

参加基本养老保险人数：33.18万人

参加失业保险人数：26.35万人

参加医疗保险人数：46.23万人

居民消费价格总指数：102.1

商品零售价格指数：101.5

农业生产资料价格指数：100.5

城镇居民人均可支配收入：39492元

城镇居民人均生活消费支出：25035元

农村人均可支配收入：20178元

农村人均生活消费支出：13792元

全市用电量：882838万千瓦时

全市供水量：1.08亿吨

群众路线

根据中央、省和无锡市委统一部署，全市党的群众路线教育实践活动于2014年2月18日启动，到10月底基本结束，共有5210个党组织、79396名党员参加教育实践活动。通过活动，党员干部进一步转变了工作作风，增强了服务意识，提高了办事效率，赢得了群众满意，促进了各项工作。图为全市党的群众路线教育实践活动动员大会场景

（市委组织部 提供）

活动期间，省委书记罗志军（前右三）等领导、中央第三巡回督导组先后到宜兴视察群众路线活动开展情况，对俊知集团真学真查、即知即改的做法予以肯定，并指示推广。图为罗志军视察俊知集团

（市委组织部 提供）

4月20日，第二批党的群众路线教育实践活动推进会在沈阳召开。会上，市委书记王中苏作为江苏唯一一名县（市）级党委书记代表，作了题为《治理“中梗阻”、切实改作风，努力打通联系服务群众“最后一公里”》的发言。图为《新闻联播》视频截图

活动期间，实施青云菜场改造等23件82项为民办实事项目，一大批涉及群众切身利益的问题得到妥善解决。图为改造竣工后的青云菜场　　（仇洪生　摄）

开展“项目竞赛年”活动，红牛维他命饮料(江苏)有限公司二期、无锡市兴盛新材料有限公司一期项目投产，宜兴丹森科技有限公司、江苏雅克科技股份有限公司等项目基本竣工。图为红牛维他命饮料(江苏)有限公司生产线
（仇洪生　摄）

新增高效设施农业1.1万亩、高标准基本农田8.5万亩。图为机械化收割场景　（仇洪生　摄）

阳羡生态旅游度假区晋升为省级旅游度假区，阳羡湖、阳山荡获批省级水利风景区。成功举办第三届国际素博会等系列活动。成为华东地区假日自驾游、休闲度假游的重要目的地，年接待游客数突破1700万人次。图为阳羡湖风光　（湖㳇镇　提供）

阳山荡风景区　　（芳桥街道　提供）

成功举办第三届国际素博会　　（丁焕新　摄）

万石国际石材交易中心、太华中华亲情林等重大项目成功落户。图为万石国际石材交易中心效果图
（万石镇　提供）

新增国家级科技企业孵化器1个、省级工程技术研究中心11个，承担省级以上科技计划项目79个，高新技术企业增至277个。图为国家级科技企业孵化器——宜兴留学人员创业园　（环科园　提供）

国际环保展示中心正式启用，国家环保设备检测中心主体完工，环保主题园区的品牌影响进一步扩大。图为国际环保展示中心　（仇洪生　摄）

新庄大桥、梅林大桥建成通车，太湖大道一期、北市河二期绿化工程全面完工。图为通车后的新庄大桥

（丁焕新 摄）

滆湖东路、104国道洑东段建成通车。图为104国道洑东段　　（丁焕新　摄）

阳灵隧道全线贯通。图为阳灵隧道施工现场　　（市交通运输局　提供）

荆溪南路、解放东路、土城路综合改造如期竣工，宜城街道、丁蜀镇的8个老小区环境整治到位。图为改造后的荆溪南路
（丁焕新　摄）

图为改造后的土城路　（丁焕新　摄）

全面启动林荫大道三年行动计划，完成7条主干道林荫化改造。图为荆溪中路林荫道（市建设局　提供）

城市污水处理厂一期主体工程正式运行，新建污水管网60千米，新增纳管企业51个。图为城市污水处理厂一景
（市公用事业局　提供）

公共自行车服务站点逾170个、配放总量超过4100辆。图为公共自行车服务站点　（丁焕新 摄）

“无线宜兴”顺利开通，智慧农村网上线运行，4G网络基本覆盖全市域。图为无线城市项目启动会　（市电信局 提供）

市养老护理中心、宜城街道居家养老配餐中心、残疾人“博爱家园”双基工程如期建成

图为市养老护理中心一景　（仇洪生　摄）

图为宜城街道居家养老配餐中心为老人配餐　（蒋瑜　摄）

市第八届运动会、世界斯诺克巡回赛、全国越野行走比赛等一系列高规格赛事取得圆满成功

图为市第八届运动会开幕式现场　（严刚　摄）

图为宜兴籍选手丁俊晖在世界斯诺克巡回赛宜兴公开赛比赛中　（丁焕新　摄）

审图号：苏S（2009）067号

宜兴市行政区划图

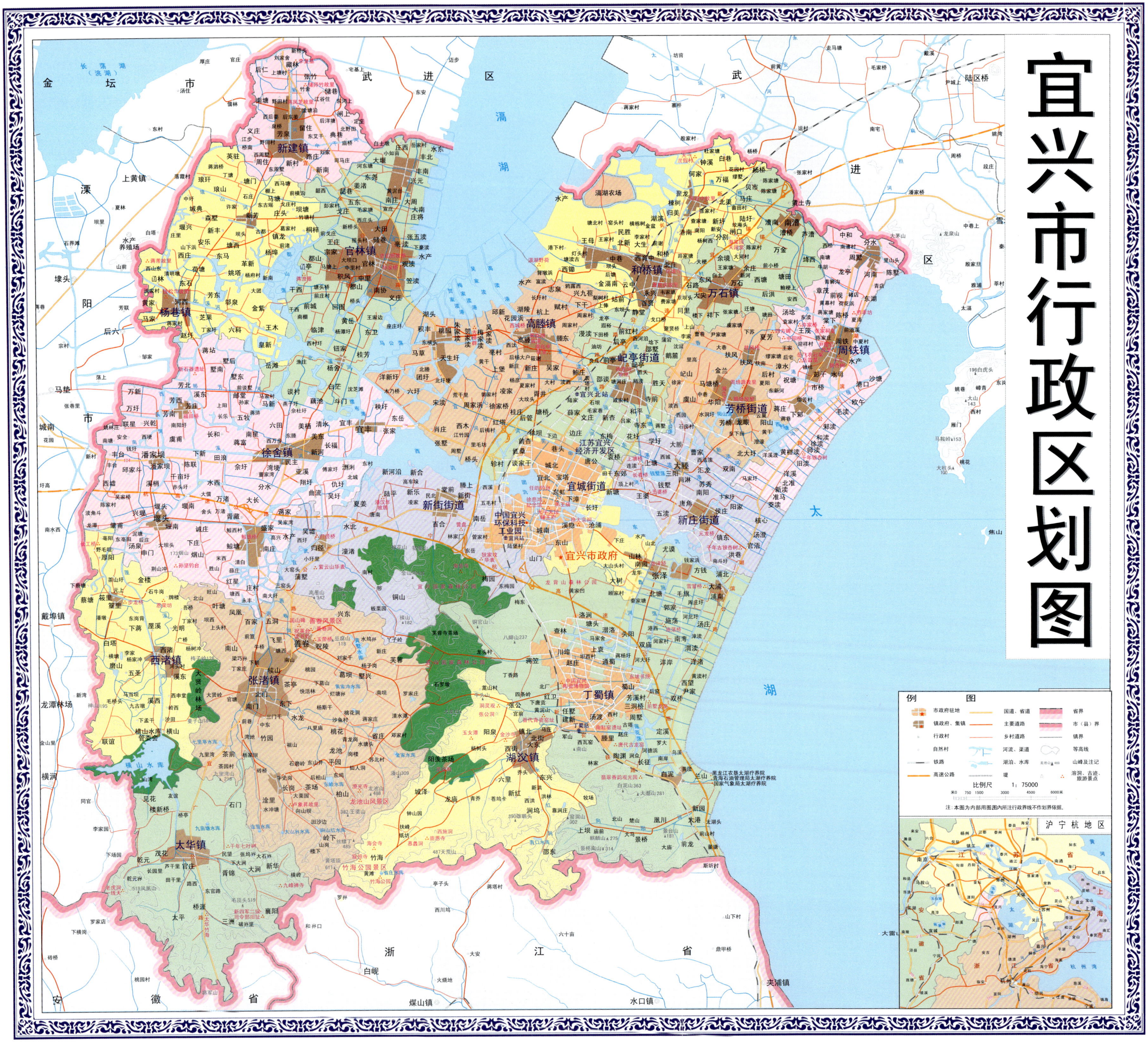

审图号：苏S（2009）043号

目　　录

统计资料

陶艺·书画

陶 艺

宜兴市人大常委会

宜兴市人民政府

政协宜兴市委员会

中共宜兴市纪律检查委员会

民主党派·工商联

军　事

社会团体

经济建设

工业经济

金融业

建筑业

旅游业

商贸流通

信息化建设

服务与监管

“美丽宜兴”建设

新农村建设

城乡规划

城乡建设与管理

交通建设与管理

生态环保

文化建设

教　育

公共文化

文化产业

体　育

史志·档案·文史

社会建设

政法工作

社会保障

民政事务

街 道

人物·荣誉

人 物

荣 誉

附录·索引

附 录

索 引

补白:宜兴市党史遗址

Main Contents

Special Record

Yixing Survey

Ceramic Arts·Painting and Calligraphy

Political Construction

Cultural Construction

The Social Construction

特载
SPECIAL RECORD

扎实开展党的群众路线教育实践活动

根据中央、省和无锡市委统一部署，宜兴市党的群众路线教育实践活动于2014年2月18日启动，到10月底基本结束。全市5210个党组织、79396名党员参加教育实践活动。宜兴市委紧紧围绕“为民、务实、清廉”主题，贯彻“照镜子、正衣冠、洗洗澡、治治病”的总要求，按照“把联系点建成示范点”标准，高起点、高标准推进第二批党的群众路线教育实践活动。通过活动，党员干部进一步转变了工作作风，增强了服务意识，提高了办事效率，赢得了群众满意，促进了各项工作。宜兴市党的群众路线教育实践活动始终走在无锡乃至全省前列。

精心组织谋划

强化统筹领导。成立市委教育实践活动领导小组，并下设办公室，负责日常工作。成立10个督导组，全面督导市级机关和镇、园区、街道的群众路线教育实践活动，直接督导村、社区的群众路线教育实践活动。制订群众路线教育实践活动《实施意见》和三个环节的《实施方案》，保证全市活动开展有章可循、规范有序。狠抓部署推进。市委先后召开10次常委会、3次领导小组会议、5次督导会议和32次推进、汇报、座谈、经验交流会，推动活动开展。坚持“一把手”工作法，组织召开“一把手”推进会，签订“一把手”责任书，完善“一把手”工作制度，确保活动顺利推动。注重示范带动。市委常委会坚持“六个带头”*、作出“八项承诺”*，学在先、查在先、改在先，为全市党员干部作出示范。每位常委和党员副市长都建立联系点，集中赴联系点指导4次，全程参与联系点活动开展。市人大、市政协党组按照市委要求，结合工作职能和实际情况开展教育实践活动。各级党组织都把开展活动摆上重要位置，各单位“一把手”认真履行第一责任人职责，组织实施各类党的群众路线教育实践活动。

狠抓学习教育

加强理论学习。组织党员干部集中学习《世界社会主义五百年》《之江新语》等规定书目；印发《面向未来的赶考》《学习焦裕禄精神、践行群众路线》《习近平关于党的群众路线教育实践活动论述摘编》等读本，组织党员干部学习最新精神；举办陶都大讲堂，邀请中央党校教授和江西干部学院红军后代授课团作群众路线专题辅导。对照先进典型学习。对照周恩来、吴仁宝、焦裕禄三位先辈先进典型，以观看电影、实地参观、交流体会等形式，组织党员干部学习他们的崇高精神、群众情怀；结合学习焦裕禄、吴仁宝和习总书记重要讲话精神，由市委主要领导为全市党员干部上专题党课3次。深化作风建设学习。围绕强化宗旨意识、责任意识、群众意识、奉献意识，在全市党员干部中分类开展“为了谁、依靠谁、我是谁”“入党为什么、党员做什么、与人比什么”等主题讨论活动，引导其深入思考“作风离宗旨有多偏、感情离群众有多远”问题，从思想上拉近与群众的距离、找到做好群众工作的方法。

坚持开门纳谏

深入基层倾听群众意见，组织开展领导干部“四个一”*“走亲连心大走访”“基层一日行”“人大代表回选区、进社区”等活动，了解群众心声。有针对性地举办座谈会，市委专门召开正处级、副处级老同志和镇园街道、部门单位负责人以及“两代表一委员”、党外人士、村(社区)干部等7个层面的座谈会，面对面听取不同群体人士的意见。主动邀请宜兴籍“两院”院士、大学教授等在外乡贤为宜兴市的发展提出意见。借助“中国宜兴教授网”、“宜兴群众路线网”、“宜兴发布”微博群等平台听取意见建议。全市发放调查问卷3980份，征求到意见建议9000多条，梳理出在市级层面需整改的意见、建议175条。

严肃开展批评

召开专题民主生活会和组织生

活会，党员干部对照理论理想、党章党纪、民生民心、先辈先进“四面镜子”，开展谈心谈话，开展相互批评，达到了团结—批评—团结的目的。常委班子成员之间每人至少提出15条批评意见，常委之间普遍谈心谈话两轮以上，市委主要领导与班子成员、乡镇党政负责同志，班子成员之间，班子成员与分管部门、联系点主要负责同志共进行谈心谈话177人次。市委主要领导主持起草常委班子对照检查材料。市委常委班子成员联系个人思想、工作实际、成长经历撰写对照检查材料，人均修改10次以上，经省委、无锡市委活动办和督导组审阅后人均修改8次。在市委常委会专题民主生活会上，市委常委共自我查摆“四风”问题148个，提出批评意见165条。省委常委、无锡市委书记黄莉新和参会的中央第三巡回督导组、省委、无锡市委督导组一致认为，宜兴的这次专题民主生活会，真正使批评和自我批评成为了一个统一体检、群医会诊的过程，成为了一个思想清理、精神洗礼的过程，是一次高质量的专题民主生活会。宜兴市召开专题民主生活会的做法和经验得到上级的肯定，并在全省教育实践活动推进会上被交流学习。

坚持真查实改

对照上级改进作风的各项规定，研究出台宜兴市改进作风十项规定及实施细则，从考察调研、会议活动、文件简报、公务接待、新闻报道等方面进行整治和规范，并开展“三项清理”*，规范行政行为、促进作风转变。整治后，“三公”经费支出比上年下降8%，会议、文件、简报比上年压缩19%，市领导出席会议活动的宣传报道比上年减少一半以上，全市领导小组、协调小组数量比上年下降26%，超标办公用房基本清理到位，创建达标检查评比表彰活动只保留4项，节庆论坛展会只保留5项。注重把开展教育实践活动与推动全市重点工作紧密结合起来。围绕加快经济转型、化解企业风险、激发企业改革动力，在推动企业兼并重组和战略合作、严厉打击恶意逃废债务、深化行政审批制度改革、稳妥实施农村建房规划管理和土地确权登记颁证试点等方面进行探索，推动经济社会的稳健发展。实施为民办实事项目23件、82项，一大批涉及群众切身利益的问题得到妥善解决。活动中，治太保源、化解信访积案、“中梗阻”整治、城市环境综合整治等十一大专项整治行动，深化行政审批制度改革、推进工业经济转型升级、防范和化解企业金融风险等16项重大问题研究，建立完善党风廉政建设长效机制、加强和改进干部交流工作、村庄环境长效管理等12项重要制度建设取得显著成效。坚持建章立制工作。在解决具体问题基础上，制订市委常委班子6个方面22项整改举措、形成“339”整改清单并建立“验收销号”制度，确保件件落实。

创新活动形式

积极开展“中梗阻”专项整治。针对机关部门“办事效率低下，推诿扯皮、失职渎职，吃拿卡要报”等五类问题，开展“中梗阻”专项整治行动，实施以优质方便为核心的服务提优工程，以提速增效为核心的流程再造工程，以解决问题为核心的服务全覆盖工程。分5批对20起“中梗阻”典型案例进行通报，问责处理50余人。全市各级共梳理并整改“中梗阻”问题609个，完善规章制度322项，机关作风进一步优化。“中梗阻”专项整治行动得到上级高度肯定。在中央第二批教育实践活动推进会上，宜兴市以《治理“中梗阻”、切实改作风，努力打通联系服务群众“最后一公里”》为题，交流介绍治理“中梗阻”的宜兴经验。打造“党员服务区”。将全市的社区划分为若干“党员服务区”，围绕群众需求在社区设立公益岗位，5182名在职党员到社区认领服务岗位并实施志愿服务、结对帮扶等服务，全市在职党员提供各类服务4600余人次、提出社区建设意见建议975条、爱心资助70余万元。建立“党员责任区”。为配合村庄环境长效管理工作，在农村建立“党员责任区”，发挥农村党员在环境管理、政策宣传、扶贫帮困、调解纠纷、倡导新风等方面的作用，全市1.6万名农村党员共认领责任区9000多个、开展活动4664次、化解矛盾纠纷2515人次、捐款捐物折合365.5万元。深化“三强一好”活动。在非公企业开展以“党建强、人才强、发展强、形象好”为主题的创建活动，实施“双千计划”，引导企业党员在推动企业发展、关爱员工生活、热心社会公益、服务基层群众等方面作表率，扩大非公企业党建工作的影响力。江苏俊知技术有限公司非公企业党建工作先进经验被中央教育实践活动办在全国推广。省委书记罗志军、省委组织部部长王奇分别到俊知公司考察非公党建工作，对“俊知经验”给予高度肯定。罗书记还作出重要指示：“俊知技术的非公党建有自己的特色，而且与生产经营、职工利益结合紧密，其先进经验应该在全省推广。”经过全市各地实践，创出“六带头”“双向积分”“五双定、一包干、五制度”“星级党员示范区”等一系列具有宜兴特色的党的群众路线教育实践活动经验。

营造浓厚氛围

利用多种媒体平台开展新闻宣传。宜兴日报、宜兴电视台、宜兴群众路线网等市内主要媒体编发相关新闻2015条，刊发简报90期，人民日报、中央电视台、中央群众路线网、新华网等中央和省、无锡市级重要媒体发布相关活动新闻1000余条。注重正面宣传引导，树立市航道处“怡心港湾”、城管局“一口清”工作法、供电公司“蜜蜂行动”等21个优化政府服务的先进典型。

（周健）

维护金融秩序 保持全市金融运行总体平稳

近年，受经济增速放缓、社会整体需求下降等因素影响，宜兴市部分企业产能过剩、开工不足，资金趋紧、财务风险增大。2014年，面对严峻复杂的宏观经济形势，市委、市政府妥善协调处置各类金融风险事件，维护金融生态安全，助推经济转型升级，共同维护良好的金融生态环境，宜兴市连续第四年获“江苏省金融生态优秀市”称号。

强化政策激励，重塑银企合作关系

完善扶持激励机制。1月，市政府出台《市政府关于对代偿、承接银行债务企业实施补贴的意见》，对代偿、承接银行债务的企业给予总额2%的财政补贴，鼓励企业承接银行债务。至年底，全市87个企业获得代偿贴息2630.03万元。3月，市金融办修订完善对银行机构的二级目标考核奖励办法，增加银行机构的社会责任奖和金融稳定奖，引导各银行尽力降低贷款利率，让利于企业，与企业同舟共济。同时,加大银行机构对小微企业信贷投放的奖励力度，推动小微贷投放。至年底，全市小微企业信贷增幅高出贷款平均增幅13个百分点。

积极开展政、银、企对接活动，引导合作共赢。3月，组织全市22个银行与674个企业综合授信签约857亿元，签约企业数量和签约金融金额均创历史新高，提振了企业的发展信心。在2013年组织签订《银行业维护金融生态公约》的基础上，2014年5月，宜兴市召开政银企合作推进会，推动远东、三木、沪安等12个骨干企业与36个银行签订《政银企合作联合公约》，建立经济金融安全示范区，增强银行与企业间的信任和协作。

强化风险处置，全力维护金融稳定

市级贷款周转金高效运作。2013年5月，市中小企业贷款周转金公司成立，并设立金额为1亿元的“中小企业贷款周转金”，为资金周转暂时出现困难的企业按时还贷续贷提供垫资服务。2014年，市中小企业贷款周转金公司、市金融办、科创平台为近1000个企业周转3478笔银行贷款299.09亿元，其中市中小企业贷款周转金公司转贷1666笔、126.58亿元，科创平台转贷1645笔、149.18亿元。至2014年年底，中小企业贷款周转金累计帮助1100个企业周转银行贷款4110笔，累计周转金额达344.45亿元。全市30%有银行贷款的工业企业使用了“周转金”，化解了燃眉之急。

化解转贷难题。6月，由农行承贷成立“天地龙转贷专项基金”，帮助天地龙集团转贷18亿元，转贷笔数50笔，涉及银行19个；从其他途径调剂1700万元帮助其他企业转贷，涉及企业54个，合计转贷167笔，金额23.33元，缓解了全市有关重点企业担保链风险传递的态势。

召开专题协调会。11月，省政府专题召开宜兴市金融生态协调会，维稳全市71个重点企业和19个骨干企业的存量贷款,降低企业财务成本。会议确定：维持贷款稳定，促进企业正常经营；加大协调力度，妥善处置出险企业；解决担保难题，防范潜在金融风险；强化属地责任，优化金融生态环境。

建立防控风险预警机制。市委、市政府协调各银行动态开展金融风险隐患排查。针对贷款总量1亿元以上企业和单笔贷款1000万元以上的进出情况，建立非正常报告制度；建立贷款逾期、欠息情况银行通报制度；在摸清情况的基础上，提前介入，尽力将问题化解在萌芽状态。按照“更加有效运转贷款周转金”的要求，会同科创平台共同防控风险、优化转贷流程、加快转贷速度、提高服务效能，力求在降低企业成本、降低银行不良贷款、巩固银企互信等方面发挥更大作用。指导有条件的镇、园区、街道建立周转金转贷机构，为更多的企业提供转贷服务。至2014年年底，杨巷镇、丁蜀镇、万石镇、宜城街道周转金平台平稳运行，环科园、开发区、芳桥街道建立周转平台工作有效推进，官林镇、周铁镇、张渚镇建立周转平台工作进入筹划阶段。

从快处置各类风险事件。针对重点出险企业，按照“一企一策、分类处置、快速处置”的要求，加强与镇、园区、街道属地政府的沟通，密切关注其金融状况。加强预警监测，协调相关部门形成合力，及时妥善处置金融风险。多次组织政府、企业、银行、担保公司召开协调会，提出具体方案并落实。配合相关银行、企业，积极对上争取，降低贷款利率，保证存量贷款，缓解担保风险。与上级金融部门沟通，帮助铜加工企业争取各级金融机构的支持。另外，建立市领导重点风险企业挂钩制度，由市领导挂钩加强对全市10个重点企业的金融协调，化解矛盾制约，帮助企业解决实际困难，阻隔风险传导。

强化诚信建设，严厉打击恶意逃废债行为

开展诚信教育，构建诚信体系，引导企业诚信发展。联合经信、工商、公安、税务等部门开展“诚信企业家”评选活动，在全市造浓出“重信誉、讲信用、守承诺”的氛围。加强诚信建设，严厉打击恶意逃废债，建立资产转移登记制度。围绕打击恶意逃费债，7月，由政法委牵头建立预防恶意逃废债务信息通报甄别制度，整合法院、公安、工商、地税、住房、国土等部门力量，建立资产变更、转让、过户、抵押和公民出国、出境等信息集中通报甄别机制，筑牢恶意逃废债务的制度防线，全年发现和依法查处恶意逃废债务线索54个。市人民法院开展执行专项行动，执结民间借贷案件337起，社会公示失信被执行人272人、司法拘留120人、追究刑事责任26人。市公安部门开展打击恶意逃废债务行动，全年查破经济犯罪案件115起，挽回经济损失4亿余元，抓获外逃企业主9人，召回失联企业主5人。

（朱建平　徐洪）

编辑　吴艳

攻坚克难　奋发有为
全力推动宜兴经济社会平稳健康发展

——在市委十二届五次全会上的讲话

中共宜兴市委书记　王中苏

(2014年12月29日)

同志们:

这次市委全体会议,是在宜兴经济社会加速转型、改革发展克难求进的关键阶段,召开的一次十分重要的会议。会议的主要任务是:以党的十八届三中、四中全会精神为指引,深入贯彻中央经济工作会议、习近平总书记在江苏视察调研时的重要讲话和省委十二届八次、九次全会精神,回顾总结今年工作,正确研判当前形势,研究部署明年任务,动员全市各级党组织和广大党员干部,团结带领全市人民,以更加坚定的信心和顽强的意志,攻坚克难、奋发有为,全力推动宜兴经济社会平稳健康发展。下面,根据市委常委(扩大)会议讨论的意见,我讲四个问题。

中共宜兴市委书记　王中苏　　(仇洪生　摄)

一、应对前所未有的挑战,宜兴发展在经受考验中继续保持稳健局面

即将过去的一年,是进入新世纪以来全市经济下行压力最大、发展面临困难最多的一年。一年来,在市委的坚强领导下,全市上下深入贯彻落实党的十八届三中、四中全会和习近平总书记系列重要讲话精神,坚持科学发展不动摇,咬定各项目标不放松,众志成城、奋力拼搏,宜兴发展经受住前所未有的考验,继续保持稳健向前的良好态势。1.经济增长目标基本实现。在宏观趋紧、"三期叠加"*、增长放缓等多重不利因素下,我们牢牢把握稳中求进总基调,狠抓项目投入,强攻产业转型,力保金融安全,骨干企业、主导产业顶住了下行压力,保持了平稳健康的发展基本面。预计全年地区生产总值、公共财政预算收入分别增长8.5%、9%,增幅高于无锡平均水平、高于周边地区平均水平,尤其是税收收入占比始终位居无锡前列。2.金融风险得到有力稳控。针对金融风险波及少数骨干企业的新情况,我们以对宜兴发展高度负责、对企业和银行高度负责的态度,坚持以我为主和争取支持"两手并举",积极预防和有效处置有机结合,个企稳控和面上协调同步推进,以构筑"经济金融安全示范区"、争取省政府召开专题协调会等有效举措,有力稳控住了全市经济金融秩序,没有形成区域性、系统性稳定风险。3.城乡环境品质持续提升。以荣获中国人居环境奖为契机,推动城市建设从快速扩张向品质提升转变,科学把控建设节奏,着力突破管理顽疾,一批续建项目和民生工程有序推进,老城区改造、被撤并老集镇整治、村庄环境长效管理成效显著,宜兴的城乡环境更加整洁有序,群众的生活品质持续提升。4.重点领域改革有序推进。从制约发展最突出、群众最期盼的领域入手,积极稳妥推进各项改革，民营企业战略合作步伐加快，混合所有制经济创新发展，环科园高塍镇深化融合，芳桥撤镇设街、委托开发区管理有序推进，被征地农民社会保障、土地确权登记颁证试点、农户建房规划管理破题探索，经济社会发展的活力进一步激发。5.社会大局保持和谐稳定。在财力紧张的情况下，坚持惠民政策不变、力度不减，扎实推进为民实事，稳步提升保障标准，民生支出占财政比重达70%以上。持续完善公共服务，大力加强社会治理，主动问政于民、问需于民、问计于民，老百姓反映的热点难点问题得到妥善解决。深入推进"平安宜兴""法治宜兴"建设，群众的安全感、社会的和谐度持续提升。6.教育实践活动成效显著。党的群众路线教育实践活动圆满完成，非公企业党建、"中梗阻"治理等经验在全省、全国推广，建立"社区党员服务区""农村党员责任区"以及人大代表"回选区进社区"等特色创新活动深受群众欢迎，广大党员干部经受了一次深刻的思想洗礼，达到了"转变工作作风、增强服务意识、提高办事效率、赢得群众满意、促进各项工作"的预期目的。

回顾今年不平凡的发展历程，市委以历史的担当统揽全局，以辩证的眼光审视挑战，以创新的智慧破解困局，以负责的态度推动工作，发挥了坚强的领导核心作用，引领着宜兴的发展克难奋进、稳健向前。一年来，市委科学引领、明向定策，始终高扬了科学发展的主旋律。面对前进道路上的艰难险阻，我们从战略和全局出发，高举发展大旗，锁定发展目标，落实发展举措，以坚定的战略定力引领各方咬定青山不放松、聚精会神谋发展，形成了全市上下合力奋斗、加快发展的生动局面，宜兴的现代化事业始终朝着既定方向稳步前进。一年来，市委直面风险、沉着应对，有力维护了稳定有序的好局面。面对接踵而来的风险挑战，我们不回避、不消极、不盲动，始终坚持问题导向和底线思维，清醒冷静分析，周密细致谋划，突出重点环节决策部署，抓住问题要害合力化解，牢牢掌握了各项工作的主动权，维护了来之不易的稳定局面。一年来，市委团结各方、凝心聚力，充分激发了攻坚克难的正能量。面对社会上一度存在的思想波动和畏难情绪，我们发挥市委的政治优势、组织优势，统一思想、形成共识，树立信心、凝聚合力，优化服务、造浓氛围，正面引导、鼓劲加压，充分激发起方方面面的积极性、创造性，汇聚起攻坚克难、勇往直前的强大力量。

在形势最为复杂的年景下，能够取得这样的成绩极为不易。这是全市上下同心同德、奋力拼搏的结果。市政府敢于担当、狠抓落实，确保了全年各项目标任务的基本完成；市人大、市政协围绕大局、积极履职，有力促进了全市中心工作的开展。全市上下特别是广大企业和银行，立足自身、服务大局，团结协作、同进共退，为全市经济社会平稳健康发展提供了有力的支撑。在此，我谨代表中共宜兴市委，向为全市发展大局作出贡献的同志们，向给予我们理解支持的社会各界人士，表示衷心的感谢和崇高的敬意！

在充分肯定成绩的同时，我们也要清醒地看到，宜兴的发展仍然面临不少困难和问题：一是制约发展的瓶颈还没有完全破解，企业互保联保潜在的金融风险不容忽视，处置问题企业、稳控金融局面的压力仍然很大；二是经济增长动力转换的基础不牢固，开放、创新、人才等支撑不够，特别是以新兴产业为主导的产业体系还未形成，拉动增长的作用还不明显；三是推动城市发展的动力不足，新兴高档商贸、流通、旅游、信息服务业发展受到制约，资源优势没有充分转化为发展优势；四是农村经济结构调整步伐缓慢，土地资源利用效率不高，农民收入水平和保障标准提升压力较大；五是少数党员干部的担当意识、创业热情、进取精神有所退化。这些问题，需要我们高度重视，并在今后的工作中不断改进和解决。

二、准确把握形势、坚定发展信心，奋力推动宜兴现代化事业稳步向前

前不久召开的中央经济工作会议指出，明年宏观经济仍面临较大下行压力，延续增速换挡、结构调整、动力转换的阶段性特征，国家将继续坚持稳中求进工作总基调，保持宏观经济政策连续性和稳定性。这一外部环境有利于我们倒逼加快转型，但也给化解风险矛盾、稳控发展大局带来了一定压力。我们要在深刻认识外部环境的基础上，准确把握宜兴发展的重点问题，坚定信心、积极作为，奋力推动经济社会发展稳中有进、稳步向前。

面对宏观经济发展新常态，我们必须客观看待、全面认识宜兴发展中遇到的问题，坚定共克时艰的信心决心。近两年来，我们在抓经济工作过程中，越来越明显地感觉到，原有发展模式下隐含的问题和矛盾逐步暴露和显现，一种有别于过去的经济增长模式和格局正在逐步形成，这给我们已经习惯了的工作经验和发展思路提出了新的挑战和考验。尤其是当前，我们在推动发展中遇到的一大压力，就是因企业担保链问题有可能导致的局部金融风险。面对这一压力，在全市各级的共同努力下，我们已经初步探索出一套内外联动、防控结合、行之有效的风险调处机制，企业金融问题得到有力掌控并正在逐步化解，经济运行质态依然良好。从主要指标看，1－11月全市公共财政预算收入、常规性税收分别增长9.2%、3.9%；工业应税销售平稳增长，其中前50强企业产值、应税销售分别增长5.4%、4.3%；尤其值得关注的是，全市新办企业和注册资本同比增长39.7%和170%，显示了宜兴经济的活力和生机。从主导产业看，线缆、环保等优势产业加快转型升级，在全国同行业的地位继续稳固；新能源、新材料、投影显示等新兴产业已经在国内初具竞争优势，正在成为新的经济增长点。从重点企业看，远东、金辉、江南、中超等龙头企业步伐稳健，灵谷、协联、雅克、利通等老牌骨干企业欣欣向荣，国电、红牛、华谊等重大项目逐步发力，俊知、卓易、锐成、森莱浦等新生代企业迅速成长。此外，全市共有国际行业龙头企业10家，国内行业龙头企业34家，销售总额超过1000亿元，有力地支撑着全市的经济大局。这些都充分说明，宜兴健康稳定的经济基本面没有变，一些企业的暂时出险不足以撼动宜兴30多年积累形成的经济大厦。全市上下要正确认识、充满信心，加快调整理念思路、发展方式、工作方法，把思想和行动统一到市委市政府的决策部署上来，齐心协力、共克时艰，用积极的作为和有力的行动，不断开创新常态下宜兴发展的新局面。

从宜兴发展的实践看，制造业始终是推动城市发展的动力之所在，我们必须持之以恒、常抓不懈，打牢稳中求进的坚实基础。实体经济是经济增长最稳健的动力源，是地方发展最有力的支撑极。纵观改革开放以来的发展史，宜兴始终以实体经济而兴、因实体经济而强，靠工业经济的长足发展支撑了城乡建设、生态文化、民生事业的不断进步。审视宜兴现阶段城市能级和对各种要素集聚能力的现状，推动城市发展的动力主要还是来自于制造业的发展。对此，全市上下要高度统一思想，把大力发展先进制造业，作为现阶段和今后相当一个时期推动宜兴城市发展的主要抓手。我们既要注重在城市规划中为工业发展留足空间，又要紧密结合市情，坚持工业集聚、集约发展思路，引导企业变革生产方式、制造模式和组织形式来做强做优。在立足于制造业发展的基础上，大力引进高层次企业管理人才和优秀的技术研发人才，集聚城市人气、产生高端消费，拉动城市现代服务业的发展。当前，我们发展先进制造业主要面临两大任务，一是稳住现有企业存量，并通过适当淘汰、兼并重组、技改扩能、战略合作，提升现有企业的运行质态和规模总量，增强产业竞争力；二是大力发展新兴产业，节能环保、新能源、新材料、光电子、投影显示、绿色功能饮料等产业应成为下阶段我们重点发展的领域，必须花大力气进行培育，使之早日成为我市的重点优势产业，形成全新的产业体系。全市各级和广大企业要强化思想共识，坚定工业强市、实业兴市的理念不动摇，沉下心来、增强定力，稳扎稳打、常抓不懈，只要我们按照既定的目标和方向前进，坚持数年，宜兴的发展必将迎来一片新的天地。

国务院一系列新的政策规定出台，强化了对政府行为的新导向、硬约束，我们必须主动调整、加快适应，更加科学合理地调配资源。今年以来，国务院先后出台的一系列政策规定，要求坚决制止各地政府违法违规举债，全面清理各类税收优惠政策，全面加强政府收支预算管理等等。这些文件的出台，将深刻改变各级政府的决策行为和施政行为。一方面，政府债务通过平台公司运作平衡的渠道将被阻断，用于投资建设的资金来源大大减少，必须变以往“先定项目、再找资金”的模式为“先有资金、再定项目”，更加突出量力而行、精打细算，控制好建设项目的数量和规模，做到少花钱多办事、花小钱办更多老百姓受益的事。另一方面，今后一个时期我们将面临化解存量债务、严控新增债务的双重压力，必须牢固确立“过紧日子”的观念，严格控制财政支出，大力提高资金绩效，确保每一分钱都用到刀刃上。在招引重大项目、支持企业创新发展上，我们要破除老的一套做法和模式，主动适应，积极做好新老政策的过渡衔接，更好地发挥政策激励、财政扶持的应有作用。

十八届四中全会召开后，对各级依法行政和监督管理的要求越来越高，我们必须正确理解、增强自觉，在依法规范中探索新的发展路径。中央全会《决定》提出，要深入推进依法行政、加快建设法治政府，做到“法无授权不可为、法定职责必须为”，将各级政府的行政行为全面纳入法治化、规范化轨道。同时，中央进一步加强了督查、审计和巡视工作，必将倒逼各级政府彻底告别不规范的行政行为。全市上下要主动适应法治新要求，积极发挥主观能动性，在依法规范的基础上，大胆探索、锐意创新，善于运用市场手段、法治方式领导经济工作。要在更大的深度和广度上推进市场化改革，使市场在资源配置中起决定性作用，大幅度减少政府对资源的直接配置，把不该管的坚决放给市场，把该管的直接管到位，保障市场有序运行，让市场主体的竞争行为在法律保证和规范下公正、公平、公开进行。要在省、市统一部署下，进一步加强市场监管部门建设，按照“权责统一”的原则，落实市场主体行为规范责任、部门市场监管责任、属地政府领导责任，完善各负其责、相互配合、齐抓共管的工作机制，加快形成推动发展的新规范、新秩序、新途径。

就明年的工作导向，重点要把握五个方面：

——要始终坚持发展第一要务。发展是增强实力、成就梦想的动力源泉，也是解决问题、化解矛盾的根本出路。全市上下要坚持科学发展、坚定前进方向，增强稳增长、促转型的决心和意志，以做强实体经济为主抓手，以提高质量效益为总目标，进一步转变发展方式、增强发展后劲、优化发展环境，确保经济增长处于合理区间，为经济社会又好又快发展奠定坚实基础。

——要勇于担当奋力克难攻坚。创业艰难百战多，狭路相逢勇者胜。面对前所未有的时代变革，接踵而来的困难挑战，全市各级要扛起责任、主动担当，坚定信心、奋发有为，拿出宜兴人的智慧和干劲，在改革发展中敢闯敢试，在克难攻坚中敢作敢为，以舍我其谁的使命感、时不我待的紧迫感，全力突破重大项目、化解矛盾风险、提升环境品质、维护社会稳定，推动宜兴的发展航船在抗击风浪中勇往直前。

——要解放思想推进改革创新。机遇向来只青睐善于革故鼎新者。无论各级政府还是广大企业，都要因势而变、与时俱进，以改革的精神扫除障碍、破解制约，以创新的办法激发活力、增创优势，努力在思想观念、发展方式、体制机制等重点领域和关键环节，探索完善符合时代要求、适合自身特点的新路径、新模式，为科学发展更多地释放红利、增添动力。

——要求真务实保持优良作风。埋头实干、认真做事是宜兴人鲜明的个性特征和优良传统。当前，要完成繁重艰巨的发展任务，维护健康有序的金融环境，理顺错综复杂的利益格局，更需要大力发扬实干作风，咬定目标、锲而不舍，严谨科学作决策，务实高效抓推进，心无旁骛干事业，持续谱写新常态下经济发展的新篇章。

——要以人为本持续改善民生。越是经济增速放缓，越要加强社会建设、促进民生改善。要按照守住底线、突出重点、完善制度的要求，一件事情接着一件事情办，一年接着一年干，一任接着一任做，切实提高民生工作的稳定性、连续性、累积性，努力让人民群众有更好的教育、更稳定的工作、更满意的收入、更可靠的社会保障、更高水平的医疗卫生服务、更舒适的居住条件、更优美的生态环境。

三、突出重点、埋头实干，始终保持经济社会平稳健康的发展势头

明年是全面深化改革的关键之年，是全面推进依法治市的开局之年，也是全面实现宜兴"十二五"规划的收官之年。明年全市工作的指导思想是：全面贯彻落实党的十八届三中、四中全会和中央经济工作会议精神，认真落实习近平总书记对江苏发展提出的新要求，主动适应经济发展新常态，始终高扬科学发展主旋律，牢牢把握稳中求进总基调，突出企业提质、项目攻坚、环境提升、法治保障、民生改善五大重点，统筹做好稳增长、调结构、优管理、促改革、维稳定等工作，推动经济社会各项事业稳健前行。

根据这一指导思想，明年全市经济社会发展的主要目标是：(1)经济发展指标——主要经济指标增幅高于无锡市平均水平，占比进一步提升。其中：地区生产总值和公共财政预算收入均增长8%左右，全社会固定资产投资增长10%左右，规模以上工业产值增长不低于今年实绩增幅；工商登记协议注册外资、到位注册外资达到上级要求。(2)节能减排指标——万元GDP能耗和主要污染物排放量下降达到上级要求。(3)居民收入指标——城乡居民人均可支配收入与经济发展同步增长。

明年重点要抓好六个方面的工作。

1.坚持稳中有为，全力打响经济增长攻坚战

明年的宏观形势依然严峻，经济发展中的不确定因素仍然很多，企业生产经营会更加困难，稳增长的难度更大。我们必须审时度势、稳中有为，在贯彻落实好宏观调控政策的同时，积极发现和培育经济增长点，以更加坚定的意志和主动的姿态，全力打响经济增长攻坚战。

要以现有企业为主力扩增量。无论经济发展处于什么阶段、呈现何种速度，总会有一批稳健发展的优质企业，支撑经济运行的基本面。从宜兴来看，虽然少数企业出现了风险，但是绝大部分企业的生产经营都很正常，这是宜兴的现实增长点和优质生产力。要把现有企业作为稳增长的主力军，调动一切积极因素关心企业、支持企业，保护和激发企业发展的积极性。一是要精准高效服务企业。不同规模、不同发展阶段的企业，遇到的问题、产生的需求各不相同，必须有针对性地进行帮扶。要在全市范围内开展"暖企行动"，各级各部门要坚定地与企业站在一起，集中力量、集中资源，为企业提供个性化、精准式、高效率服务，努力做到企业有什么困难就解决什么困难，进一步消除企业的思想顾虑、坚定企业的发展信心，营造更加温暖的发展环境。二是要加快推动兼并重组。消化过剩产能、淘汰落后企业，既是经济运行的客观规律，也是优质企业整合资源、扩大优势的机遇。要加快推动发展资源向优质企业集中，通过兼并重组，提高资源配置效率和产业集中度，为新一轮发展打下更好的基础。对于已经淘汰的企业，各个板块要积极对接市场主体，加速盘活闲置资产，使其形成新的生产力。三是要深入实施战略合作。开放合作、强强联合、优势互补，是迅速增强企业竞争力的现实途径。各个板块要立足自身实际，用好一切市场人脉、在外乡贤等资源，为企业牵线搭桥，积极对接境内外有实力的市场主体，与央企国企、跨国公司和上市企业结成战略联盟，不断壮大自身实力、提升发展优势。

要以重点板块为龙头强支撑。重点板块在全市发展大局中承担着更大的责任。特别是重点园区，集聚了全市最好的空间资源、平台资源和政策资源，必须在稳增长上体现更大的担当和作为。要牢牢抓住项目建设这个重中之重，坚定不移地走开放发展之路，以重大项目的新成效、发展质量的新提升，更加有力地支撑全市大局。环科园要厚积薄发，把多年集聚的创新资源和构筑的平台优势充分发挥出来，加快把研发成果转化为产业竞争力，市环保产业集团要充分整合各种优质资源，增强承接国际国内工程总包能力，通过推动载体平台和重点项目全面发力，力争形成百亿级的经济增量。开发区要瞄准总量再增100亿的目标，加大招商引资力度、加快推进重大项目，致力在新能源、新材料、光电子、投影显示等产业培育上谋求更大突破，在国内行业中形成竞争优势,成为拉动宜兴经济增长的主引擎。丁蜀镇陶瓷产业园区和官林镇要立足自身的产业特色和优势,全力以赴聚要素、引项目,推动主导产业做强做优、量质齐升,力争为全市作出更大贡献。其他板块要充分挖掘内部潜力、不断扩大对外开放,在各个领域与市场主体开展合作,抢抓一批效益高、活力强的好项目,努力培育更多的增长点。

要以金融稳定为核心优环境。当前,宜兴发展已经具备了良好的政务环境、生态环境,但金融环境的稳定性依然脆弱、风险依然存在,必须花更大的力气,采取更有力的措施抓防控、抓化解。一是要有效防范风险蔓延。企业信心不足,很重要的一个原因,就是担心受到担保链的牵连。各级各部门要认真贯彻省政府专题会议精神,围绕转贷续贷、融资担保等关键环节,运作好贷款周转资金,积极发展各类担保机构,加快建立政府主导、企业参与的担保公司和担保基金,探索逐步解开企业互保链条的新途径,真正构筑一道阻断风险蔓延的“防火墙”。广大银行要进一步增强全局意识、担当意识,积极争取、主动作为,落实不提高担保条件、降低贷款利率、保证存量贷款等措施,尽可能缓释担保风险。二是要分类处置问题企业。出现问题的企业,个体情况都不一样,企业主的态度也不同,必须因企施策、分类处置。对于发展意愿强烈、积极开展自救的企业,要调动各种资源给予支持,帮助企业渡过难关、获得新生;对于内部管理规范、产品市场较好,由于投资或决策失误而出险的企业,要与金融机构积极协调,帮助企业维持现金流和造血功能,为恢复体质赢得时间和空间;对于挽救无望、态度消极,恶意逃废债务的企业,要坚决依法处置,涉嫌违法违规的,要予以严厉打击,在社会上树立负责、诚信的正面导向。三是要加快构建诚信体系。着力完善信用监管体系,加快建设“一库一网一平台”,建立守信激励和失信约束机制,对失信主体采取行政监管性、市场性、行业性、社会性约束和惩戒。宣传部门要加强舆论引导,营造讲诚信、守法纪的浓厚氛围,使诚实守信成为全社会共同的价值追求和行为准则。

2.加快转型提升,提高发展的质量和效益

新一轮的发展,本质在于经济结构优化、增长动力转换。要把推动发展的立足点转到提高质量和效益上来,矢志不渝调结构、促创新、转方式,努力实现更高质量、更可持续的发展。

要引导企业做稳做精做强。实践证明,企业大而不强,往往缺乏足够的抗风险能力。各级各部门要引导企业牢固树立稳中求进、做专做精的经营理念,坚守主业、练好内功,把企业发展的重点转到创新驱动、提质增效上来。在发展路径上,要引导企业保持定力,主动研究产业发展方向,把自身有限的资源高度集中于最擅长的领域,杜绝盲目投资、盲目多元化,一步一个脚印扎稳根基。在行业竞争上,要引导企业主动适应市场洗牌加速、企业分化明显、法治环境完善的新形势,不断加强技术产品、商业模式和管理机制创新,通过做精产品、做长链条、做优服务、做新业态,增强自身的核心竞争力,在行业内取得领先地位。企业经营者素质的高低,直接决定着企业的兴衰成败。要加强对企业经营者的教育和培训,针对宜兴企业发展中存在的问题和不足,狠抓法治观念、责任意识教育,强化现代管理、创新能力培训,帮助企业经营者提高修养、提升水平,努力培育诚信守法的企业文化,塑造坚韧务实的企业精神,树立勇于担责的企业形象。

要提升新兴产业的支撑作用。新常态下,粗放式的扩张已经不可持续,经济发展进入了调整存量、做优增量的新阶段,必须加快推动结构转换、培育新兴产业。宜兴的新兴产业已经初具规模,像开发区的新能源产业,集聚了光伏、核电、风电、氢能源等领域的优势企业,产出总量近200亿元;新材料和投影显示产业国内领先,拥有一批“单打冠军”。要举全市之力推动新兴产业崛起成势,使之成为新的支柱产业。一方面,要加速引进高端人才。人才是驱动新兴产业发展的核心动力。要深入实施“陶都英才”工程,建立招才引智与招商引资的联动、考核机制,以企业为主体,重点引进一批掌握核心技术、能够组织调配高端要素的实用型、领军型创新创业人才,为新兴产业发展提供智力支撑。另一方面,要着力优化产业扶持。新兴产业具有高投入、高风险、高回报的特征,在成长过程中离不开政府扶持和金融支撑。特别是科技型、创新型企业,更加需要资金的保障。要把建立科技金融服务体系作为重中之重的工作来抓,积极引进融资担保机构、建立专项担保基金,发挥好科技型中小企业信贷风险补偿资金的作用,鼓励金融机构创新产品、拓展业务,及时满足企业的融资需求,使企业走得更稳更好。重点园区要探索建立产业发展扶持基金,有针对性地进行奖励扶持。

要加快发展特色产业。完善的城市功能、丰厚的生态资源、广阔的农村腹地,为宜兴发展特色产业打下了坚实基础。要以提高贡献度和竞争力为重点,加快做强做优特色产业,增强发展活力、助推经济增长。一是要大力发展现代服务业。集聚城市人气、繁荣城市经济,离不开服务业的有力支撑。要立足宜兴实际,优化服务业发展规划,在项目布局、经营业态上充分考虑区位条件和城市能级,引导差异化、特色化竞争,大力发展生产性服务业和商贸流通业,构建与制造业融合、与城市化配套的现代服务业体系。二是要做强生态文化旅游业。宜兴的旅游资源虽然比较丰富,但都散落在各个板块,产业整合度不高,市场化程度不够,财税贡献较少。要从市级层面进一步理顺管理体制,强化规划引领,加强工作统筹,全面推进5A级景区创建,打造文化旅游的节庆品牌,推动旅游业发展从各自为战向"全市一盘棋"转变,从产品策划向品牌营销提升。要牢固确立市场配置资源的理念,提高旅游产业集团市场化运作水平,积极引进专业化的投资主体、运营公司和人才团队,加快盘活各类资源,提高旅游业的经济效益,使旅游业既成为群众得益的富民产业,更成为拉动增长的税源行业。三是要提高现代农业发展水平。农业是宜兴的基础产业,具有重要的经济功能和生态功能。要以农业增效、农民增收为主线,在尊重农民意愿、优选市场主体的基础上,有序引导农村土地流转,加快构建以农业园区为基地、现代科技为支撑、生态农业为基础、适度规模经营为特征、政策扶持和金融资源为保障的现代农业新体系,提高农业经营效益、带动农民增收致富。

3.优化建设管理,打造更具内涵的现代城市

一座能够吸引人、让人赞叹的城市,不是靠钢筋水泥建成的高楼大厦,而是其科学的规划、精致的管理、深厚的底蕴和宜居的环境。我们要立足宜兴的发展阶段和城市基础,从大规模大投入推进城市建设,向精致化精细化提升城市内涵转变,使宜兴这座城市让更多的居民生活得舒心、让更多的外地人向往。一是要科学有序推进规划建设。城市的规划建设,必须与人口规模、承载能级、发展水平相适应,否则就会浪费资源、无序发展。要继续把握城市建设的节奏,按照急需和必需的原则,更加注重建设项目的性价比,尤其是老城区改造,要按照"50年无大修"的要求,改一片成一片,确保质量和效果,让群众长久得益。要重视和加强对城市交通规划、设计的研究,并通过科学的组织和管理,使主干道、次干道和支路的交通承载负荷得到均衡配置。要继续管好用好政府投资,有效释放民间投资潜力,在教育、卫生、养老等领域,放宽市场准入,对期限长、收益稳的基础设施和民生项目,让社会资本参与投资和运营。二是要精益求精加强城乡管理。继续提高城乡管理标准,针对环境薄弱环节和容易反复的领域,落实"常态化、全天候、精细化"的管理措施,严厉打击宜南山区违法建设行为,强化对主干路网、重要节点和运输车辆的管理,抓好旅游干线周边农民住房立面改造,继续推进"林荫大道三年行动计划",对主城区干道实施见缝插绿补绿。同时,要积极探索开展一系列创新性试点工程,加快启动中德低碳生态示范试点城市建设,不断完善城市排水防涝工程体系,打造具备自然留存、自然渗透、自然净化功能的"海绵城市",在城区主要公共区域加快推进市民直饮水工程试点,以高标准的设施、高水平的管理,使宜兴的城乡环境品质更高、秩序更好。三是要持之以恒巩固生态文明。尽管宜兴的生态文明已经走在了全省前列,但是守住环保底线和生态红线的压力仍然很大,容不得丝毫懈怠。要进一步完善生态保护规划,推动民生环保拓面升级,深入实施"十二五"水体污染控制与治理重大专项,扎实推进治太保源"四大专项行动",切实加强大气污染防治,不断提升环境质量。要增强环境管理能力,强化环境监测和执法监管,使秀美的山水、明净的天空、宜居的生态,成为宜兴人的福祉、吸引外来游客的品牌。

4.突出重点领域,稳健有序推进各项改革

加快推进各项改革,既是上级的明确要求,也是推动宜兴发展的现实需要。要按照激发活力、增强动力、促进发展的原则,稳步推进重点领域改革,努力实现各项工作的新突破。一是要积极转变政府职能。以提升政府治理能力为重点,加快推进政府机构改革,调整完善工商、质监、食品药品管理体制,进一步整合监管职能和机构,强化基层基础、下移执法重心,提高政府的市场监管和公共服务能力。二是要深化财政运行体制改革。明年的财政运行,既面临收支平衡的压力,更面临管理体制的调整。要通过深化改革,严控政府债务、优化支出结构,提高资金使用绩效。进一步调整债务结构、降低融资成本,强化镇级举债审批机制,确保财政运行安全。重点梳理政府专项资金和又好又快政策,建立投资决策绩效评估机制,把牢关口、扎紧口袋,聚焦财力保重点,放大财政资金撬动发展的杠杆作用。三是要推进行政审批制度改革。改革行政审批制度、提高行政服务效能,既是适应发展形势的迫切需要,也是广大群众的热切期盼。要按照"两集中、三到位"的要求,强化责任落实、加快工作推进,进一步清理审批事项、开展职能归并、推动审批上网,努力实现服务态度、服务效率的双提升。四是要加快国资管理改革。目前宜兴已经形成了大量国有资产,但有些长期处于休眠和闲置状态,收益很低。要加快构建"产权清晰、配置科学、处置高效、全面监管"的国资管理模式,在建设、交通、公用事业等领域,通过国有平台公司实体化、市场化运作,使国资成为新的财力增长点和投融资平台,充分发挥调控经济、支撑发展的作用。五是要深化农村改革。扎实推进被征地农民社会保障工作,继续扩大农村土地确权登记颁证工作范围,实施农村产权制度改革,组建市镇两级农村产权交易平台,实现农民资产保值增值,充分激发农村发展的活力。

5.建设文化强市,增强城市吸引力和竞争力

通过这几年的发展,宜兴的城市在硬件上已经初步具备了现代化的形象,但要真正展现出现代化的气息,还必须具备良好的人文环境和城市底蕴。要以建设文化强市为目标,充分发挥文化引领风尚、教育人民、服务社会、促进发展的作用,不断增强城市发展的"软实力"。一是要提升社会文明程度。社会文明程度的高低,直接影响城市形象和品质的提升。要全面启动全国文明城市创建工作,以弘扬社会主义核心价值观为主题,深入实施市民素质提升工程,引导市民养成文明的行为习惯、展示良好的精神风貌。二是要繁荣地方特色文化。加强历史文化名城保护,推动紫砂陶制作技艺申报世界非遗。以创建国家公共文化服务体系示范区为目标,着力提升城乡公共文化服务一体化水平,加强文化场馆建设,推动市文化中心建成投运,培育“一村一品”特色文化,努力打造更多具有宜兴特色、受群众欢迎的文艺精品和文化品牌。三是要增强文化产业活力。大力吸引民间资本发展文化产业,依托宜兴的陶瓷、紫砂、书画等优质文化资源,与国内知名的文化企业和市场主体开展合作,加快推进实施一批重点项目,打造文化产业集聚的示范园区,进一步增强文化发展活力,充分彰显宜兴特有的文化底蕴和城市魅力。

6.加强社会建设,维护和谐安定的社会局面

社会建设工作点多面广,直接关系群众的切身利益、影响市民的幸福指数。特别是困难年景下,群众对社会和谐、民生改善的需求更加迫切,必须积极响应,切实加强社会建设和治理创新。一是要深入推进民主法治建设。支持人大、政协依法履行职能,不断发展最广泛的爱国统一战线,营造好团结和谐的政治氛围。以法治政府建设为龙头,完善依法决策程序和责任追究机制,健全更严格、更规范的执法体系,加快推动政府治理法治化、现代化。大力推进法治社会建设,切实加强普法宣传教育,弘扬法治精神和法治文化,努力使法治成为全体市民的共同信仰和行为准则。二是要切实改善民生民计。面对经济发展和财政管理的新形势,保障民生既要体现稳定性、累积性,更要提高针对性、受益面。要按照优中选优、急中选急、节本增效的原则,精挑细选群众最关心、最急需的民生实事,高效实施市镇各项政府实事项目,实实在在地解决好群众身边的民生问题。统筹推进各项民生事业,积极做好就业创业、医疗卫生、养老服务等工作,稳步提高保障标准,像落实发展指标一样落实好民生任务。针对群众普遍关注的教育质量问题,要进一步加强学校管理,重视校长配备,优化师资队伍,提升办学水平,不断提高群众对教育的满意度。三是要着力加强社会治理。强化市级社会管理服务中心、镇级政法综治工作中心职能,健全源头预防、动态排查、多元化解的信访维稳机制,及时解决影响和谐稳定的突出问题。深化“政社互动”,构建社区平台、社会组织、社工骨干“三社联动”的工作体系,增强社会发展活力。扎实推进“技防城”建设,完善立体化、现代化的治安防控体系,抓好安全生产、公共卫生、食品药品监管等工作,确保人民安居乐业、社会安定有序。

四、贯彻从严治党要求、落实党建工作举措,为宜兴的建设发展提供坚强政治保证

合力克难攻坚、推动改革发展,党建是保障、核心在干部。要牢牢把握新形势下从严治党的新要求,立足全市中心大局、围绕党建各项任务,把治党责任、从严要求、认真态度贯穿始终,进一步提升全市党建工作科学化水平,努力为宜兴的现代化事业提供坚强保证。

1.强化思想政治建设,提升党员干部的素质能力。思想是行动的先导,精神是前进的动力。要统筹运用中心组学习、“三会一课”、干部培训、党员轮训等平台载体,推动党员干部自觉强化理论武装,认真学习中国特色社会主义理论体系,始终不渝为党的理想和宜兴发展而奋斗。更加突出党内政治生活锻炼,推动谈心谈话、三重组织生活会、批评和自我批评常态化、制度化、全覆盖,使党内政治生活在全市党组织和党员中严肃认真开展起来。优化提升“陶都大讲堂”,重点办好党政正职执政能力、“三个一线”挂职干部等主体班次,持续提升各级干部干事创业的能力素质。

2.坚持正确用人导向,打造堪当重任的干部队伍。事业兴衰,唯在用人;用人之要,重在导向。要按照好干部“20字标准”,鲜明而具体地树立重德行、重担当、重基层、重实绩的用人导向,理直气壮地关心、保护和褒奖那些老实正派、埋头苦干、实绩突出的干部,使他们得到重用,为他们撑腰鼓劲,给他们帮助支持,决不让他们受委屈、受伤害。各级党政“一把手”作为干部队伍的中坚骨干,要切实担负起“为官一任、造福一方”的重任,越是形势严峻,越要勇于担当;越是困难重重,越要带头攻坚;越是任务艰巨,越要注重实干,牢牢掌握工作主动权、不断打开发展新空间,持续推动地方面貌改善、群众得益受惠。同时,要不断加强自身学习和修养,树好样子、带好班子、作好表率,以自身的模范行动纯洁党风、纯正政风、纯朴民风,为地方发展、部门工作创造优良的政治环境。

3.加快服务型党组织建设,夯实党建工作的基层基础。服务型党组织建设是基层党建工作的总抓手,必须一以贯之、坚定不移地抓紧抓好。要深入实施“八有”村书记争创活动,完善村(社区)书记教育培训、激励保障和管理监督机制,打造一支安心基层、能征善战、清正廉洁的基层干部队伍。扎实推进学习型、服务型、创新型机关建设,深入开展领导干部下基层“三解三促”活动,推动机关党建向上攀登、为民服务向下扎根。继续建强社区党员服务区和农村党员责任区,实施城乡社区“支部联姻、书记结对”工程,实现村、社区党建互联互动、共同提升。深化“三强一好”非公企业创建活动,抓好“两新”组织党务工作者能力培训,不断提升非公党建的生命力和凝聚力。全面落实发展党员“双推荐、双结对、双公示、双票决”制度,加强流动党员“动态管理”和无职党员“岗位管理”,探索不合格党员退出机制,努力发挥基层党员的先锋模范作用。

4.深化党风廉政建设，巩固风清气正的政治环境。从严治党必须从严抓好党风廉政建设。要根据宜兴实际，以实行“情况双报”“廉政双谈”“一案双查”制度为突破口，细化实化党风廉政建设“两个责任”落实机制。巩固和扩大教育实践活动成果，毫不松懈地落实改进作风的各项规定，持之以恒地整改“四风”问题，推动作风建设抓常、抓细、抓长，决不让问题反弹回潮。坚持一手抓廉政教育、廉政文化建设，落实“一周一提醒、一月一主题、一季一通报”制度，全面实现反腐倡廉教育常态化；一手抓权力内控和制度建设，构建规范化的权力监控机制，确保权力公开、安全、规范运行。始终保持惩治腐败高压态势，严肃查处各类违纪违法案件，以有案必查、有腐必惩的实际成效取信于民。

同志们，百万宜兴人民把发展的重任交到我们手中，这既是一份信任，更是一份责任。让我们紧密团结在以习近平同志为总书记的党中央周围，高举中国特色社会主义伟大旗帜，以党的十八届三中、四中全会精神为指引，团结带领全市广大党员和干部群众，攻坚克难、奋发有为，为推动宜兴经济社会平稳健康发展、率先基本实现现代化而努力奋斗！

政府工作报告

——在宜兴市第十六届人民代表大会第四次会议上

宜兴市人民政府市长　张立军

（2015年1月14日）

各位代表：

现在，我代表市人民政府向大会报告工作，请予审议，并请政协委员和其他列席人员提出意见。

2014年工作回顾

2014年是宏观环境严峻复杂、困难挑战集中显现的一年。一年来，市人民政府在中共宜兴市委的正确领导下，认真贯彻落实党的十八大、十八届三中、四中全会和习近平总书记系列重要讲话精神，把握稳中求进总基调，咬定全年目标不放松，全市经济社会发展在特殊年景中继续保持平稳健康态势。预计，全年实现地区生产总值1248亿元，可比价增长8.5%；完成公共财政预算收入94.5亿元，增长9.1%；社会消费品零售总额达465亿元，增长11.7%；完成全社会固定资产投资602亿元，增长8.4%；城镇居民、农村居民人均可支配收入分别达39600元、20200元，增长9.2%和10.5%。主要经济指标增幅高于无锡平均水平。

宜兴市人民政府市长　张立军　　　　（仇洪生　摄）

一、千方百计应对挑战，经济发展稳中有进

金融风险应对有力。健全政银企三方联动机制，打出了对上争取、挂钩协调、积极预防、有效处置等一系列“组合拳”，坚决守住了不发生系统性、区域性金融风险的底线。全力争取上级支持，促成省级层面召开专题协调会，推动政银企共建经济金融安全示范区。积极化解担保难、转贷难等制约，实施企业代偿贴息扶持政策，高效运转市镇两级贷款周转金平台，帮助千余家企业转贷近300亿元。建立预防恶意逃废债务信息通报甄别制度，完善市镇两级分类处置模式，依法查处三得利恶意逃废债务等75起典型案件，抓获犯罪嫌疑人80余人，挽回经济损失6个多亿。采取综合措施巩固政银企合作关系，小微企业新增贷款增幅高于全市14.3个百分点。工业经济稳健运行。紧紧扭住实体经济不动摇，发挥企业稳增长主力军作用，完成工业总产值3450亿元，产值超10亿元企业达50家。规模企业产销平稳，工业50强产值增幅高于全市7.4个百分点。支柱产业兼并重组步伐加快，中超集团、江南电缆、新远程等重点企业充分发挥自身优势，通过股权收购、资产并购等途径，实现与一批中小企业聚合发展。骨干企业战略合作稳步推进，宇星工贸与上海华谊合作的着色新材料项目即将试生产，银环与宝钢、中广核、华能等三大央企成功结盟。开展“项目竞赛年”活动，红牛饮料二期、兴盛新材料一期正式投产，丹森树脂、雅克复合材料等项目基本竣工。全市完成工业投入331.5亿元，增长2.9%，技改投入占比达70%。五大主导产业投入占工业投入总量的52%。获第三次全国经济普查国家级先进集体。服务业质态加快提升。服务业增加值占GDP比重升至43.4%，投入占全社会固定资产投资比重提升3.3个百分点。服务业重点项目开工率超95%，八佰伴购物中心建设进度过半，九如城康复医院、体检中心等设施土建完工。大力打造便民消费环境，8家农贸市场完成升级改造，7家品牌超市进驻农村，13家门店被纳入示范早餐工程。生产性服务业快速发展，全社会物流总额达3450亿元。电子商务加快兴起，设立电商网店超4000家，跻身国家电子商务进农村综合示范市。旅游业品牌持续打响。AAAA级景区增至8家。启动国家AAAAA级景区创建，阳羡生态旅游度假区晋升为省级旅游度假区，阳羡湖、阳山荡获批省级水利风景区。积极借助高铁、互联网、青奥会开展旅游营销，与23家单位建立旅游合作新平台。成功举办第三届国际素博会等系列活动。乡村旅游蓬勃发展，正式推出“宜帮莱”品牌，58家客栈民宿加盟“智慧乡村旅游”，涌现出湖汶洑西村、太华乾元村等乡村旅游新热点。宜兴成为华东地区假日自驾游、休闲度假游的重要目的地，年接待游客数突破1700万人次。现代农业增收增效。粮食生产保持丰收，提前完成“十二五”粮食扩储任务。“三资”投入农业较上年增长33%，新增高效设施农业1.1万亩、高标准基本农田8.5万亩。农业适度规模经营比重增至83.8%。2个家庭农场被评为省级示范。全市工商登记农民专业合作社和省示范社数量均居无锡首位。西溪河二期等中小河流治理项目扎实推进，中央小农水重点县年度建设任务全面完成。获全国休闲农业与乡村旅游示范市、省国土资源节约集约模范市等称号。

二、全力以赴推动改革，开放创新增添活力

重点改革稳妥实施。财税领域改革力度加大，整合完善促进经济和社会又好又快发展政策，进一步提升财政扶持绩效。全口径预算体系基本建立，9个部门试点预决算信息公开。强化镇级政府性债务管理，资金、土地、项目“三位一体”管控模式构建到位。提升国资经营管理水平，国有资产年度收益实现较大幅度增长。审批制度改革深入推进，工商登记“先照后证”全面启动，丁蜀镇“强镇扩权”第二批下放事项承接到位。电子化招投标正式启用，政府投资工程招投标制度体系更趋完善。农村土地承包经营权确权登记颁证启动试点，农村集体经济组织成员资格界定基本完成，山林延续承包工作有序开展。营改增试点、户籍制度改革、公立医院综合改革、事业单位分类改革取得积极进展，单独两孩新政得到落实。开放合作稳步推进。务实开展招商活动，万石国际石材交易中心、太华中华亲情林等重大项目成功落户，实现工商登记注册外资4.2亿美元，到账市外内资85亿元。外贸总量保持平稳，完成进出口总额56亿美元，陶瓷行业进出口同比增长16.1%。新申报省重点培育和发展的国际知名品牌14个，江润铜业升级为全市首家海关AA类管理企业。境外投资、服务外包超额完成年度目标。凌志环保、中超科耐特成功登陆“新三板”，10余家企业在上海股权托管中心、天津股权交易所顺利挂牌。与美国海威市结为友好城市。科技创新氛围趋浓。实施六大产学研合作工程，发挥科技镇长团、“海创智库”等资源优势，加大科创要素引育力度，新增国家级科技企业孵化器1家、省级工程技术研究中心11家，承担省级以上科技计划项目79只，高新技术企业增至277家。新建“千人计划”专家工作站10家，引进省“创新团队”2个。顺利通过国家可持续发展实验区验收考察。“苏科贷”贷款规模居全省县级市前列。宜刚环保获省科学技术一等奖。园区发展再上台阶。环科园紧抓部省共同推进发展机遇，确立“环境医院”发展模式，探索环保产业整合转型新路径；国际环保展示中心正式启用，国家环保设备检测中心主体完工，中节能等大型环保央企成功落户，环保主题园区的品牌影响进一步扩大。开发区与芳桥街道实现统筹发展，承载重大项目优势凸显，引进超10亿元项目2只，清华科技园、阿尔特汽车创意研发产业园等高端载体相继建设，规模工业产值增幅、工业投入增幅分别高于全市14个、9个百分点。陶瓷产业园被评为省新材料特色园区、省知识产权试点园区。全市各级各类园区产出贡献率达90%。

三、坚定不移做优形态，城乡面貌持续提升

规划体系深度拓展。适应城乡新一轮发展方向，相继组织城市空间发展多情景研究、宜南山区可建设资源调查，科学编制中心城区社区公共服务设施布点、绿道建设等规划。制定农村农户建房规划管理办法，完成100个规划保留村庄的详规编制。重大工程高效实施。全年组织政府投资工程81只，完成投资57.4亿元。市文化中心主体建筑群展现英姿，各功能馆内部装修、设计布展等工作进展顺利；实验小学城东分校主体工程加快推进；新庄大桥、梅林大桥建成通车，太湖大道一期、北市河二期绿化工程全面完工。继续提升老城形态，荆溪南路、解放东路、土城路综合改造如期竣工，宜城、丁蜀8个老小区环境整治到位。阳灵隧道全线贯通，滆湖东路、104国道洑东段建成通车，范蠡大道、范蠡大桥建设有序推进，100千米农村公路提档升级。燃气管网扩面、供电网络扩容等工程加快实施。管理体制不断优化。大力开展省优秀管理城市创建，在全市域构建分级管控、精细管理新机制。积极改善城区重要节点管理秩序，人民南路创成省级城市管理示范路。城区大排档集中经营管理扎实推进、初见成效。全面启动林荫大道三年行动计划，完成7条主干道林荫化改造。试点运行城区学生上下学公交专线。提升改造13个城区平交道口。强势治理城管难点，加大出租车行业整治力度，严厉整顿非法营运等乱象，实现矿产品“开采、生产、运输、装卸”全过程监管。荣获中国人居环境奖。被住建部列为全国首批中德低碳生态试点示范城市。

四、持之以恒保护环境，生态品牌愈加彰显

治太保源持续推进。以乌溪港、大浦港等4条入湖河道为重点，深入开展污水处理提标改造、企业达标排放、畜禽养殖整治、入湖河道清淤等四大专项行动，水污染防治步入规范化、常态化轨道。城市污水处理厂一期主体工程正式运行，新建污水管网60公里，新增纳管企业51家。完成37家印染企业提标升级和107户畜禽养殖整治任务，清淤农村河道282条、394万方，主要入湖河道水质保持稳中趋好态势，连续七年实现太湖安全度夏。在全国率先实施水库水源地综合治理项目，横山水库、油车水库及西氿备用水源地饮用水水质达标率保持100%。民生环保强势推进。突出“一区、两园、三线”重点区域，完成化工树脂、玻璃钢等46家企业综合整治，气味、噪声、烟尘粉尘等扰民现象得到有效遏制。启动重点区域高污染燃料综合整治，完成水泥行业及5家电力企业脱硫脱硝提标改造，继续加大秸秆禁烧工作力度。PM2.5年均浓度同比下降13.4%。实施节能和循环经济项目25只，完成减排项目21只，主要污染物排放强度等约束性指标达到考核要求。环境整治深入推进。精心培育建设“陶都美丽乡村”，开展被撤并老集镇环境综合整治，堰头、新芳等10个集镇焕发新颜，西渚白塔村被评为江苏最具魅力休闲乡村。完成太湖流域一、二级保护区农村环境连片整治工程，有序启动覆盖拉网式农村环境综合整治工作。改造农业看护房641户，干线公路环境、农户生产条件得到“双提升”。全年修复生态湿地5770亩，复垦工矿废弃地1465亩，绿化造林1.1万亩。省级村庄绿化示范村创成率达86%。

五、不遗余力改善民生，幸福指数稳步提升

惠民实事进展顺利。全年投入民生资金总量达72亿元，占公共财政预算支出的71.9%。12件为民办实事项目年度完成投资19.4亿元，解决了一批群众期盼的民生问题。陶都通卡发行超85万张，与“全国城市一卡通”实现互联互通。“无线宜兴”顺利开通，“智慧农村网”上线运行，4G网络基本覆盖全市域。公共自行车服务站点逾135个、配放总量超过3100辆。保障性住房开工数和竣工数均超额完成省定目标。旅游景区向60周岁以上老人免费开放政策实施到位，“小桔灯”儿童课外守护项目收到预期成效。新青云菜场将于春节前投用。居民消费价格指数低于全省平均水平。社会保障提标扩面。完善就业创业“全天候”服务机制，实现新增就业2.7万人，转移农村劳动力2万人；城镇登记失业率控制在2.2%，低于省控目标。社会保险综合覆盖率保持稳定，新增社保扩面1.3万人，职工大病医疗保险全面实施，城乡居民基础养老金、城乡低保、困难家庭住房保障标准相继上调。市养老护理中心、宜城街道居家养老配餐中心、残疾人“博爱家园”双基工程均如期建成。蝉联全国慈善七星级城市。社会事业协调发展。教育资源调整优化，组建宜兴开放大学，创成国家中等职业教育改革发展示范学校1所、省优质幼儿园4所。国家卫生城市通过国家级复审，社区卫生服务站规范化建设实现市域全覆盖。“紫砂陶制作技艺”申报世界非遗正式启动，“均陶制作技艺”入选国家级非遗名录。周铁镇成为中国历史文化名镇。文化区域互动等群众文化活动精彩纷呈，成功举办首届企业文化艺术节，被命名为省公共文化服务体系示范区。文明创建成果丰硕，被中央文明办列为全国文明城市提名城市。徐汉棠荣登“中国好人榜”，全市“中国好人”累计达9人。广电网络双向化改造覆盖率达98.5%。市第八届运动会以及世界斯诺克巡回赛、全国越野行走比赛等一系列高规格赛事取得圆满成功。陶博馆成为省内第二个海峡两岸交流基地。社会治理取得实效。加强治安防控体系建设，技防镇升级改造工程全面到位，青奥安保任务顺利完成。探索“阳光信访”新模式，信访稳定绩效名列全省前茅。全面推进“政社互动”、社区减负行动，新创全国和谐示范社区3个。社区矫正、社会化帮教等工作经验在全省推广。强势推进“六打六治”专项行动，实施重点化工园区安全生产一体化管理，开展危化品运输车辆、民爆行业突发事件应急演练，加强食品、药品市场监管。连续10年获评全省平安市称号。

六、毫不松懈转变作风，自身建设得到加强

市政府领导班子及全体组成部门坚持高标准、严要求，深入开展群众路线教育实践活动，着力推进“三解三促”常态化，突出解决“中梗阻”等“四风”问题，有效畅通联系服务群众的“最后一公里”，转作风的意识、优服务的能力得到进一步加强。自觉接受人大的法律监督、政协的民主监督，认真执行市人大及其常委会各项决议，人大代表建议和政协委员提案的办理满意率达到93%。积极响应市人大代表“回选区进社区”活动，紧密联系各民主党派、工商联、无党派人士和工青妇等人民团体。加强政府工作规范化建设，全面实施重大事项法制审查和法律顾问等制度，制订政府合同管理实施意见，获评“六五”普法中期考核全国先进市。深化政风行风建设，推进公安、教育等8个部门行业基层站所公共服务标准化建设，优化“12345”政府公共服务热线运行机制，行权网考核位列无锡市第一。成立市政府政策研究室，加强系统性政策研究工作。建立新闻发布会制度,及时向社会通报政府工作情况。严格执行经济审计、控制节会、规范接待等一系列制度,财政一般性支出较上年压降10%以上。

此外,史志、档案、侨务、民族宗教、邮政、人防、气象、机关事务管理、公积金管理、国防动员、民兵预备役、双拥优抚等工作取得了新成绩,海关、国检、税务、烟草、盐务、海事等部门为经济社会发展作出了积极贡献。

过去一年,面对特别困难、极其复杂的发展环境,市人民政府在市委的正确领导下,砥砺前行,大胆探索,既积累了宝贵的经验,也获得了深刻的启示。一年来,尽管遇到的挑战前所未有,但我们始终保持“压力再大精神不垮”的斗志,清醒把握、准确研判“三期叠加”阶段性特征,不迷茫、不消极、不畏难,从我做起、义无反顾、扛起责任,使宜兴发展经受住了风雨洗礼。一年来,尽管经济下行的压力前所未有,但我们始终坚守“困难再多发展不松”的信念,找准“稳”与“进”的平衡点和结合点,及时推出一批既利当前、更惠长远的政策措施,引导全市上下特别是广大企业始终聚焦、聚神、聚力于发展。一年来,尽管财政收支平衡的难度前所未有,但我们始终恪守“财力再紧民生不忘”的情怀,倾听民声、顺应民意、纾解民忧,将有限财力更多向民生领域倾斜,使全市人民在困难年景中感受到浓浓暖意。

各位代表,一年发展成果,凝聚着方方面面的心血和汗水。成绩的取得,离不开市委的坚强领导和科学决策,离不开市人大、市政协的大力支持和有效监督,离不开社会各界和百万陶都人民的团结拼搏和共同努力。在此,我谨代表市人民政府,向各位人大代表和政协委员,向离退休老同志,向各民主党派、工商联、无党派人士、各人民团体,向驻宜单位干部职工,向驻宜部队官兵和广大公安民警,向所有关心支持我市现代化建设的海内外朋友,致以崇高的敬意和衷心的感谢!

在总结成绩的同时,我们也清醒认识到,经济社会发展中还有不少需要破解的难题,主要是:产业结构性、层次性问题仍然突出,新兴产业还未成势,创新、开放的支撑力不足,转型步伐亟待加快;企业融资担保圈错综复杂,从根本上化解经济金融风险的任务依然繁重;生态、文化、旅游资源尚未得到深度挖掘和整合,没有充分转化为现实生产力和产业竞争力;民生保障与群众期盼仍有一定差距,社会治理面临较大压力;法治政府建设存在不少薄弱环节,机关部门依法行政意识和能力迫切需要提升;等等。对此,我们将认真研究,正确面对,并采取有力措施切实予以解决。

2015年工作任务

2015年是全面深化改革的关键之年,是全面推进依法治市的开局之年,也是全面完成“十二五”规划的收官之年,做好今年工作责任重大、使命光荣。展望全年,在国内经济发展步入“新常态”的大背景下,顶住经济下行压力、力保发展平稳向好将是最紧要的任务。我们必须准确把握新常态、主动适应新常态,找准发展平衡点、选准工作突破口,因势利导、顺势而为、乘势而上。我们将始终高扬“科学发展”主旋律。牢固确立科学发展观和正确政绩观,将“行稳致远”作为目标追求,加快在发展模式、发展路径、考核导向上求转变,做到调速不减势、量增质更优,致力走“既有质量、又有效益、同时兼具速度”的可持续发展之路。我们将更好激发“创新智慧”动力源。坚持改革创新再加力、率先探索不停步,摆脱传统禁锢,改变惯性思维,积极用新思路、新办法化解风险防控、项目招引、债务管理等各类难题,努力使创造性实践转化为突破性成果。我们将加快汇聚“法治精神”正能量。自觉把依法行政体现到决策、执行、监管等政府工作的方方面面,提高运用法治思维、法治方式驾驭发展的能力,确保各项政府行为都在法治框架下有序运行。我们将充分展现“尽责担当”精气神。拿出舍我其谁的魄力和百折不挠的韧劲,敢于打硬仗,敢于涉险滩,以敢作敢为的行动凝聚全社会力量,营造“风雨同舟、共克时艰”的浓厚氛围。

今年政府工作的指导思想是:全面贯彻落实党的十八大、十八届三中、四中全会和中央经济工作会议精神,以习近平总书记视察江苏重要讲话为行动指南和根本遵循,按照市委十二届五次全会的部署要求,牢牢把握稳中求进总基调,突出企业提质、项目攻坚、环境提升、法治保障、民生改善五大重点,统筹做好稳增长、调结构、优管理、促改革、维稳定等工作,推动经济社会各项事业稳健前行,努力开创现代化建设新局面。

今年国民经济和社会发展的主要预期目标为:地区生产总值、公共财政预算收入均增长8%左右;社会消费品零售总额增长12%左右;全社会固定资产投资增长10%左右;万元GDP能耗、主要污染物排放强度完成省、无锡市下达任务;实际到位注册外资达到上级目标要求;城镇居民、农村居民人均可支配收入与经济保持同步增长。

全年重点抓好八个方面的工作:

一、紧抓实体经济,全力确保稳中求进

牢固确立“实体经济是发展之本”的理念,协调各方力量化解风险、强化扶持,努力以实体经济的稳健运行支撑发展全局。坚定不移稳金融。积极推动省政府协调会议精神的贯彻落实,进一步健全防范化解金融风险联动机制,力保金融生态安全。加强政府协调,增进银企互信,引导银行调优信贷投向,腾出空间支持优质企业发展。紧紧围绕转贷续贷、融资担保等关键环节,用好市镇两级贷款周转金平台,支持专业担保机构发展,严防金融风险沿着担保链传递和蔓延,确保不发生系统性、区域性金融风险。继续完善风险排查和预警的有效办法，健全出险企业分类处置模式，鼓励通过兼并重组等途径，盘活企业有效资产。加快企业信用体系建设，构建市场主体信用数据共享平台，完善"一处失信、处处受限"的监管体系，加大恶意逃废债务等失信违法行为惩戒力度，坚决维护经济金融秩序和社会公平正义。积极开辟多元化融资渠道，支持企业通过直接上市、股权合作、发行债券等途径募集更多资金。坚定不移优扶持。更加突出绩效和贡献导向，进一步优化促进经济和社会又好又快发展等政策意见，最大限度发挥激励政策的杠杆作用。强化节约集约发展，建立项目用地前期评审和后期评价机制，优先利用闲置厂房等存量资源，优先保障高产出、高效益的优质项目。在全市广泛深入开展"暖企行动"，强化定企挂钩等制度，点对点服务，个性化指导，推动骨干企业扩大行业优势，引导优质企业加快固本强身，帮助困难企业摆脱经营困境。建立企业家和职业经理人培育库，增强培训、激励等机制的实效性，加快打造一支眼界宽、能力强、善经营、讲诚信的"宜商"队伍。坚定不移抓投入。更大力度抓牢在手项目，推动要素保障、协调服务向大项目、好项目集中，力促协联燃机热电、灵谷煤气化改造等项目达产见效，争取全年实施市定重点工业、服务业项目70只以上。完善从项目签约到开工的全过程推进机制，加快北控投资、绿能集团等重大签约项目落地，催生新的经济增长点。推动中小企业自发式、滚动式发展，引导发展质态好、市场前景广的企业新上一批"零供地"、高效益的技改项目，支持双盾环境科技、利通电子等本土企业扩能增效，形成更多的增量经济和有效产出。

二、加速转型升级，持续优化产业质态

增强转型发展的自觉性和主动性，把转方式、调结构放在更重要的位置，构建综合竞争力更强的现代产业体系。加快提高制造业发展水平。推动电线电缆、节能环保两大支柱产业向高端转型，重点推进龙头企业对内开展兼并重组，对外加强与央企、国企、实力民企战略合作，择优扶强打造领军型企业，进一步巩固和提升行业领先地位。发挥新能源、新材料、光电子等新兴产业集群优势，以项目为引领拉长产业链、提高集聚度，力争五大主导产业产出比重提升2个百分点。推进陶瓷耐材、机械制造等传统产业提档升级，提升企业品牌价值和盈利水平，走高端化、高效益发展之路。加强工业化与信息化深度融合，争创省"两化融合"示范（试点）企业5家，推动先进制造企业向"智能工厂"转变。加快提升服务业贡献度。修编服务业空间布局、商业网点布局等专项规划，明晰区域定位，指引项目建设，力争服务业增加值、服务业投入保持良好增势。放大核心商圈集聚效应，加快苏宁现代生活广场建设进程，确保八佰伴购物中心落成开业。实施电子商务提速计划，引导商贸骨干企业和工业规模企业拓展网上市场，培育电子商务村6个，实现网络销售400亿元。强化大市场、大集团培育力度，进一步建强旺达等重点物流基地，不断增强陶都陶瓷城、华东石材城等专业市场活力。加快推进农业现代化。以构建现代农业体系为方向，加大多元化投入，做强官林临津等七大重点农业产业园，培育张渚悦禧玫瑰等特色新基地，扩大高效农业产出比重。科学规划生态休闲农业整体布局，开发各具特色的生态休闲农业产品。转变农业经营方式，鼓励发展多种形式的适度规模经营，强化农业科技支撑力和农民经济合作组织带动力。积极保障优质农产品有效供给，力争种植业"三品"农产品产量占比提升至35%。深入实施农田水利建设规划，扎实推进高标准农田建设，更好发挥农业发展的基础保障作用。

三、突出开放创新，充分释放发展活力

积极应对经济增长动力转换带来的挑战，强化开放创新"双轮驱动"，扩大开放合作成果、提升科技创新实效，将优质资源转化为新一轮经济发展的动力源泉。全力实施开放攻坚。策应上海自贸区建设、外资准入便利化，坚持经济国际化战略，加快构建开放型经济新体制。显化园区招商引资"主阵地"作用，加大驻点招商、产业链招商、小分队招商力度，力促一批优质外资制造业项目落户。探索跨国公司"绿地投资"新模式，引入融资租赁、投资性公司等新型外资业态，实现利用外资结构再优化。全面落实外贸"稳增长"政策，推进区域通关一体化和口岸功能区整合，进一步提升外贸贡献度。引导企业主动"走出去"，加快境外优质资产并购和产业链延伸，形成外经外包新的增长点。鼓励发展混合所有制经济，充分激发各类市场主体活力，推动国有经济与其他所有制经济双向融合。全力提升创新能级。抢抓苏南自主创新示范区建设机遇，启动"行业排头兵"三年行动计划，做大高新技术企业集群，力争高新技术产业产值占规模工业产值比重达39%。启动"国际合作年"计划，加强全方位技术对接，力争建成10家国际合作示范企业。依托产业链，建强创新链，加快科创成果集聚和转化，力争引进产学研合作项目130只以上，新增省级以上研发机构10家以上。完善金融机构和资本市场支持创新的体制机制，探索设立"宜科贷"，力争"苏科贷"贷款企业数增长10%以上。建立招才引智与招商引资联动机制，促进人才、智力、项目有机融合，力争引进"千人计划"专家、省"双创"人才各10名，争创"东方硅谷综合示范区"。全力建设一流园区。坚持做大总量、做精产业、做强实力不动摇，突出重点园区的平台优势、产业优势、承载优势，使"一园两区"在"稳增长"中体现应有的领军地位和贡献度。环科园要以"环境医院"模式为指引，加快推进中新水处理国际创新园、中节能环保产业园等载体建设，致力建成一站式、全流程的环境综合服务新平台。开发区要充分利用统筹发展的新空间,做大新能源、绿色食品饮料等产业集群规模,做专投影、光电子、高端动力机械等特色"园中园",力争经济总量增幅保持全市前列,实现在国家级园区中赶超进位。陶瓷产业园要坚持育优和引强两手抓,力争更多高端陶瓷企业进驻发展。各工业集中区要继续抓好项目招引、资产盘活等工作,推动传统产业存量升级和新兴产业增量扩容,实现更有质量、更有效益的发展。

四、深化综合改革,切实优化体制机制

当好全面深化改革的先行引领者、大胆实践者和积极推动者,切实做到改革不停顿、不止步,致力谋求更多的改革红利、抢占更多的发展先机。加快行政体制改革。深入推进审批制度改革,突出职能归并、流程再造,精简预审和前置审批环节,落实"减、转、放、免"等要求。试行营业执照、组织机构代码证和税务登记证"三证合一"制度,促进工商登记便利化。稳步实施事业单位分类改革,建立完善事业单位法人治理结构,构建岗位设置后的常态化管理机制。按照新一轮政府机构改革部署,调整工商、质监、食药监管理体制,综合设置市场监管机构;整合卫生、人口计生职能,提升公共服务能力。深化财税体制改革。以财政管理规范化、精细化为方向,实行全口径预算管理,加强对重点专项资金的绩效评价,切实提高财政资金使用效益。落实财政预决算全公开要求,突出内容细化和方式创新,加快打造透明财政、阳光财政。依法清理规范税收等优惠政策,严格把好财政支出管理关。主动适应政府性债务管理新要求,健全投融资决策绩效评估机制,强化市镇两级举债审批和管控,确保财政安全良性运行。加快国资管理改革,建好制度体系,管好信息平台,构建"产权清晰、配置科学、处置高效、监管全面"的新模式,推进国有平台公司实体化、市场化运作,形成新的财力增长点。统筹社会领域改革。继续深化农村改革,扩大土地确权登记颁证工作范围,探索组建市镇两级农村产权交易平台。开展农村集体经营性建设用地流转试点,逐步建立城乡统一的建设用地有形市场。优化政府购买服务模式和效能,提高社会组织在公共服务领域的参与度。探索养老机构医养结合、公建民营等模式,创新管理体制、运营机制和资本投入方式,多元构建养老服务体系。有序推进广电台网分离,提升广电优质资源市场竞争力。

五、强化城乡统筹,不断提升城市品质

准确把控城乡建设的强度和节奏,大力推进以人为核心的新型城镇化,构筑现代宜居城市的良好品质。更加突出规划精准化。启动新一轮城市总体规划修编,科学定位城市未来发展。调整宜城、丁蜀中心城区控规编制单元,完成老城区更新改造等规划。以做优做美农村环境为目标,继续深化农村农户建房规划管理,力争规划保留村庄详规编制的覆盖面达到100%。加快已有规划成果整合,建立全市域"规划一张图"应用系统,同步开展地下管线普查,构建立体化信息监管网。更加突出城乡一体化。聚焦东氿RBD及周边地块建设,加快推进阳光壹佰商业水街、保利文旅综合体等重点项目,有序实施东氿楼宇亮化工程,展现更为靓丽的东氿新城形象。继续改善宜城、丁蜀老城区面貌,加快实施蛟桥河两侧景观、老旧小区等改造工程,使城市建设更贴近群众需求。启动宁杭高速东互通、锡溧漕河大桥改造等工程,加快推进范蠡大道、环科大道等续建工程,确保凯旋路东延、戈潘线改造建成通车。稳步推进市道加铺、危旧桥梁改造、客运场站建设等工程,确保丁蜀综合客运站、金三角公交始发站、城南出租车服务中心全面竣工,构建更便捷的交通服务体系。加速建设500千伏宜兴东输变电工程,新建丁山加气站,进一步增强公用设施承载力。依托国家"水专项",不断完善城市排水防涝系统,努力打造"海绵城市"。更加突出管理精细化。以创成省优秀管理城市为目标,推动市、镇、村三级管理全覆盖。紧抓城区河道、出租车、物业管理等重点领域整治,努力突破一批城市管理难题。科学配置城区路网的承载负荷,严管违规行车、停车行为,开展交通管理"样板路"创建行动。严格规范宜南山区项目审批,着力推进历史性违法建设分类处置。巩固矿产品生产运输秩序常态化管理成果,坚决防止问题反弹回潮。有序把控住宅用地出让、商品房开发力度,促进房地产市场健康发展。建立房屋征收安置新机制,多元化满足群众安置需求。

六、推动融合发展,致力构筑未来优势

坚持把生态、文化、旅游融合发展作为区域竞争的最佳优势、最大潜力来培育,按照协调并进、互促相融的原则,全力放大资源叠加效应,更好彰显宜居宜游的城市魅力。进一步提升生态文明。严格执行新《环境保护法》和省生态红线区域保护规划,构建职责更明确、执法更严格、追责更有力的工作格局。重抓大气污染防治,持续推进民生环保行动,落实秸秆综合利用政策和禁烧措施,确保完成燃煤小锅炉、城市扬尘等年度整治任务。继续实施治太保源四大专项行动,重点推进社渎港、官渎港等小流域治理,确保入湖河道水质持续好转。拓宽污水主管网覆盖面,从严监管处置重点企业排污行为,高标准运行城市污水处理厂,同步提升污水收集率和达标处理率。启动污泥处理项目建设,引进推广科学处置固废的先进技术及工艺。按照节能减排刚性要求,实施能源消耗强度和消费总量"双控制",组织重点节能和循环经济项目20只,不断提升环境容量。建立生态环境信息与应急指挥中心,提高环境保护的动态监管水平。继续加强村庄环境长效管理，完成分水、元上等老集镇改造任务。进一步推动文化繁荣。珍视城市历史文化遗存，保护性修缮周王庙、文昌阁等重点文保单位，分步骤推进古南街等历史街区整修工作。高标准建成、运营、管理市文化中心，打造文化宜兴的新窗口。精心筹办第八届陶文化节，举办纪念徐悲鸿、顾景舟等系列活动，加强海峡两岸紫砂文化交流，全力做好“紫砂陶制作技艺”申报世界非遗工作。鼓励文化企业主动嫁接优质市场主体，加快推进凤凰文化书城、中超利永紫砂陶等重点项目，积极发展文化创意、文体旅游等多种业态，助推文化产业成长壮大。全面开启全国文明城市创建工作，深化公共文明引导行动，丰富“一村一品”基层文化阵地建设内涵，让历史文化名城展现出现代文明城市新风貌。进一步加快旅游振兴。全力创建国家5A级景区，加强市、镇、村、企互动联创，集聚资源、多元投入、创优服务，提升宜兴旅游的承载力和美誉度。强化旅游产业集团的平台作用，促进国有旅游资产整合和开发，形成市场化运作、一体化运营的新架构。依托宜南山区可建设资源调查成果和乡村旅游专项规划，布点一批既有本土特色、更有市场前景的旅游服务新载体，打响宜兴乡村旅游的独特品牌。加快搭建智慧旅游平台，完成旅游交通标识导引系统一期工程，为游客提供优质便捷的服务体验。继续强化新媒体、高铁、客源地等旅游营销，精心策划“茶禅四月到宜兴”和“金秋十月醉陶都”两大旅游季活动，扩大“中国陶都·陶醉中国”城市影响力。

七、普惠发展成果，全面推进社会进步

坚持不懈惠民生、增福祉，尽心尽力办好惠民实事，不折不扣兑现民生承诺，努力满足群众对美好生活的向往和追求。完善好民生保障体系。落实更加积极的就业政策，搭建多样化就业服务平台，加大优秀大学毕业生招引和产业亟需技能人才培养力度，统筹化解“就业难”与“招工难”并存矛盾，实现新增就业2万人。大力实施社保普惠工程，提高城乡居民基础养老金、城乡低保等社会保障标准，新增社保扩面1.2万人。启动实施保障性限价商品房制度，进一步扩大保障受益面。继续做好助残、救孤、济困等慈善工作，让困难群众生活有保障。统筹好社会事业发展。围绕提升教育质量目标，着力优化师资队伍，加强师德师风建设，不断提高群众对教育的满意度。稳步推进农村危旧校舍改造，确保和桥高级中学新校、实验小学城东分校建成招生，筑牢教育发展的硬件支撑。积极争取市医疗中心年内开工建设，新建市精神卫生中心、120急救指挥中心和血站、宜城社区卫生服务中心，为群众营造更优质的就医条件。完成老体育馆改造等公共体育设施建设，进一步满足群众健身需求。维护好社会安定局面。改造升级市社会管理服务中心，实施专业化运作，实现一站式服务、一体化治理。加强行业性、专业性调解组织建设，创新矛盾纠纷多元解决机制，提升社会稳定风险评估的覆盖面和执行率。分类指导推进“政社互动”，重点厘清政府和社区的权责边界，积极培育各类公益性、互助性社会组织。织密“平安宜兴”建设网络，坚持严字当头，构建集打、防、治于一体的立体公共安全体系，实现对社会治安的有效管控。加快构建安全生产长效化管理体系，加强应急联动机制建设，全力筑牢公共安全和社会稳定基础。

八、规范行政行为，努力建设法治政府

掀起全社会学法热潮，大力推动法治理念向经济社会各个领域全面渗透，使依法治市的要求内化于心、外化于行，以“法治第一保障”服务于“发展第一要务”。健全科学化的行政决策机制。发挥市政府常务会议、市长办公会议的集体决策作用，认真执行重大行政决策程序，对涉及经济社会发展全局的重大事项，广泛征询意见，充分进行协商，推动参与式行政程序建设，公共财政预算、政府实事项目等重大事项报人大批准后执行。建立重大行政决策终身责任追究制度和责任倒查机制，强化行政问责和追责，防止盲目决策、随意决策。调整优化法律顾问团队，扩大“法律智库”参与政府事务的渠道和范围。形成标准化的行政执法制度。全面落实行政执法责任制，推进机构、职能、权限、程序、责任法定化，督促行政机关及广大工作人员“法定职责必须为”、“法无授权不可为”。进一步理顺执法机制，对权力集中的部门实行分事行权、分岗设权、分级授权，科学界定资源环境、公共服务等领域的执法边界。继续推动执法重心下沉、力量下移，赋予镇级更多行政执法权。打造规范化的行政监督体系。自觉将行政行为置于人大、政协的监督之下，主动配合人大的专项评议、政协的民主评议，虚心听取民主党派、工商联、无党派人士和人民团体的意见建议。适应行政诉讼制度新变化，更加主动接受司法监督。认真执行《行政监察法》，支持审计等部门依法行使监督权，重视社会公众监督和网络舆论监督。营造透明化的政务公开环境。以全覆盖为目标，着力提高行政权力网上运行率，推动行政权力“全上网、真运行”。动态更新政府信息公开目录，更好满足群众获取和利用政府信息的需求。坚持问政于民、问计于民，搭建敞开式对话平台，畅通新闻发布、市长信箱、“12345”政府公共服务热线等政民互动渠道，进一步扩大政府集群网站及政务微博“宜兴发布厅”的影响力。

为确保完成年度目标任务，市人民政府将专注事业、以干为先、展现作为，团结带领全市人民爬坡越坎、坚定前行。我们将系统研究发展思路，发挥好主导作用，深入研究党的十八大以来中央一系列重要政策，探索新形势下稳发展的有效举措。科学编制"十三五"发展规划，勾画宜兴未来发展蓝图。我们将切实强化责任落实，完善部门协同配合机制，对年度核心指标、重点工程、重大项目，进行全过程督查和问效，坚决克服执行衰减、执行偏差、执行不力等问题。我们将继续秉持务实作风，巩固深化群众路线教育实践活动成效，把为民务实清廉的好做法制度化、好经验长效化，继续走基层，俯身接地气，开展"三解三促"等活动，确保政府工作始于群众需求、终于群众满意。我们将始终坚持廉洁从政，刚性贯彻中央八项规定精神，从源头上预防和治理腐败，在惩腐肃纪上做到"零容忍"，坚决把好"三公"经费等支出关口，带动全社会形成厉行节约、艰苦奋斗的好风气。

各位代表，创业艰难百战多，百舸争流勇者胜，谱写美好的中国梦宜兴篇章，需要全市人民并肩合力、团结拼搏。让我们在中共宜兴市委的坚强领导下，在市人大、市政协和社会各界的监督支持下，激发满腔豪情，争创良好业绩，为圆满完成全年目标任务、实现"十二五"完美收官而努力奋斗！

宜兴市2014年国民经济和社会发展计划执行情况及2015年国民经济和社会发展计划草案的报告(摘要)

宜兴市发展和改革委员会主任　王迎春

(2015年1月14日)

一、2014年国民经济和社会发展计划执行情况

2014年，面对宏观趋紧、"三期叠加"、增长放缓等多重不利因素和国内经济全面进入"新常态"的发展背景，全市经济社会发展总体保持稳中有进态势，基本完成了市十六届人大三次会议确定的主要目标任务。

(一)综合实力稳步提升，发展地位保持稳定

预计全年完成地区生产总值1248亿元，可比价增长8.5%，完成年度调整计划的100%，总量继续位居无锡各板块第三。服务业增加值占GDP的比重预计达到43.4%，比上年度提高0.6个百分点。公共财政预算收入完成94.45亿元，同比增长9.05%，完成年度调整预算的100.04%，其中税收增幅、税收占比均居无锡前列。宜兴经济开发区升格为国家级经济技术开发区。

(二)三次产业平稳前行，经济质量不断提高

1.工业经济微幅增长。预计全年完成工业总产值3450亿元，工业应税销售超3470亿元。完成规模以上工业总产值2812.9亿元，预计完成规上工业利税180亿元，规上企业产销率达97.5%。主导产业持续壮大，预计高端线缆、节能环保、新能源及光电子、新材料等五大主导产业全年实现规上产值1500亿元，占全市规上工业产值比重达53%。

2.服务业健康发展。预计全年完成服务业增加值541亿元，完成服务业地税收入40亿元，占全市地税收入的55%左右，成为市地方税收的重要来源。电子商务方兴未艾，全市开展电商零售的企业或个体超4000个。生态文化旅游业蓬勃发展，荣获"国际休闲示范城市"称号，陶博馆、云湖景区成功创建国家4A级旅游景区。文化产业加速发展，预计全年实现文化产业增加值占全市GDP比重达3.6%。

3.农业生产稳步增长。预计全年农业总产值增长8%，粮食生产实现"十一连丰"。完成"三资"投农5.1亿元，新增高效设施农业面积1.1万亩。生物农业继续保持无锡地区领先地位，荣获全国休闲农业与乡村旅游示范县(市)称号。

(三)科技创新深入推进，改革水平不断提高

1.科技创新成效显著。高新产业优化发展。新认定高新技术企业36个，累计达277个，居全省前列；新增高新技术产品299只，位列无锡各板块第一；预计高新技术产业产值占规模以上工业总产值的比重达38.5%。企业自主创新能力继续提升。预计全年全社会研发投入占GDP的比重超2.9%，每万人劳动力中研发人员数达94人；预计全年完成发明专利申请量和授权量分别达1300件和280件。

2.体制创新有序推进。政府购买社会组织公共服务工作进一步推进，确定了30个社会组织购买35项相关服务事项。强镇扩权工作继续推进，第二批下放事项承接到位。电子化招投标正式启用，政府投资工程招投标制度体系更趋完善。事业单位分类改革、公立医院改革稳步推进。

(四)有效需求继续扩大，发展动力不断增强

1.投资结构持续改善。预计全年完成固定资产投资602亿元，同比增长8.4%。服务业投资占比提升。服务业投资占全社会固定资产投资的比重达44.9%，比上年同期提高3.3个百分点。技改投入占比较高。大力推进"百企技术提升行动计划"，预计全年实施技改项目500只，技改投入占比达70%。重大项目有序推进。

红牛饮料二期、兴盛新材料一期正式投产，丹森科技、雅克科技等项目基本竣工，八佰伴购物中心建设进度过半，九如城康复医院、体检中心等设施土建完工。

2.消费需求稳定增长。预计全年完成社会消费品零售总额465亿元，同比增长11.7%。华地、新苏南等商场完成改造，一批高端品牌相继入驻，核心商圈品牌集聚效应进一步彰显。现代物流增势稳健，预计全年完成全社会物流总额超3450亿元。

3.对外贸易保持平稳。预计全年完成进出口56亿美元，其中出口36.3亿美元，进口19.7亿美元。一般贸易作为全市外贸出口主力军，占全市出口总量的75%，保持了3%的稳定增长。服务外包高幅增长。服务外包业务合同总额、执行金额均超额完成年度目标任务。新培育服务外包企业14个，累计达到125个，服务外包企业实现乡镇全覆盖。

(五)城乡建设管理有序发展，环境质量不断提升

1.城乡面貌持续改善。城区南部路网整体改造基本完成，高质量完成荆溪南路(东山路至南仓村路)综合改造，并同步实施荆溪南桥、荆溪中桥拓宽改造工程及土城路、解放东路(解放广场至荆邑路)整体改造工程。老集镇提升改造扎实推进，突出基础设施、公建配套、环境卫生、社会秩序等群众看得见、摸得着的实事项目，堰头、新芳等长年被遗忘的角落重新焕发新颜、展现新貌。按照标准化、制度化、专业化管理模式，全面实施村庄环境长效管理，有力巩固了整治成果、提升了整治成效。

2.生态环境持续优化。加快推进大气污染防治，全年城市空气质量达到及好于二级标准天数占到65.9%，高出无锡大市7个百分点，列无锡地区第一位。水环境综合整治扎实推进，强化控源截污，确保入湖河道水质持续改善，市九条主要入湖河道年平均水质基本消除五类，达到了四类以上。加快推进污染减排工作，预计全年共减排COD1127吨、氨氮136吨、氮氧化物9286吨。

(六)实事项目进展顺利，民生事业不断改善

1.政府实事工程稳步推进。全年12件44只实事项目完成预定目标。其中，11只目标类项目全部提前完成目标任务；33只工程类项目，除个别项目因规划、建设方案调整未达时序进度外，总体进展顺利。

2.人民生活持续改善。收入水平持续提高。预计全年城镇居民、农村居民人均可支配收入分别达到39600元和20200元，分别增长9.2%和10.5%。就业形势保持稳定。新增就业岗位3.2万个，实现就业2.7万人，其中农村劳动力转移就业2万人，城镇登记失业率2.2%，低于市定控制目标。社保水平稳步提高。新增社保扩面1.3万人，社会保险综合覆盖率达99.3%；城乡居民基础养老金提高至每人每月138元。基础民生保障力度更大。城乡低保标准提高至每人每月560元，居民消费价格指数低于全省平均水平。

3.社会事业全面推进。教育发展步伐加快。创建国家中等职业教育改革发展示范校1所、省职业学校品牌专业2个、省标准化社区教育中心3个，普通高考本二以上进线率53.2%。文化工作实现新突破。成功创建江苏省公共文化服务体系示范区，正式启动《宜兴市文化产业发展规划纲要》编制工作，启动实施宜兴紫砂陶制作技艺申报世界非遗工作，“宜兴均陶制作技艺”入选国家级非遗名录。医疗卫生工作创出新水平。城乡居民医保参保覆盖率继续保持100%，国家卫生城市通过国家级复审。体育事业蓬勃发展。成功举办“今世缘·国缘杯”2014CBSA世界斯诺克巡回赛宜兴高塍公开赛等一系列国际国内精品体育赛事，有力提升和扩大城市影响力。

总的来看，当前全市经济和社会发展总体良好，但也存在不少矛盾和困难。主要是：受要素制约增多、预期收益下降等影响，经济下行压力较大，工业经济持续低迷，重大产业项目明显偏少；由于银行惜贷、债务风险突出等原因，融资形势比较严峻。对此，需要在今后工作中采取积极有效的措施着力破解。

二、2015年国民经济和社会发展主要预期目标安排

2015年是全面深化改革的关键之年，是全面推进依法治市的开局之年，也是全面实现宜兴“十二五”规划的收官之年。安排2015年经济社会的发展目标时，我们既要兼顾财政支出的刚性需求，又要在保平稳的基础上力争适度发展，还必须确保宜兴在区域内的发展地位。因此，2015年的计划目标安排增幅不低于上年实绩增幅，具体安排如下：

1.地区生产总值增长8%左右；

2.公共财政预算收入增长8%左右；

3.固定资产投资增长10%左右；

4.农业总产值和多种经营产值平稳增长；

5.规模以上工业总产值增长不低于上年实绩增幅；

6.工业应税销售、流通应税销售增长不低于上年实绩增幅；

7.进出口总额、出口总额增长达到上级要求；

8.工商登记协议注册外资、到位注册外资达到上级要求；

9.社会消费品零售总额增长12%左右；

10.城镇居民、农村居民人均可支配收入与经济发展同步增长；

11.万元GDP能耗和主要污染物排放量下降达到上级要求；

12.居民消费价格指数控制在省定范围内。

三、2015年政府实事项目及政府投资项目

(一)2015年政府实事项目计划建议

2015年政府实事项目按照明确导向、普遍受惠和条件具备原则，建议安排12件36项。

(二)2015年政府投资项目计划

2015年政府投资项目计划以续建项目和实事项目为主,新开工项目,先进入投资项目库,然后根据“先有资金,再定项目”的原则,依据轻重缓急,安排好2015年的政府投资项目。

四、2015年国民经济和社会发展主要任务和措施

为实现2015年计划目标,重点做好以下六方面工作。

(一)更加注重提质增效,切实加快经济转型升级步伐

1.促进工业经济转型发展。

2.继续壮大服务业发展总量。

3.着力推动现代农业发展。

(二)更加注重扩大内需,全力增强发展动力

1.狠抓后劲投入。

2.提升消费水平。

(三)更加注重创新驱动,着力深化改革开放

1.继续提升科技创新能力。

2.扎实推进体制改革。

3.着力形成对外开放新局面。

(四)更加注重城乡统筹,继续提升生态环境质量

1.进一步加强城乡建设。

2.进一步推进生态文明建设。

(五)更加注重民生幸福,不断提高社会治理水平

1.进一步改善民生。

2.进一步推进各项社会事业。

(六)更加注重引导激励,进一步优化要素保障

1.进一步落实政策激励。

2.进一步优化行政服务。

3.进一步推进资本经营。

2015年宜兴市政府实事项目计划建议

表1　　单位:万元

序号	项目名称	责任单位	主要建设内容	计划总投资	累计投资	2015年计划完成投资额	至年底进度
				152434	25241	93721	
1	促进就业	人社局	就业保障:全市新增就业岗位30000个,全市劳动力实现就业20000人,农村劳动力转移就业8000人,城镇登记失业率和农村调查失业率均控制在3.2%以内,零就业家庭动态归零	—	—	—	完成
		人社局	劳动力培训:培训农村劳动力9500人,城乡劳动者职业技能培训人数8500人,培养高技能人才3800人	—	—	—	完成
2	社会保障	人社局	提高基础养老金:提高基础养老金20元/月,每人每月发放158元,养老金发放率达100%	—	—	—	完成
		民政局	慈善救助工程:主要实施“助学、助医、助残、助困、助老、应急救助”六大救助,全年争取募集慈善资金4000万元,计划发放各类慈善款3200万元	—	—	—	完成
		残联	双基工程:在13个镇(街道)完成10个安养院建设和9个社区卫生服务中心康复站建设	263	—	263	张渚、西渚、太华、杨巷、新建、和桥、屺亭、新庄、新街、高塍完成安养院规范化建设及正常运行;张渚、太华、徐舍、杨巷、和桥、高塍、万石、周铁、新庄完成社区卫生服务中心康复站规范化建设及正常运行
		妇联	“家和万事兴”家庭文明建设:面向全市38万户家庭,开展家庭文明建设	50	—	50	评选“五好文明家庭”100户,征集“好家风、好家训”100个,评选十佳百户特色家庭,建设儿童快乐家园示范点10个,开展“巾帼志愿万家行”活动
3	放心消费	商务局	示范早餐工程:建成示范早餐店10个	20	—	20	完成
		物价局	农产品平价商店:确保全市40个平价商店,继续以低于市场均价15%的价格销售优质农产品	500	—	500	完成

续表1

序号	项目名称	责任单位	主要建设内容	计划总投资	累计投资	2015年计划完成投资额	至年底进度
4	卫生事业	卫生局	“银医通”项目(一期):对3个试点医院(人民医院、中医院、二院)的HIS系统进行改造、升级,进行三个医院的数据标准化采集,实现医疗资源共享	599	—	599	完成
		卫生局	宜兴市周铁医院暨宜兴市精神卫生中心建设:占地面积45亩,总建筑面积约28369平方米,由基本医疗(含门急诊、医技楼、手术室、供应室、普通病房)、精卫中心、社区卫生服务中心组成。基本医疗设内科儿科、外科骨科、妇科产科3个病区,每个病区40张床位,计120张床位,精卫中心400张床位,共计520张床位	14362	—	2000	土建开工
		卫生局	提升社区卫生服务体系医疗服务能力:充分发挥市级医院对口支援作用;加强基层医疗机构人才队伍建设;建立区中心以上医院业务骨干定期巡诊、义诊制度;积极创建基层特色科室和建立高效的双向转诊机制	100	—	100	完成
5	公共服务	宜兴电信	“无线宜兴”无线城市惠民工程(二期):在全市建设3000个“YiXingFree”热点,全市“YiXingFree”热点将达到5000个,实现农村集镇、旅游公共区域的广泛覆盖	400	—	400	新增YiXingFree热点3000个
		旅游局 宜兴电信	智游宜兴:建设宜兴智慧旅游平台和移动终端软件,对宜兴境内所有旅游产品资源进行整合和电子化,建立互联网全方位多渠道营销体系	1054	—	472	上线100个标准化旅游产品,开发特色旅游产品线15条,组织特色活动3场
		建设局	建设市民服务中心:对文化创意产业中心1-4层进行改造,改造面积1万平方米	6000	—	6000	完工
6	文体建设	文广新局	五星级农家书屋创建:对照江苏省五星级农家书屋创建标准,创建五星级农家书屋20个	60	—	60	完成
		文广新局	村(社区)文化服务标准化提升工程:实现94个行政村(社区)达到标准化要求,即有1个特色文化活动品牌、有1个专职文化辅导员、有3支以上的特色文艺团队,有2次以上的村级文化培训、有6个以上的免费开放项目、开展5次以上广场文体活动	300	—	300	完成
		文广新局	“幸福宜兴 文化民生”文化区域互动:全市18个镇(园区、街道)、特色文艺团队、文化志愿者队伍各组织1台综合文艺演出,参与交流互演,全市联动	—	—	—	完成100场演出
		民政局 史志办	宜兴革命纪念园“一体两馆”建设工程:新建革命烈士纪念馆,重建革命陈列馆,建筑面积约4000平方米(其中革命烈士纪念馆2000平方米、革命陈列馆2000平方米)	3000	—	1500	主体建筑完工
		建设局	★全民健身中心建设:将老体育馆内部结构改造为框架三层、局部一层,改造总建筑面积2996平方米	1380	150	1230	完工
7	环境提升	环保局	民生环保专项工程:按照民生环保三年行动计划,对影响群众正常生产、生活的重点企业开展整治,涉及企业32个	—	—	—	完成
		建设局	老街区改造:对撤并镇的10个老集镇进行街区改造,每个补贴100万元	1000	—	1000	完成
		公用事业局	★城市河道治理工程:完成宜北河等河道清淤、下漳河综合整治,下小岭河、西北稍河、龙潭河景观,调水工程等	5000	2250	2750	完工

续表1

序号	项目名称	责任单位	主要建设内容	计划总投资	累计投资	2015年计划完成投资额	至年底进度
	环境提升	丁蜀镇	旧城区改造:①老小区改造:对丁中教工小区、潘家村、东风小区进行改造。②住宅平改坡:计划改造1万平方米。③镇区基础设施改造:改造10只公厕,整治解放西路,长1.42千米、拓宽至12米,新增公共停车位200个以上,对大浦、张泽、洑东三个集镇老镇区进行改造。④西山农贸市场改造	7728	—	6500	除西山农贸市场改造完成工作量60%,其他年底完工
		宜城街道	老小区改造:四个小区改造,实施砼道路拓宽、立面改造,车位改造,雨水道疏通改造,侧石维修改造,绿化补缺改造等五项内容	1000	—	1000	竣工
8	安居工程	宜城街道	春燕花园安置小区:建设住宅408套,总建筑面积7万平方米	25000	—	8000	8幢高层主体至10层
		住房局	★桃溪人家(一期):建设住宅592套,建筑面积5.77万平方米	18000	12000	6000	完成市政配套建设并竣工交付
9	方便出行	交通运输局	农村公路提档升级:拓宽和重建镇道、重要村道150公里,同时改造危旧桥梁20座,绿化和安保设施同步实施到位。	12800	—	12800	完成
		交通运输局	城乡公交出行:新建农村公交候车亭70只,新增公交型燃气车98辆(其中城市型60辆)。在人民路2-3个道口试点公交优先,继续优化校车运行方便学生出行	4340	—	4340	完成
10	学校建设	建设局	★实验小学城东分校:建设规模为小学6轨36个班及幼儿园4轨12个班,总建筑面积21500平方米,主要建设教学楼、幼儿园、行政信息中心、实验楼、食堂、风雨操场、室外活动场地等,同时配套水电、道路、绿化等附属设施	11301	9041	2260	完工并交付使用
		教育局	官林高级中学校舍改造:总建筑面积8556平方米	900	—	900	竣工
11	公用事业	公用事业局	安全饮水:①偏远山区供水管网建设。完成偏远山区8553户供水管网和设施建设,其中集中式供水区域内环科园梅园村等5723户,非集中式供水区域内环科园铜山村等2830户。②供水主管网建设。完成60千米	10146	—	10146	完工
		公用事业局	污水处理:新建污水主管网60公里,各类单位纳管100户,雨污分流50万立方米	18000	—	18000	完工
		公用事业局	天然气推广:老小区入户改造3000户	900	—	900	完成
12	平安建设	公安局	★卡口建设:建成3个公安检查站、新建2个市际卡口(潘家坝、新建)	2100	800	1300	完工
		综治办	★老小区技防改造:对宜城、丁蜀共181个老小区进行技防改造,安装技防设施	2800	1000	1000	完成工作量70%
		公安局	技防城三期:①进一步完善城区治安监控系统建设。城区增加高清摄像机512个,人行道增加高清的固定摄像机67个,电子警察增加47套正面高清虚拟卡口系统。②进一步完善全市"3.20"工程道路监控系统建设。新增卡口式电子警察系统39套、水上通行船舶智能抓拍系统4套,建设巡逻艇移动智能抓拍系统2套。③进一步完善提升图像监控实战平台建设。④新建技防城监控系统运行管理平台	3331	—	3331	完成

说明:带★项目为续建工程

编辑　吴艳

概 况
YIXING SURVEY

基础地情

【地理位置】 宜兴市位于北纬31°07′～31°37′，东经119°31′～120°03′。地处江苏省西南端、沪宁杭三角中心，东面太湖水面与苏州太湖水面相连，东南临浙江省长兴县，西南界安徽省广德县，西接常州市溧阳市，西北毗连常州市金坛市，北与常州市武进区相傍。滆湖镶嵌宜兴和武进之间，三氿（东氿、团氿、西氿）相伴市区宜城东西两侧。地势南高北低，西南部为低山丘陵，全市最高峰为黄塔顶，海拔611.5米；东部为太湖渎区，适宜种植各种蔬菜；北部和西部分别为平原区和低洼圩区，是宜兴市的粮油主要产地。全市总面积1996.6平方千米（其中太湖水域面积242.29平方千米），城市化率63.75%。

【区划人口】 至年底，全市有2个国家级开发区——中国宜兴环保科技工业园、宜兴经济技术开发区，1个省级开发区——江苏宜兴陶瓷产业园区，有镇13个、街道5个，有行政村213个、社区97个。户籍总人口108.19万人，其中男性53.43万人。全年出生10749人，出生率9.95‰；死亡8310人，死亡率7.69‰；人口自然增长率2.26‰；计划生育率99.63%，独生子女率82.42%，出生人口性别比107.05（女性100）。少数民族42个、10893人。宜兴市人民政府驻地：宜城街道陶都路8号。

【自然资源】 宜兴地区资源丰富，丘陵山地面积681平方千米，平原陆地面积783平方千米，可开发利用土地较多。宜兴降水丰沛，河流湖荡密布，水资源丰富，水域面积532.6平方千米。有天然湖荡30个（不含太湖）。全市有森林面积61.55万亩，林业用地面积74.94万亩。探明矿种有石灰岩、大理岩、石英砂岩、煤、泥炭等27种。蜀山独有的陶土是制作紫砂器具的上等原料。拥有竹子、松树、杉树等品种为主的用材林，是江苏省竹林资源最丰富的地区。茶树种植面积7.49万亩，茶叶总产量6127吨，是江苏省的茶叶主要产区。有野鸭、黄雀、黄鹂等上百种野生鸟类，狼、野猪、刺猬、松鼠等多种野生哺乳动物，银鱼、鲫鱼、草鱼、蚌、蟹等几十种水产。

【土特名产】 宜兴有山有水，物产丰富。所产陶器驰名中外，尤以紫砂最为有名，享有"陶都"美誉。丘陵山区盛产多种名特优茶、板栗、毛竹、竹笋和杨梅，"阳羡紫笋"茶唐朝时就定为贡茶，咸肉煨笋（腌笃鲜）是宜兴特色菜肴。和桥豆腐干咸而不齁；清廷贡品徐舍小酥糖甜而不腻；杨巷葱油饼香酥可口、甜咸适中；官林荤油糕香、甜、软，回味无穷；高塍猪婆肉味香皮沙，口味独特；芳庄羊肉肉质鲜美，白切熟羊肉配蘸以甜酱，让人回味无穷；张渚大白果种核大，苦味少，糯性好；滆湖螃蟹蟹壳泛青，腹部洁白，肉质饱满，蟹肉肥、香、鲜；太湖"三鲜"白鱼、白虾、银鱼味道鲜美，营养丰富；渎区百合被誉为"太湖之参"；野生菌类雁来蕈味道鲜美，营养价值高；宜兴乌米饭香糯可口，具有明目、乌发等功效。

（吴艳）

【气象】 **气候特点** 年平均气温16.1摄氏度，和常年持平，但逐月平均气温高低起伏明显。其中，1月和3月平均气温分别较常年偏高1.5摄氏度、1.9摄氏度，7月、8月和12月则分别较常年偏低1.4摄氏度、2.2摄氏度和1.5摄氏度，其他月份接近常年。年极端最低气温-9摄氏度，出现在1月22日；年极端最高气温36.7摄氏度，出现在8月5日。7月、8月气温偏低明显，形成多年来较为罕见的"凉夏"。全年雨日131天，接近常年；年总降水量1457.6毫米，较常年偏多163毫米。从月降水分布来看，起伏变化较大。其中：1月、10月和12月降水异常偏少，不到常年的一半；2月和4月降水量又异常偏多，为常年同期的两倍以上。全年出现暴雨5次，日降水量最大值为74.1毫米，出现在3月29日。全年35摄氏度以上高温日数8天，雷暴日数16天，均较常年明显偏少。年日照时数1676.6小时，较常年偏少157.7小时。

四季气候特征 冬季（2013年12月—2014年2月）：气温正常略偏低，降水偏多。冬季平均气温4.3摄氏度，比常年偏低0.3摄氏度。其中：2013年的12月气温异常偏低达2摄氏度；1月气温偏高1.5摄氏度；2月平均气温较正常，但2月1日的日最高气温25.5摄氏度，创下同日最高气温气候极值。冬季降水量232.1毫米，较常年偏多2成。其中，2月降水较常年明显偏多并出现3次连阴雨过程。

春季（3—5月）：气温偏高、降水偏多。春季平均气温16.2摄氏度，较常年偏高1.1摄氏度。其中，3月平均气温11.2摄氏度，较常年偏高近2摄氏度。春季降水量406.2毫米，较常年偏多97.4毫米。其中，4月降水量190毫米，为常年同期的2倍，创下新的气候极值。

夏季（6—8月）：气温偏低明显，降水前少后多，光照偏少。夏季平均气温25.5摄氏度，较常年偏低1.3摄氏度。其中，7月、8月气温偏低明显，尤其是8月平均气温25.4摄氏度，较常年偏低2.2℃，创下新的气候极值。8月全月日照时数仅75.6小时，创下了新的气象极值纪录。夏季总降水量615.2毫米，较常年偏多67.3毫米，其中7月降水较常年明显偏多。6月20日入梅，7月17日出梅，梅期长27天；梅雨量304.4毫米，较常年略偏多。

秋季（9—11月）：气温偏高，降水略偏少。平均气温18.1摄氏度，较常年偏高0.5摄氏度。降水量233.4毫米，较常年偏少15.9毫米。其中，10月降水只有常年的一半，10月1日到20日连续20天未出现降雨。

灾害性天气　全年出现寒潮4次，分别出现在1月9日、2月4日、3月14日和12月2日，其中3月14日的寒潮过程使全市春茶受损严重（参加农业保险的受灾茶叶面积6350亩，保险赔款160万元）。4月中旬，出现长达8天的连阴雨，使小麦赤霉病发病较重。5月10日到11日出现的大风和强降雨过程，导致14.2万亩即将成熟的小麦受灾严重，农业保险赔款达635万余元。7月26日下午，全市局部出现强对流天气，伴有大风、暴雨和雷电，开发区、新庄街道、周铁镇等地部分企业受淹，直接经济损失58万元。11月24日早晨，全市大部地区出现短时大风和暴雨，农业蔬菜大棚及部分企业受损，据保险理赔统计，直接经济损失18.4万元。

2014年宜兴市气象要素

表2

要素名称	1月	2月	3月	4月	5月	6月	7月	8月	9月	10月	11月	12月	全年
平均气温(摄氏度)	4.7	5.0	11.2	15.7	21.6	24.1	26.9	25.4	23.5	18.4	12.3	4.0	16.1
降水量(毫米)	28.3	165.5	127.0	190.0	89.2	152.1	283.0	180.1	100.9	35.6	96.9	9.0	1457.6
雨日(天)	6.0	14.0	12.0	14.0	12.0	12.0	15.0	18.0	16.0	5.0	13.0	5.0	142.0
日照(小时)	162.7	88.2	173.2	145.8	193.8	101.2	143.7	75.6	78.6	201.1	117.4	195.3	1676.6

2014年宜兴市气象要素初终日

表3

要素名称	初终日			
	初日	终日	初终间日数(天)	初日
霜	2013年11月18日	2014年3月21日	124	2014年11月4日
雪	2014年2月5日	2014年2月19日	15	2014年12月3日
积雪	2014年2月18日	2014年2月19日	2	—
结冰	2013年11月18日	2014年3月21日	124	2014年11月18日
当年无霜期日数(天)	227			

（李万里）

【水文】　宜兴西氿站最高水位3.9米，出现在9月1日；最低2.83米，出现在2月2日；年水位落差1.07米。太湖大浦口站最高水位3.79米，出现在7月24日；最低2.76米，出现在2月7日；年水位落差1.03米。宜兴城6条河年径流量16.3亿立方米，7月6日年最大下泄流量233立方米每秒。全年蒸发量621.8毫米。

2014年宜兴市各站月降水量

表4　　单位:毫米

站　名	1月	2月	3月	4月	5月	6月	7月	8月	9月	10月	11月	12月	年总量
宜　城	24.6	164.0	93.0	183.2	85.9	151.6	237.7	178.3	79.1	34.3	71.4	8.9	1312.0
大　浦	25.2	146.7	59.4	169.2	78.8	155.0	236.2	195.6	90.8	30.4	64.0	6.9	1258.2
官　林	19.8	126.9	66.2	176.8	70.2	110.0	277.2	188.6	70.4	29.6	86.2	6.5	1228.4
湖　㳇	27.0	162.9	79.5	204.0	93.5	153.5	197.5	149.0	82.5	36.0	62.0	6.8	1254.2
横山水库	21.8	132.1	72.2	168.0	105.4	119.6	316.4	182.4	84.2	33.2	75.0	8.3	1318.6

2014年宜兴市各站月平均水位

表5　　单位:米

河名	站名	1月	2月	3月	4月	5月	6月	7月	8月	9月	10月	11月	12月	年平均
西氿	宜城	2.91	2.96	3.18	3.22	3.19	3.11	3.66	3.61	3.59	3.27	3.14	3.09	3.25
太湖	大浦	2.94	2.94	3.19	3.17	3.19	3.08	3.54	3.58	3.55	3.29	3.14	3.08	3.23
横山水库	横山水库	28.14	27.78	28.87	30.04	31.73	31.39	33.19	34.94	35.03	34.58	33.85	33.25	31.93

（刘君华）

历史文化

【建置沿革】 宜兴古称荆邑，春秋时属吴。秦始皇二十六年(公元前221年)建县，改荆邑为阳羡县。西晋太安二年至永嘉四年(303—310年)，朝廷为表彰周玘(周处长子)三兴义兵平乱之功，设置义兴郡，属扬州。隋开皇九年(589年)，改称义兴县，属常州。宋太平兴国元年(976年)，为避赵光义讳，改为宜兴县，属常州。清雍正四年(1726年)分为宜兴、荆溪二县。民国元年(1912年)荆溪县撤销，并入宜兴县。1949年6月至1953年1月属常州专区，1953年1月至1956年2月属苏州专区，1956年2月至1983年3月属镇江专区(1967年3月改称镇江地区)，1983年3月起属无锡市，1988年1月撤销宜兴县，设宜兴市(县级市)。

【名胜古迹】 宜兴是全国闻名的太湖风景名胜区阳羡景区、中国优秀旅游城市、国家园林城市、国家历史文化名城。南部山区多溶洞，景奇形怪，发现80多个，开发开放5个，其中善卷洞、张公洞1934年就对外开放。有国家AAAA级风景区8个：善卷洞风景区、竹海风景区、龙背山森林公园、团氿风景区、陶祖圣境风景区、张公洞风景区、云湖风景区和中国宜兴陶瓷博物馆(中国紫砂博物馆)。有始建于晋朝的周王庙(纪念晋平西将军周处)、宋代苏东坡亲自创建蜀山东坡书院和亲自手植的闸口天远堂西府海棠、始建于明朝的文昌阁、清乾隆时期建造的瀛园、太平天国时期改建的辅王府等人文景点。宜兴市注意保护自然风貌，开发生态旅游，并利用城边丘陵山地和氿滨水面，建成龙背山森林公园、宜园、湿地公园、团氿公园、东氿公园、洑溪河公园等城市生态公园，一个"城在山中、水在城中、人在园中"的山水旅游城市逐渐形成。

【文化遗存】 宜兴历史悠久，拥有7000余年的制陶史和2200余年建县史。先民勤劳朴实，留下众多文化遗存。位于徐舍镇的西溪遗址为马家浜文化时期大型聚落遗址，体现出先民六七千年前日出而作、日落而息，祥和、自然的生活。2002年发掘的骆驼墩遗址，代表了太湖西部山地向平原地带过渡的新石器考古文化特点，对研究长江下游古代文明进程有着重要意义，被列为2002年国内六大考古发现之一。西渚镇猪婆山曾是春秋战国时期人群居住点。1984年，吾桥村出土的汉代独木舟被南京博物馆收藏。建于三国吴天玺元年(276年)的国山碑被誉为"江南第一碑"。丁蜀前墅的明代龙窑是全国唯一迄今仍在使用的古龙窑。至2014年年底，全市有全国重点文物保护单位6处、11个点，省文物保护单位13处、23个点，市文物保护单位88处、94个点，市文物控制单位56处，红色革命遗址19处，馆藏文物1万余件。全市有各级非物质文化遗产项目55个，其中国家级3个；各级非物质文化遗产项目代表性传承85人，其中国家级3人。

【陶瓷文化】 宜兴是中国陶瓷历史文化名城，陶瓷文化源远流长，远在7000多年前，先民便开始烧制陶器。在丁蜀等地发掘出各种商周时期的古陶器皿及残片。骆驼墩遗址和宜兴窑址被列入全国文物保护单位。紫砂、精陶、均陶、青瓷、美彩陶被誉为陶瓷"五朵金花"。特别是紫砂壶，以其独特的泥质、造型和古朴的自然美感而名扬海内外。明代供春的"供春"壶、时大彬的三足"如意"壶、项圣思的"圣陶杯"均为国家一级文物，分别珍藏于国家博物馆、无锡博物馆和南京博物馆。宜兴陶器既实用，又具观赏价值。紫砂作品在国际、国内屡屡获奖，一些作品被作为国际交往的礼物。至2014年年底，全市从事陶艺的工艺美术类专业技术职称人员共5837人，其中研究员级高级工艺美术师97人、高级工艺美术师145人、工艺美术师681人、助理工艺美术师1011人、工艺美术员3903人。全市有中国工艺美术大师12人、中国陶瓷艺术大师18人、省工艺美术大师37人、省陶瓷艺术大师30人(部分人获2个及以上称号)。陶艺界拥有国家级非物质文化遗产项目代表性传承人4人、省级10人、无锡市级16人。宜兴(紫砂)是被省经贸委授予的江苏省传统工艺美术特色产业基地。

【宜兴名人】 宜兴物华天宝，人杰地灵。历代曾出进士近400人，其中状元4人、榜眼5人、探花1人；有宰相10人、将军15人。晋朝周处文武双全，是妇孺皆知的"周处除三害"的主角，是弃恶从善、尽忠报国的典型，所撰《阳羡风土记》是中国最早记述地方习俗和风土民情的著作之一。南北朝时将军陈庆之骁勇善战，为一代名将。卢象升为明末著名抗清将领。明代徐溥做宰相12年，政绩卓著。明代周延儒连中两元(会元、状元)，后两度为宰相。在文化艺术上，宜兴人才辈出。唐代蒋防、宋代蒋之奇和蒋捷、明代吴炳、清代陈维崧等在中国文学史上享有较高声誉。文学家蒋防的《霍小玉传》广为流传；诗人蒋捷的诗句"红了樱桃，绿了芭蕉"成为千古名句，与周密、王沂孙、张俊并称为"宋末四大家"；戏剧家吴炳著有"粲花五种曲"，其《绿牡丹》和《西园记》是越剧和昆剧的保留剧目；陈维崧是晚清阳羡词派领袖，参与编修《明史》，与吴江的吴槎汉、云间的彭古晋并称为"江左三凤凰"。

现代更是人文荟萃。宜兴被誉为"教授之乡"，有宜兴籍大学校长100多位。其中，有全国政协原副主席、著名物理学家、北京大学原校长周培源，有被称为"一街双星"的原高教部部长、清华大学原校长蒋南翔和台湾大学原校长虞兆中，有被誉为"双子星座"的孪生兄弟——中国科学院院士、著名物理学家、天津大学原校长史绍熙(原名史绍华)和著名教育家史绍熙。宜兴籍院士亦众多。至2014年年底，宜兴累出"两院"院士26位，其中中国科学院院士12位(周培源、唐敖庆、潘菽、史绍熙、朱洪元、朱既明、吴浩青、章综、程镕时、朱邦芬、褚君浩、吴岳良)、中国工程院院士14位(周镜、沙庆林、薛鸣球、程天民、陈太一、吴中如、唐西生、陈国良、高鼎三、黄瑞松、陈志南、任南琪、丁荣军、朱蓓薇)。宜兴享有"书画之乡"之盛誉，中国现代美术事业的奠基者，杰出的画家和美术教育家徐悲鸿享誉海内外，吴冠中、吴大羽、尹瘦石、钱松喦等一批画家也享有很高声誉。音乐戏曲方面，名家众多。其中，有参与编订《刘天华创作曲集》《瞎子阿炳曲集》的刘天华弟子储师竹，任中国音乐学院原副院长的刘天华弟子蒋风之，著名二胡演奏家闵惠芬，歌唱家程静子、张权。新闻出版方面，有20世纪早期就蜚声报界、被誉为"报界三杰"的徐凌霄，《新华日报》筹办人之一、社长潘梓年，《文汇报》创始人之一、著名记者的徐铸成，《光明日报》总编辑储安平，《人民日报》高级记者王金凤等报界名人。体育方面，有中国第一个世界青年斯诺克锦标赛冠军、2014年登顶世界斯诺克职业球员排名榜的丁俊晖，2008年北京奥运会中国女篮主力队员、亚洲女篮锦标赛及亚运会的团体冠军卞蓝，三届残奥会女子坐式排球团体冠军谈燕华等体坛明星。政界方面亦是名人众多：中共历史上隐蔽战线、文化战线和统一战线的卓越领导人，上海市原副市长潘汉年；中共江苏省委原书记储江；原机械工业部部长周建南；中共湖北省委原书记，原中国民用航空局局长蒋祝平；黑龙江省原省长邵奇惠；全国政协副主席，中国人民银行行长周小川；中共中央委员，国家宗教事务局党组书记、局长王作安。军界方面，宜兴籍军人副军职以上的有近30人。其中，有原工程兵副司令员马苏政，原国防科学技术工业委员会副主任、中将军衔的谢光，解放军沈阳军区原副司令员、中将军衔的宗顺留，解放军总参谋部办公厅原主任、少将军衔的曾裕财，中国人民革命军事博物馆原政委、少将军衔的赵仲起。外交界方面，有联合国原副秘书长沙祖康，外交部原副部长、中国驻美国原大使朱启桢，中国驻加拿大、英国原大使查培新等。

(吴艳)

人民生活

【概述】 居民年人均可支配收入31765元，比上年增长9.3%。其中，城镇居民39492元，比上年增长8.9%；农村居民20178元，比上年增长10.4%。全市居民年人均消费支出20537元，比上年增长8.4%。其中，城镇居民25035元，比上年增长7.9%；农村居民13792元，比上年增长9.8%。居民消费价格指数为102.1。城镇居民人均住房建筑面积46.49平方米，农村居民人均住房建筑面积61.43平方米。实现新增就业2.7万人，转移农村劳动力2万人；城镇登记失业率控制在2.2%，低于省控目标。社会保险综合覆盖率保持稳定，新增社保扩面1.3万人，职工大病医疗保险全面实施，城乡居民基础养老金、城乡低保、困难家庭住房保障标准相继上调。城乡居民养老保险覆盖率99.9%。

2014年宜兴市每百户城镇家庭部分耐用消费品拥有量

表6

指　标	计量单位	2014年	2013年
家用汽车	辆	35	30
摩托车	辆	34	40
电冰箱(柜)	台	97	101
洗衣机	台	97	103
热水器	台	98	98
空调	台	229	212
彩电	台	204	196
计算机	台	89	89
固定电话	部	73	73
移动电话	部	224	219

2014年宜兴市每百户农村家庭部分耐用消费品拥有量

表7

指　标	计量单位	2014年	2013年
家用汽车	辆	16	13
摩托车	辆	46	52
电冰箱(柜)	台	95	95
洗衣机	台	98	95
热水器	台	93	94
空调	台	141	138
彩电	台	156	160
计算机	台	46	48
固定电话	部	66	67
移动电话	部	201	203

【市场物价总体平稳】 物价涨幅较低。全年居民消费价格指数(CPI)比上年上涨2.1%。其中消费品价格上涨1.8%、服务项目价格上涨3%、非食品价格上涨2.3%、工业品价格上涨1.8%。构成居民消费的八大类商品及服务价格“六升一平一降”:食品类价格上涨1.8%,衣着类价格上涨3.5%,家庭设备用品及维修服务类价格上涨4.2%,医疗保健和个人用品类价格上涨2.8%,娱乐教育文化用品及服务类价格上涨2.1%,居住价格上涨3.1%,交通和通信类价格持平,烟酒类价格下降0.6%。

(汤新尧　鲍素琴)

科学发展实践

【概述】 2014年是宏观环境严峻复杂、困难挑战集中显现的一年。市委、市政府把握稳中求进总基调,克难攻坚,全市经济社会发展在特殊年景中继续保持平稳健康态势。全年实现地区生产总值1233.89亿元,比上年增长8.3%(可比价);公共财政预算收入94.45亿元,比上年增长9.1%;社会消费品零售总额464.42亿元,比上年增长11.6%;全社会固定资产投资602.15亿元,比上年增长8.4%;城镇居民、农村居民人均可支配收入分别达39492元、20178元,分别比上年增长8.9%和10.4%。主要经济指标增幅高于无锡平均水平。宜兴市列2014年十强县(市)榜第五位、2014中国县域综合竞争力排行榜第六位、2014年中国中小城市综合实力百强县市第六位、十四届全国县域经济与县域基本竞争力百强县第七位,入选《福布斯》(中文版)2014中国大陆最佳县级城市排行榜。

【政治建设】 深入开展群众路线教育实践活动,推进“三解三促”常态化,突出解决“中梗阻”等“四风”问题,畅通联系服务群众的“最后一公里”。实施市人大代表“回选区进社区”活动。人大代表建议和政协委员提案的办理满意率达到93%。加强政府工作规范化建设,实施重大事项法制审查和法律顾问等制度,制订政府合同管理实施意见,宜兴市获评“六五”普法中期考核全国先进市。深化政风行风建设,推进公安、教育等8个部门行业基层站所公共服务标准化建设,优化“12345”政府公共服务热线运行机制,行政权力网考核位列无锡市第一。成立市政府政策研究室,加强系统性政策研究工作。建立新闻发布会制度,及时向社会通报政府工作情况。严格执行经济审计、控制节日活动和会议、规范接待等一系列制度,财政一般性支出较上年压降10%以上。营改增试点、户籍制度改革、公立医院综合改革、事业单位分类改革取得进展,单独两孩新政得到落实。

【经济建设】 面对严峻的经济形势和金融风险带来的冲击,全市工业经济在新常态下平稳健康发展。全市有工业企业9306个,全年工业总产值(现行价)3402.25亿元,工业销售收入2707.2亿元,工业利税总额154.13亿元。高端线缆、节能环保、新材料、新能源及光电子五大新兴产业快速发展,全年规模以上企业实现产值1454.8亿元。陶瓷与耐材、化纤纺织、机械铸件和铜材加工四大优势传统产业健康发展,全年规模以上企业实现产值150.9亿元。金融风险稳控有力,省政府为19个贷款超1亿元的市重点规模企业召开专门协调会,全年中小企业贷款周转金公司为近1000个企业周转1666笔银行贷款共计127亿元。全市累计有上市企业22个,其中境内上市5个、境外上市17个,IPO(首次公开募股)融资总额128亿元,“新三板”挂牌企业2个。园区功能更加完善,环科园被评为国家首批低碳示范园区试点单位、国家级环保服务业示范园和苏南国家自主创新示范区,在全省开放园区的排名升至第40位。开发区与芳桥街道实现统筹发展,承载重大项目优势凸显,引进超10亿元项目2个。陶瓷产业园区被评为省知识产权试点园区,入选中国最佳营商环境十大园区。全市13个市级工业集中区完成基础设施投入11.22亿元。全市各级各类园区产出贡献率达90%。全年完成到位注册外资1.85亿美元,工商登记协议注册外资4.17亿美元。

全年完成服务业增加值541亿元,占GDP比重升至43.4%。服务业外包业务合同总额8.13亿美元、执行金额6.56亿美元,分别比上年增长44.6%和30.3%。生产性服务业快速发展,全社会物流总额达3450亿元。商贸市场保持兴旺,全市有各类商品交易市场98个,市场成交额418.17亿元。电子商务加快兴起,设立电商网店超4000个,跻身国家电子商务进农村综合示范市。旅游业品牌持续打响,新增省级旅游度假区、省级水利风景区各1个,AAAA级景区增至8个。乡村旅游蓬勃发展,推出"宜帮菜"品牌,58个客栈民宿加盟"智慧乡村旅游"。全市年接待游客数1737.57万人次,旅游总收入178.92亿元。宜兴市获"国际休闲示范城市"称号。金融存贷款持续增加,全市银行机构本外币存款余额1758.86亿元,宜兴市连续第四年获"江苏省金融生态优秀市"称号。

全市农业总产值88.45亿元,粮食总产量47.18万吨,粮食生产连续第十一年丰收。"三资"投入农业5.1亿元,新增高效设施农业1.1万亩、高标准基本农田8.5万亩。农业适度规模经营比重增至83.8%。生物农业继续保持无锡地区领先地位,成为全省首批循环农业建设示范县(市)。全年水利建设投资5.49亿元。西溪河二期等中小河流治理项目推进,中央小农水重点县年度建设任务全面完成。农机总动力53.47万千瓦,农业机械化水平85.4%。宜兴市获"全国休闲农业与乡村旅游示范市""江苏省国土资源节约集约模范市"等称号。

【文化建设】 "紫砂陶制作技艺"申报世界非遗启动,"均陶制作技艺"入选国家级非遗名录。周铁镇成为中国历史文化名镇。陶博馆成为省内第二个海峡两岸交流基地。组建宜兴开放大学,创成国家中等职业教育改革发展示范学校1所、省优质幼儿园4所。举办市第八届运动会、世界斯诺克巡回赛、全国越野行走比赛等一系列高规格赛事。文化区域互动等群众文化活动精彩纷呈,举办首届企业文化艺术节、第二届"书香宜兴"读书节,宜兴市被命名为省公共文化服务体系示范区。文明创建成果丰硕,宜兴市被中央文明办列为全国文明城市提名城市。徐汉棠入选"中国好人榜",全市"中国好人"累计达9人。全市有文化产业单位1650个,从业人员6万多人。全年文化产业增加值45亿元,占全市地区生产总值的3.6%。市广播电视台全年播出自采广播、电视新闻2.6万余条(次)。《宜兴日报》全年刊登宜兴地区新闻7000多篇、新闻图片3000多幅。市史志办公室编纂的《宜兴年鉴(2014)》《中共宜兴地方史(1949—1978)》出版发行。市档案局新增进馆档案7.79万卷(件),保管档案总数66.82万卷(件)。

【城乡建设】 新庄大桥、梅林大桥建成通车,太湖大道一期、北市河二期绿化工程完工。继续提升老城形态,宜城街道荆溪南路、解放东路、土城路综合改造竣工,宜城、丁蜀的8个老小区环境整治到位。阳灵隧道全线贯通,滆湖东路、104国道洑东段建成通车,100千米农村公路提档升级。燃气管网扩面、供电网络扩容等工程加快实施,湖㳇水厂改扩建工程建成投运。改善城区重要节点管理秩序,宜城街道人民南路创成省级城市管理示范路。集中管理城区大排档经营。全面启动林荫大道三年行动计划,完成7条主干道林荫化改造。试点运行城区学生上下学公交专线。提升改造13个城区平交道口。强势治理城管难点,加大出租车行业整治力度,严厉整顿非法营运等乱象,实现矿产品"开采、生产、运输、装卸"全过程监管。公共自行车服务站点逾135个、配放总量超3100辆。陶都通卡发行超85万张,与全国城市一卡通实现互联互通。"无线宜兴"开通,"智慧农村网"上线运行,4G网络基本覆盖全市域。宜兴市获中国人居环境奖,被住建部列为全国首批中德低碳生态试点示范城市。

【社会建设】 全年投入民生资金总量达72亿元,占公共财政预算支出的71.9%。12件为民办实事项目年度完成投资19.4亿元。新增就业2.7万人,转移农村劳动力2万人;城镇登记失业率控制在2.2%,低于省控目标。社会保险综合覆盖率保持稳定,新增社保扩面1.3万人,职工大病医疗保险全面实施,城乡居民基础养老金、城乡低保、困难家庭住房保障标准相继上调。保障性住房开工数和竣工数均超额完成省定目标。市养老护理中心、宜城街道居家养老配餐中心、残疾人"博爱家园"双基工程均如期建成,"小桔灯"儿童课外守护项目收到预期成效。全年慈善机构接受捐赠款4562.65万元,市慈善会救助困难群众、学生3.95万人次,救助支出3581.9万元。宜兴市蝉联全国慈善七星级城市。国家卫生城市通过国家级复审,社区卫生服务站规范化建设实现市域全覆盖。旅游景区向60周岁以上老人免费开放政策实施到位。实施重点化工园区安全生产一体化管理,开展危化品运输车辆、民爆行业突发事件应急演练,加强食品、药品市场监管,连续第十年获评江苏省平安县(市、区)。新创全国和谐示范社区3个。社区矫正、社会化帮教等工作经验在全省推广。探索"阳光信访"新模式,信访稳定绩效名列全省前茅。居民消费价格指数低于全省平均水平。

【生态文明建设】 以乌溪港、大浦港等4条入湖河道为重点,开展污水处理提标改造、企业达标排放、畜禽养殖整治、入湖河道清淤等四大专项行动,水污染防治步入规范化、常态化轨道。城市污水处理厂一期主体工程运行,新建污水管网60千米,新增纳管企业51个。完成37个印染企业提标升级和107户畜禽养殖整治任务,农村河道清淤282条、394万立方米,主要入湖河道水质保持稳中趋好态势,连续第七年实现太湖安全度夏。在全国率先实施水库水源地综合治理项目,横山水库、油车水库及西氿备用水源地饮用水水质达标率保持100%。民生环保强势推进。完成化工树脂、玻璃钢等46个企业综合整治,气味、噪声、烟尘粉尘等扰民现象得到遏制。启动重点区域高污染燃料综合整治,完成水泥行业及5个电力企业脱硫脱硝提标改造,继续加大秸秆禁烧工作力度。PM2.5年均浓度比上年下降13.4%。空气达到及好于二级标准天数占65.9%,达65%的考核要求,在无锡地区位列第一。实施节能和循环经济项目25个,完成减排项目21个,主要污染物排放强度等约束性指标达到考核要求。环境整治深入推进。培育建设"陶都美丽乡村",开展被撤并老集镇环境综合整治,堰头、新芳等10个集镇焕发新颜,西渚镇白塔村被评为江苏最具魅力休闲乡村。完成太湖流域一、二级保护区农村环境连片整治工程,启动覆盖拉网式农村环境综合整治工作。改造农业看护房641户,干线公路环境、农户生产条件得到提升。全年修复生态湿地5770亩,复垦工矿废弃地1465亩,绿化造林1.1万亩。省级村庄绿化示范村创成率达86%。

（吴　艳）

组织机构和领导人员名单

【中共宜兴市委员会】

书　记　王中苏
副书记　张立军　周中平
常　委　王中苏　张立军　周中平
　　　　梅中华　余银龙　朱旭峰
　　　　朱晓晔　朱仁兴(5月免)
　　　　沈晓红(女)　徐志军
　　　　孙海东　蔡卫红(5月任)

【中共宜兴市纪律检查委员会】

书　记　余银龙
副书记　夏红军(5月免)
　　　　潘　峰(5月任)　沈　中
常　委　夏红军(8月免)
　　　　潘　峰(8月任)　沈　中
　　　　马南新　朱建强　宋　诚
　　　　杨正强

【中共宜兴市委工作部门及直属单位、群团机构】

市委办公室
(挂"市委政策研究室"牌子)

主　任　陈雪峰(2月免)
　　　　周　峰(2月任)
副主任　胡　健　周雪强(5月免)
　　　　范宏伟(10月免)　郭　平
　　　　徐旭军
　　　　蒋干达(兼,10月免)
　　　　秦　强　应　鹏(2月任)
　　　　周叔军(5月任)

市委组织部

部　长　孙海东
副部长　何　涛　范明荣　王旻明

市委宣传部

部　长　沈晓红(女)
副部长　马建成(10月免)
　　　　吴　旭(5月免)　蒋永芳
　　　　徐早其(10月任)
　　　　程　伟(兼,10月免)
　　　　张益强(兼,10月免)

市委统一战线工作部
(挂"市民族宗教事务局""市人民政府侨务办公室"牌子)

部　长　莫克明
副部长　周　贤(2月免)
　　　　马才军(2月任)
　　　　王立明　周　陶(女)

市委台湾工作办公室
(挂"市人民政府台湾事务办公室"牌子)

主　任　胡国君
副主任　马良仙(女,7月免)
　　　　吴永平
　　　　徐　湞(女,5月任)

市委政法委员会
(挂"市社会治安综合治理委员会办公室"牌子)

书　记　徐志军
副书记　彭福友　尹小华
　　　　刘文君(兼,10月免)
　　　　王乃鼎(挂职)

市机构编制委员会办公室
(挂"市事业单位登记管理局"牌子)

主　任　朱　云(女)
副主任　朱　伟(2月任)

市委农村工作办公室

主　任　蒋干达
副主任　朱孟彬　谈亚年
　　　　薛慧芳(女)

市委市级机关工作委员会

书　　记　徐星炎(10月免)
　　　　　马建成(10月任)
副 书 记　丛伯群
纪工委书记　王　洁(女,2月免)
　　　　　蒋海燕(女,2月任)

市委老干部局

局　长　王旻明
副局长　蒋洪法(2月免)　舒志超
　　　　王延莉(女)
　　　　姚开宏(2月任)

市委机要保密局

(挂"市国家保密工作局"牌子)

局　长　周雪强(兼,5月免)

　　　　徐旭军(兼,5月任)

副局长　陈卫东　周公集

市信访局

局　长　刘文君

副局长　王小龙　王　吉(女)

　　　　张新华

市委党校

(市行政学校)

校　长　王中苏(兼)

副校长　吴荣芳(常务)　周　宾

　　　　许明亮

宜兴日报社

党总支书记　程　伟

社　　长　程　伟

总　　编　芮占良

副　总　编　姚开宏(2月免)

　　　　岳　鹏　史志强

市史志办公室

主　任　夏侯岭

副主任　周克平　耿海华

市档案局

(挂"市档案馆"牌子)

局　长　丁汉洲

副局长　宗伟方　蒋如原

　　　　贺黎欣(女)

市总工会

党组书记　周亚定

主　　席　黄维正

副 书 记　黄维正

副 主 席　蒯秀中(女)　蒋庆源

纪检组长　闵　燕(女,2月任)

共青团宜兴市委员会

书　记　周俊鹏

副书记　黄　力

市妇女联合会

主　席　孙春燕(女)

副主席　杜　颖(女)　何继红(女)

市科学技术协会

主　席　徐群芳(女)

副主席　刘育峰　马国华

　　　　刘　勃(兼)　吴永来(兼)

　　　　沈　立(兼)

市归国华侨联合会

主　席　胡国君(兼)

副主席　裴春花(女)　曹　彪(兼)

市文学艺术界联合会

主　席　魏　敏

副主席　何　勇　萧智君(2月任)

　　　　吴　鸣(兼)　刘　明(兼)

市残疾人联合会

理 事 长　杭仁育

副理事长　吴亚琴(女)

　　　　戴菊华(女)

市工商业联合会

主　　席　温秀芳(女)

党组书记　周　贤(2月免)

　　　　马才军(2月任)

副 主 席　周　贤(2月免)

　　　　马才军(2月任)

　　　　闵浩生　王招大

　　　　顾汉章(兼)

　　　　郑旭东(兼)

　　　　谈岳明(兼)

　　　　宗伟刚(兼)

　　　　张锡林(兼)

　　　　史建珍(女,兼)

　　　　杨伯民(兼)

　　　　黄振球(兼)

　　　　葛伯初(兼)

　　　　蒋加平(兼)

　　　　庄建新(兼)

【宜兴市人大常委会】

党组书记　王中苏

主　　任　王中苏

副 书 记　张伯宏(5月免)　王华良

副 主 任　王华良　华学文

　　　　裴全华　赵菊明

协 理 员　张伯宏(3月免)

　　　　杨亚君(女,5月免)

　　　　陆洪元(12月免)

　　　　郭泽民(12月免)

　　　　金新华(2月免)

党组成员　陈国强　王敏辉(5月任)

【宜兴市人大常委会工作部门】

市人大办公室

(挂"市人大民族宗教侨务工作委员会""市人大常委会研究室"牌子)

主　任　雷建军(10月免)

　　　　王富民(10月任)

副主任　蒋志良(10月免)

　　　　戴亚芳(10月任)　王永伟

市人大内务司法工作委员会

主　任　黄良成(10月免)

　　　　盛凤锡(10月任)

市人大财政经济工作委员会

主　任　宗培君(2月免)

　　　　徐占良(5月任)

副主任　沈岳军

市人大教育科学文化卫生工作委员会

主　任　孙荣仙(女)

副主任　闵　燕(女,2月免)

市人大人事代表联络工作委员会

主　任　王富民(10月免)

　　　　蒋志良(10月任)

市人大环境资源城乡建设工作委员会

主　任　程　骏

【宜兴市人民政府】

党组书记　张立军

市　　长　张立军

副 书 记　梅中华

副 市 长　梅中华　周　斌

　　　　何晓进　吴青峰

　　　　储红飙　周　军

　　　　尹志华　卢　敏(女)

　　　　刘文俊(挂职)

【宜兴市人民政府工作部门及直属企事业单位】

市人民政府办公室

（挂“市政府外事办公室”“市政府政策研究室”牌子）

党组书记　狄胜君
主　　任　狄胜君
副 主 任　任　飞(5月免)
　　　　　许红霞(女)
　　　　　贾伟征(5月任)
　　　　　胡　健(10月免)
　　　　　范宏伟(10月免)
　　　　　宗　慧　王林俊
　　　　　储锡峰　蒋华兵
　　　　　周叔军(5月免)
　　　　　田　军
　　　　　陈新君(兼,10月免)
　　　　　刘文君(兼,10月免)
　　　　　殷　康(兼,10月免)

市发展和改革委员会

（挂“市企业上市工作办公室”牌子）

党组书记　王迎春
主　　任　王迎春
副 主 任　殷　康　戴占梅
　　　　　程志兴　张　华

市经济和信息化委员会

(挂“市中小企业局”牌子)

党委书记　沈建民
主　　任　蒋惠清
副 书 记　蒋惠清
副 主 任　张福元　蒋荣金
　　　　　王承杰　林泉刚
　　　　　许忠根　葛　春
纪委书记　蒋永祥

市教育局

党委书记　孙全芳
局　　长　王敏辉(5月免)
　　　　　蒋志刚(5月任)
副 书 记　王敏辉(5月免)
　　　　　蒋志刚(5月任)
　　　　　丁建芬(女,3月免)
　　　　　柳志贤(5月任)
副 局 长　柳志贤　潘其涛
　　　　　蒋华强(8月任)
　　　　　蒋铁伟(兼)
纪委书记　丁建芬(女,兼,3月免)
　　　　　沈　勤(女,5月任)

市政府教育督导室

主　任　徐建明

市科学技术局

（挂“市知识产权局”牌子）

党组书记　廖忠祥
局　　长　蒋国强
副 书 记　蒋国强
副 局 长　廖忠祥　秦绍清
　　　　　张　静(女)
　　　　　周丽明　俞　军

市公安局

党委书记　周　军
局　　长　周　军
副 书 记　政治委员
　　　　　周卓成(3月免)
　　　　　黄红光(5月任)
副 局 长　黄红光(5月免)
　　　　　许晓峰　许小平
　　　　　卢伟民　单祖新
　　　　　储小悦
纪委书记　任国忠

市监察局

局　长　夏红军(6月免)
　　　　潘　峰(6月任)
副局长　朱建强　宋　诚
　　　　俞　雯(女,兼)

市民政局

党委书记　蔡培中
局　　长　吴锡军
副 书 记　吴锡军　褚东平
副 局 长　戴亚芳(女,10月免)
　　　　　许为农　邱顺英(女)
纪委书记　褚东平(兼)

市司法局

党组书记　陈法荣(2月免)
　　　　　周　贤(2月任)
局　　长　陈法荣(2月免)
　　　　　周　贤(2月任)
副 局 长　史耀清　蒋展新
　　　　　张建云(女)

市财政局

（挂“市金融工作办公室”“市人民政府国有资产监督管理办公室”牌子）

党组书记　叶毅平
局　　长　宗国平(2月免)
　　　　　陈雪峰(2月任)
副 书 记　宗国平(2月免)
　　　　　陈雪峰(2月任)
副 局 长　吴菊芳(女)　史富君
　　　　　舒自强　朱朝辉
纪检组长　王　洁(女,2月任)

市人力资源和社会保障局

党组书记　蒋德荣
局　　长　蒋德荣
副 局 长　朱　云(女)　翟剑云
　　　　　蒋定芳　杨志宏
　　　　　王建伟　黄　真(女)
　　　　　邵　锋
纪检组长　郭红伟(女)

市建设局

（挂“市人民防空办公室”牌子）

党委书记　蒋小青
局　　长　周达祥
副 书 记　周达祥　张听宝
副 局 长　张听宝　俞卓军
　　　　　范智刚
　　　　　李新平(2月免)
　　　　　曹炳炎　张亚军
　　　　　冯斌荣(2月任)
纪委书记　蒋宝军

市交通运输局

党委书记　张国贤(2月免)
　　　　　胡卫平(2月任)
局　　长　蒋志刚(5月免)
　　　　　何　忠(5月任)
副 书 记　蒋志刚(5月免)
　　　　　何　忠(5月任)
副 局 长　胡卫平(2月免)
　　　　　曹春华(2月免)
　　　　　李　云　鲍祖强
　　　　　黄　伟　周群雄

李新平（2月任）
纪委书记　师　晔

市水利农机局

党委书记　王　卫（2月免）
严旭峰（2月任）
局　　长　苏锡林
副 书 记　苏锡林　杨剑锋
副 局 长　徐文元
吴淑琴（女，10月免）
钱卓军
纪委书记　杨剑锋（兼）

市农林局

（挂"市农业资源开发局"牌子）
党委书记　周介其
局　　长　谢成松（5月免）
夏红军（5月任）
副 书 记　谢成松（5月免）
夏红军（5月任）
潘国庆（2月免）
林兆琴（女，2月任）
副 局 长　周介其　宋建法
芮　良
潘国庆（2月任）
李国华　张　涛（2月免）
纪委书记　潘国庆（兼，2月免）
林兆琴（女，兼，2月任）

市商务局

（挂"市口岸管理委员会办公室"牌子）
党组书记　赵　辉
局　　长　赵　辉
副 书 记　唐　承
副 局 长　周铭新　唐　承
范燕慧（女）　许伯诚
吴南强　刘俊尧

市文化广电新闻出版局

党委书记　许夕华
局　　长　许夕华
副 局 长　杭科军　万年青（女）
张燕军
纪委书记　吴春祥

市卫生局

党委书记　许国明
局　　长　钱西元
副 书 记　钱西元
副 局 长　史伟明
苏云霞（女，7月免）
王　欣　　应和君
纪委书记　陆良君

市食品药品监督管理局

党组书记　花　强
局　　长　花　强
副 局 长　许阿良　陆　静（女）
孙驰渊

市人口和计划生育委员会

党组书记　周水仙（女，2月免）
蒋国成（2月任）
主　　任　周水仙（女，2月免）
副 主 任　李　莉（女）
徐俊杰（9月免）
徐瑞芳（女）

市审计局

党组书记　朱韫珂
局　　长　许建良（2月免）
周水仙（女，2月任）
副 书 记　许建良（2月免）
周水仙（女，2月任）
副 局 长　蒋　典　俞　雯（女）
潘艳月（女）
纪检组长　许建平

市环境保护局

党组书记　谢伯军
局　　长　欧方明
党组副书记　欧方明
副 局 长　潘志伟（10月已故）
成振辉　徐建华
许　峰　戴　寅（女）
纪检组长　刘培珍（女）

市规划局

党组书记　邵　旻（女）
局　　长　朱乾辉
副 书 记　朱乾辉
副 局 长　贾　俊　王　斌
马斌强
纪检组长　周国强

市住房保障和房产管理局

党组书记　王继青（女）
局　　长　陈建平
副 书 记　陈建平
副 局 长　陈　刚　王朝霞（女）
薛永军
纪检组长　李国培

市公用事业管理局

党委书记　管勇君
局　　长　钱伟兴
副 书 记　谈　兵
副 局 长　管勇君　沈其君
许凌鹰（女）　王兆春
纪委书记　谈　兵（兼）

市旅游园林管理局

党委书记　盛风锡（10月免）
局　　长　王忠东
副 书 记　王忠东
副 局 长　夏建伟（兼）
裴俊良（8月免）　张田田
纪委书记　朱丽群（女）

市城市管理局

（挂"市城市管理行政执法局"牌子）
党委书记　唐福君
局　　长　马才军（2月免）
陈法荣（2月任）
副 书 记　马才军（2月免）
陈法荣（2月任）
谈　超
副 局 长　毛　俊　马定元
周纪军
纪委书记　朱叶青（5月任）

市统计局

党组书记　夏正愚
局　　长　夏正愚
副 局 长　蒋备军

市安全生产监督管理局

党组书记　蒋晓良
局　　长　蒋晓良
副 局 长　史旭辉　宗慎平
孟笑俊　吴和平（2月任）
纪检组长　周雄军

市粮食局

党委书记　褚勇军
局　　长　褚勇军
副 书 记　堵宪勤
副 局 长　於志俊
　　　　　沈亚军(2月任)
纪委书记　堵宪勤

市体育局

党 组 书 记　李　江
局　　　长　李　江
党组副书记　林兆琴(女,2月免)
副　局　长　林兆琴(女,2月免)
　　　　　　魏宜明
　　　　　　蒋洪法(2月任)

市物价局

党组书记　陈德明(2月任)
局　　长　戴国平(10月免)
　　　　　黄国明(10月任)
副 书 记　戴国平(10月免)
　　　　　黄国明(10月任)
副 局 长　陈海平　余文高
纪检组长　蒋　中

市人民政府法制办公室

主　任　林启中(5月免)
　　　　吴　旭(5月任)
副主任　陈一军(4月免)　陈新民

市行政服务中心

党工委书记　洪占强
主　　　任　洪占强
副　书　记　郑明清(9月免)
副　主　任　吴雅琴(女)
　　　　　　张瑞金　周　斌

市太湖水污染防治办公室

主　任　殷　康
副主任　张国民　王国枫

市广播电视台

党委书记　仇建梅(女)
台　　长　张益强
副 书 记　张益强　周　康
副 台 长　朱峻峰　陆春华

纪委书记　周　康(兼)

市招投标管理办公室

主　任　汤卫平
副主任　曹　达

市市级机关事务管理局

局　长　陈新君
副局长　沈　健(女)　吴　琪
　　　　徐永辉(2月任)

市接待办公室

主　任　范宏伟
副主任　葛　瑛(女)

市云湖景区建设办公室

副主任　李新群　凌贤青

市高铁新城建设管理办公室

(2月,建立市高铁新城建设管理办公室党组)

党组书记　曹春华(2月任)
主　　任　张继宏
副 书 记　张继宏(2月任)
副 主 任　吴雪峰(兼)　宗志峰
　　　　　谢国强

市外事服务中心

主　任　胡　健

市供销合作总社

(市供销企业集团公司)

党委书记　主　任　周汉庚
董 事 长　总经理　周汉庚
副主任　副董事长　副总经理
　　　　　　　　　蒋建明
　　　　　　　　　宋义平
　　　　　　　　　徐　浈
　　　　　　　　　(女,5月免)
纪　委　书　记　莫小峰(5月任)

市商业贸易资产管理有限公司

党委书记　张福元
经　　理　张福元
副 书 记　周乃中(11月免)
副 经 理　周乃中(11月免)
　　　　　潘志泉

宜兴高铁新城(商务区)建设投资有限公司

(国有企业单位)

总 经 理　吴雪峰
副总经理　潘跃峰

江苏宜兴旅游产业集团有限公司

(国有企业单位)

总 经 理　夏建伟
副总经理　卢　达　徐雯霞(女)
　　　　　蒋叶强(兼)

【政协宜兴市委员会】

党组书记　邵亚群
主　　席　邵亚群
副 书 记　庄建明
副 主 席　庄建明
　　　　　芮俊燕(女,兼)
　　　　　莫克明　钱伟兴(兼)
　　　　　温秀芳(女,兼)
协 理 员　钱胜华(8月免)
　　　　　唐汉中　黄浩南
　　　　　何国强　宗国平
秘 书 长　闵曲成

【政协宜兴市委员会工作部门】

市政协办公室

主　任　闵曲成
副主任　庄建龙　钱　晖(2月任)

市政协提案委员会

主　任　王岳国
副主任　夏红军(兼,5月免)
　　　　周水仙(女,兼,2月免)
　　　　潘　峰(兼,5月任)
　　　　周亚定(兼)

市政协经济科技委员会

主　任　陈星华
副主任　沈建民(兼)　黄亚伟(兼)
　　　　范燕慧(女,兼)

市政协人口资源环境城乡建设委员会

主　任　孙跃建

副主任　王忠东(兼)　欧方明(兼)
　　　　贾　俊(兼)

市政协文教卫体委员会

主　任　陈德明(2月免)
　　　　陈俊林(2月任)
副主任　史伟明(兼)　柳志贤(兼)
　　　　魏宜明(兼)
　　　　万年青(女,兼)

市政协学习文史委员会

主　任　王建国
副主任　叶聚森　程　伟(兼)

市政协社会法制委员会

主　任　周洪芬(女)
副主任　周　贤(兼,2月免)
　　　　彭福友(兼)
　　　　马才军(兼,2月任)

【市人民法院】

党委书记　刘　勇
院　　长　刘　勇
副书记　翟一平　吴志良
副院长　芮俊燕(女)　翟一平
　　　　王旭东　郑　东
纪委书记　侯志大(3月免)
　　　　吴淑琴(女,10月任)

【市人民检察院】

党组书记　王玉珏
检察长　王玉珏
副检察长　周为禹　周晓明
　　　　吴跃旺
纪检组长　陈时强

【镇(园区、街道)机关】

张渚镇

书　　记　骆永辉(5月免)
　　　　张　敏(5月任)
副书记　蒋俊杰(2月免)
　　　　王赛军
　　　　吕国民(2月任)
　　　　杨志宏(挂职)
人大主席　周晓生
镇　　长　蒋俊杰(2月免)
　　　　王赛军(2月任)
副镇长　谈慧元
　　　　吴和平(2月免)
　　　　吕国民(2月免)
　　　　邹洪生
　　　　吕国强(5月任)
　　　　胥静逸(女)
　　　　王洪中(2月任)
纪委书记　冯志军

西渚镇

书　　记　唐其君
副书记　董国强(2月免)
　　　　钱　靖(女)
　　　　吴全良(2月任)
人大主席　卢跃中
镇　　长　董国强(2月免)
　　　　钱　靖(女,2月任)
副镇长　沈勇骏　荆建方
　　　　杨志良　陈永军
　　　　刘　杰(2月任)
纪委书记　张　伟

太华镇

书　　记　蒋健君
副书记　张达志(5月免)
　　　　江　峰(5月任)
　　　　吴全良(2月免)
　　　　唐逸俊(2月任)
人大主席　汤永伟
镇　　长　张达志(5月免)
　　　　江　峰(5月任)
副镇长　唐逸俊(2月免)
　　　　汤惠仙(女)
　　　　朱俊强　杭海东
　　　　史健迅(2月任)
　　　　陈伟强(挂职)
纪委书记　姚文伟

徐舍镇

书　　记　何　忠(5月免)
　　　　林启中(5月任)
副书记　张　毅(5月免)
　　　　张达志(5月任)
　　　　陈俊林(2月免)
　　　　张　涛(2月任)
　　　　徐旭军(挂职,5月任)
人大主席　丁山明
人大副主席　陈中华
镇　　长　张　毅(5月免)
　　　　张达志(5月任)
副镇长　陆海华　蒋勤益
　　　　吕国强(5月免)
　　　　金春华　蒋洪元
　　　　潘国强
　　　　章小刚(5月任)
纪委书记　潘成柯

官林镇

书　　记　陈　平(5月免)
　　　　裴焕良(5月任)
副书记　谈　伟
　　　　韩良君(2月免)
　　　　王　卫(2月任)
　　　　沈建民(挂职,2月任)
人大主席　陈　平(兼,2月免)
　　　　韩良君(2月任)
人大副主席　朱晓波(2月免)
镇　　长　谈　伟
副镇长　唐志良　蒋建军
　　　　吴　林
　　　　冯斌荣(2月免)
　　　　卢国强
　　　　蒋占军(2月任)
　　　　李新平(挂职,10月任)
纪委书记　袁觉良

杨巷镇

书　　记　虞仁军
副书记　王穗村
　　　　史伟平(2月任)
　　　　任　飞(挂职,5月免)
人大主席　虞仁军(兼)
人大副主席　袁明育
镇　　长　王穗村
副镇长　史伟平(2月免)
　　　　卢　刚　杨　俊
　　　　储云华
　　　　王　硕(2月任)
纪委书记　王广军

新建镇

书　　记　杨　杰
副书记　唐　军　吴雪峰
人大主席　杨　杰(兼)

人大副主席　许联群
镇　　长　唐　军
副 镇 长　沈鹰峰　秦曙明
夏　峰　蒋国彪
吴南强(挂职)
纪委书记　周　鑫

和桥镇

书　　记　潘　峰(5月免)
史中武(5月任)
副 书 记　殷其敏(5月任)
张文伟　周俊鹏(挂职)
人大主席　张应京
镇　　长　史中武(5月免)
殷其敏(5月任)
副 镇 长　张文伟　陆　平
毛旭娟(女)　施旭伟
陈俊杰　徐俊校
周俊鹏(挂职)
纪委书记　吴振业

高塍镇

书　　记　周　峰(2月免)
朱保强(2月任)
副 书 记　王益君　蒋　波
张鹏飞(挂职)
人大主席　孙剑军
镇　　长　王益君
副 镇 长　王卫平　蒋达伦
鲁建伦　吕朝霞(女)
周　浩　张鹏飞(挂职)
纪委书记　闵勤峰

万石镇

书　　记　路　翀(5月免)
宗豪杰(5月任)
副 书 记　陈卫能(5月任)
徐洪林(2月免)
邱远远(2月任)
杭科军(挂职)
人大主席　路　翀(兼,2月免)
徐洪林(2月任)
人大副主席　朱建华(2月免)
镇　　长　宗豪杰(5月免)
陈卫能(5月任)
副 镇 长　邱远远(2月免)
张全军　周志安
俞　震
朱建华(2月任)
纪委书记　陈　煜(2月免)
潘明达(2月任)

周铁镇

书　　记　裴焕良(5月免)
路　翀(5月任)
副 书 记　陈忠强　孙文华
史旭辉(挂职,2月免)
宗　慧(挂职,10月任)
人大主席　杨小新
镇　　长　陈忠强
副 镇 长　吴盘琴(女)　杨卓云
杨亚忠　汤　皓
伍震球
纪委书记　洪　涛

芳桥镇

书　　记　张　敏
副 书 记　严旭峰(2月免)
董国强(2月任)
江　峰
人大主席　唐志忠
镇　　长　严旭峰(2月免)
董国强(2月任)
副 镇 长　蒋震平　沈进良
曹效平　骆伟俊
王　吉(女,挂职)
纪委书记　陈菊芬(女)

(4月,撤销芳桥镇,建立芳桥街道党工委、芳桥街道办事处,分别为市委、市政府派出机构,正科级建制,同时设立纪工委。原芳桥镇领导班子成员所任职务自然免除。)

党工委书记　张　敏
(4月任,5月免)
朱晓晔(5月任)
党工委副书记　董国强(4月任)
江　峰
(4月任,5月免)
蒋震平(5月任)
人大工委主任　唐志忠(4月任)
办事处主任　董国强(4月任)
办事处副主任　蒋震平
(4月任,5月免)
沈进良(4月任)
曹效平(4月任)
骆伟俊(4月任)
朱晨辉(5月任)
王　吉
(女,挂职,4月任)
纪工委书记　陈菊芬(女,4月任)

丁蜀镇

书　　记　马　钟
副 书 记　黄国明(10月免)
储　鑫(10月任)
周泉荣
沈　勇(挂职)
人大主席　卢少宏
镇　　长　黄国明(10月免)
储　鑫(10月任)
副 镇 长　储　鑫(10月免)
何亚君(女)
包建君　史成俊
王　健　吴　鑫
黄立明
纪委书记　许　烨

湖㳇镇

书　　记　刘赛洪
副 书 记　马　敏(女)
蒋国成(2月免)
王　勇(2月任)
人大主席　刘赛洪(兼)
人大副主席　梁其华
镇　　长　马　敏(女)
副 镇 长　吴文兵　缪文俊
周　兵　盛幼群
吕旭明
周叔军(挂职)
纪委书记　黄景宁

宜城街道

党工委书记　徐志军(5月免)
陈　平(5月任)
党工委副书记　缪季华(女)
蒋宁鹏(5月免)
周雪强(5月任)
郭　平(挂职)
人大工委主任　孙晓明
办事处主任　缪季华(女)
办事处副主任　许卫彬

吕竹鹃(女)
吴　健　刘亚强
蒋卓平
纪工委书记　史黎辉

屺亭街道

党工委书记　朱晓晔(5月免)
张　毅(5月任)
党工委副书记　徐占良(5月免)
杨祖良(5月免)
杨正强(挂职)
人大工委副主任　张雁伟
办事处主任　徐占良(5月免)
办事处副主任　杨祖良(5月免)
褚志瑾(女)
单　涛
徐英姿(女)
洪晓晖
纪工委书记　褚亚南

新街街道

党工委书记　朱旭峰
党工委副书记　张才春
殷其敏(5月免)
王学君(2月任)
蒋宁鹏(5月任)
人大工委主任　胡仁俊(5月免)
人大工委副主任　侯亚峰
办事处主任　张才春
办事处副主任　王学君(2月任)
褚雪华(女)
乔　梁　陈　洁
谢慧超
卞　鑫(挂职)
纪工委书记　吴　军

新庄街道

党工委书记　蒋华平
党工委副书记　李长青
贾伟征(5月免)
任　飞(5月任)
人大工委主任　郑建华
办事处主任　李长青
办事处副主任　薛　强
王　勇(2月免)
褚曙强　汤泽伟
周　迪(女,2月任)
沈　健(女,挂职)
纪工委书记　张铁林

中国宜兴环保科技工业园

[正处(县)级]
党工委书记　王中苏(兼)
党工委副书记　朱旭峰　朱保强
管委会主任　朱旭峰
管委会副主任　张鹏飞　潘泉华
杨跃飞
纪工委书记　钱荣明

宜兴经济技术开发区

[正处(县)级]
党工委书记　王中苏
管委会主任　张立军

原江苏宜兴经济开发区

[副处(县)级]
党工委书记　朱晓晔
管委会主任　朱晓晔
党工委副书记　徐占良(5月免)
骆永辉(5月任)
刘　英(女)
杨祖良
管委会副主任　徐占良(5月免)
骆永辉(5月任)
刘　英(女)
杨卓明　朱小泽
蒋雅峰
纪工委书记　杨祖良(兼)

(市委组织部)

【省、无锡市直属部门及主要驻宜兴单位】

宜兴市人民武装部

部　长　朱仁兴(3月免)
张凡明(3月任)
政　委　蔡卫红
副部长　王立铎

无锡市宜兴工商行政管理局

党组书记　高耀兴(1月免)
尹建良(1月任)
局　长　高耀兴(1月免)
尹建良(1月任)
党组副书记　杨　涛
副局长　杨　涛　沈　军
周志高
纪检组长　虞伟平

宜兴市国税局

党组书记　曹国平(2月免)
郁　岚(女,2月任)
局　长　曹国平(2月免)
郁　岚(女,2月任)
党组副书记　阚国琪(9月免)
副局长　阚国琪(9月免)
许洪良
周伯良(9月免)
申建军
陈洪波(2月任)
纪检组长　申建军(10月免)
王峰芬(10月任)

无锡市宜兴地税局

党组书记　庞德征
局　长　庞德征
党组副书记　潘曙光(5月任)
副局长　潘曙光　程旭伟
许永明
纪检组长　储永宝

无锡市宜兴质量技术监督局

党组书记　蒋俊杰
局　长　蒋俊杰
副局长　宋　柯　徐小良
纪检组长　宋　柯(兼)

宜兴市国土资源局

党委书记　马卫明
局　长　马卫明
党委副书记　孙海军
副局长　丁君强
蒋晓贤
吴跃平
莫志强
纪委书记　孙海军(兼)

宜兴市烟草专卖局

党组书记　陈　仪
局长(经理)　陈　仪
副局长(副经理)　蒋益峰
副局长(副经理)　孙荣福

宜兴市供电公司

总 经 理　葛　超
党委书记　朱庆连
副总经理　朱庆连　曹　琦(9月免)
　　　　　沈才元　俞　伟
　　　　　戚正强　顾仲德
纪委书记　冯　铭

华东宜兴抽水蓄能有限公司

总 经 理　朱冠宏
党委书记　蔡　军
党委副书记　朱冠宏
副总经理　蔡　军　王　霆
　　　　　吴　舰　王世成
纪委书记　李雪锋

中国电信股份有限公司宜兴分公司

党委书记　张　健
总经理　张　健
副总经理　沈青平　谢　科
　　　　　汤　跃(11月任)
纪委书记　沈青平(兼)

宜兴市邮政局

党委书记　朱　皓(9月免)
　　　　　杨　旻(9月任)
局　　长　朱　皓(9月免)
　　　　　杨　旻(9月任)
副 局 长　王志东
　　　　　陈丽芳(女)
纪委书记　陈丽芳(女,兼)

中国移动通信集团江苏有限公司宜兴分公司

总 经 理　曹　忱
副总经理　马　远(8月任)
　　　　　刘　炜　陆　强

中国联合网络通信公司宜兴市分公司

总 经 理　张　宏(4月免)
　　　　　王宜东(4月任)
副总经理　谈建峰
　　　　　王玉芳(女)
　　　　　吴　群(3月任)

宜兴市盐务管理局

局长(经理)　滕新军
副局长(副经理)　王雨欧

无锡海关驻宜兴办事处

主　　任　李　蓉(女)
副 主 任　卞海生(10月免)
　　　　　范　星(女,10月任)

宜兴出入境检验检疫局

党组书记　张怀东
局　　长　张怀东
副 局 长　张根华(1月免)
　　　　　张呈伟
　　　　　汤小平(1月任)
纪检组长　陆中明

江苏宜兴海事处

党组书记　宗占君
处　　长　宗占君
副 处 长　邓传海

宜兴市气象局

局　　长　钱小陶
副 局 长　李万里

无锡市住房公积金管理中心宜兴市分中心

主　　任　郭维勤
副 主 任　葛　晓

无锡工艺职业技术学院

党委书记　何祖伟
院　　长　丁　泗
党委副书记　邵汉强
副 院 长　过元伟　孙振球
　　　　　吴岳军　殷海芳(女)
纪委书记　邵汉强(兼)

中国人民银行宜兴市支行

党组书记　黄亚伟(3月免)
　　　　　胡焰刚(3月任)
行　　长　黄亚伟(3月免)
　　　　　胡焰刚(3月任)
副 行 长　陈爱仙(女)　汤至锋

中国银行业监督管理委员会无锡监管分局宜兴办事处

主　　任　朱家黎(4月免)
　　　　　赵　骥(4月任)
副 主 任　朱荣平

中国工商银行股份有限公司宜兴支行

党委书记　蒋　俊
行　　长　蒋　俊
副 行 长　厉梅珍(女)
　　　　　高　云
　　　　　冯　琴(女)
　　　　　吴　津(女)
　　　　　孙小倩(女,3月任)

中国农业银行股份有限公司宜兴市支行

党委书记　胡　兵(4月免)
　　　　　缪纪良(4月任)
行　　长　胡　兵(4月免)
　　　　　缪纪良(4月任)
副 行 长　陶　琦　朱丽霞
　　　　　任国忠
　　　　　唐咏华(女)
　　　　　卫恩祥(女,3月任)

中国银行股份有限公司宜兴支行

党委书记　孙国明
行　　长　孙国明
党委副书记　蒋志军
副 行 长　蒋志军
　　　　　蒋晓霞(女,4月免)
　　　　　周　旭
　　　　　俞荣军(12月免)
纪委书记　张高翔

中国建设银行股份有限公司宜兴支行

党委书记　戴伟刚
副 行 长　戴伟刚(主持工作)
　　　　　周华平
　　　　　袁少飞(10月免)
　　　　　范海燕(10月免)
　　　　　姚建峰(8月任)
　　　　　许震新(10月任)

中国农业发展银行宜兴市支行

行　　长　顾勤平
副 行 长　吴立伟(女)
　　　　　蒋　敏(女)

交通银行股份有限公司宜兴支行

行　　长　冯轶东
副 行 长　陆　华(女,1月免)
　　　　　许怀荣
　　　　　费永洁(女,1月任)

中信银行股份有限公司宜兴支行

行　　长　沈文南
副 行 长　徐庆芳

华夏银行股份有限公司宜兴支行

行　　长　吴林宁
副 行 长　姚平平
　　　　　秦一波(3月任)

招商银行股份有限公司宜兴支行

行　　长　堵泽军
副 行 长　张　毅(7月免)
　　　　　崔　强
　　　　　张立伟(10月任)

上海浦东发展银行股份有限公司宜兴支行

行　　长　张宇星
副 行 长　张建平
　　　　　薛　青(5月免)
　　　　　马惠成

兴业银行股份有限公司宜兴支行

行　　长　於丰伟
副 行 长　宁子霖

江苏银行股份有限公司宜兴支行

行　　长　卫国平
副 行 长　马卫党

江苏宜兴农村商业银行股份有限公司

党委书记　张建中(6月免)
　　　　　王　炜(6月任)
董 事 长　张建中(3月免)
　　　　　王　炜(3月任)
行　　长　王　炜(3月免)
　　　　　吴　凌(3月任)
党委副书记　王　炜(6月免)
　　　　　吴　凌(6月任)
监 事 长　陈义祥(3月免)
　　　　　王雅萍(女,3月任)
纪委书记　陈义祥(6月免)
　　　　　王雅萍(女,6月任)
副 行 长　王雅萍(女,3月免)
　　　　　徐　杰　胡洪兵
　　　　　邢伟文　朱　桦
　　　　　杨满平(6月免)

中国邮政储蓄银行有限责任公司江苏省无锡市宜兴市支行

行　　长　樊家余(8月免)
　　　　　杨玉兰(8月任)
副 行 长　吕维彬
　　　　　朱永军(8月任)

宜兴阳羡村镇银行有限责任公司

董 事 长　徐腊梅(女)
行　　长　陈　浩
副 行 长　陆伟东

中国民生银行宜兴支行

行　　长　乔　晟
副 行 长　邱伟达

广发银行股份有限公司宜兴支行

行　　长　蒋燕飞(女,10月免)
　　　　　俞荣军(12月任)
副 行 长　董　锦(12月任)

南京银行股份有限公司宜兴支行

行　　长　姚介均
副 行 长　戴汉忠
　　　　　黄颖克(挂职)

中国光大银行股份有限公司宜兴支行

行　　长　周　斌
副 行 长　许学江
　　　　　强宜敏(女,10月任)

恒丰银行股份有限公司宜兴支行

行　　长　陆　杰
副 行 长　林青涛(7月免)
　　　　　吴晓红(女,12月任)

中国人民财产保险股份有限公司宜兴支公司

总 经 理　黄建新
副总经理　储国琪

中国人寿保险股份有限公司宜兴支公司

经　　理　周伟民(12月免)
　　　　　陈　波(12月任)
副 经 理　周书明　周玉平

中国太平洋财产保险股份有限公司宜兴支公司

党组书记　胡仲清
总 经 理　胡仲清
副总经理　张　烨(女)　刘乐平
　　　　　庄月平(4月任)

中国太平洋人寿保险股份有限公司宜兴支公司

总 经 理　徐汉良
副总经理　刘志桃　许敏强

(各单位)

责任编辑　吴艳

大事记

MAJOR EVENTS

1月

1日　城东公交总站启用，智能公交调度指挥中心同步投用。

3日　全市基层党建工作专项述职会议召开。市委书记王中苏要求，全市各级基层党组织要以专项述职活动为新起点，继续保持奋发有为、积极向上的精神状态，按照习近平总书记在全国组织工作会议所提出的新要求，把基层党建工作抓实、抓好、抓出成效。

6日　省委农村工作领导小组公布第四批“江苏省社会主义新农村建设示范村”名单，屺亭街道轸村村、张渚镇省庄村、西渚镇横山村、和桥镇北新村、万石镇后洪村、丁蜀镇方钱村上榜。

7—9日　政协宜兴市第十四届委员会第三次会议召开。大会听取和审议《中国人民政治协商会议宜兴市第十四届委员会常委会工作报告》《中国人民政治协商会议宜兴市第十四届委员会常务委员会关于提案工作情况的报告》，听取和讨论宜兴市委主要领导的讲话，通过《中国人民政治协商会议宜兴市第十四届委员会第三次会议决议》《中国人民政治协商会议宜兴市第十四届委员会提案委员会关于第三次会议提案审查情况的报告》，收到提案326件。

8—10日　市十六届人民代表大会第三次会议召开。大会听取预算审查委员会作的预算审查书面报告，通过关于宜兴市人民政府工作报告的决议、关于宜兴市2013年国民经济和社会发展计划执行情况及2014年国民经济和社会发展计划的决议、关于宜兴市2013年预算执行情况和2014年预算的决议、关于宜兴市人大常委会工作报告的决议、关于宜兴市人民法院工作报告的决议、关于宜兴市人民检察院工作报告的决议，听取并通过议案审查委员会主任委员所作的议案审查报告，收到代表提出的建议、批评和意见166件。

11日　由亚洲品牌协会、人民日报《环球时报》社等联合主办的“2013年亚洲品牌年会暨中国品牌年度总评榜颁奖典礼”在北京召开，环科园获“亚洲十大最具投资价值品牌”和“2013中国品牌100强”奖项。

17日　宜兴陶瓷博物馆申报“中国紫砂博物馆”项目成功，中国紫砂博物馆揭牌。

28日　住房和城乡建设部授予宜兴市2013年度“中国人居环境奖”。

是日　市人民法院在淘宝网公开拍卖郁金香庄园C105号独栋别墅并成交，这是市人民法院网络司法拍卖成交的“第一拍”。

是月　“农改商”三年行动计划收官，共改造农贸市场13个、新建9个、原址重建7个，总投资2.2亿元，改造市场经营面积9.2万平方米，涉及经营户5800多户，辐射人口50万人。

是月　市司法局法律援助中心被司法部评为首批全国法律援助工作联系点先进单位。

是月　当代著名画家、美术教育家吴冠中的儿子吴有宏、吴乙丁向筹建中的宜兴博物馆捐赠吴冠中的实物83件。

是月起　全市城乡居民最低生活保障标准上调，保障标准由2013年的每人每月490元提高到560元，并按月实行社会化发放。

2月

18日　全市党的群众路线教育实践活动动员大会召开。市委书记王中苏在会上作动员讲话，对全市开展教育实践活动进行部署，并代表市委常委会向全市人民作出八项承诺。省委常委、无锡市委书记、联系点领导黄莉新出席会议并作重要讲话。

是日　环科园与中国长青技术控股有限公司合作项目签约。该项目总投资约144亿元，是环科园历史上投资额最大的环保产业项目。

19日　省政府同意撤销宜兴市芳桥镇，并且将其原行政区域设立为宜兴市芳桥街道办事处。4月7日，芳桥镇撤镇设街和委托管理工作会议召开，撤销芳桥镇作为建制镇的行政体制，实行街道办事处的管理体制，并由宜兴经济技术开发区代为管理。

21日　国务院教育督导委员会公布2013年全国义务教育发展基本均衡县（市、区）名单，宜兴市成为全国首批获得认定的293个县（市、区）之一。

28日　市人民政府新闻办公室实名认证的市政府官方微博“宜兴发布”在新浪网上线。

是日 携程旅行网首次推出“旅行口碑榜”,宜兴位列“目的地特别榜‘国内最具潜力目的地’”第八名,成为华东地区唯一入选的县级城市。

是月 周铁镇被住房城乡建设部和国家文物局评选为第六批中国历史文化名镇。

3月

3日 全市土地承包经营权确权登记试点工作启动。

4日 农业部乡镇企业局发布2013年中国最有魅力休闲乡村和中国美丽田园推介名单,宜兴市以秀美的茶园风光入围“中国美丽田园·茶园景观”名单。

18日 协鑫光伏电力科技有限公司投资的10兆瓦屋顶分布式光伏发电项目并网发电,标志着全市首个分布式光伏发电项目并网成功,成为无锡地区规模最大的分布式电站。

21—23日 省委常委、无锡市委书记黄莉新到西渚镇白塔村开展“三解三促”驻点调研。

26日 市葛盛陶庄文化艺术有限公司在上海股权托管交易中心(Q版)挂牌,实现紫砂文化创意与资本市场的对接。

是月 由国家“千人计划”专家李长明与江苏瑞明生物科技有限公司共同研发制造的国内首台单细胞纳米光/电同步检测仪在开发区下线并推向市场,该产品填补中国这一领域的空白。

是月 宜兴制订《关于鼓励推进企业战略合作的政策意见》,出台一揽子奖励政策,鼓励企业开展战略合作。

是月起 2014年全市65岁及以上老年人免费健康体检工作启动。

4月

12日—5月12日 2014中国·宜兴梁祝文化旅游节暨观蝶节在善卷洞风景区举办。

15日 国际水协会在新加坡公布2014年项目创新奖东亚地区获奖名单。江苏哈宜环保研究院有限公司申报的“双城可持续污水处理示范项目:一体化、零能耗城市污水处理系统”获设计项目类荣誉奖,成为中国内地唯一获奖项目。

17日 全市首个家庭分布式光伏发电系统在西渚镇筱里村村民袁振家并网投运。

20日 全国第二批党的群众路线教育实践活动推进会在沈阳召开。会上,中共宜兴市委书记、市教育实践活动领导小组组长王中苏作为江苏省唯一一名县(市)级党委书记代表,作了题为《治理“中梗阻”切实改作风 努力打通联系服务群众“最后一公里”》的发言。

21日 2014年全国五一劳动奖状、奖章和全国工人先锋号评选揭晓,宜兴市供电公司成为无锡地区2014年唯一获得“全国五一劳动奖状”的集体。

27—28日 省委常委、无锡市委书记黄莉新专程到联系点宜兴,就宜兴市第二批党的群众路线教育实践活动开展情况进行调研指导。

28日—5月2日 首届徐悲鸿艺术节在宜兴举办,展出徐达章、徐悲鸿、廖静文、徐庆平等徐家三代人的书画作品200多件,其中徐悲鸿作品近90件。

29日—5月3日 2014中国宜兴国际素食文化暨绿色生活名品博览会在宜兴大觉寺举办。佛光山开山法师、大觉寺祖庭复兴传人星云,省委常委、无锡市委书记黄莉新,海峡两岸关系协会顾问陈云林,国家宗教事务局副局长蒋坚永等领导出席开幕典礼。该届素博会以“传播素食文化,倡导绿色生活”为主题,400多个参展单位展示知名素食、特色小吃和商品。

5月

3日 以“扬民俗、传忠孝”为主题的首届芳桥目连文化节在阳山荡风景区举行。

3—5日 由市政府和江苏省县级市门球联谊会联合主办的第43届江苏省县级市门球比赛在市体育中心举行。

5日 “善美万石”——万石镇第二届善文化节举办,该镇八大慈善冠名基金同时成立。

12日 省委书记、省人大常委会主任罗志军到宜兴调研经济社会发展情况。他充分肯定宜兴市经济社会发展取得的成绩,并要求宜兴市以第二批党的群众路线教育实践活动为动力,进一步坚定信心、提振精神,为宜兴现代化建设事业提供有力保障,努力推动各项工作继续走在全省最前列。

是日 国内首份地级市、县级市绿色城镇化指数排行榜发布,对全国252个地级市、368个县级市(不含省会城市和直辖市)的绿色城镇化水平作了系统评估,宜兴市居第80位。

14日 首届梁祝文化论坛——“爱情文化与旅游经济发展”研讨会在善卷洞风景区举行,全市近30名专家学者探讨梁祝文化与爱情主题旅游、旅游产业链中的爱情文化价值等专题。

14—15日 由江苏省委第二督导组组长、省人大常委会原副主任丁解民带领的省委督导组,到宜兴督导宜兴市党的群众路线教育实践活动开展情况。

16日 7名残疾紫砂艺人拜汪寅仙、鲍志强、曹婉芬等7名陶艺大师为师。同时,全省首个残疾人陶艺合作社——市爱德陶艺社成立,21名残疾紫砂艺人成为陶艺社首批社员。

20日 全市政银企合作推进会召开,签订政银企合作“联合公约”,共同维护、建设宜兴经济金融安全示范区。

28日 全市党的群众路线教育实践活动工作推进会召开,总结交流活动情况的同时,部署安排查摆问题、开展批评环节各项工作,推动全市教育实践活动取得更大成效。

30日 市政府新闻办公室首次召开新闻发布会，向媒体通报2013年全市经济社会发展情况，介绍2014年民生建设推进情况。市委副书记、市长张立军回答记者提问。

31日 全市省定主要入湖河道综合整治专题工作分析会召开。会议深入分析漕桥河、乌溪港、殷村港等9条入湖河道的水质情况和整治现状，全面部署开展企业达标排放、污水处理提标升级改造、畜禽养殖场整治和河道清淤整治四大专项行动。

是月 省质监局和省发改委下发2014年度省级服务业标准化试点项目通知，宜兴市"城市免费公共自行车绿色交通综合服务标准化项目"名列其中。

是月 按照全市教育实践活动统一安排，市委常委和党员副市长纷纷走进基层联系点，组织召开座谈会，听取社会各界的意见和建议，解决"四风"问题、群众关心的切身利益问题。

6月

16日 中国紫砂研究中心在市陶瓷行业协会成立。

17—21日 2014CBSA世界斯诺克巡回赛宜兴高塍公开赛在宜兴举办，宜兴籍斯诺克运动员丁俊晖夺冠。

18日 宜兴市茶文化促进会成立。

21日—8月31日 2014"深氧度假，乐居湖㳇"避暑季暨湖㳇杨梅节在竹海举办。

26日 中央党的群众路线教育实践活动领导小组办公室的《党的群众路线教育实践活动简报》第333期，以《江苏宜兴市俊知技术有限公司：真学真查即知即改》为题详细介绍俊知集团在教育实践活动中的先进经验，对该公司取得的活动成果给予充分肯定。同时，也从侧面展示了宜兴教育实践活动的开展成效。

28日 宜兴市纪念中国共产党成立93周年大会召开。

30日 太湖大道和滆湖东路建成通车。

是日 中节能宜兴环保产业园开工建设。该产业园由中节能（宜兴）环保科技发展有限公司投资建设，是集节能环保产品生产、研发、孵化的绿色产业园。

是月 市教育局出台《2014年宜兴市幼儿园、小学、初中、特殊教育学校招生工作意见》。该《意见》规定，义务教育阶段适龄学生家长在相关施教区已购商品房或有明确产权房的，适龄学生可在该房产地施教区入学。

是月 "中国生态养生旅游目的地"100佳榜单出炉，太华镇以丰富的旅游资源和绝佳的生态环境跻身百佳，全省仅有4个单位入选。

是月 国家工商总局公示2012至2013年度"守合同重信用"企业名单，宜兴市7个企业榜上有名。至此，全市有19个国家级"守合同重信用"企业，数量位居无锡大市第一。

7月

1日 实行弃婴收养新规：市社会福利中心接收弃婴前，或者市民家庭收养弃婴前，都要先采集血样进行DNA比对后方能办理相关手续。

2—8日 2014年宜兴市党政领导干部能力提升培训班在市委党校开班，全市56名党政领导干部参加培训。

4日 宜兴发出首份"中国-瑞士"自由贸易区优惠原产地证书，宜兴市吉鑫国际贸易有限公司成为全市首个享受瑞士关税优惠的企业。

7日 环科园成为由工信部、国家发改委两部委联合发布的"国家低碳工业园区试点名单（第一批）"的55个园区之一。

8日 由市委宣传部、市文广新局等部门联合主办的市文化志愿者联合会成立暨"春雨行动"启动仪式在市体育中心广场举行。"春雨行动"计划从2014年10月至2015年2月，依托市文化志愿者联合会的资源优势，深入驻宜兴部队、宜兴监狱、边远乡村等地，开展10场左右的文化惠民活动。

10日 宜兴首条干线公路隧道工程——阳灵隧道实现全线贯通。作为阳羡生态旅游风景区丁张公路与张灵慕线的重要连接线，阳灵隧道工程是全市首条干线公路隧道工程，也是全市范围内最长的隧道工程。

是日 宁杭高铁宜兴站对所有乘客实行100%实名制验证，查验方式采取在进站口集中凭票验证的方式。

14日 《财富》中文网发布针对上市公司的中国500强排行榜，其中，远东电缆股份有限公司位列第381位，比上年度提升18位。

15日 国内首台具有自主知识产权的泥浓式推进盾构机在徐舍镇江苏锐成机械有限公司车间下线，该设备的研制填补了国内空白，也标志着宜兴市高端机械装备制造能力跃上新台阶。

17日 省商务厅公布2014—2016年度"江苏省重点培育和发展的国际知名品牌"认定名单，宜兴市14个企业的品牌上榜，在无锡大市中处于领先位置。

22日 全市党政领导干部会议召开，客观总结上半年工作，科学研判当前形势，分析研究存在问题，部署安排下半年工作任务和重点举措。会议动员全市各级党政组织和广大干部群众，充分认清新形势，积极应对新挑战，以振奋的精神、高昂的斗志，咬定发展目标，坚定发展信心，全力夺取全年各项工作的新胜利。

是日 兴业银行宜兴阳羡东路社区支行开业，该支行为宜兴市首个社区银行。

23日 中国城市竞争力研究会发布2014中国县域综合竞争力排行榜，宜兴市以94.77分位列第六，排名与上年持平。

是月 中国出入境检验检疫协会公布2014年“中国质量诚信企业”名单，宜兴市7个企业上榜。至此，全市拥有“中国质量诚信企业”9个。

是月 全市城区首个烧烤疏导点——城北临时烧烤疏导点建设启动，烧烤业主被逐步疏导进专用场地集中经营。

是月 宜兴市启用新版个人房产登记信息查询证明。新版证明增加二维码、编号等防伪技术，有效预防伪造个人房产登记信息证明的行为发生。

是月 宜兴公布第三批市级非物质文化遗产名录，田螺姑娘的传说、滆湖渔歌、锡剧、汤氏中医等12个项目入选。至此，全市有各级非遗项目57项。

8月

4日 全省第二批党的群众路线教育实践活动推进会在南京召开，省委书记、省人大常委会主任罗志军作重要讲话。宜兴市委书记、市人大常委会主任王中苏与会，并代表市委在会上作交流发言。

9日 2014年夏季中国区域发展与投资论坛暨“中国最佳营商环境评选”发布典礼在北京举行，江苏宜兴陶瓷产业园区入选“中国最佳营商环境十大园区”。

15日 市人民医院骨科医生蒋臻欢的“RNAi抑制CPNE1表达对骨肉瘤细胞的影响及相关机制研究”项目获2014年度国家自然科学基金项目立项，获批国家资助金额23万元。这是宜兴市首次获得国家自然科学基金资助。

16日 第三届“中国城市公益慈善指数”发布典礼上，宜兴市从参评的294个城市中脱颖而出，获最高荣誉“七星级慈善城市”。这是宜兴市继2012年后再次获此荣誉。

20日 市政府在上海举行2014年宜兴(上海)投资贸易说明会。其间，签约项目20个(工业内资项目19个)，总投资221.85亿元，引进市外内资209.96亿元。

29日 市委召开党的群众路线教育实践活动推进会，会议要求全市各级党组织学习贯彻习近平总书记在中央政治局第十六次集体学习时的重要讲话精神，按照省委和无锡市委教育实践活动推进会要求，确保教育实践活动善始善终、善作善成，取得群众满意的实效。

是日 省委组织部调研组到宜兴专题调研宜兴经济技术开发区非公企业党建工作。

是日 省科技厅公布“2014年度第二批江苏省科技型中小企业名单”，宜兴9个企业上榜。至此，全市累计有151个企业被认定为江苏省科技型中小企业，数量在全省县(市)中名列前茅。

是月 西渚镇白塔村被省休闲观光农业协会授予“江苏最具魅力休闲乡村”称号。此前，张渚镇南门村、湖㳇镇洑西村获此称号。

是月 云湖风景区和陶瓷博物馆成为国家AAAA级旅游景区。至年底，全市有国家AAAA级景区8个。

9月

1日 央视综合频道《焦点访谈》栏目以“全面深化改革”为题，解读8月29日中共中央政治局会议审议通过的《深化党的建设制度改革实施方案》。节目用较大的篇幅，以江苏宜兴对所属各地年度综合考核中实行差别化考核为例，详细报道宜兴科学运用考核“指挥棒”，建立更加完善的干部政绩考核体系的先进经验。

是日 全市首所本科类环保专业大学——湖北理工学院宜兴工程学院开学。

2日 2014中国企业500强及中国制造业企业500强榜单公布，宜兴市的江苏金辉铜业集团有限公司、远东控股集团有限公司、江苏天地龙控股集团有限公司、江苏三木集团有限公司、无锡市凌峰铜业有限公司入围。

5日 省委常委、无锡市委书记黄莉新先后到西渚镇和丁蜀镇，进村入户、看望慰问部分特困家庭，深入推进无锡市“转作风见行动献爱心”城乡特困户送温暖活动。

12日 根据全省党的群众路线教育实践活动第三环节总体安排和省委常委联系点工作方案要求，省委常委、无锡市委书记黄莉新到宜兴，听取宜兴市教育实践活动整改落实情况汇报。

13日 由新华网主办的“第二届旅游业融合与创新论坛暨2014最美中国榜发布会”在北京举行，宜兴以鲜明的“生态旅游”特色入选“2014最美中国榜”。

17日 宜兴庆祝人民代表大会制度建立60周年座谈会召开。市委书记、市人大常委会主任王中苏在会上指出，要以此为新的起点，更好地团结和依靠全市人民，坚定信心、开拓奋进，不断开创人大工作新局面，为宜兴现代化建设事业作出更大贡献。

20日—22日 市商务局、旅游园林管理局、人社局和宜兴日报社联合主办宜兴市餐博会。餐博会以“大众餐饮、绿色消费”为主题，通过活动遴选并培育本地名菜、名宴、名点和名小吃等，打造宜兴地方餐饮品牌。

26日 徐汉棠教育基金会成立仪式举行，中国工艺美术大师徐汉棠出资1000万元用于资助学生求学。

30日 宜兴市烈士公祭活动在烈士陵园举行。

10月

1—2日 全国政协副主席、九三学社中央主席、中国科协主席韩启德到宜兴考察，先后参观周培源故居、长乐弘陶庄和宜兴陶瓷博物馆等地。

8日 中央电视台大型纪录片《记住乡愁》栏目摄制组到周铁镇周铁村取景拍摄。该纪录片从全国1000多个古村落中选出100个村，计划每个村落制作一集，周铁村入围《记住乡愁》第一批拍摄名单。

10—15日　宜城街道举办第七届邻居节。该届邻居节举办70多场文体活动，吸引6万多名市民参与。

15—24日　由江苏省陶瓷行业协会举办的首届江苏省陶瓷艺术大展在宜兴陶瓷博物馆举办，共展出宜兴、高淳、常州和南京等地的陶艺作品520余件(套)。

16日　2014中国陶都(宜兴)金秋经贸洽谈会暨项目集中签约仪式在市会议中心举行。会上，50个内外资项目集中签约。其中：外资项目23个，总投资13.5亿美元；内资项目27个，总投资480亿元。

是日　北投(宜兴)环保装备产业园启动仪式在环科园举行，项目总投资20亿元，占地50万平方米。该产业园是中国(香港)节能环保科技集团有限公司在宜兴的第一个项目。

17日　由中国中小城市合作发展联盟主办的《2014中国中小城市绿皮书》发布会公布"2014年中国中小城市综合实力百强县市"名单，宜兴市凭借雄厚的综合发展实力和可持续发展活力蝉联第六位。

20日　全市党的群众路线教育实践活动总结大会召开。市委书记、市委教育实践活动领导小组组长王中苏要求全市各级党组织和党员干部贯彻落实习近平总书记重要讲话精神，以这次教育实践活动为新的动力，巩固活动成果，持续加强作风建设，全面推进从严治党，不断提升党的建设科学化水平，为推进宜兴现代化建设提供坚强保证。

是日　2014宜兴宜帮菜美食大赛在湖㳇镇举行。美食大赛坚持传统与创新相结合，以"原色、原汁、原味"宜帮菜为主题，展现"营养、口味、健康"的饮食文化，共评选出金牌菜10个、特色菜30个和团体特别金奖8个、团体金奖8个。

是日　由团省委和省文明办等单位组织海选的"2014江苏好青年百人榜"在南京揭晓，市民吴海峰入选最善创新的好青年，张邺入选最图自强的好青年。

21日　股权融资项目推介会举行，全市8个企业、单位与相关机构签署总额达56.7亿元的合作协议。

是日　宜兴市与美国桑佛德市缔结为友好交流城市。

23日　2014(第二届)亚洲塑料瓶包装工业发展论坛在宜兴市举办，国内外食品包装行业的近百名专家、厂商代表交流互动。

是日　全国耐火材料标准化技术委员会高温隔热耐火砖工作组成立仪式在宜兴市举办，这是全市耐火行业成立的首个国家级标准化工作组。

24—25日　由科技部、省政府主办，宜兴市政府、中国宜兴环保科技工业园承办的2014(第二届)中国环保技术与产业发展推进会在宜兴市举行，来自全国各地的相关政府机关、业内专家、环保企业、金融机构人士共同研讨产业形势，为促进宜兴乃至中国环保产业发展提供智力支撑和有力助推。

25日　宜兴国际环保展示中心开幕暨中国环保科技成果网开通仪式在环科园举行。

25—26日　第五届IEPZ国际环保设备/技术交易会暨2014无锡市环保产业协作配套对接会在中国宜兴国际环保城举行。

27—31日　省旅游局组织的"第三届全国重点网络媒体江苏行"活动走进宜兴。人民网、新华网等全国重点网络媒体的50多名编辑、记者组成采访团，考察采访宜兴竹海、大觉寺等景区，并通过微博、微信等各种新媒体平台宣传推介宜兴旅游的形象和品牌。

是月　宜兴市从全省100余个县(市、区)中脱颖而出，被省国土资源厅授予"江苏省国土资源节约集约模范市"称号。

是月　2014年全国残疾人岗位精英职业技能竞赛在浙江嘉兴举行，宜兴市选手范月琴、范培君分获陶艺项目比赛第一名、第八名。

是月　阳羡湖、阳山荡风景区通过省级水利风景区的验收。

是月　住建部批准全国第一批中德低碳生态试点示范城市，宜兴成为全国六个试点城市之一。

是月起　全市60周岁以上老年人可以免费参观宜兴市内主要景区。

11月

1日　社会智库中郡研究所发布《2014年度县域经济发展报告》，同时公布第十四届全国县域经济与县域基本竞争力百强县名单，宜兴市蝉联第七名。

6日　在第二次全国和谐社区建设示范单位创建活动中，宜城街道巷头社区、丁蜀镇公园路社区和官林镇官林社区被民政部评为全国和谐社区建设示范社区，成为宜兴市首批获得国家级和谐社区荣誉的社区。

16日　在海口市举行的"第五届中国对外贸易500强企业论坛"上，2014年中国对外贸易500强企业和中国民营外贸500强企业排行榜正式发布。宜兴市的浙江昱辉阳光能源江苏有限公司、江苏三木集团有限公司、市银燕进出口有限公司，分别入选2014年中国民营外贸500强；昱辉阳光同时入选中国对外贸易500强。

18日　省委常委、无锡市委书记黄莉新到太华镇、杨巷镇、新建镇等地，通过访农户、到田头、看企业，深入了解宜兴市经济社会发展情况。

18日—12月3日　市委宣传部、市文广新局等部门举办全市首届企业文化艺术节，252个企业、2000余名职工参与包括企业形象歌曲展演、企业文艺汇演等10个项目的系列活动。

19—21日　市委书记、市人大常委会主任王中苏率领市党政代表团赴上海、杭州学习考察。

20日　长江三角洲城市市场信息协作网第十四次联席会议暨2014长三角城市商业发展论坛在杭州举行。大会评选并公布2014年长三角商业十强县（市）和最具商业发展潜力十大县（市），其中宜兴市列2014年长三角商业十强县（市）榜第五位。

21日 省经信委公布2014年度15个“省农村信息化应用示范基地”名单，官林镇官林村成为全市首个入选示范基地的行政村。

27日 《宜兴市社区事务工作站人员管理办法》出台，全面规范社工招聘录用、日常管理、职位晋升、薪酬福利，这是全市首部社区工作人员管理条例。该办法自2015年1月1日起执行。

28日 由中国建筑业协会与13个行业建设协会共同评选的“改革开放35年百项经典暨精品工程”揭晓，江苏宜兴抽水蓄能电站项目入选经典工程。

是日 省科技厅公布2014年江苏省工程技术研究中心建设项目，全市11个企业的工程技术研究中心建设项目获批立项。至此，全市累计建有江苏省工程技术研究中心117个。

12月

3日 世界台联宣布，斯诺克选手丁俊晖在新的斯诺克世界排名榜上跃居第一，他是首位成为世界斯诺克第一的亚洲球员。

是日 宜兴市创建省节水型社会示范市工作通过省级专家组验收，宜兴市被授予“江苏省节水型社会示范市”称号。

8日 宝钢集团、中国广核集团、中国华能集团3个央企与宜兴民营企业——银环控股集团合作推进的宝银特种钢管有限公司新一轮资产重组揭牌仪式在宜兴举行。宝钢集团董事长徐乐江，江苏省委常委、无锡市委书记黄莉新，宝钢集团总经理陈德荣，中国广核集团董事长贺禹等出席揭牌仪式。

是日 江苏省新闻出版局官网公布《江苏省实施农家书屋提升工程试点工作示范县、先进县名单》，宜兴入选“2014年度省实施农家书屋提升工程试点工作示范县”。

是日 宜兴市选送的3个表演艺术类节目获第十一届江苏省“五星工程奖”金奖。

11日 科技部国家可持续发展实验区专家组实地考察宜兴市的国家可持续发展实验区建设情况，并听取了汇报。经过质询和综合讨论等环节后，专家组一致同意推荐宜兴市参加国家可持续发展实验区部门联席评审会。

是日 江苏省科技厅公布第四批江苏省创新型试点乡镇名单，宜兴市新建镇名列其中。至此，宜兴市建成省级创新型试点镇6个。

15日 国家旅游局官网发布《2014年全国休闲农业与乡村旅游示范县、示范点认定名单公示》，宜兴等37个县（市、区）入围2014年度“全国休闲农业与乡村旅游示范县”。

17日 《福布斯》（中文版）发布“2014中国大陆最佳县级城市排行榜”，共有30个县级城市入选，宜兴市综合得分居第12位，这是宜兴市连续第6年跻身该榜单。

19日 中国人民对外友好协会批准宜兴市和美国海威市结为友好城市。至此，宜兴市国际友好城市总量达47个。

24日 由市史志办编纂的《中国共产党宜兴历史第二卷（1949-1978）》出版发行。

26日 在中国宜兴陶瓷博物馆设立的海峡两岸交流基地举行揭牌仪式，这是江苏省内继南京中山陵之后的第二个海峡两岸交流基地。

29日 市委十二届五次全体会议召开。市委书记王中苏代表市委常委会作工作报告。会议以党的十八届三中、四中全会精神为指引，深入贯彻中央经济工作会议、习近平总书记在江苏调研时的重要讲话和省委十二届八次、九次全会精神，回顾总结2014年工作，部署2015年任务，动员全市各级党组织和党员干部，团结带领全市人民，以更加坚定的信心和顽强的意志，攻坚克难、奋发有为，全力推动宜兴经济社会平稳健康发展。

31日 全市基层党建工作专项述职会议召开。市委书记王中苏要求，全市各板块党（工）委及负责人通过集中述、集中点、集中评，分类找准问题、层层传导压力，进一步落实新形势下管党治党责任，与时俱进推动全市党建工作再上新台阶。

是月 宜兴均陶堆花技艺被文化部确定为第四批国家级非物质文化遗产代表性项目。

编辑　吴艳

【全市概况】

2014年宜兴市区划、人口概况

表8

	单位	2014年	2013年		单位	2014年	2013年
一、行政概况				四、年末总人口	万人	108.19	107.88
镇	个	13.00	14.00	男性	万人	53.43	53.30
街道(园区)	个	5.00	4.00	女性	万人	54.76	54.58
行政村	个	213.00	216.00	五、出生人数	人	10749.00	9470.00
社区居委会	个	97.00	96.00	出生率	‰	9.95	8.78
二、全市总面积	平方千米	1996.60	1966.60	六、死亡人数	人	8310.00	8413.00
三、年末总户数	万户	37.68	37.91	死亡率	‰	7.69	7.80
				七、人口自然增长率	‰	2.26	0.98

【国民经济主要指标】

2014年宜兴市国民经济主要指标

表9

	单　位	2014年	2013年	比上年增减(%)
一、综合				
地区生产总值	亿元	1233.89	1170.23	8.30
第一产业	亿元	54.95	51.71	3.70
第二产业	亿元	643.15	617.44	7.10
第三产业	亿元	535.79	501.08	10.30
二、工业				
(一)工业总产值	亿元	3402.25	3549.82	-4.16
(二)工业销售产值	亿元	3324.00	3464.07	-4.04
(三)工业销售收入	亿元	3330.18	3473.27	-4.12
(四)工业利税总额	亿元	204.24	220.22	-7.26
三、农业				
(一)农业总产值	亿元	88.45	83.58	5.83
其中:农业	亿元	49.56	45.38	9.21
林业	亿元	5.32	5.21	2.11

续表9

	单　位	2014年	2013年	比上年增减(%)
牧业	亿元	8.24	8.41	-2.02
渔业	亿元	18.08	17.86	1.23
农林牧渔服务业	亿元	7.25	6.72	7.89
(二)粮食总产量	万吨	47.18	48.00	-1.71
其中秋粮	万吨	29.40	29.79	-1.31
(三)油料总产量	吨	6191.00	6319.00	-2.03
(四)水产总产量	吨	83867.00	80648.00	3.99
(五)蚕茧产量	吨	4.73	6.08	-22.20
(六)茶叶产量	吨	6127.00	5701.00	7.47
(七)水果产量	吨	23368.00	22293.00	4.82
(八)肉猪年末存栏数	万头	18.32	24.00	-23.67
(九)肉猪出栏数	万头	33.38	34.50	-3.25
四、固定资产投资				
全社会固定资产投资总额	亿元	602.15	555.34	8.43
五、国内贸易				
(一)商品销售总额	亿元	1232.00	1097.34	12.27
(二)社会消费品零售总额	亿元	464.42	416.28	11.56
(三)商品市场成交额	亿元	418.16	399.73	4.61
六、开放型经济				
工商登记协议注册外资	亿美元	4.17	4.97	-16.10
到位注册外资	亿美元	1.85	3.52	-47.44
外贸进出口总额	亿美元	55.46	58.08	-4.51
其中:进口	亿美元	18.70	21.46	-12.86
出口	亿美元	36.76	36.62	0.38
七、财政				
公共财政预算收入	亿元	94.45	86.61	9.05
政府性基金收入	亿元	65.24	89.60	-27.19
公共财政预算支出	亿元	100.29	91.02	10.18
八、金融保险				
金融机构本外币存款余额	亿元	1758.86	1666.47	5.54
金融机构本外币贷款余额	亿元	1391.54	1348.09	3.22
保险业务收入	亿元	31.95	30.27	5.55
保险赔款支出给付	亿元	18.30	14.37	27.35
九、社会保障				
参加基本养老保险人数	万人	33.18	32.16	3.17
参加失业保险人数	万人	26.35	26.16	0.73

续表9

	单　位	2014年	2013年	比上年增减(%)
参加医疗保险人数	万人	46.23	44.32	4.31
十、物价				
居民消费价格总指数	%	102.10	102.20	—
服务项目价格指数	%	103.00	103.60	—
商品零售价格指数	%	101.50	101.40	—
农业生产资料价格指数	%	100.50	100.60	—
十一、人民生活				
城镇居民人均可支配收入	元	39492.00	36265.00	8.90
城镇居民人均生活消费支出	元	25035.00	23202.00	7.90
农村居民人均可支配收入	元	20178.00	18277.00	10.40
农村居民人均生活消费支出	元	13792.00	12561.00	9.80
十二、交通邮电				
全社会客运量	万人次	7143.00	7066.00	1.09
全社会客运周转量	万人千米	88342.00	144096.00	-38.69
全社会货运量	万吨	3562.00	3432.00	3.79
全社会货运周转量	万吨千米	288559.00	277996.00	3.80
邮政业务总收入	万元	18288.00	16034.00	14.06
电信业务总收入	万元	155431.00	152884.00	1.67
十三、旅游				
旅游总收入	亿元	178.92	162.20	10.31
国内旅游收入	亿元	178.55	161.88	10.30
国际旅游收入	万元	3700	3250	13.85

说明：统计资料中的数据为统计局2014年12月《宜兴统计》数据，正式使用时以宜兴市统计局编发的《宜兴统计年鉴》为准；全市地区生产总值为现行价，增幅为可比价增幅

【50强村排序】

1.官林镇都山村
2.官林镇义庄村
3.丁蜀镇查林村
4.高塍镇高塍村
5.湖㳇镇大东村
6.官林镇凌霞村
7.屺亭街道轸村村
8.张渚镇善卷村
9.万石镇南漕村
10.高塍镇梅家渎村
11.丁蜀镇紫砂村
12.丁蜀镇潜洛村
13.宜城街道沧浦村
14.杨巷镇黄家村
15.官林镇官林村
16.丁蜀镇洛涧村
17.丁蜀镇任墅村
18.丁蜀镇西望村
19.和桥镇西觞村
20.丁蜀镇大港村
21.万石镇余庄村
22.丁蜀镇塍里村
23.丁蜀镇洑东村
24.张渚镇芙蓉村
25.张渚镇祝陵村
26.官林镇滨湖村
27.官林镇戈庄村
28.官林镇桂芳村
29.丁蜀镇双桥村
30.周铁镇分水村
31.张渚镇省庄村
32.张渚镇南门村
33.官林镇东尧村
34.官林镇丰义村
35.丁蜀镇川埠村
36.宜城街道南园村
37.湖㳇镇银湖村
38.高塍镇高遥村
39.张渚镇北门村
40.张渚镇五洞村
41.官林镇大儒村
42.万石镇万石村
43.湖㳇镇张阳村
44.和桥镇北庄村
45.高塍镇塍西村
46.屺亭街道后亭村
47.高塍镇志泉村
48.湖㳇镇竹海村
49.张渚镇龙池村
50.官林镇笠渎村

【交流资料】

2014年沿海部分区(县、市)地区生产总值、工业主要指标

表10

单位:亿元、亿千瓦时

指标 / 单位	地区生产总值		工业总产值		规模以上工业						工业用电量	
	2014年	比上年增减(%)	2014年	比上年增减(%)	产值	比上年增减(%)	主营业收入	比上年增减(%)	利税总额	比上年增减(%)	2014年	比上年增减(%)
宜兴	1233.89	8.3	3402.25	-4.2	2812.88	-4.7	2707.20	-4.8	154.13	-10.8	69.51	-1.6
江阴	2753.95	7.8	6522.54	-1.7	6023.13	-2.7	5763.89	-3.6	527.57	2.3	212.09	0.2
锡山	620.71	8.8	1275.08	1.7	1128.00	0.3	—	—	—	—	43.88	2.6
武进	1905.33	10.2	4950.81	8.4	4268.41	8.2	4402.38	7.2	347.77	13.2	142.33	1.1
常熟	2009.36	7.5	4581.24	0.5	3628.73	0.8	3596.07	1.7	244.88	0.5	130.63	1.0
张家港	2180.25	6.0	5630.85	0.0	4961.82	0.0	5040.34	0.0	223.20	4.6	262.80	2.3
昆山	3001.02	7.7	8708.49	-1.8	8041.76	-1.8	7951.38	-2.2	544.22	5.0	155.99	3.6
吴江	1486.51	8.0	3802.00	-1.2	3057.24	-1.5	3039.77	-0.3	154.68	6.5	193.43	-3.1
太仓	1065.33	8.6	2630.27	2.6	2082.36	4.8	2024.79	6.7	170.67	9.5	77.08	1.7
通州	860.73	10.8	—	—	1847.95	13.9	1812.76	13.4	214.34	16.7	35.66	11.6
海门	836.50	10.2	—	—	1801.62	9.2	1784.61	8.8	295.82	9.3	24.55	3.2
启东	739.13	10.6	—	—	1500.11	10.2	1469.54	10.3	176.53	16.1	17.35	1.2
靖江	712.00	9.2	—	—	2018.68	3.8	1892.54	4.7	256.91	12.9	26.48	5.3
江宁	1405.58	10.9	—	—	2828.87	11.9	2384.74	9.3	416.09	11.1	—	—
柯桥	1137.61	6.3	4135.10	1.5	3493.49	0.1	3397.25	0.2	276.03	7.6	123.00	-1.7
萧山	1728.32	8.1	4740.00	5.6	4173.46	6.3	4084.73	3.7	326.83	12.8	173.97	0.4
鄞州	1297.82	8.5	3175.46	6.9	2315.75	7.1	2230.94	7.1	203.97	8.1	54.21	1.5
诸暨	980.48	8.8	—	—	2287.98	9.9	2223.89	7.9	188.47	10.8	59.37	-1.4
慈溪	1111.56	8.6	—	—	1914.40	9.9	1806.72	13.2	139.02	22.4	89.62	3.1
嘉定	1630.20	8.6	—	—	5082.70	7.1	5268.70	7.8	922.10	16.2	60.10	0.8
青浦	827.40	7.2	—	—	1579.70	3.5	1604.40	4.5	134.00	-0.2	33.90	0.3
南海	2373.08	8.7	5424.91	9.1	4986.90	9.4	4871.22	5.6	—	—	146.16	4.2
顺德	2764.98	8.6	6440.36	9.1	5968.62	9.3	5358.01	9.3	525.17	23.0	108.16	8.4
晋江	1492.86	9.8	3715.08	11.4	3290.19	11.4	3040.30	8.8	326.20	1.1	113.29	5.5

2014年沿海部分区(县、市)财政、金融、固定资产投资主要指标

表11

单位:亿元

指标 / 单位	财政总收入		公共财政预算收入		金融机构存贷款余额						固定资产投资	
	2014年	比上年增减(%)	2014年	比上年增减(%)	存款余额	比上年增减(%)	居民储蓄	比上年增减(%)	贷款余额	比上年增减(%)	2014年	比上年增减(%)
宜兴	—	—	94.45	9.1	1758.86	5.5	822.90	10.4	1391.54	3.2	602.15	8.4
江阴	569.15	16.9	200.66	10.1	2942.15	7.9	943.29	7.6	2357.37	9.3	1046.09	10.3
锡山	122.80	-6.5	60.55	10.6	797.65	14.8	365.79	9.3	704.44	14.8	596.83	16.1
武进	382.84	7.8	129.63	3.0	2050.29	6.2	947.63	6.9	1476.99	6.6	1003.14	12.2
常熟	380.89	-2.6	147.40	6.4	2384.92	2.6	1027.65	3.5	1937.75	10.5	650.44	-9.1
张家港	409.83	-9.1	162.66	5.5	2418.91	1.5	881.92	5.3	2015.23	1.7	780.02	1.2

续表11

单位＼指标	财政总收入		公共财政预算收入		金融机构存贷款余额						固定资产投资	
	2014年	比上年增减(%)	2014年	比上年增减(%)	存款余额	比上年增减(%)	居民储蓄	比上年增减(%)	贷款余额	比上年增减(%)	2014年	比上年增减(%)
昆　山	661.11	−1.9	263.66	8.3	3210.79	8.7	976.80	10.1	2257.18	12.8	850.05	1.0
吴　江	380.38	−2.4	137.36	6.1	2170.44	1.1	742.34	—	2077.93	11.5	757.29	5.0
太　仓	244.15	−6.9	106.47	6.3	1216.53	2.2	459.79	5.4	1119.88	5.6	530.42	2.0
通　州	182.01	24.9	70.44	15.1	1107.66	15.7	716.45	13.7	606.81	14.7	521.12	19.2
海　门	161.88	15.5	68.57	12.1	1021.03	16.5	628.24	12.3	640.30	20.3	501.40	18.4
启　东	168.40	20.7	67.25	14.9	951.17	—	639.67	—	562.52	—	483.41	18.7
靖　江	116.61	−9.5	59.09	2.8	839.88	6.2	382.45	7.5	585.14	6.2	405.76	17.0
江　宁	343.76	14.9	166.82	13.0	1728.15	11.3	586.98	11.5	951.30	22.6	900.10	2.2
柯　桥	145.09	9.4	82.01	8.2	1468.52	−0.8	620.87	−0.2	1285.19	2.9	576.95	17.4
萧　山	243.21	6.2	133.85	5.8	3106.86	3.4	1209.26	8.1	2849.58	7.2	850.85	16.4
鄞　州	279.47	8.1	166.22	8.4	1767.26	2.4	821.95	—	1582.43	6.1	593.33	17.5
诸　暨	109.54	9.5	66.34	11.3	1158.61	4.5	588.32	7.2	1111.24	12.1	568.80	17.9
慈　溪	196.92	19.7	100.02	8.7	1718.19	1.3	903.98	6.2	1839.49	11.8	636.07	16.7
嘉　定	745.70	13.0	167.80	15.4	2068.60	7.0	1011.20	9.2	1031.40	12.3	485.10	1.1
青　浦	308.40	13.4	104.10	17.4	1206.10	7.8	558.10	7.5	708.00	5.6	409.30	13.9
南　海	375.69	22.7	166.59	14.0	4062.77	3.4	2081.22	4.7	2317.44	17.9	792.04	15.6
顺　德	552.73	5.1	173.93	12.9	3155.83	−8.6	1952.90	2.6	2651.97	5.5	550.38	14.9
晋　江	198.02	8.3	114.10	13.8	1363.60	8.4	693.81	5.5	1032.29	13.4	765.87	21.2

2014年沿海部分区(县、市)社会消费品零售额、外贸出口额、到位注册外资指标

单位：亿元、万美元

表12

单位＼指标	社会消费品零售额		外贸出口额		到位注册外资		单位＼指标	社会消费品零售额		外贸出口额		到位注册外资	
	2014年	比上年增减(%)	2014年	比上年增减(%)	2014年	比上年增减(%)		2014年	比上年增减(%)	2014年	比上年增减(%)	2014年	比上年增减(%)
宜　兴	464.42	11.6	367638	0.4	18523	−47.4	靖　江	152.20	10.0	127090	21.8	2640	−65.5
江　阴	643.07	11.3	1302303	20.2	85509	5.9	江　宁	379.58	14.3	663000	3.3	71787	−15.5
锡　山	195.98	11.6	356339	8.6	33036	−12.1	柯　桥	210.25	15.2	1101392	4.6	21003	2.3
武　进	449.09	12.0	700089	9.4	90500	−11.3	萧　山	471.62	5.9	999287	5.6	125852	29.9
常　熟	615.63	9.6	1255331	7.8	105133	2.7	鄞　州	404.96	13.5	1207326	9.8	55752	19.8
张家港	455.08	10.8	1481016	15.5	71509	2.1	诸　暨	316.28	15.2	491438	6.4	10045	−52.9
昆　山	640.40	14.1	5357691	−2.0	128012	−27.0	慈　溪	484.86	14.0	937140	6.2	43717	5.9
吴　江	388.91	10.0	1448844	16.1	97121	0.1	嘉　定	714.10	26.5	994755	0.6	47437	14.6
太　仓	239.04	9.3	607900	10.2	39600	−35.9	青　浦	474.40	14.0	689615	11.0	52108	—
通　州	297.00	12.0	293803	13.0	35839	17.9	南　海	831.51	13.2	1079000	13.0	80711	5.2
海　门	297.94	11.9	145459	−5.8	15518	−37.4	顺　德	826.31	13.2	2064196	10.5	81190	5.6
启　东	285.91	11.9	230497	−13.0	5522	−78.2	晋　江	454.12	12.6	698227	20.0	50531	0.7

（市统计局）

编辑　吴建群

宜兴市党史遗址

遗址名称：**中共宜兴县委旧址**
地　　址：宜城街道光荣西路5号

遗址名称：**同乐堂**
地　　址：新街街道陆平村

遗址名称：**中共太滆地委机关驻地旧址**
地　　址：和桥镇闸口村闸口老街河西的邵氏宗祠内

精彩宜兴

2014“精彩宜兴”年度照片获奖作品集

组织机构

主办单位：宜兴市史志办公室
协办单位：宜兴市生态文明研究与促进会
宜兴市摄影家协会

评委会组成人员

顾　　问：卢　敏　市政府副市长
吴国成　市生态文明研究与促进会会长
评委会主席：许益民　中国摄影家协会理事、省摄影家协会副主席、无锡市摄影家协会主席
评　　委：徐星审　中国摄影家协会会员、无锡市摄影家协会副主席、宜兴市摄影家协会主席
茅　溦　省摄影家协会会员、宜兴市摄影家协会秘书长
卫　平　省摄影家协会会员、宜兴市摄影家协会副秘书长
蒋苏荣　省摄影家协会会员　宜兴市摄影家协会理事
周叔军　市委办公室副主任
许红霞　市政府办公室副主任、市外事办主任
徐早其　市委宣传部副部长
蒋晓青　市建设局党委书记
杭科军　市文广新局副局长
史志强　宜兴日报社副总编
范双億　市旅游园林管理局旅游促进科科长、市作协副主席
夏侯岭　市史志办公室主任
耿海华　市史志办公室副主任

获奖作品目录 CONTENTS

金奖

谈忠君 《宜居 · 宜兴》

银奖

曹婧雯 《手机一族》
杨冬明 《秋收》

铜奖

陆宝江 《晨练》
周惠民 《璀璨新城亮东氿》
赵正伟 《社区来了新市民》
曹卫江 《五圣晨韵》
马盘齐 《畅响中国梦》
彭　文 《传承》
周俊文 《立体作业》
马　超 《美味百家宴》
陈寿春 《小村秋韵》
方向东 《吸引》

优秀奖

王利柱 《宜城之夜》
江旭光 《丰收景象》
恽云仙 《魅力之城》
周焕新 《晨光中的城东新城》
彭　文 《阳山荡畔喜乐图》
彭　文 《踏雪赏竹》
陆宝江 《空谷幽茶》
陆宝江 《山村晨韵》
周惠民 《采春》
周惠民 《灵秀山乡共氤氲》
陈伟亚 《水城新韵》
曹卫江 《百鸟归栖夜未央》
曹卫江 《城东之夜》
曹婧雯 《城市圆舞曲》
曹婧雯 《莘莘学子》
仇洪生 《万古灵迹展太极》
丁焕新 《万达美食节》
丁焕新 《纳米膜上种番茄》
黄富民 《高铁时代》
夏锡平 《雨中游》
杨冬明 《绿肺》
杨冬明 《校车进山村》
杨冬明 《云湖春色》
杨冬明 《占位》
杨冬明 《争相表演》
钱晓军 《归巢》
陈寿春 《花海人家》
鲍　陈 《天上的街市》
郑文才 《心灵之光》
梅志强 《春之光荫》

宜居·宜兴

金奖作品·作者自述

谈忠君

作品拍摄于2014年4月的一个傍晚。城东东氿之滨，现代化建设日新月异，日出火红的朝霞、日落金色的暮辉、灯光照射衬托着鳞次栉比的现代化高楼，让摄影人在取景框里激动忘我。日落西下，蔚蓝的暮色来临，华灯一片耀亮。环顾四周，不知何时酒店正对岸的水边来了一个垂钓人，我不假思索快步走过去，选好位置，架起三脚架支好相机，等待心中的主角上场。晚饭三五成群散步的人从镜头前走过，我的相机快门也按了一次一次又一次。二十多张底片过后，看到两大一小三个人走过来，还推着一辆童车，我立刻走近相机拿起遥控器连按了五六次快门，回来后挑出了这张最满意的，行人和垂钓人构图到位，疏密有致，林立高楼上，LED幕墙播映着梁祝故事，充分展现了水城宜兴的地域之美、现代之美、和谐之美。宜兴——宜居之地。

2

手机一族

银奖作品·作者自述

曹婧雯

2014年7月11日晚，与家人一起散步于蛟桥步行街，看到麦当劳餐厅内，年轻人普遍低头看手机的场景觉得形式感很强，且充满现代城市气息，立即回家取了相机拍下一组照片。手机一族，几乎成了一个普遍的社会现象，无论是朋友聚会，还是和家人一起吃饭，或是公交出行等，总能够看到低着头看手机的一类人。低头是时尚，也是潮流，智能手机的普及和互联网的升级，人们的生活不知不觉中融入数字信息时代，他们的视线和智能型手机相互交感直至难分难解。“德不孤，必有邻”，用来形容手机一族，虽不允当，却有几分韵致。世界上最遥远的距离，不是天涯海角，而是我在你身边，你却在看手机。生活是丰富多彩的，你该怎么做呢？

全天 ¥15起
天天超值套餐
CR9

秋收

银奖作品·作者自述

杨冬明

2014年的一个秋日，天气晴好，我与几名摄友驱车前往农村采风，途经徐舍镇长河村时，看到农民田间劳作场景，瞬间勾勒出一幅以秋收为题材的纪实摄影作品。晚霞的余辉衬着迎风飘舞的稻穗，满天飞舞的稻草伴随着收割机的机鸣声，仿佛美妙的音符。扑面而来的是那割断的稻草香味，让久居城市的我突然间想起了小时候。没有了面朝黄土背朝天的农民，可是那亲切朴实的笑容还在；没有了镰刀抡起那熟练的手法，可是操作起现代化工具一点也不含糊；没有了挥汗如雨连说话都没有功夫的繁忙，可是田间扬起的稻草纷纷扬扬。灿烂的余晖营造了一种欢乐、温暖的丰收场面。

久保田
苏 04
10267
久保田

铜奖作品·作者自述

晨练

陆宝江

作品拍摄于2014年5月的一个早晨。由于隔夜有雨，预计当天森林公园有雾，于是赶去拍了这幅心中早已谋划好的作品。龙背山森林公园地域宽广，植物多样繁茂，空气清新，自从开发成开放式公园以后，宜兴人民多了一个锻炼休闲的乐园，成了宜兴的绿色天堂。要把森林公园这一特点表达出来，我舍大取小选择了水池边这么一个点，由于水面与路面基本持平，道旁的树木和人影都在水中形成倒影，形成呼应，雾天的好处是近景清晰，远处都虚化在雾中，所以画面更加简洁。同时采用了红外摄影的手法，后期做成黑白，舍弃了颜色的干扰，纯粹以形式结构来表达，让着眼点落在晨练的人身上，强化了主题。

铜奖作品·作者自述

璀璨新城亮东氿

周惠民

我坚持城市风光年年拍，许多作品都是因第一次发现新角度而得到的，也成了宜兴的名片。2014年12月12日下午，我和好友登上了早已踩好点的东氿之滨正在施工中的某高楼的脚手架，从防护网的空隙望城东新城，顿感眼前一亮。万达广场和东氿一号、碧水华庭等高楼，鳞次栉比，错落有致。景观路东氿大道和东虹路环绕着东氿消失在远方。氿畔的公园林荫草坪烘托出东氿新城的时代感和生态美。这是宜兴又一个地标性景点，是一幅新宜兴的新画卷。耐心等到日暮时分，天光霞映，华灯初起，城市显得如此秀美。远处铜峰山脉起伏，中间新城楼宇耸立，近处水面倒影波光粼粼……我激情地按下了快门。

铜奖作品·作者自述

社区来了新市民

赵正伟

据统计，目前宜兴外来人口总数已近30万人。在这些新市民中，符合条件人员的家庭子女都分散安置在各个校区接受正规的教育。每到夏季开学前，市公安局各派出所民警就会深入到各镇、街道社区服务中心、用人单位等，开展流动人口居住登记、居住变更登记和居住证申领、发放等工作，积极做好流动人口的管理服务工作，切实解决新市民的家庭生活困难，让他们更加安心地投身工作中。这幅作品拍摄于2014年8月26日 ，是湖 汉派出所民警深入辖区为安徽籍的务工子女进行入学前登记，确保每个社区新市民的孩子都能正常按时入学。

铜奖作品·作者自述

五圣晨韵

曹卫江

作品拍摄于2014年10月7日清晨，西渚镇五圣村西的神山头上。氤氲的江南，秋意，一个多雾的黎明溜来，到了下午，雾便不见踪影。广袤的宜兴山区，一到了秋天，最明显的是颜色的变化，似乎是一夜之间，漫山遍野的绿色都变成了满眼金黄，金黄色的叶子和金黄色的果实，在金黄色的土地上，演奏起金黄色迤逦的乐章。西渚的山、云湖的水，特殊的地理环境酿成山水相间、晨雾笼罩，晨曦中的五圣山村，散落有致、清晰可辨，远山层峦叠嶂，朦胧的感觉让人如在画中！

铜奖作品·作者自述

畅响中国梦

马盘齐

2014年宜城街道举办邻居节，我因参加城北社区的合唱团，同时又爱好摄影，开幕式那天带了相机到现场。在合唱团静场的时侯，我在合适位置用长焦拍了几十张照片。当时也没有想什么，只是觉得邻居节开幕式的节目很精彩，回家整理照片时，发现这张照片语言比较丰富，舞者的神态、动作沉浸在梦幻的畅想之中。我给作品起名为《精彩的邻居节》，后定为《畅想中国梦》。表演者是一群生龙活虎的年轻人，寓意中国的梦想要靠他们来努力、来实现。

铜奖作品 · 作者自述

传承

彭 文

这张照片是2014年元旦拍摄的。当时我从东沈采风回家，经过宜兴万达广场，正好看到许多小朋友在进行绘画比赛，场面热闹紧张又充满趣味，凭着摄影的直觉抓拍了这一瞬间。回家后慢慢品味，散点式画面尤如童话一般，画中又有画；更难得的是，2014年是马年，在以画马称绝的徐悲鸿大师故里，小朋友们比赛画的内容还是各种形式的马，这些都给作品赋予了更多意义。祝愿书画之乡的陶都，不断涌现出像徐悲鸿先生一样的艺术大师，永远传承热爱艺术的龙马精神。

铜奖作品·作者自述

立体作业

周俊文

作品拍摄于2014年7月12日阳灵隧道内。阳灵隧道工程作为阳羡生态旅游风景区丁张公路与张灵慕线的重要连接线，是宜兴市最长的干线公路隧道工程。作为“十二五”规划省道S360的重要组成部分，阳灵隧道建成后将可使云湖、善卷洞、竹海三大景区之间的车程缩短近20千米，在完善宜兴市旅游道路网络的同时，为沿线地区发展旅游特色经济创造良好条件。图为隧道建设工人正在抓紧做好隧道的管网支护工作，每个工人都在自己的岗位上认真做好本职工作，于是我拍下了这个镜头，并起名《立体作业》。

铜奖作品 · 作者自述

美味百家宴

马　超

2014年10月10日傍晚，宜城茶东社区贝马圩公园里人头攒动，人们进进出出，忙个不停。原来，这里摆开了露天宴，家家端出自家的拿手菜，浓香四溢。不知不觉，夜幕降临。台上，歌舞正兴；台下，谈兴正浓。一盘盘菜、一杯杯饮料、甜蜜蜜的笑容，冲破钢筋水泥墙的阻隔，广场上的百家宴溢出了浓浓的幸福味道。 我拿起相机记录下了这个精彩的场面。

铜奖作品 · 作者自述

小村秋韵

陈寿春

作品拍摄于2014年11月张渚镇郊外。在这秋高气爽的日子里，白墙黑瓦间的两株千年银杏树渗透了灿烂而耀眼的黄，映衬着碧空如洗的蓝天，乡居显得分外的安宁、祥和。晌午时分，村民络绎不绝来到小溪边，浣洗时水面泛起阵阵涟漪，动静之间形成了和谐而明快的画面。勾勒出新农村一幅生活气息极为浓厚而又温馨和谐的场景。

铜奖作品·作者自述

吸引

方向东

这幅作品，是我去大觉寺采风时拍到的。那里有个汽车流动书市，是免费供人们看书的，而一旁坐满了看书的人。这一场景与我一路走来的宜兴美景和秩序井然的城市相呼应，正是爱看书爱学习的人文气息，才让宜兴这座宜居之城更富内涵。特别是这一老一少看书时目不转睛的认真劲，不正是我要寻找和记录的吗？我迅速举起相机，调整好参数，并置于静音连拍状态，终于捕捉到了这一感人的画面。

1		
2	3	4

优秀奖摄影作品

1.《宜城之夜》王利柱摄 / 2.《丰收景象》江旭光摄 / 3.《魅力之城》恽云仙摄 / 4.《晨光中的城东新城》周焕新摄

优秀奖摄影作品

1	3
2	4

1. 《阳山荡畔喜乐图》彭文摄
2. 《踏雪赏竹》彭文摄
3. 《空谷幽茶》陆宝江摄
4. 《山村晨韵》陆宝江摄

优秀奖摄影作品

1	3	4
	2	

1. 《采春》周惠民摄
2. 《灵秀山乡共氤氲》周惠民摄
3. 《水城新韵》陈伟亚摄
4. 《百鸟归栖夜未央》曹卫江摄

优秀奖摄影作品

1	3	4
2	5	6

1. 《城东之夜》曹卫江摄
2. 《城市圆舞曲》曹婧雯摄
3. 《莘莘学子》曹婧雯摄
4. 《万古灵迹展太极》仇洪生摄
5. 《万达美食节》丁焕新摄
6. 《纳米膜上种番茄》丁焕新摄

优秀奖摄影作品

1	3
2	4

高铁时代》黄富民摄 / 2.《雨中游》夏锡平摄 / 3.《绿肺》杨冬明摄 / 4.《校车进山村》杨冬明摄 / 5.《云湖春色》杨冬明摄 / 6.《占位》杨冬明摄

优秀奖摄影作品

1	2
4	5

争相表演》杨冬明摄 / 2.《归巢》钱晓军摄 / 3.《花海人家》陈寿春摄 / 4.《天上的街市》鲍陈摄 / 5.《心灵之光》郑文才摄 / 6.《春之光荫》梅志强摄

后 记

以《宜兴年鉴》刊中刊的形式，2014“精彩宜兴”年度照片征集评选活动获奖作品结集出版了。

这次摄影大赛，由宜兴市史志办公室主办，宜兴市生态文明研究与促进会、宜兴市摄影家协会协办，以“精彩宜兴”为主题，以年度为时限，前后历时三个月，共收到市内外155名作者的1441幅作品，涉及宜兴自然风光、转型发展、城乡建设、生态文明、人民生活最新面貌等各个方面，内容丰富，题材新颖，形式多样，不乏艺术感染力较强的精品佳作。通过专家评审，共产生入围作品80幅（组），获奖作品33件。

我们期盼，通过每年组织举办年度照片征集评选活动，用镜头记录瞬间，让艺术见证历史，充分展示全市人民在市委、市政府的坚强领导下，坚持产业、城市、生态、文化“四位一体”发展理念、积极践行“中国梦”的典型场面和感人风貌，为推动宜兴经济社会在新的更高起点上又好又快发展、率先基本实现现代化传播正能量，提供强动力。同时，也能进一步丰富和充实地方图片史料库存，为史志工作出精品、创佳作奠定坚实基础。

本次大赛是宜兴历史上首次年度照片评选活动，得到了全社会的广泛关注。但由于活动征稿时间短，宣传发动面不广，承办单位经验不足等原因，本次活动还留下了不少遗憾，对此，我们将在以后的组织中积极加以改进。

编　者

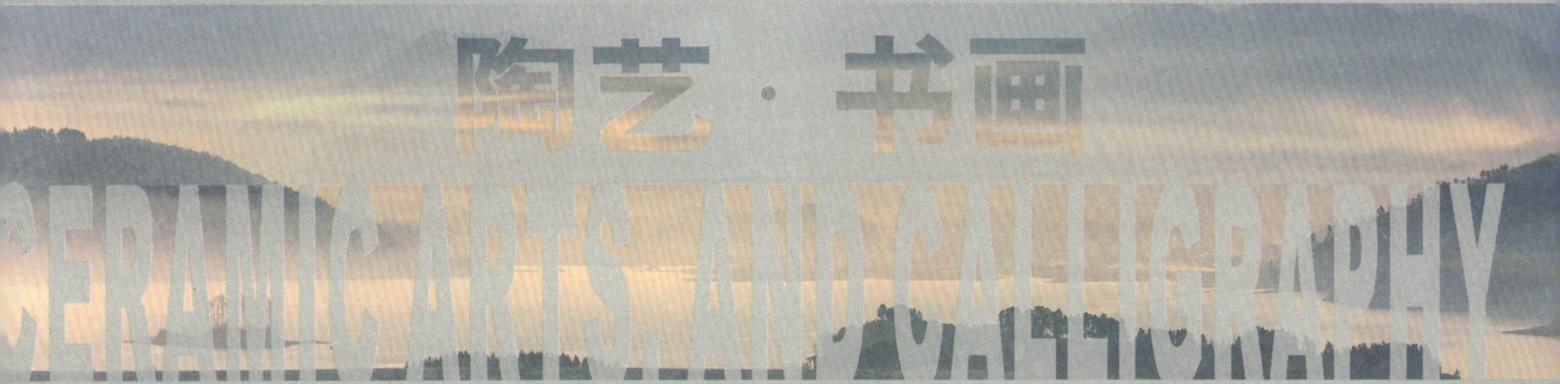

陶艺·书画

CERAMIC ARTS AND CALLIGRAPHY

陶艺动态

【均陶制作技艺入选国家级“非遗”代表性项目】 宜兴均陶始于宋代，由宜兴釉陶基础上发展演变而成，是独具特色的艺术陶瓷门类，也是宜兴陶瓷中的一个古老品种。均陶堆花，又称贴花，是指艺人用大拇指以搓、捻、抹、捺等手法在均陶坯体上用不同于坯体的其他泥料堆贴出精美图案和图形的一种装饰技艺。宜兴均陶堆花制作技艺，在唐代后期始见雏形，宋元时期初步形成堆贴装饰的工艺特色，明代初期“大拇指贴花法”手工技艺走向成熟，清顺治年间宜兴堆花陶器蜚声海内外。新中国成立后，宜兴均陶堆花技艺在传统“平贴法”的基础上，实现了“半浮雕和立体浮雕堆贴法”，大量借鉴木刻、砖刻、石雕、青铜器等民间工艺表现手法，将堆花从单纯作为均陶装饰艺术延伸到雕塑、壁画、现代陶艺等艺术范畴。2009年，宜兴均陶堆花技艺入选江苏省非物质文化遗产项目。2014年12月，被文化部确定为第四批国家级非物质文化遗产代表性项目。

均陶制作技艺
（市文广新局 提供）

【宜兴陶瓷博物馆成为AAAA级景区】 宜兴陶瓷博物馆始建于20世纪50年代，是国内最早建立的陶瓷博物馆。其最初为江苏省宜兴陶瓷公司设立的陶瓷陈列室，60年代改建并更名为宜兴陶瓷陈列楼，70年代中期扩建并更名为陶瓷陈列大楼，1980年易地新建成宜兴陶瓷博物馆，1991年更名为中国宜兴陶瓷博物馆。后经过几次扩建，展厅面积增至4000余平方米，馆内有名人名作馆、古代陶瓷馆、紫砂历史馆、现代艺术馆、青瓷厅、均陶厅、紫砂厅、美彩精陶厅、世界陶瓷厅等4馆、17厅，近1万件藏品涵盖了宜兴所有艺术陶瓷门类。其中，有距今7000余年的夹砂古陶、商周时期的原始青瓷、战国时期的印纹硬陶、汉代的釉陶、两晋的青瓷、宋元的均陶、明清的紫砂和当代的美彩陶和精陶，还有海内外陶艺家的赠品和国内其他产区的特色陶瓷艺术品。馆藏有国家一级文物9件、二级文物41件、三级文物57件。2009年，该馆以“陶艺博览”入选“中国陶都新十景”。2014年9月，该馆通过国家等级景区评定委员会评定，成为AAAA级旅游风景区。

【中国紫砂博物馆揭牌】 宜兴是享誉中外的著名陶都，有7000余年制陶史，陶文化源远流长、博大精深，陶瓷产品门类齐全。为更好地保护传统紫砂制作技艺，发展紫砂产业，2013年年初，宜兴陶瓷博物馆申报“中国紫砂博物馆”项目，对内不断完善硬件建设，对外拓展宣传途径。馆内设古代陶瓷馆、紫砂历史馆、名人名作馆等展厅17个、多功能厅2个、陶艺工作室48间，同时建立陶瓷（紫砂）文化研究院、陶艺交流中心等配套设施。同年10月，该馆通过中国工艺美术协会、省工艺美术协会和全国博物馆行业专家的联合评审，并于11月被中国工艺美术协会命名为中国紫砂博物馆。11月，全市303名优秀陶艺工作者向博物馆捐赠作品300余件（套），所捐作品均是国内各类陶瓷展获奖佳作。2014年1月17日，中国紫砂博物馆揭牌仪式和“陶艺名家捐赠作品展”在宜兴陶瓷博物馆举行。

【长乐弘获“江苏版权产业最具影响力企业”称号】 宜兴长乐弘陶艺有

限公司位于丁蜀镇，由中国工艺美术大师徐秀棠于1996年创建。1999年1月，以市陶艺工作者为主体的学术组织——江苏省工艺美术学会陶艺专业委员会在长乐弘公司成立，并定期编印会刊《江苏陶艺》。2006年，由省宜兴陶瓷(紫砂)文化研究会主办，市陶瓷行业协会、中国工艺美术学会陶艺专业委员会协办，徐秀棠任主编的季刊《宜兴紫砂》出版发行，至2013年年底，共出版28期。公司董事长徐秀棠先后编写并出版《中国紫砂》《徐秀棠砂陶艺集》《紫砂入门十讲》《宜兴紫砂五百年》《宜兴紫砂传统工艺(图述本)》等书籍10余种、2万余册，为弘扬紫砂文化，促进紫砂学术研究发挥了积极的作用。2013年12月30日，长乐弘公司被省版权协会授予“江苏版权产业最具影响力企业”称号。

【“方圆”获评中国驰名商标】 宜兴方圆紫砂工艺公司前身是1954年成立的江苏省宜兴紫砂工艺厂，是新中国成立后全国第一个紫砂专业生产企业，生产紫砂茶壶、花盆、餐具等紫砂陶瓷产品3000余种，年产量1000万件以上，产品远销多个国家和地区，多件优秀紫砂工艺品被人民大会堂、中南海紫光阁和故宫博物院收藏展示。2002年起，该厂实施严格的质量管理和品牌战略。挖掘优秀紫砂文化内涵，在厂内相继建立中国紫砂博物馆和七大紫砂老艺人艺术馆；编辑出版《紫砂图典》《紫玉金砂》等书籍。提升紫砂艺术品文化品位，聘请国内著名艺术院校教授参与紫砂作品造型设计，邀请一流书法家、画家、篆刻家参与紫砂壶装饰；选送优秀中青年紫砂艺人到清华大学美术学院进修；联合举办清华大学美术学院首届紫砂艺术高级研修班，36名学员结业。“方圆”牌紫砂茶具先后获国家银质奖、国家金质奖、北京国际博览会金奖、中国消费者(用户)十大满意品牌等荣誉。2007年被认定为“无锡知名商标”，2008年被认定为“江苏省著名商标”，2013年12月被国家工商总局认定为“中国驰名商标”。

【市陶瓷协会女陶艺家分会成立】 近20年中，宜兴陶瓷艺术的创作中涌现出一批优秀的女陶艺工作者。2010年，中国陶都陶瓷城成立巾帼陶艺工作者联谊会，并在中国陶都陶瓷艺术国际博览中心设立巾帼陶艺家园，每年开展主题活动，吸引众多女陶艺工作者踊跃参与。2013年10月，中国陶瓷协会成立女陶艺家分会，同时提议各陶瓷产区的陶瓷协会成立女陶艺家分会。至2014年年初，宜兴从事陶艺创作的女性工作者有工艺美术师以上专业技术职称326人、高级工艺美术师以上专业技术职称67人、研究员级高级工艺美术师25人。为调动女陶艺工作者积极性，2014年3月，市陶瓷协会女陶艺家分会在中国陶都陶瓷艺术国际博览中心成立，中国工艺美术大师汪寅仙任首届理事会会长，周桂珍、曹婉芬任副会长，蒋雍君任秘书长。

【刘根林爱心紫砂艺术培训班开班】 刘根林1979年进入宜兴紫砂工艺厂，师从中国工艺美术大师李昌鸿学习制壶。1993年，创办巨壶堂，先后制作巨型紫砂壶8把，被誉为“巨壶大师”。刘根林热心慈善事业，2011年11月，在中国陶都陶瓷艺术国际博览中心举行慈善爱心拍卖，并将12把紫砂壶拍卖所得的40余万元全部捐赠给丁蜀镇慈善事业。为给残疾人创造良好的培训环境，帮助其尽快掌握紫砂壶制作技能，2014年4月，刘根林爱心紫砂艺术班在丁蜀镇湖㳇社区开班，由刘根林和其他10位指导老师轮流授课，培训时间为1年，首批吸收生活困难的残疾学员6人。

【全省首个残疾人陶艺合作社成立】 2003年起，市爱德培训学校陶艺制作班先后对160余名残疾陶艺人培训陶艺制作技艺。为帮助残疾陶艺人提升职业技能和人文素养，并拓宽市场，2014年5月，全省首个残疾人陶艺合作社——市爱德陶艺社成立。该陶艺社由残疾人企业家、“江苏好人”、无锡市“五一”劳动奖章获得者马伟忠创办，旨在为残疾陶艺人搭建一个切磋技艺、宣传推广的平台。该社聘请中国工艺美术大师汪寅仙、鲍志强和其他名家共7人为艺术顾问。其中7人被列为首批结对帮扶对象。陶艺社对内交流培训、技能指导，鼓励社员继承创新，形成鲜明个人风格；对外整合包装、拓展市场，组织社员赴福建、中国台湾、中国澳门等地办展，积累了大批客户。7月，成立爱德陶瓷艺术文化有限公司，并注册“怡德”商标。11月，陶艺社创建成省第三批残疾人文化创业示范基地。至年底，7名结对帮扶对象有1人晋升为国家级工艺美术师，1人在全国残疾人岗位精英职业技能竞赛中获第一名和“全国技术能手”称号，1人获竞赛第八名。

【青灰段紫砂泥恢复研发成功】 青灰段紫砂泥是清乾隆年间宜兴艺人开始使用的一种珍稀泥料。清嘉庆年间，制壶名家杨彭年用该泥制壶而传世，至民国初期，该泥配制方法失传。2011年9月，宜兴方井紫砂文化城组织专家恢复青灰段紫砂泥研发，历经3年100余次试验后研发成功。该泥采用宜兴优质原矿底槽青泥、芝麻段泥、天青泥配制而成，不添加任何工业色素，具有泥料滋润、色泽丰富、烧成温度范围较宽等特点，色泽、颗粒、肌理、质感超过历史水平。2014年9月，青灰段紫砂泥申报成功国家发明专利。

【百位紫砂艺术家入驻新浪“艺微汇”】 “艺微汇”是新浪网旗下艺术品移动互联网平台，是国内首个中国传统文化艺术互动平台及当代艺术作品电商平台，有600余名中国当代艺术家入驻该平台。9月，江苏省宜兴紫砂工艺二厂有限公司与“艺微汇”共同建立互联网紫砂艺术云平台，吕俊杰、范伟群等8名宜兴紫砂艺术家和江苏省宜兴紫砂工艺二厂有限公司的100名紫砂艺术家签约入驻“艺微汇”。

【宜兴艺人在“我最喜爱的紫砂艺人暨作品”电视网络评选中收获好成绩】 10月10日，第三届“我最喜爱的紫砂艺人暨作品”电视网络评选活动河南郑州举办。该活动由河南电视台、河南博物院、江苏省陶瓷行业协会主办，中国收藏家协会紫砂艺术收藏委员会、江苏省宜兴紫砂工艺厂、河南省工艺美术协会等协办。11日，“我最喜爱的紫砂艺人暨作品”电视网络评选颁奖典礼在河南省国际会展中心举行。中国陶瓷艺术大师曹婉芬、江苏省陶瓷艺术大师范建军、史小明等陶艺大师和河南博物院的专家学者评选出各类奖项51个，其中宜兴紫砂艺人佘建亚、杨芳、吴淑英等10名紫砂艺人获评我最喜爱的紫砂艺人，“祥龙”壶、“畅翔”壶、“中华文化之鼎”壶等10件作品获金奖，中国陶瓷艺术大师曹婉芬获传承奖。

【清华大学美术学院陶刻高研班和紫砂艺术研究所落户宜兴】 9月，首期清华大学美术学院中国书画名家陶刻艺术高级课程研修班在宜兴陶瓷博物馆开学，为期一年，由清华大学美术学院与市书法家协会、市陶瓷行业协会联合举办，清华美院培训中心书法艺术教研室主任董雁、清华美院书法研究所博士后林书杰，宜兴书画家储云、吴冠南和陶瓷艺术大师鲍志强、毛国强为授课老师。首期高研班吸收江苏宜兴、浙江宁波、北京等地的26名知名书画家和陶艺家，其中10人为中国书法家协会会员。11月，清华大学美术学院紫砂艺术研究所挂牌仪式在江苏省宜兴紫砂工艺厂举行，汪寅仙、何道洪等紫砂艺术大师以及紫砂专业人士、收藏家等100余人参加揭牌仪式。研究所采取学院与紫砂行业紧密合作的模式，构建紫砂文化交流的学术平台，引进、培养人才，拓展和丰富紫砂艺术，促进宜兴紫砂行业可持续发展。紫砂艺术研究所首期免费招收本科学员20余人，其中大部分是贫困家庭子女和残疾人员。同月，该研究所和江苏紫玉金砂茶艺有限公司共同设计制作的“紫玉金砂”元首对杯入选北京APEC会议中美两国元首会谈用茶具。该茶具一套4件，由2杯2碟组成，用紫砂原矿泥制作，呈紫褐色，内施乳白釉，外表陶刻1株兰草和“大会堂”黄色篆体印章书法。

【五陶瓷企业入选无锡“非遗”示范基地】 9—10月，无锡市文广新局组织开展第一批无锡市级非物质文化遗产传承示范基地和生产性保护示范基地的评选工作。在各市(县)区、市属相关行业协会和各高职院校推荐申报的基础上，经组织专家评议、实地考察等程序，共有28个单位入选。11月，首批无锡市级非物质文化遗产传承示范基地和非物质文化遗产生产性保护示范基地揭晓，宜兴陶瓷行业5个单位入选。其中，宜兴长乐弘陶庄、宜兴市方卫明均陶艺术研究所入选无锡市非物质文化遗产传承示范基地，江苏省宜兴紫砂工艺厂、江苏省宜兴彩陶工艺厂、宜兴范家壶庄陶瓷艺术品有限公司入选无锡非物质文化遗产生产性保护基地。

【首个紫砂壶权益份额资产包上市交易】 11月，全国首个紫砂壶权益份额资产包“东方瑰宝”在中国(香港)文化艺术品产权交易所软件交易平台上市交易。艺术品权益份额化产品诞生于2011年，是将艺术品分成若干份额供投资者在交易平台上像交易股票一样买卖份额的艺术品投资方式。该文化艺术品权益份额资产包内容为紫砂壶艺术品7件(顾绍培的“天地方圆”壶、“侍君”提梁壶，汤杰、顾婷夫妇的“升华”提梁壶、四方“玉露”壶、四方“玉玺”壶、“古玉婷”立壶、“葫芦”壶)，简称“东方瑰宝”，艺术品代码670029，总量4000万份，其中2560万份当日上市交易。此次紫砂艺术品通过发行权益份额资产包的方式上市，是紫砂经营观念的突破、模式的创新，也是将紫砂艺术品与市场接轨、与资本融合的一次探索，为紫砂爱好者提供了一个更大的投资平台。

【毛国强紫砂艺术馆开馆】 毛国强是研究员级高级工艺美术师、中国陶瓷艺术大师、中国工艺美术学会常务理事，师承紫砂七大老艺人之首的任淦庭研习陶刻，陶刻技法高超，擅长在紫砂壶、瓶、盘等物件上镌刻真、草、隶、篆等各体书法和山水、人物、动物、花卉、禽鸟，作品多次获国内外陶瓷展览及博览会大奖，被中南海紫光阁、故宫博物院、美国洛杉矶艺术馆等国内外博物馆收藏展示。2014年12月，毛国强紫砂艺术馆开馆，馆内除展出其个人代表作品外，还展出顾景舟、蒋蓉等大师的紫砂精品及“扬州八怪”之一的闵贞、当代书画名家沙曼翁和陆俨少等人的书画作品。

陶艺展览

【宜兴陶艺“五朵金花”亮相聊城】 4月，为加强宜兴、聊城两地文化交往，彰显“中国陶都·陶醉中国”城市文化品牌，由中国工艺美术学会、聊城市文广新局、宜兴市陶协主办，聊城市运河文化博物馆、中国紫砂博物馆、聊城市文博协会承办，《世界华人》杂志社协办，为期5天的中国宜兴陶艺“五朵金花”齐鲁展在山东聊城市运河博物馆举办。展览共展出宜兴紫砂、均陶、青瓷、精陶、彩陶作品2000余件，作品既有中国紫砂博物馆和宜兴陶瓷博物馆的藏品“满彩八方”壶、窑变“椰子”瓶等精品，也有当代陶艺大师毛国强的“竹露生香”和“暗香浮动”紫砂壶，李守才的均陶堆花“富贵吉祥”和“鱼跃”瓶，徐安碧的山水画精陶挂盘，邱玉林的“同一首歌”“岁月”彩陶瓶等代表作。经评比，85件作品获奖，其中一等奖12件、二等奖28件、三等奖45件。展览期间,李守才堆花艺术工作室的年轻陶艺工作者为参观者现场表演均陶堆花技艺。

【首届江苏省陶瓷艺术大展在宜兴举办】 10月,由省陶瓷行业协会举办的首届江苏省陶瓷艺术大展在宜兴陶瓷博物馆举办。宜兴国家级大师徐秀棠、吕尧臣、汪寅仙、曹亚麟、吴鸣、李守才、邱玉林、季益顺以及陶艺界500余人参加开幕式。大展主体展品是2月举行的全省陶艺设计创新评比大展中获奖的290件作品,同时安排60余件省大师以上陶艺家的代表作品参展,共展出来自宜兴、高淳、常州和南京等地的520余件(套)作品,分传统艺术、现代陶艺、日用陶瓷、环境艺术、工艺技术材质研究五大类。其中既有陶艺家的新品力作,也有南京艺术学院、无锡工艺职业技术学院师生的创新之作,还有全省陶艺设计创新评比中的获奖作品。

【全国陶瓷花盆评比暨陶刻与制盆大赛在宜兴举办】 12月4—6日,由省陶瓷行业协会、市陶瓷行业协会主办的"宝山杯"第八届全国陶瓷花盆创新评比暨陶刻与花盆全手工制作大赛,在中国陶都陶瓷城国际陶艺博览中心举行,来自江西、湖南、山东、广东、江苏宜兴等地的陶瓷花盆创新作品共200余件(套)参加展评。顾绍培、毛国强、周尊严等9位专家组成评委,评选出金奖8个、银奖27个、铜奖33个。在陶刻和制盆比赛中,百余名宜兴的陶刻能手、手工制盆技艺人员与常居宜兴的外地艺人同台竞艺。经评委评定,评出金奖6个、银奖9个、铜奖12个、优秀奖28个,其中宜兴参赛者获金奖2个、银奖7个、铜奖5个、优秀奖11个。

【首届均陶艺术大展举办】 宜兴陶瓷"五朵金花"之一的均陶始于北宋,成熟于明清,辉煌于当代。均陶堆花制作技艺堪称一绝,入选省非物质文化遗产名录。宜兴均陶精品多次在国内外陶瓷展览中获奖,均釉蟠龙陶台、全均釉组合花盆被北京中南海紫光阁收藏。全市有均陶生产企业30余个,从业人员3000余人。5月,由市陶瓷行业协会举办的首届宜兴均陶艺术大展在中国陶都陶瓷城博览中心举办。展览汇聚众多均陶企业和艺人的艺术作品,共展出造型各异、釉色丰富、全手工堆花的均陶精品190件(套),是展览品种最多、规模最大的一次均陶艺术盛会。其中,潘渊的均"双耳"瓶以牛头尊为造型,高50厘米,蓝均釉,深沉内蕴;吴伯奇、潘洪钧的"童趣"缸以传统大缸为造型,缸面堆贴十余位儿童欢快玩耍的活泼场面,釉色酱红,古韵盎然。6月,经评审,68件作品获奖,其中一等奖6件、二等奖10件、三等奖24件、优秀奖28件。

宜兴均陶艺术大展场景 (市陶瓷行业协会 提供)

【"世外陶园"宜兴紫砂青岛展】 4—9月,由青岛市崂山区政府、宜兴市政府主办,崂山区文广新局、宜兴市文广新局协办,青岛金石博物馆、中国紫砂博物馆、青岛宜景宜人艺术品有限公司承办的"世外陶园"——宜兴紫砂青岛展暨中国紫砂博物馆精品展,在青岛金石博物馆举办,共展出宜兴紫砂精品50余件(套)。其中,有紫砂泰斗顾景舟的"洋桶"壶,国家级陶艺大师徐汉棠的"汉棠盆"系列、汪寅仙的"秋韵"壶、曹亚麟的"小阿妹"壶、何道洪的"圣珠"提梁壶、毛国强的"竹露生香"壶、吴鸣的"大千世界"壶、季益顺的"海棠"壶、徐达明的大"掇只"壶等,也有省级陶艺大师顾治培的"锦鸡"壶、陈建平的"竹鞭"壶等。参展作品以古朴自然的色泽、千姿百态的造型、精湛的手工技艺,为青岛市民提供了观壶、赏艺的窗口。展览期间,还举办了中国紫砂博物馆、百年徐门、季畅园、范家壶庄、紫泥公社、"陶冶性灵"紫砂精品展。

【"一壶风范"在唐山展出】 5月,由江苏省陶瓷行业协会主办,河北省陶瓷玻璃协会、唐山市陶瓷协会、宜兴市文广新局等协办,唐山市博物馆、唐山水峰商贸有限公司承办的"一壶风范"——范伟群作品全国巡展暨唐山紫砂壶艺术文化研讨活动在河北省唐山市博物馆举办。唐山市200余位紫砂爱好者参加活动。展览共展出宜兴范家前辈范大生的"柿子"壶、"合菱"壶、"合梅"壶等11件名作和省陶瓷艺术大师范伟群的"上善若水""仁者乐山""坐看云起"壶及范家壶庄其他工艺师的精品力作150余件，展示了宜兴紫砂传承创新的艺术魅力。

【宜兴彩陶亮相国际设计博览会】 5月，由科技部、国家知识产权局、江苏省人民政府主办，中国工业设计协会、中国汽车工程学会、江苏省科技厅、江苏省知识产权局、无锡市人民政府等承办的第十一届中国(无锡)国际设计博览会与第三届“太湖奖”设计大赛在无锡太湖博览中心举行。由市陶瓷行业协会组织、宜兴彩陶工艺厂选送的130余件宜兴现代艺术彩陶在博览会上亮相。其中，宜兴彩陶工艺厂选送的三件彩陶精品获“太湖奖”；中国陶瓷艺术大师邱玉林设计制作的12组件“十二生肖百字图”，以别具匠心的造型设计、精致典雅的装饰技艺，从4000余件参赛作品中脱颖而出，获一等奖；沈建军的“汉龙”壶、滕京的“包容”壶获三等奖。

【曹婉芬师生作品展在东莞举办】 曹婉芬是新中国成立后首批进入宜兴紫砂工艺厂学艺者之一，中国陶瓷艺术大师，2013年被中国陶瓷工业协会、中国工艺美术联合会授予“中国陶瓷艺术设计教育终身成就奖”。11月，“紫韵清流”曹婉芬师生作品展在广东东莞莞城美术馆举办。该展览由莞城美术馆、市陶瓷行业协会主办，广东省茶文化促进会、东莞市茶文化促进会协办，历时一个月，展出曹婉芬师生作品217件(套)。展览分师从、创新、传承三个部分展示。“一壶清风”板块以师从为主题，精选前辈大师朱可心的“云龙”茶具、王寅春的“半菊”茶具和四方回纹瓶、顾景舟的菱花线圆壶、蒋蓉的“枇杷”笔架等代表作，显示老一辈紫砂艺人独具匠心的创意及高超的制作技艺。“紫气东来”板块以创新为主题，展示曹婉芬创作的“怒放”壶、“竹海”提梁壶、“含容”壶、“四季流芳”十二件组壶等56件(套)代表作品。“姹紫嫣红”板块以传承为主题，展示曹婉芬子女及范建军、范建华等10余名弟子的作品。展览活动中还安排了紫砂陶刻和制壶表演。

【海派艺术紫砂亮相广东清远】 20世纪初，具有上海特征的海派紫砂逐渐获得生机，出现了铁画轩、吴德胜和利永公司等一批紫砂专业经营户，他们悉心将朱可心、顾景舟、蒋蓉等紫砂艺术大师揽在上海，专门从事紫砂器制作，开创和营造了海派紫砂文化的先河，并使海派紫砂成为海派文化一个重要流派。海派紫砂既有江南文化的古朴温润，又与海派书画艺术共生，从而交汇激荡出博采众长、文化气息浓厚的海派紫砂气韵。10月，“阳羡壶·北江水”海派艺术紫砂顾景舟传承作品清远展在广东清远市举行。该活动由上海市工艺美术学会主办，中国紫砂博物馆、上海四海壶具博物馆和李昌鸿沈遽华紫砂艺术馆等承办。展出的200余件紫砂精品中，有早年与海派书画艺术结缘、紫砂泰斗顾景舟的作品“仿鼓”壶、“汉君”壶，李昌鸿、沈遽华伉俪的“一节竹段”“高八方”“碗菊”壶，吴亚平的“道转乾坤”“万象更新”壶等。同时展出了上海紫砂名家与藏家蒋国兴、许四海的作品、藏品及李昌鸿弟子的作品。展览还展出了清代陈鸣远、惠孟臣、邵大亨、范大生等人制作的历史名品20余件。

陶艺交流

【宜兴窑古代陶瓷学术研讨会召开】 宜兴作为中国著名的陶都、国家历史文化名城，经济富庶，文脉厚重，在古代陶瓷发展过程中具有重要的历史地位。宜兴窑烧制陶瓷器历史悠久，器物种类齐全，窑址分布广泛，瓷片堆积丰富，出产的古代陶瓷器存世较多，不仅为宜兴窑的学术研究提供了大量实物资料，也对中国南方古代青瓷器的研究具有重要的学术参考价值。4月，为深入研究宜兴陶瓷历史，更好地保护和利用好陶瓷文化遗产，由中国古陶瓷学会和市人民政府主办，市文广新局和市文物管理委员会承办，江苏省古陶瓷研究会宜兴陶瓷专业委员会、宜兴陶瓷博物馆等单位协办的宜兴窑古代陶瓷学术研讨会在宜兴举行。中国古陶瓷学会、江苏省古陶瓷研究所、市陶瓷行业协会和北京、江西、江苏、浙江及台湾等地的120余位古陶瓷研究专家学者参会，围绕宜兴窑青瓷、紫砂、均陶等的历史与价值展开交流研讨。研讨会收到学术论文25篇，其中《宜兴窑古代陶瓷概述》《宜兴紫砂陶传统工艺综述》《清宫档案与清宫旧藏紫砂器》《清宫旧藏“宜兴挂釉”贡器研究》《认知中国“宜均”》等论文从不

宜兴窑古代陶瓷学术研讨会开幕式　　（市文广新局　提供）

同层面、不同角度,系统全面地阐述了宜兴窑青瓷、紫砂、均陶的历史传承与演变、工艺特征和分期等,资料翔实,观点新颖,有很高的学术价值和史料价值,丰富了宜兴窑陶瓷研究的文库。

【中韩陶瓷文化交流展在韩国首尔举办】 7月,为促进中韩陶艺文化交流,2014中韩陶瓷文化交流(韩国)展暨第三届"希望杯"手工制壶大赛在韩国首尔韩国文化精品馆举行。该活动由韩国陶艺家联合会、韩国茶人联合会、韩国地乳茶会、宜兴市陶瓷行业协会、丁蜀镇西望村紫砂合作社、宜兴范家壶庄陶瓷艺术品有限公司共同举办。活动期间,70位中韩陶艺家的280件展品参加展出,并评出一等奖15件、二等奖25件、三等奖35件。为表彰宜兴市陶瓷行业协会10余年来对推动中韩两国陶艺文化交流所作的贡献,宜兴市陶瓷行业协会会长史俊棠被聘为韩国地乳茶会荣誉会长,并被韩国闻庆陶瓷协会授予功劳牌。

【第五届海峡两岸传统文化可持续设计论坛在宜兴举办】 8月,由国家教育部主办的第五届海峡两岸传统文化可持续设计论坛在宜兴举办。来自两岸的9所高校、50余位师生围绕陶瓷文化研究开展为期3天的互动交流。活动以宜兴紫砂为载体,采用文化论坛与制作体验相结合的形式,使师生们领略了陶瓷传统文化的浓厚底蕴和魅力,为共同促进两岸陶瓷文化可持续发展起到了积极的推动作用。其间,中国台湾高校2位教授及大陆2位知名学者被宜兴陶瓷博物馆聘请为特邀研究员。活动期间,同时举办为期一个月的"怀古赏精——谈伟光先生古典紫砂珍品收藏展",展示明清、民国时期著名艺人的珍品佳作186件(套)。

【宜兴陶瓷艺人参加第五届广州紫砂文化节】 7月,为搭建紫砂、陶瓷产品宣传、展示、交易、合作的良好平台,进一步推动紫砂、陶瓷产业发展,由广东省工艺美术协会、广东陶瓷协会、宜兴市陶瓷行业协会、广州南方茶叶商会联合举办的第五届广州紫砂陶瓷艺术文化节暨茶文化艺术精品展在广州国际会展中心琶洲展馆举办。展会设展位414个,参展单位和参展工艺师数为历届之最。宜兴、潮州、景德镇、德化等陶瓷主产区的国家级大师梁佩阳、毛国强、季益顺、邱玉林、谢金英以及参展商和藏家近600人参会。在"天工杯"参赛作品评比中,宜兴产区145件作品参评,其中范建荣的"母子莲心"壶、刘剑飞的"高山流水"壶等17件作品获金奖。活动期间,研究员级高级工艺美术师、省陶瓷艺术名人夏淑君现场表演"梅桩"壶制作技艺,还举办了大师鉴赏、紫砂壶收藏与鉴赏、"壶韵茶更香"壶茶配等专题讲座。

【第四届国际现代壶艺双年展在上海、宜兴举办】 国际现代壶艺双年展最早由江苏省工艺美术大师葛军于2008年创办。2014年11月,第四届国际现代壶艺双年展在上海工艺美术博物馆举办,来自美国、意大利、日本、西班牙等多个国家的壶艺作品参与展览。期间,国外艺术家先到上海视觉艺术学院参观交流,为陶瓷设计专业的师生举办陶瓷艺术讲座论坛,并现场切磋制作技艺,再专程到宜兴葛军陶瓷艺术工作室、国际现代壶艺馆进行陶瓷艺术交流活动。11月17日,颁奖典礼在丁蜀镇陶都陶瓷城国际现代壶艺馆举行,来自30余个国家的陶艺家以及宜兴紫砂艺术家共100余人出席活动。其间,国内外陶艺家鉴赏了汇集在国际现代壶艺馆集中展出的上百件获奖作品,领略了不同国家和地区陶瓷艺术的异域情调。

【鲍志强师徒紫砂作品展在杭州举办】 10月,由浙江信雅达·三清上艺术中心、恒庐紫砂艺术馆、市陶瓷行业协会、宜兴紫砂工艺厂等联合举办的"紫玉飘香"鲍志强师徒紫砂艺术作品展在杭州举办。中国陶瓷艺术大师和工艺美术大师鲍志强、中国工艺美术大师曹亚麟、中国陶瓷艺术大师曹婉芬和省级陶艺大师范建军及紫砂爱好者200余人参加活动。展览展出鲍志强及20位徒弟的紫砂精品105件,其中鲍志强作品书卷气息浓郁、艺术风格秀雅。活动期间,先后举行"紫砂之美"学术研讨会、"品味紫玉·云墨飘香"艺术沙龙等系列活动,紫砂大师与中国美术学院和浙江大学的专家、学者就"紫砂与文化、文人及审美鉴赏"等课题交流研讨。

陶艺传播

【宜兴陶瓷史料在《中国陶瓷百年史》展示】 2004年3月,由华南理工大学教授、中国陶瓷协会原副理事长与10名陶瓷界知名人士共同编写的《中国陶瓷百年史(1911—2010)》一书出版。全书112万字,设《综合篇》《产品篇》《产区篇》3篇,共28章,翔实记录了中国陶瓷业自民国起前后百年陶瓷业的巨大变化,是一部集专业性、知识性、史实性于一体的工具书。宜兴作为中国主要陶瓷产区之一,在该书中被多处记述。其中,《产品篇》第七章全面介绍了宜兴陶瓷名品中"五朵金花"的艺术风采和文化特色,《产区篇》第十五章重点讲述了宜兴陶瓷的概貌、陶土资源、陶瓷产品、陶瓷古迹、陶瓷博物馆、专业村、产业园、陶瓷城和当代陶艺名人等。

【《中国紫砂艺术大师》邮集发行】 6月,由省集邮公司、市陶瓷行业协会联合发行的《中国紫砂艺术大师》邮集发行。该邮集将宜兴紫砂文化与邮票文化融合,集中展示了宜兴紫砂界16位国家级陶艺大师和48位省级陶艺大师的代表作品。其中,国家级陶艺大师作品有徐汉棠的"菱花"提梁壶、徐秀棠的始陶异僧像、谭泉海的六方笔筒、吕尧臣的"欢喜心"茶

《中国紫砂艺术大师》邮集　　（市邮政局　提供）

具、汪寅仙的"神鸟出林"壶等，省级陶艺大师的作品有顾道荣的特大"松鼠葡萄"壶、倪顺生的"高寿梅桩"壶、沈遽华的"奔月"壶等。邮集同时收录1994年第四届中国宜兴陶瓷艺术节发行的《宜兴紫砂》特种邮票一套四枚，分别是明代时大彬的三足圆壶，清代陈鸣远的四足方壶、邵大亨的"八卦束竹"壶，当代顾景舟的提璧壶，并以浅灰色中式信笺为背景，配以历代文人吟咏紫砂壶的草书名句及印章，整本邮集典雅精致。

【《抟砂集》新书发布会举行】 为见证宜兴紫砂的传承和辉煌，2011年，广州紫砂收藏家陈海发起由广州文化界人士与宜兴陶艺界人士组成编纂团队编纂《抟砂集》。2014年，该书由中华书局（香港）有限公司出版。全书收录吴东元、马璟辉等18位当代中青年紫砂实力派代表人物的精品力作139件，每位作者及作品均配有文字简介。书中还收集了紫砂文化学者吕一让撰写的《宜兴紫砂历史简述》《紫砂艺术与技艺》专稿。12月，由市陶瓷行业协会、该书编委会共同主办的《抟砂集》新书发布会在丁山国际大酒店举行，发布会现场将1700册售书款200万元捐献给宜兴慈善事业，用于少年儿童助学、助医活动。举办方还向市档案局、市图书馆、宜兴陶瓷博物馆、市作家协会和宜兴紫砂工艺厂等捐赠新书。

【两件清代名作入藏紫砂博物馆】 中国紫砂博物馆自1月揭牌后，先后接受社会各界捐赠作品近400件。2月，宜兴企业家、收藏家、市政协委员谈伟光向中国紫砂博物馆捐赠"合盘梅花"壶和"满彩八方"壶两件清代紫砂壶作品。"合盘梅花"壶作者邵权衡，清嘉庆、道光年间人，邵大亨之兄，为一代制壶名手，善制"竹段"壶、"梅桩"壶、"松段"壶、"风卷葵"壶诸式。"合盘梅花"壶用天青泥制作，壶身似上下对合的盘式，梅花形高颈，盖面与之相合，盖内有"敕记"印款，壶嘴与壶把为梅桩形状，延伸至壶身贴塑有梅花，生动自然，为邵权衡代表作之一。"满彩八方"壶，作者不详。壶身呈高耸墩圆状，壶底脚偏高，飞把，高压盖，壶钮造型简洁。全壶除底外，作满彩装饰，多层次绘粉彩、花卉，所用红、黄、绿、蓝诸色，色阶丰富，彩绘工致而繁复，是盛行于清乾隆年间紫砂壶的装饰风格。

【邱玉林、李守才作品入藏首都博物馆】 邱玉林，男，1953年出生，研究员级高级工艺美术师、中国陶瓷艺术大师、江苏省陶艺专业委员会副主席。专研宜兴现代陶瓷，并在泥料、釉料、烧成等方面不断探索，首创彩釉画花，彩釉喷、划、填、挑综合装饰，玉珠釉装饰等装饰新工艺，开创现代彩陶扁、尖、异形造型的独特风格。李守才，男，1954年6月出生，研究员级高级工艺美术师、中国陶瓷艺术大师。1971年起，从事陶瓷堆花工艺创作设计，独创半浮雕、立体浮雕堆贴法。创作的"蟠龙"陶台和"龙腾""凤戏牡丹""龙"等堆花作品曾被中南海紫光阁、中国国家博物馆、美国旧金山亚洲艺术馆收藏。2014年11月，邱玉林的"紫玉"瓶、李守才的"群欢"瓶以及他们弟子的作品共30件被首都博物馆永久收藏。

陶艺作品

【"简牍畅想"笔筒】 紫砂文具，张听钢创作。作品为两件套，造型相同，装饰汲取古代简牍形式，一件阳刻隶书，另一件阳刻章草。作品用口沿边线的折角变形和阴、阳刻的过渡变化、图案的穿插营造出金石效果，作品整体古拙大气。获首届江苏省陶瓷艺术作品展金奖。

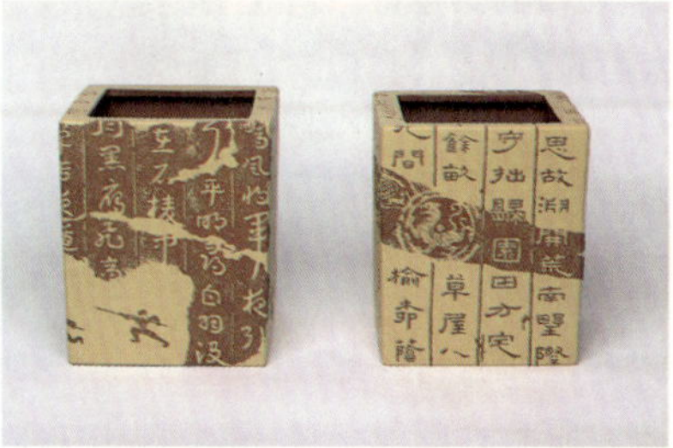

【"鱼水之恋"茶具】 紫砂茶具，邓亚亚创作。作品由一壶二杯组成，轮廓明朗，整体以鱼为形，壶盖上"水纹"

“鱼形壶钮”与壶形相互呼应，整体如同鱼尾拨动水波荡漾，配以鱼杯，并结合特殊处理的调砂料，极富生活情趣。获首届江苏省陶瓷艺术作品展金奖。

【“一壶乾坤”组壶】 紫砂茶具，胡朝君创作。该系列作品壶身皆为半月形，以现代的设计理念、简练流畅的线条构成现代的设计形态，寓意“万丈高山谈天地，一壶茶水定乾坤”。获首届江苏省陶瓷艺术作品展金奖。

【“高风有余”组合】 紫砂茶具，陈缓缓、陈建平联合创作。作品由两个壶和一个笔筒组成，以竹根、人物为设计元素，用浮雕、微雕的手法，通过壶之雅、雕之艺、人之态来表达文人与茶的意趣，整体作品极具意境之美。获首届江苏省陶瓷艺术作品展金奖。

【“莲说”茶具】 紫砂茶具，顾美群创作。作品以莲为题材，却不拘泥于莲之常态，去繁存简，以简现神，整组造型厚实、饱满、丰润，壶钮以莲花点缀，杯身以花瓣包覆，细腻中显示出强劲的活力，沉稳、内敛而不失儒雅之气。获首届江苏省陶瓷艺术作品展金奖。

【“黄山松云”瓶】 紫砂花瓶，黄强创作。作品圆润大气，紫胎，瓶体粉段泥浆，呈双色，瓶身镌刻通转山水，多种刀法并用，自然流畅，并辅以着色处理。云浮而动，松风而摇，山岭而安，意境深远。获首届江苏省陶瓷艺术作品展金奖。

【“西泠八家”印】 紫砂文具，王潇笠创作。作品由八个不同紫砂质印具组成，分别以“西泠八家”命名，运用高浮雕的手法，再现“西泠八家”栩栩如生的神貌。作品或圆或方，形态各异，其颜色采用紫砂“五色土”材质特点，色彩缤纷。获首届江苏省陶瓷艺术作品展金奖。

【“孤灯夜谈”茶具】 紫砂茶具，周品鑫、华雪琴联合创作。作品由一壶四杯组成，整体线条圆润，壶盖顶部及四个茶杯呈灯盏状，壶盖灯盏边沿则多出一红色灯盏火苗，意为“孤灯夜读”，形象地表现了“灯苗之火，四盏待燃，孤而不独”的意境。获首届江苏省陶瓷艺术作品展金奖。

【“禅缘”茶具】 紫砂茶具，董亚平创作。作品以多个圆形堆叠、交融的概念体现现代审美和趣味，用佛教造像的姿态和衣饰线条贯穿壶嘴和把手，杯垫既是佛教莲花，又能作香插。整体造型行云流水。获首届江苏省陶瓷艺术作品展金奖。

【“青韵”瓶】 青瓷花瓶，刘立创作。作品造型为传统陶罐之形，瓶身曲线流畅、圆润大气，青釉浑厚亮丽，将剪纸元素融入青瓷器装饰，出筋效果明显，瓶口镂空手法使古朴的青瓷顿现生动活泼，是青瓷中难得的一件材质、造型、装饰俱佳的作品。获首届江苏省陶瓷艺术作品展金奖。

【“汉龙”瓶】 彩陶花瓶，沈建君、邱玉林联合创作。作品为传统的紫砂陶瓶，外覆特殊的彩陶釉，古味浓郁。瓶体上部阳刻典型的彩陶纹样并镶嵌兰釉，中部铭刻水波纹饰，在厚重的古意中透露出现代的飘逸及精致感觉。获首届江苏省陶瓷艺术

作品展金奖。

【“砂之趣”紫砂茶具】 紫砂茶具，瞿华娣创作。作品采用黄龙山本山“绿泥”系列之窑变来演绎紫砂的“砂之本、窑之变、变之趣”，把“呈色丰富”的紫砂本质美集中体现在茶具之中。获首届江苏省陶瓷艺术作品展金奖。

【“飘菊”茶具】 紫砂茶具，沈建强创作。作品由茶具、茶杯、茶托、“公道”杯组成，以“菊”为题材，壶、杯、碟通体采用筋纹旋转工艺，浑然一体，将传统紫砂筋纹技艺与菊花之态融合。获首届江苏省陶瓷艺术作品展金奖。

【“二泉映月”壶】 紫砂壶，喻小芳、沈玲燕联合创作。作品壶身似月，壶钮似泉，壶嘴、壶把似流水，壶身铭文点题，通过融合“月亮”“泉”“水”元素，营造出《二泉映月》般安详、平和的意境。获首届江苏省陶瓷艺术作品展金奖。

【“记忆”对壶】 紫砂对壶，范铎锋、汤先武联合创作。此壶现代风格，由形制相同的对壶组成，壶把置于壶盖之上，其造型创作受西安法门寺启发，壶身寓如球体，上置光环笼罩，取“佛光普照，万物生长”之意。获首届江苏省陶瓷艺术作品展金奖。

【“祥龙石”新卷】 紫砂摆件，熊祖超、汤玲蕾联合创作。作品以宋徽宗《祥龙石图卷》为设计元素，结合假山石的造型特点，将传统山水艺术和赏石文化融入现代陶艺。整体造型生动、自然，“书”中内容逼真呈现，“石”“书”均为紫砂材质，却有截然不同的表现，虚实相衬、轻重对比，相得益彰。获首届江苏省陶瓷艺术作品展金奖。

【“乐融融”茶具】 紫砂茶具，汪佩蓉创作。茶具由5件不对称的异形壶、杯组成，配以平板紫砂托盘，使不同形态的壶、杯浑然一体。作品中每把壶都取材于不同的瓜果形状，其抽象的壶把，与含蓄而具象的壶身对比，极具田园乐趣。获首届江苏省陶瓷艺术作品展金奖。

【“凤戏牡丹”瓶】 均陶花瓶，李守才创作。装饰图案吸收了唐代宫廷富贵华丽的风格，以牡丹、凤凰两种吉祥之物组成整体装饰，显示出富丽堂皇的盛世文化艺术氛围。瓶身以单一色白泥作图案堆贴，以拇指堆花技艺运用旋转方法使图案更具层次感，用飘逸的线纹镶嵌花瓣，画面极其华美且富有动感和韵律美。获首届宜兴均陶艺术大展一等奖。

【“童趣”缸】 均陶水缸，吴伯奇、潘洪钧联合创作。作品为典型的传统造型均陶缸，缸身以儿童生动活泼的玩乐情景为装饰，营造出祥和、欢庆、喜乐的场景，整体釉色大方、稳重。获首届宜兴均陶艺术大展一等奖。

【“六方狮首”画插】 均陶画插（插放

卷轴画的缸),方卫明创作。作品以狮头为双耳,直形六方为造型,以均陶手工镶片成型制作而成。装饰图案以大拇指堆贴技艺塑造出生动逼真的螃蟹和其他昆虫、花草,寓意了人们传统吉祥的美好愿望。所施均陶"铜均"釉是作者用本土材料经多年研制而成的特色釉,采用该釉的均陶作品都会有不同的窑变。获首届宜兴均陶艺术大展一等奖。

【"八仙"八方缸】 均陶花缸,徐洪元、周国新联合创作。缸和底座均呈八方体。缸体八面堆贴有中国神话故事中的"八仙"形象,生动传神;底座上对应堆贴"八仙"所用神器,谓之"暗八仙",体现了传统文化和均陶文化的融合。获首届宜兴均陶艺术大展一等奖。

【均双耳瓶】 均陶花瓶,潘渊创作。作品用对称的手法,体现出张弛的力度,造型和釉面和谐且极富艺术韵味。"牛头尊"式样取意"牛气冲天";腹大又圆,代表福气、量气大;两侧对称双耳和圆润的瓶底,表达了"做事稳重,事业兴旺"等美好意愿。获首届宜兴均陶艺术大展一等奖。

【"九龙"瓶】 均陶对瓶,吴选民创作。通高3.38米、宽1.3米,是均陶花瓶中特大类品种之一,以体量高大、气势超凡见长,是典型的陈设件。瓶身呈棒槌形,以均陶堆花技艺在瓶体上刻画出九条"金龙",伴随火球在黑绿色云层中凌空飞翔,形态栩栩如生。作品构图严谨规整,疏密有序,气韵生动。瓶颈、唇口、底座上沿都堆贴有如意纹、凹凸纹,底座堆贴海浪纹和"大吉""大利"字样,取"吉利、祥瑞、安康"之意。获首届宜兴均陶艺术大展一等奖。

陶艺人物

【概述】 根据市人力资源和社会保障局职称办的统计,至年底,全市从事陶艺的工艺美术类专业技术职称人员共5837人,其中研究员级高级工艺美术师97人、高级工艺美术师145人、工艺美术师681人、助理工艺美术师1011人、工艺美术员3903人。全市有中国工艺美术大师12人、中国陶瓷艺术大师18人、省工艺美术大师37人、省陶瓷艺术大师30人(部分人获2个及以上称号)。陶艺界拥有国家级非物质文化遗产项目代表性传承人4人、省级10人、无锡市级16人。

中国工艺美术大师和陶瓷艺术大师名录

表13

序　号	姓　名	中国工艺美术大师	中国陶瓷艺术大师
1	顾景舟	√	—
2	蒋　蓉(女)	√	√
3	徐汉棠	√	√
4	徐秀棠	√	√
5	李昌鸿	√	√
6	谭泉海	√	√
7	吕尧臣	√	√
8	曹婉芬(女)	—	√
9	周桂珍(女)	√	√

续表13

序　号	姓　名	中国工艺美术大师	中国陶瓷艺术大师
10	何道洪	—	√
11	顾绍培	√	—
12	汪寅仙(女)	√	√
13	毛国强	—	√
14	鲍志强	√	√
15	徐达明	—	√
16	徐安碧	—	√
17	邱玉林	—	√
18	李守才	—	√
19	曹亚麟	√	—
20	吴　鸣	—	√
21	季益顺	—	√

说明:中国工艺美术大师12人,中国陶瓷艺术大师18人。其中,9人既是中国工艺美术大师,又是中国陶瓷艺术大师

江苏省工艺美术大师和陶瓷艺术大师名录

表14

序　号	姓　名	江苏省工艺美术大师	江苏省陶瓷艺术大师
1	顾道洪	—	√
2	倪顺生	√	—
3	沈蘧华(女)	√	—
4	许成权	√	—
5	凌夕苟	√	√
6	高丽君(女)	√	√
7	吴　震	√	√
8	何挺初	√	√
9	范洪泉	√	√
10	谢曼仑(女)	√	—
11	储立之	√	—
12	范永良	—	√
13	鲍仲梅	√	—
14	张红华(女)	√	√
15	程　辉	√	—
16	周尊严	√	√
17	沈汉生	√	√
18	汤鸣皋	√	—
19	吴小楣	√	√
20	顾治培	√	√
21	韦钟云	√	—
22	杨勤芳	√	√
23	蒋新安	√	√

续表14

序　号	姓　名	江苏省工艺美术大师	江苏省陶瓷艺术大师
24	方卫明	√	√
25	陈建平	—	√
26	陈国良	√	√
27	吴群祥	—	√
28	施小马	—	√
29	储集泉	√	√
30	谈志坚	—	√
21	吴培林	√	—
32	蒋　彦	√	—
33	高建芳(女)	√	√
34	朱建伟	√	—
35	徐　南	—	√
36	江建翔	—	√
37	刘建平	√	√
38	胡永成	√	—
39	胡洪明	√	—
40	桑黎兵	√	—
41	范建军	√	√
42	张振中	√	—
43	华　健	—	√
44	许艳春(女)	√	—
45	葛　军	√	√
46	吕俊杰	√	—
47	范伟群	—	√
48	史小明	—	√

说明:江苏省工艺美术大师37人,江苏省陶瓷艺术大师30人。其中,19人既是江苏省工艺美术大师,又是江苏省陶瓷艺术大师

【徐秀棠获评"江苏省2013中华文化人物"】 徐秀棠,1937年出生,中国工艺美术大师、中国陶瓷艺术大师,从事陶艺创作近60年。1972年起专攻紫砂雕塑,开创了紫砂工艺新路,形成独特的风格,对陶瓷历史及造型艺术、美术理论颇有研究,作品题材大都出自历史典故与民间故事。他善书画、篆刻,又善茗壶创作设计,作品多次在国内外展出中获奖,并被美国大都会博物馆、英国维多利亚博物馆等国外博物馆及故宫博物院、南京博物院、上海博物馆等国内博物馆收藏。在陶艺创作之余,笔耕不辍。1992年,与紫砂壶艺泰斗顾景舟合编出版《宜兴紫砂珍赏》,收录古今宜兴紫砂精品510件(套)。1998年,编著出版《中国紫砂》,厚积薄发地用通俗流畅的文笔,向读者娓娓道出紫砂陶的起源发展、取材制作、传授师承、印记装饰、鉴赏识别,乃至陶艺的文化、艺术背景。主编的《宜兴紫砂》专刊已连续编纂15年,还经常撰写紫砂研究文章。2010年8月,获中国工艺美术终身成就奖。2013年12月,获评"江苏省2013中华文化人物"称号。

【徐汉棠出资千万设立教育基金会】 9月,徐汉棠教育基金会成立仪式在丁蜀镇举行。中国工艺美术大师徐汉棠出资1000万元,用于资助寒门学子与优秀学生。(详见《人物》类目《新闻人物》分目)

(王明康)

编辑　黄文婷

综 述

【概述】 宜兴书画事业以专业文化为依托，以书画活动为载体，面向社会，活跃城乡，向内辐射带动，向外拓展闻名。艺术场馆众多，阵地建设不断发展。至2014年年底，市美术场馆联合会有会员单位51个，会员单位展厅总面积达2.4万平方米；全市有江苏省油画学会宜兴分会、江苏省国画院宜兴分院、宜兴徐悲鸿艺术研究会、宜兴老干部书画学会等书画艺术团体机构，多个镇建有书画协会或书画兴趣小组；全市初步形成了由政府引导、市场运作结合的书画艺术产业形态，涌现了宜兴阳羡国画院、天一艺术馆、八面来风堂等展示、拍卖、销售和收藏书画艺术品的场所和沙龙；书画交流频繁，展览精彩纷呈。省美术馆宜兴专业指导示范基地于3月在市美术馆挂牌。市美术馆全年举办书画展览及艺术讲座36场，接待观众30余万人次。宜兴日报书画院、吴冠中艺术馆各举办展览10余场，宜兴城市美术馆举办书画展览8场。书画界新人辈出、硕果累累。全年有6人的书法作品参加全国新文人书法邀请展，4人的书法作品参加全国第十届刻字艺术展。洪辉的中国画作品《阳羡仙韵》获“中国陶都 陶醉中国”吴冠中艺术馆第二届全国中国画作品展优秀奖，王继平的油画作品《小五》获庆祝中华人民共和国成立六十五周年江苏省美术作品展优秀奖；储云在中国国家博物馆举办“云水文心”储云书画陶刻艺术展。年内，新增中国美术家协会会员4人、省美术家协会会员11人，新增中国书法家协会会员1人、省书法家协会会员28人。至年底，全市有中国美术家协会会员16人、省美术家协会会员64人，中国书法家协会会员18人、省书法家协会会员120人。

（杨素璞　吕瑞芳）

书画动态

【首届徐悲鸿艺术节举办】 徐悲鸿是宜兴籍中国杰出的画家和美术教育家，被国际美术界誉为“中国近代绘画之父”，也是中国现代美术事业的奠基者、新中国第一任中央美术学院院长、中国美术家协会主席。他的作品熔古今中外技法于一炉，显示了极高的艺术技巧和广博的艺术修养，是古为今用、洋为中用的典范，在中国美术史上起到了承前启后、继往开来的作用。他中国画中的奔马有“一洗万古凡马空”的美名，创作的《田横五百士》《九方皋》《巴人汲水》《愚公移山》等一系列经典油画成为世界艺术宝库中的瑰宝。4月，2014徐悲鸿艺术节在宜兴举办，艺术节采取政府主导、市场运作的模式，由徐悲鸿艺术馆具体承办。中央美术学院民间艺术系原主任杨先让、中央美术学院油画系原主任戴泽、上海美术学院原院长李天祥等众多书画界知名人士出席开幕仪式。为期5天的艺术节举办“故乡行——徐达章、徐悲鸿、廖静文、徐庆平书画展”“向徐悲鸿大师致敬——马兴文心·水·墨2014世界巡回展”及中西绘画的审美差异、徐悲鸿与中国艺术的发展讲座，紫砂艺术高峰论坛等多项文化艺术活动。“故

徐悲鸿作品《和合二仙》首次展出　　　（丁焕新　摄）

乡行”展出徐达章、徐悲鸿、廖静文、徐庆平三代艺术家200余幅书画作品,其中徐悲鸿作品近90件,《和合二仙》为首次展出;跨界艺术家马兴文以紫砂为雕塑材料创作出形态各异的马,并将宜兴作为“心·水·墨——2014世界巡回展”第一站;紫砂艺术高峰论坛汇聚行业顶尖大师交流紫砂创作理论及实践经验;儿童书画百米长卷活动邀请100位儿童共绘100米画卷。

【宜兴山水画协会成立】 为更好地继承与发扬中国传统山水画,培养有潜力、有实力的中国山水画创作人才,7月,市山水画协会成立,并通过选举产生会长、副会长及24位理事。该协会旨在传承中国传统山水画的艺术精神,为会员搭建相互学习交流及促进的平台,推出更多的名家名作。8月,协会组织会员赴太行山进行为期9天的采风写生。艺术家通过了解太行山秀美的自然风貌、良好的生态环境、独特的人文环境,创作出一批展现太行山秀美风光的书画作品。至2014年年底,协会吸收会员50余人,主要是传统国画山水画艺术家。

【闵叔骞作品捐赠】 8月,宜兴籍书画家闵叔骞家属闵荻芬、闵建康、闵晟将闵叔骞的63幅绘画精品无偿捐赠给市政府,并与市政府达成在市文化中心新建成的市美术馆中建立闵叔骞艺术馆的协议。闵叔骞,中国现代艺术大家、著名美术教育家、翻译家、中国现代抽象画先驱代表之一、南京师范大学美术学院教授、研究生导师、中国美术家协会会员、江苏省花鸟画研究会顾问。其油画作品风格写实,具时代精神;中国画、抽象画融合中西,独树一帜;美术理论研究和美术教育方面成就卓著;作品被国内外多家国家美术馆、博物馆等机构收藏。

(杨素璞)

书画展览

【中国陶都·陶醉中国——第二届全国中国画作品展】 12月,“中国陶都·陶醉中国——吴冠中艺术馆第二届全国中国画作品展”在吴冠中艺术馆举行。展览由中国美术家协会、市人民政府主办,江苏省美术家协会、市委宣传部承办,市文广新局、市文联、吴冠中艺术馆协办。自年初征稿起,得到全国各地的国画家积极响应,收到投稿作品3000余件,最终入选200件,其中优秀作品57件。参展作品坚持以人民为中心的创作导向,题材广泛,形式多样,多幅作品手法新颖,极富时代特色。宜兴籍画家洪辉、承庆、单单的作品被评为优秀作品,周卫平、朱锡廉、方明、李春、项迎的作品被评为入选作品。

【丹青归故里——钱松喦、钱紫筠作品展】 12月,由市政府主办,市文广新局、宜兴日报社协办,市博物馆承办的“丹青归故里——钱松喦、钱紫筠作品捐赠仪式暨捐赠作品展”在宜兴日报书画院举行。其间,钱松喦外孙女钱春涛向市博物馆无偿捐赠钱松喦作品4幅、钱紫筠作品40幅。钱松喦是20世纪中国山水画最具影响力的代表人物之一,他在传统中国画的基础上致力创新,形成了自己的鲜明风格,并和傅抱石等画家一起开创中国山水画的崭新风貌,为“新金陵画派”的创建做出重要贡献。女儿钱紫筠在继承父亲画风的基础上力求创新,形成独特风格,具有很高的艺术造诣。钱松喦、钱紫筠的许多作品都以家乡宜兴的山水人文为题材,体现了浓浓的乡情,极具艺术感染力。此次作品展还展出市档案局、市文管会收藏的钱松喦作品5幅。

【制高点——全国获奖书法家书法作品展】 1月,由宜兴日报社主办,宜兴日报书画院、无锡市艺坛文化艺术品有限公司承办的“制高点——全国获奖书法家书法作品展”在宜兴日报书画院举行,展出对联、条幅、扇面等获奖书法作品102幅。此次展览参展名家众多、精品云集,不仅有中国书法家协会副主席旭宇、《中国书法》杂志副主编朱培尔、中国书法家协会理事李刚田等书法大家的作品,也有中国书法家协会会员、著名书法大家储云和张六弢等宜兴籍书法家的作品。展品艺术风格或沉稳古朴,或潇洒飘逸。部分展品还曾获中国书法兰亭奖、全国书法篆刻展全国奖、全国中青展等国家级书法大赛奖等。

【感悟生活——2013年江苏省美术馆艺术家作品展】 3月,由省美术馆和市美术馆共同主办的“感悟生活——2013年江苏省美术馆艺术家作品展”在宜兴美术馆举行,展出省美术馆“两院一室”(江苏油雕院、江苏版画院及江苏书画工作室)的近20位艺术家的作品40余幅,涵盖国画、书法、油画、版画等门类。参展作品是创作者于2013年赴黑龙江漠河等地采风的创作结晶,其中部分作品曾入选“第十届中国艺术节全国优秀美术作品展”等全国重大美术展览。“感悟生活”是省美术馆的品牌展览,每年举办一次,至2014年,连续举办8年。

【故乡行——徐达章、徐悲鸿、廖静文、徐庆平书画展】 4月,“故乡行——徐达章、徐悲鸿、廖静文、徐庆平书画展”在宜兴徐悲鸿艺术馆举行,一次性展出徐家三代人的作品200余幅。其中,展出徐悲鸿作品80余幅,《立马图》《芭蕉图》《雄鸡图》等作品代表了其最高艺术水准。徐悲鸿作品《和合二仙》和徐达章(徐悲鸿父亲)的4幅书画作品是首次公开展出。展出徐悲鸿夫人廖静文的书画作品多幅,其中仿徐悲鸿的“墨竹图”堪称佳作。徐庆平(徐悲鸿儿子)参展作品以安详闲适的马为主要题材,与徐悲鸿笔下矫健雄壮的马截然不同。

【景德镇当代工艺美术大师陶瓷艺术作品展】 4月，第三届“景德镇当代工艺美术大师陶瓷艺术作品展”在宜兴日报书画院举行。该展览由宜兴日报书画院、无锡市艺坛文化艺术品有限公司、江西景德镇陶瓷商会联合举办，为期一个月，共展出陶瓷艺术作品360余件。其中，既有中国工艺美术大师、江西省工艺美术大师的力作，也有在国内陶艺界崭露头角的工艺美术师的创新之作。这些作品无论是青花、粉彩、新彩，还是颜色釉、综合装饰等，技法娴熟，表现形式丰富，符合现代人的审美取向，体现了较高的艺术水准。

【纪念新魏体创始人陈禄渊新魏体书法作品展】 陈禄渊，宜兴人（1904—1988），独创新魏碑字体。该字体端庄大方，结构严谨，外方内圆，雅俗共赏，在峻峭中见稳健，于浑朴中显精妙，兼备艺术性和实用性双重功能。这种新颖字体一经问世便以独有的美感被国人所青睐，被广泛使用于各类报刊和其他媒体上，丰富了中国印刷字体的种类。2014年1月，为纪念新魏体创始人陈禄渊诞辰110周年，由市文物管理委员会办公室主编、古吴轩出版社出版的《新魏体寻踪》出版。6月，由市文广新局、市文联、宜兴日报社联合主办的“纪念新魏体创始人陈禄渊新魏体书法作品展”在宜兴美术馆开幕，共展出陈禄渊作品34件、其他书法家作品49件。陈禄渊之子陈品寿向宜兴美术馆捐赠了陈禄渊及自己作品各1件。展览期间还举行了新魏体创始人陈禄渊书法艺术座谈会，众多新魏体爱好者、市书画界人士参与，讨论与研究了如何更好地传承、宣传新魏体。

【蜜蜂行动——宜兴市第四届书法篆刻展】 近年，全市书法创作水平不断提升，涌现出一批年轻的书法新秀。9月，由宜兴日报社、宜兴市文联、宜兴市供电公司、宜兴市书协、宜兴城市美术馆联合举办的“蜜蜂行动——宜兴市第四届书法篆刻展”在宜兴城市美术馆举办。该展览是市书法家协会换届后举办的首次全市性展览，共收到征稿作品近300件。经两次评审，其中155件优秀作品参加展览。参展作品传承传统、致力创新，展现了书画之乡深厚的文化底蕴。

【文心画意——美术学博士中国画邀请展】 10月，“文心画意——美术学博士中国画邀请展（宜兴站）”在宜兴日报书画院举行。此次画展由宜兴日报社、全国政协礼堂艺术馆共同主办，邀请王雪峰、付振宝等25位美术学博士画家参展，展出涵盖山水、花鸟、人物等题材的中国画50幅。参展作品既有细腻精致的工笔画，也有挥毫洒脱的大写意画。既有传统的绘画手法，也有现代的画面构图。

【云水文心——储云书画陶刻作品展在国家博物馆举办】 10月，“云水文心——储云书画陶刻作品展”在中国国家博物馆举行，展出储云在不同时期创作的书法、绘画、陶刻精品近200件，其中2件山水白描作品被国家博物馆收藏。储云，1948年生于宜兴，毕业于南京师范大学，是国家一级美术师，中央文史馆书画院研究员、江苏省文史馆馆员、鲁迅美术学院兼职教授。储云书法远溯三代金文、《平复帖》及唐宋诸贤，近取清道人、吴昌硕等名家，形成了清穆高古、沉雄劲健、纵横奇崛的书法风格；将书法融于山水画中，蜕变出散漫天然、奇逸浑厚的艺术风格；将书画艺术移植于紫砂作品中，形成一道独特的艺术风景，显现出多样的艺术面貌。

【市企业职工书法绘画摄影大赛作品展】 11月，市企业职工书法绘画摄影大赛颁奖仪式暨获奖作品展在宜兴美术馆举行，展出企业职工书法绘画摄影大赛57位获奖者的获奖作品。大赛吸引了全市87个企业、500余名职工参与，收到参赛的书法、绘画、摄影作品600余幅。参赛作品以宜兴企业文化为题材，尽显宜兴风土人情、地方新貌和特色文化，经由市书法、绘画、摄影界专家组成的评审团评选出书法、绘画、摄影一等奖各2个、二等奖3个、三等奖4个、优秀奖各10个。

【双城记·坐标——范文道山水画作品展】 11月，“双城记·坐标——范文道山水画作品展”在宜兴美术馆举行。展览由江苏省美术家协会、南京师范大学新闻与传播学院、江苏省徐悲鸿研究会、市文广新局等单位举办。范文道，宜兴籍画家，毕业于法国国立当代艺术学院，南京师范大学艺术与传播研究所副所长、南京青年美术家协会副主席。擅长结合中西绘画手法的山水画，表现技法上运用了法国印象派的点彩画法。“双城记”意指作品以南京和巴黎两座城市为创作题材，表达了他在两地生活、求学、成长的情感。展览展出范文道近两年新作73件，其中他与父亲范保文合作的《南京十景》《宜兴十景》为首次展出。展览开幕式当天，范文道作品集《“双城记”范文道山水画集》同时发行。

（杨素璞　王凌珏　吕瑞芳）

书画人物

【毛国强】 1945年生。2014年加入中国美术家协会。中国陶瓷艺术大师，江苏省工艺美术大师，研究员级高级工艺美术师，中国手指画研究会终身理事，中国工艺美术学会常务理事，中国民间艺术家协会会员，哈尔滨师范大学美术学院客座教授，江苏省工艺美术大师，研究员级高级工艺美术师评委。2014年被聘为市山水画协会艺术顾问，被命名为江苏省非物质文化遗产宜兴紫砂陶制作技艺代表性传承人。

【徐安碧】 1953年生。2014年加入中国书法家协会。中国陶瓷艺术大师,全国十大能工巧匠,全国人大代表(第十、十一届),全国政协委员(第十二届),研究员级高级工艺美术师,江苏省美术家协会会员,江苏省工艺美术系列高级职称评委,江苏省陶瓷艺术大师评委,江苏省有突出贡献中青年专家,全国五一劳动奖章获得者。他精于书法、国画、陶瓷书画雕刻与器皿彩绘,作品被故宫博物院、国家博物馆收藏。

【吴鸣】 1957年生。中国美术家协会会员。年内有多幅作品参加全国性美术展览及陶艺展览。其中,陶艺作品《201314齐眉》入选第十二届全国美术作品展,陶艺作品《天无雪·吾家丰年》入选庆祝中华人民共和国成立65周年江苏省美术作品展,陶艺系列作品参加首届中国陶瓷艺术名家名作展、中国陶瓷艺术大师作品展。9月,在宁波举办中国当代陶瓷艺术家系列作品展·吴鸣作品展,展出陶艺和书画作品50多件,并出版《中国当代陶瓷艺术家系列作品展·吴鸣作品集》。先后应邀参加第五届中国陶瓷艺术高峰论坛、黑陶文化古今谈论坛。被聘为北京大学第二届紫砂文化高级研修班、首届清华美院中国书画名家陶刻艺术高级课程研修班授课讲师。担任首届江苏省陶瓷艺术大展评委主任、首届江苏文化创意设计大赛专项比赛评委、江苏省推荐申报中国陶艺大师评委、湖南省推荐申报中国陶艺大师评委、工艺美术系列中级职称评委、工艺美术系列初级职称评委会主任。

【陈剑平】 字石园,1962年生。2014年加入中国美术家协会。江苏省国画院特聘画家,中央美术学院贾又福山水画工作室画家,吴冠中艺术馆副馆长,市国画院执行院长,市美术家协会秘书长,市美术家协会山水画学会会长。8月,中国画作品《雅图集》获"金陵文脉"2014全国中国画作品展优秀奖。

【程伟】 1963年生。中国书法家协会会员。7月,参加江苏省书法家协会、无锡市文联主办的"古韵太湖"无锡篆隶书八人作品展,展出书法作品8幅。11月,书法作品入选江苏省刻字艺术提名展、第七届美术报艺术节全国新文人书法邀请展。年底,出版《三耕堂艺话》,记述其书法创作30年的体会和感悟。

【萧子君(萧智君)】 1963年生。中国书法家协会会员。6月,作品入选中国书法家协会举办的"大爱妈祖"第二届中华妈祖文化全国书法篆刻展。11月,作品入选第七届美术报艺术节全国新文人书法邀请展。

【邹蕴芳】 女,1968年生。2014年加入中国美术家协会。毕业于上海师范大学美术系,擅长工笔画。宜兴市国画院画家。3月,工笔画《怎不忆江南》获全国第四届中国画线描艺术展优秀奖。6月,工笔画《秋临荆溪河埠头》获"相聚宜兴"全国工笔画作品展优秀奖。9月,工笔画《扶风桥》入选"多彩中国梦"2014中国百家金陵画展(中国画)。年底,工笔画《斗草》参加马来西亚2014大马旅游年暨中马建交40周年国际艺术营及艺术大展。

【周建明】 1969年生。中国书法家协会会员。7月,参加江苏省书法家协会、无锡市文联主办的"古韵太湖"无锡篆隶书八人作品展,展出书法作品8幅。11月,书法作品入选江苏省刻字提名展。

【承庆】 字庆中,号澄清,1971年生。2014年加入中国美术家协会。江苏省青年美术家协会副秘书长,江苏省徐悲鸿研究会理事,市美术家协会副秘书长,北京逸真画院副院长,吴冠中艺术馆执行馆长。8月,中国画《云径深谷》获"金陵文脉"2014全国中国画作品展优秀奖。11月,中国画《溪山揽胜》获"中国陶都 陶醉中国"吴冠中艺术馆第二届全国中国画作品展优秀奖。

【何勇】 1974年生。中国书法家协会会员,无锡市书法家协会常务理事,市文联专职副主席,市书法家协会副主席,市书法院执行院长。6月,被"国学修养与书法"首届全国青年书法创作骨干高研班录取。8月,创办宜兴书法院首届书法高研班。10月,书法作品获首届中国书法院奖提名奖,是无锡地区唯一获奖者。11月,书法作品获第五届中国书法兰亭奖佳作奖。

【庞现军】 1974年生。中国书法家协会会员。年内,其书法作品先后入选首届江苏书法奖、全国新文人书法邀请展、江苏省刻字提名展。7月,他创办首届清华美院书画名家陶刻高研班,并担任导师。年底,书法作品获《书法》杂志"百强榜"优秀奖。

【袁景】 1981年生,祖籍江苏宿迁,毕业于南京艺术学院。中国美术家协会会员,吴冠中艺术馆特聘画家。有多幅油画作品参加全国性美术展览并获奖。1月,油画《城市空间之三十四》获第四届"江南如画"油画展优秀奖、凤凰出版传媒集团艺术奖。4月,油画《城市空间之二十九》获"可见之诗"中国油画风景作品展优秀奖。10月,油画《城市空间之二十》获首届南京国际美术作品展铜奖。

【单单】 又名尚云,1982年生。江苏省美术家协会会员,市国画院专职画家。擅长中国画花鸟画,其中国画《都市客影》《故园鹤鸣声入梦》《九皋鹤鸣声入梦》等作品在中国美术家协会举办的画展中获奖。11月,中国画《家园之梦》获"中国陶都 陶醉中国"吴冠中艺术馆第二届全国中国画作品展优秀奖。

(吕瑞芳)

编辑　黄文婷

政治建设

POLITICAL CONSTRUCTION

重要决策

【概述】 2014年，是进入新世纪后全市经济下行压力最大、发展面临困难最多的一年。市委深入贯彻落实中共十八届三中、四中全会和习近平总书记系列重要讲话精神，坚持科学发展不动摇，咬定各项目标不放松，众志成城、奋力拼搏，在宏观趋紧、“三期叠加”*、增长放缓等多重不利因素下，把握稳中求进总基调，狠抓项目投入，强攻产业转型，力保金融安全，骨干企业、主导产业顶住下行压力，保持平稳健康发展。全市地区生产总值、公共财政预算收入分别为1233.89亿元、94.45亿元，比上年分别增长8.3%和9.1%，增幅均高于无锡平均水平和周边地区平均水平，尤其是税收收入占比始终位居无锡前列。

【促进经济社会又好又快发展】 7月，为贯彻中共十八届三中全会精神，应对国内外经济形势，提升经济社会发展各项指标,促进各项事业全面进步，推动经济社会又好又快发展，市委、市政府出台《关于促进经济和社会又好又快发展的意见》(简称《意见》)。《意见》明确将全市涉及政府财政的阶段性奖励政策和考核性的政策纳入支持范围，在规费减免、土地、“一事一议”、中介服务等方面体现政策优惠。根据《意见》设立推动全市经济和社会又好又快发展专项资金6.34亿元，其中工业经济转型发展专项资金1.5亿元、企业资本经营专项资金0.5亿元(资本经营专项资金规模可根据当年度新增上市企业数进行追加)、开放型经济专项资金0.1亿元、科技创新创业专项资金0.5亿元、现代服务业专项资金0.49亿元、现代高效农业专项资金0.85亿元、生态文明建设专项资金1.3亿元、加强保障和改善民生专项资金0.6亿元、“一事一议”专项资金0.5亿元。

【防范和化解企业风险】 2011年后，受国家金融政策收紧、经济下行压力加大等因素影响，宜兴经济和社会发展面临的内外环境发生了深刻变化。为防范和化解企业风险，稳控全市经济金融秩序，市委、市政府坚持超前预判、主动作为，做好政银企合作、协调处置、对上争取等工作。2014年5月，在无锡市委、市政府的支持和推动下，宜兴市12个骨干企业和36个银行签订联合公约，建立经济金融安全示范区，固化企业的担保关系和贷款存量。在2013年开展打击恶意逃废债务行为专项行动、大额存量不良贷款处置专项行动的基础上，2014年7月，建立预防恶意逃废债务信息通报甄别制度，对涉险和出险企业的法人变更、股权转让、房产过户、房产抵押和企业主出国(境)等情况及时甄别、每日通报。11月，省政府召开专题会议，研究维护宜兴金融生态环境有关事项，及时、有效协调了一批银企个案。为企业落实政策扶持，减轻企业负担。对小贷公司、担保公司实施资金奖补，鼓励他们开展业务。通过以上措施，基本稳住了经济金融局面，全市没有发生系统性的金融风险，规模骨干企业运行总体稳健。

【深化行政审批制度改革】 推进行政审批制度改革、提高行政服务效能，是适应发展形势的需要，也是广大群众的期盼。2001年成立的市行政服务中心、2008年推进的“两集中、三到位”*工作，均在方便群众办事、优化发展环境等方面发挥了积极作用。2014年11月，为深化行政审批制度改革，推进机关效能建设，打造高效的服务型政府，为转型发展营造良好的政务、服务环境，市委、市政府出台《行政服务工作进一步提速增效实施方案》，明确：全面清理行政审批事项，完善审批服务体制，实现审批职能归并，所有审批服务过程均实时或准实时上传到市行政权力公开透明运行平台，审批过程全公开，推动行政审批职能集中、流程优化，提升服务效率。

【土地承包经营权确权登记试点】 确权登记是稳定农户承包权、放活土地经营权的前提，关系到农民的土地权益、农村经营制度的完善和农村社会的稳定。为建立、健全土地承包经营权登记簿，理顺农村土地二轮承包关系，维护农民土地承包合法权益，3月，市委、市政府启动土地承包经营权确权登记试点工作，并出台《关于开展农村土地承包经营权确权登记工作的意见》(简称《意见》)，确定西渚镇作为试点整体推进，其余镇(街道)至少确定1个村(涉农社区)开展确权登记试点工作。《意见》明确试点工作的基本原则是:必须在保持现有农村土地承包关系稳定的前提下,以二轮承包后已经签订的土地承包合同、颁发的土地承包经营权证书和农户信息为基础开展确权登记试点工作,严禁借机违法调整和收回农民承包地。但是,根据试点村的土地承包实际,可以"确权确地",也可以"确权确股"不确地,完善确权登记工作,实行规模经营不能明显分清"四至"*的,明确承包地块位置在登记簿中登记为"本组内"。至年底,试点工作顺利推进,30个试点村(社区)确权登记完成入户调查工作,其中西渚镇筱里村、杨巷镇金紫村完成测绘制图环节。

【差别化考核走在全国前列】 宜兴乡镇企业发展起步较早,宜兴市经历过因企业排污、矿山乱开采而引发的一系列生态问题,生态环境优势得不到充分发挥。2007年起,市委、市政府开始尝试不以GDP为主要指标的差别化考核新机制,通过个性化、有针对性的考核,引导各地从实际出发,因地制宜抓发展。对环科园和开发区,考核指标侧重于开放型经济和重点项目建设等方面;对地处宜南山区的湖㳇、太华、西渚等镇,考核指标侧重于生态环境保护与旅游产业提升等方面,考核突出导向性、体现公平性、具备操作性。2009年,中组部启动"健全促进科学发展的党政领导班子和领导干部考核评价机制"试点工作。宜兴作为江苏省唯一的试点城市,在总结差别化考核有效实施的基础上,按照"选优和配强领导班子、服务和促进科学发展"的总体要求,推进试点工作,注重突出对不同职位、不同职责干部的分类考核,实现考实、考深、考准领导班子和领导干部。差别化考核的深入实施,带来了干部政绩观和社会发展的新变化,使各级领导班子和领导干部干事创业更有激情、科学发展更有方向,促进了全市产业、城市、生态、文化"四位一体"发展。2014年9月,中央电视台《焦点访谈》栏目详细报道了宜兴科学实施差别化考核、建立更加完善的干部政绩考核体系的先进经验。

【芳桥镇撤镇设街并委托开发区管理】 芳桥镇与开发区地域相接、交通相连,产业发展、城镇建设互补性很强。但由于行政区域化的分割,两地资源要素配置不够优化,互动发展效应不够突出。随着开发区升格为国家级开发区、芳桥镇阳山荡新城开发,两地一体建设、统筹发展尤显必要和迫切。为适应城市总体规划和现代化建设需要,优化全市行政区划和产业、城市布局,加快推进开发区、宜兴主城区和芳桥镇的建设发展,4月,根据全市城镇规划要求,撤销芳桥镇作为建制镇的行政体制,实行街道办事处的管理体制,并由开发区代为管理,理顺行政管理体制,优化资源配置,推动开发区和芳桥统筹发展、加快发展。芳桥撤镇设街并调整管理体制,将进一步打开主城区和开发区发展的纵深空间,横向打通并做强北部产业集聚带,从而与环科园、高塍镇统筹发展一道,构成城区北部发展的两大战略支柱,从整体上提升城市的综合能级和辐射力,为宜兴实现中心城市梦想、加快跨越赶超提供新的强大动力。此次调整后,全市共设宜城、屺亭、新街、新庄、芳桥5个街道和13个镇。

重要会议

【市委十二届五次全体会议】 12月29日,召开市委十二届五次全体会议。市委常委会主持会议,市委委员、候补委员出席会议。市委书记王中苏作题为《攻坚克难、奋发有为,全力推动宜兴经济社会平稳健康发展》的工作报告。全会回顾总结2014年工作,正确研判形势,研究部署2015年任务,动员全市各级党组织和党员干部,团结带领全市人民,以更加坚定的信心和顽强的意志,攻坚克难、奋发有为,全力推动宜兴经济社会平稳健康发展。大会分组讨论市委工作报告,市委副书记、市长张立军作会议小结,并全面部署学习、贯彻落实全会精神。开发区、官林镇、市公安局等作表态发言;环科园、丁蜀镇等作书面交流。

【市委常委会议】 全年市委常委会议召开25次(其中4次讨论干部任免)。

1月24日,第五十次常委(扩大)会议召开,研究镇园(街道)考核情况、2013年度综合评先表彰工作等5项议题。

2月15日,第五十二次常委(扩大)会议召开,研究市人大常委会和市政协2014年工作、党的群众路线教育实践活动筹备工作等4项议题。

3月1日,第五十三次常委(扩大)会议召开,研究召开全市农村工作会议、利用外资工作等3项议题。

3月31日,第五十四次常委(扩大)会议召开,研究关于市委常委会征求意见的情况通报和整改要求、关于市纪委监察局机关议事协调机构调整情况的通报2项议题。

4月7日,第五十五次常委(扩大)会议召开,专题研究芳桥镇撤镇设街和委托管理工作有关事项。

5月19日,第五十六次常委(扩大)会议召开,研究关于在人大代表中开展"回选区进社区"联系服务人民群众活动的实施意见、农村农户建房规划管理等7项议题。

6月18日,第五十九次常委(扩大)会议召开,研究东氿商业水街规划建设、无锡市委督导组关于宜兴市委常委班子作风建设情况和存在问题的通报等3项议题。

6月28日,第六十次常委(扩大)会议召开,研究关于加强社会稳定与信访工作责任落实和责任追究、关于促进经济和社会又好又快发展的意见等4项议题。

7月11日,第六十一次常委(扩

大）会议召开，研究关于农村集体经济组织成员资格界定及管理、省广电网络整合情况2项议题。

7月19日，第六十二次常委（扩大）会议召开，研究环保产业发展情况、深化环科园、高塍镇统筹发展等5项议题。

7月20日，第六十三次常委（扩大）会议召开，传达省委、无锡市委十二届七次全会精神，研究全市党政领导干部会议的报告。

8月2日，第六十四次常委（扩大）会议召开，研究信访稳定工作。

9月5日，第六十六次常委（扩大）会议召开，研究关于行政服务提速增效、2014中国陶都（宜兴）金秋经贸洽谈会等4项议题。

10月13日，第六十七次常委（扩大）会议召开，研究安全生产工作、海峡两岸交流基地工作规划等5项议题。

10月15日，第六十八次常委（扩大）会议召开，专题研究关于化解经济金融安全示范区担保链风险的方案。

10月26日，第六十九次常委（扩大）会议召开，研究关于市领导金融协调挂钩企业工作方案、推进宜兴长三角跨境电商商贸港项目等3项议题。

11月8日，第七十次常委（扩大）会议召开，研究关于妥善解决国企幼教职教退休教师待遇、市委党风廉政建设责任清单相关文件等5项议题。

11月15日，第七十一次常委（扩大）会议召开，研究关于贯彻落实国务院43号、45号文件精神和中央第十二巡视组《对江苏省巡视情况的反馈意见》整改落实相关工作方案2项议题。

11月27日，第七十二次常委（扩大）会议召开，专题研究第十六届人民代表大会第四次会议筹备工作、市政协十四届四次会议的报告。

12月7日，第七十三次常委（扩大）会议召开，研究开发区发展及重点项目建设、综合规费征收办法调整2项议题。

12月25日，第七十四次常委（扩大）会议召开，研究市委十二届五次全会工作报告（征求意见稿）、调整完善宜兴市工商、质监、食品药品管理体制工作的方案等3项议题。

【党政领导干部会议】 7月22日，市委、市政府召开全市党政领导干部会议。市委书记王中苏作工作报告，市委副书记、市长张立军主持会议并作会议小结。会议客观总结上半年工作，科学研判形势，分析研究存在问题，部署安排下半年工作任务和重点举措，动员全市上下坚定信心、振奋精神、埋头苦干，以更大力度、更实举措、更加主动的姿态，推动经济社会稳中求进、稳健发展，确保实现全年各项目标任务。开发区、丁蜀镇等作表态发言。

【综合先进表彰大会】 2月17日，市委、市政府召开2013年度全市综合先进表彰大会。市委书记王中苏充分肯定各行各业、各条战线涌现出来的先进集体和先进个人。会议指出，全市上下要按照市委的总体部署，以学习先进典型、弘扬先进精神为动力，把握2014年工作稳中求进、稳中有为的总基调，按照狠抓项目稳增长、提质增效快转型、统筹城乡优环境、改革创新增动力、改善民生促和谐的总要求，开展"项目竞赛年""环境提升年""教育实践年"活动，推动宜兴经济社会稳健发展、各项事业全面进步，再创宜兴现代化事业的崭新业绩。

【农村工作会议】 3月3日，市委、市政府召开全市农村工作会议。市委副书记周中平作农村工作报告，市政府副市长何晓进就全市村庄环境整治工作作部署，市委书记王中苏作重要讲话。会议要求全市各级围绕贯彻中共十八届三中全会以及中央、省和无锡市农村工作会议精神，围绕"农业更强、农村更美、农民更富"目标，突出针对性、导向性和可操作性，创新工作思路，谋划有效举措，探索突破路径，开创农业、农村工作的新局面。徐舍镇、张渚镇善卷村、万石镇后洪村作交流发言。会议下发《关于做好2014年农村工作意见》《关于开展农村土地承包经营权确权登记试点工作的意见》和《市政府关于加强村庄环境长效管理工作的实施意见》《关于提高村定员干部基本报酬统一发放标准的通知》。

【党的群众路线教育实践活动动员大会】 2月18日，市委召开全市党的群众路线教育实践活动动员大会。市委书记、市委党的群众路线教育实践活动领导小组组长王中苏指出，全市各级党组织、共产党员要紧密团结在以习近平为总书记的党中央周围，以高度的政治责任感和饱满的精神状态，开展好教育实践活动，不断改进作风、密切联系群众，汇聚起推进改革发展的强大正能量，把宜兴的现代化建设事业推向前进。此次教育实践活动不分阶段、不搞转段，具体分为"学习教育、听取意见，查摆问题、开展批评，整改落实、建章立制"3个环节，活动时间大体安排8个月，具体到每个单位时间一般不少于3个月。

附：

中共宜兴市委常委分工

王中苏 主持市委、市人大全面工作，分管政协工作、纪委工作、党校工作、干部工作、人民武装和人民生活方面工作；

张立军 主持市政府全面工作，兼管财政、人事、机构编制、国有资产管理、税务、审计、监察方面工作；

周中平 负责党建工作、农业和农村工作，协助王中苏分管干部工作，分管组织、统战、农办、意识形态、群团、办公室、机要保密、机关党工委、老干部、双拥、史志、档案以及政法、信访和社会稳定工作；

梅中华 负责政府常务工作，分

管发展改革、统计、工业、工业集中区、能源、信息化、无线电管理、行政审批、安全生产、消防、金融、证券、保险、市政府办公室、接待方面工作,负责与市人大、市政协的联络工作,参加政府其他分工;

余银龙 负责市纪律检查委员会工作;

朱旭峰 负责环科园工作;

朱晓晔 负责经济技术开发区工作;

朱仁兴 负责市人民武装部工作,分管地方武装建设、国防教育以及驻宜兴部队联系工作;

沈晓红 负责市委宣传部工作,分管文化建设工作,协助周中平分管意识形态和群团工作;

徐志军 负责市委政法委工作,协助周中平分管政法、信访和社会稳定工作;

孙海东 负责市委组织部工作,分管人才工作、干部培训工作,协助周中平分管老干部工作。

重要活动

【党的群众路线教育实践活动】 (参见《专文》)

【习近平总书记重要讲话精神专题学习】 1月,市委书记王中苏主持召开市委第五十次常委(扩大)会议,专题学习、传达习近平总书记在党的群众路线教育实践活动第一批总结暨第二批部署会议上的重要讲话精神。会议指出:习近平总书记的重要讲话高屋建瓴、总揽全局,内涵丰富、思想深刻,对于指导全党进一步开展好教育实践活动,推进党的建设新的伟大工程具有重大而深远的意义。会议要求全市上下要深入学习总书记讲话的精神实质,真正把思想和行动统一到中央和省委的部署上来,以深入开展党的群众路线教育实践活动为抓手,进一步改进工作作风、密切联系群众,为在新的更高起点上推进宜兴现代化建设奠定坚实的思想基础、提供坚强的政治保障。

【赴锡山、惠山考察】 5月,宜兴考察团赴无锡市锡山区、惠山区,考察学习两地在打造生态旅游特色品牌和城乡环境长效管理等方面的先进经验。通过考察学习,进一步拓宽了宜兴乡村旅游发展思路:在生态旅游、陶文化旅游等方面准确定位、科学布局,充分挖掘文化内涵,扩大城市品牌效应;积极引进和打造更有品位、更有特色、更有吸引力的旅游项目,使宜兴的生态文化旅游业更显魅力。

【党政代表团赴沪杭考察】 11月,宜兴党政代表团赴上海、杭州考察,学习上海、杭州等地在产业转型升级、对外开放、城市建设管理、生态文化旅游发展等方面的先进经验。市委书记王中苏在考察中要求全市各级各部门要学习沪、杭等"长三角"先进地区的经验,抓住国家产业转型升级契机,采取有效措施,加快宜兴转型升级步伐,提升产业核心竞争力,在新一轮竞争中立于不败之地。学习、了解上海自贸区相关政策措施,加快做好对接工作,主动融入自贸区发展,大胆创新,勇于探索,以超常规的举措推动宜兴跨越式发展;学习两地在城市建设管理方面的先进经验,高起点制订规划,注重城市的品位、功能和内涵,严格执行规划,不断提升宜兴城市建设管理水平和城乡一体化发展水平;学习两地在生态文化旅游业发展方面的先进理念,以政府为引导、市场为主体,吸引社会资本参与、政府适当补贴,使宜兴悠久的历史文化底蕴、得天独厚的生态禀赋,实现最佳融合,得到最佳展现,把宜兴建成"长三角"地区有影响力的、独具特色的、高品质的旅游目的地。

(潘娉娉)

组织工作

【概述】 全市组织系统以开展党的群众路线教育实践活动为契机,以"基层组织建设深化年"活动为重点,加强基层服务型党组织建设,推进选干部配班子、建队伍聚人才、抓基层打基础各项工作,提高组织工作制度化、规范化、信息化、科学化水平。实施"陶都英才"工程,强化机制创新、优化发展环境、突出品牌塑造,营造"尊重人才、崇尚创新、鼓励创造"风尚。围绕增强基层党组织战斗力和凝聚力目标,市委组织部出台《关于加强基层服务型党组织建设的意见》,统筹推进各领域党建工作。农村基层党建工作成效显著,"两新"组织(新经济、新社会组织)党的建设得到加强,机关和社区党建工作得到深化。开展全市党员领导干部"三解三促"*"一帮一、献爱心"活动,推进党员领导干部上党课、第三轮机关党员集中轮训、微型党课、党员微故事征集等活动,启动社区"服务与管理能力提升三年行动计划",创新社区大党委制建立方式,在新街街道成立宜园和西氿两大社区党委。按照年均增长1.3%的比例下达发展党员指导性计划,落实党员发展"四双"*制度,推行发展党员全程纪实。在全市普建农村党员责任区和社区党员服务区,1.6万名农村党员共认领责任区9000余个,1万余名社区党员认领服务区近1000个。开展"双评议"*、"青年文明号"晋级"党员先锋号"、"党内关爱工程"等活动,搭建"1+1+N"*模式移动网络党建工作平台,强化党员教育管理。完善《宜兴党建网》运行模式,开通"两新"组织党务工作者"空中课堂"栏目,上线"宜兴党建微平台"微信公众账号,开发"宜兴党建微平台"手机App软件,延伸党建服务阵地。全年新发展党员1025人。其中:35岁以下698人,占68.1%;女党员331人,占32.29%;非公有制经济组织党员521人,占50.8%;高中文化以上党员953人,占92.98%。全市有基层党委70个、党工委9个、党总支384个、党支部4712个。党员总数80944人,其中预备党员1134人、女党员16574人。

【领导班子和干部队伍建设】 遵循《党政领导干部选拔任用工作条例》，坚持“信念坚定、为民服务、勤政务实、敢于担当、清正廉洁”好干部标准，确立“重基层一线、重工作实绩、重群众公认”导向，选优配强党政领导班子，全年共调整任免市管干部151人，其中提拔51人、交流63人。按照“眼界宽、思路宽、胸襟宽、有信念、有本领、有担当、有正气”要求，选拔政治坚定、科学发展能力强、能够驾驭全局、善于抓班子带队伍、民主作风好、清正廉洁的干部担任镇（街道）党（工）委书记，选配党性观念强、工作能力强、合作意识强、善于做群众工作的干部担任镇长（主任），有7名领导干部被提拔为镇（街道）党政正职。坚持差别化考核领导干部，其工作经验在中央电视台《焦点访谈》栏目播出。按照“摸清底数、分类实施、稳妥化解、重点攻坚”总体思路，开展整改消化超职数配备干部、规范党政领导干部在企业兼职（任职）和规范退（离）休领导干部在社会团体兼职等3项清理行动，消化超职数配备干部122人，清理规范企业兼职（任职）的领导干部54人次，清理在编不在岗人员141人。开展新一轮市管后备干部推荐，举办青年干部培训班，创新开展组团式“三个一线”（维稳一线、发展一线、民生一线）挂职，15名年轻干部被提拔进市管领导班子。突出理想信念教育，举办党的群众路线教育实践活动系列讲座，抓好习近平总书记系列重要讲话，中共十八届三中、四中全会精神教育活动。注重能力素质培养，举办党政领导干部能力提升班、第十八期青干班等主体班次培训5期，“陶都大讲堂”专题讲座9期，受训3600人次。开展机关干部参加社会化培训专项清理整顿。实施“阳光监督”，对20名部门（单位）“一把手”开展经济责任审计，在市农林局和万石镇实施“三责联审”*。推行“一报告两评议”制度*，完善“三员一网”*运行机制，做好信访举报核查工作，构建立体式、全方位监督体系。

【农村基层组织建设】 继续开展“学习吴仁宝，争当‘八有’*村书记”活动，组织全市村党支部书记赴江阴市华西村参加专题培训。开展大学生村官“服务当先锋，村官在行动”主题实践活动，实施“青蓝计划”*，全市普遍建立大学生村官党支部和志愿服务队，联系、帮扶困难群众，8名2008年省聘、市聘到期村官转岗。加强农民专业合作社党组织建设，使其发挥带头致富、带领致富、带动和谐作用。落实基层党（工）委书记抓党建“三级”联述联评联考制度，完善村级党员民意代表议事会制度，推行村书记目标承诺、双向述评机制，提升村级运行科学化、民主化水平。提高村定员干部基本报酬统筹发放标准和养老保险缴纳基数，规范村定员干部报酬待遇考核发放办法。

【“两新”组织建设】 全面落实“两新”组织党组织工作规则，推进“党建强、人才强、发展强、形象好”企业创建活动，开展“党组织形象展示年”活动，实施“党组织亮承诺、党员亮业绩”计划，组织“服务科学发展、服务职工群众”竞赛，发挥“两新”党组织直接联系服务群众作用。举办全市非公企业党组织书记示范培训班，专题培训党务干部1100人。开展新一轮“两新”组织“先锋公益伙伴”结对活动，27个非公企业、23个社会组织参与结对，承担公益项目30个。加强“两新”组织党群阵地建设，建成一批新的党群服务驿站。实施“党员职工成才‘双千’计划*”，开展党员突击队、党员攻关组、党员示范岗等创建活动。

【“服务当先锋村官在行动”主题实践活动】 为打造一支思想稳、素质好、作风正、本领强的新型大学生村官队伍，组织开展“服务当先锋村官在行动”主题实践活动。构建市镇两级教育培训体系，将大学生村官纳入干部教育培训总体规划，确保每人每年累计培训时间不少于7天。实施“青蓝计划”，安排534名镇（街道）领导班子成员、退休干部和村（社区）干部与178名大学生村官结对，通过导师带徒式组团服务，全面提升村官综合素养。围绕“访民生、知民情、解民事”主题，组织大学生村官开展民情大走访活动，进村入户掌握社情民意，并将中共十八届三中全会精神、党的群众路线教育实践活动目标要求、支农惠农政策等传送至千家万户。引导大学生村官结合走访活动，调研农村、社区存在的普遍性问题和矛盾，形成符合事实规律，较具思考性、前瞻性和操作性的调研报告，发挥促进村级发展、加强社区建设的参谋作用。组建大学生村官党支部17个，建立志愿服务队18支，并要求每人结对困难群众3名以上、认领“党员责任区”或“党员服务区”1个，定期开展扶贫帮困、敬老助残、政策宣传、环境保护等活动。至年底，全市大学生村官认领农村“党员责任区”、社区“党员服务区”189个，结对帮扶困难群众601人。

【开展“12345”党员服务区活动】 探索搭建党员发挥作用平台，以小区、楼幢、楼道或党员中心户为单位，将社区网格化划分为若干“党员服务区”，组织开展“12345”活动，打通党员联系服务群众“最后一公里”，全市有1万余名社区党员认领服务区近1000个。通过“12345”活动，引导社区党员树立“社区是我家，发展靠大家”理念，发挥自身优势每年帮助社区至少解决1个实际问题；发挥专业特长和志愿服务2项作用，为社区居民提供政策宣传、法律咨询等专业性服务，参与社区敬老助残、治安巡逻等各类志愿服务活动。深入一线听取社区干部和居民群众对社区建设的意见建议，每年向社区提出不少于有价值的意见建议3条；支持社区党组织各项工作，每年至少参加重要活动或会议4次;开展走访社区居民活动,以残疾人、空巢老人、特困家庭等弱势群体为重点,结对联系5户社区居民,并选定一户开展长期性结对帮扶。

(周健)

宣传工作

【概述】 全市宣传工作按照"主战线、主阵地、主力军"的定位和要求,坚持以增强思想政治引领力为基础,开展理想信念教育,深入联系、服务群众;以提升主流舆论影响力为重点,主动抢占媒体发布高地,加强对外宣传力度;以提高精神文明凝聚力为引擎,推进公民道德建设,弘扬文明新风;以创优先进文化普惠力为根本,办好惠民利民活动,共建共享文化发展成果。年内,宜兴获得"全国文明城市提名城市(县级)""江苏省公共文化服务体系示范区""江苏省农家书屋示范县""江苏省农家书屋提升工程试点地区""江苏省基层党员冬训工作示范县"等称号。"中国紫砂研究中心""中国紫砂博物馆"和"紫砂文化海峡两岸交流基地"在宜兴揭牌。

【理论武装】 开展"领导领学、讲堂导学、个人自学、宣讲助学、工作促学、考评督学"系列活动,巩固意识形态的指导地位,奠定全市人民团结奋斗的共同思想基础。宜兴市代表无锡地区在全省学习贯彻习近平总书记系列重要讲话精神座谈会上交流发言。依托陶都大讲堂,集中组织市委中心组学习12次。开展2014年度领导干部专题学习调研活动,定期向党员领导干部推荐学习书目,与《光明日报》联合举办光明书香节,推动领导干部多读书、读好书。把深入开展党的群众路线教育实践活动与宣传工作各项任务结合,推进党的群众路线理论宣讲活动,传达中央、省、无锡市委精神,正本清源,解疑释惑;及时总结全市整治"中梗阻"的好做法、好经验,在宜兴政府网、市委宣传部网等网站发布信息2700余条,在人民网、新华网等主流媒体刊播信息1000余条(篇),在中央、省、无锡市媒体刊发简报15篇,央视《焦点访谈》栏目专题报道宜兴科学运用考核"指挥棒"建立更加完善的干部政绩考核体系的先进经验。在全市开展"党员微故事"评选活动,征集作品389篇,新庄街道的《服务无怨无悔》等16篇作品被评为优秀"党员微故事"、周铁镇等6个单位获优秀组织奖,优秀作品在《宜兴日报》头版专栏刊登。加强基层党校专(兼)职副校长培训工作,每季度为基层党校配发学习资料和优秀党课教案。创新基层党员干部教育工作,全市基层党校"道德讲堂"建设基本实现全覆盖。探索"菜单式宣讲"新模式,聘请群众宣讲员39人,用老百姓听得懂、听得进的乡间俚语阐述理论政策,推进马克思主义大众化,真正把党的好声音传递到基层第一线。

【新闻宣传】 聚焦群众关心、社会关切、事关大局的重点、热点、难点,做好"项目竞赛年"、"环境提升年"、中国陶都(宜兴)金秋经贸洽谈会等主题报道。主动对接,在央视播出《宜兴国际"素博会"开幕 传播素食文化倡导绿色生活》《七年坚守 热心姑娘照顾病重小伙》等新闻20余条,其中根据全国首例胚胎争夺案制作的《老人的官司》,时长15分钟;在省、无锡市级媒体播出《不留名的暖心菜》《宜兴对接需求 均等城乡公共服务》等新闻170余篇;央视《寻找最美花园》栏目播出"宜兴竹海公园"专题。完成《天南地北宜兴人》第一阶段100人采访计划,并以文字形式结集出版;制作《法润陶都》《蓝天下的幸福》等多部宣传片,宣传宜兴风采。促进传统媒体与新兴媒体融合发展,全市唯一的网站集群——"中国宜兴"政府网站集群上线,并取得测评全省第六、无锡第二的佳绩,获省及无锡市"优秀政府网站"称号。在聚合全市16个部门、6个镇(街道)政务微博的基础上,"宜兴发布厅"建成并上线;"宜兴发布"政务微博实现新浪、腾讯"双平台"发布,发布信息1万余条,拥有粉丝7万人,日均阅读10万余次,名列无锡381个政务微博影响力测评第四位。与人民网、中新网、新浪、腾讯等国内重点门户网站建立合作关系,推送新闻3000余条(次),转载1万余条(次)。举办首届新闻发言人培训班,受训200余人。市委宣传部出台《关

宜兴市群众宣讲工作动员暨培训会 (市委宣传部 提供)

于进一步推进新闻发布工作的实施意见》，并编制《2014年全市新闻发布活动计划》，举办"解读2013年宜兴市经济社会发展暨2014年民生建设""2014宜兴民生环保工作新闻通气会"等新闻发布会10场。建立网络信息员队伍并开展培训，增加监测网站和关键词，监测各类舆情54万余条（次）。健全网络舆情分析制度，处置负面炒作227起，编制舆情快报29期、专报5份、季度分析报告4期。执行新闻宣传监评制度，出刊《监评报告》12期，责令新闻单位即知即改。联合公安网监，开展网络专项打击，删除有害信息5000余条，关闭违法网站10余个，查处散布不实信息网民70余人，有效净化网络空间。

【文明创建】 围绕提高公民道德素质和提升社会文明程度两大目标，建立、健全文明创建工作长效机制，经中央精神文明建设指导委员会综合评估，宜兴市获"全国文明城市提名城市（县级）"称号。开展"文明乡风沐农家——家园守护行动"，选树丁蜀镇洑西村、高塍镇梅家渎村等18个示范村，打造善文化、道文化、孝文化等特色品牌，"一村一文化"创建活动获全省农村精神文明建设工作创新案例一等奖，《新华日报》作"文化润心田 新风沐农家"的专版报道。做好文明村镇、最美乡村等创建工作，完成省文明城市复评工作，周铁镇、张渚镇善卷村获第四批"全国文明村镇"称号，官林镇、万石镇、和桥镇北庄村通过"全国文明村镇"复查，全市共有5个"全国文明村镇"，位列无锡市各板块首位。下发《关于开展2013—2015年度江苏省文明单位创建评选预申报工作的通知》，完成75个省级文明单位预申报工作；"无锡市农村精神文明创建工作推进会"在湖㳇镇张阳村、张渚镇善卷村召开，展示宜兴农村精神文明建设的最新成果。深入推进未成年人"八礼四仪"*"七彩的夏日""做一个有道德的人"等主题教育，"关爱弱势群体精神文化活动"被评为无锡市第八届太湖读书月优秀活动项目。加强"行知大学堂"、社区未成年人活动中心等五大阵地建设，宜兴市未成年人社会实践基地获省文明办组织的全省社会实践基地测评一等奖。开展经济、文明等"五共建"*活动，选配35个省级文明单位与28个行政村、8个社区、35所农村学校结对，帮扶困难群众500余户、学生533人。推进乡村学校少年宫建设，向上申报的太华小学、西渚小学等5所学校获得中央、省级彩票公益金130余万元。市委宣传部印发《2014年宜兴市培育和践行社会主义核心价值观重点任务责任分解方案》，开展践行"社会主义核心价值观"宣讲30余场（次），发放"图说价值观"、文明餐桌等宣传资料7万余份，设置公益广告1万余条（块）；开展市民专题巡访，确保公益宣传常态化。开设"身边正能量"等专栏，做好"最美人物""陶都好人"等推荐工作。年内，3人被授予"无锡最美人物"称号，6人被授予"宜兴最美人物"称号，1人被中央文明办授予"中国好人"称号，3人入选"中国好人榜"，6人被省文明办授予"江苏好人"称号，14人被无锡市文明办授予"无锡好人"称号，29人被宜兴市文明委授予"陶都好人"称号，举办"爱沐大地陶都暖·江苏省'道德模范与身边好人'现场交流"活动，推进广播电视、微信、微博等全媒体跟踪报道，宣传凡人真善美，激发社会正能量。

（陆文武）

统战工作

【概述】 市委统战部围绕医疗保险体制改革、招投标管理工作、党风廉政建设等专题，协助市委举行情况通报会3次；围绕乡村旅游发展、中心河流治理、交通重点工程建设等专题，协助市各民主党派、无党派人士联络组与政府部门开展对口联系活动11次，并以"构建宜兴旅游新格局，促进陶都旅游大发展"为主题召开民主协商会1次，形成高质量调研报告17篇。各民主党派、工商联和无党派人士联络组提交集体提案51件，个人提案、建议155件，其中被列为市长、主席联合督办提案2件。关注民生、体察民情、反映民意，7件社情民意得到市委、市政府领导批转落实。加强党外代表人士队伍建设，重视党外代表人士的教育培训工作，不断提高"四个能力"*，选送4名党外干部参加省和无锡统战部门组织的培训，在省社会主义学院举办宜兴市民主党派支部主任培训班。制订并印发《关于民主党派开展坚持和发展中国特色社会主义学习实践活动"八个一"*重点工作的通知》，协助各民主党派制订活动方案，举办专题报告、理论学习、实地考察等活动。培育丁蜀镇公园路社区创建成全国社区侨务工作示范单位，总结提炼出"一整合、双建设、三服务"*的侨务工作法。指导公园路社区与中国陶都陶瓷博览中心共同建设"侨务之窗"，推进社区与陶瓷城的共驻共建。开展"宜兴侨家——侨法：让侨界更和谐"主题侨法宣传活动，全市17个社区聘请为侨服务法律顾问和为侨服务志愿者，在全社会营造"知侨、爱侨、护侨"氛围。

【"同心"实践基地发挥示范效应】 组织全市各民主党派、工商联和无党派人士联络组，分别在丁蜀镇的社区、学校和敬老院等单位创建"同心"实践示范基地6个并挂牌运作。发挥基地示范效应，开展"同心助推发展"社会服务系列活动，打响具有宜兴特色的"春风五月行"社会服务品牌，发动各党派团体开展健康讲座、专家义诊、送教下乡、家电维修、捐资助学、送温暖到敬老院等社会服务活动，继续开展"平安宜兴、文明宜兴"百场电影进农村、进社区、进企业、进工地、进校园活动。全年开展各类社会服务100余场（次），组织志愿者300余人次，发放宣传材料2300余份，服务群众近1万人次。

【非公有制企业文化建设“百千万工程”收官】 2014年是实施《宜兴市非公有制企业文化建设“百千万工程”*三年行动纲要》的最后一年,市委统战部、市总工会、市工商联共同组织并推广。在2013年树立远东控股集团有限公司、江苏华亚化纤有限公司等4个典型的基础上,2014年树立江苏新雪竹国际服饰有限公司“细流汇江河”文化和太华镇乾元茶场“感恩天地感恩您”文化等5个典型。至年底,全市有60个企业成为非公有制企业文化建设“百千万工程”示范单位,260个企业成为示范创建先进单位,1000个以上非公有制企业参与企业文化建设活动,全面完成非公企业“百千万工程”创建任务。9月,市委统战部组织35个企业参加由无锡市委统战部牵头举办的非公企业文化建设成果展,无锡鹏德汽车配件有限公司、江苏沪宁钢机股份有限公司的节目获文艺汇演银奖。

(朱婧)

涉台工作

【概述】 全市涉台(湾)工作以实现两岸和平统一为目标,以服务宜兴经济社会发展为中心,突出紫砂和中国宜兴素食文化暨绿色生活名品博览会两大交流品牌特色,注重发挥“三台”(台胞、台属、台商)、“三会”(台商协会、台属联谊会、台北宜兴同乡会)作用,深化对台服务,开展对台交流。全年接待台湾到宜兴参访团组18批、600人次,人数比上年增长20%;宜兴赴台湾交流团组18批、73人次,其中公务团组6批、40人次;宜兴赴台湾旅游探亲3434人次;台湾到宜兴参访、旅游突破1万人次,比上年增长25%。

【紫砂文化海峡两岸交流基地设立】 2013年年初,省台办把创建两岸交流基地作为全省交流工作的重点任务,无锡市政府、宜兴市政府把创建两岸交流基地作为2014年重点工作,并倡导在宜兴设立紫砂文化海峡两岸交流基地。2014年,国台办领导到宜兴考察2次。同年7月,紫砂文化海峡两岸交流基地项目获国台办批复。10月,在中国宜兴陶瓷博物馆设立紫砂文化海峡两岸交流基地。市委高度重视该交流基地的规划、建设和运作,市委常委会专题研究,制定《关于宜兴市海峡两岸交流基地建设的工作意见》《关于宜兴市海峡两岸交流基地工作规划和当前工作安排》;成立宜兴市海峡两岸交流基地领导小组,在中国宜兴陶瓷博物馆挂牌设立专职办公室。基地设立后,以突出紫砂文化为主,涵盖一会(市陶瓷行业协会)、一馆(中国宜兴陶瓷博物馆)、一窑(前墅古龙窑)、一城(中国陶都陶瓷城)、一园(陶瓷产业园)、一室(一批大师工作室)、一节(陶瓷艺术节)。先后举办沙志明明清紫砂收藏精品展和谈伟光古典紫砂精品收藏展,承办教育部第五届海峡两岸传统文化可持续设计论坛,协助省工业设计学会陶瓷艺术邀请展,接待由台湾方面组织的百名大学生夏令营活动。该基地是省内继南京中山陵之后的第二个海峡两岸交流基地。

【对台交流】 以特色文化促进台湾与宜兴的交流。4月29日—5月3日,举办第三届中国宜兴素食文化暨绿色生活名品博览会,35万人次参会。年内,市委台办、市旅游局合作开展台湾观光旅游联盟总会到宜兴旅游踩线活动;组织13个企业参加2014第十届台北素食暨有机产品博览会。对台交流层次进一步提升。年内,海峡两岸交流协会、国台办、省台办领导先后数次到宜兴参加两岸交流活动和考察,市委台办赴台湾拜访知名人士李述德、廖万隆和秦金生,台东县乡镇和台东池上乡万安村代表团赴张渚镇善卷村开展参访交流活动,台湾新北市里长联谊总会副总会长许承炀、台北宜兴同乡会理事长吴嘉璘、台东工业策进会总干事郭淑珍以及台湾环球旅行社股份有限公司董事长陈再田等先后到宜兴访问考察。

【对台服务】 坚持“服务台企、服务招商”的方针,强化为台企服务。全年办理涉台投诉、为台企台商解决困难10件,接待台胞台属来信来访10件(次),赴台企走访调研10余次。副市长周斌对陶瓷产业作专题调研,并就台宜陶瓷有限公司的进口商品退税问题分别与无锡、宜兴两地海关协调。市委台办会同市司法局到宜兴花语现代农业生态科技发展有限公司开展法律帮扶活动;邀请上海、苏州知名律师到宜兴开展法律实务讲座;推荐宜兴台宜陶瓷有限公司和宜兴台玉环境工程设备有限公司参加中国无锡国际第十一届工业设计博览会;全程指导市台商协会举办“关爱老人慈善义卖活动”,将筹得的40.31万元爱心善款全部捐赠给弱势老人。市民政局落实2名台胞落叶归根墓葬事宜,稳妥处理台属上访事件。市台属联谊会走访慰问老会长、老理事以及困难台属,做好赴台学生的教育和关爱工作。

【对台经济】 至年底,全市40余个台企运营良好。其中,有8个台企通过国家高新技术企业认定,10个台企成立产品研发机构,7个台企自创品牌。5月,副市长周斌率团赴台湾,考察技术园区4个,拜会金融机构5个和知名企业4个,与台湾区环保设备工业同业公会签订环保技术合作协议。12月,副市长尹志华率团赴台湾考察民宿业。年内,市委台办赴上海拜访上海台协会新老会长,结识一批从事房产开发、健康医疗等方面的台湾人士;促成周铁镇农业团赴台湾开展农业交流。

(黄芳)

市级机关党务

【概述】 市级机关党工委围绕“服务中心、建设队伍”两大任务,抓党务、强政务、带队伍、优服务，推进机关党建各项工作。会同相关部门共同推进领导干部下基层“三解三促”暨“一帮一、献爱心”活动，全市领导干部走访慰问困难群众406人，资助慰问金80余万元。结合党的群众路线教育实践活动，引导机关党员开展“单位比作为、社区作表率”活动，在社区党员服务区开展便民服务。牵头建立市级机关应对城区灾害性天气组织网络和应急机制，并加强应急队伍建设和管理。组织开展机关干部“公共文明志愿服务日”活动。组织机关人员分别参加第三届中国宜兴素食文化暨绿色生活名品博览会文化讲坛活动、清明祭扫革命烈士纪念碑、烈士纪念日活动等大型活动。至年底，下属党（总）支部165个，有党员3145人。

【党员教育培训】 分层次开展新任党支部书记、中层以下党员和入党积极分子教育培训。3月，会同有关部门培训市级机关入党积极分子300余人。4月，召开市级机关党建工作暨教育实践活动推进会，组织与会人员参观市航道处芜申运河宜兴水上服务区、市残联残疾人托养中心、宜城街道土城社区君悦府邸楼道党员服务区。9月，为30余名新任党支部书记作党建业务知识专题培训。4月和10月，分别举办2013—2015年第三、四期党员培训班，轮训党员680余人。在市级机关党组织中开展微型党课教案和党员微故事征集评选活动，收到“微故事”30余篇、微型党课教案47篇，评出一、二、三等奖共57篇。

【组织建设】 完善市级机关党建工作百分考核细则，针对班子、思想、组织、廉政建设和服务中心等内容，制订53条考核标准，按照常态性工作占70%、创新型工作占30%的比例设置分值，促进机关党建工作创新发展。规范机关基层组织建设管理，及时调整16个党（总）支部班子，指导3个党组织换届选举，严格考察把关基层党组织酝酿产生的候选人。加大党内关怀，在元旦、春节、七一等节日，开展“送温暖、献爱心”活动。全面实施发展党员“四双”（双推荐、双结对、双公示、双票决）要求，年内发展新党员33人，预备党员按期转正44人。

【党风廉政建设】 学习中央关于反腐倡廉的一系列重要精神，严格落实中央“八项规定”*和省、市委“十项要求”*。与直属党组织签订《党风廉政建设责任书》。完善廉政责任体系，制订机关党工委党风廉政建设主体责任、领导班子成员党风廉政建设领导责任、纪工委党风廉政建设督查责任三份清单。督促机关干部参加“清风阳羡”在线学习，对在线学习率低于60%的单位及时用短信提醒。推进廉政文化进机关，组织机关党员干部听廉政专题报告《加强作风建设 打造人民满意的干部队伍》，看电影《焦裕禄》《吴仁宝》《南平红荔》和廉政教育警示片《僭越底线之害》，筑牢机关党员干部反腐倡廉的思想道德防线。年内处理违纪党员4人。

【群团活动】 机关工会组织机关干部、职工参加市“新风颂”文艺汇演，选送13个节目，获奖9个。组队参加市第八届全民运动会竞赛项目13个，获团体总分第三名。7月23—25日，组织328名机关党员干部无偿献血，献血总量约9.8万毫升。组织62名劳模参加健康体检。在机关妇工委组织机关妇女干部参与市妇联“点亮微心愿，成就大梦想”儿童圆梦项目中，认购微心愿49个。参加“巾帼展风采、家庭创和谐”家庭教育专题讲座活动和“正能量，读好书——我与一本书”读书征文活动，上报征文50余篇。暑期，机关关工委组织40余名机关干部、职工的子女赴张渚红色教育基地开展“勿忘国耻、强我中华”主题活动。

（张夫海）

信访工作

【概述】 全市信访工作以改革信访工作制度为主线，提升信访工作效能和公信力，维护群众合法权益。出台《关于创新群众工作方法解决信访突出问题的意见》《关于加强社会稳定和信访工作责任落实和责任追究暂行规定》等制度。开通网上信访，推进“阳光信访”系统建设。在经济形势持续低迷、社会矛盾叠加频发的宏观背景下，各类不稳定因素和信访总量没有增加；在群众反映诉求的方式渐趋激烈、规模集访不断增多的复杂情况下，没有发生个人极端事件和有影响的群体性事件；在敏感节点增多、重要活动频繁的较大压力下，没有发生有影响的去省进京上访。全年受理群众来信来访5561件（次），比上年上升6.5%。其中：来信1159件，上升42.3%；来访464批、4402人次，批次上升11.2%、人次下降0.1%。集体上访200批、3959人次，分别比上年上升12.9%、7.2%。越级进京上访71批、84人次，分别比上年上升12.3%、28.8%。其中，进京非正常上访20批、22人次，批次持平，人次下降26.6%。去省上访169批、411人次，分别比上年上升96.5%、124.5%。其中，集访12批、174人次，分别比上年上升71.4%、222.2%。办理省和无锡市交办信访案件131件，办结率100%；办理网上信访104件，办结率100%。市信访局在全省信访工作绩效考核中继续保持全省领先、无锡第一的位次，受到省委、省政府的表彰。

【信访积案专项整治】 为深入践行党的群众路线，年初，市委、市政府召开专题会议部署信访积案专项整治行动、深化信访积案化解专项行动。从创新群众工作理念和方法入手，依法、及时、就地解决群众合理诉求，维护社会和谐稳定。将56件案情复杂、久拖不决、久访不息的信访积案作为市委开展第二批党的群众路线教育实践活动的交办案件，按照“属地管理、分级负责，谁主管、谁负责”“依法及时就地解决问题和疏导教育相结合”的工作原则，通过领导接访、领导包案、协调会办、督查督办等措施，做到案件合理诉求解决到位、无理诉求思想教育到位、思想困难帮扶救助到位，行为违法的依法处理到位。通过3个月的集中攻坚，化解信访积案16件。5月，在无锡市信访工作会议上，市委书记王中苏代表市委、市政府作积案化解经验交流。

（钱航军）

老干部工作

【概述】 全市老干部工作以拓宽老有所为渠道为抓手，搭建老干部发挥作用的平台，引导和激励老干部利用自身优势促进社会发展。开展向全国“时代楷模”、老干部先进代表赵亚夫学习活动，在全市老干部中营造学习先进、争当先进的氛围。组织老同志畅谈中共十八大后社会的巨大变化，并围绕服务改革发展主题，引导各离退休干部党支部开展实地调研。成立老干部大学义工组织，与市博爱家园结对，定期为残疾人士、自闭症儿童等提供无偿服务。至年底，全市有离休干部301人。其中:抗日战争时期参加革命工作的66人，解放战争时期参加革命工作的235人；享受地市级政治、生活待遇的7人，享受地市级医疗乘车待遇的7人，享受县处级政治生活待遇的110人。

【加强老干部思想文化建设】 全年，依托“老干部大讲堂”，市委老干部局举办十八届三中全会精神解读、全国“两会”精神辅导等讲座，召开宜兴经济社会发展情况通报会等，引导离退休干部在政治上、思想上、行动上自觉与党中央保持一致。举办“最美中国梦，出彩红枫情”老干部才艺展示活动，展出老干部书画作品186幅、摄影作品209张，展出收藏品、手工艺品和文学作品230余件。举办老干部桥牌比赛、象棋比赛、乒乓球比赛30余场(次)，参与者2000余人。市老干部大学以争创“江苏省示范老年大学”为契机，加快学校提档升级，通过实施“名师工程”、开展“课前五分钟”思想教育活动、开设“学员讲坛”“微讲堂”等创新举措，丰富老年教育内涵，拓展办学思路。2014年秋季入学招收学员近2500人、6500余人次，开设课程65门、班级175个，聘用客座教师106人。组织大型活动，加强老干部群体内部交流，促进老干部与社会的交融。以协会工作为抓手，走出中心(老干部活动中心)办活动，增强活动趣味性，扩大老干部参与面，逐步由简单服务向组织引导型服务转变，做到时政学习常态化、专业活动不断线、文娱表演节庆化、各类展览评比多样化、文化捐赠热潮化。

【老干部服务注重亲情化】 针对离休干部整体进入“双高期”(高龄期、高发病期)、空巢老干部越来越多的现状，在全面落实生活待遇的基础上，改善服务管理水平，实施亲情化服务，为他们提供更幸福、更有尊严的晚年生活。通过送温暖、送清凉、送关爱、送学习活动，全面走访老干部，解决他们生活、精神等方面存在的困难和问题。关注生活困难、身患重病、异地安置、空巢独居的老干部群体，完善特困老干部的帮扶措施。精心组织老干部体检。为方便老干部出行，在原来定点体检的市人民医院之外，新增市第二人民医院、张渚医院两个体检点，并聘请体检中心主任为老干部答疑咨询。依托原有社区老干部工作机制，完善离退休干部就近学习、就近活动、就近得到关心照顾、就近发挥作用的工作方式，重点发挥社区助老员及“爱心一点通”电子呼叫系统的服务功效，使老干部足不出户就能得到较好的照料。

（王博）

保密工作

【概述】 从组织领导、宣传教育、日常管理、重点管理、监督检查5个方面抓好保密工作规范化建设。市机要保密局制订《宜兴市保密工作规范化考核评价表》，推动全市加快构建组织领导到位、宣传教育有效、规章制度健全、保密措施落实、监督检查有力的保密工作新格局。开展涉密中央文件保密管理专项检查，对照检查目录自查、整改，完善涉密文件管理台账。加强各类涉密文件资料的管理，全面规范涉密文件签收、传达、清退、销毁等各个环节，确保涉密文件全过程可控。做好保密宣传教育，征订《〈中华人民共和国保守国家秘密

2014年宜兴市老干部“庆国庆·迎重阳”才艺展示活动现场　（市委老干部局　提供）

法实施条例〉解读》《党政干部和涉密人员保密常识必知必读》《斯诺登档案》等书籍并分发给各单位；制作《〈保密法实施条例〉解读》宣传展板在全市各机关单位展出，现场讲解《保密法实施条例》的新规定和新要求；将保密教育纳入市委党校主体班次教育内容，为受训学员上保密课。推进各项保密检查，中、高考期间，组织专门力量跟踪检查试卷存放点和各考场试卷的保管、领取、运送、分发等程序，杜绝试卷泄密；根据《保密检查工作规定》，重点检查全市相关部门计算机、网络中是否存在涉密文件；每月组织专门人员定期检查全市党政机关网站，杜绝失密泄密事件发生。汇总、统计上报全市各部门、各单位的年度保密工作数据变更情况，全面核查各单位的涉密和非涉密计算机网络，督促相关单位加强内部网络的安全管理，做好相关防护措施，为所有涉密计算机配备安装保密技术防护专用系统，协调相关部门摸底调查涉密科研项目，及时上报数据。规范涉密载体销毁中心建设，重新确定涉密载体销毁中心服务外包单位，全过程监管工场迁址、更新设备、选聘员工、建立工作机构、健全制度机制、完善保密责任体系、员工培训等，全面规范从回收到运输、入库、分拣、分拆、粉碎、包扎等各环节的处理和交接，确保每道工序可控可靠。

（周公集）

党校工作

【概述】 市委党校把握“培训立校、科研兴校、人才强校”主题，围绕学习型、服务型、创新型、开放型、和谐型党校建设目标，加快打造全省一流、全国领先的县(市)级党校步伐，在干部教育培训、理论科研、队伍建设等方面取得实效。全年举办各级各类干部培训班153期，参训1.78万人次；教师撰写专业论文51篇，其中刊发34篇、获奖6篇；完成宜兴市级以上科研课题19项，其中省级4项；创新教学专题35个。年底，有教职工31人，15名专职教师均具有大学本科及以上学历，其中研究生学历占80%、中高级职称占67%，在全省同级党校中名列前茅。

【教育培训】 全年举办陶都大讲堂、宜兴市第十八期青年干部培训班、党政领导干部能力提升培训班、入党积极分子培训班等主体班次21期，受训超6000人次。与宜城街道、高塍镇、市城管局、市质监局等合作举办中青年干部培训班23期，参训近3000人次。与浙江大学、睢宁县委党校合作举办阿鲁科尔沁旗美丽乡村建设专题研修班和睢宁宣传干部宜兴培训班。围绕中共十八届三中、四中全会精神，习近平总书记系列重要讲话精神，党的群众路线教育实践活动，社会主义核心价值观等重大时事热点和政策学习，组织教师到机关、镇(街道)、社区、农村开展大规模理论宣讲，全年为全市干部群众作宣讲80场(次)，受众超过1万人次。

【教育培训“宜兴模式”在全省引起反响】 市委党校打造开放式、个性化培训平台，探索干部培训新模式。推行“分类别、小班化、专题型、研究式”的教育培训新模式，加大案例式、双讲式、体验式、模拟式、研究式等先进教学方式的推广和应用。课程设计突出“两个结合”*，在第十八期青年干部培训班上设置专题辅导、现场教学、现身说法三大板块。优化配置师资力量，形成党校教师、政府部门领导和优秀企业家、知名专家学者三者结合的师资队伍，加大整合利用外部优质师资资源力度，全年有30余位知名学者到党校授课，同时邀请基层领导干部、镇(街道)“一把手”授课，增强教学实用性，提高教学吸引力和感染力。加大教学管理制度创新力度，建立和完善培训需求调研制度、专题申报遴选制度、科研工作考核规定等16项规章制度。新一轮教法改革实践开创了干部教育培训的“宜兴模式”，参训单位和学员对教育培训的总体满意度上升，好评率达95%以上，也获得市委、市政府主要领导的肯定，并在全省党校系统中引起较大反响，周边地区的党校纷纷到宜兴学习交流。

【理论科研成果丰硕】 坚持围绕中心、服务大局，为全市经济社会发展提供人才智力支持。年内，与市妇联合作完成省妇儿工委重点立项课题“农村妇女‘两癌’查治工作推进体系及救助体系研究”；与市统计局合作开展无锡市第三次全国经济普查研究课题研究工作，深入分析探讨全市

宜兴市党政领导干部能力提升培训班　　（市委党校　提供）

县域经济发展、制造业转型升级等课题;与市发改委合作申报宜兴市“十三五”生态文明建设研究课题。年内,党校教师在省级以上刊物公开发表论文19篇,在宜兴市级刊物刊载文章7篇,参与编纂书籍6部;完成省委党校课题4项、无锡市党建研究基地课题1项、无锡党校系统课题9项,新申报省委党校课题1项、无锡党校系统课题13项;向省社科联第八届学术大会经济学专场、无锡市第五届社科学术大会提交论文各2篇,其中1篇获无锡市二等奖。

(范蔼珏)

人才工作

【概述】 2014年,全市人才工作围绕人才强市和建设“东方硅谷”的总体要求,深入实施“陶都英才”工程,强化机制创新、优化发展环境、突出品牌塑造,推动人才工作再上新台阶,为产业转型升级和区域创新发展提供有力支撑。全年引进各类人才1.08万人。其中,高层次人才480人、海外留学人员152人、外国专家20人,到宜兴合作创新、落户创业的“千人计划”*专家11人,柔性引进专家教授40人、国外智力项目35个。入选国家科技部“创新人才推进计划”1人。入选省“双创计划”*创新团队2个、省“双创计划”个人3人、省“博士计划”4人。新增“东方硅谷”创新创业领军人才10人、社会事业领军人才2人、中介服务领军人才1人。实现超1000万元销售“东方硅谷”企业21个,超1亿元销售企业2个。开展“人才服务进企业”系列活动,举办宜兴人才“大讲堂”,组织近百个企业到武汉、西安等高校集中地开展产学研对接和人才招聘活动。制订《海外工程师集聚计划》《关于落实〈江苏省海外高层次人才居住证〉个人所得税奖励政策实施细则》等政策,面向全球招引一批掌握核心技术、能够组织调配高端要素的高层次领军人物。贯彻落实“陶都英才”工程,兑现高层次人才购房租房补贴400余万元。发放博士后工作站设站奖励及博士后进站补贴、科研项目资助100余万元,发放“千人计划”工作站建站启动经费180万元,对持有江苏省海外高层次人才居住证的人员个人所得税补贴18万元。2014年,全市累计获上级项目资金近1400万元。组织相关单位参加大连海创周、2014海外学人北京创新创业大会等活动。组织园区负责人和企业代表200余人次参加各类活动,促成人才合作项目15个。新增优秀大学毕业生2751人,培养高技能人才6630人,促成校企产学研合作项目11项。

【载体平台全面升级】 坚持把“人才强企”作为推动产业发展的重要抓手,先期在环科园、开发区以及丁蜀镇开展产业布局优化试点工作。市委组织部会同环科园举行“问情·咨政·服务——中国工程院院士宜兴行”恳谈会,并在园区成立院士专家服务中心,借力院士和专家为环保产业转型升级和生态环境建设建言献策。围绕推动园区新兴产业发展,开发区与上海理工大学庄松林院士团队合作成立上海理工大学技术转移中心,并筹备光机电集成产业研究院;“千人计划”专家邹湘坪牵头成立市场化运作的宜兴功能材料研究院,解决新材料领域中小企业引才难的问题。依托“千人计划”专家联谊会资源,开展“千人计划”专家丁蜀行活动。活动中,成立全国首个海创千人产业协同创新促进中心,并建成无机非金属材料和金属及机械加工两个产业协同创新联盟,与10名“千人计划”专家达成合作协议,通过组团式对接、订单式服务,形成专家与企业之间协同创新和成果共享的常态化机制。

【高层次人才服务环境优化】 以“优服务、优环境”为主题,为人才发展、使用营造良好环境。完善科技企业的金融环境。针对科技型中小企业面临的融资担保瓶颈制约,开展科技金融体系建设调研,提供多元化的科技金融支撑服务。通过政府引导,搭建科技创业投融资服务平台、科创担保、产业投资引导基金和金融机构在内的“四位一体”工作机制,打造“引导基金-风险投资-科技贷款-上市培育”等科技金融服务链,使企业摆脱对政府资金的依赖。建立人才到宜兴创新创业的安居保障体系。实施大学生集聚计划,调研到宜兴创业就业的大学生住房情况;启动人才公寓建设,为各类人才到宜兴创新创业提供住房保障;落实《宜兴市重点产业紧缺人才计划实施细则》,为“211工程”院校本科毕业生、具有高级专业技术职务任职资格人员、取得硕士研究生及以上学历学位人员、具有高级技师职业技能等级的人员提供安家补贴和租房补贴,全年发放补贴近400万元。营造全社会尊重人才良好氛围。以无锡在宜兴召开开发园区(功能园区)人才工作推进会为契机,推广园区招才引智的好做法、新经验;组织开展第三届“陶都英才”人才工作专项表彰活动,在全社会营造“尊重人才、崇尚创新、鼓励创造”的风尚。提升对各类人才的服务质量。建立领导干部结对服务高层次人才制度,定期开展走访慰问活动;全面升级高层次人才“一卡通”服务功能,在推荐人才家属就业、安排人才子女就学方面开辟绿色通道,做到一事一议、特事特办,解决人才的后顾之忧;定期举办高层次人才学术沙龙、健身运动以及创新创业论坛等活动,营造学术交流、人才交流、培训培养的浓厚氛围。

【“海外工程师集聚计划”出台】 为推进人才强企战略,提升企业自主创新能力和综合竞争力,促进企业转型升级和产业结构调整,出台《宜兴市“海外工程师集聚计划”的实施办法(试行)》(简称《办法》),鼓励企业引进海外工程师。《办法》规定:引进的海外工程师，主要指宜兴市战略性新兴产业和传统优势产业改造提升所急需、国内紧缺，拥有特殊技术专长或国际一流应用技术，具有海外学习、工作、生活背景，到宜兴开展科技研发、技术创新或项目合作的海外留学人才和外国专家。引进的海外工程师须具有海外硕士及以上学位，是某一学科、技术领域的科研、技术骨干，具有15年以上科研开发、技术应用经验的专业技术人员或管理人员；或是在海外取得行业公认的职业资格，在相关领域的企业或公共服务机构从事技术与管理工作15年以上，具有丰富经验，能够提供技术服务或开展项目合作的专业技术人员和管理人员。引进海外工程师的主体，包括需要海外高层次人才到宜兴帮助指导解决生产、技术和经营管理等方面难题的市属国有企业、民营企业、科技创业领军人才（陶都英才）创办的企业。海外工程师与企业国内工程师建立合作团队，帮带企业人才成长效果明显、为企业技术建设作出突出贡献、取得显著合作成效和经济效益的，可申评“海外工程师工作站”。被命名的“海外工程师工作站”，将获得一次性10万元启动经费资助。列入该项计划的企业及人才还将享受一系列优惠政策。

【“千人计划”专家工作站建设】 “千人计划”专家工作站是宜兴企业引进外地“千人计划”专家（含青年“千人计划”专家）开展项目合作、科技研发、成果转化和人才引进等活动的创新平台。3月，市科技和人才工作领导小组出台《“千人计划”专家工作站管理办法》，明确经市科技和人才工作领导小组审核批准设立的工作站由市财政专项资金首期拨付10万元启动资金，后续提供每年10万元、连续3年的经费支持。全年建立“千人计划”专家工作站10个。至2014年，全市累计有“千人计划”专家工作站14个。

【培育省“双创计划”团队项目2个】 省“双创计划”团队项目旨在优先发展重点产业、面向海内外引进高层次创新创业人才或团队、打造一批竞争优势明显的高新技术产品群和企业群。经过申报初审、基本条件评价、技术评审、答辩评审、社会公示等环节，9月，由诺贝尔化学奖获得者艾伦·黑格领衔的材料技术研究团队、加拿大工程院院士陈志璋领衔的移动通信研究团队入选2014年度省“双创计划”团队项目，分别获得省财政给予的500万元和300万元专项人才资金资助。

【“西安高校行”招才引智活动】 11月，宜兴市“西安高校行”活动在西安交通大学举行，标志着宜兴市“全国高校行”招才引智系列活动的开启。此次活动，由市委组织部和市科技局、市人社局、科技镇长团共同组织实施，全市60余个规模企业赴西安开展科技与人才项目洽谈、产学研对接等活动。活动期间，市政府与西安交通大学电气学院签署战略合作协议，无锡江南电缆有限公司与邱爱慈院士续签院士工作站协议，远东电缆有限公司等企业与相关院校和专家签订产学研项目合作协议15个，西安交大电气学院、西安电子科技大学电子工程学院分别在官林镇、江苏亨鑫科技有限公司建立大学生实习基地。同时，在西安交通大学举行乡贤座谈会，原西安交通大学校长蒋德明等13人出席会议，教授周纲等6人被聘为“中国宜兴教授网”联络员。

【“千人计划”专家宜兴丁蜀行】 4月26日，“千人计划”专家丁蜀行暨产业协同创新专场对接活动在宜兴陶瓷产业园管委会举行。近30名“千人计划”专家围绕创新创业与企业展开交流合作。其间，加拿大工程院院士陈志璋与江苏亨鑫科技有限公司合作成立的“江苏省外国院士工作站”揭牌。江苏瑞尔精密机械股份有限公司等5个企业的“千人计划”专家工作站成立，部分“千人计划”专家、有关科研院所还与丁蜀镇及相关企业就创业、合作等项目签约。同时，“海创千人宜兴产业协同创新促进中心”成立，针对宜兴特色产业，按照细分的产业集群，搭建专家与企业协同创新的平台。其下设的“千人计划”无机非金属材料产业协同创新联盟、金属及机械加工产业协同创新联盟也成立运行，根据企业的具体技术需求与专家的研究领域，开展“订单式”互助合作，形成协同科技创新和资源共享的常态化机制。

【人才项目申报】 年内，入围2014年度引智项目35个，其中国家高端项目1个、国家级普通项目8个、省级项目4个；推荐申报省六大人才高峰25个，入围8个（1B2C5D）；入围省级推广基地1个、省外专百人计划A类项目1个；推荐无锡市第十五期高层次人才境外培训学员2人。瑞思学科英语宜兴中心、宜兴卡乐夫英语培训机构2个单位获批聘外专资格单位。组织申报留学人员科技活动项目择优经费资助计划3个，入围无锡市重点项目1个、优秀项目1个；推荐申报无锡市东方硅谷顶尖人才3个、社会事业人才3个、中介领军人才1个、柔性引进海外智力项目13个，入围社会事业人才2个、中介领军人才1个、无锡市柔性引进项目13个。

（周健　蒋励　周静）

编辑　陈惠萍

综　述

【概述】 全年召开常委会会议6次、主任会议5次，听取专项报告15项，开展专题视察8次，组织专项工作评议和执法检查各1次，形成审议意见和建议17个。依法行使重大事项决定权，先后审查和批准2013年市级决算、2014年市级预算调整方案和2014年国民经济和社会发展计划部分指标调整方案，作出决定10项。依法行使人事任免权，全年依法任免国家机关工作人员64人次，依法接受7名市人大常委会委员的辞职请求。根据《中华人民共和国各级人民代表大会常务委员会监督法》的规定，对《宜兴市生产安全事故报告和调查处理办法》《宜兴市居民基本医疗保险办法》等10件规范性文件的合法性、适当性开展备案审查。学习贯彻中共十八大，十八届三中、四中全会和习近平总书记系列重要讲话精神，加强政治理论、法律法规、人大业务的知识更新，提升机关干部履职能力。组织开展党的群众路线教育实践活动和领导干部"三解三促""一帮一、献爱心"等活动。深入基层、深入群众、深入实际，紧扣群众关注的重点、难点、热点问题开展调研，形成调研报告21份。推进人大履职公开和信息宣传工作，编发《宜兴市人大常委会公报》5期、《宜兴人大通讯》19期。

【工作监督】 听取和审议上半年国民经济和社会发展计划执行情况的报告，提出要化解金融风险，优化产业结构，坚持民生优先。听取和审议借款合同纠纷案件审执工作情况的报告，督促市人民法院依法保护债权人合法权益，优化审判资源，加大审执力度，严厉打击恶意逃废债务，努力实现法律效果和社会效果的有机统一。听取和审议2013年预算执行、2014年上半年预算执行等专项报告，督促政府强化预算编制的完整性、预算执行的规范性和预算监管的严肃性，更加重视财政规范、债务管理和资金绩效。督促审计部门依法开展"同级审"工作，要求相关责任部门严肃财经纪律、加快问题整改，推动问题有效解决。按照新《中华人民共和国预算法》要求，推进全口径预决算监督，制定《宜兴市人大常委会关于实施全口径预算决算审查监督的意见》；聘请13位专家，组建常委会财政预决算审查专家库；组织专家库成员初审2015年全口径预算草案，并听取专项报告。经常委会审议，市公共财政、政府性基金、国有资本经营、社会保险基金4项预算以及"三公"经费*预算首次提交人代会审查，初步实现预算审查内容全覆盖。

【基层人大工作指导】 加强对基层人大工作的指导，年初召开全市镇(街道)人大工作会议，制订出台《关于2014年镇人大工作的指导意见》，明确镇人大重点工作。加强市人大常委会与基层人大的联系交流，坚持和完善人大常委会领导和各工作机构联系基层人大制度，每季度分片召开片区例会，帮助基层人大解决工作中的困难和问题。邀请镇(街道)人大负责人列席常委会会议、参加相关活动，推进基层人大规范化建设，鼓励基层人大工作创新。

重要会议

【代表大会】 1月8—10日，市第十六届人民代表大会第三次会议召开。会议听取和审议政府工作报告、市人大常委会工作报告、市人民法院工作报告、市人民检察院工作报告，书面审议《宜兴市2013年国民经济和社会发展计划执行情况及2014年国民经济和社会发展计划草案的报告》《宜兴市2013年预算执行情况和2014年预算草案的报告》和《宜兴市人民政府关于市十六届人大二次会议代表建议、批评和意见办理情况的报告》，并通过相应决议。会议期间，收到代表提出的建议、批评和意见166件。会议闭幕时，市委书记、市人大常委会主任王中苏作《永葆创业激情　致力改革创新　奋力谱写宜兴现代化事业的崭新篇章》讲话。

【常委会会议】 全年召开常委会会议6次。

3月11日，第十三次会议召开。审议和通过市人大常委会2014年工作要点(草案)、市人大常委会关于开展专项工作评议的暂行办法(草案)，决定有关人事任免事项。

5月29日，第十四次会议召开。审查和批准市2013年决算，听取和审

2014年1月，市第十六届人民代表大会第三次会议召开　　（市人大办　提供）

议市政府关于2013年预算执行情况和其他财政收支情况的审计工作报告，通过《关于在市人大代表中开展“回选区进社区”联系服务人民群众活动的实施意见（草案）》《关于设立宜兴市人大常委会芳桥街道工作委员会的决定（草案）》，接受杨小德辞去市十六届人大代表职务的请求，决定有关人事任免事项，任命人民陪审员。

7月28日，第十五次会议召开。听取和审议市政府关于2014年上半年国民经济和社会发展计划及预算执行情况的报告，接受吕洪元辞去市十六届人大代表职务的请求。

9月23日，第十六次会议召开。开展全市污染物总量减排及民生环保（废气治理）专项工作评议，决定有关人事任免事项。

11月28日，第十七次会议召开。审查和批准市2014年预算调整方案、市2014年国民经济和社会发展计划部分指标调整方案，听取和审议市政府关于市十六届人大三次会议代表建议、批评和意见办理情况的报告、市法院关于借款合同纠纷案件审执工作情况的报告，通过关于召开市十六届人大四次会议的决定（草案），接受马建成等辞去市十六届人大常委会委员职务及潘峰、陆乾等辞去市十六届人大代表职务的请求，决定有关人事任免事项。

12月24日，第十八次会议召开。初审市2015年全口径预算草案，听取和审议“一府两院”*关于办理2014年市人大常委会审议意见和建议的报告（书面）、市人大常委会代表资格审查委员会关于市十六届人大代表变动情况和补选代表资格审查的报告，讨论市人大常委会工作报告（征求意见稿）、市十六届人大四次会议日程安排（草案）、选举办法（草案）和各类名单（草案），补选梅中华为无锡市第十五届人大代表。

【主任会议】 全年召开主任会议5次。

4月28日，第十次主任会议召开。听取市政府关于2014年实事项目实施方案的汇报。会议建议要高水平谋划项目、高效率推进项目、高品质完成项目、高效益运营项目，确保所有实事项目优质高效推进。

6月30日，第十一次主任会议召开。听取市政府关于市十六届人大三次会议代表建议、批评和意见办理情况的汇报、关于法律援助工作情况的汇报。会议建议要把代表建议办好办实。要加大资源投入，健全工作网络，加强法援宣传，配强办案队伍，完善服务举措，提升办案质量，提升全市法律援助工作水平。

8月13日，第十二次主任会议召开。听取市检察院关于未成年人刑事检察工作的汇报。会议建议要做好预防未成年人犯罪和帮教维权工作，坚持宽严相济、教育为主、齐抓共管、配强队伍，全面构建未成年人帮教维权体系，提升未成年人刑事检察工作的专业化、制度化、人性化程度。

10月27日，第十三次主任会议召开。听取市政府关于东氿新城重大工程项目建设工作情况的汇报。会议建议要完善规划、加强配套、严格监管、主动创新，在建设中更注重凸显城市特色、繁荣商贸服务、彰显人文魅力，着力打造一座宜居宜商、精致优美、充满活力的现代滨氿新城。

12月3日，第十四次主任会议召开。听取市政府关于《中华人民共和国食品安全法》贯彻实施情况的汇报、市人大常委会执法检查组关于《中华人民共和国食品安全法》的执法检查报告。

【全市镇（街道）人大和市代表工作会议】 3月14日，全市镇（街道）人大和市代表工作会议召开。市人大常委会副主任裴全华作全市镇（街道）人大和市代表工作报告，回顾总结2013年镇（街道）人大和市代表小组工作取得的成绩，部署2014年目标任务，表彰2012—2013年度先进市代表小组和代表积极分子、2013年度优秀建议和承办建议先进部门，动员各镇（街道）人大和市代表小组加大监督力度、优化代表服务、促进民生福祉，不断提升工作水平。会议结束前，市人大常委会常务副主任王华良作重要讲话。

专题监督

【专项工作评议】 创新开展专项工作评议，对全市污染物总量减排及民生环保（废气治理）工作开展监督。制定《市人大常委会关于开展专项工作评议的暂行办法》，形成《市人大常委会关于开展全市污染物总量减排及民生环保(废气治理)专项工作评议的实施意见》，组建专项评议工作组。市人大深入责任部门、社会公众、相关企业调研，发现了一些突出问题，并督促相关部门制订整改方案，落实整改措施，切实解决问题。召开常委会会议，组织开展会前视察，专题审议专项工作报告，由常委会组成人员、部分基层人大负责人和市人大代表以无记名票决的方式民主测评专项工作，综合评定为基本满意。根据民主评议结果形成评议意见，要求政府加强宣传引导、狠抓源头治理、坚持从严执法，督促政府及时反馈、狠抓落实。

【执法检查】 组建执法检查组，围绕《中华人民共和国食品安全法》开展执法检查，依法检查药监、农林、质监、工商、卫生、商务等职能部门以及多个食品生产经营企业，听取市政府关于食品安全工作情况的汇报以及市人大常委会执法检查组关于《中华人民共和国食品安全法》的执法检查报告，强调要进一步提升监管部门的责任意识、食品企业的自律意识、人民群众的安全意识，督促政府狠抓源头管控，构建标准体系，强化技术装备，加大执法力度，为群众营造一个放心消费的食品安全环境。

【视察活动】 全年开展专题视察8次。

4月21日，视察社会组织发展情况。实地察看市交通运输局小区睦邻点、文化广场、市社会组织创业服务中心，并听取相关汇报。建议要简政放权、健全政策、加强监管，不断推动社会组织的专业化、透明化和品牌化。

6月5日，视察省学前教育改革发展示范区创建整改意见落实情况。实地察看教师进修学校附属幼儿园、大树幼稚园、高塍幼儿园，并听取相关汇报。建议要高度重视、科学规划、加大投入，尽快解决学龄前儿童“入园难”问题。

6月19日，视察工商行政管理、质量技术监督工作。实地察看城东大润发超市、国家环保设备质量监督检验中心、国家电线电缆质量监督检验中心、环科园工商分局，并听取相关汇报。建议要提升技术服务，坚持简政放权，加强队伍建设。

7月31日，视察重点交通工程建设情况。实地察看范蠡大桥、太湖大道、阳灵隧道、云岭路建设情况，并听取相关汇报。建议要科学合理规划，坚持质量优先，注重运营管护，构建完善大交通格局。

9月29日，视察企业重大项目建设情况。实地察看兴盛新材料科技有限公司、奥宝印刷科技有限公司、华谊着色科技有限公司，并听取相关汇报。建议要狠抓招商引资，破解要素制约，完善工作机制，推动工业经济全面升级。

10月28日，视察科技型中小企业科技金融支持情况。实地察看江苏银行无锡科技支行宜兴小企业及科技金融服务中心、合复新材料科技有限公司、碧诺环保科技有限公司，并听取相关汇报。建议要构建信用体系、搭建合作平台，打通科技型中小企业的融资渠道。

10月31日，视察安全生产基础建设工作情况。实地察看宜兴八佰伴建设施工现场、三木集团安全生产现场、市汽车客运总站、市安全生产应急指挥中心，并听取相关汇报。建议要注重宣传教育、专项整治、群防群治，把安全责任落到实处。

11月14日，视察现代农业发展情况。实地察看兴杨现代农业产业园、宜兴苏宁环球现代农业有限公司，并听取相关汇报。建议要优化规划，加强扶持，鼓励多元化投入，完善现代农业产业体系。

代表工作

【概述】 完善代表活动机制，激发代表履职热情，密切代表与选民的联系，发挥代表的主体作用。按照《中华人民共和国全国人民代表大会和地方各级人民代表大会代表法》和《中华人民共和国全国人民代表大会和地方各级人民代表大会选举法》的规定，落实代表选举和代表辞职程序，全年依法接受18名市人大代表的辞职请求，并依法补选市人大代表23人、无锡市人大代表1人。召开全市市代表小组工作会议，出台《关于2014年市人大代表小组活动的意见》，引导代表开展视察调研，支持和保障代表参与地方国家事务管理。开展代表履职培训，定期为代表寄送

2014年10月，市人大常委会专题视察安全生产情况　　（市人大办　提供）

内部资料，及时向代表通报全市经济社会发展情况，拓展代表知情知政渠道，提升代表履职能力。完善代表履职平台，规范“两级载体、两项制度”建设，邀请代表列席人大常委会会议、参加相关活动，为依法履行代表职务创造条件、提供保障。全年有316名市、镇两级代表主动向选民述职、704名代表参加接待选民活动，接待选民3710人次。

【代表“回选区、进社区”联系选民活动】 践行党的群众路线，在市人大代表中开展“回选区、进社区”联系服务人民群众活动，组织代表回到自己的选区，联系选民、依法履职、服务群众、争当表率，真正做到对选民负责、为选民代言、受选民监督。代表主动参与，真诚倾听选民呼声，真实反映选民意愿，解决了一批群众急、难、盼、怨的问题。如青云菜场设施陈旧、环境脏乱，群众要求综合改造的呼声强烈。代表在活动中了解相关情况后，立即向有关部门提出建议。市政府高度重视，于9月启动菜场改造工程，并承诺2015年春节前投入运行。

市人大代表“回选区、进社区”接待选民活动现场　　（市人大办　提供）

议案建议及信访督办

【概述】 市十六届人大三次会议期间及闭会期间，代表提出建议、批评和意见173件。常委会高度重视代表建议的办理落实，两次专题听取市政府办理代表建议情况的汇报，明确要求市政府及承办部门要规范办理程序、落实办理责任、提高办理成效，让代表满意、群众获益。坚持把问题解决作为督办导向，确定《关于坚决遏制全市工业废渣污染环境的建议》《关于迅速培养、充实农村社区卫生服务站医务人员的建议》等6条建议为重点督办建议，与“一府两院”会商督办，推动代表建议的落实。代表提出的建议、批评和意见办理满意和基本满意的占90.8%，问题已经解决、基本解决和列入计划解决的占87.8%，《关于加快推进城区烧烤店规范管理的建议》《关于加强城区河道治理，亮化美化河边环境的建议》等一批群众普遍关注的代表建议得到落实。做好人民群众来信来访受理工作，健全人大信访工作机制，规范工作程序，加大信访处理力度。定期召开公检法信访工作联席会议，加强综合分析，推动一批信访问题有效解决，化解社会矛盾，维护人民群众的合法利益。全年受理群众来信59件，其中涉法涉诉30件，上级转办信1件，做到事事有回音、件件有答复；接待来访群众23批、51人次，对来访事项全部依法依规妥善处理。

（徐鹏程）

编辑　陈惠萍

宜兴市人民政府

YIXING MUNICIPAL PEOPLE'S GOVERNMENT

重要政务

【概述】 面对严峻复杂、困难挑战集中显现的宏观环境，市政府把握稳中求进总基调，按照狠抓项目稳增长、提质增效快转型、统筹城乡优环境、改革创新增动力、改善民生促和谐的工作思路，全市经济社会发展在特殊年景中保持平稳健康态势，主要经济指标增幅高于无锡平均水平。完成地区生产总值1233.89亿元，完成公共财政预算收入94.45亿元，社会消费品零售总额464.42亿元，完成全社会固定资产投资602.15亿元，城镇居民、农村居民年人均可支配收入分别为39492元和20178元。全市产业结构更趋优化，开放创新增添活力，城乡面貌持续提升，生态品牌愈加彰显。被住房和城乡建设部列为全国首批中德低碳生态试点示范城市，成为华东地区假日自驾游、休闲度假游的重要目的地，在《福布斯》中文版发布的2014年中国大陆最佳县级城市排行榜上综合排名第12位。不遗余力改善民生，高效落实惠民实事，社会事业协调发展，社会环境安定有序，市民群众的幸福指数稳步提升，一批群众期盼的民生问题得到有效解决，12件为民办实事项目年度完成投资19.4亿元。

【经济发展】 在宏观环境严峻复杂、经济下行压力加大的形势下，市政府应对风险挑战，化解发展制约，先后出台《关于促进经济和社会又好又快发展的意见》《关于对代偿、承接银行债务企业实施补贴的意见》《关于下达2014年第一批市定重点工业项目计划的通知》等政策意见，宜兴经济发展保持稳中有进的基本面。围绕化解金融风险，健全政银企三方联动机制，推动政银企共建经济金融安全示范区，促成省级层面召开专题协调会，实施企业代偿贴息扶持政策，高效运转市镇两级贷款周转金平台，建立预防恶意逃废债务信息通报甄别制度，完善市镇两级分类处置模式，守住了不发生系统性、区域性金融风险的底线，维护了宜兴金融生态安全。围绕经济稳健运行，坚持实体经济为本，全年完成工业总产值3450亿元，其中规模以上工业产值2813亿元，年产值超10亿元企业50个，工业50强企业产值增幅高于全市7.4个百分点。支柱产业兼并重组和骨干企业战略合作步伐加快，江苏中超投资集团、无锡江南电缆有限公司等重点企业实现了与一批中小企业的聚合发展，江苏银环精密钢管股份有限公司与宝钢集团、中国广核集团、中国华能集团三大央企结盟。工业后劲投入加大，全年完成投入工作量331.34亿元，其中技改投入占70%、五大主导产业投入占52%，30个重点项目当年开工率86.67%。红牛维他命饮料(江苏)有限公司饮料生产项目二期、无锡市兴盛新材料科技有限公司PBT弹性长丝生产项目一期投产，宜兴丹森科技有限公司年产32万吨树脂扩建项目、江苏雅克科技股份有限公司深冷复合节能保温材料国产化项目竣工，为全市经济发展注入动力。

【开放合作】 正视宜兴“开放度不足”的发展短板，策应上海自贸区建设，开展驻点招商、产业链招商、小分队招商，制定出台《关于印发〈2014年宜兴市重点国际经贸活动计划〉的通知》《关于印发〈2014年宜兴市重点国际市场开拓计划〉的通知》《印发〈关于深化开放型经济体制改革的意见〉》等政策意见。年内，赴日本、韩国等国家和深圳、杭州、上海等地开展专题招商活动，万石国际石材交易中心、太华中华亲情林文化旅游示范基地等项目落户。全年完成工商登记注册外资4.17亿美元，到账市外内资85亿元。外贸总量保持平稳，完成进出口总额55.46亿美元，陶瓷行业进出口总额比上年增长16.1%。新申报省重点培育和发展的国际知名品牌14个，江苏江润铜业有限公司升级为全市首个海关AA类管理企业。境外投资、服务外包超额完成年度目标。引导企业实施资本经营战略，凌志环保股份有限公司、科耐特电缆附件股份有限公司登陆“新三板”，远东光电股份有限公司、江苏中裕建材科级股份有限公司等10多个企业在上海股权托管中心、天津股权交易所挂牌。全市累计有上市企业22个，其中境内上市5个、境外上市17个。

【城乡建设】 推动城市建设从快速扩张向品质提升转变，科学把控建设节奏，打造更加宜居的城市。年内，科学编制中心城区社区公共服务设施布点、绿道建设等规划，制订农村农户建房规划管理办法，完成100个规划保留村庄的详规编制。组织城市空间发展多情景研究、宜南山区可建设资源调查，为适应城乡新一轮发展方向提供参考。提升老城形态和新城品质，宜城街道荆溪南路、解放东路、土城路综合改造竣工，宜城街道、丁蜀镇8个老小区环境整治到位，青云菜场改造年底基本完工，市文化中心各功能馆内部装修、设计布展等工作进展顺利，实验小学城东分校主体工程推进加快，新庄大桥建成通车，太湖大道一期、北市河二期绿化工程完工。不断优化管理体制，出台《关于加强村庄环境长效管理工作的实施意见》《关于建立健全矿产品生产运输秩序长效管理工作机制的实施意见》等政策意见，出租车行业整治、非法营运整顿和矿产品生产运输秩序监管等城管难点得到有效治理，城乡一体管理水平实现提升。

【生态环保】 坚守生态宜居核心价值，突出治太保源、民生环保、村庄环境长效管理等关键环节和重点领域，制定出台《关于印发〈大港河、乌溪港、大浦港、洪巷港综合整治实施方案〉的通知》《关于切实做好太湖蓝藻打捞处置工作的实施意见》《关于印发〈2014年宜兴市节能降耗工作意见〉的通知》等政策意见。以乌溪港、大浦港等4条入湖河道为重点，开展污水处理提标改造、企业达标排放、畜禽养殖整治、入湖河道清淤四大专项行动，城市污水处理厂一期主体工程运行，新建污水管网60千米，清淤农村河道282条、394万立方米，连续七年实现太湖安全度夏。强化饮用水源保护，在全国率先实施水库水源地综合治理项目，饮用水水质达标率100%。突出"一区、两园、三线"（开发区，环科园、陶瓷产业园，高速沿线、高铁沿线、旅游线）重点区域的民生环保，完成化工、树脂、玻璃钢等行业内46个企业的综合整治，气味、噪声、烟尘粉尘等扰民现象得到遏制。启动重点区域高污染燃料综合整治，完成水泥行业及5个电力企业脱硫脱硝提标改造。年内实施节能和循环经济项目25个，完成减排项目21个，主要污染物排放强度等约束性指标达到上级考核要求。培育建设"陶都美丽乡村"，完成太湖流域一、二级保护区农村环境连片整治工程，综合整治被撤并老集镇、少数偏远薄弱村等重点区域环境，堰头、新芳等10个集镇焕发新颜，西渚镇白塔村被评为江苏最具魅力休闲乡村。

【民生事业】 顺应民生诉求多元化的新形势和新要求，恪守"财力再紧民生不忘"情怀，落实"听民声、顺民意、解民忧"各项举措，制订出台《关于下达2014年住房公积金制度扩面任务的通知》《关于调整宜兴市城乡居民医疗保险医疗救助实施办法有关规定的通知》等政策意见。全年投入民生资金72亿元，占公共财政预算支出的71.9%。完善就业创业服务机制，实施搭建平台、技能培训等举措促进就业，新增就业岗位3万个，实现就业2.7万人，转移农村劳动力2万人，城镇登记失业率控制在2.2%，低于省控目标，年末高校毕业生总体就业率91%，就业形势更趋平稳。完善社会保障制度，出台《宜兴市居民基本医疗保险管理办法》，实施职工大病医疗保险，社会保险综合覆盖率保持稳定，新增社保扩面1.3万人，城乡居民基础养老金、城乡低保、困难家庭住房保障标准相继上调，保障性住房开工数和竣工数均超额完成省定目标。全市18个社区卫生服务中心上线运行，社区卫生服务站规范化建设实现市域全覆盖，通过国家级卫生城市复审。调整优化教育资源，组建宜兴开放大学，创成国家中等职业教育改革发展示范学校1所、省优质幼儿园4所。慈善事业稳步发展，全年募集慈善资金4100万元，发放善款3100万元，惠及困难群众3.8万人，蝉联全国慈善七星级城市。文化惠民形式多样，开展文化区域互动活动，举办首届企业文化艺术节，创成省公共文化服务体系示范区，建成五星级农家书屋20个。开展体育健身活动，举办市第八届运动会、世界斯诺克巡回赛、全国越野行走比赛等体育赛事，体育健身氛围日益浓厚。

【自身建设】 开展党的群众路线教育实践活动，推进"三解三促"常态化，突出解决"中梗阻"等"四风"问题，有效畅通联系服务群众的"最后一公里"，转作风的意识、优服务的能力得到进一步加强。严格执行经济审计、控制节会、规范接待等制度，财政一般性支出比上年压降10%以上。自觉接受人大的法律监督、政协的民主监督，执行市人大及其常委会各项决议，人大代表建议和政协委员提案的办理满意率93%。响应市人大代表"回选区进社区"活动，紧密联系各民主党派、工商联、无党派人士和工青妇等人民团体。深化政风行风建设，推进市公安、教育等8个部门行业基层站所公共服务标准化建设，优化"12345"政府公共服务热线运行机制，市行政权力网上公开透明运行平台考核位列无锡市第一。建立新闻发布会制度，及时向社会通报政府工作情况。加强政府工作规范化建设，实施重大事项法制审查和法律顾问等制度，制订政府合同管理实施意见，宜兴市获评"六五"普法中期考核全国先进市。

重要会议

【市政府全体（扩大）会议】 3月27日，市政府召开全体（扩大）会议，部署和安排全年工作目标任务。根据政府工作的总体要求和发展目标，分解、落实年度重点工作50项，涉及农业农村、工业经济和信息化、服务业等9个方面。其中：农业农村类重点实现"三资"投入农业15亿元，培训农村劳动力9500人；工业经济和信息化类力争全年实施重大工业、服务业项目90个以上,引进总投资1亿美元项目3个以上,五大战略性新兴产业产出规模突破2000亿元,确保三大园区对全市利用外资贡献度70%以上;服务业类启动国家AAAAA级景区创建,力争年接待游客数增幅超15%;科技人才类新增高新技术企业60个,引育高新产业化项目200个,新增高层次人才450人、海外留学人才150人、国家"千人计划"人才10人。会议要求政府全体成员要以勇于担当的责任和使命、改革创新的思路和办法、执政为民的理念和要求,克难攻坚、众志成城,奋力夺取全年工作新胜利。

【市政府常务会议】 全年市政府常务会议召开7次。

1月5日,第十九次常务会议召开,讨论、研究加强和改进统计监测工作、做好村庄环境整治长效管理工作、深化出租汽车行业改革和发展、新孟河延伸拓浚工程、举办市第八届运动会5项议题。

3月6日,第二十次常务会议召开,讨论、研究市政府常务会议议事规则、规范镇级政府性债务管理、进一步加强和规范镇级政府投资项目管理、进一步规范镇级政府性土地抵押融资管理、加强政府建设工程项目税收征管、加强工业企业建设工程清理规范、出台扶持建筑企业发展政策、徐舍镇工业集中区规划修编、年度新闻发布活动计划安排、宜兴紫砂申报世界非物质文化遗产项目10项议题。

5月16日,第二十一次常务会议召开,讨论、研究农村公路提档升级改造实施意见、小型水库管理实施细则、学生医疗保险与城乡居民医疗保险并轨实施方案、生产安全事故报告和调查处理办法、重污染天气应急预案、大气污染防治行动计划实施细则、全市综合考评中环保"一票否决"实施办法、东氿RBD金融商务区地块土地出让和规划建设、城东B1和F地块土地出让和规划建设9项议题。

8月9日,第二十二次常务会议召开,讨论、研究出租车中长途运价调整方案、进一步加强和规范国有投资工程招投标工作及工程建设项目施工招标评标办法、调整年度住房保障标准、完善城乡居民医疗保险制度、苏州抵债房产处置、国家卫生城市复审工作、调整"十二五"医疗机构设置规划部分内容7项议题。

10月11日,第二十三次常务会议召开,讨论、研究拟列入年度第一批市定重点工业项目及重点服务业项目、2013年度企业代偿及承接银行债务补贴兑现方案、企业信用体系建设、2015年度水利建设投资计划、非居民用管道天然气和蒸汽脱硫等产品价格调整制订方案、屺亭国家粮食储备库参与重组方案、市级以上劳动模范待遇标准调整、江苏银环精密钢管股份有限公司和宝银特种钢管有限公司股权转让相关优惠政策、增加市供电公司电网运行中心项目建设资金9项议题。

12月16日,第二十四次常务会议召开,讨论、研究经济适用住房上市交易管理、保障性限价商品房管理,建筑工程施工许可管理,国有土地上房屋征收与补偿、国有土地上房屋征收停产停业损失补偿、加强全市房屋征收安置管理、进一步规范安置房代建回购,政府合同管理实施办法,2015年度城乡居民养老保险基础养老金调整,官林化工集中区实施安全生产一体化管理,安全生产约谈制度(草案),专项贷款风险补偿金设立8项议题。

12月18日,第二十五次常务会议召开,讨论、研究政府工作报告,听取了市政府办公室关于《政府工作报告(讨论稿)》的情况汇报。

附:

宜兴市人民政府
关于市政府班子成员分工的通知

宜政发〔2014〕31号

各镇人民政府,环科园、经济技术开发区管委会,市各街道办事处,市各委办局,市各直属单位:

由于人员变动和工作需要,经研究决定,市政府领导班子成员分工作相应调整。

张立军 主持市政府全面工作,兼管财政、人事、机构编制、税务、审计、国有资产管理、监察方面工作。

分管市财政局、市人力资源和社会保障局(人事)、市编办、市审计局、市监察局、市国有资产管理办公室。

联系市国税局、市地税局。

梅中华 负责市政府常务工作,分管发展改革、统计、工业、工业集中区、能源、信息化、无线电管理、行政审批、金融、证券、保险、市政府办公室、接待、政策研究方面工作,并负责与市人大、市政协的联络工作。

分管市政府办公室、市政府接待办公室、市政府政策研究室、市发展改革委、市统计局、市经济和信息化委、市中小企业局、市行政服务中心、市商贸资产管理公司、市政府金融工作办公室、市农村商业银行、市机关事务管理局、市政府外事服务中心。

联系市总工会、宜兴电力公司(电力保供)、宜兴质监局、市工商联、中国人民银行宜兴支行、银监会无锡分局宜兴办事处、市各金融证券保险机构、宜兴工商局。

周　斌 分管开放型经济、口岸、科技、市场流通、企业上市、物价、外事、侨务方面工作。

分管市商务局、市口岸管理办公室、市科技局、市知识产权局、市发展改革委(服务业领导小组办公室)、市企业上市工作办公室、市物价局、市政府外事办公室。

联系市台办、市侨办、市侨联、宜兴国检局、无锡海关宜兴办事处、市科协、市烟草局、市盐务局、中石化宜兴分公司。

何晓进 分管城乡规划、城镇建设和管理、交通运输、公用事业、高铁新城建设管理、住房保障、人防、邮电通信、供电基础设施方面工作。

分管市规划局、市建设局、市人

民防空办公室、市交通运输局、市城市管理局、市城市管理行政执法局、市住房保障和房产管理局、市公用事业管理局、云湖景区建设办公室、高铁新城建设管理办公室[含宜兴高铁新城(商务区)建设投资有限公司]、市招投标管理办公室、市招投标中心、市国土资源局(土地收购、储备和交易中心)。

联系宜兴电力公司(供电基础设施建设)、江苏宜兴海事处、市邮政局、电信及有关通信部门、公积金管理中心。

吴青峰 分管农林、水利农机、国土、矿产资源管理、人力资源和社会保障、民政、老龄、双拥、预备役、征兵、民族宗教、粮食、供销方面工作。

分管市农林局、市农业资源开发局、市水利农机局、市国土资源局、市人力资源和社会保障局(劳动社保)、市民政局、市粮食局、市供销总社。

联系市委农办、市民族宗教局、市气象局、市残联、市人武部、市农经学会、市老区开发促进会、市扶贫开发协会,联络驻宜部队。

储红飙 分管卫生、食品安全、人口和计划生育、安全生产、消防、对口支援方面工作。

分管市卫生局、市食品药品监督管理局、市人口和计划生育委、市安监局、市公安局消防大队。

联系红十字会。

周 军 分管公安、信访稳定工作。

分管市公安局,联系市信访局。

尹志华 分管环境保护、旅游、文化、广播电视方面工作。

分管市环保局、市太湖水污染防治办公室、市旅游局、市旅游产业集团、市文广新局、市版权局、市文化遗产局、市广播电视台。

联系市文联。

卢 敏 分管教育、司法、政府法制、体育、档案、地方志、精神文明、妇女儿童方面工作。

分管市教育局、市政府教育督导室、市司法局、市政府法制办、市体育局、市档案局、市史志办公室。

联系市妇女儿童工作委员会、未成年人保护委员会、关心下一代工作委员会。

刘文俊 协助分管农林、科技工作。

宜兴市人民政府办公室

2014年3月7日

(储超云)

政府法制

【概述】 市政府法制办以全面推进依法行政、加快法治政府建设为目标,从转变政府职能、推进政府依法科学民主决策、发挥制度建设的引领和推动作用、规范行政执法强化执法监督、依法防范化解社会矛盾、落实依法行政保障措施六方面入手,提升全市依法行政和法治政府建设水平。全年起草、审核、修改市政府规范性文件52件,向市人大常委会报备10件,报备率100%。完成上级立法征求意见10件,备案并审查通过镇(街道)、部门上报规范性文件4件。集中清理2013年12月31日前的规范性文件385件,其中继续有效293件、重新修订9件、废止68件、失效15件。加强重点领域专项督查,检查市交通运输局下属的公路处、运管处等5个执法机构的队伍建设、规范执法等情况,对发现的问题以整改意见书的形式进行反馈并督促整改。开展行政执法案卷评查周活动,集中评查全市26个部门报送的403件案卷,推选产生优秀行政执法案卷和行政执法案卷评查工作先进单位。部署开展规范执法示范点创建活动,实行平时走访考核和单位评议相结合的评选方式。组织全市245名新领证执法人员和280名执法机构、法制机构负责人参加执法培训。配合市行政服务中心做好行政权力公开透明运行网上各部门职权梳理工作,审核全市49个部门的行政审批项目。会同市委组织部实施全市非人大任命市管领导干部法律知识任职资格考试,全年参加考试26人,合格率100%。全年收到涉及工伤认定、行政不作为、政府信息公开等方面的行政复议申请13件。其中,作出维持决定7件、撤销1件、驳回2件,以告知的形式作出答复2件,申请人撤回复议申请终止复议1件。开展民商仲裁工作,全年受理仲裁案件28件,办结28件,仲裁案件标的额1.25亿元。年内,市政府被评为无锡市唯一的2014—2016年度省级依法行政示范点。

【政府重大决策事项审查力度加大】 为提高市政府重大行政决策的科学性、民主性和合法性,按照《宜兴市人民政府重大事项法制审查规定》和《宜兴市人民政府常务会议议事规则》要求,市政府法制办制定出台《宜兴市政府合同管理实施办法》,加大对市政府重大行政决策、重要行政、民事经济协议或合同、行政机关重大涉法事项的法制审查力度。全年审查、修改《宜兴市人民政府与国创策划有限公司战略合作框架协议》《宜兴市人民政府与江苏梦想假日旅游发展有限公司投资合作意向书》《关于天地龙集团可提供担保资产、法律分析及相关处理建议》等政府重大决策事项30多件。同时,严格审查把关,出具书面法制审查意见,防范政府在重大决策上的法律和财政风险。

【法制工作规范化建设】 出台规范性文件立项规定、起草办法、合法性审查制度、决定和公布办法、监督和管理规定、实施后评估制度、备案审查规定、异议审查办法、工作规范及规范性文件归档"一案一卷"制度10项,促进制度建设规范化。研究制定行政复议工作制度10项,从接待登记、立案告知、审理调解、报备统计到立卷归档,规范行政复议程序,加强行政复议规范化。梳理《中共中央关于全面推进依法治国若干重大问题的决定》中行政执法工作要求,确立行政执法人员学习培训和证件管理、行政处罚自由裁量权、行政许可和行政处罚案卷评查标准、行政指导和行政执法回访工作意见、执法全过程记录、行政过错责任追究等制度11项，推进执法监督规范化。明确依法行政考核工作“二减一增”(减少政策法规和行政复议应诉方面的考核，增加执法监督方面的考核)思路，要求考核内容实际实用、考核标准量化刚性化、考核方法简化易操作，实现依法行政检查规范化。

(陈雯)

人事工作

【概述】 结合宜兴特点和发展需要，把握人事管理体制改革方向，突出“民生为本、人才优先”工作主线，按照编制许可、改善结构、协调管控、强化自身等要求，提高人事规范化管理水平。规范编外用工管理，清理核查市级机关事业单位编外用工情况，核定各部门编外用工指标数。市人社局制订出台《宜兴市市级机关事业单位编外用工公开招聘实施办法》，规定公开招聘原则、职责分工、招聘程序、纪律要求等。全年接收安置军转干部39人，完成企业军转干部的解困、稳定工作和34名军转干部为期10天的岗前培训。提升博士后科研机构日常管理和载体建设水平，全市累计有国家级博士后科研工作站6个、分站4个；省博士后创新实践基地10个，建站单位20个(含分站)，在站博士29人。建站数量、在站人数均列无锡前茅，研究领域涵盖线缆、环保、化工、冶金、材料等产业，形成产业特色相对突出、学科结构相对合理的博士后科研工作体系。初审进入工艺美术师系列评委会考评1097人，其中高级职称40人、中级125人、初级932人。大中专毕业生初定职称1886人。审核推荐进各级各类评委会职称申报材料6377份，审核各类考试报名资格1.45万人次，培训1.91万人次，证书注册1.68万人次，发放证书1.52万张。组织1.56万人参加第六周期公修课培训。

【公务员管理】 不断完善机关事业单位公开招聘制度，坚持民主、公开、竞争、择优原则，全年考录公务员82人(含公安43人)。编制公务员(政府口)考录职位计划40个,开考39个，对38名新录用公务员举行为期10天的初任培训，并做好试用期内人员管理的跟踪指导。市委组织部、市人社局联合印发《关于开展2013年度新录用公务员试用期满考核的通知》，指导、办理2013年52名新录用公务员的任职定级和登记工作。按照无锡市人社局安排和公务员5年培训规划，市委组织部、市人社局联合印发《关于开展2014年度公务员自主选学工作的通知》，要求每位正科职(级)及以下公务员(含参照公务员管理单位的相应人员)在6门推荐的教材中，自主选择1门。至年底，全市3467名公务员完成自主选学内容并通过网上考试。市人社局联合市委组织部、市司法局开展公务员学法考试，参加率、通过率均为100%。

【事业单位人事管理】 按照国务院2014年下发的《事业单位人事管理条例》要求，坚持事业单位人员聘用制度。继续推进事业单位分类改革，明确分类方案，全市526个事业单位参与。重点推动教育系统事业单位岗位设置管理工作，完成约1万人的岗位核定和人员聘用工作。至年底，全市事业单位岗位设置管理制度全面建立。按照《江苏省事业单位公开招聘人员办法》和《无锡市事业单位公开招聘人员实施办法》精神，全年公开招聘录取事业单位工作人员385人，其中教育系统168人、卫生系统130人、其他事业单位87人。

【专家队伍建设】 学术技术带头人是全市各行业专技人才队伍骨干和推动经济社会又好又快发展的中坚力量，培育学术技术带头人是宜兴高层次人才队伍建设的重要环节。年初，按照市委、市政府《关于做好第六轮宜兴市学术技术带头人选拔和管理工作的意见》规定，开展市第六轮学术技术带头人选拔推荐工作。收到推荐材料138份，确定市第六轮学术技术带头人101人。3月，市委、市政府对其命名与表彰，并与其签订《双向目标责任书》，明确2014—2016年培育期内的任务与目标。推荐专家申报国家、省级专家称号，至年底，杨松、范伟群、余虎、缪朝东、邹湘坪、高继领获“无锡市有突出贡献中青年专家”称号，潘龙获“江苏省有突出贡献中青年专家”称号。

(蒋励)

机构编制与管理

【概述】 坚持稳中求进、改革创新，从推进改革、规范管理、加强监督等方面履行机构编制管理职能，提高机构编制工作科学化水平。深化丁蜀镇行政管理体制改革，明确第二批权限下放。推进事业单位分类改革，明确第一批事业单位的分类方案。推进政府职能转变和机构改革，开展行政审批制度改革，归并和调整市级部门行政审批职能和内设机构。清理核查全市党政机关和事业单位机构编制和人员，规范编外用工管理，核定编外用工指标。调整机构编制，对教育系统122所学校重新核编9628名，全年承办涉及机构编制申请事项43件，新设立机构7个、更名2个、撤销8个。核增编制17名,其中行政2名、事业15名，收回事业编制10名。坚持“三责联审”(选人用人责任审查、机构编制责任审核、任期经济责任审计)工作制度化、事业单位登记规范化和实名制管理精细化，年检事业单位475个，审核办理事业单位法人设立登记14个、变更登记107个。

【丁蜀镇行政管理体制改革明确第二批权限下放】 继续推进丁蜀镇“强镇扩权”工作，贯彻落实省赋予试点镇部分县级经济社会管理权限要求，按照应放尽放、权责一致、高效便民、公开透明原则，明确第二批708项权限下放。至年底，丁蜀镇机构运行正常有序，综合执法局和便民服务中心建设规范，综合执法能力得到提升。其中，综合执法局配备人员158人(持有综合行政执法证人员66人)，配备执法车辆57辆，承办行政许可240件、处罚案件590件。便民服务中心进驻部门19个，开设窗口36个，承办件量5.45万件，月均办理事项4000多件，日均接待群众1000多人。

【事业单位分类改革实现新突破】 2013年11月，宜兴启动事业单位分类改革，12月底，全市526个事业单位完成单位上报工作。2014年，按照政事分开、事企分开和管办分离原则，继续推进全市事业单位分类改革工作。梳理全市事业单位的职能职责，严格对照分类标准逐一审核。针对各单位在上报时存在的“向行政类靠、向公益一类挤”现象，市编办通过实地走访、周边调研、上下衔接等方法步骤，实施分类工作，明确第一批304个事业单位的分类属性，并发文明确151个教育卫生事业单位类别。对仍有疑义和情况较为特殊的部分事业单位，适时分期分批明确，有序推进全市事业单位分类改革进程。

【政府职能转变和机构改革显成效】 按照精简统一效能原则，加快推进政府职能转变，规范机构设置，强化机构和职责整合，推动行政机构和审批制度改革。制订出台调整工商、质监、食品药品管理体制工作实施方案和市场监督管理局“三定”(定职能、机构、编制)方案，将工商、质监由省垂直管理调整为市政府管理，整合工商、质监、食品药品以及卫生部门的食品安全监管职责及相关机构，成立市场监督管理局。拟订《关于政府职能转变和机构改革的方案》，征求市发改、财政、民政、法制办等部门的意见建议。深化行政审批制度改革，按照市行政审批制度改革领导小组办公室“两集中、三到位”*要求，市编办印发《关于归并市级部门行政审批职能和调整内设机构的通知》，在审批职能事项较多和直接关系民生事项的37个单位，推行行政许可服务科的单独设立，从机构上确保行政审批制度改革推进。

【机构编制实名制管理严格规范】 根据中央编办统一部署，对全市党政机关和事业单位开展机构编制和人员的核查工作。落实单位自查、公示监督、审查验收、信息汇总环节，特别是审查验收环节，市编办会同市委组织部和市财政局、审计局、人社局实地抽查部门36个、事业单位292个，联合把关，确保数据完整准确。同时，完善实名制管理系统功能，充实信息库数据，提升数据权威效力，致力把实名制管理系统建设成全面完整、动态实时、真实准确、便捷实用、权威共享的基础数据库。全年调整实名制信息1805条，办理人员出编入编手续467人次、日常性人员编制管理审核1423人次。

【机构编制规范化管理更加严肃】 实现“三责联审”工作常态化，运用现场询问、实地查看、调阅台账等方式，审核市农林局、万石镇原主要领导任职期间机构编制责任履行情况，形成审核意见，提出整改要求。做好机关事业单位超编进人、在编不在岗人员和党政机关借用人员的清理规范工作，市委、市政府办公室印发《关于机关事业单位在编不在岗人员和借用人员清理规范的实施意见》。通过各单位自查自清、情况公示、签订承诺书以及开展专项督查等措施，重点清理停薪留职、企业兼任职、离岗学习、假长病假四类人员。至年底，违规人员返岗上班57人、免去兼任职务9人、辞职(辞退、解聘)12人、退休退职1人、维持原状128人，其他处理10人。

【三方面规范编外用工管理】 清理核查市级机关事业单位编外用工情况，明确核定各部门编外用工指标数，根据《关于加强和规范市级机关事业单位编外用工管理的意见》，从归口、程序、使用三方面规范编外用工管理。要求：编外用工指标统一扎口上报市编委会研究，统一口径审批；市编办经调研报市领导审批后，下发编外用工指标申请表，部门按程序填写上报；统一报批下拨的编外用工指标，由人社部门汇同各部门统一负责公开招录。同时，对招聘原则、招聘程序、职责分工、纪律要求等作了明确规定，各单位必须在核准的指标控制数内招聘编外用工人员。至年底，核定市交通局、建设局等49个部门的编外用工指标数1370名，并要求存在超核定指标数的单位，制订压减计划，最迟三年内压减到位。核增市人民法院等6个部门编外用工指标344名。全市形成了市级机关编外用工由市编办审核指标、用人单位自主招聘、人社部门监督实施的工作格局。

【政务和公益中文域名注册量无锡第一】 贯彻落实中央编办有关加强党政群机关、事业单位、社会组织网上名称管理工作的要求，开展全市党政机关、事业单位政务和公益中文域名的注册和挂标工作。市编办按照单位注册、统一缴费、集中办理的方式，组织培训，编写手册，严格审核各单位提交的注册申请和标识申请，并协调市网宣办、教育局、卫生局等部门，统一申请标识，统一挂标。至年底，全市党政机关、事业单位和社会组织注册中文域名455个，其中政务域名81个、公益域名374个，注册率75%，注册量列无锡地区第一位；挂标单位321个，党政机关挂标率100%，实现党政网络全覆盖。

(吴伟)

行政审批服务

【概述】 市行政服务中心(简称“中心”)按照“公开透明、公正规范、公平便民”要求，推行“微笑服务、快捷服务、全程服务”，采取容缺受理、联审联办、帮办协办等服务举措，规范服务行为，优化服务质量，推进政务公开，实现行政服务工作提速增效。根据市委、市政府《关于行政服务工作进一步提速增效实施方案》精神，会同市政府办、监察局、法制办成立审改工作推进督导组，督促全市49个部门推进工作，助推全市新一轮审改工作有序开展。会同市政府办、监察局、法制办等部门，做好市行政权力公开透明运行平台工作，全市35个部门（不含8个垂直部门）的417项行政权力事项公开运行，实际在线运行228项，在线运行率54.7%，全年办件总量26.3万件。全年“中心”窗口受理审批（服务）事项55.26万件，办结55.17万件，日均办理2200余件。其中：即办件45.09万件，即办率81.7%；承诺件10.17万件，按时办结率100%。全年收缴规费13.76亿元，群众评价满意度99%以上。

【行政审批效能再上新台阶】 “中心”围绕行政审批提速增效目标，抓住项目梳理、流程再造两大环节，各窗口会同部门相关职能科室，梳理、规范、整合、优化审批事项，大幅度删减清除审批过程中的冗余材料和环节以及不必要的审批门槛。建设窗口加快向省和无锡申报建筑企业资质的频率，对9类企业资质证书变更实行网上审批，并将其中8类由承诺件改为即办件；同时，对施工许可证、竣工验收备案等6个事项进行深入梳理和流程再造，累计压缩时限15天，减少申报材料18项。交通窗口将8项道路运输业务改成即办件，缩减道路运输业务申报材料83项。公用事业窗口将11个行政许可项目的审批环节由原累计78个压缩为43个，审批时限由原累计97个工作日压缩为68个。环保窗口把环境影响登记表的审批由原法定15天办结改为即办件，把环境影响报告表、报告书的审批时限由原75天压缩为25天。安监窗口实现危化品事故应急救援预案、非药品类易制毒化学品等6项备案事项由承诺件改为即办件，只要手续齐全，窗口可直接发证。卫生窗口取消要求经营单位制作平面布局图的规定，降低部门审批门槛，受益经营单位1000多个。

【便民新举措提升服务水平】 “中心”把群众和企业的需求作为工作的出发点和落脚点，延伸服务触角，细化便民举措。在服务大厅设立微笑导办员，安排工作人员走出窗口，走进群众，“零距离”导办、帮办、协办服务。在服务大厅增设便民服务电脑，免费供办事群众查询和修改审批材料。设计并发放便民联系卡，方便办事群众查询窗口联系电话和登录门户网站。添置便民服务箱，购买老花镜、创可贴、针线包等物品。各窗口立足实际，把便民服务举措做细做实，做出成效。其中：工商窗口在添置便民服务电脑的基础上，指定窗口工作人员对办事群众开展“一对一”现场辅导，帮助其进行外网申报操作，还推行“先办后补、容缺受理”，为730余个企业先行发放营业执照；安监、气象、卫生窗口对非关键材料实行先办后补，避免企业来回奔波。

（陆碧莲）

人口和计划生育

【概述】 坚持计划生育基本国策不动摇，重点实施单独两孩新政（一方是独生子女的夫妇可以生育两个孩子的政策），完成社会抚养费征收机制转型，强化综合保障，深化优质服务，推进各项改革，人口计生工作水平不断提升。面向全市流入、流出的育龄妇女开展“五清楚五服务”*专项行动，推进流动人口计划生育基本公共服务均等化工作。建成普惠亲子体验场所45个，实现早教普惠体验场所全覆盖，全年接受普惠体验服务的13—36个月婴幼儿5.2万人次，开办公益育儿讲座32次，听课家长以及看护人员3362人次。对再生育一孩审批、0—3岁早教机构举办行政许可进行流程再造，明确办结时限。按照计生统计口径，全市户籍人口107.68万人，其中男性53.32万人。全年出生8524人，出生率7.91‰；死亡8262人，死亡率7.67‰；人口自然增长率0.24‰；计划生育率99.63%，独生子女率82.42%，出生人口性别比107.05。

【单独两孩新政启动实施】 年初，市人口计生委对2905户符合单独两孩政策的城市单独家庭、20—29岁生育旺盛期育妇人数进行核查和预测，形成分析评估报告。同时，制订出生预警、生育指导服务等工作预案。3月，全市启动实施单独两孩政策。4月，通过电视、报刊、网络等媒介，开展以“八个一”*为主要内容的宣传活动，帮助市民准确解读政策。组织开展镇村两级计生干部专题培训，明确规范和简化再生育一孩的办证程序和要求，同时，为情况清楚明了的对象开通快速审批绿色通道，确保申请对象尽早拿到批复。全年发放批准再生育一个孩子生育证2888张。其中，新增“城市单独”342张，快速审批213张。

【计划生育奖励扶助政策】 提高计划生育并发症对象的扶助标准，在原有基础上每人每月增加50元。开展“生育关怀行动”，走访慰问全市27名村（社区）困难计生专干，分别给予1000—3000元不等的慰问金。执行原省人口计生委下发的《关于进一步做好独生子女伤残、死亡家庭扶助工作的意见》精神，对全市2011年5月省文件出台后独生子女死亡时其父母未符合省特别扶助金条件的49户家庭，按每户3000元的标准予以一次性帮扶。实施计划生育特别扶助对象住院护工服务保险，每天100元，全年累计不超过90天。健全计划生育公益金制度，针对全市计划生育困难家庭实际数量，向市财政申请扩大公益金项目规模。全面兑现计划生育奖励扶助政策，全年发放奖（特）扶金

4306.97万元。4483名持独生子女父母光荣证退休(退职、退养)的企业人员共1613.88万元一次性奖励金发放到位。

【幸福家庭创建亮点频闪】 按照国家创建幸福家庭活动试点县的要求,贯彻落实省、无锡市深入推进幸福家庭建设的指导意见,市人口计生委联合市委宣传部、市文明办印发《关于深入推进幸福家庭建设的实施意见》。宜兴成为无锡市第一个出台贯彻落实幸福家庭建设文件的县(市、区),并被确定为全省第一批幸福家庭建设项目县(市)。围绕“五大幸福家庭计划”★,组织开展“十佳好媳妇”评选活动、“善美在身边——幸福家庭”演讲比赛等活动。承办苏南片全面推进幸福家庭建设座谈会,提供宜城街道宝东居委幸福社区点、远东幸福企业点以及融合幸福元素的张渚镇人口文化教育基地供观摩,得到省卫生和计划生育委员会领导以及与会代表的肯定。宜兴幸福家庭建设的做法和经验分别在4月4日的《中国人口报》和7月9日的《新华日报》上予以报道。

【人口文化宣传增光添彩】 积极参与无锡市家庭人口文化创新项目(产品)展示活动,选送的“幸福陶都”优秀电视作品集获一等奖、“打造特色人口文化基地品牌”项目获二等奖、“幸福家庭8大系列知识卡片”宣传品获三等奖,力摘获奖数最多县(市、区)桂冠。阳羡生态人口文化基地被命名为省人口文化示范基地,竺西人口文化基地跨入无锡市人口文化示范基地行列。9月,组织开展以“提高人口素质、建设幸福家庭、构建和谐社会、共筑美好未来”为主题的家庭人口文化宣传月活动,涉及“幸福宝贝·普惠教养服务”“幸福花季·青春健康进校园”等六大板块。举办广场宣传活动50多次、亲子活动70多场、知识讲座30多场,发放人口文化宣传品5万多份,直接参与群众4万余人。

【人口计生技术服务】 以生殖健康检查和免费孕前优生健康检查为主项目,做到质与量同步提升。组织技术服务人员开展大练兵、大比武活动,承办无锡市妇幼健康技能竞赛,获团体组织奖,个人一等奖、二等奖各2个。全市服务站接待门诊咨询1.74万人次、B超检查1.39万人次、乳腺检查1.01万人次。做好避孕药具不良反应监测工作,年内上报785例。全年,完成孕前优生健康检查5462对,风险评估1.42万人次,实现孕前优生健康检查全覆盖;完成生殖健康检查17.3万人次,宫颈癌筛查13.4万人次,各类阳性对象后续跟踪服务率100%。

周铁镇竺西人口文化基地 (童淼 摄)

【青春健康家长培训项目落户宜兴】 青春健康家长培训项目是中国计划生育协会与联合国教科文组织共同商定的在国内12个省市实施的合作项目,目标人群是10—18周岁青少年的家长,目的是通过培训家长,让家长了解并掌握与处于青春期孩子的亲子沟通技巧。由于宜城街道青少年性与生殖健康教育培训基础工作好,7月,省计划生育协会、无锡市计划生育协会决定由宜城街道组织实施该项目(省内仅两个项目点)。该项目安排自我接纳、情绪管理、青春期教育、亲子沟通、快乐成长5堂主课,涵盖项目组织方规定的青春期的变化、沟通技巧、解决问题的能力等12个环节的主要信息与活动,年内办班2期,培训青少年家长75人。

(钱丽莎)

民族宗教事务

【概述】 市民宗局贯彻落实党的民族宗教工作政策方针,依法开展民族宗教事务管理,以问题为导向,以规范为手段,确保民宗领域和谐稳定。全市有少数民族42个,总人口10893人(含流动少数民族),以苗族、布依族、彝族、壮族、土家族居多。在校少数民族学生(含流动少数民族群众务工子女)1404人,集中于闸口小学、新庄小学、高塍小学以及善卷流动人口子弟学校。全市有清真饮食拉面店86户,逐年递增幅度较大,分布在14个镇(园区、街道)。全市有佛教、道教、天主教和基督教四大宗教,依法备案登记的宗教活动场所60处,其中佛教33、道教5处、基督教20处、天主教2处;有比丘、比丘尼、道士、牧师、长老、传道和神父等教职人员157人,信教群众10万多人。

【民族宗教领域和谐稳定】 开展属地管理,化解宗教矛盾,落实安全责任,保障民族宗教领域和谐稳定。3月,召开全市民族宗教工作会议,市民宗工作领导小组与各镇(园区、街道)签订民宗工作责任状,强调民宗工作的属地管理职责,以镇(园区)、街道为民宗工作的第一责任人,将民宗工作纳入基层社会事务管理范畴。市民宗局会同丁蜀、杨巷、徐舍等镇,化解宗教场所与周边群众、企业的矛盾。开展安全生产月活动、防汛抗洪检查和宗教场所房屋危旧情况调查,市民宗局、各镇(园区)、宗教团体对60个宗教场所开展安全检查,督促其落实整改措施,确保安全无事故。对照“四项排查”(突出信访问题、基层基础工作薄弱环节、宗教活动场所安全事故隐患、有风险预警项目排查),区分性质、大小程度,将隐患掌握在可控范围。摸底排查全市小庙(庵)私搭乱建情况和基督教非法聚会点,全年市民宗局配合市公安、属地镇取缔非法小庙(庵)场所2处,劝散基督教非法聚会点2处。组织相关团体收缴邪教非法书籍和反动宣传品100多本,净化宗教领域空间。全年接待上访31人次,处理信访2件、办理“12345”政府公共服务热线7件,实现了南京“青奥会”期间民宗领域零上访目标。

【民族团结工作稳步开展】 维护少数民族群众权益,做好穆斯林“开斋节”“古尔邦节”的协调和安保工作。推荐2名代表参加无锡市第七届伊斯兰教协会代表会议,为2名外来回族子女解决就学困难问题。市民宗局协助公安部门处理1起清真拉面馆家属车祸事故的认定和赔偿问题。为保证穆斯林群众在宜兴依法经营,维护他们的合法权益,市民宗局协同市卫生、工商等部门,为符合规定要求的79个清真拉面店办理营业执照、餐饮服务许可证。开展结对助学、敬老爱老、扶贫帮困等慈善活动,全年宗教界向各类贫困对象捐款74.56万元、书籍900多本、衣物6.16万件。全年为少数民族学生办理中高考加分85人,更改民族成分21人,为3名少数民族大学生发放助学金6000元。年内,市民宗局被评为省民族团结进步模范集体。

【宗教事务管理更趋规范】 注重规范管理,提升宗教团体和场所的管理水平以及教职人员的能力修养。围绕宗教法规政策、抵御邪教渗透、穆斯林群众的守法经营举办专题讲座,提高民族宗教人士的法制观念,全年组织培训班8期,受训450人次。开展主要教职人员备案和宗教场所负责人登记工作,完成主要教职人员备案9人、宗教场所负责人登记44人。发挥宗教团体作用,全市四大宗教团体对所辖场所开展安全卫生、财务检查2次,市佛教协会组织佛教场所负责人到中国台湾参观交流学习,市基督教“三自”爱国会开办义工骨干培训班。加强教职人员队伍建设,全年输送神学生6人、按立牧师1人,长老徐盘明当选为无锡市基督教“三自”爱国运动委员副主席,神父李建军当选为无锡市天主教爱国会副主任,湖㳇磬山寺法师昌海、丁山福源寺法师果兴升为方丈。推进星级场所认定,完善宗教场所档案创建。继续开展创建和谐寺观教堂活动,全市60个宗教场所全部创建成功,其中灵山殿、大觉寺被省宗教局评为和谐寺观教堂先进集体,李建军被评为先进个人。

【宗教文化工程亮点纷呈】 市民宗局配合打造宜兴文化历史名城,加强全市宗教场所文化建设。举办第三届道文化节,组织道易“家居易”文化研讨会,创出宜兴道教文化品牌。配合市政府举办2014第三届中国宜兴国际素食文化暨绿色生活名品博览会、“幸福与安乐”专题讲座、“人间佛教”理论研讨会。指导显圣禅寺开展禅学书画交流创作活动、崇恩禅寺举行玉琳国师400周年诞辰佛教文化纪念活动、周铁镇福善寺成立竺山福善佛教文化道德讲堂、芳桥镇潮音寺举办“目连”文化节。通过打造宗教文化工程,挖掘和展现了宜兴佛教深厚的历史文化底蕴,推出了宜兴佛教文化特色品牌,提高了全市佛教场所和信教群众的文化品位。

(陈敬良)

外事·接待

【外事】 全年接待邀请外宾21批、231人次。其中,日韩外宾12人、参加国际标准化组织烟花爆竹技术委员会第二次工作组会议的国际专家24人、参加今世缘·国缘2014CBSA世界斯诺克巡回赛外籍选手43人、美国桑佛德市代表团6人,另有诺贝尔医学生理奖得主理查·罗伯兹博士、斯洛文尼亚驻华投资发展委员会首席代表尹晓骁、德国施瓦本豪市特使埃博哈德伊曼、加拿大密西沙加市市长Hazel McCallion等人。审核因公出国(境)团组52批、80人次。其中,宜兴组团14批、41人次,非宜兴组团38批、39人次。组团出访的国家主要有美国、加拿大、韩国等。

【接待】 全年接待中共中央政治局原委员、国务院原副总理曾培炎,全国政协副主席、九三学社中央主席韩启德,全国人大原副委员长王汉斌、彭珮云,全国政协原副主席张梅颖、张怀西等到宜兴考察。全年接待来宾682批、8300多人。其中:承担二级警卫任务3批、100多人,三级警卫任务2批、60多人;部省级来宾34批、460多人,地市级来宾56批、880多人;兄弟县市党政代表团及各类考察团123批、2400多人;商务接待121批、1600多人;外宾30批、300多人;其他来宾313批、2500多人。参与中国陶都(宜兴)金秋经贸洽谈会、百名院士宜兴行、2014中国宜兴国际素食文化暨绿色生活名品博览会等活动期间部分来宾的接待工作。

(储超云　蒋勇)

机关事务管理

【概述】 市级机关事务管理局做好市级机关文件交换、会务保障、就餐供应、卫生保洁、安全保卫、固定资产及设施设备维护管理等工作，确保市政府大院办公秩序和工作环境良好。全年交换文件12.6万件，邮寄信件9.3万封，分发报纸、杂志105万份；提供中央空调服务251场(次)；保障会议1060场(次)，其中承办专场会议560场(次)。承担市"两会"、2014中国宜兴国际素食文化暨绿色生活名品博览会、中国陶都(宜兴)金秋经贸洽谈会等活动的部分保障任务。市政府机关食堂实行早餐自选、午餐半自助、晚餐配供，全年供餐15.8万人次，完成市老干部新春茶话会聚餐、企业家慈善答谢宴、机关公务接待便饭等会务性用餐600桌(次)，连续17年无饮食卫生安全事故。卫生保洁工作落实"错时"与"跟踪"服务，全时段保洁。改造出新办公室20个、1535平方米，隔断节能改造22个、1300平方米，出新会议中心大会堂墙体312平方米。加强院外房产管理，明晰产权商品房12套、混合型产权房3套。配合做好市高铁新城建设管理办公室办公用房安置和原海关大楼装修改造、协调管理等工作。将市档案局库房250只照明灯全部更换为LED(发光二极管)节能灯。对大院36个办公室的通讯、网络、水电等系统进行节能改造。更新换发大院车辆通行证4300张。落实24小时值班巡逻制度，"6110"热线24小时值守，全年维修2300余次。开展党政机关办公用房清理整改"回头看"，全年整改办公用房1876间(7.71万平方米)，其中调整1590间(6.42万平方米)、改造71间(0.28万平方米)、腾退215间(1.01万平方米)。推进"美丽大院"建设，调整大院绿化布局，丰富花木品种，美化环境。

【"两型"示范机关创建出成效】 为创建"两型"(资源节约型、环境友好型)示范机关，提高机关运行效能，组织开展节能宣传周暨能源紧缺体验、节能管理培训、节能工作会议交流、节能产品和技术推广应用等活动。组织公共机构6名工作人员参加由国家机关事务管理局与清华大学联合举办的公共机构远程教育培训，完成全市334个公共机构2013年度、2014年上半年的能源资源消耗统计网上直报工作。9月，通过省机关事务管理局组织的公共机构能耗统计现场核查验收。做好全市生态文明建设工程和环境保护重点工作相关任务，5次报送阶段性进展、全年工作任务完成情况。根据《党政机关厉行节约反对浪费条例》《机关事务管理条例》《公共机构节能条例》精神，考核镇(园区、街道)和市级机关单位节能工作，完成2014年度公共机构节能目标任务。

【机关公务用车从严管理】 加强公务用车管理，落实和完善公务用车编制管理、购置审批、经费预算管理等制度，规范执法执勤用车和事业单位用车的配备使用。按规定程序，审查核定、申请更新购置公务用车85辆。加强公务用车GPS定位管理。在市纪检监察部门的组织指挥下，全年抽查公务车使用情况7次，查出非上班时间动用车辆114台(次)。其中，违规用车7台(次)，处理管理人员、驾驶人员9人。10月，按照省、无锡市公务用车制度改革领导小组办公室的部署要求，统计核实全市党政机关(含参公单位)的公务车，为2015年全市公车制度改革奠定基础。完善公务车购置申请和审核批复材料、行驶证和机动车信息登记等建档工作，至年底，1116辆车建立"一车一档"。

(周光宁)

对口支援与南北挂钩

【概述】 继续开展与陕西省吴起县、富县和重庆市云阳县的对口支援工作，推进与徐州市沛县的"南北挂钩"帮扶工作以及与睢宁县的挂钩和园区共建工作。全年市财政支持资金210万元，其中云阳县40万元、吴起县50万元、富县50万元、沛县30万元、睢宁县40万元。支援富县、吴起县建设项目5个，包括富县道德村沟头排洪道工程、道德社区纪路村村内巷道硬化工程和吴起县五谷城乡水毁道路、吴仓堡乡村道路、吴起镇乡村道路维修项目，年底全部竣工。出资40万元帮扶睢宁县姚集镇陈井村蔬菜种植项目建设，年底建成。出资30万元帮扶沛县朱寨镇黄岗村、敬安镇袁大庄等经济薄弱村发展蚕业和基础设施建设项目。5月，组织江苏中超电缆股份有限公司、市宇威有色金属材料有限公司、丁蜀蜀古紫砂厂、江苏经纬电缆有限公司、江苏至地基础工程有限公司赴西安参加第十八届东西部合作与投资贸易洽谈会，做好项目接洽工作。

(颜昭培)

编辑　叶绿

政协宜兴市委员会

THE CPPCC YIXING COMMITTEE

综　述

【概述】　围绕市委十二届四次全会确定的目标任务，履行政协主要职能，团结市各民主党派、工商联、无党派人士、人民团体和各界人士，推动全市各项事业协调发展。举办全国“两会”精神报告会、庆祝人民政协成立65周年座谈会等活动，组织各级政协组织和委员学习中共十八届三中、四中全会和习近平总书记系列重要讲话精神以及政协理论知识，推动委员知情明政、献计出力。开展“立足本职促发展，当好委员献良策”主题活动，动员各级政协组织和政协委员为促进经济健康平稳发展献计献策。开展党的群众路线教育实践活动，增强机关党员、领导干部的党性修养，改进工作作风。围绕全市改革发展稳定的重大事项和人民群众普遍关注的热点问题开展协商议政、建言献策活动。按照“三在前、三在先”*，围绕全市经济社会发展的有关重点议题，开展政治协商活动。完善民主监督机制，运用建议案、视察调研、提案督办、反映社情民意等形式，开展经常性民主监督活动，促进部门提高行政效能，维护人民群众根本利益。围绕市委、市政府中心工作，参政建言，为稳增长、快转型、优环境、增动力、促和谐，率先基本实现现代化贡献智慧和力量。坚持团结民主，加强与各民主党派、工商联和无党派人士的联系沟通，搭建履职舞台，创优参政条件。市政协十四届三次会议后，各党派团体集体提案50件，全年反映社情民意信息13条，为十四届四次会议准备参政议政发言材料9篇；加强与党外知识分子、非公经济代表人士及其他新社会阶层的团结联络，营造和衷共济、共创伟业的局面。推进制度化、规范化、程序化建设。完善协商议政、民主监督、视察调研、建言献策、提案办理、反映社情民意等工作机制，首次对市交通运输局提案办理工作开展民主评议活动，促进履职规范有序、务实有效。加强领导、完善举措、健全队伍，推进民主监督员工作规范开展。深化活跃界别工作，创新履职方式，丰富活动内容；完善委员行使职责和参会考勤统计制度。

重要会议

【全体会议】　1月7—9日，市政协十四届三次会议召开。听取和审议《中国人民政治协商会议宜兴市第十四届委员会常委会工作报告》《中国人民政治协商会议宜兴市第十四届委员会常务委员会关于提案工作情况的报告》；听取和讨论市委书记王中苏所作的重要讲话；举行参政议政大会；列席市十六届人大三次会议，听取并讨论政府工作报告、市人民法院工作报告、市人民检察院工作报告等报告；通过提案审查报告和大会决议。

【常务委员会会议】　市政协十四届委员会全年召开常务委员会会议5次。

1月9日，十四届十次常委会议召开。听取市政协十四届三次全会各讨论组协商讨论市委领导讲话、常委会工作报告、提案工作报告、政府工作报告及其他报告综合情况汇报；协商通过市政协十四届三次会议提案

2014年1月，市政协第十四届三次会议召开　　（市政协办　提供）

审查报告(草案)和大会决议(草案)。

3月21日,十四届十一次常委会议召开。视察民生环保工作情况,听取全国政协十二届二次会议精神传达,协商通过《政协宜兴市委员会2014年工作要点》、委员递补名单和有关人事任免事项。会议提出:民生环保是宜兴在环保领域开辟的一个全新理念,也是生态文明建设的一个重要组成部分。要把民生环保工作作为践行党的群众路线的重要抓手,抓好项目审批、污染治理、监督执法、问责追究、舆论宣传等关键环节,以民生环保工作的实际成效取信于民。

7月9日,十四届十二次常委会议召开。视察现代农业产业园区建设情况;通过委员递补名单和有关人事任免事项;协商通过《整合资源要素、化解瓶颈制约,促进我市线缆产业稳健发展》《切实加大综合防治力度,着力改善大气环境质量》两个调研报告,并以建议案形式报送市委、市政府。

9月25日,十四届十三次常委会议召开。听取市政府关于市政协十四届三次会议后提案办理和常委会建议案落实情况的通报。会议提出:提案和建议案都是人民政协履行职能的重要形式;要深化思想认识、细化办理措施、强化落实成效,发挥提案和建议案的积极作用,促进党政科学民主决策,推动经济社会更好发展。

12月26日,十四届十四次常委会议召开。听取起草常委会工作报告、起草提案工作报告、举行市政协十四届四次会议的情况说明;协商通过《关于举行中国人民政治协商会议宜兴市第十四届委员会第四次会议的决定》,市政协十四届四次会议议程(草案)和日程安排,秘书长、副秘书长名单(草案),2014年度市政协各类先进(优秀)名单,委员递补名单和有关人事任免事项;通过市十四届政协常委会工作报告和提案工作报告。

【主席会议】 市政协主席会议全年召开14次(其中内部会议4次)。

3月28日,十四届二十八次主席会议召开,视察协商企业上市和资本经营工作情况。会议提出:各有关部门要多角度认识,增强资本经营工作共识;要在企业上市、股权融资和债券融资、投资基金方面求突破,提升资本经营工作实效;要多举措保障,加强服务支持、分工协作和引导管理,优化资本经营工作氛围,提升全市资本经营水平,为宜兴的现代化建设事业提供有力保障。

4月17日,十四届二十九次主席会议召开,视察协商残疾人事业发展情况。会议提出:各级各相关部门要加强社会救助、推动社会保险、改善安居条件,健全残疾人社会保障体系;要继续完善康复服务网络,推进无障碍建设,加快健全法律服务体系,加强残疾人服务体系建设;要在促进就业创业、提升普及教育、发展文体事业方面统筹推进,促进残疾人事业全面发展;要优化环境,汇聚残疾人事业发展合力,促进残疾人事业更好更快发展。

5月23日,十四届三十次主席会议召开,视察协商旅游产业提质发展情况。会议提出:做好旅游产业提质发展工作,要以规划为引领,构建旅游发展全新格局;要以创建AAAAA级景区为抓手,整合资源,推出精品线路,打响旅游金字招牌;要以体验为主导,丰富乡村旅游传统内涵、打造乡村旅游知名品牌和休闲旅游特色板块;要以机制为保障,创新宣传营销模式,完善人才培养机制,实施严格监管制度,推动管理服务再上台阶。

6月17日,十四届三十一次主席会议召开,视察协商就业和社保工作情况。会议提出:要多方聚力,加强技能培训,鼓励自主创业,开发就业岗位,创造更多就业机会;要提扩并举,扩大社保覆盖范围,提高社保待遇,从严管理社保基金,健全社会保障体系;要强化保障,在更广领域协作配合,强化舆论宣传,加强队伍建设,确保各项工作规范有序、高效运转。

7月21日,十四届三十三次主席会议召开,视察协商安全生产监督管理工作情况。会议提出:要强化企业主体责任意识,加快转型、加大投入、加强培训,提升安全生产能力;要履行部门行政职责,开展专项整治、创新工作机制、严格责任追究,构建安全监管体系;要狠抓队伍建设、加强应急管理、凝聚社会各方力量,保障安全生产稳定态势。

8月15日,十四届三十四次主席会议召开,视察协商未成年人刑事检察工作情况。会议提出:要依法履行职能,强化工作举措,坚持以教育为主,强化未成年人犯罪司法保护作用;创新办案模式,提升未成年人犯罪执法工作效果;构建帮教体系,加大未成年人犯罪预防工作力度,维护未成年人合法权益,预防和减少未成年人违法犯罪。

9月12日,十四届三十五次主席会议召开,视察协商开放型经济工作情况。会议提出:加快开放型经济发展要坚定信心、迎难而上、突出重点、整体推进、综合施策、通力协作,从而推动全市经济社会平稳健康发展。

10月22日,十四届三十七次主席会议召开,视察协商学前教育改革发展工作。会议提出:学前教育改革发展工作要坚持当前与长远兼顾,确立学前教育改革发展战略;要坚持增量与强基同步,抓好学前教育师资队伍建设;要坚持提质与普惠并举,提升学前教育发展整体水平;要坚持政府与社会协力,优化学前教育改革发展环境。

11月25日,十四届三十八次主席会议召开,视察协商招投标工作情况。会议提出:要努力打造统一开放、竞争有序、公开透明的招投标市场秩序,开创招投标工作的崭新局面。

12月12日,十四届三十九次主席会议召开,视察协商广电事业发展情况。会议指出:广电工作要以服务大局为追求,营造良好的宣传舆论环境；要以创新驱动为手段，开创崭新的事业建设局面；要以强化举措为保障，形成强大的工作合力，为经济发展和社会稳定作出贡献。

政治协商

【概述】 发挥全体会议、常委会议、主席会议、专题协商会议和专委会对口联系等协商议政的重要作用，提高政治协商成效。全体会议围绕全市工作大局和政府工作报告开展整体协商，常委会议围绕促进线缆产业稳健发展和加强大气污染防治等重要课题进行重点协商，主席会议围绕金融生态、社会保障、文教事业、农业发展、法治建设等市政府重点工作视察协商和通报协商，专题协商会议围绕制定《宜兴市保障性限价商品房管理办法》工作进行专题协商。政治协商后提出的10件建议函，都得到市委、市政府的重视和采纳。专委会围绕强化社会治理、促进中医发展、完善城乡公交一体化等，开展对口协商活动20余次，一批意见和建议得到落实。

民主监督

【概述】 运用例会、视察、对口联系、提案、反映社情民意信息等方式，提升民主监督实效。召开“项目竞赛年”政情交流会，组织企业家委员与19个职能部门主要负责人面对面交流，营造政企联手的发展氛围。召开提案办理工作民主评议会，首次组织委员对市交通运输局提案办理工作开展民主评议，调动委员参政议政的积极性，提高提案承办部门的办理工作实效。组织委员参加“千人评议机关”活动，对有关部门的工作提出批评和意见，促进其改进工作作风、提高政务效能。健全和完善民主监督员制度，规范民主监督员工作，提高民主监督能力和水平。工作委员会围绕当地实际，就实事工程的实施情况、政府部门的工作效能和群众关注的热点问题开展形式多样的民主评议活动，推动相关工作。

参政议政

【概述】 常委会议围绕促进线缆产业稳健发展和加强大气污染防治的课题，深入基层调研后，形成的2份建议案，得到市委、市政府主要领导高度重视，并分别作出重要批示。在市政协十四届十三次常委会议上，市政府通报了办理落实建议案情况。建议案《整合资源要素、化解瓶颈制约，促进我市线缆产业稳健发展》，提出五个方面切实可行的对策措施：要多措并举，通过错位竞争、拓展海外市场、加大新品研发等，扩大市场份额；要各司其职，通过市级、镇级、金融机构、企业四个层面化解融资瓶颈；要整合资源，通过企业重组、战略合作、技术改造，化解产能过剩；要科学谋划，通过摸清底数、科学评估、重拳打击，加强风险防范；要注重长远，通过组织培训、谈心交流，提升企业家队伍素质。建议案《切实加大综合防治力度，着力改善大气环境质量》总结了近年宜兴大气污染防治取得的成绩，并分析大气污染防治的现状，提出组织领导、节能减排、控制监管、疏堵结合、绿色消费五点建议，以实际行动支持和参与大气污染防治工作。各工作委员会立足当地实际，就镇级城市化管理、社区和企业文化建设、实事工程建设推进等课题视察调研，为推动地方经济社会又好又快发展献计出力。

提案及社情民意

【概述】 市政协十四届三次会议后，提案委员会收到提案345件，经审查，立案320件。通过分管市长和分工主席联合督办、视察督查、专委会对口督办、“二次答复”等形式，至年底，提案所提的意见和建议已落实、正在落实或列入计划落实的303件，占94.6%。《加快电子商务发展步伐》《办好顾景舟百年诞辰活动》等一批提案的办理落实，促进了相关工作取得明显成效。提案者表示满意或基本满意的304件，占95%。发挥委员约谈反映社情民意信息的主渠道作用，开展约谈活动11次，20个界别的180余名委员参加，提供各类有价值的信息60余条。收到社情民意信息61条，编报《社情民意》简报21期，市委、市政府领导31人次对社情民意作出批示。《以人为本，不断提升森林公园管理品位》《加快中医药事业发展，全方位满足群众医疗需求》等一批社情民意信息得到市委、市政府领导及有关部门的重视、采纳和落实。

（黄瑜）

编辑　陈惠萍

综　述

【概述】 全市各级党政组织和纪检监察机关贯彻中央和省、市反腐倡廉决策部署，以落实中央“八项规定”和省、市委“十项规定”为重点，紧盯作风顽疾，及时跟进措施，确保全市上下令行禁止。全市各级纪检监察组织整合办案资源，强化办案安全，提高办案效率，全年共受理信访举报578件(次)，查办违纪违法案件222件，继续保持高压态势。主动适应“三转”(转职能、转方式、转作风)要求，清理议事协调机构，逐步退出具体事务，重点加强职能部门依法履职情况的监督检查。

【自身建设】 按照“正人先正己”要求，强化自身建设，坚决防止“灯下黑”。深入开展委局机关党的群众路线教育实践活动，制订整改措施64条。举办全市纪检监察干部培训班，开展岗位练兵，提高新形势下纪检干部履职能力。开展调查研究月活动，市纪委常委分片开展课题研究，增强发现问题、解决问题的能力。科学开展内部管理，完善双月反馈制度(即基层纪检监察组织每两月向市纪委上报纪检监察工作开展情况)，动态掌握基层组织履职情况。建立绩效管理平台，落实工作纪律周检查、周通报制度，促进委局机关规范管理。市纪委出台《纪检监察系统领导干部约谈办法》，强化责任落实。

重要会议

【市纪委十二届四次全体会议】 2月，中共宜兴市第十二届纪律检查委员会召开第四次全体会议，总结2013年全市党风廉政建设和反腐败工作情况，部署2014年反腐倡廉任务。2014年主要工作是：学习贯彻中共十八大和十八届二中、三中全会精神及习近平总书记系列讲话精神，坚持党要管党、从严治党，加强党对党风廉政建设和反腐败工作的统一领导，聚焦中心任务，坚持改革创新，完善惩防体系，推进反腐败体制机制改革和制度创新，严明党的纪律，持之以恒反对“四风”*，保持惩治腐败高压态势，更加科学有效预防腐败，加强纪检监察干部队伍建设，提高履职能力，坚定不移地把党风廉政建设和反腐败斗争引向深入。市委书记王中苏要求全市各级党组织要坚定不移地转作风、反腐败，努力实现干部清正、政府清廉、政治清明，增强党组织的凝聚力、战斗力和执行力。

【纪检监察工作会议】 8月，全市纪检监察工作会议召开，会议从持续改进作风、聚焦办案主业、完善惩防体系、强化高位监督、加强自身建设五个方面回顾总结上半年全市纪检监察工作，并指出，下半年工作要围绕推进作风建设深化年活动、保持查办案件高压态势、打造廉洁教育社会化品牌、抓好权力运行监督制约、深化纠风治乱五个方面做好党风廉政建设和反腐倡廉工作。

2014年2月，中共宜兴市第十二届纪律检查委员会第四次全体会议召开

(市纪委　提供)

作风建设

【概述】 中央“八项规定”和省、市委“十项规定”实施两年中，全市纪检监察机关始终保持政治定力，加大正风肃纪力度，使厉行节约、反对浪费成为社会风尚。开展明察暗访，以元旦、春节、中秋、国庆为重要时间节点，查纠公款相互宴请、赠送礼品等问题。突出专项整治，开展“治理中梗阻，优化软环境”专项行动，梳理并整改“中梗阻”问题609个；组织“会所中的歪风”专项整治，专项调查租赁公共资源兴办私人会所情况。加强对公务用车情况的日常监察。开展办公用房专项清理。开展反浪费反奢侈专项整治，全市党政机关因公出国(境)、公务接待、公车购置、各类会议活动等费用明显下降。继续开展“机关作风与效能建设走访周”活动，市纪委常委连续三年走访调研全市部分规模企业和中小型企业，2014年共召开座谈会8次，走访企业180余个，征求各类意见建议100余条。深化“千人评议机关”活动，专项评议20个市属银行。完善政风行风热线“五位一体”*运行机制，举办党的群众路线教育实践活动电视专题节目3期，电视直播20期，组织40个部门负责人走进电台，受理咨询投诉7.33万件，办结率98.1%，群众满意率99.36%。加快推进村级党风廉政建设标准化工程。在市教育局、公安局等八个部门推行基层站所公共服务标准化建设试点，培育基层站所示范点23个。

【专项整治“中梗阻”】 针对机关部门“办事效率低下，推诿扯皮、失职渎职，吃、拿、卡、要、报，门难进、脸难看、话难听、事难办，执法粗暴不文明”五类问题，从年初起，在全市开展“中梗阻”专项整治行动，在全市具有行政审批权、行政执法权和公共事务管理职能的市级机关部门、企事业单位，驻镇站所，镇(街道)内设科室以及行使公共权力部门的重要岗位和办事窗口，实施以优质方便为核心的服务提优工程，以提速增效为核心的流程再造工程，以解决问题为核心的服务全覆盖工程。通过政风行风热线、“12345”政府公共服务热线、明察暗访等方式，全市各级共梳理并整改“中梗阻”问题609个，点名通报典型案例20起，完善规章制度322项，优化了机关作风。4月20日，市委书记王中苏在中央党的群众路线教育实践活动推进会上作交流发言。

【“会所中的歪风”专项治理】 按照中央、省、无锡市的要求，7月起，在全市组织开展“会所中的歪风”专项整治行动。市纪委会同市建设、旅游、工商、商务等部门，通过查询工商及房屋租赁登记等信息、暗访调研等方式深入查找宜兴“会所中的歪风”的表现形式、存在突出问题，全市各级党员领导干部全部作出“不出入私人会所”承诺，各部门单位针对“一会所、两场所”*开展自查自纠，签订整治“会所中的歪风”履职责任书。市纪委拉网式排查工商登记的会所，坚决防止利用公共资源经营私人会所。

【明查暗访常态化】 建立明查察访人员库，人员由专职纪检监察干部、特邀监察员、媒体记者、群众代表等组成。从库中随机抽取人员，对机关、镇(园区、街道)、驻镇站所的办公秩序、内部管理、服务态度、“八项规定”执行情况及办公用房清理等方面明察暗访，实现全市所有部门单位每两个月全覆盖，全年发现并督促整改问题103个，涉及部门单位35个，下发《效能监察建议书》35份，问责追究94人次。

基层站所公共服务标准化工作推进会　　(市纪委　提供)

预防腐败

【概述】 落实中央《建立健全惩防体系2013—2017年工作规划》和省、无锡市及宜兴市《实施办法》，加快构建党风廉政建设长效机制。探索加强对“一把手”监督的有效措施，开展下级党政主要负责人向上级党委、纪委述职述廉工作，执行党员领导干部个人重大事项报告、诫勉谈话、民主生活会等制度。在党的宣传教育格局中重点部署和推进党风廉政教育，以领导干部为重点，开展警示教育、“5·10思廉日”、廉文荐读、廉政承诺等活动，强化廉洁从政意识。建立“清风阳羡”在线学习月通报制度。推进廉洁教育社会化，注重运用先进技术载体，开展廉政提醒，传播廉洁理念。坚持教育与管理并重，坚决制止党员干部违规收受礼金礼券。

【落实党风廉政建设"两个责任"】 市委制订《关于落实党风廉政建设党委主体责任、纪委监督责任的意见(试行)》,下发市委主体责任、市委领导班子领导责任、纪委监督责任三份清单,各部门单位也陆续制订相应的责任清单和实施办法,在全市形成上下联动的责任体系。市纪委定期向分片市领导通报片区党风廉政建设情况,推动责任落实。以落实"两个责任"为重点,开展党风廉政建设责任制检查考核,市委常委带队重点检查考核22个单位,提出督促整改意见76条。

【廉洁教育社会化】 开启"全民教育"的廉洁教育模式,利用社会公共资源、公共网络、简报杂志等平台,把廉洁教育渗透到市民的工作、学习和日常生活各个细节,将廉洁教育融入公民道德教育、家庭家风创建活动,实现教育大众化。打造报刊、广播、电视、网络、手机"五位一体"的教育平台,发挥125个省、无锡市和宜兴市廉政文化建设示范点引导作用,挖掘宜兴历史、文化、革命资源,开展廉政文化进景区和各类革命教育基地等活动,增强教育的渗透力、感染力。

【"清风阳羡"学习平台常态化】 2013年年底,为加快实现宜兴市党风廉政教育常态化、制度化,市纪委结合全市党员干部的思想和工作实际,开通"清风阳羡"廉政知识在线学习平台。该平台主要包括在线测评、警示案例、最新风险提示、热点关注、出题育人、清风文苑、廉政公告等功能板块。学习平台开通后,全市93个单位参与在线学习,每月有1.2万余名在职党员干部参与答题,答题量达8万余条。2014年,科级干部在线学习情况被计入廉政档案。有32名纪检监察组织负责人因单位党员干部参与率低于60%被约谈。

惩治腐败

【概述】 全市各级纪检监察机关保持惩治腐败高压态势,全年受理信访举报578件(次),查办违纪违法案件222件,其中副科级以上领导干部案件10件,挽回经济损失1500余万元。落实反腐败协调小组工作制度,建立执纪执法机关协调机制。设立纪检监察二室,建成案件线索管理平台。开展案件质量检查,推行案件审理"三审一评"*,针对案件暴露出来的问题,撰写对上建议报告3份,向案发单位提出整改建议25条,督促建章立制40项。

【开展办案安全月活动】 11月,以"六个一"系列活动为抓手,市纪委在机关内部开展办案安全教育月活动。其间,召开一次专题会议,市纪委常委带头学习和落实上级纪委安全文明办案工作要求;举行一次安全隐患大讨论,重申纪律要求,组织全委人员学习相关要求,明确办案规范;新建一个信访谈话室,配备相关安全设施;完善一套安全办案工作流程,根据排查出来的各类安全隐患和各项工作的不同特点,制订相应制度和应急预案;开展一次应急演练,组织消防、医疗等相关人员开展突发事件演练;编印一套涵盖信访谈话、初核谈话、审理谈话、问责谈话和干部监督谈话工作流程、工作纪律、突发事件和处置办法的手册。

监督检查

【概述】 主动适应"三转"要求,清理议事协调机构,市纪委重点监督职能部门依法履职情况。加强对市委、市政府重大决策部署落实情况的监督检查。对2013年度工业装备贴息发放情况以及镇级政府性债务管理情况开展专项执法监察,加强对保障性住房建设、宜南山区违法建设、张渚镇建材企业管理、矿产品运输和旅游干线沿线环境等专项整治的监督检查。督促相关部门开展非法码头整治、秸秆禁烧、蓝藻打捞、入湖河道综合治理等工作。继续开展政府投资工程抽复审工作,规范资金使用。专项检查11个绿化建设管养工程和市级重点工程开展,提出意见建议11个。检查并通报部分镇限额以上政府投资工程不公开招投标问题。专项整治宜南山区非法占地违法建设,对村级擅自同意、镇级规划越权审批、户主私自搭建等108起违规建设行为调查核实,对建设监管单位及相关责任人员越权审批、后续监管不到位问题实施行政问责,下发纪检监察建议书2份,问责追究7人,并对相关分管领导责任追究。会同市财政局债券管理办公室专项督查全市职能部门的履职情况。通过督查,全面了解2014年度镇级所有新建工程资金使用情况,审计项目资金规模、债务规模等,压减项目投资金额13.2亿元,提出意见建议8条,发现并督促整改问题6个。

(李方舟)

编辑 陈惠萍

中国民主同盟宜兴市委员会

【概述】 民盟宜兴市委以教育、文化界人士为主，兼有经济、科技界人士。全年新发展盟员12人，累计144人。其中，各级人大代表8人、政协委员23人。民盟宜兴市委下设支部9个。年内，参加民盟江苏省委苏南片区盟务工作交流会；组织各基层支部和盟员学习中共十八届四中全会精神、民盟十一大精神以及习近平总书记关于坚持走中国特色社会主义政治发展道路的重要论述，开展树立和践行社会主义核心价值体系活动。听取上半年经济形势专题报告和党风廉政建设情况通报。盟员全年为公益事业捐款47万元，签约结对贫困学生20多人。第七支部被民盟江苏省委评为特色基层支部，丁山支部被民盟江苏省委评为优秀基层支部，民盟宜兴市委被民盟无锡市委评为宣传工作先进集体。全年出刊《盟友》1000期。

【调研与提案】 年内，参加中共宜兴市委民主协商会1次、情况通报会3次，市政协政情交流会2次；与政府部门对口联系3次。民盟宜兴市委完成《培育乡村旅游精品业态 推进乡村旅游提档升级》《抢抓大数据时代契机 提升智慧城市建设水平》等调研课题4个，在市政协十四届三次全会上，民盟宜兴市委提交集体提案7件、个人提案17件，其中宜兴三支部《关于做优做新，实现宜兴老字号持续发展的建议》和盟员的提案《关于筑造太湖天然屏障的建议》《关于改造十字路口右拐车道的建议》《关于加强出租车管理，文明驾驶、按章收费的建议》等被评为优秀提案。参政议政发言《抢抓大数据时代契机 提升智慧城市建设水平》被评为优秀调研成果一等奖。

（朱夕芬）

中国民主建国会宜兴市基层委员会

【概述】 民建宜兴市基层委员会主要由经济界人士组成。全年新增会员10人，累计有会员139人；有基层支部6个。企业家会员所属企业累计安排就业1600人，其中年内新增80人；会员全年向社会慈善捐资30多万元；全年完成应税销售收入5.8亿元，利润总额2306万元。在丁蜀镇开展“春风五月行”活动，践行“同心”思想，开展“同心”行动，民建宜兴市基层委员会同心实践示范基地在丁蜀镇敬老院挂牌运作。在丁蜀镇敬老院开展“同心助推发展”送温暖活动，送去吊扇和方便面等价值8000元的日用品，并组织以王俊为代表的民建会员带领高级推拿技师20多人为100多名老人按摩推拿。组织基层支部骨干力量赴江西、山东、曲阜，浙江等地开展专题培训、学习考察等活动。会员刘勃主持的“翘嘴红白鱼优质高效养殖技术研究及示范”获江苏省科学技术进步奖二等奖，会员刘晓燕获“宜兴市三八红旗手标兵”称号并被北京总公司评为优秀营业部经理，会员蒋敖生被民建江苏省委授予“优秀会员”称号。

【调研与提案】 民建宜兴市基层委员会围绕《构建宜兴旅游新格局 促进陶都旅游大发展》《医疗保险体制改革情况 》等民主协商课题开展调研，主动收集民意，提出意见和建议。在市委召开的“构建宜兴旅游新格局 促进陶都旅游大发展”民主协商会上，提出旅游行业管理体制的创新、旅游产业投入机制的创新、旅游景区（点）经营体制的创新、旅行社经营机制的创新、旅游产业统筹发展的体制创新、旅游资源深度资产化和资本化运作机制的创新的意见和建议，得到市委、市政府和相关部门的高度评价。在市政协十四届四次会议上，《借力行舟 综合施策 为缓解小区停车难问题再添新剂》的调研报告获调查研究成果一等奖，《关于完善我市中小企业金融支持体系和平台的建议》的调研报告获调查研究成果二等奖。与市经信委就“宜兴智慧城市建设及市民卡工程建设运营情况”等内容对口联系，提出六点意见建议：进一步研究确定科学整体规划；进一步稳步推进政府管理和社会服务智慧化应用，建设“智慧高效”服务型政府；进一步加强推进陶都卡功能的拓展，使多卡变一卡；进一步探索推广市民卡应用激励机制；进一步提高市民卡工程的合理性和科学性；进一步重视信息安全，关心关注智慧城市及老百姓对市民卡工作的满意度，防止负面影响。与市国税局就围绕"'营改增'后进一步引导和促进全市服务业发展的研究"等内容进行对口联系，提出六点意见建议：进一步分析试点实施后对全市的影响，总结经验、控制风险、稳步推进；进一步分类指导、广泛宣传、规范操作，使"营改增"有红利得到实现；进一步平稳推进"营改增"试点政策，扶持现代服务业的发展，增加其份额。这些意见建议，具有前瞻性和可操作性，得到部门的重视和采纳。民建全年提交建议、提案48件，其中集体提案8件；提交社情民意14件，其中2件被市政协编辑报道。民建宜兴市基层委员的集体提案《关于提升东氿新城城市品质与内涵的建议》、会员刘晓燕的提案《关于加强引导、推动宜兴中小企业挂牌新三板的建议》均被市政协评为重点提案，由市政府分管市长、市政协分工主席联合督办，收到良好的社会效果。民建宜兴市建设支部的提案《关于优化建设周期长的政府投资工程工程款支付方式的建议》和会员提案《提升省宜中精英教育水平，留住优秀生源》《发展健康产业 建设幸福城市》《加快电子商务发展步伐》被市政协评为优秀提案。机关支部提交的社情民意《关于加强我市废旧品收购行业管理的建议》得到市政府分管副市长的批示。

（蒋敖生）

中国民主促进会
宜兴市委员会

【概述】 民进宜兴市委全年发展新会员11人，累计170人；设支部11个。教育文化界人士占会员总数的70%，具有中高级职称的占87%；有各级人大代表、政协委员41人。5月，民进宜兴市委员会同心实践示范基地在陶都小学揭牌建立，为会内教育能手和骨干教师开展送教下乡活动搭建平台。同月，主委芮俊燕赴湖南省社会主义学院参加民进全国市县级主委培训班。7月，组织支部主任、副主任11人赴江苏省社会主义学院参加市委统战部举办的民主党派支部主任培训班，系统学习中国特色社会主义理论、中国特色政党制度、组织协调能力提升以及参政议政实务等课程。10月，徐敏伟参加2014年民进全省骨干会员培训班，并作交流发言。全年捐款220余万元。年内，民进宜兴市委被民进江苏省委评为民进省组织管理系统建设先进单位，五支部被评为民进全国组织建设先进基层组织，徐敏伟被评为民进全国组织建设先进个人，会员陆平的《对叶圣陶先生关于"学生是种子不是瓶子"思想的思考》获江海教育论坛优秀论文，专干周文鹏被授予"民进江苏省组织管理系统优秀管理员"称号。

【调研与提案】 开展调研活动，征求各方面意见和建议，形成调研报告《汇聚合力，提升效能，有序推进社区卫生服务工作》，获市政协调查研究成果一等奖。围绕"构建宜兴旅游新格局，促进旅游大发展"主题，副主委蒋铁伟代表民进宜兴市委在中共宜兴市委召开的民主协商会上作题为《完善旅游产业政策 推动旅游经济腾飞》的发言。围绕科学发展观要求，着力解决群众关注的热点，围绕"政产学研合作情况""城区大排档集中疏导区"建设运行情况，与市科技局、城管执法局开展对口联系，提出建议。宜兴"两会"期间，提交集体提案25件、个人提案22件，其中《关于集中整治人民路交通秩序的建议》被列为市重点提案并被评为优秀提案。园区支部的《关于进一步促进"公交优先"的建议》被评为市政协优秀提案。会员蒋展新、姚祥明等4人被评为市政协活动积极分子。

【会员荣誉】 徐风完成长篇传记文学《顾景舟传》，出版散文集《南书房》，散文《一种气场叫信仰》入选中国年度最佳散文选；梅南频参加慈善义拍活动十余次，其作品入选江苏省第五次新人新作展，上海夜光杯全国中国画展等多个画展；杨丽芳在第十一届全国博兴小戏艺术节获最佳优秀演员奖；邵科萍再次受邀，随国家主席习近平出访韩国；新会员张静作为紫砂文化传承人随国家总理李克强出访英国、希腊；鲍曙岩作品"犀皮"六方壶获第16届中国美术创作艺术金奖；高奋荣作品"方竹"壶获中国美术精品博览会"国艺杯"金奖；孙伟获评全国"东西南北中"羽毛球俱乐部比赛优秀裁判员；吴伯民所在的新日源集团承建的禄漪园大酒店室内装饰工程获"全国建筑工程装饰奖"；曹俊娣参与演唱的苏州评弹《蝴蝶双双又飞来》获"艺聚徐汇区 雅集江南风"苏浙沪说唱艺术邀请赛银奖；戴黎东执导的小品《又到年三十》《男婚女嫁》获第二届无锡"群芳奖"银奖；刘国祥因工作出色，调任省宜兴中学副校长。

（周文鹏）

中国农工民主党
宜兴市基层委员会

【概述】 农工党宜兴市基层委员会主要由医学卫生、人口资源环境领域的中高级知识分子组成。全年发展新党员8人，累计112人，下设基层支部6个。其中，本科以上94人，高级职称73人，医学卫生、环保和人口资源界别成员90人。全年在核心期刊及省级以上刊物发表论文40余篇，其中获宜兴市级以上奖项的十余篇。周静霞被国家卫计委评为妇幼健康服务先进个人，储集泉的作品获中国工艺美术百花奖金奖。周炎主持的"多项分子标志物在胃癌预后及术后化疗中的临床应用"获2014江苏省卫生厅新技术引进奖二等奖，吕军浩被聘为中国中西医结合影像专业委员会第六届全国委员。顾新南赴延安甘泉县开展对口支援工作。年内,有6人次受市委、市政府综合表彰,多人次记功或嘉奖。

【调研与提案】 8月,与市民政局开展对口联系活动,就"养老机构护理人员队伍建设"课题开展交流。10月,中共宜兴市委召开民主协商会,围绕"构建宜兴旅游新格局,促进旅游大发展"主题,听取党外人士的意见和建议。农工党宜兴市基层委员会副主委周苏君在会上代表基层委员会作题为《加快发展宜兴智慧旅游的思考和建议》的发言。11月,与市司法局开展对口联系活动,对全市社区矫正工作提出意见和建议。"两会"期间,递交《加强食品安全监管保障人民健康安全》《有效缓解中小企业贷款困难》发言材料;递交人大建议案3条,政协集体提案8件、个人提案16件。其中,《加强食品安全监管保障人民健康安全》的集体提案被评为优秀提案,关于《加快中医药事业发展 全方面满足群众医疗需求》的社情民意被评为优秀社情民意,周仲明、杨志贤被评为政协活动积极分子。全年向市政协和上级组织递交社情民意63条,被市政协录用7件。其中,《加快中医药事业发展 全方面满足群众医疗需求》《给予失独老人更多关怀》《加大力度整治违章停车 着力改变城市交通秩序》《建议规范农村土地承包经营权流转》得到市领导7人次批示,《我市社会组织管理需进一步完善》等16篇信息被无锡市《党政信息》录用,《建议五举措拓宽小微企业税收政策优惠》等8篇信息被中共江苏省委统战部采纳,《建议完善基层公共卫生服务考核指标》等4条信息被中共江苏省委采纳。《互联网货币基金安全亟待关注》等3条信息被农工党中央采纳,《关于对〈药品注册管理办法〉的4点建议》被全国政协综合专题录用,直接报送中央有关领导和相关部委,一些建议得到采纳和落实。《丰富农村党员冬训工作》的信息得到中共无锡市委常委、宣传部部长王国中的批示。2014年社情民意信息工作获农工党无锡市委特等奖。

【服务社会】 3月,市人民医院支部组织农工党党员医疗专家,到丁蜀镇社区卫生服务中心开展社区义诊咨询服务。4月,市人民医院支部赴周铁镇社区卫生服务中心,开展以"远离慢病,关爱健康"为主题的大型义诊咨询活动。5月,农工党在丁蜀镇敬老院开展养老护理员知识讲座,为丁蜀片区三个养老机构数十名护理人员开展较为系统的知识培训;市中医医院支部组织专家,到远东控股集团公司,为生产一线的职工开展主题为"春风五月行,健康服务走进远东"的义诊咨询活动。9月,在第八个世界狂犬病日,公共卫生支部在宜城社区开展狂犬病防控知识宣传与咨询活动。同月,继续开展"共享一片蓝天,关爱民工子女"主题捐赠活动。5位党员与市紫砂小学外来务工人员子弟共同结对,向6名学生捐赠助学金6000元。范志军向丁蜀中学捐款10万元,向10个特困户捐赠2万元。11月,市第二人民医院支部在蜀北社区开展社区广场义诊咨询服务。年内,在健康服务中累计发放宣传资料2000余份,免费测量血糖500余例,受益群众近1500多人。

(耿加宏)

"春风五月行,健康服务走进远东"的义诊咨询活动现场　　(农工党　提供)

宜兴市工商业联合会(总商会)

【概述】 市工商联围绕市委、市政府中心工作,服务和引导非公有制企业健康发展。开展2014年度全国工商联上规模企业和民营企业履行社会责任统计调查工作,重点建立70个全市2013年度销售在5亿元以上的民营企业数据信息库。引导会员企业争创无锡市2013—2014年度"守信用、讲信誉、重信义"先进单位活动,60个工商联会员企业获无锡市争创"三信"先进单位。组织会员企业参加由无锡市委统战部、无锡市总工会、无锡市工商联组织的非公有制企业文化建设"百千万工程"活动,有60个企业成为示范单位,260个企业成为示范创建先进单位。市工商联会同市财政局、宜兴地税局与20多个主席、会长企业开展应对国家"营改增"政策研讨会,为市政府办公室《关于加强全市工业企业建筑工程清理规范工作的意见》的出台献计献策,同时引导企业做好固定资产补报、漏报工作。召开九届五、六、七次主席工作会议，通报市委、市政府发展民营经济的政策措施、税务改革和金融市场等相关政策，听取会员的意见。市工商联“同心实践示范基地”于5月在丁蜀镇川埠小学挂牌。完成省工商联开展的“五好”(领导班子好、会员发展好、商会建设好、作用发挥好、工作保障好)县级工商联评选工作。全面推动镇、园区、街道的同业商会换届工作，高塍镇、丁蜀镇等9个商会换届。选举增补市工商联第九届执行委员9人，常委兼副主席(副会长)1人。全年发行会刊《宜兴商会》4期、4000册。

【调研与提案】 年内，分期、分批走访全市18个镇、园区、街道的常务委员会委员企业、执行委员会委员企业和有代表性的成长型企业和部分老字号企业，全面了解民营企业发展形势，了解企业在生产经营及发展过程中遇到的困难，了解和掌握企业家队伍状况。将调查的情况和企业的建议及时整理汇总，撰写提案或社情民意，营造有利于企业发展的舆论氛围。在宜兴“两会”期间提交各类提案、议案和社情民意20多件。《关于规范我市民间金融的建议》和《以人为本 不断提升森林公园管理品位》分别被市政协评为2014年宜兴市政协优秀提案和优秀社情民意。年内，围绕“整合优质旅游资源，全力打造国家AAAAA级景区”的调研课题专程赴苏州吴江开展调研，并形成调研报告，在市委召开的民主协商会上发言，提出富有建设性的意见和建议。

【同业商会引导行业健康发展】 以确保质量、逐步发展为指导方针，有序推进同业商会的组建工作。1月和9月，分别组建市女企业家商会和市电动车销售行业商会。至年底，全市有同业商会25个。在组建同业商会的同时，注重发挥同业商会在行业自律、规范市场行为等方面的引导作用，参与社会管理。市酒类同业商会会同市放心消费创建活动办公室共同组织会员企业开展“放心酒销售单位(店)”创建活动。全年，授予50个会员企业“2012—2014年度放心酒销售示范单位(店)”称号；批准30个会员企业为“2014年度放心酒销售单位(店)”，其中年度验审达标11个、新创建达标19个；出资4.4万元资助东山中学家庭经济困难学生22人。市酒类同业商会被江苏省放心消费创建活动办公室评为2014年全省放心消费创建活动示范行业(组织)。陶都陶瓷城商会开展“诚信经营户”星级评比，为净化、规范宜兴紫砂市场起到积极作用。市巷头市场商会开展公益创投项目“爱心五一工程”，组织商会会员、党员到巷头小学开展关爱外来务工人员子女行动，为外来务工人员子女提供帮助。市家电安装维修行业商会推出“家电维修进社区”公益服务项目，年内，到全市15个镇(园区、街道)为居民免费修理家电，现场服务居民1万多人，赠送给孤寡老人洗衣机31台。

(郑伟)

编辑　解丽莉

人民武装

【概述】 市人武部开展“读经典、学哲学”“牢记强军使命、献身强军实践”和“讲党性、守党规、严党纪”教育活动。按照“能打仗、打胜仗”要求，突出职能使命和形势战备教育，强化干部职工和民兵预备役人员的使命意识和忧患意识。修订完善防卫作战、维稳处突、除雪防冻、森林防火、抗洪抢险5类21个应急应战预案，先后5次与市应急办、防汛办和驻宜兴部队组织抗洪抢险、除雪防冻、应急救援等方案预案的对接。出动民兵782人次、车辆86台(次)，完成全国“两会”、南京“青奥会”、宜兴“秋洽会”期间的执勤备勤任务。圆满完成征兵工作，全市应征士兵上站体检合格率为46.5%，大专以上文化程度占45.3%。开展双拥共建活动，走访慰问32个军区作战部队营连主官家庭，发放慰问金和慰问品共计8.8万元。9月20日第十四个“全民国防教育日”之际，以“关心国家安全，维护海洋权益”为主题，印发宣传单1000余份，接待群众咨询300余人次，为市民解答军事问题。年内，集训专武干部39人，提高专武干部和民兵营长会组织指挥、会做思想工作、会信息化操作、会动员发动群众能力。

（高鹏）

武　警

【概述】 武警8690部队开展“牢记强军目标、献身强军实践”主题教育，开展“中国梦·强军梦·我的梦”主题实践活动。开展“学条令、抓养成、促正规”和“三项集中管控”治理、安全隐患排查治理、作风纪律专项整顿活动，加强部队安全。坚持实战标准抓训练，加大“考比拉”和实战化训练力度，组织“卫士-14”演习、战备工作示范观摩和后勤应急保障预案。派出4批联合工作组蹲点调研帮建。完成南京“青奥会”开(闭)幕式安保执勤任务。组织官兵参加义务献血13.1万毫升。组织医护人员为市民提供病情咨询、血压测量等服务，分发健康宣传手册500余本。年内，声像情报专题片获全军声像情报“神剑奖”三等奖，司令部被武警部队评为年度侦察情报工作先进单位。

武警无锡市支队二大队按照“前沿指挥所”职能要求，以争创先进大队为目标，完成各项任务。组织官兵学习习近平主席系列重要讲话精神，开展“牢记强军目标、献身强军实践，永远做党和人民忠诚卫士”主题教育活动，开展形式多样的军事文化活动，确保官兵政治坚定、思想稳定。大队先后查铺查哨80余次，规范库室场所12个，排除各类隐患10处，废除不合理规定5条。参与南京“青奥会”安保、宜兴市大型活动安保、节日备勤等任务。武警二大队连续两年被江苏总队评为基层建设先进大队。

（丁旺福）

武警8690部队举行“三战”现场观摩研讨会　　（武警8690部队　提供）

人　防

【概述】 全年新立项人防工程7个，开工建设人防工程10个，竣工人防工程5个。按照人防工程建设规范要求，重点监管在建人防工程质量。全面落实人防工程标识标注，规范管理。普查全市人防工程，摸清人防工程现状，建立人防工程管理档案。完善防空警报系统。防空警报器试鸣响成功率和音响覆盖率100%，在各警报点设警报维管员1人。全市34台警报器添置防误鸣设备，不误响误报。4月，成立人防通信专业队二中队；举行2014年度宜兴人防通信专业队演练，主要内容为在发生突发事件情况下，人防通信专业队架设临时无线通信线路、保证人防指挥信息通畅。5月，市人防办结合"防灾减灾日"在市文化广场开展广场宣传活动，展出民防知识画板，发放民防知识宣传手册近1000份。整修地下人防指挥所出入口和内部损毁处，推进人防疏散基地建设和应急避难场所改造。坚持"以建为主、以收促建"的工作原则，全年征收人防易地建设费2300多万元。

【人防宣传】 利用防空警报试鸣契机，在电视台、报刊等媒体做宣传，做到报纸有文、电台有声、电视有影。全市小学、初中民防教育实现全覆盖。11月，市人防办组织市第二实验小学、凌霞中学全体学生开展人防疏散演练，提高师生在突发状况下的互助、互救能力。市人防办与市体育局、市门球协会联合举办"人防杯"全市职工门球赛，联合市影剧公司开展人防送电影下乡进社区活动，发放各类资料近1000份。

（赵德勇）

消 防

【概述】 强化消防宣传教育培训，提升灭火救援能力，提高全社会火灾防控水平，推进消防工作社会化进程，全市火灾形势基本稳定。全年接警出动2534次，其中火警1370起、抢险救援1164起，抢救和疏散被困人员341人，抢救财产价值达8700万元。市公安消防大队在陶都传媒网增设《宜兴消防》专栏；与宜兴电视台合作，开设《宜兴消防》专题节目；开辟公益短信发送平台，发送消防提示短信5万余条（次）。结合"迎青奥、保平安"宣传教育活动以及专项整治行动，深入单位开展消防教育培训266次，指导单位开展灭火疏散逃生演练206次，培训人员5万余人次。分批组织消防控制人员200人参加岗位资格培训。针对保卫对象的灾害特点，综合评估防火装备，科学制订装备配备计划。年内投资1266万元经费购置消防车8辆及器材装备。结合《宜兴市消火栓管理办法》，消防大队提交水源普查报告，修补消火栓326个，新增消火栓200余个。拓展消防志愿者队伍，以高层公共建筑、"三合一"(住宿与生产、储存、经营等一种或几种用途混合在同一连通空间内)建筑、出租屋等场所内居住人员和外来务工人员、独居老人等人群为重点，开展消防宣传教育及关爱行动。年内，特勤中队成立，指挥中心运行。宜兴大队下辖现役中队2个，有官兵64人，有执勤消防车11辆；在建专职队1个（高塍），有消防执勤车21辆，地方合同制专职消防队员145人。全市有地方政府专职消防队7支。

【消防监督执法】 全年市公安消防大队会同市工商、质监等部门开展联合检查33次，检查单位178个。市公安消防大队检查单位1849个，发现并督促整改火灾隐患511处，责令31个单位停水、停电、停气，临时查封单位3个，拘留3人，完成一系列重大活动和重大节日消防安保工作。严格实施重大火灾隐患挂牌督办制度，先后对存在重大火灾隐患的7个单位实施挂牌督办，其中无锡市级挂牌4个、宜兴市级挂牌3个。开展以商场、市场和"农家乐"为对象的专项整治，共排查单位、商场、市场和"农家乐"338个，整改隐患234处。

（周伟）

编辑　沈非　解丽莉

社会团体
COMMUNITY GROUPS

宜兴市总工会

【概述】 全年新建独立基层工会141个,新覆盖法人单位工会400多个,新发展工会会员1.5万多人,全市独立基层工会、覆盖法人单位、工会会员分别累计有2150个、8300个和40万人。市总工会被评为全国推进会员评议职工之家先进工作单位。开展岗位练兵、技术比武、劳动竞赛、合理化建议、技术革新等活动。市总工会联合相关单位、部门,举办银行系统点钞识假业务技能竞赛、第一届全市环保产业青工职业技能大赛、手工制陶大赛等技能比赛。五一期间,市总工会举办“劳动成就梦想”职工文艺汇演。11月,市总工会会同市委宣传部、市文广新局联合举办全市首届企业文化艺术节,组织各级工会和职工参与企业文化节各项活动。全年组织专题培训4场,受训班组长600人。加强企业文化职工文化建设,做好市级机关与企业结对共建职工文化阵地验收评比工作。围绕《功能性职工之家建设三年规划》,全年培育全国职工书屋建设示范单位1个、省职工书屋建设示范单位1个,无锡市职工书屋建设示范单位2个。开展“书香宜兴·书香人生”职工读书月活动,组织职工读好书、谈人生。组织职工参加市全民运动会,市总工会获“全市职工体育工作先进集体”称号。

【工会帮扶服务凸显实效】 推进工会帮扶服务工作进园区、进企业,全市建有市级职工服务中心1个,镇级帮扶服务站18个,规模企业及村(社区)帮扶服务点117个。开展元旦春节送温暖活动,市总工会投入资金130余万元为1200多户困难职工家庭赠送过节物资,各级基层工会投入资金600多万元资助困难职工家庭7000多户。发放第15批特困职工优惠证,507名特困职工享受免费的粮油、水电、天然气和就医、子女就学的优惠。连续第10年开展“金秋助学”活动,271名贫困学生获助学金23万元。开展“春风送岗位”活动,举办专场招聘会5场,提供就业岗位1.2万个。关注职工心理健康,组织市总工会心灵驿站导师团成员走进企业、机关,开展集中教育30多场(次),听众8000多人次,开展职工心理个案当面辅导80多人次。开展困难女职工“关爱行动”,为1000多名困难女职工发放100余万元救助物资,为1000多名就业困难女职工提供免费培训、免费职业介绍,会同市人社局开展“架金桥、促就业”女职工专场招聘会,提供就业岗位4000余个。对全市当年度患大病职工拨发专项救助资金60万元。为108名低收入劳模发放生活补助金146万元,为51名特困劳模发放帮扶金10万元。

【工会完善维权机制】 以“法治与你同行、和谐在你身边”为主题,开展五一劳动法律宣传服务月活动,指导各镇(园区、街道)开展法律宣传活动,发放宣传资料近1万册,解答咨询500多人次。开展市镇两级工会劳动法律监督联合检查,指导企业规范用工制度。开展工会法律援助,依托工会律师工作室,开展首席律师走访企业、宣传咨询、律师与企业座谈等活动。深化“三谈三化”*工资协商,拓展工资集体协商领域,开展四大产业工资集体协商。承办全省工资协商春季要约行动启动仪式,开展全市工资协商要约行动。至年底,全市推进工资集体协商的企业达6875个,职代会审议、公示率95%以上;全市10名女职工以上企业单独签订《女职工特殊权益保护专项集体合同》1178份,签订率99%。市总工会被中华全国总工会授予“全国工资集体协商工作先进集体”称号。

(宗帆)

共青团宜兴市委员会

【概述】 围绕“服务大局、服务青年”定位,瞄准“服务科学发展全市争先、整体性工作无锡领先、特色性工作全国率先”总目标,遵循“常规性工作有序开展、重点性工作紧抓不放、难点性工作不断突破”工作要求,在引领青年思想、服务中心大局、服务青年成长、强化自身建设等方面开展工作。团市委在全市共青团系统开展“走基层、听心愿、转作风、办实事”主题活动,举办“走听转办”主题活动2031场,与青少年面对面交流1.9万人次,发放心愿卡1.8万张,收集青少年在学习、生活等方面的微心愿1.7万个,团组织和热心人士认领并完成微心愿1.1万个。全年新建“两新”

(新经济、新社会)团组织162个、行业团组织1个,“两新”团组织累计1355个。在2014中国·宜兴国际素食文化博览会暨绿色生活名品博览会、2014徐悲鸿艺术节、2014CBSA世界斯诺克巡回赛宜兴高塍公开赛等大型活动中招募青年志愿者800余人,提供志愿服务35万余人次。举办陶都青年英才行动第八季,组织青年企业家与市委、工商银行领导面对面交流。6月24—26日,联合市科技局、和桥镇政府组织市15个骨干企业的青年企业家,赴中科院化学所、北京工业大学、北京化工大学开展产学研对接活动。9—10月,组织全市100余名青年企业家、青年陶艺家、青年创业者赴阿里巴巴集团参观学习,并召开企业稳健经营与转型升级座谈会。9—11月,举办“谱青春华章 展时代风采”——新时期“宜兴青年企业家精神”表述语征集活动,全市600余名青年企业家提交表述语400余条,经过层层讨论、筛选、提炼,最终由宜兴市委确定“诚信、务实、创新、担当”为宜兴青年企业家精神。11月7—12日,配合市委组织部、市经信委组织65名企业家赴新加坡国立大学苏州研究院参加2014宜兴市企业经营管理高级研修班。11月,中国少年先锋队宜兴市第三次代表大会召开,选举出新一届少工委委员。年内,发送“青商BossTown”微阅读平台短信近9万条,举办“陶都青年大讲堂”2期,赠送青年企业家金融类书籍3000余本,通过“希望工程”资助贫困学子430人次,发放各类助学金40万元。全市新建团组织173个,累计有团(总)支部3526个。至年底,全市14—28周岁青少年有16万人,其中团员10.2万人(年内新增3120人)。

【“青年文明号”晋级“党员先锋号”活动】 为使“青年文明号”这一传统品牌焕发新活力,为优秀青年创业提供更广阔平台,团市委启动“青年文明号”晋级“党员先锋号”活动。通过“向党员先锋号冲刺”行动和“角色互换微体验,青春闪耀争先锋”“青年文明号服务月”“群众眼中的青年文明号”“青年文明号微博风采展”活动和活动中期调研,团市委选取出20个集体在活动中的经验和做法,编纂《宜兴市青年文明号晋级党员先锋号中期汇报选编》。年内,市国税局第六分局、市王者塑封有限公司电子商务部等四个单位作为“青年文明号”晋级“党员先锋号”的先进集体代表,被市委组织部拍成《以青年之名吹响先锋号角》党建专题片,后在宜兴电视台播放。

中国少年先锋队宜兴市第三次代表大会　　(团市委　提供)

【“创业陶都·成就梦想”主题青年创业周活动】 为激发青年创业热情,5—6月,团市委联合市人社局开展“创业陶都·成就梦想”主题青年创业周活动。6月20日,宜兴市青年创业(社会组)设计大赛决赛举行,选出一等奖1人、二等奖2人、三等奖3人。6月27日,宜兴市青年创业论坛暨青年创业明星命名仪式举行,10名草根创业者被命名为青年创业明星。通过组织创业大赛、创业论坛,开展创业明星评选等活动,在全社会培育创业文化,弘扬创业精神,营造了“想创业、敢创业、会创业、创大业”的良好氛围。

【助残“阳光行动”受赞扬】 团市委响应团中央关于实施青年志愿者助残“阳光行动”号召,联合市残联引导全市青年积极投身志愿助残行动。组建青年陶艺家协会、教师进修学校、市教育心理学会等五支志愿者队伍,围绕生活照料、情感陪护、就业支持等六个方面,年内为残疾人士提供志愿服务320余场(次)。实施“陶乐人生”计划,招募青年陶艺家20人,每周指导残疾人士制陶1—2次。实施“帮盲帮到位”计划,招募青年按摩师15人,每周为盲人提供推拿培训1—2次。4月,团中央青年志愿者工作部部长杨松带领中国青年志愿者助残“阳光行动”骨干人员培训班全体学员,到市博爱家园参观考察志愿助残活动。杨松对“博爱家园”青年志愿者的服务原则和服务理念给予高度赞扬,对宜兴团市委的青年志愿者工作给予充分肯定。

(钱西濛)

宜兴市妇女联合会

【概述】 紧扣“提素质,争做智慧女性”主题,以提升妇女素质为首要任务,全面实施巾帼成才、巾帼建功、巾帼固本、巾帼关爱四大行动。举办“三八架金桥,春风送岗位”女性专场招聘会、举办女性创业技能培训班,培训妇女2100多人。命名宜兴市女性就业创业实践基地10个、宜兴市女性就业创业培训基地7个。全市各个妇女就业创业平台载体共提供实习、见习岗位300多个，解决1700名女大学生就业难题。推进“巾帼文明岗”创建活动，命名宜兴市“巾帼文明岗”82个。在民政社会组织创业服务中心成立女性社会组织指导服务中心，为全市女性社会组织提供初期孵化、政策咨询、项目指导等服务。开展“正能量，读好书——我与一本书”女性悦读征文活动，收到征文503篇，评选出一、二、三等奖并将获奖作品结集出版。组织举办全市基层妇联干部培训班两期，全市215名村妇女主任、96名社区妇联主席参加培训。3月，召开宜兴市妇女第十三次代表大会，选举产生市妇联第十三届执委会。

【陶都女性讲坛开设】 针对宜兴各界妇女的不同需求，3月，市妇联启动2014年政府实事项目之一——“陶都女性讲坛”。全市各级妇联组织精心设计符合各地实际、深受妇女群众欢迎的课程。围绕“智慧人生”“悦读生活”“创业梦想”“能力提升”等主题，在全市组织四场大型公益讲座，听讲人数1200多人。围绕“科学家教”“家庭美德”“SYB(创办你的企业)创业”“专业技能”等培训内容，在基层开设各类课程43场(次)，听讲人数5100多人。“陶都女性讲坛”帮助妇女在学习中陶冶品格，在实践中增长才干，提升了全市妇女的综合素质。

【女企业家联谊会平台作用有效发挥】 市妇联发挥女企业家联谊会平台作用，强化服务，提升女企业家素质，陶冶女企业家情操。8月，举办“美丽宜兴‘她’绽放——陶都魅力女性论坛”，全市150多名女企业家参加论坛。论坛邀请到江苏省女企业家协会副会长、盐城国际妇女时装有限公司总经理季卫兵作主旨演讲，江苏新雪竹国际服饰有限公司董事长史建珍、驰马拉链(无锡)有限公司董事长邵敏薇、远东控股集团有限公司首席行政官周东佼、高塍镇高塍村党总支部书记沙玉琴作主题演讲。9月，依托女企业家联谊会举办女企业家迎国庆主题茶会，邀请南京农业大学房婉萍教授讲授茶道，加深女企业家对茶文化的认识和了解。11月，召开女企业家联谊会会长会议，谋划2015年联谊会重点工作。11月28日，在市首届企业文化艺术节——“美丽宜兴她绽放”女企业家梦想舞台展演中，女企业家表演文艺节目11个，展现了女企业家的文艺才华，更显示出女企业家在困难发展环境中信心满怀、克难向上的巾帼风采。

【“小桔灯”儿童课外守护项目】 为满足家庭现实需求、填补儿童课外管理真空，市妇联积极探索构建综合型、规范型、公益性的儿童课外守护平台，以给人光明和温暖的“小桔灯”为项目主题，申请2014年政府实事项目并获得批准。“小桔灯”项目依托基层妇女儿童之家，建立儿童课外守护家园，在学生放学后以及节假日为有需要的孩子提供免费的课外看护、学习辅导和社会实践等特色活动。5月，市“小桔灯”项目在宜城街道土城社区试点启动。年内，在工作有特色和亮点的城区社区、流动人口比较集中的农村和富有宜兴特色文化的小学中选择具有代表性和典型性的6个试点单位。各试点单位根据实际情况，设计不同类型的项目实施方案并实施。至年底，宜城街道的3个试点单位因地制宜地创造出各自的“小桔灯”项目模式。

【“两癌”查治及救助课题结项】 宜兴市是全国农村妇女“两癌”(宫颈癌和乳腺癌)查治及救助工作的试点县(市)。年内，市妇联经过前期调研，申报的《农村妇女“两癌”查治工作推进体系及救助体系研究》题中标，该课题成为县(市)妇联系统中首个省级资助重点课题。课题立项后，市妇联多次召集课题专家召开推进会，制订详细的调研计划，发放并回收《农村妇女“两癌”查治调查问卷》2000份，会同(市)相关部门深入各镇和医院开展调研。同时，为深入了解省内其他地区在妇女“两癌”查治及救助工作上的经验和困惑，市妇联工作人员分赴灌南县和如东县开展课题调研。通过大半年苏南、苏中、苏北实地调研和专家座谈研讨，11月，该课题高质量完成结项。

【“点亮微心愿，成就大梦想”儿童圆梦行动】 市妇联围绕妇女儿童做实事，申请民政系统的公益创投项目，组织开展“点亮微心愿，成就大梦想”儿童圆梦行动。本次微心愿活动于5月初开始，明确活动分为征集微心愿、点亮微心愿、实现微心愿三个阶段。活动开展后，从收集的各类儿童微心愿200多条中筛选出116条，并在《宜兴日报》、宜兴网、宜兴妇女网及宜兴妇联微信上发布和宣传。全市各级妇联组织、社会妈妈、巾帼志愿者、各界热心人士通过热线电话、网站点击、现场认领等途径认领，年内全部认领完毕。市妇联先后在芳桥街道、开发区、张渚镇等地举行“点亮微心愿，成就大梦想”儿童圆梦行动爱心物品发放仪式，让社会爱心人士零距离为孩子们实现微心愿。

(丛煜)

宜兴市科学技术协会

【概述】 紧扣“科普惠民生，创新促发展”和“创新发展，全民行动”主题，开展第二十六届科普宣传周与全国科普日系列活动。全年制作科普电视节目《科技之光》12期、电台节目《科普之声》24期，在《宜兴日报》的《宜兴社区》刊出科普专版36期，向2万名市民发送“科普飞信”200万条(次)。推进企业科协建设，年内远航新材料集团有限公司科协、宝银特种钢管有限公司科协等10个企业科协创建。实施“海智计划”，环科园、开发区、陶瓷产业园三个园区申报为省第三批海智基地。市科技馆步入内部装修和展品展项的招标与设计制作落地阶段。在省“讲理想、比贡献、奋力实现中国梦”活动中，森莱浦光电子科技有限公司沈立获国家“创新标兵”称号。万石镇后洪村水芹协会、江苏道地药材规范化生产科普示范基地、宜城街道巷头社区被评选为全国“基层科普行动计划”奖补单位。周培源故居、葛盛陶庄文化艺术有限公司被命名为“2014—2018年度江苏省科普教育基地”。万石镇创建为省科普示范镇，芳桥街道金兰村、和桥镇西锄村、高塍镇梅家渎村创建为省科普示范村。远望蔬果科技示范基地、茗悦生态农业有限公司被命名为“江苏省科普惠农服务站”。市广汇实验小学被命名为“‘十二五’第三批江苏省科学教育特色学校”。光大环保能源(宜兴)有限公司、周培源故居、市城北小学、市葛盛陶庄文化艺术有限公司被评为无锡市科普教育基地。年内，命名无锡市科普示范村4个、无锡市科普文明社区4个，全市累计有科普示范村167个、科普文明社区84个。首次开展市星级示范基地创建，市茗悦生态农业示范基地等4个基地被评为市五星级示范基地，华汇现代农业园等4个基地被评为四星级基地。

【主题科普活动】 5月，市第二十六届科普宣传周期间，“宜兴市科技馆科普在线”微信平台启用，2000余名微信用户关注，由此，全市构建成电视、广播、报纸、网站、飞信、微信、车载电视、科普大篷车“八位一体”的科普宣传格局。9月，开展首届科普宣传新闻竞赛，以消息、特写、通讯、图片新闻为形式的100多件科普新闻作品参赛，评出一、二、三等奖共18个。同月，开展全国科普日系列活动，宜城街道、徐舍镇等8个镇(街道)举办主题为“讲科学、反邪教、创平安”的大型科普文艺演出，内容贴近生活，形式丰富新颖，受教群众8000余人。年内，科普电影周期间，放映科教影片86场(次)。市委组织部、市科协联合承办第四十一讲“陶都大讲堂”，国内首位“卡林加科普奖”获得者李象益应邀到宜兴，为300多名党政领导及机关工作人员作题为“科普创新与社会担当”的专题讲座。市科协会同市级机关党工委举办“中老年人养生及高血压防治”讲座，邀请南京中医药大学博士生导师郭海英为200多名居民做健康咨询。年内，科协的科普讲师团进社区38场(次)。会同市食品药品监督局、环保局编发关于食品安全和PM2.5防治知识的手册1万余册；组织全市80多所中小学的1.8万名学生参加省“金钥匙”科技竞赛，168名学生获奖，市代表队获省团体二等奖。

【“科技工作者之家”建设】 发挥“科技工作者之家”作用，做好优秀科技工作者举荐、表彰、奖励和宣传工作。年内，宣传江苏艾特克阻燃材料有限公司博士陈同、市陶城实验小学科学教师史淑琴等20多名优秀科技工作者典型事迹。鼓励和征集科技工作者撰写优秀科技论文，论文中获无锡市二等奖2篇、无锡市三等奖8篇、宜兴市级表彰263篇。关心科技工作者的生活，组织市第六届青年科技英才健康体检，并建立健康档案。为科技工作者“充电”，组织科技工作者赴浙江长兴等地学习考察。架通科技工作者建言献策桥梁，《建议政府推进乡土文化教育，提升学生乡情意识》《关于进一步提升宜兴旅游品质的几点建议》等谏言报告得到市委、市政府的重视。加强市属学会组织建设，成立市风景园林学会与机器人学会，至年底，有市属学会(协会)30个。

(肖绯)

宜兴市归国华侨联合会

【概述】 以“两个拓展”(拓展海外工作、拓展新侨工作)为重点，进一步创新工作思路，为全市经济社会发展服务。全年接待或协助接待来自美国、加拿大、新加坡、刚果、日本等地的海外侨胞、国际友人及上级侨联领导16批、113人次。通过传统节日慰问、生病探访等形式走访慰问归侨侨眷73人次，发放慰问金(品)折款6万余元。推荐艾特克阻燃材料有限公司陈同团队和合复新材料邹湘坪(博士)获评第五届中国侨界贡献奖创新团队奖和创新人才奖；推荐市侨联委员沈立和邹湘坪两位海归博士增聘为中国侨联特聘专家委员会委员；牵线无锡市侨联机关党支部与森莱浦光电党支部签订党建结对共建协议，搭建侨联机关与新侨创业交流互动、侨联干部服务侨企的平台。11月，全市首个镇级侨联分会——市侨联和桥镇分会成立。全年刊发《宜兴侨联工作简报》6期，向上级侨联刊物及网站新闻媒体报送稿件70余篇。

【为侨服务】 开展定期上门走访慰问、与侨界弱势群体结对帮扶、组织参观考察、送生日祝福、赠送健康体检等活动。4月，牵线日本华侨、上海绿环资源集团有限公司副总经理仰英姿与老归侨张根娣、陆南鸣结对。11月，发动全体侨联委员为困难归侨王富英患重症的儿子捐款，并通过无锡侨联帮助其联系落实无锡和上海的医院，同时与市红十字会、官林镇慈善分会、市统战成员困难救助金领导小组、省及无锡市侨联等相关部门和爱心企业进行沟通，为其争取救助金，共筹得善款近18万元。“两会”期间，侨联界别政协委员提交提案12件，《关于将侨界杰出代表邵品刿博士纳入宜兴市博物馆“近代名人馆”的建议》等提案得到相关部门的重视。年内，组织侨联委员参观新农村，到张渚红色文化展示馆接受爱国主义教育。全年接待侨界就医、土地及经济纠纷等来信、来访5人次。

【拓展海外联谊】 6月，市侨联主席随无锡市侨务代表团出访美国和加拿大,拜访纽约、华盛顿、多伦多、温哥华等地区的华侨社团,并分别在以上四地设立宜兴市侨联海外联络处,增聘加拿大华人联合总会会长李效平为市侨联海外顾问,为加强宜兴与美国、加拿大侨界的合作交流、开展引智引资推介洽谈、以及推进宜兴市与加拿大多伦多地区韦比市建立友好城市等方面做了大量工作。10月,组团参加"创业中华——2014侨界人才聚无锡"活动,刚果民主共和国中华总商会会长张琪、新加坡创新创业学会会长张华俊等应邀参加活动。注重发挥省华侨华人文化交流基地——中国宜兴陶瓷博物馆的窗口作用,通过举办与侨界有关的活动展览,扩大华侨华人文化交流基地的宣传效应。

(王云丹)

宜兴市文学艺术界联合会

【概述】 全年新增国家级会员11人、省级会员33人、无锡市会员36人,累计有国家级会员92人。2014年,市文联新增宜兴市茶文化促进会、宜兴市朗诵协会2个社会团体组织,市戏剧曲艺家协会先后在张渚镇、和桥镇、徐舍镇成立戏曲分会、越剧分会。市作家协会、戏剧曲艺家协会、摄影家协会等6个协会换届。全年举办"陶都风 吉林情——宜兴紫砂百人百壶展"、"吴冠南艺术研究中心高研班毕业典礼暨吴冠南师生作品展"、庆祝建国65周年"大美紫砂"——宜兴紫砂捐赠中国文学艺术基金会活动、"美丽中国2014江苏城市摄影擂台赛"、《至味宜兴》首发式和征文颁奖活动、"蜜蜂行动"——首届宜兴书协会员作品展等活动10多次,承办苏浙皖编剧创作研修班、中国作协散文诗歌征文活动、"明月清风——无锡市党的群众路线教育实践活动书法作品展"等文艺活动50余次。开展送文化下乡、向学校捐书、送春联下乡、送戏下乡、送歌舞下乡等文艺惠民活动。不定期到镇(街道)、企业、社区等基层开展笔会,帮助社区、村委布置阅览室、展览室等。市作家协会在宜城街道北虹社区创办"作家书屋";市书法家协会、美术家协会向市民推出迎春书画展、送春联下乡等活动;市戏剧曲艺家协会举办"迎新春锡剧展演",演出戏曲进社区的公益活动12场(次);市书法家协会组织会员到张渚镇桃溪小学、宜兴中等专业学校,开展"墨韵飘香、心手相牵"书法家走进校园活动,为学校书法教育服务;市摄影家协会承办"形影相缘,美哉云湖"摄影大赛优秀作品展;市民间艺术家协会捐助徐舍丝弦乐队。年内,市文联成员吴俊达获"2013北京最受收藏界欢迎的年度艺术家"称号,何勇获"首届中国书法院奖提名奖""第五届中国书法兰亭奖佳作奖",庞现军书法作品入展"江苏省首届书法奖",徐卓新、陈祖培、胡春福三人作品入展"全国第十届刻字艺术展",陈剑平、承庆、周蕴芳作品获"金陵文脉——2014年全国中国画作品展览"优秀奖。

【"情满陶都"活动】 市文联打造"情满陶都"——宜兴市文艺家走基层活动品牌。7月,"情满陶都"——宜兴市文艺家走基层活动启动仪式"暨首场演出在市体育公园举行,近20位音乐舞蹈家协会的文艺家参演。8月,"情满陶都"——宜兴市文艺家走基层活动"纳凉晚会在市体育中心举办。9月,市戏剧曲艺家协会举办"情满陶都——庆国庆、爱家乡2014宜兴戏曲名家、名票进社区"活动。10月,市摄影家协会举办"情满陶都 美丽宜兴——摄影作品巡回展",在全市各社区、学校、军营等地巡回展览。同月,市美协、书协组织12名书画家开展"情满陶都——书画家走进大乡村活动"。

(吕瑞芳)

宜兴市残疾人联合会

【概述】 完善残疾人保障和服务两个体系,帮助残疾人改善生活状况。至年底,全市有持证残疾人2.35万人、就业残疾人9168人,有福利企业147个、残疾人就业(创业)基地30个。全年开展残疾人检测1863人次,鉴定发证1205张。博爱家园儿童成长中心被中国精神残疾人及亲友协会孤独症委员会评为全国孤独症服务机构自强自律创建活动社会倡导达标单位。爱德陶艺社创建为江苏省第三批残疾人文化创业基地。

【困难残疾人帮扶】 全年为1141名重残低保残疾人发放低保重残补贴125.28万元,为1391名生活不能自理重残人员发放护理补贴155.97万元,为88名高中以上残疾学生发放教育专项补贴24.7万元。至年底,享受特困残疾人生活救助3781人,发放房屋修缮金43户、28万元,全年免费体检518人;救助精神病人门诊服药408人、救助住院治疗精神病人34人,救助三、四级无业精神病人987人,救助总额107.26万元;为175名听力残疾人提供每人1000元的助听器适配补助;为364名残疾人发放机动车燃油补贴9.4万元。为符合条件的残疾人办理免费乘坐公交车"爱心卡"1.19万张,减免费用250万元;为465户有需求的贫困残疾人配置康复器具973件;为235户贫困残疾人家庭提供无障碍改造服务。举办各类职业技能竞赛活动促进就业。就业技能培训368人,新安置残疾人就业285人,个性化服务安置残疾大学生就业10人。免费康复救助0—14岁残疾儿童96人。市镇两级托养中心托养人员全部实施意外伤害保险。

【服务机构建设取得实效】 实施"博

爱家园”双基实事工程，推进10个镇（街道）的6个社区卫生服务中心康复站和6个残疾人安养院规范化建设，全市有468名残疾人得到高效优质、就近、就便的康复和托养服务。在7个镇（街道）的残疾人综合服务中心安装盲人阅读软件，便于盲人与外界无障碍交流。市托养中心全年为217人提供托养服务，并探索“福利型托养—福利型、庇护型托养—就业创业”的托养服务之路，全年有36人进入庇护就业行列，其中5人进入企业就业。引进孤独症康复专家张庆长，合作成立市博爱孤独症从业人员服务中心。

【文化助残】 开展紫砂文化助残系列活动。举办第二届残疾人紫砂精品展。创办爱德陶艺社，成立爱德陶瓷艺术文化有限公司，注册“怡德”商标。组织惠残助残项目参与政府公益创投、微创投和孵化项目的立项，先后有爱德培训学校的“用心聚资源、爱心助成长”等9个项目被立项，促进残疾人社会事业融合的不断深入。举办首届残疾人运动会，组织381名残疾人参加聋人篮球等7个大项、72个小项的比赛。组建男子盲人门球队，与市培源实验小学合作建设盲人门球训练基地，获江苏省第九届残疾人运动会盲人门球男子第三名。培养选送优秀运动员参加省第九届残疾人运动会，10名运动员取得3银、5铜的好成绩。3名聋人运动员参加全国第九届残疾人运动会暨2014全国聋人篮球锦标赛，获男子团体第四名、女子团体第七名。

【优秀残疾人培育】 聘请7名省级以上陶艺大师与7名爱德陶艺社社员结对帮扶，邀请国家级大师为参加陶艺竞赛的选手授课。范月琴、范培君参加省第五届残疾人职业技能竞赛，分获陶艺项目第一、第二名，并在全国残疾人岗位精英职业技能竞赛上分获第一、第八名。瞿建明、王晓红参加省第五届残疾人职业技能竞赛均获服装剪裁、男服制作第二名。范小龙获得“陶都好人”称号。马伟忠获“宜兴市青年创业明星”和“江苏好人”称号。

（蒋敏）

宜兴市红十字会

【概述】 弘扬“人道、博爱、奉献”的红十字精神，以“改善最易受损害群体的境况”为目标，开展“博爱送万家，博爱助残、助老、助医、助学”的“一送四助”活动。加强献血、献造血干细胞、献遗体（角膜、器官）“三献”工作，实施人道救助。春节期间慰问贫困家庭300余户。其中：走访196户、发放救助金29.80万元，发放棉被、食用油等物资折合人民币3.36万元。3月，市红十字会拨款30万元资助新建的徐舍敬老院购买电视。5月，和桥医院红十字会与和桥镇残联联合开展“为残疾人献爱心”活动，为26名残疾人免费体检。同月，宜城街道红十字会联合宜城街道社区卫生服务中心工作人员，到宝东社区及谈家干社区开展“帮扶残疾人，关爱在身边”助残志愿活动，上门体检32人次，建立家庭健康档案51份，接待健康咨询、指导用药95人次。6月、9月，市卫生系统红十字会分别到新街敬老院、高塍敬老院开展义诊活动。8月，云南鲁甸发生6.5级地震后，全市各界自发踊跃为灾区捐款，市红十字会将募集的善款16.59万元全部上缴无锡市红十字会转往灾区。年内，市红十字会会同市教育局开展“2014年度大学新生圆梦公益活动”及“红十字励志助学金”活动，为557名家庭困难学生发放助学金43.62万元。创建红十字示范学校1所，捐赠便民救护器材、课外图书价值分别达1.25万元、1.08万元。实施人道关怀救助，开展日常应急救助，全年救助突发事件、重病、疾病者65人（件），发放救助金41.15万元。分别救助丁蜀镇查林村一烧伤患者、溺亡孩子的一外来务工人员、患败血症的一侨胞各1万元、0.8万元、0.3万元。全年募集善款200万元。

【无偿捐献工作迈上新台阶】 市红十字会始终把宣传《中华人民共和国献血法》、普及献血知识、推动捐献造血干细胞和遗体捐献工作作为市精神文明建设的重要内容，开展多种形式的宣传活动，动员和组织红十字会基层组织和会员、志愿者带头参与，形成良好的社会氛围，无偿献血、捐献遗体（器官）工作迈上新台阶。全

市遗体（器官）捐献者纪念碑落成　　（市红十字会　提供）

年无偿献血1.73万人次，无偿献血总量569.5万毫升；新增造血干细胞捐献者28人，全市累计有392名造血干细胞志愿者加入中华骨髓库江苏省分库；为4名遗体捐献志愿者办理登记手续，5名志愿者实现遗体捐献。6月，市遗体（器官）捐献者纪念碑落成，有13名志愿者的名字被刻于纪念碑。

（张晓红）

宜兴市关心下一代工作委员会

【概述】 弘扬"忠诚敬业、关爱后代、务实创新、无私奉献"的"五老"（老干部、老战士、老专家、老教师、老模范）精神，紧密结合党政所急、群众所盼、青少年所需和关工委所能，发挥关工委和"五老"积极性和独特优势，着眼于培育和践行社会主义核心价值观，开展青少年思想道德教育和法制教育，参与社会治理创新，加强基层组织建设、校外教育阵地建设和关工委自身建设，以改革创新精神推进社会教育，促进青少年健康成长。至年底，全市有各级关工委组织3211个，参与各级关工委组织的"五老"骨干5200余人，经常参与关工委活动的"五老"志愿者2.23万余人，其中离退休教师、政法系统离退休人员参与率分别达95%、85%；参与社区（村）校外教育辅导站工作的社会志愿者515人，其中在职教师280人、大学生村官150人。全市建成"有班子、有队伍、有阵地、有经费、有制度，领导班子建设好、'五老'作用发挥好、制度健全执行好、积极探索创新好、活动经常效果好"的"五有五好"社区（村）关工委257个、民营企业关工委40个，以"五有五好"为内容的"关工委工作常态化建设合格学校"创建数达全市学校总数的70%以上。全市有192个社区（村）校外教育辅导站建成电子阅览室，291个社区（村）实现未成年人零犯罪。市关爱工作团被评为无锡市优秀志愿服务团队，市农林局关工委被评为全省"五有五好"基层关工委先进集体，薛根荣、杨杰分别被评为全省预防青少年违法犯罪工作先进个人和江苏省青年农民创业之星，市关工委获全省创建"五有五好"基层关工委优秀组织奖。5月，市关工委领导成员调整。

【"勿忘国耻，强我中华"主题教育活动】 为响应中共中央《关于培育社会主义核心价值观的意见》、全国人大确定抗战胜利纪念日和南京大屠杀死难者国家公祭日，以及江苏省、无锡市关工委"三爱一践行"（爱学习、爱劳动、爱祖国，践行中国梦）主题教育活动部署，激发青少年的爱国热情和民族自尊心，自觉践行社会主义核心价值观，为中华崛起而发奋学习、立志成才，4月起，市关工委在全市青少年学生中开展"勿忘国耻，强我中华"主题教育活动。5—7月，先后编发4.5万余字的宣传辅导读本3500册，召开动员大会部署主题教育工作，培训"五老"宣讲员骨干，并编发简报。6月下旬至8月，全市各级关工委围绕教育主题，组织"五老"宣讲员及在职教师、大学生村官，深入学校和社区（村），开展主题宣讲和教育实践活动。全市举行宣讲报告600余场（次），征文演讲比赛316场（次），知识竞赛242场（次），专题展览和文体活动384场（次），社会实践活动296次。同时，组织2万余名青少年学生参与全省中小学生"三爱"书签制作大赛和无锡市"三爱一践行"主题教育征文竞赛，均取得良好成绩。全市参与主题教育各项活动的青少年学生15万余人次。市关工委获全省中小学生"三爱"书签制作大赛优秀组织奖。

【老教师家庭辅导站先进典型受表彰】 老教师家庭辅导站，作为青少年校外教育辅导站的延伸和拓展，是由市关工委组织退休教师以自己家庭为场所，为邻近学生放学后或假期中提供免费学业辅导、思想教育和监管服务的一个平台。20世纪80年代中期起，一些老教师就开始自发创办家庭辅导站。1996年后，在市教育局关工委及各基层关工委的倡导和推进下，老教师家庭辅导站不断发展壮大，至2014年，全市534个老教师家庭辅导站遍布城乡，参与老教师达580多人，在教学生2300多人，历年受教育学生达6万人次。老教师利用家庭辅导站这一平台，开展青少年思想道德教育，辅导学生完成学业，培养学生兴趣特长，保护学生人身安全，防止学生违法犯罪，密切家校联系。在有偿托管、家教盛行的环境中，老教师们倾情付出，不求回报，还要贴补水电等费用，有的还免费为学生提供学习用品、点心等，其无私奉献精神赢得学生、家长和社会各界好评。全市涌现出"中国好人"费炳华、全省城乡社区校外教育辅导站工作先进个人芮凤梅等一批先进人物。为总结推广老教师创办家庭辅导站的成功做法和经验，市关工委、教育局联合开展全市老教师家庭辅导站先进典型评比表彰活动。2014年3月，市教育局关工委发文部署家庭辅导站评优工作。4—6月，各镇（街道）教育关工委与学校关工委一起开展经验交流、民主评议、择优推荐活动。7月，市关工委和市教育局关工委联合走访调研基层关工委推荐的示范家庭辅导站。8月，市教育局关工委编辑出版《陶都盛开"家辅"花——老教师家庭辅导站事迹汇编》1200册，选编老教师典型事迹33篇。10月，市关工委、教育局联合召开全市老教师家庭辅导站经验交流暨表彰会。会议表彰老教师示范家庭辅导站18个、优秀辅导站73个。并向该91个站分别奖励了一批图书，还为全市534个老教师家庭辅导站各配发一套(9件)小型体育器材。会后，各基层关工委纷纷组织开展观摩学习、经验交流、先进表彰等活动，掀起向先进学习、加快发展老教师家庭辅导站的热潮。

【江秉鸿建言"网络治理"文章受关注】 市东山高级中学学生江秉鸿积极响应学校开展的文明上网活动，通过和网友一起探讨，认真学习有关书籍，写作《网络治理，我们到底缺少了什么？》一文。这篇2500多字的文章，通过论述网络空间思想上缺少理性独立的思考、治理上缺少依法治网的保障、方式上缺少入心入脑的鼓动、舆论上缺少网络正能量的支持的"四类缺失"问题，提出对网络治理的主张。10月28日，此文章被人民网理论频道加"编者按"刊登。"编者按"中提及，"本期从一个年仅15岁少年眼中网络空间的四类缺失，让我们深刻认识到'依法治网'从娃娃抓起的重要价值和现实意义，值得我们上升到网络强国建设的战略层面认真思考和扎实推动。"文章在人民网刊登后，先后被凤凰网、光明网、中国共产党新闻网等媒体转载，引起社会广泛关注。宜兴日报社、宜兴电视台、江南晚报社记者分别专访了江秉鸿。11月3日，《宜兴日报》作题为《我市15岁少年著文纵论"网络治理"》的报道。11月21日，省关心下一代周报社记者苗苗采访了江秉鸿，随即在当月28日《关心下一代周报》头版头条发表题为《建设我们的网络蓝天》的报道，介绍了市东山高级中学组织学生开展文明上网活动的情况。

（倪锦豪）

宜兴市生态文明研究与促进会

【概述】 围绕"学习与研究、宣传与引导、关注与促进、呼吁与倡导、加强与提高"展开工作。开展重点课题研究，给市领导提供调研报告，提出建议意见；创新宣传方法，弘扬生态文明理念；围绕全市目标任务，明确关注和促进的重点。针对全市生态文明建设重点和难点问题，深入张渚、西渚、徐舍等地开展调研、交流，形成《加强生态文明建设，构建乡村旅游"宜兴模式"》《当前我市扬尘污染的现状和防控措施研究》《关于我市气味污染问题的对策研究》等调研报告，向市委、市政府提出建设性意见，市委书记王中苏高度重视并作了重要批示。《宜兴生态文明》期刊全年刊发调研报告和文章11篇。

【生态文明宣传】 指导和协调社会各方力量，弘扬生态文明理念，携手推进生态文明建设。第43个"世界环境日"期间，在宜城街道文化广场举行"生态文明美丽宜兴"环境保护专场文艺演出。市锡剧团的演员们紧扣生态文明建设和环境保护主题，以群众喜闻乐见的表演形式，演出《我爱西氿水》《长了腿的垃圾桶》《说环保唱环保》《环保时装秀》等10多个自创节目。演出中还穿插了环保知识有奖问答互动活动，向市民宣传生态文明理念。6月5日，市生态文明研究与促进会、市环保局在文化广场开展"向污染宣战"的主题宣传活动。活动中，"生态文明美丽宜兴"环保摄影比赛优秀作品展的100多幅作品和"生态宜兴美丽家园"10多块展板得到市民赞美。环境法制、环境监测、环境信访服务和项目审批等现场服务活动得到市民的直接关注和参与。《宜兴生态文明》期刊突出宣传宜兴生态文明动态，先后刊出万石镇、丁蜀镇、西渚镇的生态发展、和谐发展新思路、新概念和生态文明建设的实践成果，刊出了近百幅有宜兴特色的生态风光图片，展示了山水宜兴、生态宜兴、和谐宜兴的秀美景象。全年出刊3期、4500份。

（周惠民）

宜兴市老年协会

【概述】 1月，宜兴老年协会网站开通，设置栏目12个。3月，全市老年协会工作会议表彰先进老年协会、十佳基层会长、十佳老年活动室等先进单位50个、先进个人42人，各级老年协会表彰敬老养老助老先进典型520人。9月，召开全市老有所学推进会。10月，举办第三届老年文艺会演广场舞大赛，617名老年文艺爱好者参演节目24个。其中，宜城街道老年协会的《喜乐陶工》获金奖，并代表无锡地区参加省老年春晚。年内，宜城街道老年协会开展"传承中华美德、弘扬敬老文化"系列活动，评出各类敬老之星114人；芳桥街道老年协会举办目连文化节，弘扬孝道文化；杨巷镇老年协会举办"尊老敬老"摄影书画展、中小学"孝文化"征文活动。全市3个镇、59个村（社区）老年协会换届，举办培训299次，1.86万名老年骨干参加学习。全年走访慰问困难老人4.1万人次，发放慰问金1393.39万元；发动3544名志愿老人结对帮扶困难老人4992人。推进老年人免费健康体检，建立电子健康档案，举办健康讲座1730场（次），参加体检老人11万人。组织老年调解队346个，1716名老年调解队员调处涉老纠纷882件，全年调处涉老纠纷成功率93%；依靠定点律师法律援助办理涉老案件42件，为老人挽回经济损失120万元。新设老年慈善基金53个，筹集资金1465.7万元。市台湾同胞投资企业协会主办关爱老人慈善义拍活动，募集善款40.31万元。

【老年活动场所建设】 市老年协会把老年场所规范化建设作为工作重点。宜城街道办事处承担老年活动室建设投入经费的70%；万石镇将老年活动室建设纳入为民办实事工程，每建成1个奖励30万元~70万元；张渚镇民营企业家许春义投入260万元，新建老年活动室2个；周铁镇沙塘港村投资30多万元的村老年学校挂牌开学。湖汶镇老年服务中心投运（详见《湖汶镇》）。至年底，全市新建老年活动室74个，其中社会捐助建设16个；260个村（社区）老年活动室达到合格标准，合格率83%。

【为老服务新拓展】 为促进全市"银发"旅游健康发展，市老年协会利用全体老年人免费游览景区、村（社区）老年活动室活动经费补贴等优待政策，拓展为老服务内容。市老年协会提出"关于扩大全市老年人免费游览景点"建议，11月，市政府发布《关于本市主要景区对60—69周岁老年人免费开放的通告》。年内，周铁镇1200名老人参加"银发"旅游，列全市第一位。至年底，全市271个团队、1.38万名老人参加"银发"旅游。宜城街道老年协会打造"街道有中心、社区有站、小区有点"三级服务网络；万石镇实施安康关爱行动，镇、村两级出资为全镇老年人购买人身意外保险；徐舍镇以"一村一特色"组建老年特色文艺团队，1055名队员自娱自乐、排练节目，送戏下乡。

（许正辛）

宜兴市老区开发促进会

【概述】 市老区开发促进会、扶贫开发协会和农村经济学会围绕"三农"（农业、农村、农民），不断拓展服务领域，宣传弘扬老区精神，扩大革命老区知名度和影响力，促进老区经济社会发展，改善和提高老区人民生活水平。全年开展专题调研3次，撰写调研报告3篇；资助相关镇发展现代农业项目20万元。5月，老区开发促进会、扶贫开发协会和农村经济学会2014年理事会议召开，选举产生新一届理事会。

【调查研究服务"三农"】 开展"三农"工作专题调研，为弘扬"三农"工作建言献策。配合省老区开发促进会、扶贫协会，无锡市老促会、扶贫协会、农经学会搞好"家庭农场发展情况""陶瓷产业发展""新型生猪生物发酵饲料应用""小微企业发展情况"等课题调研。4月，赴周铁镇调研农村社会慈善事业发展情况，撰写调研报告《企业发展不忘回报社会、慈善阳光普照周铁大地》。7月，赴市卫生局、官林镇等单位调研农村医疗卫生事业发展情况，撰写调研报告《不断加强农村医疗卫生事业建设，促进城乡医疗卫生事业协调发展》。10月，赴西渚镇白塔村调研，了解一个经济薄弱村如何开展新农村建设的情况，撰写调研报告《"生态立村、旅游兴村、文化强村"，一个经济薄弱村的新农村建设之路》。这些调研报告被《苏南发展》《无锡调研与信息》《无锡农村经济》等刊物转发。

【兴办实事助"三农"】 市老区开发促进会全年筹资20万元，扶持高塍镇经济薄弱的六圩村发展薄壳山核桃项目。该项目总投入360万元，至年底，有种植基地320亩，沟、渠、生产用房等基础设施建设基本到位，山核桃苗长势良好，成为该村高效特色农业的重要基地。扶持张渚镇茶亭村发展玫瑰园项目。该项目总投资2760万元，至年底，形成种植规模1400亩，其中700亩进入盛产期，年产鲜花200多吨，提炼玫瑰精油80多千克，年产值1000多万元，亩均效益400多元。至年底，市老区开发促进会累计向"三农"项目投资553.5万元，完成扶持项目71个。

（张仲华）

宜兴市新四军历史研究会

【概述】 组织会员参观西渚镇白塔村以及革命老区太华镇。召开纪念渡江战役胜利65周年、抗日战争胜利69周年、邓小平同志诞辰110周年座谈会。加强青少年革命传统教育，组织学生阅读"红色"刊物《大江南北》、听取老战士宣讲团的宣讲。利用会员资历老、人脉广的有利条件，宣传宜兴改革开放成就，扩大宜兴知名度和美誉度。7月，采访市委书记王中苏的文章《吹响生态立市的号角》在宣传新四军精神的期刊《铁军》刊登，王中苏被中国新四军和华中抗日根据地研究会评为弘扬铁军精神、改变老区面貌的县委好书记。与市史志办、太华镇镇政府合作编纂《新四军在宜兴（太华卷）》，并由中共党史出版社出版。全年发行《大江南北》杂志3251份。12月，召开第16次会员大会，选举产生第四届理事会。

【《太滆烽火》第九辑出版发行】 9月，记述抗日战争时期太滆地区军民抗战的历史资料书籍《太滆烽火》第九辑出版发行。全书分《四忆录》《专题研究》《人物》三章，共有文章21篇、10万余字。该书图文并茂地收录了抗战老战士等撰写的入党回顾、艰苦岁月追记、抗击日军战斗故事等回忆文章，再现了老战士们抗击日军的艰苦岁月。该书既具存史作用，又是市民特别是青少年了解宜兴革命斗争史、学习革命精神、继承革命传统的好读物。

（张澍）

编辑　解丽莉

经济建设
ECONOMIC CONSTRUCTION

工业经济

INDUSTRIAL ECONOMY

综　述

【概述】 面对严峻的经济形势和金融风险带来的冲击，全市各级把握稳中求进总基调，确保全市工业经济在新常态下平稳健康发展。至年底，全市有工业企业9306个。全年工业总产值(现行价)3402.25亿元，工业应税销售收入3449.44亿元，产品销售收入3330.18亿元，工业利税总额204.24亿元、利润总额141.37亿元。高端线缆、节能环保、新材料、新能源及光电子五大新兴产业快速发展，全年规模以上企业实现产值1454.8亿元。陶瓷与耐材、化纤纺织、机械铸件和铜材加工四大优势传统产业健康发展，全年规模以上企业实现产值150.9亿元。全市各镇、园区、街道中，官林镇、环科园(含高塍镇)、开发区、徐舍镇、丁蜀镇、周铁镇、张渚镇、宜城街道工业应税销售收入均超100亿元，分别为966.97亿元、630.16亿元、455.06亿元、308.37亿元、177.45亿元、134.37亿元、124.67亿元、118.85亿元；工业应税销售收入50亿元～100亿元的有新建镇、万石镇、和桥镇、杨巷镇，20亿元～50亿元的有芳桥镇、西渚镇、新庄街道、湖㳇镇、太华镇。金融风险稳控有力，省政府为19个贷款超1亿元的市重点规模企业召开专门协调会，全年中小企业贷款周转金公司为近1000个企业周转1666笔银行贷款共计127亿元。

【规模经济】 全市有规模以上工业企业943个，全年工业产值(现行价)2812.88亿元、销售收入2707.2亿元、利税总额154.13亿元，分别比上年下降4.7%、4.8%、10.8%。全市工业产值前150强企业工业应税销售收入2504.68亿元，占全市总量的72.6%，比上年增长1.2%。全市工业总产值100强企业产值2087.66亿元，比上年增长2.5%。工业总产值超1亿元企业334个，产值2557.99亿元，比上年增长1.7%，占全市规模以上工业总产值的90.9%，户均7.66亿元，其中超10亿元企业49个、超100亿元3个。全年应税销售收入超100亿元企业4个(远东控股集团有限公司、江苏三木集团有限公司、江苏金辉集团公司、潞安卓泰祥和金属科技宜兴有限公司)、50亿元～100亿元6个、20亿元～50亿元20个。全年新增省级以上技术中心7个(国家技术中心1个)、省级以上工程研究中心18个，累计139个。有6项技术(产品)列入省重点推广应用的新技术新产品目录。

【后劲投入】 全市在建工业项目617个，计划总投资605.69亿元。一期工程计划投资555.51亿元，年内完成工作量331.34亿元，比上年增长3.06%(同口径)。在建工业项目中：内资项目580个，一期工程计划投资509.57亿元，年内完成工作量281.94亿元；外资项目37个，一期工程计划投资45.94亿元，年内完成工作量49.4亿元。全年市定工业重点项目30个，开工26个，计划总投资60.14亿元，一期投资53.84亿元，年内完成工作量18.19亿元(外资项目计划总投资、一期工程投资额和年内完成量均按照1:6.2折算为人民币)。全市引进工业内资(指市外内资)项目82个，总投资规模230.09亿元，其中协议引进工业项目内资124.79亿元、实际到账53.4亿元。新注册工业内资企业56个，总投资规模82.87亿元，其中协议引进工业项目内资70.1亿元。

【工业节能】 全市规模以上工业综合能耗和万元增加值能耗实现“双下降”：规模以上工业综合能耗445.99万吨标准煤，比上年下降3.46%；规模以上工业万元增加值能耗0.94吨标准煤，比上年下降5.35%。规模以上工业万元产值能耗0.16吨标准煤，能耗保持较低水平。年耗能超5000吨标准煤的70个重点用能企业建立能源管理部门，配备能源管理负责人和专(兼)职能源管理员。全年12个企业开展能源管理体系认证工作，累计16个企业通过认证，万家企业能源管理体系建设逐步到位。江苏灵谷化工有限公司年产45万吨合成氨、65万吨尿素煤气化项目被省经信委列为绿色发展诊断项目。市海福印铁制罐有限公司全自动四色印铁生产线节能技改及市宜刚环保工程材料有限公司、江苏富陶科陶瓷有限公司等企业的8个项目被列为省级节能和循环经济项目。市艺蝶针织有限公司、远东电缆股份有限公司等15个企业分别实施年节能500吨标准煤以上的节能改造项目，累计可年节能2万多吨标准煤。

【清洁生产与资源综合利用】 全年74个企业通过清洁生产审核,年节约综合能耗1万多吨标准煤、水22.4万吨,减排固体废弃物3357.7吨、化学需氧量4.4吨,产生经济效益8510万元。至年底,全市通过省经信委重新认定和综合年检的资源综合利用企业43个,年利用工业废渣、淤泥、废塑料、废纤维等废弃资源600多万吨。江苏国信协联能源有限公司、江苏富陶科陶瓷有限公司被评为无锡市循环经济试点企业。无锡华燕新电源有限公司的铅污染削减技改项目申报获工信部"高风险污染物消减行动计划"中央财政清洁生产专项资金奖励。环科园被工信部和国家发改委列为第一批国家低碳工业园区试点。

【"两化"融合成效显著】 远东控股集团有限公司被列为全国首批信息化和工业化融合管理体系贯标试点企业,宜兴旭硝子工业陶瓷有限公司、市阳生化工有限公司等10个企业被评为省"两化"融合试点企业,江苏诺明高温材料股份有限公司、江苏中超电缆股份有限公司被评为无锡市"两化"融合示范企业。远东控股集团有限公司、江苏卓易信息科技股份有限公司等4个企业被评为无锡市五星级数字企业。远东控股集团有限公司的智慧化信息平台项目列入省"两化"融合诊断项目,江苏三木集团有限公司的信息化集成系统建设项目和无锡市明珠电缆有限公司的支持移动应用的线缆行业信息化项目列入省企业信息化提升项目。江苏中江物联网科技有限公司的服装领域专用智能终端及解决方案的技术研发和产业化项目列入省级物联网专项,江苏中农物联网科技有限公司的市水产养殖物联网应用示范工程、江苏卓易信息科技股份有限公司的基于物联网的污水处理厂网一体化智能管控系统等9个项目列入无锡市物联网专项。江苏中江物联网科技有限公司、江苏中讯电子科技有限公司等5个企业参加第四届中国国际物联网(传感网)博览会。至年底,全市有国家"两化"融合示范企业1个,省"两化"融合示范企业4个、试点企业31个,无锡市"两化"融合示范企业8个;有省五星级数字企业3个、无锡市五星级数字企业4个。

2014年宜兴市营业收入前50位企业主要经济指标

表15

单位:万元

序号	企业名称	营业收入	现行价产值	利税总额	利润总额
1	远东控股集团有限公司	2252596	2392500	65270	38646
2	江苏三木集团有限公司	2200653	1954923	100605	79799
3	江苏江润铜业有限公司	1155331	1176626	28961	28172
4	潞安卓泰祥和金属科技宜兴有限公司	1007404	669240	794	702
5	无锡市凌峰铜业有限公司	898108	926318	6933	6513
6	浙江昱辉阳光能源江苏有限公司	691644	657789	12727	11142
7	无锡江南电缆有限公司	642192	588662	74262	67203
8	宜兴市意达铜业有限公司	493791	495646	15252	14774
9	江苏刚大金属材料有限公司	435382	435397	32497	26516
10	江苏沪宁钢机股份有限公司	406715	447091	71208	59563
11	江苏中广润新材料科技有限公司	403262	403292	24291	24254
12	江苏华亚化纤有限公司	379954	339674	-10671	-16340
13	宜兴市金啸铜业有限公司	340027	347430	23684	23229
14	江苏辰龙科技有限公司	315794	130116	-1281	-2790
15	无锡市天通铜材有限公司	309054	309000	17418	17062
16	江苏莱顿宝富塑化有限公司	294106	305977	17277	16767
17	国电光伏(江苏)有限公司	270051	317051	-4362	-3531
18	江苏俊知技术有限公司	265999	269317	16381	5832
19	远程电缆股份有限公司	265546	265990	16199	10760

续表15

序号	企业名称	营业收入	现行价产值	利税总额	利润总额
20	无锡市中能铜业有限公司	260736	276380	16844	16407
21	江苏天地龙线材有限公司	251414	251414	-1581	-3083
22	宜兴义源铜业有限公司	248798	229428	3980	2473
23	宜兴乐祺纺织集团有限公司	234063	253868	11648	10088
24	江苏铭龙铝镁合金科技有限公司	229193	234762	256	-835
25	无锡市沪安电线电缆有限公司	226340	240872	4378	2622
26	江苏中超电缆股份有限公司	210314	227000	14097	9201
27	圣安电缆有限公司	203813	217421	7430	4217
28	宜兴申利化工有限公司	191909	193911	4298	4298
29	红牛维他命饮料(江苏)有限公司	185809	193359	46394	45384
30	宜兴市天源铜业有限公司	180524	175603	5554	5229
31	江苏海达电缆有限公司	175196	175189	19193	17344
32	宜兴新威集团有限公司	172255	172385	12810	11807
33	宜兴荣胜科技有限公司	169721	163858	13330	7367
34	灵谷化工有限公司	167501	165040	17870	15336
35	江苏中煤电缆股份有限公司	165968	177887	15044	11517
36	江苏亨鑫科技有限公司	145271	162114	14594	11560
37	江苏国信协联能源有限公司	134382	124831	24137	23395
38	江苏东峰电缆有限公司	133617	134816	12416	9703
39	江苏远航合金有限公司	130929	130929	8602	8088
40	宜兴港华燃气有限公司	126900	124266	34526	28556
41	宜兴市明阳化纤厂	125959	125371	1452	1142
42	无锡市和佳电工器材有限公司	125812	107704	4474	3137
43	江苏宝安电缆有限公司	124718	121475	6455	5314
44	江苏金泰科精密科技有限公司	120805	120905	6372	5191
45	江苏中辰电缆有限公司	119254	129591	5367	3822
46	江苏雅克科技股份有限公司	117263	118013	20176	19717
47	江苏海盛兴金属材料有限公司	110604	111589	2909	2874
48	江苏利通电子有限公司	102963	79171	6414	3067
49	江苏裕龙电磁线有限公司	101209	101200	1542	532
50	宜兴市华鼎铜业有限公司	99551	1512	-1696	-1791

2014年宜兴市工业内资市定重点项目进度情况

表16

单位:万元

序号	企业名称及项目名称	项目性质	计划总投资	一期工程固定资产计划投资	完成工作量		财务发生数		工程进度
					累计	2014年	累计	2014年	
	合 计		561108	498108	162860	162860	124540	117640	共28个项目,至12月底,开工24个,未开工4个

续表16

序号	企业名称及项目名称	项目性质	计划总投资	一期工程固定资产计划投资	完成工作量		财务发生数		工程进度
					累计	2014年	累计	2014年	
1	中节能(宜兴)环保科技发展有限公司	中节能宜兴节能环保产业园一期	36502	36502	28000	28000	13000	13000	土建开工
2	江苏时代华谊电子科技有限公司	半导体器件、电子电力器件配套件项目	11600	11600	2000	2000	1100	1100	土建开工
3	江苏雅克科技股份有限公司	深冷复合节能保温材料国产化项目	50000	50000	19100	19100	19100	12200	土建开工,设备订购
4	江苏德威节能有限公司	新型纳米级保温材料及预制保温管道项目	52275	52275	—	—	—	—	未开工
5	江苏雷蒙化工科技有限公司	年产13.5万吨吨环保增塑剂技改扩能项目	50000	50000	1000	1000	1000	1000	土建开工,设备订购
6	无锡元创华芯微机电有限公司	微机械电子系统(MEMS)项目	12000	12000	1500	1500	1300	1300	设备订购
7	无锡市顺得利电工材料有限公司	高导超细合金导线项目	18000	18000	800	800	800	800	土建开工
8	江苏讯丞机械有限公司	催化消声器生产线整体搬迁扩能	15000	15000	7000	7000	6700	6700	土建开工,设备订购
9	宜兴市王者塑封有限公司	高档塑封膜生产线扩能	12000	12000	8500	8500	8500	8500	设备订购
10	无锡市嘉鹏环保设备有限公司	全自动净水器生产线扩能	11000	11000	6500	6500	5500	5500	土建开工,设备订购
11	无锡市兆星辐射防护科技有限公司	环保水处理设备生产线	10500	10500	6560	6560	5400	5400	土建开工,设备订购
12	宜兴市鼎博环保机械科技有限公司	环保机械、环保设备及配件、喷泉设备及配件生产线	11000	11000	7000	7000	6500	6500	土建开工
13	江苏金山环保科技股份有限公司	环保设备生产线扩能	72000	20000	—	—	—	—	未开工
14	江苏佳羽环境科技有限公司	环保水处理设备生产线	10500	10500	5500	5500	1500	1500	土建开工,设备订购
15	无锡市华鸿电工材料有限公司	环保水处理设备生产线	15600	15600	5400	5400	4500	4500	土建开工,设备订购
16	江苏百勤完井技术有限公司	石油筛管生产线	18000	18000	—	—	—	—	未开工
17	江苏瑞亚搅拌科技有限公司	高效搅拌设备生产线	11000	11000	4000	4000	2000	2000	设备订购
18	无锡市诚天诺执行器制造有限公司	自动阀门生产线扩能	12500	12500	9500	9500	1300	1300	设备订购
19	宜兴市震泽环保有限公司	年产300套环保设备生产线	10520	10520	8000	8000	7000	7000	土建开工,设备订购
20	江苏恒合科技有限公司	高效单晶硅棒生产线	20000	20000	16800	16800	16800	16800	设备订购

续表16

序号	企业名称及项目名称	项目性质	计划总投资	一期工程固定资产计划投资	完成工作量		财务发生数		工程进度
					累计	2014年	累计	2014年	
21	无锡市天裕机械设备有限公司	机械设备的制造、环保设备、钢结构的制造安装新建	12000	12000	1000	1000	1000	1000	土建开工,设备订购
22	宜兴市宝登合金有限公司	钼制品的加工,铜、铝及合金散热器、电力电子器件、冷弯型材的加工、制造	20000	12000	2000	2000	2000	2000	土建开工
23	无锡源源金属制品有限公司	金属丝及其制品加工、弹簧制造、环保水处理设备生产线搬迁项目	13000	10000	10000	10000	10000	10000	土建竣工,设备订购
24	宜兴市华井科技有限公司	工业用特种陶瓷、耐火制品生产线	12000	12000	2000	2000	2000	2000	土建开工
25	江苏森旺木业科技有限公司	竹、木制品的深加工及家具的制造	12000	12000	500	500	500	500	土建开工
26	宜兴宇盛陶瓷厂有限公司	高档陶瓷酒坛生产线搬迁	11000	11000	4000	4000	4000	4000	土建开工
27	江苏金能环境科技有限公司	三废处理节能环保设备制造	10611	10611	6200	6200	3040	3040	土建开工,设备订购
28	江苏静远建筑装饰工程有限公司	隔热保温节能铝合金门窗及幕墙生产线	10500	10500	—	—	—	—	未开工

2014年宜兴市工业外资市定重点项目进度情况

表17　　　　单位:万美元

序号	企业名称及项目名称	项目性质	计划总投资	一期工程固定资产计划投资	完成工作量		财务发生数		工程进度
					累计	2014年	累计	2014年	
	合计		6500	6500	19000	19000	16000	10000	共2个项目,至12月底,开工2个,竣工1个
1	宜兴兴进颜料化工有限公司	颜料生产专用设备制造及研发中心项目	5000	5000	10000	10000	7000	7000	设备订购
2	江苏奥宝印刷科技有限公司	彩印铁生产项目	1500	1500	9000	9000	9000	3000	竣工

（王业达）

陶瓷与耐材产业

【概述】　面对经济形势错综复杂、经济下行压力、产能过剩等不利因素，全市陶瓷与耐火材料(简称“耐材”)产业发挥自身优势，开拓创新，保持平稳健康发展。全年64个规模以上陶瓷与耐材企业工业产值73.9亿元、销售收入70.9亿元、利税总额7.2亿元，分别比上年下降4.8%、5%、16.7%，分别占全市规模以上企业相应总量的2.6%、2.6%、4.7%，利税占比高于产值与销售占比，体现出整个产业收益高与贡献高的特点。全产业新(改、建)项目40个，其中内资项目36个、外资项目4个，总投资22亿元，年内完成工作量18.9亿元。陶瓷产业园区拥有核心技术的企业60多个，吸引中国科学院、清华大学等20多所国内陶瓷耐材领域科研院校的100多名专家、教授与陶瓷企业对接，为陶瓷产业加快转型发展提供技术支持。成立省陶瓷耐火材料产品质量监督检验中心、武汉科技大学宜兴陶瓷与耐火材料研究院，市耐火材料公司、无锡市宜刚耐火材料有限公司等10多个企业主持或参与制订国家专业标准，全市耐材行业的标准化工作水平提升，产品采标工作水平居无锡前列。10月，第十五届全国非金属矿加工利用技术交流会暨2014中国国际非金属矿加工技术与装备展览会在中国陶都陶瓷国际博览中心召开；第十四届全国耐火材料青年学术报告会在宜兴举办，是宜兴首次召开的全国性耐火材料方面的峰会；全国耐火材料标准化技术委员会高温隔热耐火砖工作组成立，成为全市耐火行业首个国家级标准化工作组。

【骨干企业】 全市陶瓷与耐材产业年销售收入超1亿元企业15个、超10亿元1个。该15个企业完成销售收入46.1亿元、利税总额4.8亿元，分别占规模以上陶瓷与耐材企业相应总量的65%和66.7%。江苏嘉耐高温材料有限公司转变经营模式，提供从耐材设计生产到施工安装、保养维护、更换管理等整体耐火材料解决方案，在行业内首创“总体承包一体化”耐材服务模式。公司通过自主设计、引进顶尖设备、新上高科技含量项目等方式，产品中自主研发的高新技术产品占70%。年内，公司入选“无锡市100家高成长科技型企业”。新嘉里(江苏)陶瓷有限公司通过建设省节能环保幕墙及材料工程技术研究中心，参与起草《烧结装饰板》国家标准，研发的新型陶瓷装饰板行业内领先，产品远销阿联酋、意大利等国家。江苏富陶科陶瓷有限公司采用纯天然原料和新技术，产品具有高强度、超低吸水率，并进入北美市场。江苏省宜兴非金属化工机械厂有限公司产品的技术、质量性能国内领先，全球最大的柴油发动机制造企业美国康明斯公司确认其为国内唯一高性能蜂窝陶瓷载体供应商，并与化机公司签订首批采购合同。宜兴彩陶工艺厂调整品种结构，注册老品牌“高大昌”，陶瓷酒瓶年销售收入2亿元。

2014年宜兴市陶瓷与耐材产业主要产品产量

表18

产品名称	单位	产量
陶质砖	平方米	668542
耐火材料制品	吨	658405
天然大理石建筑板材	平方米	768170

2014年宜兴市陶瓷与耐材产业销售收入超1亿元企业主要经济指标

表19　　单位：万元

序号	企业名称	销售收入	利税总额
	合　计	461252	48149
1	宜兴新威集团有限公司	172255	12810
2	无锡市南方耐材有限公司	49731	4190
3	江苏嘉耐高温材料有限公司	48270	9236
4	江苏正达炉料有限公司	30053	3677
5	江苏诺明高温材料股份有限公司	23854	4497
6	江苏君耀耐磨耐火材料有限公司	19230	2331
7	无锡市宜刚耐火材料有限公司	17570	2320
8	宜兴市金鱼陶瓷有限公司	15888	2617
9	华耐国际(宜兴)高级陶瓷有限公司	15093	1118
10	无锡市钢神冶金耐火材料有限公司	14076	2675
11	无锡市宝宜耐火材料有限公司	13416	612
12	宜兴东方石油支撑剂有限公司	10879	-981
13	宜兴市耐火材料有限公司	10844	1987

续表19

序号	企业名称	销售收入	利税总额
14	江苏省陶瓷研究所有限公司	10051	847
15	无锡兴达节能科技股份有限公司	10042	213

（武原野）

化纤纺织产业

【概述】 面对融资难、库存高、需求差等困难，全市化纤纺织企业坚持优化产品结构，保持平稳运行。56个规模以上企业实现工业产值117.7亿元、销售收入119.2亿元、利税总额1.1亿元，分别比上年下降0.7%、0.9%、17.8%，分别占全市规模以上企业相应总量的4.2%、4.4%、0.7%。其中，14个年销售收入超1亿元企业完成销售收入102亿元，占规模以上化纤纺织企业总量的85.6%。受市场大环境影响，半数以上的企业销售收入下降，利税总额出现近几年最大降幅。龙头企业江苏华亚化纤有限公司年销售收入38亿元、利税总额-1.06亿元，分别比上年下降6.9%、21.6%。绒线、锦纶纤维、苎麻类和无纺布产量下降，色织布、印染布和蚕丝类产品附加值高，产量分别比上年增长32.5%、43.9%和25%。年内，宜兴乐祺纺织集团有限公司的"CVC弹力竹节纱卡(T1513)"产品获中国印染行业优秀面料一等奖。全市化纤纺织产业新(改、扩)建项目19个，其中内资15个、外资4个，总投资16.6亿元，比上年下降20.9%，年内完成工作量15.1亿元。

【乐祺纺织致力创新开发新产品】 宜兴乐祺纺织集团有限公司拥有发明专利4件、外观专利400多件，其"乐祺"商标被评为中国驰名商标。2014年，公司推行创新、创造、创优机制，立足高端客户和市场，致力于产品延伸开发，扩展国际市场营销。在生产中高档系列面料的基础上创新开发新产品，为高附加值服装生产高档产品，如纳米、高低温免烫、牛仔等系列新、优、特产品，与GAP、LEVIS、VF高端服装品牌建立长期产销供应链合作。至年底，公司在上海、广州等地有服装专卖连锁店5个。公司全年销售收入23.4亿元，占全市规模以上化纤纺织企业总量的19.6%。

【坤风纺织出口逆势上扬】 江苏坤风纺织品有限公司集织造、印染、后整理、成衣等业务于一体，与森马、美特斯邦威、海澜之家等国内知名服装品牌建立合作关系，规模日益扩大。为缓解金融压力、加速资金流转，公司投入1000余万元扩建升级中央测试化室和配色化室，引进国外进口的织物破裂电子强力机、全自动缩水率试验机等先进设备，并在上海设立办事处，开展面向全球各地的业务对接，扩大出口比例。2014年，公司增设中国香港和韩国办事处，前移销售平台，开拓国外高端品牌市场，将产销重心从低端产品移向中高档产品。至年底，公司出口的产品免去第三方检测环节，出厂检测标准和能力接轨欧美，出口国家和地区从欧美拓展至日韩等新市场，与GAP、H&M、CalvinKlein等数十个国际服装品牌合作。公司全年销售收入8.5亿元，其中出口销售占比超80%。

2014年宜兴市化纤纺织产业主要产品产量

表20

产品名称	单位	产量
布	万米	12037
其中：色织布（含牛仔布）	万米	3537
其中：棉布	万米	9342
棉混纺布	万米	2695
印染布	万米	41539
绒线（俗称毛线）	吨	5017
亚麻布（含亚麻≥55%）	万米	2237
苎麻布（含苎麻≥55%）	万米	15

续表20

产品名称	单位	产量
蚕丝	吨	200
其中:绢纺丝	吨	200
无纺布(无纺织物)	吨	19507
帘子布	万米	4501
服装	件	1363
其中:梭织服装	件	634
针织服装	件	729
化学纤维	吨	446028
合成纤维	吨	446028
其中:锦纶纤维	吨	1150
涤纶纤维	吨	444878

2014年宜兴市化纤纺织产业销售收入超1亿元企业主要经济指标

表21 单位:万元

序号	企业名称	销售收入	利税总额
	合　计	1020490	6509
1	江苏华亚化纤有限公司	379954	-10671
2	宜兴乐祺纺织集团有限公司	234063	11648
3	宜兴市明阳化纤厂	125959	1452
4	江苏坤风纺织品有限公司	85300	-1677
5	江苏天地化纤有限公司	37795	-2515
6	宜兴市舜昌亚麻纺织有限公司	30130	1321
7	宜兴中大纺织有限公司	27587	3604
8	江苏爱娇实业股份有限公司	22297	365
9	无锡迈克斯纺织品有限公司	16242	1335
10	宜兴市百丽纺织染整有限公司	16136	797
11	宜兴长荣织造有限公司	12859	-258
12	宜兴市绿田进出口有限公司	11044	502
13	宜兴市中长色织有限公司	10974	370
14	江苏亨德利纺织印染有限公司	10150	236

(张吉)

机械铸件产业

【概述】 全市机械铸件产业受宏观经济形势等影响,主要经济指标下滑明显。但在市场倒逼机制作用下,推进产业结构转型,提高研发及自主创新能力,产业发展总体趋稳。全年140个规模以上机械铸件企业工业产值177.1亿元、销售收入175.1亿元、利税总额12.6亿元,分别比上年下降10%、10%、24%,分别占全市规模以上企业相应总量的6.3%、6.5%、8.2%。机械设备类产品产量增减不一。其中,气体分离及液化设备、泵产量分别比上年增长8.64%、5.96%，锻件、工业锅炉产量分别比上年下降17.6%、5.87%，风机、铸钢件等产品产量均有所增长。全产业新(改、扩)建项目139个，一期投资94.4亿元，年内完成工作量63.7亿元。

【骨干企业】 全市机械铸件产业年销售收入超1亿元企业40个，全年销售收入135.2亿元、利税总额12.4亿元，分别比上年下降8.4%、16.7%，占规模以上机械铸件企业相应总量的77.2%、98.4%，比重均比上年提升。市格兰特干燥浓缩设备有限公司作为国内最大的专业从事干燥、浓缩蒸发设备制造的企业，是国内唯一能生产1800平方米管束干燥机的厂商，单项技术处于世界领先水平，产品逐渐系列化、大型化和成套化，市场扩大至巴西、美国、俄罗斯等。江苏沪宁钢机股份有限公司是国内钢结构制造行业质量第一品牌企业，参与制修订的3个国家标准、4个行业标准颁布实施，年内又参与《金属材料管横向弯曲试验方法》等3个国家标准的制订和修订。江苏巨能机械有限公司通过自主创新，加大研发力度，年销售过滤机8000多台、分离机1000多台、工业泵2600多台，成为国内过滤和分离机械行业的龙头企业，2014年公司销售收入2.54亿元，比上年增长6.12%。宜兴北海封头有限公司是国内封头专业化生产企业，年产量1万多吨，居国内同行业首位，是国内封头行业标准与国家标准的主要制定者，2014年实现应税销售1.93亿元，比上年增长13.14%。百事德机械(江苏)有限公司专业生产环保风机设备，在创建企业品牌基础上，公司以自主创新、高附加值为主导，推进质量、品牌强企建设，其“BK”商标被认定为中国驰名商标，业界知名度提升。无锡中正锅炉有限公司跻身全国最大的工业锅炉出口生产企业行列，全年完成销售收入2.38亿元。年内，江苏共昌轧辊股份有限公司承担实施的“十二五”国家重大科技支撑计划子课题——高品质特殊钢棒线材轧辊喷射成型再制造技术开发项目进展顺利，其核心的喷射成型技术是世界冶金领域的三大前沿技术之一，在国内尚处于技术空白，公司全年应税销售收入8.2亿元，比上年增长12.43%。

【锐成机械公司自主创新能力显著提高】 江苏锐成机械有限公司是集设计、研发、生产及销售于一体的高科技民营企业，专注于研究具备自主知识产权的产品。凭借机床用圆弧直线导轨、数控机床交换工作台定位机构等专利，该公司总投资1.55亿元的多自由度高精密智能搅拌摩擦焊装备研发及产业化项目，申报为全省首批科技重大成果转化专项资金项目，并获扶持资金800万元。依托该项目的实施，公司将填补国内空白，同时打破国外企业的垄断。至2014年，公司拥有发明专利14件、新型实用专利10件，具有自主知识产权的专利产品销售额占公司销售总额的60%。

2014年宜兴市机械铸件产业主要产品产量

表22

产品名称	单位	产量
金属成形机床	台	39
工业锅炉	蒸发量吨	3494
泵	台	35244
风机	台	17643
气体分离及液化设备	台	5456
铸铁件	吨	47968
铸钢件	吨	26937
锻件	吨	29608
模具	套	219292

2014年宜兴市机械铸件产业销售收入超1亿元企业主要经济指标

表23

单位:万元

序号	企业名称	销售收入	利税总额
	合　计	1351984	124383
1	江苏沪宁钢机股份有限公司	406715	71208

续表23

序号	企业名称	销售收入	利税总额
2	江苏富陶车辆部件有限公司	95208	10639
3	江苏银环精密钢管股份有限公司	76388	3226
4	双盾环境科技有限公司	65140	5371
5	江苏共昌轧辊股份有限公司	52625	2374
6	江苏宇杰钢机有限公司	46860	7430
7	江苏赛特钢结构有限公司	42936	3593
8	宜兴市格兰特干燥浓缩设备有限公司	42711	9987
9	鹰普机械宜兴有限公司	39226	939
10	江苏凌特精密机械有限公司	28975	189
11	江苏环宇汽车零部件有限公司	25780	1470
12	江苏巨能机械有限公司	25415	1615
13	无锡中正锅炉有限公司	23840	1238
14	宜兴市海福印铁制罐有限公司	22616	1347
15	江苏常工动力机械有限公司	20545	-213
16	江苏丹帝龙重工有限公司	20258	160
17	宜兴市太平洋集装箱配件有限公司	19334	1586
18	宜兴北海封头有限公司	19300	1553
19	无锡市瑞尔精密机械股份有限公司	18482	1674
20	宜兴华威封头有限公司	16763	-9
21	江苏江旭铸造集团有限公司	16131	-1001
22	宜兴市洪流集团公司(江苏洪流化工机械有限公司)	14973	500
23	江苏美凯龙钢业有限公司	14239	-1626
24	无锡鹏德汽车配件有限公司	13424	1047
25	宜兴市富丽华消防器材有限公司	13328	677
26	宜兴市亚东集装箱配件有限公司	13207	-420
27	江苏鸿光杆塔有限公司	12866	597
28	江苏凌飞锻造有限公司	12393	86
29	宜兴市联丰化工机械有限公司	12097	540
30	无锡市天兴净化空调设备有限公司(宜兴市空调厂)	12037	570
31	无锡市万利机械科技有限公司	11621	-2564
32	江苏科地现代农业有限公司	11474	-1862
33	江苏卡欧万泓电子有限公司	11148	84
34	宜兴市双有金属制品有限公司	11123	-11
35	江苏纵横浓缩干燥设备有限公司	10656	612
36	宜兴市东枫电气科技有限公司	10638	360
37	宜兴市国昌轧辊有限公司	10571	194

续表23

序号	企业名称	销售收入	利税总额
38	江苏小太阳机械科技有限公司	10476	694
39	宜兴市九洲封头锻造有限公司	10400	205
40	宜兴市永昌轧辊有限公司	10065	324

（瞿啸）

铜材加工产业

【概述】 铜材加工产业是宜兴传统特色产业之一，主要从事铜杆、裸铜线、镀锡铜线、镀银铜线、束绞线的研发、生产和销售。2014年，面对错综复杂的经济形势，全市重点骨干铜材加工企业主动升级技术装备，提高产品技术含量，继续保持稳定发展，但由于不断震荡下跌的铜材价格以及较高的融资风险等压力，除产量以外的主要指标均出现下滑。全年铜材产量121.31万吨，比上年增长11.09%。58个规模以上铜材加工企业工业产值782.2亿元、销售收入842.6亿元、利税总额19.6亿元，分别比上年下降9.4%、2.4%、36.7%，分别占全市规模以上企业相应总量的27.8%、31.1%、12.7%。全市年销售收入超1亿元的铜材加工企业39个，比上年减少4个；销售收入838.05亿元，比上年增长5.89%。其中：超10亿元企业18个，销售收入731亿元，占规模以上铜材加工企业总量的86.8%；超100亿元企业2个（江苏江润铜业有限公司和潞安卓泰祥和金属科技宜兴有限公司），分别列全市4个销售收入百亿企业的第三和第四位。

【金辉集团化危机提升竞争力】 江苏金辉集团公司面对经济下行压力的考验，提升装备水平，参与修订《电工圆铜线》《镀锡圆铜线》《电工软铜绞线》等国家标准，致力打造中国最大的铜导体供应商和中国最佳的复合导体供应商。至年底，集团形成电解铜、低氧铜杆、裸铜线、镀锡铜线、束绞铜线的完整产品链，被上海期货交易所认定为电解铜注册试验工厂，自主研发的高性能镀锡铜线应用于国内首个三代核电AP1000核岛电缆，并通过国核工程有限公司、三门核电有限公司组织的核电质保督查，列2014年度中国企业500强第418位、中国民营企业500强第126位。其子公司——江苏江润铜业有限公司是国内规模较大的铜导体线材研发、制造企业，年内被授予“海关总署AA类企业”称号，成为全市首个适用海关AA类管理的高资信企业。

【后劲投入近25亿元】 2014年全市铜材加工行业新（改、扩）建项目14个，其中内资13个、外资1个，总投资37.7亿元，年内完成工作量24.9亿元。潞安卓泰祥和金属科技宜兴有限公司总投资10亿元建设高致密铜线及高导超细铜合金接触线生产项目，年内一期项目建成投产，凭借较高的科技含量和过硬的产品质量，公司全年完成销售额100.7亿元。二期项目建成后，公司年产能可达22万吨。市意达铜业有限公司总投资3.6亿元的高性能铜及铜合金线材、铜合金铰线技术装备升级改造项目进展顺利，项目建成达产后，可年新增销售收入15亿元。

【铜材加工产业面临五大问题】 研发投入不够。全市大部分铜材加工企业均为简单的铜杆、铜丝加工，产品主要供应电线电缆企业，技术含量低、产品种类单一，导致同质化竞争严重、抗风险能力低。铜材加工产能过剩。全市铜材加工产品设计产能为200万吨，2014年实际产量为121.31万吨，比上年增长11.09%，但电力电缆产品产量仅增长9.8%。行业风险加大。铜材加工企业的利润主要来自企业主对铜材价格走势的预期判断，铜材价格不断下行对企业的生产经营带来风险。同时，铜材加工产业是资本密集型产业，企业间互保联保情况普遍，2014年全市铜材加工产业亏损面扩大，一旦某个企业出现资金链断裂情况，易引发连锁反应。

2014年宜兴市铜材加工产业销售收入超1亿元企业主要经济指标

表24

单位：万元

序号	企业名称	销售收入	利税总额
	合 计	8380478	196630
1	江苏江润铜业有限公司	1155331	28961
2	潞安卓泰祥和金属科技宜兴有限公司	1007404	794

续表24

序号	企业名称	销售收入	利税总额
3	无锡市凌峰铜业有限公司	898108	6933
4	宜兴市意达铜业有限公司	493791	15252
5	江苏刚大金属材料有限公司	435382	32497
6	江苏中广润新材料科技有限公司	403262	24291
7	江苏昊迪金属材料有限公司	374653	1857
8	宜兴市金啸铜业有限公司	340027	23684
9	江苏辰龙科技有限公司	315794	-1281
10	无锡市天通铜材有限公司	309054	17418
11	无锡市中能铜业有限公司	260736	16844
12	江苏天地龙线材有限公司	251414	-1581
13	宜兴义源铜业有限公司	248798	3980
14	江苏铭龙铝镁合金科技有限公司	229193	256
15	宜兴市天源铜业有限公司	180524	5554
16	宜兴荣胜科技有限公司	169721	13330
17	无锡市和佳电工器材有限公司	125812	4474
18	江苏海盛兴金属材料有限公司	110604	2909
19	宜兴市华鼎铜业有限公司	99551	-1696
20	宜兴海盛辉科技有限公司	89114	257
21	江苏元通高新科技有限公司	88423	51
22	无锡荣诚电工材料有限公司	87823	2385
23	无锡市顺得利电工材料有限公司	87210	27
24	江苏明林达光电科技有限公司	73995	121
25	宜兴市洲豪铜业有限公司	63617	-518
26	宜兴市恒峰材料有限公司	58635	514
27	无锡圣恩铜业有限公司	57730	-810
28	江苏金一铜业有限公司	51060	39
29	宜兴市诚峰铜材有限公司	42131	55
30	江苏银泉新材料有限公司	38631	18
31	无锡鑫乐金属材料有限公司	36841	60
32	无锡新苏能复合材料有限公司	36501	291
33	宜兴市盛牛铜业有限公司	36283	33
34	宜兴市金泰铜材有限公司	31830	163
35	宜兴繁盛铜业有限公司	22941	-67
36	江苏天地龙集团有限公司	22099	-512
37	无锡市金源铜线材有限公司	20107	-373

续表24

序号	企业名称	销售收入	利税总额
38	宜兴市振湖铜加工有限公司	15891	403
39	无锡市伟凯金属材料有限公司	10457	17

（武原野）

高端线缆产业

【概述】 全市高端线缆产业以国家农网建设、城网改造、4G（第四代移动通信）网络建设、智能电网建设为契机，通过战略合作、兼并重组、股权融资等方式加快转型升级，提升企业核心竞争力。全市116个规模以上高端线缆企业工业产值753.4亿元、销售收入730.6亿元、利税总额36亿元，分别比上年下降5.7%、6.3%、6.7%，分别占全市规模以上企业相应总量的26.8%、27%、23.4%。全市电线电缆产品种类丰富，占全国市场份额的13%，其中电力电缆占比超15%，连续多年成为全市第一大产业。全年电力电缆产品产量218.47万千米，通信及电子网络用电缆7.38万对千米，分别比上年增长6.51%、47.7%。

【骨干企业】 全市高端线缆产业有上市企业7个，是全市拥有上市企业最多的产业。有年销售收入超1亿元企业72个，实现销售收入710.9亿元、利税总额35.8亿元，分别占规模以上高端线缆企业相应总量的97.3%、99.4%。其中，超10亿元企业15个，实现销售收入518.7亿元，占规模以上高端线缆企业总量的71%。远东控股集团有限公司应税销售304.3亿元，比上年增长3.29%，列全市第1位和2014年中国企业500强第484位、中国民营企业500强第162位，巩固了全国最大电力电缆生产企业的地位。远东电缆股份有限公司年内更名为远东智慧能源股份有限公司，公司将从单纯的电线电缆产品生产和销售向智慧能源、智慧城市技术、产品与服务的综合方案提供商转型和升级。江苏俊知技术有限公司的移动通信馈线产品产销量连续四年居全国第一位，全年销售收入22.6亿元，比上年增长9.9%。江苏中超电缆股份有限公司与江南石墨烯研究院、西安交通大学等合作，投资成立常州中超石墨烯电力科技有限公司，助推科耐特电缆附件股份有限公司挂牌“新三板”。

【品牌建设】 全市高端线缆产业有“远东”牌线缆（远东控股集团有限公司拥有）、“五彩”牌线缆（无锡江南电缆有限公司拥有）2种中国名牌产品，江苏圣安电缆有限公司“圣安东”牌线缆等江苏名牌产品22种；有江苏俊知技术有限公司“俊知技术TRIGIANT及图”等中国驰名商标13件，江苏东峰电缆有限公司“云峰YUNFENG及图”等省著名商标29件。有9个企业参与修订国家标准14个、行业标准17个。全行业国家和省产品质量监督抽查合格率均高于同类产品平均水平，6个企业获省质量管理奖。中国品牌建设促进会与中央电视台联合发布2014年中国品牌价值评价信息，无锡江南电缆有限公司的品牌价值为24.57亿元、品牌强度为787.33，在参评的电子电气类企业中居首位。

【技术装备水平稳步提升】 全市线缆产业建有50万伏立塔生产线8座、进口悬链生产线20多条、射频同轴电缆生产线10多条，拥有高新技术企业28个、省级工程技术中心18个、省级以上企业技术中心12个，拥有专利1000多件、国家重点新产品6种、国家“火炬”计划项目16个。R&D经费*占全市高端线缆产业销售收入的2.3%。年内，远东电缆有限公司获专利35件，其中发明专利6件、实用新型专利29件。江苏中超电缆股份与有限公司的环保型同心电缆和ABC架空绝缘电缆获国家知识产权局颁发的实用新型专利证书。碳纤维复合芯导线等一批国际领先新产品批量生产。

【第二届全球电线电缆年会在宜兴召开】 宜兴电线电缆产业起步早、发展快、实力强，形成了以远东控股集团有限公司为龙头的产业集群，在国内具有较高的知名度和影响力。5月，第二届全球电线电缆年会在宜兴举行，国内外政要、专家、企业家等500余人参加。会议围绕全球线缆市场的最新发展及市场预测，国内外线缆企业的“攻守”之道，“宽带中国”的战略实施与国内光缆市场的主要增长领域，高端线缆的开发和应用，智能电网的融合创新与特高压工程建设，以及在并购重组的大趋势下如何实现资源的高效配置与应用、如何打造行业新商业模式、促进线缆业的转型发展等议题展开讨论。

2014年宜兴市高端线缆产业销售收入超5亿元企业主要经济指标

表25　　单位:万元

序号	企业名称	销售收入	利税总额
	合 计	6126434	326727
1	远东控股集团有限公司	2252596	65270
2	无锡江南电缆有限公司	642192	74262
3	无锡市沪安电线电缆有限公司	265999	16381
4	江苏新远程电缆股份有限公司	265546	16199
5	江苏俊知技术有限公司	226340	4378
6	江苏中超电缆股份有限公司	210314	14097
7	圣安电缆有限公司	203813	7430
8	江苏海达电缆有限公司	175196	19193
9	八达电工集团有限公司	165968	15044
10	江苏中煤电缆股份有限公司	154973	4792
11	江苏三木集团曙光电缆有限公司	145271	14594
12	江苏亨鑫科技有限公司	133617	12416
13	江苏远大电缆有限公司	124718	6455
14	江苏裕龙电磁线有限公司	119254	5367
15	江苏东峰电缆有限公司	101209	1542
16	江苏中辰电缆有限公司	85860	703
17	江苏宝安电缆有限公司	82560	3247
18	江苏金塔电缆有限公司	81351	7106
19	江苏长峰电缆有限公司	79777	1140
20	江苏蓝翔线缆有限公司	78825	-235
21	江苏远方电缆厂有限公司	69902	9063
22	江苏恒峰线缆有限公司	64892	2382
23	江苏林龙电磁线有限公司	63583	7290
24	江苏茂达电磁线有限公司	61883	7111
25	无锡市长城电线电缆有限公司	61181	1889
26	江苏东旭电缆有限公司	56767	2813
27	无锡市明珠电缆有限公司	51197	5207
28	江苏天地龙电缆有限公司	51107	66
29	江苏三木集团华美电缆有限公司	50543	1525

新材料产业

【概述】 新材料产业是全市五大主导产业之一。年内,新材料产业围绕陶瓷材料、耐火材料、化工材料等重点领域,依托宜兴非金属材料产业基地、宜兴新材料高新技术创业服务中心,推进企业科技创新平台建设,实施"科技创新三年赶超行动计划""创新型领军企业培育计划"等科技创新计划,激励新材料领域高科技企业成长,初步形成化工新材料、金属新材料和非金属新材料三大系列。全年216个规模以上新材料企业工业产值

431.9亿元、销售收入424.6亿元、利税总额26.7亿元，分别比上年增长6.8%、增长5.3%、下降10.6%，分别占全市规模以上企业相应总量的15.4%、15.7%、17.3%。全年新（改、扩）建项目70个，一期投资72.4亿元，年内完成工作量48亿元。重点项目有：江苏雅克科技股份有限公司投资5亿元的深冷复合节能保温材料国产化项目，江苏雷蒙化工科技有限公司投资5亿元的年产13.5万吨环保增塑剂技改扩能项目，市华井科技有限公司投资1.2亿元的工业用特种陶瓷、耐火制品生产线。10月，全国耐火材料标准化技术委员会高温隔热耐火砖工作组成立，成为全市耐火行业的首个国家级标准化工作组。

【骨干企业】 全市有年销售收入超1亿元的新材料企业75个，全年销售收入360.2亿元，占规模以上新材料企业总量的84.8%。其中，超10亿元企业7个，销售收入191.4亿元，占规模以上新材料企业总量的45.1%。江苏三木集团有限公司主要从事合成树脂、溶剂、精细化工原料等相关产品研发、生产与销售，在行业中有“涂料用原料超市”之称，全年应税销售176亿元，列中国民营企业500强第215位。江苏雅克科技股份有限公司是国内最大的磷系阻燃剂生产企业，从欧洲引进高分子材料领域专家，研发出液化天然气用保温绝热聚氨酯板材（国内尚无企业生产），将产品向阻燃剂产业链下游延伸。合复新材料科技（无锡）有限公司致力于开发和推广应用特殊性能新型高分子材料，其自主研发的Therpoxy材料是针对LED散热难题而研发的高导热、电绝缘、环保阻燃的功能性复合材料，打破了国外企业对此领域的长期垄断。由江苏宇星集团与上海华谊集团共建的宜兴华谊着色科技有限公司，投资7亿元建设年产20万吨新型氧化铁着色材料技改项目，年内一期工程试运营。

【产业科技创新成效显著】 依托列入国家“火炬”计划的宜兴非金属材料产业基地，以高等院校、科研机构、工程技术中心、企业技术中心为依托的创新平台逐步形成，科技创新成效明显。全年新材料产业新增江苏三木化工股份有限公司技术中心、江苏雅克科技股份有限公司技术中心2个省级企业技术中心；新增江苏省连铸用功能耐材工程技术研究中心(无锡市南方耐材有限公司)、江苏省（双诚）节能环保炭黑材料工程技术研究中心(无锡双诚炭黑有限公司)等5个省级工程技术研究中心；新增高新技术企业19个（含重新申报），累计75个，其中市燎原化工有限公司为国家“火炬”计划重点高新技术企业。江苏天鸟高新技术股份有限公司的天鸟碳纤维热场异形部件针刺预制体、市天石饲料有限公司的饲料级复合抗氧化剂、江苏巨珩新材料科技有限公司的金属包装用水性涂料等被认定为省高新技术产品，宜兴丹森科技有限公司的高吸水性树脂DS项目被列为国家重点新产品计划立项项目。

【国信合成革公司一产品填补国内空白】 江苏国信合成革有限公司是大型革业生产基地，每年投入销售额5%以上的资金用于新技术的引进和新产品的研发。2013年，该公司与韩国PR-TECH（皮尔-泰克）科技公司合作建立中韩水性聚氨酯高分子材料研发中心及中国水性聚氨酯应用实验室，并以此为平台，不断引进、吸收先进的水性聚氨酯高分子材料技术，进行成果转化。至2014年年底，国信合成革公司总投资近7000万元的第三代低碳生态汽车内饰PUD材料项目投产，打破了国外对该领域的垄断，公司将率先实现DMF（二甲基甲酰胺）零排放，成为国内车用PUD新型聚合材料的示范企业。

2014年宜兴市新材料产业销售收入超2亿元企业主要经济指标

表26　　单位：万元

序号	企业名称	销售收入	利税总额
	合　计	3049321	187847
1	江苏三木化工股份有限公司	675142	25970
2	江苏中广润新材料科技有限公司	403262	24291
3	江苏莱顿宝富塑化有限公司	294106	17277
4	宜兴新威集团有限公司	172255	12810
5	江苏远航合金有限公司	130929	8602
6	江苏金泰科精密科技有限公司	120805	6372
7	江苏雅克科技股份有限公司	117263	20176
8	江苏高科石化股份有限公司	90523	5317

续表26

序号	企业名称	销售收入	利税总额
9	宜兴丹森科技有限公司	80224	3574
10	江苏银环精密钢管股份有限公司	76388	3226
11	宜兴协联生物化学有限公司	58264	-4726
12	江苏瑞佳化学有限公司	55881	4404
13	江苏汉光甜味剂有限公司	55503	5579
14	江苏天音化工有限公司	51782	3880
15	无锡市虎皇漆业有限公司	50973	6820
16	无锡市南方耐材有限公司	49731	4190
17	江苏嘉耐高温材料有限公司	48270	9236
18	江苏宇星工贸有限公司	48008	6511
19	江苏汉光实业股份有限公司	45391	2539
20	江苏银泉新材料有限公司	38631	18
21	江苏凌飞科技股份有限公司	36845	3006
22	宜兴华谊着色科技有限公司	36466	3174
23	江苏汉光生物工程有限公司	31941	694
24	宜兴市兴合树脂有限公司	30232	1751
25	宜兴市天石饲料有限公司	30112	650
26	江苏正达炉料有限公司	30053	3677
27	宜兴兴进颜料化工有限公司	29683	1255
28	江苏德美科化工有限公司	25213	1215
29	江苏雷蒙化工科技有限公司	24381	1940
30	无锡润新染料有限公司	24009	3430
31	江苏诺明高温材料股份有限公司	23854	4497
32	江苏大明科技有限公司	21827	-5228
33	江苏傲伦达科技实业股份有限公司	21296	1234
34	无锡双诚炭黑有限公司	20078	486

(裴赢超)

节能环保产业

【概述】 宜兴以环科园(高塍镇)为主阵地,整合资源要素、加大政策扶持、完善平台载体、加强交流合作、推动创新发展,增强节能环保产业的发展活力和市场竞争力,推动产业转型提升。全市节能环保产业技工贸总收入555.6亿元,比上年增长4.7%。其中,135个规模以上企业实现工业产值155.6亿元、销售收入153.1亿元、利税总额15.6亿元,分别比上年增长3.1%、3.4%、4%,分别占全市规模以上企业相应总量的5.53%、5.66%、10.12%。年销售收入超1亿元企业29个,全年销售收入69.6亿元,占规模以上节能环保企业总量的45.5%。全市工商登记注册节能环保企业1400多个,有环保专业技术人员4000多人。全产业有省名牌产品1种,省著名商标9件,无锡市知名商标32件。全市环保产品涉及水处理、噪声防治、大气污染防治、固体废弃物处理、环境监测仪器及配套产品6类、200多个系列、2000多个品种,其中水处理设备市场占有率60%,是全国水处理设备品种最全的生产基地。战略合作日趋紧密,全市建立中德、中日、中荷等清洁技术对接中心8个,中国东盟环保技术和产业合作示范基地、北投（宜兴）环保装备产业园（详见《园区建设》类目《中国宜兴环保科技工业园》分目）启动建设，江苏江华集团竞标到印尼和巴基斯坦等国的大型水处理项目。品牌效应明显提升，环科园举办第二届中国环保技术和产业发展推进会、入选首批国家低碳工业园区试点单位、通过国家级创新型特色园区评审，中国宜兴国际环保城举办第五届IEPZ国际环保设备/技术交易会、无锡市环保产业协作配套对接会等活动。国内首个专业环保电商——宜正环保电商上线运营，签约完成采购的公司用户近200个，在线销售额1000多万元。6月，中国宜兴国际环保城入选2014年度省"正版正货"承诺推进计划项目（详见《科技》类目《知识产权》分目）。

【**启动投入**】 全市在建投资规模超1000万元的节能环保项目76个（超1亿元项目23个），年内完成工作量57.6亿元，其中市定节能环保重点工业项目12个。年内，中节能宜兴环保产业园（详见《园区建设》类目《中国宜兴环保科技工业园》分目）一期完成工作量2.8亿元，市化工成套设备有限公司脱除PM2.5烟尘湿式电除尘装置项目、光大环保能源(宜兴)有限公司生活垃圾焚烧发电二期项目、省宜兴非金属化工机械厂有限公司高温陶瓷过滤膜管及装置项目、江苏金能环境科技有限公司三废处理项目、江苏新宇天成环保工程有限公司矿井水及生活污水处理项目等一批项目建设有序推进。

【**企业发展**】 全年新增环保类高新技术企业8个，累计70个；新增省级工程技术研究中心3个，累计26个；有省级以上企业技术中心7个；新增发明专利67件，累计322件。全年争取国家、省级以上科技项目34个，争取上级资金4300多万元。鹏鹞集团、江苏一环集团有限公司等10个企业参与国家科技支撑项目——高效智能化水处理装备研制及产业化，江苏博大环保股份有限公司、江苏新纪元环保有限公司争取到国家中小企业中欧国际合作立项发展专项资金。全市具备环保工程专业承包资质企业219个，其中一级资质企业23个（新增6个）、二级资质66个（新增11个）、三级资质130个（新增27个）；具备环境污染治理运营资质的企业37个，其中甲级资质企业28个、乙级资质9个；具备环保工程设计资质企业11个，其中甲级资质企业2个、乙级资质9个（新增1个）；具备环保工程总承包能力企业10个。水处理企业凌志环保股份有限公司、大气污染治理和烟气脱硫企业双盾环境科技有限公司、噪音防治企业江苏远兴环保集团有限公司、风机企业百事德机械（江苏）有限公司、固废处理企业光大环保能源（宜兴）有限公司、高效节能企业江苏海德节能科技有限公司、高效照明企业市宏力灯杆灯具有限公司销售收入分别比上年增长52.4%、69.7%、10.9%、5.2%、8%、240.7%、91.7%。

【**中国环保技术和产业发展推进会召开**】 10月，以"环境、科技、产业"为主题的第二届中国环保技术和产业发展推进会在环科园召开。该推进会由国家科技部、省政府主办，设置了未来20年环保科技发展趋势预测、中国城市污水处理概念厂最新研究成果汇报、环保产业科技发展机制探讨、产学研合作成果与趋势研究、宜兴问道、环保创新技术路演等板块，设立主旨论坛和概念厂·水未来、产学研合作创新及发展、国际环保技术转移三个分论坛。会议达成了对环保产业具有指导意义和深远影响的《宜兴共识》，推出了引领环保产业发展的"中宜环境医院"模式，发布了《2013宜兴环保产业发展报告》。

【**IEPZ国际环保交易会在环保城举办**】 10月，第五届IEPZ国际环保设备/技术交易会暨2014无锡市环保产业协作配套对接会在中国宜兴国际环保城举行。该交易会吸引参展企业2000个，其中参展商800余个、采购商1000余个、终端用户100余个。其间，开展环保城广东省环保设备采购中心揭牌仪式、2014水处理供应链顶层设计沙龙、2014无锡市环保产业协作配套对接会等活动10多个。交易会上，国际环保城与数十个环保企业发起成立中国环保装备品牌联盟，计划以市场为导向，整合产业链资源，引领优秀环保装备企业及媒体等单位组成联合体，打造优势互补、实

10月25日至26日，第五届IEPZ国际环保设备/技术交易会暨2014无锡市环保产业协作配套对接会在宜兴举行
（环科园　提供）

力雄厚、信誉良好的大型环保装备产业集团。

【哈宜公司一污水处理项目获国际大奖】 国际水协会是全球水环境领域的最高学术组织和国际上最权威的水行业协会。5月，该协会公布2014年项目创新奖东亚地区获奖名单。江苏哈宜环保研究院有限公司申报的双城可持续污水处理示范项目(一体化、零能耗城市污水处理系统)获设计项目类荣誉奖，成为中国内地唯一获奖项目。该项目是黑龙江省双城市与哈宜研究院合作推进综合利用的环保示范项目，目的是为解决农业面源污染和能源消耗问题。主要依托哈宜研究院的技术指导，融合国内领先CSTR工艺与沼气发电机技术，把农业面源污染等废弃物加工成有机肥，或处理成可燃沼气用于发电并用沼气产生的电带动污水处理。

【一环水处理技术研究院通过省级验收】 江苏一环集团有限公司承担建设的江苏省(一环)水处理技术研究院项目于2010年立项，建设期三年，重点围绕省节能减排的重大需求和太湖水污染控制的迫切需要，进行技术创新、系统集成和关键设备的研发。项目建设期内，一环公司完成投资1.06亿元，建成研发场所1.9万余平方米。组建了一支100余人的研发团队，引进省“双创”人才1人、国家“千人计划”(海外高层次人才引进计划)专家1人。研究院拥有专利19项，形成关键核心技术2项，有效提升企业创新能力。2014年8月，该项目通过省科技厅验收，成为全市唯一的省科技基础设施计划——重大研发机构项目。

【节能环保产业面临三大问题】 融资难问题突出。全市节能环保企业在现行融资机制下，融资渠道不完善，金融机构贷款利率高、周期短，难以适应节能环保行业收益低、周期长的特点；同时由于节能环保企业业务稳定性较差，缺乏持续的业绩支撑，上市融资较困难。企业规模普遍偏小。全市节能环保企业以中小企业为主，缺少龙头型企业引领和高端要素、人才支撑，处于产业链低端，环保设备成套化、标准化、品牌化水平低，产品技术含量和附加值不高，环境服务业比重较低。企业发展后劲不足。在经营成本增加、效益下滑的背景下，大多数企业利润空间变小，因此以保生存为主，投资意愿偏弱，发展后劲乏力。部分企业受资质、资金、人才等限制，很难和央企、市外大型企业较量，难以承接有影响力的政府大单、海外订单等，限制企业迅速做大做强。

2014年宜兴市环保骨干企业主要经济指标

表27 单位：万元

序号	企业名称	工业产值	利税总额
	合　计	463343	59174
1	双盾环境科技有限公司	59287	5371
2	江苏一环集团有限公司	38642	3857
3	江苏远兴环保集团有限公司	28614	2009
4	江苏海德节能科技有限公司	29240	843
5	宜兴国电精辉环保设备有限公司	36923	11526
6	宜兴市宜刚环保工程材料有限公司	25568	4020
7	江苏巨能机械有限公司	27768	1615
8	艾特克控股集团有限公司	24223	4971
9	百事德机械(江苏)有限公司	25080	3926
10	江苏省宜兴非金属化工机械厂有限公司	20147	2879
11	江苏金山环保科技股份有限公司	16341	2786
12	江苏兆盛环保集团有限公司	17396	1799
13	宜兴市环球水处理设备有限公司	16110	1263
14	凌志环保股份有限公司	11270	3065
15	无锡市兴盛环保设备有限公司	15762	2835
16	江苏宜净环保有限公司	15570	1030

续表27

序号	企业名称	工业产值	利税总额
17	欧亚华都(宜兴)环保有限公司	13515	1102
18	江苏江华水处理设备有限公司	13306	1693
19	江苏新金山环保设备有限公司	13301	1426
20	江苏东泽环保科技有限公司	15280	1158

(寞康)

新能源及光电子产业

【概述】 全市新能源及光电子产业主要包括光伏、核电材料、风能装备、生物质能、新能源电池、新能源电缆、光电产品、集成电路、电子元器件等领域,基本形成以开发区和张渚镇为主体、周边镇园为补充的发展格局。全市63个规模以上新能源及光电子企业工业产值238.1亿元、销售收入235.2亿元、利税总额7.2亿元,分别比上年下降9%、9.4%、30.3%,分别占全市规模以上企业相应总量的8.5%、8.7%、4.6%。太阳能光伏产业以浙江昱辉阳光能源江苏有限公司(简称"昱辉阳光")、国电光伏(江苏)有限公司(简称"国电光伏")等企业为代表,初步形成从硅棒、硅片、电池及组件到并网发电系统及安装、电站建设运营较完整的光伏产业链,光伏电池片及组件生产能力分别达到1000兆瓦、2500兆瓦,跻身国内第一梯队。核电材料产业以江苏银环精密钢管股份有限公司(简称"江苏银环")和宝银特种钢管股份有限公司(简称"宝银钢管")为代表,是国内唯一实行产业化研制、批量生产和工程化应用精密管材制造企业,其核电管材技术达世界领先水平,主要产品有核电防护门、核电电缆等。风电装备产业以国电联合动力技术(宜兴)有限公司为代表,其产品有电机、叶片、塔架、传动轴等零部件。光电子产业以江苏俊知技术有限公司、江苏亨鑫科技有限公司等企业为代表,规模化生产移动通信电缆、馈线、4G系列产品。其中:俊知技术通信天馈系统产品年销售量居全国同行业第一位;亨鑫科技为中国通信产业技术创新企业,4G配套产品得到官方认定;利通电子为国内最大的液晶模组配套背板生产商。

【骨干企业】 全市新能源及光电子产业年销售收入超1亿元企业22个,全年销售收入215.99亿元,占规模以上新能源及光电子企业总量的91.8%。光伏产业拥有单体投资体量最大的国电光伏、单晶转化效率最高的东方电气集团(宜兴)迈吉太阳能科技有限公司、在伦敦证券交易所与纽约证券交易所同时上市的昱辉阳光和生产全球最大"肚量"单晶炉的江苏拜尔特光电设备有限公司等。其中,国电光伏紧抓国家智能电网建设契机,将业务重心从产品制造转向EPC电站承包,光伏电站总包能力居全国第二位;昱辉阳光扩展海外市场,组件远销埃及,位列全市2014年进出口十强企业之首;银环控股集团有限公司与宝钢集团、中国广核集团、中国华能集团合资,完成宝银钢管和江苏银环的增资重组。宝银钢管研发的CPR1000核电机组(二代加)蒸发器用690合金U形管打破国际垄断,实现核电关键材料国产化,其研发的CAP1400、ACP1000和高温气冷堆产品处于世界领先水平。俊知集团有限公司被评为2014中国通信4G网络建设贡献企业和2014中国无线通信领军企业,与国内三大电信运营商、华为技术有限公司等企业长期合作,产品远销俄罗斯、印度、巴西等;江苏利通电子有限公司投资5000多万元引进曲面超薄型液晶电视背板生产线,研发出国内领先的65英寸和70英寸高端背板产品,与创维、夏普等公司长期合作,产品远销欧美、日韩等地。江苏博砚电子科技有限公司研发生产的光阻剂产品投产,填补国内同类产品空白,被应用于TFT-LCD液晶显示屏、印刷电路和集成电路的制造以及印刷制版等过程,年产能400吨;江苏东光微电子股份有限公司自主研发的"1200V逆导型场终止绝缘栅双极晶体管"技术入选第八届中国半导体创新产品和技术。

【项目建设】 全市新能源及光电子产业后劲投入项目体量大、进度快,项目投资规模和技装水平较高。全年在建项目41个,年内完成工作量49亿元。新能源产业投资项目有:国电光伏投资80亿元的晶硅太阳能电池一体化项目一期工程投产,江苏恒合科技有限公司投资1.75亿元的高效单晶硅棒生产线竣工,江苏德盛太阳能科技有限公司投资9900万元的高效晶体硅电池及组件生产线技改扩能项目竣工,市天宏电力科技有限公司投资1.9亿元的薄膜太阳能电池等光电产品生产线处于订购设备阶段;江苏嘉盛光伏科技有限公司、无锡嘉瑞光伏有限公司、无锡中能晶科新能源科技有限公司等一批光伏及其配套项目开工建设;江苏宇杰钢机有限公司投资5000万元的风力设备生产线技改项目、江苏新源动力有限公司投资6.5亿元的质子交换膜燃料电池产业化项目等一批重点风电电机及设备、燃料电池项目有序推进;香港奥托泰制造厂有限公司投资6400万美元的高端车载备用电源生产项目签约,成为全市新能源产业发展的储备动力。光电子产业投资项目有:投资5亿元的江苏南荣光电科技有限公司LED蓝宝石发光管生产线项目,投资4.6亿元的江苏森莱浦光电科技有限公司超高压气体放电灯生产线改造项目,投资2.5亿元的宜兴科信光电器件有限公司LED二极管技改项目,投资1.16亿元的江苏时代华宜电子科技有限公司半导体器件、电力电子器件配套项目,投资1.06亿元的江苏新力科技实业有限公司矿用本质安全型传感器项目,投资9900万元的无锡羿飞科技有限公司的球形显示系统生产线项目,投资9500万元的江苏清投视讯科技有限公司的TNET物联网拼接显示系统生产线技改扩能项目等。

【载体建设支撑产业集聚】 开发区作为全市新能源及光电子产业发展主阵地,初步形成具有强竞争力的投影、特种显示、LED照明三大光电产业集群,被省商务厅批准为新能源产业园,被中国工业园区招商引资高层论坛评为国家新能源产业示范基地。开发区有华东光电子创新基地、光电子产业园、国家能源装备及材料产业园、创意软件园、投影产业园、清华科技园六大平台。以海归博士创业团队为核心的投影产业园,初步形成光源、镜头、电路、外壳、整机等较完善的产业链。光电子产业园集聚江苏清投视讯科技有限公司、江苏东方亮点信息科技有限公司、江苏灏渤自动化科技有限公司等规模以上企业入驻。其中,江苏宜清光电科技有限公司生产的"艾洛维"无屏电视线市场份额占有量居全国第一位,无锡视美乐激光显示科技有限公司发布国内第一款具有自主知识产权的激光电视产品,江苏清投视讯科技有限公司研发全球最大的110英寸单体显示液晶屏等一批具有自主知识产权的投影新品。华东光电子科技创新基地发挥光电子产品研发平台和功能性载体作用,逐步形成平板显示器、半导体光伏、半导体照明等光电子产品的研发、孵化、中试、量产示范等系列产业链,并设立宜兴创业园等高科技项目孵化载体,为光电子产业发展提供支撑。张渚镇作为LED产业主阵地,围绕"省级LED产业基地"核心,推进集光电产业研发、中试、生产于一体的LED光电产业园建设,全镇有LED光电子生产企业30余个,LED年产量占全国份额的6%,50%的产品出口欧美、日本等地。

【宜兴首个分布式光伏发电项目并网】 近年,国家鼓励电力用户按照"自发自用,余量上网,电网调节"方式,建设分布式光伏发电系统。2013年11月,宜兴协鑫光伏电力科技有限公司投资建设10兆瓦屋顶分布式光伏发电项目,分别建于远东控股集团有限公司和江苏佳晨铝业科技有限公司,分别以10千伏和400伏两个电压等级接入电网,其中10千伏电压采用自发自用上网、400伏电压采用自发自用余电上网的方式。年发电量1100万千瓦时,相当于3600多户普通家庭一年的用电量,一年可为企业节约支出近150万元,减少碳排放量9970多吨。2014年3月,该项目并网发电,标志全市首个分布式光伏发电项目并网成功,成为无锡地区规模最大的分布式电站。

【全球最大"肚量"单晶炉在宜兴投产】 江苏拜尔特光电设备有限公司致力于研发、生产光伏生产设备及太阳能电池硅材料。2013年,公司设立专项科研经费1000万元,引进一批机械制造、自动控制等领域内的专家。2014年9月,该公司研制的TDR105型直拉式单晶炉投产,成为国际上"肚量"最大的单晶炉,单炉投料量可达350千克,比同行业其他同类型号单晶炉投料量多1倍,达世界先进水平。德国康茨坦斯国际太阳能研究中心对该产品出具测试报告:应用TDR105型单晶炉生产的8英寸N型高效单晶硅制成电池片后,转换效率达22.3%;生产的8英寸P型产品制成电池片后,转换效率达19.8%。

2014年宜兴市新能源及光电子产业销售收入超1亿元企业主要经济指标

表28　　　　单位:万元

序号	企业名称	销售收入	利税总额
	合计	2159925	68622
1	浙江昱辉阳光能源江苏有限公司	691644	12727
2	国电光伏(江苏)有限公司	270051	-4362
3	江苏俊知技术有限公司	265999	16381
4	江苏亨鑫科技有限公司	145271	14594
5	江苏利通电子有限公司	102963	6414
6	江苏高科石化股份有限公司	90523	5317
7	江苏银环精密钢管股份有限公司	76388	3226

续表28

序号	企业名称	销售收入	利税总额
8	微密科技(宜兴)有限公司	75098	4422
9	江苏德盛太阳能科技有限公司	68403	1759
10	无锡嘉瑞光伏有限公司	61224	1114
11	江苏俊知光电通信有限公司	56767	2813
12	东方电气集团(宜兴)迈吉太阳能科技有限公司	51069	−7109
13	江苏宇杰钢机有限公司	46860	7430
14	国电联合动力技术(宜兴)有限公司	37145	7178
15	宜兴硅谷电子科技有限公司	21392	−3142
16	江苏东光微电子股份有限公司	20360	−945
17	江苏晶正电子有限公司	17209	1491
18	宜兴市普利泰电子材料有限公司	16808	1044
19	无锡中能晶科新能源科技有限公司	12196	106
20	江苏卡欧宜能电气有限公司	11494	528
21	远东光电股份有限公司	10959	−2646
22	江苏清投视讯科技有限公司	10101	283

2014年宜兴市新能源及光电子产业重点项目建设情况

表29 单位:万元

序号	投 资 企 业	项 目 名 称	计划总投资	2014年完成工作量
1	江苏新源动力有限公司	质子交换膜燃料电池产业化项目	65000	57000
2	江苏南荣光电科技有限公司	LED蓝宝石发光管生产线	50000	11200
3	江苏森莱浦光电科技有限公司	超高压气体放电灯生产线技改	46000	24000
4	宜兴科信光电器件有限公司	LED二极管	25000	2000
5	宜兴市天宏电力科技有限公司	薄膜太阳能电池等光电产品生产线	19000	1100
6	江苏恒合科技有限公司	高效单晶硅棒生产线	17500	17500
7	江苏时代华宜电子科技有限公司	半导体器件、电力电子器件配套项目	11600	2000
8	江苏新力科技实业有限公司	矿用本质安全型传感器项目	10630	2330
9	无锡羿飞科技有限公司	球形显示系统生产线	9900	8800
10	江苏德盛太阳能科技有限公司	高效晶体硅太阳能电池及组件生产线线技改扩能	9900	9800

(瞿啸)

编辑 叶绿

中国宜兴环保科技工业园

【概述】 围绕“建设一流环科新城、打造千亿级环保产业”目标定位,环科园扩大开放合作,整合优质资源,深化统筹发展,提升承载能级,推进项目建设,园区经济社会发展在特殊年景中保持平稳健康的上升态势。围绕全市统筹发展战略,先后完成环科新城低碳经营、环保标准工场等规划设计,形成较为完善的规划体系。紧扣“一年拉框架、三年显雏形、五年初建成”目标任务,设立“园中园”管委会,投资40多亿元完成高塍区块拆迁100多万平方米、建成(在建)拆迁安置房80多万平方米。科技大道、环保大道建成通车,总投资1.5亿元的两侧绿化以及节点建设启动,环科新城指挥中心、环保质量检验监督中心基本建成。国际环保展示中心、大学科技园、人才培训基地二期、科技孵化园一期(低碳大厦)等新平台相继投用。先后被列为国家首批低碳示范园区试点单位、国家级环保服务业示范园和苏南国家自主创新示范区,在全省开放园区的排名升至第40位。1月,亚洲品牌协会、人民日报《环球时报》社和国家发改委中国经济导报社等共同举办2013年亚洲品牌年会暨中国品牌年度总评榜颁奖典礼,环科园获“亚洲十大最具投资价值品牌”和“2013中国品牌100强”两大奖项。至年底,园区面积212平方千米,全年地区生产总值231亿元(含高塍镇,下同),比上年增长13.8%。财政可支配收入7.09亿元。应税收入870.81亿元,比上年增长6.7%,其中工业、流通分别为630.16亿元、240.65亿元。全社会固定资产投资88.68亿元,比上年增长4.3%。全年新批外资项目8个、增资外资项目2个,协议注册外资1.61亿美元、到位注册外资5622万美元。

【平台支撑推动创新驱动】 年内,环保部支持的中国东盟环保技术和产业合作示范基地启动建设;国家2011协同创新“一中心两基地”——水污染控制先进技术与装备协同创新中心及其成果转化基地落户;与中国科学院武汉岩土力学研究所组建的江苏中宜生态土研究院投用,实现当年建设当年营运当年产出;环科园和湖北理工大学联办的中宜环保学院开学,南京大学、哈尔滨工业大学、同济大学3个研究生教育实训基地同步启用;国际环保展示中心、中国环保科技成果网启用;国内首个环保类电子商务平台——宜正环保电商建成投用;国家科技支撑计划项目(高效智能化水处理装备研制及产业化)启动。组织企业申报省级、国家级重大科技项目69个,引进“双高”(高层次、高学历)人才33人、海归人才8人,科技创业企业8个。

【开放合作扩大品牌影响力】 在深化与东盟中心、上海合作组织环境保护合作中心合作的基础上,与环保部国际合作中心、科技部国际合作司、省科技厅国际合作处等建立合作关系,举办第二届中国环保技术和产业发展推进会、中国工程院环境与轻纺工程学部“问情·资政·服务”恳谈会、第五届IEPZ国际环保设备技术交易会等活动。依托中德、中荷等8个国际清洁技术对接中心,开展国际交流合作,组织企业参与德国、韩国以及上海的国际环保展,开展中韩、中日、中欧等跨国技术交流10多批(次)。与美国尼康集团、加拿大绿色中心、新加坡工商总会等组织、机构建立合作关系,引进韩国精确曝气系统等一批先进清洁环保技术、产品和项目。

【中宜环境医院重构环保产业发展新模式】 10月,为推动环保企业由制造业向高端服务业发展,宜兴启动中宜环境医院建设。中宜环境医院是全国首个环境医院,以宜兴环保产业集团为龙头,依托宜兴环保企业集群,整合国际国内领军专家、领先技术、优势企业、资本等,以各产学研创新平台为支撑,为国内外的区域环境治理提供系统解决方案、工程建设和运营服务等“一站式”全程综合服务。至年底,10万平方米、18幢小楼的“环境总院”竣工,集聚污水处理、给水处理、固废资源化、污泥处置、土壤修复、流域生态治理、农村环境连片综合整治、废气噪声治理、环保物联网等专科门诊11个。

【国内首个环保类电子商务平台建成】 宜正环保电商是江苏中宜金大环保产业技术研究院有限公司打造的环保电商平台,是第一个通过阿里巴巴集团全方位认证、入驻工业品品牌商城的网上环保综合类电商。通过电子商务模式，将大量传统非标的环保设备实现系列化、标准化，采用“阳光交易、明码标价”的方式在线销售，压缩从产品制造到实际用户的交易链条，使上线的产品价格比传统线下模式平均降低20%—40%。同时，借助支付宝等第三方保障手段，采用全款发货的付款方式，摆脱了传统环保企业回款困难的顽疾，实现了与终端用户、合作伙伴等共赢。2月上线至年底，该平台有访客数10万人次，签约完成采购的公司用户近200个，在线销售额1000多万元，99%的产品质量上乘，其中气浮、格栅、刮吸泥机等产品由于超高的性价比销售火爆。

【中美HDS合作研发项目启动】 1月，注册资本1150万元的江苏帕洛阿尔托环保技术研究院有限公司在环科园成立，同时启动实施HDS水动力分离技术的中国产业化项目，这是凌志环保股份有限公司与美国环保行业合作的第一单，也是环科园推动国际化合作的又一成功案例。该项目的技术提供与合作方——美国帕洛阿尔托研究中心是美国三大工业实验室之一，集聚一流的跨学科专家团队，是许多现代科学原创技术的诞生地。HDS水动力分离研发项目是基于流体动力学分离技术为核心的集泥水、沙水油水、藻水快速分离技术及其一体化设备。该技术具有高效连续涡流快速分离颗粒物，实现标准化、模块化等优势，填补了国内空白，可广泛应用于国内大型城市污水处理厂、及城市自来水厂等。

【水污染控制先进技术与装备协同创新中心揭牌】 3月，水污染控制先进技术与装备协同创新中心（简称“中心”）及其下设的成果转化基地、人才实训基地在环科园成立。该“中心”以南京大学为牵头单位，协同同济大学、环科园，联合清华大学、浙江大学、河海大学等6个高校和科研院所，以及10个国内水处理与装备龙头企业、6个国家级环保产业基地，实现了国内高水平水污染控制技术与产业发展优势资源的协同与汇聚。该“中心”成立后，将瞄准水处理技术与装备创新前沿和国家水污染控制的需求，搭建“政产学研用”紧密结合的技术协同创新和产业协同发展开放式平台，带动以水处理行业为主要依托的相关产业集群的发展，建成有国际影响力的水污染控制先进技术与装备研发基地及高层次复合人才培养基地。

【中国—东盟环保技术和产业合作示范基地启动建设】 环科园在推进园区国际化合作的进程中，借力东盟平台打造示范基地，探索环保产业“走出去”模式。2012年，环科园与中国—东盟环境保护合作中心签署合作协议。2014年5月，中国—东盟环保产业合作研讨会在宜兴召开，会议就中国与东盟环保技术领域的合作、环保产业的未来发展等议题展开研讨，双方商定共建示范基地。该示范基地是中国与东盟国家环保合作的基础性、综合性平台，具备环保技术展示、培训交流、技术研发等功能。基地将依托环科园既有的国际化载体和平台，建设中国—东盟环保技术与政策研究院，中国—东盟环保产业合作培训中心，中国—东盟环保技术、设备及产品展示、交易中心和宜兴环保企业国家合作服务中心等，在水污染处理、固体废弃物治理、大气污染治理和环境监测等领域筛选适用环保技术进行示范推广，提升环科园的发展层次和水平，更好地支撑国内环保产业国际化发展。

【中节能宜兴环保产业园开工】 中节能（宜兴）环保科技发展有限公司由中节能实业发展有限公司和环科园于2013年合作成立，注册资本2亿元，在发展建设中充分利用中节能的品牌优势，依托环科园基础雄厚的环保产业，打造成以节能环保为主题的高品质园区。2014年6月，公司投资的中节能宜兴环保产业园开工建设，总投资16亿元，规划占地26.7公顷，总建筑面积约20万平方米，首期工程将建设科技研发厂房10栋、机械厂房8栋、服务中心1栋。该产业园是集节能环保产品生产、研发、孵化的绿色产业园，主要为环保节能企业建立全产业链运营平台，促进宜兴环保节能产业的高效集聚和转型升级。

【北投（宜兴）环保装备产业园启动建设】 中国(香港)节能环保科技集团有限公司是国内水处理领域的龙头

5月，中国—东盟环保产业合作研讨会现场　　（环科园　提供）

企业，经营理念先进，经济实力雄厚。10月，该公司在环科园投资的北投(宜兴)环保装备产业园启动建设，项目总投资20亿元，占地50万平方米。该产业园定位于打造微型环保企业综合体，符合企业发展需求和产业转型方向，助推宜兴环保产业转型提升，不仅为环科园产业大体系构建增添新亮点，而且和中节能宜兴环保产业园形成了“园中园”建设的南北呼应之势。随着后续环保研发基地、环保产业总部会馆、环保大学等7个项目的落户，最终在环科园形成全新的环保产业形态和业态。

【宜兴·北大资源城项目落户环科园】 北大资源集团控股有限公司成立于1992年，为香港联合交易所主板上市公司，是北京大学四大校办产业之一。2014年11月，该集团投资2亿美元，与环科园携手合作建设宜兴·北大资源城项目，规划用地面积90.7公顷。项目以北大新文化社区、北大科技园“一区一园”定位，下设北大新文化中心、北大文化公园、北大方正国际学校（包括北大幼儿园和北大附小）、北大健康服务综合体、北京大学软件工程国家工程中心5个子项目。同时，配套北大书院、国际学校、青年公寓等基础设施和服务功能，打造集教育、研发、产业、人才于一体的综合平台，营造宜业宜居的生活氛围。

【两大环保新平台建成】 宜兴国际环保展示中心占地2.5万平方米，是一个集新产品、新设备、新技术和新工艺于一体的大型环保专业展示场馆，定位于打造国际水准的环保成果展示窗口、环保产业交易平台、环保科技推广枢纽、绿色低碳教育基地和生态经济体验中心。中国环保科技成果网是在科技部直接支持下建设的一个线上综合服务平台，以促进国际环保科技成果转化为目标，以集聚创新资源为抓手，提供国家科技支撑计划成果转化一站式服务，是具有示范意义的国际环保科技成果产业化的网上对接中心、展示中心和交易中心。10月，宜兴国际环保展示中心、中国环保科技成果网建成开通，助推宜兴环保产业加强内外互通、集聚优质资源，更好实现互动发展、融合发展、转型发展。

【环科园院士专家服务中心成立】 宜兴推进经济转型和产业升级，迫切需要高端智慧的指导和创新资源的集聚。3月，中国工程院环境与轻纺工程学部“问情·资政·服务”恳谈会在宜兴举行，10多位院士为宜兴环保产业转型、科技创新、环境保护集中“把脉”、建言献策。会上，环科园院士专家服务中心（简称“中心”）揭牌成立。该“中心”的成立，是宜兴实施“人才强市”战略的重要举措。“中心”将通过邀请院士联合开展高层次学术交流等活动，加强院士和园区的沟通合作，主要开展产业发展战略咨询和技术指导，推动院士科研成果转化，完善企业研发体系和研政产合作等工作，促进宜兴环保产业转型发展。

（孙夏）

宜兴经济技术开发区

【概述】 宜兴经济技术开发区确立在国家级开发区中争当先进的目标，以加快转型为主线，以改革创新为动力，以项目建设为抓手，以统筹发展为契机，以改善民生为追求，着力优化空间布局、扩大对外开放、提升产业层级。全年地区生产总值123.3亿元，比上年增长20.2%。应税销售收入531.3亿元，比上年增长12.1%。其中：工业455.1亿元，比上年增长11.5%；流通76.3亿元，比上年增长15.6%。工业利润总额21.8亿元，比上年增长36.8%。工业增加值103亿元，比上年增长19.8%。财政总收入20.5亿元，财政可支配收入6.84亿元，其中税收收入17.9亿元，比上年增长23.7%。全社会固定资产投资125.7亿元，比上年增长8.4%。协议注册外资6145万美元，比上年下降49.1%。到位注册外资1466万美元，比上年下降81.9%。进出口总额17.7亿美元，其中出口15.4亿美元，居全市首位。引进项目16个，总投资超80亿元，其中超10亿元项目2个。阿尔特汽车创意研发产业园、江苏九迪动力股份有限公司新能源发动机等项目落户，金立游戏大厅宜兴运营基地建设顺利，无锡威易同享科技有限公司、宜兴坚果文化创意有限公司等11个团队进驻园区，香港奥托泰制造厂有限公司投资6400万美元的高端车载备用电源生产项目在开发区签约。完成规划设计项目17个，高标准编制产业集聚区、高端动力机械产业园、华谊产业园等概念性规划。科创新城和阳山荡新城建设加快，CBD（中央商务区）核心区“五路两河”（钱墅荡路、杏里路、学圩西街、学圩东街、翔飞路和杏里河、蠡河）建设迅速，景观工程布局全面，基础设施更趋完善，清华科技园宜兴分园、江苏雅克科技股份有限公司总部大楼等彰显城市品位的力作顺利推进。午内，举办“紫砂杯”全球汽车造型设计大赛，承办第二届国家青年“千人计划”年会、移动互联网行业论坛、第三届中国现代服务业学术及产业创新发展国际研讨会。

【科技创新成果丰硕】 全年新认定省级以上高新技术企业4个，申请专利254件、授权172件。国电光伏砷化镓电池研究所研发的聚光电池、柔性薄膜电池转换率居全球第三、全国第一位。银环控股集团有限公司与三大央企战略重组，研制核能装备水平跨上行业最前沿。江苏雅克科技股份有限公司引进法国专利，掌握LNG（液化天然气）海洋运输保温板核心技术。无锡元创华芯微机电有限公司开发的红外焦平面探测系统、江苏中升立体显示科技有限公司的裸眼3D技术水平在全国前列。引进“千人计划”专家2人，申报省“双创”（创新、创业）人才3人、“双高”人才70余人，成立海创千人宜兴功能材料研究院。光电子企业集群做大做强，推出超短焦激光大屏电视（无锡视美乐激光显示科技有限公司研制）、艾洛维无屏电视（江苏宜清光电科技有限公司研制）、大尺寸无缝液晶拼接屏（江苏清投视讯科技有限公司研制）等一批先进产品。

【宜兴移动互联网产业基地揭牌】 开发区以“具有国际竞争力的综合性工业园区”为总体定位，探索具有自身特色的园区发展之路，在新能源、光电子、新材料、先进装备制造四大产业集群基础上，进一步放大其在吸引高端人才、先进技术和新兴产业方面的优势，谋划绿色食品饮料产业、高端动力机械产业等特色产业集群。7月，宜兴移动互联网产业基地揭牌。根据规划，该基地有小楼24幢、综合楼1幢，主要承接以移动互联网业务为主业的企业、机构以及创业团队的入驻，专注手机游戏、在线教育、互联网金融、电子商务、智能硬件等领域。开发区将通过成立发展基金、提供配套服务等政策，吸纳更多的IT精英汇聚宜兴。至年底，基地入驻企业6个，注册资金总额8000余万元，对增强园区发展后劲、提升“智造”实力起到推动作用。

【绿色食品饮料产业再添新果】 为实现“打造一流绿色食品饮料产业园”目标，开发区引进红牛维他命饮料（江苏）有限公司、江苏奥瑞金包装有限公司等名企。10月，江苏博瑞特金属容器有限公司和江苏扬瑞新型材料有限公司启动建设，江苏奥宝印刷科技有限公司投产，一个布局优、层次高、特色明、品牌响的绿色食品饮料产业基地初具规模。其中：博瑞特金属容器和扬瑞新型材料公司总投资6亿元，厂区面积13.3公顷，主要提供食品、饮料、啤酒、乳制品等产品的金属包装用易拉罐以及易拉罐用水性涂料、三片罐涂料等金属包装涂料。项目达产后，可新增年销售收入10亿元；奥宝印刷科技公司由奥瑞金包装公司与上海宝钢包装股份有限公司合资成立，主要为食品、饮料、调味品等产品提供高科技包装设计、印刷、制造及全方位客户服务的综合包装解决方案，项目达产后可形成年产4.8万余吨彩印铁加工能力，年产值约5亿元。

【全球汽车造型设计大赛颁奖典礼在开发区举行】 10月，2014全球汽车论坛——“紫砂杯”全球汽车造型设计大赛颁奖典礼在开发区举行。该比赛以“传承中国文化，创领未来世界”为宗旨，旨在全球范围内发现人才、奖励创新，推动全国汽车产业的自主研发和创新。通过组委会评审，英国考文垂大学汽车设计专业的张冠男等6人获单项奖，清华大学美术学院工业设计系的邓树栋获金奖，印度汽车设计师Prathyush Devadas等2人获银奖，德国大众康采恩设计工作室的汽车外观设计实习生Ahmed Zayed Radwan等3人获铜奖。此次大赛的举办，搭建了汽车交流合作平台，加快了开发区建设高端动力机械产业园的步伐，为开发区汽车产业发展创造了良好氛围。

（梅玲）

江苏宜兴陶瓷产业园区

【概述】 江苏宜兴陶瓷产业园区以转型发展为先决条件，强化产业特色、营造投资环境，构建以陶瓷和非金属材料制造产业为主、节能环保产业等产业为辅的现代产业新格局。全年工业应税销售收入160.5亿元，其中规模以上企业141.24亿元。流通应税销售收入24.48亿元。到位注册外资437.6万美元；自营出口创汇3.9亿美元，比上年增长5.75%。工业后劲投入21.24亿元，比上年增长17%。无锡市瑞尔精密机械股份有限公司、市海科耐火材料制品有限公司的2个重点项目竣工达产。至年底，入园企业500多个，其中年销售收入超10亿元企业3个。举办国家“千人计划”专家丁蜀行活动，开展校企对接，提升产学研合作的深度和广度。

全球汽车论坛“紫砂杯”汽车造型设计大赛部分作品及选手 （丁焕新 摄）

强化服务企业意识,组织企业参加北京耐火材料展、上海国际陶瓷工业展等国内经贸交流活动。帮助企业开拓国际国内市场,引进国内外先进技术装备,加快园区企业的科技创新能力和产业转型步伐,园区发展质态和运作水平继续提升。

【主导产业应税销售收入占比高】 机电、冶金、陶瓷三大行业是园区支柱产业,全年应税销售收入126.8亿元。骨干企业发展稳健,江苏亨鑫科技有限公司等企业应税销售位列全市前50强,宜兴华丰陶瓷有限公司、江苏富陶科陶瓷有限公司等5个重点成长型企业应税销售增幅均超50%,宜兴维多利亚家具有限公司、新嘉理(江苏)陶瓷有限公司等11个企业应税销售增幅均超30%,市蓝天玻陶材料有限公司等9个重点成长型企业应税销售增幅超25%。自营出口保持增长,宜兴东方石油支撑剂有限公司完成出口超1700万美元,宜兴华丰陶瓷有限公司、江苏锦绣苑陶瓷有限公司、宜兴宝明环保设备有限公司出口增幅均超50%。江苏林龙电磁线有限公司、宜兴诺伏电工材料有限公司、江苏蓝翔线缆有限公司在天津股权交易所挂牌。

【"千人计划"专家丁蜀行】 园区搭建企业与高校、科研院所双向互动机制和政产学研合作交流平台,提升经济能级和创新能力。4月,"千人计划"专家丁蜀行活动在园区管委会举行,近30名专家围绕创新创业展开交流。活动中,加拿大工程院院士陈志璋与江苏亨鑫科技有限公司合作成立的省外国院士工作站揭牌。工作站成立后,以亨鑫公司作为主要技术创新和成果转化基地,为全市移动通信产业向高端攀升提供支撑。同时,成立海创千人宜兴产业协同创新促进中心,针对全市特色产业,按照细分的产业集群,搭建专家与企业协同创新的平台。其下设的"千人计划"无机非金属材料产业协同创新联盟、金属及机械加工产业协同创新联盟成立运行,根据企业的技术需求结合专家的研究领域,开展"订单式"互助合作,形成协同科技创新和资源共享的常态化机制。此外,成立江苏瑞尔精密机械股份有限公司等5个企业的"千人计划"专家工作站,部分"千人计划"专家与企业就创业、合作等项目签约。

【化解制约促发展】 面对严峻的工业经济发展形势,园区多措并举维护金融稳定和企业正常生产经营。4月,成立丁蜀镇中小企业互助发展基金会,关注并处理企业出现资金链断裂及银行贷款、集资和相互担保等问题。至年底,帮助25个企业转贷资金超10亿元。盘活园区企业闲置资产,减轻企业业主土地和房屋转让负担,集约利用土地、鼓励企业有效投入、促进企业转型升级。年初,调查园区工业企业闲置土地及厂房,专题商讨研究企业闲置土地、厂房及附属设施再利用,按照"一企一策"帮助企业处理转让事项。组织调查耐火保温、电力环保和窑炉类企业在外地开票状况和经营情况,解决税收外流和窑炉企业定额税调整问题。

【陶瓷产业园区被评为省知识产权试点园区】 江苏宜兴陶瓷产业园区2006年创建,至2014年初步形成新材料加工和设备制造两大特色产业。园区内拥有核心技术的企业60余个,并与中国科学院、清华大学、东南大学等数十个科研院所和高校建立长期合作关系,产品技术水平国内领先。通过加快实施自主知识产权优势企业提升工程,园区培育了一批拥有自主知识产权的创新型企业,其中市宙斯泵业有限公司、江苏亨鑫科技有限公司、江苏蓝星环保科技有限公司等企业拥有专利总量均超30件。在2014年度省级知识产权试点园区名单中,陶瓷产业园区入选。

【陶瓷产业园区入选中国最佳营商环境十大园区】 丁蜀镇利用特色园区优势和国家非金属材料产业基地"金字招牌",加快打造一流的陶瓷产业特色园区。按照"以镇带园、以园促镇"思路,2010—2013年,江苏宜兴陶瓷产业园区实施道路、桥梁、燃气管网等基础设施项目82个,总投资47.7亿元。有针对性地招商引资,营造出良好的投资创业环境,吸引了世界500强企业入园投资,创办了欧司朗(中国)荧光材料有限公司、宜兴旭硝子工业陶瓷有限公司、宜兴摩根热陶瓷有限公司、宜兴海登皇格精细陶瓷有限公司,入园企业累计500多个。2014年8月,在夏季中国区域发展与投资论坛上,江苏宜兴陶瓷产业园区入选中国最佳营商环境十大园区。

(吕俊昌)

宜兴市工业集中区

【概述】 坚持园区带动战略不动摇,探索具有宜兴特色的园区建设发展之路,推动全市经济稳步发展、跨越赶超。全市13个市级工业集中区全年新办工业企业386个,累计3989个;全年工业销售收入1628.2亿元。全年集中区外搬迁入园企业44个,征地企业入园率100%;基础设施投入11亿元,拆迁腾地面积20多万平方米,腾出净地100多公顷,为全市工业经济集聚集约化发展创造条件。国家线缆质量检测中心、华东光电子科技创新基地、哈宜环保研究院等重大创新创业载体运行顺利,为集中区企业发展提供科研技术。至年底,全市累计建成"三创"(创新、创业、创意)载体180多万平方米、省级以上公共服务平台8个。

【工业集中区实现差别化发展】 围绕加快推进工业经济转型发展、科学发展和率先发展目标,按照科学规划、合理定位、节约集约、彰显特色原则,规划引导工业集中区转型发展。市委、市政府编制出台《关于加快推进全市工业经济转型升级的实施意见》《宜兴市战略性新兴产业五年'双倍增'(2011—2015年)行动计划》和"高端线缆、节能环保和新能源产业发展三年行动计划"等,指导推进产业集中集聚、促进产业转型发展。各工业集中区形成较明确的产业发展特色和重点:官林镇电线电缆产业、高塍镇的环保装备产业、新建镇的化纤纺织产业、西渚镇的亚麻纺织产业、张渚镇的LED产业、新庄街道的省节能灯产业和电光源产业、万石镇的机电产业、和桥镇的集装袋包装产业和周铁镇的高端装备制造业特色产业均彰显出各自的产业优势。

【工业地产项目建设初显特色】 鼓励支持工业地产项目建设,扶持中小型、科技型企业发展,推动特色工业地产项目进驻,打造特色产业园区。全市新批工业地产项目1个(彩虹科技园),11个镇、园区、街道在建工业地产项目13个,报批占地196.7公顷,建筑面积222万平方米,开工面积100多万平方米,竣工面积50多万平方米。其中,中节能宜兴环保产业园开启宜兴环保产业与央企合作先河,总投资16亿元,占地26.7公顷,建筑面积约20万平方米,是一个集节能环保产品生产、研发、孵化功能于一体的绿色产业园,为全市节能环保技术、产品搭建发展平台。至年底,该产业园一期工程建设进入收官阶段,科研厂房、机械厂房和服务中心主体建筑均封顶验收。

2014年宜兴市工业集中区基本情况

表30

名　称	基础设施建设完成工作量(万元)		入区企业数(个)		项目建设		集中区产出(万元)		
	累计	2014	累计	2014年新增	在建项目(个)	2014年完成(万元)	销售收入	利税总额	利润
合　计	628419	112170	3989	386	368	1775728	16282030	1687811	792203
张渚工业集中区	29681	120	182	26	21	83770	1149469	95550	82060
西渚工业集中区	8669	1100	118	8	10	34350	323106	9873	5431
太华工业集中区	14925	7400	189	24	6	10050	221714	8747	6316
徐舍工业集中区	45034	6000	288	36	27	204594	220898	113500	48000
官林工业集中区	122742	32500	342	27	99	346856	9255918	515604	406062
杨巷工业集中区	18342	1200	175	8	4	67420	653891	35969	21714
新建工业集中区	49911	2000	295	8	16	32605	870770	16750	-3000
和桥工业集中区	48877	2350	229	38	15	29900	776775	587987	39959
高塍工业集中区	41927	3500	765	109	56	493674	375633	83071	33952
万石工业集中区	44875	3000	671	44	39	165200	748927	69467	44673
周铁工业集中区	21902	1800	367	23	40	195300	1094463	91088	67743
芳桥工业集中区	163844	50000	194	17	19	80009	329476	35000	22093
新庄工业集中区	17690	1200	174	18	16	32000	260990	25205	17200

(瞿啸)

编辑　叶绿

综　述

【概述】 面对国内经济增速换挡、结构调整阵痛、刺激政策消化等矛盾存在，宜兴不断强化外资(境外投资，含港澳台资)项目推进力度，组织南方招商周和日韩经贸交流活动，全市开放型经济稳健发展。全年完成到位注册外资1.85亿美元，工商登记协议注册外资4.17亿美元。境外中方投资额2.96亿美元，完成年计划的105.7%。实现服务外包业务合同额8.13亿美元、业务执行额6.56亿美元、离岸执行额4.17亿美元、离岸合同额5.22亿美元。完成进出口总额55.46亿美元，其中出口36.76亿美元、进口18.7亿美元。完成口岸集装箱进出量1.27万标准箱，比上年增长5%；完成口岸集装箱货运量17.1万吨，比上年下降6.9%。全年协议引进工业内资(市外资金)项目82个，协议引进工业项目内资124.79亿元。全市有境外上市企业17个。江苏江润铜业有限公司升级成为全市首个海关AA类管理企业。浙江昱辉阳光能源江苏有限公司、江苏三木集团有限公司、市银燕进出口有限公司分别以年(2013)进出口额10.8亿美元、3.4亿美元、2.9亿美元列2014年中国民营外贸500强第32位、267位和334位，昱辉阳光能源公司同时入选2014年中国对外贸易500强。

【利用外资攻坚克难求发展】 全年新设外资项目15个，分别来自中国香港、日本、新加坡和美国。其中，港资项目12个，新增协议注册外资3.4亿美元。新设项目中，制造业项目5个，涉及电子产品和电线电缆生产，合计协议注册外资1.37亿美元；服务业项目10个，涉及房地产开发、娱乐服务、咨询服务和其他服务业类，合计协议注册外资2.17亿美元。制造业到位注册外资比重列无锡各板块第三位。重大外资项目规模增大，全市批准协议注册外资超3000万美元重大外资项目8个，总投资超1亿美元项目3个，项目平均规模3957万美元。外资项目质量提升，江苏省中首建材市场有限公司和利星奔驰外资4S店加快宜兴专业市场国际化发展进程，北投(宜兴)环保装备产业园促使全市环保产业向高端制造业挺进，香港明通云湖生态农林项目(宜兴太华明通农林生态发展有限公司)提升云湖风景区的品位和质量。企业增资势头较好，宜兴利星汽车零配件贸易有限公司、江苏通润置业有限公司、宜兴阳升装饰材料有限公司等6个外资企业增资项目协议注册外资占全市总量的40%，无锡江南电缆有限公司被省商务厅认定为跨国公司地区总部并获首期省级财政补助资金。

【对外贸易逆势求进】 全市对外贸易顶住发展压力，沉着应对风险和挑战，各项指标总体保持平稳回升态势。市场开拓力度加强，江苏雅克科技股份有限公司、宜兴新兴锆业有限公司等14个企业申报为省重点培育和发展的国际知名品牌。远东电缆有限公司等38个企业的46个产品获国际产品认证。企业参展、参会热度不减，全年参加中国出口商品交易会、中国品牌商品非洲展、迪拜五大建材展等境内外展会60多个，参展企业数和展位数均多于上年。贸易便利化水平提升，市商务局落实外贸通关便利化举措，加强关检(海关、检验检疫部门)合作，推动“一次到场、一次开箱”和“无纸化通关”改革，全市通关箱量比上年增长6%，无纸化签约企业427个，月无纸化率超70%。至12月底，全市出口由负变化为小幅增长；其他指标，特别是下跌类指标跌幅缩小。

【境外投资上规模拓领域】 全市新核准境外投资项目8个，新增境外中方投资额2.96亿美元，创历史新纪录。项目平均规模3700万美元，是上年的1.57倍。新核准中方(宜兴)协议投资额超1000万美元项目3个，中方投资额2.88亿美元。宜兴环保产业有限公司香港投资项目经省商务厅批准，中方投资额达1.6亿美元，成为全市最大的境外并购项目。许之杰商贸有限公司投资3000万美元的澳洲房地产项目，是全市首个境外地产类项目，境外投资领域进一步拓展。境外承包工程队伍壮大，全年完成外经营业额3035万元，比上年增长51.4%，占无锡地区总量的63.9%。江苏一环集团有限公司获对外承包工程资质。推进落实安哥拉、吉尔吉斯斯坦环保项目，带动全市环保技术和装备输出。凌志环保股份有限公司孟加拉皮革污水处理工程进展顺利，累计完成工作量4005万美元。

【服务外包队伍壮大】 全年新增服务外包企业14个，累计125个，消除太华、杨巷、新庄三个服务外包企业空白镇(街道)，实现区域全覆盖。新增外包从业人员3000人，累计2.1万人。环科园、开发区、丁蜀镇、官林镇、宜城街道集聚外包企业97个，占总数的77.6%。信息技术外包(ITO)、技术性业务流程外包(BPO)分别完成业务总额5.9亿美元、2532万美元，分别比上年下降24.9%和14.8%；技术性知识流程外包(KPO)完成业务总额5.1亿美元，比上年增长21.9%。KPO项目中，生物医药研发、软件研发、工业设计、检验检测成为全市服务外包的支柱业务和特色业务。

【秋洽会成功举办】 10月，2014中国陶都(宜兴)金秋经贸洽谈会(简称"秋洽会")在宜兴举办，美国、加拿大、德国等国家和中国香港等地区的经贸代表团参加。其间，签约项目50个，总投资600多亿元。其中：外资项目23个，总投资13.5亿美元，协议注册外资6.1亿美元，其中协议注册外资超3000万美元的项目10个、超5000万美元项目5个；工业内资项目14个，总投资147.89亿元，引进市外内资145.69亿元；服务业内资项目13个，总投资330亿元，投资额超10亿元项目6个。此次签约项目规模大、质量高、前景广，产业导向合理，涵盖高科技农业、先进制造业、现代服务业三大类。包括：开发区管委会分别与绿能高科集团有限公司、上海中智光伏科技股份有限公司合作天然气发动机新能源汽车改装线LNG(液化天然气)储备中心项目、高效异质结太阳电池生产项目，投资均达50亿元；环科园和中国庆安集团合作工业机器人关键部位(RV减速器)产业基地项目，投资12亿元；江苏银环控股集团有限公司和广核集团、宝钢集团、华能集团合作战略合作项目，投资8.19亿元；芳桥街道和中国建筑材料科学研究总院耐火材料分院(央企)合作中国建筑材料科学研究总院宜兴分院项目，投资5亿元。

(章丽燕)

秋洽会项目签约现场 (仇洪生 摄)

利用外资

【概述】 面对国际资本流动减弱、项目信息储备严重不足等实际，利用外资工作面临严峻的形势和压力。按照强攻招商、倒逼存量的总体思路，宜兴市强化举措、优化服务、积极作为，但利用外资指标还是比上年明显下降。全年批准外资项目30个，其中新批15个、增资转股15个。领取工商营业执照项目20个，其中新批12个、增资转股8个。全市新增工商登记协议注册外资4.17亿美元，比上年下降16.2%。到位注册外资1.85亿美元，比上年下降47.4%，利用外资总量居无锡市第五位。新批二产项目5个，占新批项目总数的33.3%，协议注册外资1.37亿美元；服务业项目10个，占新批项目总数的66.7%，协议注册外资2.17亿美元，主要涉及研发、咨询服务、旅游娱乐、贸易、房地产等行业。服务业到位注册外资0.8亿美元，占全市相应总量的44%。新增宜兴北投环保产业发展有限公司、无锡畅意商贸有限公司、江苏省中首建材市场有限公司等协议注册外资超3000万美元的重大项目8个。

【外企增资扩股稳中求进】 受国内外宏观经济环境复杂变化影响，全市外资企业运行发展压力较大，但在市委、市政府出台的扶持优惠政策激励下，企业增资扩股总体平稳。全年新批增资扩股项目7个，新增协议注册外资1.23亿美元，与上年基本持平。新增到账外资9112.6万美元，比上年增长20.8%，占全年到账总量的49.25%。其中，无锡江南电缆有限公司、江苏赛特钢结构有限公司从境外上市募集资金返程增资到位分别达5000万美元和1870万美元；宜兴利星汽车零配件贸易有限公司、江苏通润置业有限公司增资到账均超500万美元。

2014年宜兴市外商投资企业行业结构

表31

行业	当年创办数(个)	累计创办数(个)	当年协议注册外资(万美元)
合计	15	2050	35462.49
二产小计	5	1703	13748.00
机电	5	513	13748.00
纺工	—	226	—
轻工	—	392	—
冶金	—	83	—
化工	—	203	—
粮油	—	41	—
陶瓷	—	113	—
建材	—	120	—
二产其他	—	12	—
一产小计	—	56	—
三产小计	10	286	21714.49
其他小计	—	5	—

2014年宜兴市批准外商投资企业合作国家和地区

表32

国家(地区)	当年批准数(个)	累计批准数(个)	国家(地区)	当年批准数(个)	累计批准数(个)
合　计	15	2050	西萨摩亚国	—	2
中国香港	12	851	毛里求斯	—	2
中国台湾	—	290	马绍尔群岛	—	2
美　国	1	240	俄罗斯	—	2
日　本	1	117	伯利兹	—	3
新加坡	1	94	瑞　典	—	2
英属维尔京群岛	—	72	墨西哥	—	1
韩　国	—	67	科特迪瓦	—	1
澳大利亚	—	54	图瓦卢	—	1
加拿大	—	33	匈牙利	—	1
英　国	—	20	巴　西	—	1
德　国	—	19	塞浦路斯	—	1
荷　兰	—	19	柬埔寨	—	1
萨摩亚	—	18	玻利维亚	—	1
泰　国	—	17	保加利亚	—	1
马来西亚	—	16	巴拿马	—	1

续表32

国家（地区）	当年批准数(个)	累计批准数(个)	国家（地区）	当年批准数(个)	累计批准数(个)
阿联酋	—	12	智　利	—	1
印　尼	—	11	约　旦	—	1
澳　门	—	11	印　度	—	1
文　莱	—	9	伊　朗	—	1
意大利	—	6	挪　威	—	1
法　国	—	7	哈萨克斯坦	—	1
新西兰	—	5	希　腊	—	1
西班牙	—	5	津巴布韦	—	1
开曼群岛	—	6	土耳其	—	1
奥地利	—	4	尼日利亚	—	1
菲律宾	—	4	塞舌尔	—	1
芬　兰	—	2	百慕大	—	1
比利时	—	2	丹　麦	—	1
以色列	—	2	尼泊尔	—	1

（孟伟康）

利用市外内资

【概述】 以走新型工业化道路、加快结构调整步伐为主题，按照“招商工作抓信息，得到信息抓签约，签约项目抓注册，注册项目抓开工”要求，加快提升招商项目的质量、产业层次和科技含量，重点拓展新客商、重要客商。注重引入投资超1亿元项目，分类指导镇、园区、街道的招商工作。全年引进工业内资项目82个，投资规模230.09亿元；协议引进工业项目内资124.79亿元，年内实际到账53.4亿元，比上年增长6.16%；新注册工业内资企业56个，总投资82.87亿元，其中协议引进工业项目内资70.1亿元。10月，2014年中国陶都（宜兴）金秋经贸洽谈会期间，签约工业内资项目14个，计划投资147.89亿元，其中引进市外内资145.69亿元。

【宜兴（上海）投资贸易说明会】 为主动抢抓上海自贸区的溢出机遇，将“大上海”的桥头堡效应和外溢推力利用到最佳、发挥到最大，8月，市政府在上海举行2014年宜兴（上海）投资贸易说明会。其间，签约项目20个（工业内资项目19个），总投资221.85亿元，引进市外内资209.96亿元。其中，环科园管委会和上海长江经济联合发展（集团）股份有限公司签订的环保产业园中园建设和环保产业合作项目总投资160亿元，丁蜀镇政府与上海亿润影视制作有限公司签订的中华五千年寺庙文化影视城项目总投资20亿元，万石镇政府与上海塔星集团签订的年产600万平方米超薄复合石材、异型石材生产项目总投资10亿元。

（曹小明）

资本经营

【概述】 2014年企业上市环境偏紧，市发改委着力推进“新三板”挂牌和企业兼并重组，紧跟债券发行政策变动形势，推进资本经营积极发展。至年底，全市上市企业22个，其中境内上市5个、境外上市17个，IPO（首次公开募股）融资总额128亿元，“新三板”挂牌企业2个，10多个重点企业与券商签约，后备拟上市梯队保持在50个企业左右。其中，江苏立霸实业股份有限公司、江苏高科石化股份有限公司、江苏鹏鹞环保股份有限公司报证监会审核，江苏金山环保科技股份有限公司、市诺明高温耐火材料有限公司报省证监局辅导。区域性场外交易市场发展迅速，远东光电股份有限公司、江苏大恒环保电气科技股份有限公司、江苏中裕建材科技股份有限公司等10余个企业在天津股权交易所市场挂牌，市葛盛陶庄文化艺术有限公司等企业在上海股权交易中心挂牌。债券融资平稳发展。宜兴拓业实业有限公司、江苏宜兴经济开发区投资发展有限公司分别获准发行企业债券12亿元和16亿元；江苏中超电缆股份有限公司获准向社会公开发行面值不超过6亿元的公司债券，实际发行4亿元；无锡江南电缆有限公司首次配售股份3.17亿股，募集资金约6.2亿港元。10月，2014年宜兴股权融资项目推介会召开，全市80个规模以上企业负责人及60余个境内外机构参加，会议签约总额56.7亿元，并对全市首个在“新三板”挂牌交易的企业——凌志环保股份有限公司颁发奖励150万元。

【企业兼并重组】 宜兴重点行业并购资源丰富，企业兼并重组成为推动全市工业转型升级、加快转变发展方式的重要举措。3月，市发改委制定出台《关于鼓励推进企业战略合作的政策意见》，推动企业兼并重组。年内，远东电缆股份有限公司收购北京水木源华电气股份有限公司、上海艾能电力工程有限公司，总额4.6亿元；江南集团有限公司收购江苏凯达电缆有限公司、无锡市新阳光电缆有限公司，总额4.08亿元；江苏新远程电缆股份有限公司收购无锡市苏南电缆有限公司，总额0.96亿元。市金帆陶瓷有限公司通过被收购、股权置换等形式利用市外上市公司开展兼并重组工作。2012—2014年，江苏中超电缆股份有限公司、远东控股集团有限公司、江南集团有限公司、远程电缆股份有限公司、江苏东光微电子股份有限公司等上市企业完成上市并购累计18.27亿元。

【资金奖励助推资本经营发展】 市发改委吸取周边地区发展经验，形成包括上市奖励、兼并重组、“新三板”挂牌、基金设立、股权融资以及总部经济在内的六大板块的资本经营发展政策。同时，在市委、市政府出台的《2014年关于促进经济和社会又好又快发展的意见》中，细化和完善“关于促进企业资本经营发展专项资金奖励实施细则”，并设立5000万元企业资本经营专项资金，支持企业上市、“新三板”挂牌、设立基金、股权融资、发展总部经济等相关资本经营工作。年内，奖励江苏赛特钢结构有限公司、江苏中煤电缆有限公司、无锡迅驰电子科技有限公司等9个2013年资本经营工作优秀的企业1221万元。

【“新三板”挂牌工作进展顺利】 “新三板”挂牌对解决科技型中小企业资金瓶颈问题，拓宽融资渠道，提升中小企业的自主创新能力和竞争力具有重要作用。为此，市发改委牵头相关部门围绕资金补助、税收优惠、项目争取等方面制订政策，举办业务培训会，组织券商、会计事务所等与企业挂牌对接。2014年，“新三板”突破试点地区限制，扩容至所有符合条件的企业，全市相关企业形成意向申报、签约申报、已申报三级梯队。至年底，凌志环保股份有限公司、科耐特电缆附件股份有限公司挂牌“新三板”，10多个重点企业与券商签约。

【葛盛陶庄在上股交挂牌】 文化创意企业由于固定资产少，缺乏抵押担保的条件，债券、股权、项目融资困难大。市葛盛陶庄文化艺术有限公司与文化部中国艺术科技研究所、上海知名创意园区M50及高校院所等合作，设立紫砂文化研究中心、合作基地等，形成了紫砂文化一站式体验服务新模式。3月，葛盛陶庄在上海股权托管交易中心挂牌，成为首个在该“中心”挂牌的紫砂文化企业，实现了宜兴紫砂文化创意与资本市场的对接，为文化创意企业进入一级资本市场打下基础。挂牌后，“中心”向葛盛陶庄提供定向增资、重组并购、股份转让等服务，并监管陶庄的规范运作、信息披露等市场行为，培育、辅导和促进陶庄实现转主板、中小板、创业板上市。

【两个A股上市公司获表彰】 江苏中超电缆股份有限公司2010年在深圳证券交易所上市后，完善风险控制，推进结构调整和技术创新，发挥上市公司融资渠道、品牌形象等优势，带动公司业绩增长。江苏东光微电子股份有限公司2010年在深圳证券交易所上市后，发挥资本市场和技术优势，依靠创新思维，从单一的固体放电管生产厂商，成长为集芯片设计、研发、封装检测和销售为一体的国内功率类半导体分立器件及集成电路领域的领军型企业。2014年6月，经无锡市金融办、上市公司协会考评无锡地区42个A股上市公司2013年市值管理、社会贡献、盈利水平、投资者回报、资本运作和监督监管等指标，中超电缆公司被评为2013年度无锡A股最佳上市公司，并获2013年度无锡A股上市公司最佳市值管理奖，东光微电子公司获2013年度无锡A股上市公司资本运作奖。

（高雨陶）

对外贸易

【概述】 围绕“以增量调结构、以拓展增份额、以服务求绩效”工作思路，创新工作举措，推动外贸发展转型升级，实现外贸进出口平稳发展。全年完成进出口总额55.46亿美元，比上年下降4.51%。其中：自营出口36.76亿美元，比上年增长0.4%；进口18.7亿美元，比上年下降12.9%。新获自营进出口经营权企业202个，累计1858个。年出口额超1000万美元规模以上企业69个，合计出口27.7亿美元，占出口总额的75.3%。向美国、日本、菲律宾、印度、韩国、澳大利亚六大主销市场出口17亿美元，占出口总额的46.2%。传统产品出口稳步增长，化工、纺织、轻工、陶瓷产品合计出口29.7亿美元，占出口总额的80.7%。机电、高新产品分别出口13.9亿美元和12.1亿美元，分别比上年下降0.2%和0.5%。加快出口基地建设，夯实传统产业提升发展基础，市电线电缆出口基地、科技兴贸出口创新基地（节能环保）、陶瓷出口基地获省商务厅考核优秀等次，线缆产业、陶瓷耐材产业、环保产业分别出口1.16亿美元、2.25亿美元、4504万美元。推进出口品牌建设，江苏雅克科技股份有限公司、宜兴新兴锆业有限公司等14

个企业的品牌入选2014年度省重点培育和发展的国际知名品牌，涵盖化工、陶瓷、纺织、线缆、机电五大行业。

【市场开拓步伐不断加快】 搭建展位平台，推动企业加快“走出去”步伐。1月，结合宜兴产业特色和企业贸易类别情况，市商务局制订《2014年宜兴市重点国际市场开拓计划》，引导企业在挖掘传统市场潜力的同时，积极开拓国内、国际新市场。帮助江苏亨德利纺织印染有限公司、江苏兴达文具集团有限公司等119个外贸企业争取第24届上海华东出口商品交易会和第115、116届中国出口商品交易会(广交会)展位188个。做好昆山进口展等宣传、组织和实施工作，推动江苏五洲环保服务有限公司、江苏博大环保股份有限公司争取摊位7个。江苏辛巴地板有限公司参加省商务厅组织的中国品牌商品非洲展，江苏亨鑫无线电技术有限公司、江苏俊知技术有限公司参加省商务厅组织的迪拜五大建材展。4月，江苏碧诺环保科技有限公司、江苏开能华宇环保设备有限公司参加迪拜水处理、环保新能源展。11月，远东电缆有限公司、国电光伏有限公司等光伏企业参加第六届中国(无锡)国际新能源展览会，参展面积500平方米。

【出口信用保险承保规模扩大】 鼓励企业加快投保出口信用保险，规避收汇风险，拓宽融资渠道，转变贸易方式，促进外贸出口可持续发展。至年底，全市新增出口投保企业34个(其中小微企业20个)，累计188个(其中小微企业129个)，全年承保总金额13.98亿美元，比上年增长19.5%。出口信用保险累计支持宜兴出口贸易13.98亿美元，比上年增长19.5%；出口信用保险对宜兴全口径出口支持率33.65%，比上年提高1.7个百分点；对一般贸易出口支持率48.3%，比上年提高0.9个百分点，高于全省、无锡市平均水平。全年赔付金额77.7万美元。其中，市银燕进出口有限公司和江苏雅克科技股份有限公司承保额分别为8395.2万美元、1.5亿美元，分别比上年下降27.42%、33.9%，浙江昱辉阳光能源江苏有限公司承保额3.66亿美元，比上年下降14.5%。

【贸促会服务功能不断强化】 强化市贸易促进委员会(简称“市贸促会”)服务功能。全年办理一般原产地证6017份，审批来料(进料)加工业务964份、加工贸易生产能力证明79份、进口保税料件内销批准73份、外国人来华邀请函和技术引进等其他业务71份。出刊《贸促动态》12期、2600份。加大对上资金争取力度，全年帮助400余个企业申报并获拨省级以上扶持资金3976.2万元。其中，2013年度中小企业国际市场开拓资金783.54万元、2013年度进出口信用保险补贴539.31万元、2013年国际市场开拓展会项目223.81万元、2014年国家进口贴息资金459万元、2014年江苏省进口贴息资金832.92万元、2014年商务发展切块资金539.38万元、2014年上半年度中小企业开拓资金371.72万元、2014年商务发展免申报项目扶持资金226.52万元。年内，市贸促会获无锡市贸促会特别嘉奖。

【《关于支持外贸稳定增长的实施意见》出台】 受复杂多变的国际形势、同质化竞争加剧及成本增加等因素影响，全市外贸进出口增幅逐月下行，市商务局联合海关、国检、国税等涉外部门，强化服务举措，引导企业调整经营策略和工作思路。8月，市商务局制定出台《关于支持外贸稳定增长的实施意见》，包括保持外贸稳定增长、着力优化外贸结构、加快构建外贸发展新优势、改善贸易发展环境4个方面23条措施。其中：“推进通关便利化”措施中规定“属地申报、口岸验放”的适用范围放宽至一年内无违法记录的B类生产型企业，“属地申报、属地放行”的适用范围放宽至A类企业；“加大出口信用保险支持”措施中规定扩大宜兴出口信用保险承保规模和覆盖面，力争全年承保规模突破12.5亿美元、服务出口企业数突破220个；对重点行业和企业下调承保费率10%以内，限额满足率提高5%。

2014年宜兴市自营出口情况(按地区分类)

表33

地　区	流通企业出口(万美元)	生产企业出口(万美元)	“三资”企业出口(万美元)	合计(万美元)	占比(%)
合　计	32418	220727	114493	367639	100.00
欧　洲	15932	111861	61617	189410	51.52
亚　洲	5523	42739	14310	62572	17.02
北美洲	4499	35301	21796	61596	16.75
拉丁美洲	4627	14057	6608	25292	6.88
大洋洲	610	8798	5413	14821	4.03

续表33

地　区	流通企业出口(万美元)	生产企业出口(万美元)	"三资"企业出口(万美元)	合计(万美元)	占比(%)
非　洲	1227	7971	4749	13947	3.79

2014年宜兴市自营出口情况(按行业分类)

表34

类　别	流通企业出口(万美元)	生产企业出口(万美元)	"三资"企业出口(万美元)	合计(万美元)	占比(%)
合计	32419	220728	114493	367640	100.00
机械电子	5945	106963	26354	139262	37.88
化工医药	13869	56247	15720	85836	23.35
纺　织	2635	7102	37788	47525	12.93
轻工工艺	5745	29522	18950	54217	14.75
陶　瓷	3189	7527	11318	22034	5.99
五金矿产	656	11102	2439	14197	3.86
农副产品	380	2265	1924	4569	1.24

2014年宜兴市自营出口创汇1000万美元以上企业

表35　　单位:万美元

序号	单　位	出口金额
1	浙江昱辉阳光能源江苏有限公司	78115
2	江苏雅克科技股份有限公司	12258
3	远东电缆有限公司	8990
4	江苏坤风纺织品有限公司	8678
5	无锡嘉瑞光伏有限公司	8171
6	江苏汉光甜味剂有限公司	8148
7	宜兴市银燕进出口有限公司	8008
8	宜兴丹森科技有限公司	7878
9	江苏三木集团	7220
10	微密科技(宜兴)有限公司	6434
11	宜兴协联生物化学有限公司	5672
12	宜兴新乐祺纺织印染有限公司	5647
13	无锡江南电缆有限公司	5491
14	无锡市博大竹木业有限公司	5393
15	宜兴高青制衣有限公司	4779
16	江苏森茂竹木业有限公司	4736
17	江苏灵谷化工有限公司	4219
18	江苏瑞佳化学有限公司	3894

续表35

序号	单　位	出口金额
19	宜兴乐威牛仔布有限公司	3603
20	鹰普机械(宜兴)有限公司	3337
21	宜兴维多利亚家具有限公司	3093
22	宜兴宇星新材料科技有限公司	2839
23	宜兴市元宏进出口有限公司	2705
24	宜兴市林德进出口有限公司	2398
25	江苏兴达文具集团有限公司	2369
26	乐祺纺织实业(无锡)有限公司	2325
27	江苏亨鑫科技有限公司	2141
28	宜兴兴进颜料化工有限公司	2045
29	宜兴市天石饲料有限公司	2044
30	宜兴市舜昌亚麻纺织有限公司	1995
31	宜兴长荣织造有限公司	1970
32	江苏傲伦达科技实业股份有限公司	1911
33	江苏中超电缆有限公司	1903
34	宜兴申利化工有限公司	1764
35	宜兴新威利成稀土有限公司	1757
36	江苏裕辉国际贸易有限公司	1716
37	无锡新得复合材料有限公司	1669
38	宜兴新森大竹木制品有限公司	1646
39	宜兴市东方石油支撑剂有限公司	1604
40	宜兴市旭硝子工业陶瓷有限公司	1539
41	宜兴市中正化工有限公司	1535
42	欧司朗(中国)荧光材料有限公司	1511
43	无锡赛晶太阳能有限公司	1500
44	江苏天音化工有限公司	1427
45	江苏晶正电子有限公司	1353
46	宜兴市燎原化工有限公司	1342
47	江苏宇豪纺织有限公司	1321
48	江苏共昌轧辊有限公司	1311
49	江苏雷蒙化工科技有限公司	1296
50	无锡奈加野时装有限公司	1253
51	江苏立霸实业股份有限公司	1204
52	宜兴中大纺织有限公司	1196
53	江苏宏远药业有限公司	1193
54	宜兴市宇龙塑胶包装制品有限公司	1191

续表35

序号	单　位	出口金额
55	宜兴市前成生物有限公司	1179
56	宜兴市绿田进出口有限公司	1169
57	宜兴市富陶金属构件有限公司	1133
58	宜兴市腾明阻燃材料有限公司	1127
59	无锡市乾翰进出口有限公司	1110
60	宜兴市华峰塑业有限公司	1109
61	江苏嘉盛光伏科技有限公司	1102
62	宜兴威尼特集装袋有限公司	1095
63	无锡乐峰太阳能科技有限公司	1072
64	宜兴高奇工程纺织品制造有限公司	1047
65	台宜陶瓷（宜兴）有限公司	1042
66	宜兴华兴刷子有限公司	1022
67	宜兴新威利成耐火材料有限公司	1018
68	无锡双诚炭黑有限公司	1011
69	宜兴华丰陶瓷有限公司	1004

（陈娟）

对外经济技术合作

【概述】 抢抓全球经济衰退、利于拓展海外投资的机遇，市商务局鼓励宜兴企业着眼全球配置资源，加快实施“走出去”（境外投资）战略，创新服务方式，拓展对外经济技术合作领域，境外投资继续保持无锡市领先地位。全年境外中方投资额2.96亿美元，比上年增长56.3%，位居无锡市第二；新核准境外投资项目8个，累计111个。8个境外投资项目中非贸易项目5个，中方（宜兴）协议投资额超1000万美元项目3个，平均投资额3700万美元。江苏雅克科技股份有限公司、江苏泛太矿业发展有限公司等投资创办的境外企业运行良好，全年2个项目增资7800万美元，占当年新批中方投资额的26.4%。引导和鼓励有实力的企业申请对外承包工程资质，并做好跟踪服务工作，建立企业境外应急预案，将境外工程承包过程中的风险控制在最小范围。至年底，新批具备对外承包工程资质企业1个（江苏一环集团有限公司），累计8个。

【境外投资亮点频现】 宜兴企业境外投资愿望强烈，非洲、南美洲等资源丰富的地区成为宜兴企业青睐之地。根据企业愿望及宜兴实际，市商务局创新服务方式，编制《外经服务手册》，并对重大项目实行一对一、点对点服务。首次召开境外投资专题座谈会，提振企业“走出去”信心，全市15个境外投资企业参加。宜兴许之杰商贸有限公司与澳大利亚国家羽毛球队合作建立训练场馆及体育用品销售，年内增资3000万美元投资房地产，首次进军房地产领域，开创宜兴企业境外投资的新形态。宜兴环保产业集团在中国香港的并购项目，中方投资额达1.6亿美元，投资规模创宜兴历史最高纪录。加大对上争取力度，全年争取上级资金641.01万元，其中国家资金512.88万元、省级资金128.13万元，为历年最多。

【凌志环保境外承包工程推进顺利】 凌志环保股份有限公司创办于1998年，有环境工程设计甲级、环保工程专业承包一级、海外承包资质，有专利130多件。面对环保产业的快速发展，该公司主攻大中型EPC（设计-采购-建设模式）、BT（建设-转让模式）和氧化沟设备成套总承包项目，并在国外市场提前布局。2010年，孟加拉国达卡皮革工业园难以处理皮革污水，在全球招标建设日处理能力2万立方米的皮革污水处理工程。2012年3月，凌志环保公司与孟加拉国工业部签订皮革污水处理工程总承包项目，合同总额7000多万美元，成为全市最大规模的海外单体环保工程总承包项目。至2014年年底，该项目完成工作量4005万美元，预计2015年完工。

服务外包

【概述】 全市服务外包对外扩企业总量，对内抓项目推进，对上抓协调审批，基本形成企业更集聚、高端外包业务增长更迅速、配套设施更完善、产业结构更优化的良好势头，服务外包各项指标保持高速增长。全年完成业务合同额8.13亿美元、业务执行额6.56亿美元、离岸合同额5.22亿美元、离岸执行额4.17亿美元，分别比上年增长44.6%、30.3%、46.3%、42.9%。全市服务外包领域不断拓展，"多元化战略"稳步推进，服务外包业务向高端扩展，涵盖传统信息技术外包服务(ITO)、业务流程外包服务(BPO)和较高端的知识流程外包服务（KPO)，服务外包业务在镇(园区、街道)的覆盖率100%。加大对服务外包企业扶持力度，全年向上争取到扶持资金400.1万元。

【载体建设稳步推进】 环科园、开发区、宜城街道是全市服务外包企业的主阵地。环科园软件园、留学生创业园、文化创意园、科技研发区等聚集了以软件开发、环保研发、动漫设计为主的外包企业33个，卓易大厦投入使用，逐步打造成为软件开发集聚中心。开发区创业园一、二期集中了一批技术研发服务外包企业，创意研发大厦引进13个软件企业入驻，创新研发大厦的华东光电子创新基地研究院、科技查新平台等共计2万平方米载体建成。宜城街道国际大厦主要集聚软件开发、投资咨询类外包企业。统筹优化"重点板块+集聚园区+主要载体+重点企业"发展模式，以特色发展提升效益，以差异化、专业化发展提升承接服务外包业务的能级。支持线缆检测、环保设计研发及陶瓷检验检测三项服务外包公共平台项目建设，引导平台完善服务和升级技术，发挥平台对服务外包产业的支撑和促进作用。年内，环保研发区、清华科技园、投影光电产业园等6个"三创"(创新、创业、创意)载体建设项目相继投入使用。至年底，全市拥有可用服务外包载体150万平方米，在建载体70万平方米，规划载体100万平方米。

【重点外包企业竞争力持续增强】 江苏卓易信息科技股份有限公司与中国电信共建投资1亿元的宜兴国际云计算中心完工。江苏颠峰软件有限公司的GIS(地理资讯系统)技术对通信运营商的网络资源、客户服务、市场管理等数据进行多维度分析与运算，并建立多维度数据模型，实现实时接收客户信息数据、GIS技术远程管理。江苏灏渤自动化科技有限公司在汽车生产线夹具、3D仿真、尾灯装配生产线工作站等设计方面具有完全自主知识产权，与宝马、大众、通用等知名汽车商展开合作，业务领域不断拓宽。

【特色外包产业集聚效应释放】 环保设计和检验检测外包是宜兴最具竞争力的两大特色服务外包，特别是检验检测类外包，在陶瓷、钢结构、轮胎、线缆、轧辊检测五大门类中，特色外包业务总量占服务外包总额的比重逐年上升。至年底，全市12个检验检测企业和17个环保设计外包企业业务规模占全市总量的50%，成为全市最有竞争力的服务外包优势产业。环科园、开发区和宜城街道三个板块的服务外包总量占全市总量的80%以上。其中：环科园重点培育以江苏卓易信息科技股份有限公司为代表的系统集成设计、环保技术研发、工程设计外包，年业务总额超2亿美元，占全市服务外包总量的27%以上；开发区重点培育以江苏凯创兴联信息技术有限公司、江苏颠峰软件有限公司为代表的软件设计外包和以江苏灏勃自动化科技有限公司为代表的工业设计外包，全年软件外包业务总额超6000万美元，占全市软件外包业务的60%；宜城街道重点培育江苏中超盈科信息技术有限公司等软件开发、管理咨询类的外包企业。全市服务外包"一体两翼"的发展格局基本形成。张渚镇、高塍镇、和桥镇等依托各自产业，形成各具特色的服务外包产业，成为全市服务外包产业的又一亮点。其中：丁蜀镇的陶瓷检验检测外包作为全市外包产业的特色，全年陶瓷检验检测外包业务超1500万美元；高塍镇依托中国宜兴国际环保城，环保研发、设计外包业初具规模，占全市环保类外包业务总量的40%。

【外包人才不断集聚】 围绕"外引内育"工作思路，利用宜兴首个省级国际服务外包人才培训基地，建立校企人才培训绿色通道，推广"颠峰人才培养模式"，为外包企业搭建培训平台。市巨龙软件有限公司、江苏卓易信息科技股份有限公司等与无锡工艺职业技术学院衔接，开展多形式、多需求培训，实现利益需求自觉融合。加快项目及人才引进，江苏智优信息技术有限公司、江苏灏渤自动化技术有限公司等5个企业引进高层次人才11人，引进全能型系列激光打标机研发、音频二维码即时O2O(线下商务与互联网结合)云平台设计研发等项目10个，夯实服务外包可持续发展基础。全年新增服务外包企业14个，累计125个；新增外包从业人员3000人，累计2.1万人；新增培训人数1100人，累计1.8万人。

（杜伊媛）

管理与服务

【概述】 市商务局坚持强化跟踪管理，突出外资企业风险防范和主动服务，扶持外资企业健康运营。对申报的外资项目建立跟踪陪办制度，加快重大项目审批进度，将项目审批服务由事中转向事前，从掌握项目信息阶段开始就介入，缩短企业进入市场的时间。跟踪了解和掌握项目立项、申报进展情况，与镇(园区、街道)主动沟通，确认项目资金到账情况，加快到账进度。跟踪服务已批准的项目建设,按照能快则快、能早则早原则,倒排工期计划,定期检查进度,力促在建项目按进度完成投资、新建项目按计划开工。全市有工商登记外商投资企业667个(不含上年未年检数)。在建外资项目46个,年内完成后劲投入工作量68亿元,比上年增长6.9%。外商投资企业年应税销售收入503.5亿元、上缴税额18.54亿元,分别比上年下降3.28%、1.66%。根据省商务厅出台的《关于外商投资审批管理服务有关事项的通知》精神,宜兴作为外资单列市,10月起,对辖区范围内外商投资鼓励类、允许类项目的设立、变更、解散、终止审批权限由原投资总额3000万美元提高至1亿美元。

【外资企业运行平稳】 受国内外宏观经济环境影响,全市外资企业运行面临较大的发展压力,但通过创新利用外资思路和举措、提高外资利用质量、优化外资利用结构,外资企业总体实现平稳运行态势。全市列入销售统计的481个外资企业中,全年销售收入比上年增长的有247个,占全市外资企业数的51.35%。年销售收入超1亿元企业76个,比上年减少5个。前50强外资企业应税销售收入397.5亿元,比上年下降4.54%,占全市外资企业相应总量的78.95%。

(章丽燕)

编辑　叶绿

综　述

【概述】 粮食生产实现“十一连丰”，经济林果结构调整效果明显，茶业品牌效益日益放大，畜禽产业波动明显，蔬菜及渔业生产产量提升。全市农业总产值88.45亿元，比上年增长5.84%，其中农业49.56亿元、林业5.32亿元、牧业8.24亿元、渔业18.08亿元。农林牧渔业实现增加值54.95亿元，比上年增长6.3%。现代农业发展卓有成效，农业基础设施不断改善，新增高标准农田1万亩、高效设施农业面积1.1万亩、高效农业面积2.24万亩。现代农业科技加速普及，农业科技进步贡献率64.5%。现代产业体系加速创建，新型农业发展迅速，龙头企业规模壮大，新增市级农业龙头企业93个、无锡市级农业龙头企业13个。现代经营方式加速营建，发展订单农业，通过网络订立产销合同近10亿元。现代新型农民加速成长，持证农民数2.95万人，占全市农业劳动力的29.7%，全年引进农业“130”计划*人才18人(其中博士17人)，从事农业创业的大学毕业生256人，新增各类新型经营主体368个。全市拥有各类休闲农业点(含“农家乐”)400多个，休闲农业和乡村旅游年接待800万人次，收入48.6亿元。宜兴市获“全国休闲农业与乡村旅游示范县”称号。

【农业综合生产能力稳步提高】 通过政策保障、科技推广、模式更新等举措，农业综合生产能力稳步提高。粮食产量实现“十一连丰”，全年粮食总产量47.18万吨，在播种面积有所下降的情况下保持总产量基本平稳，其中水稻28.06万吨、小麦17.55万吨、油料0.62万吨。林业产值5.32亿元，比上年增长2.1 %。茶业总产量6127吨，总产值3.19亿元，均比上年增长7.5%。蔬菜总产量59.01万吨，总产值21.09亿元，分别比上年增长5.9%、8.4%。畜禽产业受市场波动不利因素影响，牧业总产值8.24亿元、肉类总产量3.58万吨、禽蛋产量9900吨，分别比上年下降2%、7.5%、3.23%。渔业总产量7.06万吨，总产值18.08亿元，分别比上年增长3.3%、1.2%。

【农业科技推广和教育】 加强政产学研合作，注重“三新”(新技术、新品种、新模式)工程建设和科技人才培养，以科技带动产业转型升级。鼓励农业龙头企业与各大科研院校对接，至年底，累计成立研发中心或研究生工作站5个。全年实施“三新”工程项目7个，引进新品种32个，实施新技术55项，培育科技示范户近3000户，稻麦、蔬菜、茶果、水产等主导产业良种覆盖率96%，农业科技进步贡献率64.5%。扩大水产物联网设备应用面积，全年安装水产养殖物联网设备1000套，应用面积3万亩。省级农业职业技能培训举办14期，参训1316人，其中262人参加农业职业技能鉴定、54人参加家庭农场主培训；培育部级新型职业农民212人；市级新型职业农民培训举办22期，参训1621人。

【秸秆综合利用率94%】 在巩固传统秸秆还田方式基础上，探索建立科学有效的秸秆收贮新机制，发展秸秆肥、秸秆气化站和秸秆生物质发电等利用途径。全市年产秸秆41.7万吨，秸秆综合利用率94%。市庆丰生化

江苏坤兴农业废弃物处理有限公司的秸秆堆放处　　（市农林局　提供）

有机肥有限公司不断提高秸秆制肥技术水平，无锡市新锦源菌业科技有限公司利用秸秆发展集中隧道式发酵种植双孢菇。江苏坤兴农业废弃物处理有限公司在高塍镇建设秸秆收贮处理中心，投资135万元配备秸秆回收打包机10台、秸秆运输车2辆，夏秋两季收贮周边6000余亩农田秸秆近5000吨。位于西渚镇的中国东根升春科技集团有限公司，将秸秆生物发酵技术主要应用于畜禽养殖业，通过租赁市兴望农牧有限公司养殖场房舍，建立国内首个采用该技术的生猪养殖示范基地，并配套建设年产2000吨的秸秆生物饲料厂，向全市生猪养殖户推广秸秆生物饲料降解发酵技术，并供应秸秆生物饲料。

【农业融资】 通过创新思路、深化改革等方式，搭建"扶农"资金平台，探索土地承包经营权抵押贷款、农民合作社联盟共同基金和"富农贷"等方式，破解农民合作社融资难、融资成本高等问题，促进"三农"发展。年内，通过林权抵押方式获得农业贷款4050万元，共同基金发放贷款8440万元，"富农贷"发放贷款1600万元，至年底累计有无锡市级以上"五好"农民专业合作社*52个，位居无锡地区首位。依托独特的农业资源特质和优势，引导社会资本投资现代农业建设，全年吸纳"三资"（工商资本、民间资本、外商资本）投入农业5.09亿元。利用国家支农惠农政策，积极对上争取各类项目支持，全年争取到省级以上财政资金1.27亿元（不包括8636.31万元的农资综合补贴和渔业油补资金）。

【新型农业发展】 依托农业科技，发展生物农业、信息农业、循环农业、休闲农业等新型农业。扩大生物农业产业类型，产值规模不断提升，形成以生物有机肥、生物育种、生物饲料、生物农药、农业信息等为主的生物农业产业。全市20个生物农业企业完成销售收入23.6亿元，比上年增长25%，其中产值超1亿元的5个。以中国农业大学、江苏中农物联网科技有限公司为依托，扩大水产物联网设备应用面积，全年安装水产养殖物联网设备1000余套，应用面积由上年的2万亩扩大至3万余亩。利用短信、《农林生产简报》、电视、网络等方式及时发布农技实用技术，全年播出《宜兴农林》电视节目50期，发布各类生产信息500余条、《农林生产简报》40期，"12316"为农服务热线、"12345"市民热线答复问题300多个（次），发布"12316"生产指导短信5.3万条。年内，新增循环农业基地10个，宜兴市被评为省首批循环农业建设示范县（市）。市绿缘生态农庄被评为2014年全国休闲农业与乡村旅游示范点，湖㳇镇洑西村、张渚镇南门村申报成无锡市休闲农业与乡村旅游示范村，江苏乾元谷农业生态科技有限公司、市华东百畅生态园等5个单位被评为无锡市休闲农业示范园区（农庄）。

【国有场圃建设】 围绕资源增长、企业增效、职工增收工作目标，推进国有林场建设，抓好林业经济、林业生产、护林防火等工作，做好民生实事工程。年内，宜兴市林场抚育竹林樵园5000多亩，护笋养竹用工1200多个，整合、更新苗圃地的苗木品种，移植苗木2.3万余株，扦插苗木18万余株，经济总收入783.7万元，其中林业收入111.6万元、苗木收入74.7万元、营业外收入413.4万元、补贴收入183.9万元。大贤岭林场抚育中幼林1000亩、毛竹樵园5000亩，砍伐利用毛竹5000余担，清理病死松树2000亩，全年林业纯收入20万元，各项租金收入60万元，省市各项补贴110余万元（其中生态公益林管护费20余万元、争取各类项目经费90万元）。

【农业提质提速有困难】 实现农业经济提质增效，需要强大的科技支撑、强势的后劲投入和强劲的建设团队。宜兴农业发展存在土地集约难、劳力成本高、投入后劲弱、市场风险高等问题。农民惜地思想严重，土地流转困难，制约先进生产力的应用。农业劳动力日趋紧张，从事农业生产的劳动力大多是"老弱病残"，文化程度不高，接受能力弱，难以满足现代农业发展的需要。农业贷款可抵押物少，融资困难，因为整体经济形势趋紧，工商资本投资农业的积极性减弱。农业规模化、组织化程度不高，农业设施装备投入不足，抵御市场风险能力较弱，农业发展受到一定影响。因此，全市农业提质提速发展面临比较大的困难。

种植业

【概述】 围绕保障市场有效供给基本职能，坚持以科技为先导、市场为导向，突出抓好农产品生产，农业综合产能稳步提高。粮食生产实现"十一连丰"，水稻亩产达596.5千克，粮食在播种面积下降的情况下保持总产量基本平稳。全市粮食种植面积100.05万亩，总产量47.18万吨，亩产471.6千克。其中：水稻播种面积47.04万亩，总产量28.06万吨；小麦播种面积46.38万亩，总产量17.55万吨；油料播种面积4.29万亩，总产量0.62万吨。全年蔬菜播种面积25.4万亩，总产量59.01万吨，总产值21.09亿元，分别比上年增长3.6%、5.9%、8.4%。全市蔬菜保护地栽培面积6.17万亩，比上年增加1648亩。其中，大棚面积1.58万亩，中、小棚面积1.66万亩，地膜覆盖面积2.92万亩，分别比上年增加1106亩、306亩、236亩。加强蔬菜产品质量安全监管，实施生产和销售环节双向监管。全年协管员（检验员）使用速测灵检测样本60.18万个，合格率99.96%。使用仪器检测样本4.4万个，合格率99.94%。

【国家惠农政策落实到位】 按照中央和省、市精神要求，落实粮食直补、农资综合补贴、稻麦油良种补贴、小麦"一喷三防"*补助等各项国家强农惠农补贴政策，制订各项惠农、涉农补贴方案，确保补贴按时足额发放到户，提高农民群众种粮积极性。全年水稻直补面积47.34万亩，涉及农户18.74万户，直补资金946.85万元；农资综合补贴面积71.56万亩，补贴资金7399.76万元；小麦“一喷三防”叶面肥补助面积45.79万亩，补贴资金63万元；水稻良种补贴面积44.6万亩，涉及农户15.83万户，补贴资金668.93万元；小麦良种补贴面积43.63万亩，涉及农户14.74万户，补贴资金436.27万元；玉米良种补贴面积0.32万亩，涉及农户0.23万户，补贴资金3.21万元；油菜良种补贴面积1.16万亩，涉及农户1.2万户，补贴资金11.59万元。

【农产品质量安全监管】 根据《2014年宜兴市农产品质量安全例行监测工作实施方案》，采取田头农残速测、定期例行监测、采样定量监测等方式，对地产食用农产品实施全方位检测，全年检测蔬菜（食用菌）样本337个，检测合格率99.4%。动态监管食用农产品生产基地，开展土壤地理检测等工作，新增“三品”农产品（无公害农产品、绿色食品、有机农产品）72个。健全农产品质量监测体系，构建市、镇、村三级监管网络，湖㳇、张渚、和桥3个镇获“省级农产品质量安全监管示范镇”称号，除湖㳇、张渚、和桥三个示范镇外，对剩余15个镇（园区、街道）开展农产品质量安全监管能力提升镇项目建设工作。

【种植业科技项目实施】 实施各类农业科技项目，开展技术创新，发挥项目综合效应。按照“国家粮食丰产科技工程（稻麦周年）”项目建设任务和要求，在官林、芳桥、万石、徐舍等镇（园区、街道）建设水稻千亩示范方12个，开展水稻机条播专题试验1项。全年建设粮油高产增效万亩示范片14个，涉及12个镇（园区、街道），规划官林镇为国家粮食高产增效创建整建制推进镇。在官林镇杨舍村建设稻麦新品种新技术展示基地，展示夏熟小麦新品种10个、新技术6项、新产品3项、小区试验2项，建设超高产攻关区1个、百亩示范方1个；重点展示水稻新品种9个、新技术6项、物化产品2项、大区试验1项、小区试验3项，建设超高产攻关区1个、百亩示范方1个。在丁蜀、新街、太华、屺亭4个镇（街道）建设无锡市高产增效千亩示范片4个，开展高产、优质典型示范，创建一批亩产650千克以上的示范片和优质米开发示范基地，示范带动大面积高产、优质栽培措施落实，推动水稻高产和优质技术普及化。

【永久性蔬菜生产基地建设】 围绕永久性蔬菜生产基地建设目标，以发展大棚设施、“两网一灌”（遮阳网、防虫网和喷滴灌）栽培为重点，整合财政项目资源，加大招商引资力度，引导农民投入，推进永久性蔬菜生产基地建设。周铁镇一村民投入50多万元，在郑渎村流转土地200多亩，建设韭菜种植基地。山东垄上行现代农业科技发展有限公司宜兴分公司在周铁镇徐渎村规划建设高效经济蔬菜园500亩，计划投资2.2亿元，至年底完成土地流转380亩。市太湖缘生态农业有限公司在周铁镇徐渎村规划建设生态蔬菜种植基地260亩，计划投资800万元，至年底基础建设投入200多万元。徐舍镇昕辉农业种养专业合作社在徐舍镇潘家坝村投资150多万元，新建百亩大棚，发展设施蔬菜种植。周铁、徐舍2个永久性蔬菜生产基地全年累计投入1000多万元，其中财政资金170万元，新增基地面积800亩（其中大棚400多亩），“两网一灌”应用8500多亩（次）。

【农作物病虫害防治项目实施】 按照农作物病虫害防治项目要求，科学制订实施方案，规范利用监测经费，发挥项目实施绩效。小麦“一喷三防”资金146万元，全部用于采购高效低毒农药多酮防治小麦赤霉病。蔬菜生物农药补助资金30万元，全部采购生物农药乙基多杀，用于蔬菜上市前最后一次病虫防治。省水稻病虫害统防统治用工试点补贴项目160万元中，120万元用于参加项目实施的22个专业化服务组织所服务对象的用工补贴、40万元用于22个专业化服务组织的资金补贴，实施规模4万亩，每亩补贴40元。中央农作物重大病虫害防治补助资金50万元，用于23个专业化服务组织的资金补贴，实施规模5万亩，每亩补贴10元。各项目的实施，保障病虫测报工作顺利开展，调动植保专业化服务组织积极性。年内，水稻病虫专业化防治覆盖率60%，推广高效低毒农药，大幅降低化学农药使用量，降低农产品农药残留，减少农业面源污染。

【测土配方施肥稳步推进】 强化测土配方施肥技术推介，全年印发水稻、小麦、油菜施肥建议卡5万份，编发测土配方施肥宣传张贴画300份，播出《宜兴农林》测土配方施肥专题电视节目4期。注重试验总结工作，在夏、秋两熟作物上主推各项试验7个，落实小麦、蔬菜缓（控）释肥试验3个。开展周期性土壤样品采集，采集水稻大田基础样208个。全年推广测土配方施肥技术覆盖面积89.4万亩（次），其中小麦41万亩（次）、水稻47万亩（次）、油菜1.4万亩（次），占主要农作物播种面积的94%。施用配方肥面积45.1万亩（次），其中小麦18.5万亩（次）、水稻25.5万亩（次）、油菜1.1万亩（次），占主要农作物播种面积的48%。推广应用水稻、小麦、油菜等专用配方肥1.64万吨，使用比例不断上升。水稻、小麦、油菜使用测土配方施肥后，分别较常规施肥亩均增产35千克、21千克、12千克，全年节本增产增效5800余万元。

（章鹤）

粮油饲料业

【概述】 在宏观趋紧、增长放缓等多重不利因素下，全市粮食行业顶住下行压力，重点项目快速推进，品牌效应优势凸显，保持工业经济平稳健康发展。全市粮食系统大米、面粉、油脂、饲料产业体系完备，有粮油饲料工业、流通企业23个，其中大米加工企业5个、面粉加工企业3个(含外商独资企业1个)、油脂加工企业1个、饲料加工企业2个、粮食机械制造企业1个、运输企业和房产企业各1个、流通企业4个、其他企业5个。全市粮食系统有在职职工1150人，国有资产总额11.22亿元，国有固定资产净值1.29亿元。全年全市粮食系统生产大米12.8万吨、面粉27.4万吨、油脂9610吨；全年粮油工业销售收入19.1亿元，工业增加值1.92亿元，实现工业利税5935万元、利润3973万元。全市粮食总产量47.18万吨，油料总产量6191吨。

【"危仓老库"维修改造通过省级验收】 维修粮食"危仓老库"是国家粮食安全工程的一项重要内容，宜兴市粮仓多为20世纪60—70年代所建，仓储设施老化陈旧，储存功能弱化落后，难以满足粮食收储需要。年内，市粮食局抓住全省实施"危仓老库"维修改造和信息化建设机遇，在"危仓老库"维修中改造库点15个、仓容11.19万吨，总投资近3000万元。一般维修和大修改造仓房44栋，功能提升改造共采购冷谷机和环流熏蒸等机械设备155台(套)，宜兴国家粮食储备库、川埠军供站、芳庄国家粮食储备库和屺亭国家粮食储备库4个库点实施信息化改造。经过维修改造，15个库点全部达到结构安全和上不漏、下不潮、保温隔热、防鼠防雀等要求，高标准通过省级验收，并在秋粮收购前投用。

【特色和知名品牌培育】 以市粮油集团大米公司、江苏南顺面粉有限公司、福新面粉(宜兴)有限公司等骨干企业为重点，加大知名品牌创建力度，初步形成集群品牌，有效集聚产业发展优势。发挥"隆元"牌有机大米、"金像"牌面粉等品牌的示范带动效应。"隆元"牌有机大米获第八届中国国际有机食品博览会金奖，市粮油集团大米公司通过省大米出口基地认证，成为全省唯一通过CIQ(国家出入境检验检疫局)考核认证的大米出口企业，连续四年被评为中国大米加工50强企业。江苏永友粮油经营集团有限公司完成"永友集团"注册工作。至年底，全市有无锡市级以上品牌和著名商标10个。其中，"隆元"牌有机大米、"金像"牌面粉为中国名牌，"美玫"牌面粉、"金法高"牌面粉、"源源"牌食用油为江苏省著名商标。

宜兴国家粮食储备库危老仓库改造后的新貌　　（市粮食局　提供）

【重点项目建设】 至年底，汇龙商务中心全部竣工并通过验收。年内，总投入9亿元的如皋港长三角粮油精品产业园一期建设工程完成投资1.7亿元，200吨大豆杂粮清理生产线、日产200吨精品小包装油脂生产线、日产600吨非转基因油脂生产线以及相关附属设施完成工程量的70%，10万吨仓库建设项目桩基工程完工。江苏南顺面粉有限公司搬迁改造论证和中国储备粮管理总公司苏州直属库宜兴库的筹建工作有序推进。

（陈艳）

林特产业

【概述】 以建设"美丽宜兴"为契机，围绕无锡市政府下达的造林绿化任务，开展各项造林绿化工作。全市森林面积61.55万亩，林业用地面积74.94万亩。全年新增造林绿化面积1.01万亩，其中成片造林5115亩。完善生态公益林管理，新增省级生态公益林3.6万亩。全市森林覆盖率24.05%，林木覆盖率28.62%。全年全民义务植树100多万株，植树成活率90%以上。按照"绿色江苏"下达任务，创建无锡市森林村45个。为提高村庄绿化水平，普及林业知识，召开村庄绿化培训班，系统培训镇村绿化规划设计、树种选择、病虫害防治等内容，培训镇(园区、街道)技术人员和林农200余人。

立足茶果产业"提高效益、提升品质"目标，全市茶树种植面积7.49万亩，茶叶总产量6127吨，其中绿茶3967吨、红茶2160吨，茶叶总产值3.19亿元，总产值、总产量均比上年增长7.5%。果树种植面积10.5万亩，其中水果5.04万亩、干果5.46万亩，投产面积9.31万亩，果品总产量2.59万吨、总产值3.51亿元，分别比上年增长8.4%、30%。

【果品生产注重优质化】 林果产业因地制宜推广优良品种，通过结构调整，优先发展优质应时鲜果产业，全市基本形成以梨、葡萄、桃为主，杨梅、杏、李、枣、猕猴桃等为辅的应时鲜果生产格局。全市应时鲜果种植面积5.04万亩，占果品种植总面积的48%；产量2.34万吨，占果品总产量的90.35%；产值3.35亿元，占果品总产值的95.44%。在规模发展同时，突出果品优质化生产，全市有无公害果品生产基地10万亩，"三品"认证主体33个，"三品"认证总数51个。年内，在中国南方"中山杯"葡萄评比活动中，市颖丰生态农业有限公司和嘉嘉生态农业合作社送样参评的葡萄样品获金奖。

【宜兴茶叶品牌打造与知名度推广】 通过区域品牌打造、公共品牌推广使用、名特茶评比等方式，在实现本地茶叶良种化、优质化的同时，致力于提升宜兴茶叶的社会知名度，树立具有地方特色的茶叶品牌，实现茶叶产业效益最大化。4月，在省第十六届"陆羽杯"名特产评比中，市红岭茶业有限公司参评的"红岭金螺"、市岭下茶场参评的"竹海金茗""阳羡雪芽"等15个茶样获特等奖，市阳羡茶业有限公司参评的"阳羡白茶"、市碧海龙潭茶场参评的"善卷春月"等8个茶样获一等奖，获奖总数在全省领先。9月，由市茶业协会、茶文化促进会等9个单位联合开展"宜兴阳羡茶"宣传语征集活动，通过制定宣传语，整合阳羡茶历史文化内涵和现有茶业品牌，打造"宜兴阳羡茶"这一公共品牌，使其家喻户晓。

【宜兴茶在"陆羽杯"名特茶评比中获佳绩】 通过实用技术推广、优良品种培育、产品质量监管、知名品牌打造等手段，宜兴茶逐步实现品种良种化、产品优质化、生产机械化、服务社会化和效益最大化。年内，省第十六届"陆羽杯"名特茶评比收到参评茶样186个，按照评比程序，在产品质量安全检测基础上，经专家评委会采取内外质双密码感官审评，48个茶样获特等奖，66个茶样获一等奖。宜兴市有30个茶样参加评选，市红岭茶业有限公司参评的"红岭金螺"、市岭下茶场参评的"竹海金茗""阳羡雪芽"等15个茶样获特等奖，市阳羡茶业有限公司参评的"阳羡白茶"、市碧海龙潭茶场参评的"善卷春月"等8个茶样获一等奖，获奖总数在全省领先。

【林地变更调查工作完成】 8—12月，按照省林业局《关于做好2014年全省林地变更调查工作的通知》要求，市农林局开展林地变更调查工作，围绕2011年林地保护规划数据库，调查2011—2013年林地增减情况。根据调查结果，全市林地范围和林地地类变化主要是由造林更新、森林采伐、规划调整、占用征收林地和调查因素引起。2011—2013年，全市新增林地300.48公顷。其中：造林更新94.57公顷，占31.47%；规划调整195.99公顷，占65.23%；由于调查因素新增9.92公顷，占3.3%。全市减少林地296.36公顷。其中：占用征收214.41公顷，占72.35%；毁林开垦0.63公顷，占0.21%；由于地势低洼、不利林木生长等自然因素减少14.36公顷，占4.85%；由于调查因素减少66.96公顷，占22.59%。

【松材线虫病防治】 自2004年宜兴发生松材线虫病疫情后，经过10年除治，经历发生、扩散、控制三个过程，疫情点、疫情面积、疫情数量均下降。年内，投入松材线虫病防治经费225万元，其中财政投入180万元，疫情发生镇(园、区、场)投入45万元，防治松材线虫病面积1.52万亩，砍伐清理疫木2949吨，清理枝丫545.24吨，释放天牛天敌花绒坚甲50万头。市林业站、竹木检查站、出入境检验检疫局协同开展专项抽查6次，市林业站、竹木检查站开展检疫执法专项行动10次，查处违法收购、运输、加工疫木案件5起。制作《宜兴农林》专题防治松材线虫病电视节目1期，《宜兴日报》刊登稿件1篇，张贴松材线虫病防治宣传单600多份。9月，开展松材线虫病专项普查，全市10.11万亩松林中，受害松林1.01万亩，病死松树3.67万株，分别比上年下降17.85%、34.09%。

【护林防火工作成效明显】 根据国务院办公厅、省政府办公厅关于加强基层应急队伍建设的意见，加强森林火灾扑救应急队伍建设，建立市、镇、村三级护林防火应急网络。市森林消防大队规模达100人，根据全市森林资源布局及历年来森林火灾发生特点，将100人分成5个中队驻扎在重点林区，每年财政支出近500万元。加强镇级半专业森林消防队、村级森林扑火突击队、武警森林扑火突击队建设，组建镇级半专业森林消防队11支、280人，村级森林扑火突击队59支、520人和规模100人的武警森林扑火突击队。全年发生森林火灾4起，过火面积17.35亩，受害面积11.4亩，未发生重大森林火灾和人员伤亡事故。

【宜兴入围中国美丽田园·茶园景观榜】 宜兴有茶园7.49万亩，主要集中在张渚、西渚、太华和湖㳇等地，年产量约6000吨，年产值约3亿元。在强化茶园管理、提升茶叶品质同时，不断加大宣传力度、举办茶事活动，提升宜兴茶的知名度。近年，举办湖㳇文化旅游季暨新茶开采节，6个茶场通过茶艺、音乐、解说等方式"斗茶"；拍摄"阳羡茶"专题片并在中央七套播出，将秀美的茶园风光展示给全国观众；将茶文化、竹文化、农事文化等与旅游产业结合，推出特色鲜明的文化旅游产品。在茶产业带动农民增收、农业增效同时，绿色茶园成为全市一道亮丽的风景线，每年吸引大批游客到宜兴观光、品茗。2014年3月，农业部乡镇企业局发布2013年中国最有魅力休闲乡村和中国美丽田园推介名单，评定出中国最有魅力休闲乡村10个、中国美丽田园农事景观108项。宜兴以秀美的茶园风光入围中国美丽田园·茶园景观名单。

养殖业

【概述】 全市畜禽养殖业面对市场和疫病的双重冲击,以国家扶持政策为依托,以动物疫病防控为重点,以畜产品质量安全监管为手段,加快畜牧业生产方式转变。全年生猪存栏18.32万头,其中能繁母猪存栏2.1万头,分别比上年下降23.7%、16%;生猪出栏33.38万头,比上年下降3.2%。家禽存栏220.9万羽,出栏580万羽,分别比上年下降6.71%、6.45%,其中,蛋鸡存栏106万羽,比上年下降3.64%。羊存栏1.8万头,出栏1.63万头,分别比上年增长7.78%、下降4.12%。奶牛存栏463头,比上年下降11.81%;奶产量1650吨,比上年下降8.3%。兔存栏4.46万只,出栏0.24万只。蜜蜂出产0.14万箱。肉类总产量3.58万吨,比上年下降7.5%,其中猪肉2.57万吨、禽肉0.84万吨,分别比上年下降1.5%、16.8%。禽蛋产量9900吨,比上年下降3.23%。畜牧业总产量8.24亿元,比上年下降2%。全市有规模猪场211个、蛋禽养殖场45个、肉禽养殖场92个、规模奶牛场1个。

水产养殖业围绕"渔业现代化建设"主题,以"强基础、保质量、增效益"为目标,推进技术革新,注重科技成果示范推广,加强渔业病害测报防治,重视水产品质量安全监管,确保平稳有序发展。全市水产养殖面积20.76万亩,其中池塘17.55万亩、围网1.45万亩,基本与上年持平。全年养殖水产品总产量7.06万吨,渔业产值18.08亿元,分别比上年增长3.3%、1.2%。

蚕桑业逐渐被市场淘汰。全市桑园面积320亩,分布在西渚和徐舍2个镇,发放春蚕蚕种110张。张单产43千克,总产茧4.73吨,产值16.07万元,每50千克鲜茧收购价1700元。蚕桑产业与上年相比呈"四减一平一增"局面,发种数、产茧量、产值、每50千克鲜茧收购价分别比上年下降23.1%、21.6%、26.1%、5.7%,桑园面积与上年持平,张单产比上年增长1.9%。

【重大动物疫病防控】 为实现"力争不发生疫情,力争疫情不流行""确保不发生重大责任事故"目标任务,健全动物疫病防控体系和各项防疫制度,落实防疫经费,加强防疫队伍建设。全市建立由镇(街道)农业服务中心动物防疫员、镇(街道)协防员、村协防员(规模畜禽养殖场协防员)325人组成的三级动物防疫队伍。全年禽类高致病性禽流感免疫494.29万羽、新城疫免疫236.42万羽,生猪口蹄疫一免38.42万头、二免37.59万头,生猪猪瘟免疫38.05万头、高致病性猪蓝耳病免疫37.67万头,牛免疫1223头,羊免疫1.96万头。上半年,及时响应徐舍镇、和桥镇发生的3起输入性羊小反刍兽疫疫情,扑杀和无害化处理发生疫情养殖场的存栏羊563头,同时对全市1.06万头羊进行小反刍兽疫紧急免疫。为应对H7N9禽流感袭击,做好H7N9禽流感防控工作,市农林局联合多个部门,对活禽交易市场开展"大检查、大检测、大消毒、大整顿"四个方面的专项整治行动,检测养禽场(户)88个、禽类批发市场1个、农贸市场2个、禽类血样2126份,未发现阳性样品。

【畜产品质量安全建设】 通过扩大检疫范围、加大农业投入品监管力度等手段,推进畜产品质量安全建设工作进度。全年实施产地检疫生猪18万头,家禽21.7万羽,报检检疫率100%。屠宰检疫生猪48.9万头,屠宰检疫环节检测瘦肉精3.5万份,瘦肉精检测合格率99.4%。开展畜禽投入品监管,规范管理农产品投入品,对饲料、兽药行业中管理不规范、资质不健全、质量不达标、违规销售禁售品等行为及时采取措施。全年对7个未换证的饲料生产企业下达停产通知书,督促整改存在管理漏洞的饲料生产企业6个,市农林局联合市农林执法大队联合检查全市66个持证兽药企业,立案查处无证经营企业8个、违规销售兽药原粉单位2个。全年全市畜产品质量安全工作成效明显。

【水产品质量安全建设】 4月,全市水产品质量安全工作会议召开,及时部署2014年水产品质量抽检计划,与16个水产品无公害基地、养殖企业签订水产品质量安全承诺书。全年开展水产品质量安全宣传4次,发放水产品生产相关法律法规和质量安全资料1000多份。在官林、高塍、杨巷、和桥、新建5个渔业重点镇开展水产品药物残留快速检测工作,全年抽检样品500批(次),包括常规鱼抽检241批(次)、青虾229批(次)、河蟹30批(次),所有抽检样品的孔雀石绿及呋喃唑酮代谢物合格率为100%。同时,对10名镇级检测人员进行检测技术理论更新和检测操作的培训,对仪器规范化使用、试剂安全使用作出详细要求。借助药物残留快检工作和对相关检测人员的技术培训,提升各镇(街道)独立开展快速检测的能力。

【水生动物病害测报】 为及时掌握水生动物疫病发生动态及流行规律,提高水产养殖病害监测预报和防控能力,保障渔业健康发展、渔民持续增收,根据省海洋与渔业局《关于开展2014年水生动物疫病监控工作的通知》统一部署,市水产畜牧站对全市6个病害测报点的河蟹、青虾、鲫鱼、草鱼、鲢鱼等水产养殖品种共83批样品进行寄生虫和致病细菌检测,检测到阳性样品19批,其中车轮虫2批、指环虫4批、致病性嗜水气单胞菌13批。针对监测结果,发布对应的病害测报简报4期,为农户预防和抵御水产病害提供科学及时的依据。

农业产业化

【概述】 以抢占农业发展高地为目标,结合区域和市场需求,加快农业与第二、三产业的对接,挖掘农业内

宜兴市鹏鷁农业生态园物联网技术　　（市农林局　提供）

涵，拓展农业功能外延，构建现代农业产业体系。全年投入2100万元，实施省级高效农业项目27个，新增高效设施农业面积1.1万亩、高效农业面积2.24万亩、农业适度规模经营面积1.19万亩。发展生物农业、信息农业、循环农业、休闲农业等新型农业。全市20个生物农业企业完成销售收入23.6亿元，比上年增长25%。有产值超1亿元的生物农业企业5个，其中产值首次超1亿元的2个。以物联网技术为依托，推进水产物联网技术普及，安装水产养殖物联网设备1000余套，应用面积由上年的2万亩扩大至3万余亩。建设电子商务平台，发展订单农业，全年通过网络订立产销合同10亿元。举办全国循环农业建设培训班，新增循环农业基地10个。立足自身区位优势，利用自然资源，合理规划农业休闲观光线路，提高自身管理与服务水平。年内，宜兴市跻身首批国家电子商务进农村综合示范县（市）、被评为全国休闲农业与乡村旅游示范县，市绿缘生态农庄被评为全国休闲农业与乡村旅游示范点，湖㳇镇洑西村、张渚镇南门村申报成无锡市休闲农业与乡村旅游示范村，江苏乾元谷农业生态科技有限公司、市华东百畅生态园等5个单位被评为无锡市休闲农业示范园区（农庄）。

【农产品“三品一标”认证】 发展“三品一标”（无公害农产品、绿色食品、有机农产品，农产品地理标志）认证是保护农业生态环境、提高农产品质量安全水平的有效措施。根据全市资源、行业特点和质量安全状况，引导农业龙头企业、合作组织、骨干农产品加工企业加快推进农业“三品一标”建设。全年新认证“三品”农产品72个，其中无公害农产品14个、绿色食品58个。全市有“三品”农产品总数498个、“三品”生产企业207个、农产品地理标志产品1个（阳羡茶），建成无公害产地面积62万亩，其中粮油42万亩、果品10万亩、蔬菜7万亩、茶叶3万亩，建成绿色原料（茶叶）基地7万亩、绿色食品生产基地4.5万亩、有机食品生产基地5000亩。全年“三品”农产品总产量21.16万吨，其中种植业17.7万吨、水产0.86万吨、畜禽3.6万吨，完成销售额近60亿元，约占全市农业总产值的67%。

【农业龙头企业持续壮大】 加强龙头企业培育，通过政策驱动、项目带动、农企联动，提高农业产业化经营水平。推广订单生产、保护价收购、返利等利益联结方式，建立与合作社、基地、农户分工协作、利益共享的合作机制，以“公司+农户”“公司+基地+农户”“公司+协会+农户”“公司+合作社+农户”等生产模式，加深与农户的利益联结关系，带动45.5万个农户从事高效农业生产。江苏悦禧玫瑰科技有限公司致力于玫瑰引种、选育和深加工产品的研发，出产的玫瑰油达到国际顶级品质，玫瑰黄酮、多酚、色素的生产及许多产品填补国内空白。江苏中农物联网科技有限公司通过智能控制养殖水质，降低劳动力投入，提升螃蟹成活率和产量，每亩增产10%～15%。全年新增市级农业龙头企业93个、无锡市级农业龙头企业13个，累计有无锡市级以上农（林）业龙头企业48个，其中省级21个（省级农业龙头企业15个、省级林业龙头企业6个）。年内，48个无锡市级以上农（林）业龙头企业运行情况良好，总资产146.2亿元，固定资产24.3亿元，完成销售收入89.1亿元、利税1.4亿元、利润6.6亿元、出口创汇3.4亿美元，分别比上年增长11.3%、17.8%、18.7%、7.4%，农产品加工值200亿元。

【农业园区建设】 坚持把园区建设作为推进现代农业建设的重要平台，逐步完善园区基础设施建设，加快科技进步，提升生产效益，强化示范亮点作用。年内，全市43个重点农业园区、28个300亩以上农业园区被纳入无锡市农业委员会监管范围。全年七大园区新增集约土地面积1.76万亩，新增投资2.6亿元，新增入园项目22个，累计入园项目99个，销售收入11.35亿元。全年71个农业园区新增集约土地面积5.8万亩（含七大园区），园区化率达43%。年内，成功申报无锡市级现代农业示范区4个，累计有省级现代农业示范区1个、无锡市级现代农业示范区10个。

【农业保险构建农业生产安全网】 宜兴市自2006年被确定为全国政策性农业保险试点市（县）后，不断创新农业保险思路，扩大保险领域，提高覆盖面。2014年7月，《2014年宜兴市政策性农业保险实施方案》实施，农业保险险种在水稻、小麦、油菜、能繁母猪基础上,新增旱生蔬菜、水生蔬菜、露地西瓜、山羊养殖4个地方特色新险种。全年农业保险总保费收入2500.8万元,其中承保主要种植业(水稻、小麦、油菜)面积93.88万亩,保费1706.1万元;高效农业保费794.7万元,占总保费的31.78%,完成2020年农业基本现代化指标体系目标值的45.42%。农业保险总保费中市级财政补贴715.6万元、镇级财政补贴282.8万元、农户自缴保费133.5万元,为全市22万农户承担13.18亿元保额的风险。年内,对因受自然灾害造成损失的农户,及时、公正、公开理赔,全年赔付金额978万元,赔付率39.12%。为调动农户参保热情,加大农业保险宣传力度,发放宣传册4500册,举办农业保险培训会,培训种养殖大户、农业专业合作社人员、农业企业经营人员。

2014年宜兴市省级农业产业化龙头企业主要经济指标

表36

企业名称	固定资产(万元)	销售收入(万元)	利润(万元)	上缴利税(万元)	创汇(万美元)	带动农户(万户)	科研投入(万元)	是否上市	主营
合　计	120572	561223	28499	8972	22280	10.24	5295		
宜兴市瑞德蔬菜果品批发市场有限公司	11706	180317	595	284	—	1.28	—	否	果蔬
无锡市博大竹木业有限公司	8000	54478	5440	1604	8532	0.61	—	否	园艺
宜兴狮王木业有限公司	6580	50298	5218	2050	4836	0.58	1100	否	园艺
宜兴市粮油集团大米有限公司	9345	43014	661	198	99	2.07	380	否	粮棉油
宜兴广新食品有限公司	8296	41445	1478	1346	2642	0.89	—	否	果蔬
江苏科地现代农业有限公司	12374	35659	3150	703	—	0.79	1100	是	其他
宜兴市和润油脂有限公司	1688	29624	816	22	—	0.60	—	否	粮棉油
宜兴市兴望农牧有限公司	8810	24567	3559	455	—	0.60	1580	否	畜禽
宜兴万昌食品有限公司	6200	21971	860	282	2141	0.85	280	否	果蔬
宜兴市金丰农产品有限责任公司	5053	20720	952	797	—	0.41	—	否	果蔬
江苏虹腾食品有限公司	5210	20634	1775	444	3080	0.30	—	否	其他
江苏茗鼎生态茶业科技有限公司	15019	18200	2239	429	—	0.50	295	否	园艺
宜兴海晟食品有限公司	5591	11016	856	329	40	0.36	100	否	果蔬
宜兴市茗岭项珍茶厂	16700	9280	900	29	910	0.40	460	否	园艺

说明:2014年,宜兴昌兴生态农业有限公司停止运营,无统计数据

(章鹤)

农业机械化

【**概述**】 全市农业机械化工作以转变发展方式、提升发展质量效益为主线,落实完善扶持政策、推广先进适用技术、发展社会化服务、建设人才队伍、强化公共服务,提高农机装备水平、作业水平、安全水平,推动农业机械化全面、全程、高质、高效发展。全市农机总动力53.47万千瓦,拥有大中型拖拉机978台、小型拖拉机3719台、与大中型拖拉机配套的三麦玉米播种机642台、与小型拖拉机配套的三麦玉米播种机3088台、步进式水稻插秧机1750台、乘坐式水稻插秧机292台、机动植保机械8641台、联合收割机823台。农业机械化指标考核自测达90.51分,其中粮油生产机械化水平95%、机械耕翻水平100%、机械种植水平85%、机械植保水平95%、机械收获水平99%。高效设施农业机械化水平达74.45%,全市拥有微孔曝气式增氧装置1566台、叶轮式增氧机1.37万台、投饵机1.09万台、清淤机298台、田园管理机械1669台、畜禽粪便处理机械381台、茶叶采摘与修剪机械1435台、茶叶加工机械2290台、果蔬茶花卉喷滴灌设备328台。全年麦秸秆还田25万亩,还田率54 %;稻秸秆还田21万亩,还田率45%。秸秆综合还田率49%。

【**农机购置补贴助推农机稳步增长**】 市水利农机局加大农机购置补贴宣传力度,落实专人负责,严格执行机具核查制度,及时公示补贴政策内容、操作程序、举报电话、资金规模、执行进度及购机者清册等信息,严格补贴机具经销商管理,全年推广各类补贴农机具2031台(套),惠及17个镇(街道),直接受益农户1148户,享受中央及省级补贴792.57万元,带动农民直接投入2625.94万元。在农机购置补贴政策下,全市传统农业机

械以更新为主，稳步增长，收获机械需求和增速迅猛，高效设施农业机械增长明显。全年新增耕整地机械86台(套)、种植施肥机械45台(套)、田间管理机械309台(套)、动力机械73台(套)、收获后处理机械23台(套)、高速插秧机34台、大中型拖拉机73台、收割机22台、烘干机13台、茶园防霜机82台、冷库10座、微灌设备2套。

【农机服务重实效谋实招】 以坚持结合实际、注重实效、讲究实用为原则，以提高农机手的操作技能和增产增收为目的，创新农机实用技术培训方式，提高培训质量。通过扩大宣传、强化服务等措施，推进农机职业技能培训及鉴定工作，重点突出与机插秧技术推广、中型拖拉机驾驶、秸秆机械化还田等工作相结合，并按照职业技能鉴定要求和程序考核农机手。全年举办各类免费培训班48期，受训人数1123人，开展农机职业技能鉴定523人次。开展免费培训、送技下乡等活动，印发各类项目奖补资金42.52万元，先后在万石、张渚等6个镇开展免费下乡培训7次。同时，立足农业生产需要，提高服务水平，为农民排忧解难。开通服务热线，印发“服务联系卡”给每位购机户；建立完善农忙值班和巡回检查制度，夏秋两忙取消节假日，提前和延长作息时间与农时对接；实行首问负责制、服务承诺制和农忙无休息日制，增强责任意识，保证优质服务。全年出动服务车辆500余次，免费技术指导和现场修理农业机械1000余台。

【农机新机具新技术推广】 围绕农机科技普及与创新，推广新机具新技术，推进农机与农艺技术深度融合。年内，引进试验自走式植保机械、95马力以上拖拉机、犁旋一体机、茶叶防霜扇等一批新机具新技术，其中引进示范自走式植保机2台。经测试，1台自走式植保机能替代20个人工作业，且作业质量和效果远远高于人工。立足宜兴特点，推进特色农业机械现代化创建，市农机推广站与张渚镇茗悦农业合作社共同承担的省级蔬菜种植机械化“三新”(新产品、新技术、新模式)工程通过验收，全市创建市级茶叶清洁化生产示范基地5个，中农物联网水产养殖设施推广达1000余台(套)。

【农机安全生产】 本着“以民为本，助民增收，保民平安”理念，结合“安全生产月”活动，围绕“关爱生命、安全发展”主题，抓好农机安全生产执法、治理、宣传教育三项行动。“平安农机”长效管理工作重心向村、合作社倾斜，管理关口前移，提高农机安全管理覆盖率。全年开展道路执法检查63天(次)，查纠各类违章违法行为239人(台、次)，实施行政处罚3起。夏秋两忙期间，组织农机执法人员50多人、村农机安全管理员200多人，巡查投入两忙作业的农机具，特别是跨区作业机具的安全作业，及时查纠违章作业，排查各类隐患124个，隐患整改率100%。全市完成上道路拖拉机年检1551台，完成变型拖拉机“双检”(一年检查两次)1173台，参检率90%以上。注册登记拖拉机、联合收割机213台，新办驾驶证38张，驾驶人审验换证441人，转移登记74台(次)。免费实地检验拖拉机、联合收割机等纯农机1300台，完成农机政策性保险1469台、驾驶人意外伤害险1191人。插秧机、微耕机、机动植保机等主要农业机械备案登记率95%以上。

（江荣华　杨秋石）

农业水利

【概述】 在宏观经济下行压力加大的形势下，继续保持水利事业重点投入、优先投入的良好态势。全年完成水利建设投资5.49亿元，完成新建、高塍、万石3个中央小型农田水利重点县项目建设，开展西溪河、埝径河、屋溪河3条中小河流综合治理，高标准实施新街、和桥、芳桥项目区中小河流治理重点县项目，完成5000亩以上圩区达标建设和库塘除险、涧沟整治等任务，清淤整治农村河道298条、259千米，疏浚土方311万立方米，农业水利建设逐步由分散投入向集中投入、分散治理向集中治理、相对单一向全面发展转变，农业综合生产能力和灾害防御能力提升，保障了农业稳定发展、农民持续增收。在推进工程建设的同时，质量监督管理日益加强，市水利农机局出台《全市水利工程预制构件供应厂商质量信用动态管理办法》和《宜兴市面上水利工程施工质量检验管理意见(试行)》等文件，健全质量监督体系，加强质量检测工作，全市水利建设质量总体向好。

【中央小型农田水利重点县第五期项目投运】 为加强农业基础设施建设，提高农业综合生产能力，宜兴市继2009年被列入全国首批小型农田水利重点县(市)后，2012年再次被列入全国第四批小型农田水利重点县，第四期项目分三年实施，惠及徐舍、官林、杨巷、新建、高塍、万石、丁蜀、和桥8个镇的8个项目区，总投资1.47亿元，其中中央及省级补助资金7200万元、市镇自筹资金7515万元。2014年，开展中央小型农田水利重点县第五期项目建设，旱涝保收高标准农田建设示范重点县第五期项目规划建设新建、高塍、万石3个镇的3个项目区，总耕地面积2.71万亩，灌溉面积2.32万亩，工程建设主要包括整治渠道113.24千米，新、拆建泵站49座等，概算总投资4805.26万元。2014年5月，中央小型农田水利重点县五期项目通过省财政厅、水利厅绩效考评。11月，项目投运。全市恢复、新增和改善灌溉面积2.32万亩，新增旱涝保收面积3560亩、节水灌溉面积2.32万亩，规划项目区灌溉保证率不低于95%，渠灌区灌溉水利用系数平均不低于0.7，渠系水利用系数达0.8，项目区排涝能力达十年一遇标准。

【市级农田水利五年规划第三期项目投运】 为提高农田水利防洪保安能力,在工程实施上做到"总体规划、分步实施",在标准上做到"挡得住、灌得进、排得出",保障区域粮食安全,发展民生水利,按照省水利厅《县级农田水利建设规划编制大纲》要求,《宜兴市农田水利五年规划(2012—2016年)》共规划项目区203个,涉及镇(园区、街道)17个、行政村147个,受益面积26.32万亩,受益农户32.4万人,工程总投资4.44亿元。年内,市级农田水利五年规划第三期项目涉及西渚、徐舍、官林等11个镇(园区、街道)的34个项目区,新、改建渠道324千米,新、拆建泵站62座,总投资8000万元,其中县级财政补助5600万元、镇级财政自筹2400万元。年内,项目完工投运,圩区、平原区项目区灌溉保证率达95%以上,灌溉区灌溉水利用系数平均不低于0.7,渠系水利用系数达0.8。项目区排涝能力达十年一遇标准。

【中小河流治理重点县试点项目完成九成】 根据《江苏省宜兴市中小河流治理重点县综合整治及水系连通试点规划》安排,2013—2014年,计划实施新街、芳桥、和桥3个项目区。新街项目区于2013年10月启动,中央、省、市投资1998.72万元。该项目区内主河、支流均存在河道功能衰退、行洪排涝、水环境、水生态等问题。工程量为整治疏浚河道5条、16.17千米,疏浚土方15.2万立方米,整治岸坡7.9千米,其中钢筋混凝土墙护岸1.92千米、加固驳岸0.55千米、"木桩+植物"护岸5.43千米,加固堤防418米。芳桥项目区于2014年1月启动,总投资2995.93万元。工程量为整治疏浚河道5条、11.02千米,疏浚土方70万立方米,新建"木桩+植物"护岸8.49千米,加固堤防14千米。和桥项目区于2014年1月启动,总投资2078.73万元。该项目区由于河床淤积较严重,部分河坡无防护措施,岸坡坍塌严重,影响排水功能及河坡安全。工程量为整治疏浚河道4条、13.97千米,疏浚土方13.33万立方米,整治岸坡7.16千米,其中钢筋混凝土墙护岸1.75千米、"木桩+植物"护坡5.41千米。至2014年年底,3个项目完成90%,改善除涝面积14.33万亩,改善灌排面积8.9万亩,受益村庄30个,受益人口7.4万人,社会经济效益显著。

【三条中小河流综合治理工程完成八成】 西溪河、埝径河、厍溪河均分布在太湖以西地区,承担防洪、排涝任务。近年,三条河流存在河道淤积、排水不畅、原始设计断面不能满足行洪要求等问题。年内,中央、省、市投入治理资金1.1亿元,完成工程量的80%。西溪河完成河道土方疏浚2万立方米,加固老挡墙4.2千米,新建挡墙2.4千米,加固堤防9.5千米。埝径河完成河道土方疏浚44万立方米,新建钢筋混凝土挡墙1.7千米、生态护岸0.85千米,填土加固堤防0.5千米,拆建东圩闸1座,新建瓦龙浜闸站1座。厍溪河完成河道疏浚3.46千米,填土加固堤防0.29千米,新建护岸1.13千米,加固老挡墙0.08千米,拆建泵站2座、涵洞1座。工程完成后,将保护三河沿线近8万居民、6万亩农田的防洪安全。

(包涛芳　万利军　杨秋石)

农业资源开发

【概述】 通过规范各类农业综合开发项目建设,提升项目实施绩效,推动农业综合开发工作深入开展。注重改造中低产田,实施标粮工程、土地整理、农田水利基本建设,提高高标准农田比例。引导龙头企业向农业园区发展,建立自属的农产品生产基地。不断壮大农民合作组织,推行"企业+合作社+农户""企业+合作社+基地"模式,构建农业产业化经营体系。依托丘陵山区优势,突出开发重点,扶持发展茶叶、花卉苗木、经济林果、生态旅游等优势明显、特色鲜明、可持续发展能力强的产业,彰显特色产业优势,扩大区域经济规模。全年农业综合开发扶持农民专业合作社3个,受益社员162户;利用合作社带动种植业产值新增1700万元,农民增收997万元,增加就业岗位970个。全年实施农业综合开发项目18个,其中国家土地治理项目4个、产业化经营财政补助项目2个、产业化经营财政贴息项目2个、省级丘陵山区开发项目10个,项目总投资1.3亿元,争取各级财政资金4380万元,其中市级以上财政资金3527.5万元。

治理后的西溪河　　(市水利农机局　提供)

【项目管理科学规范】 科学筛选编报项目，结合全市农业产业规划布局，坚持“培优培强、带动发展”原则，优先扶持有发展潜力、能带动产业结构调整、能带动农民增收的企业。项目实施严格按照各项制度规范，落实公示制、招投标制、监理制、审计制，确保项目实施绩效。在抓好硬件建设同时，注重档案管理，按照《江苏省农业综合开发档案管理办法》，严格把关资料的收集、归档、整理，确保资料齐全、规范。坚持“建设与管护并举”方针，本着“谁受益、谁管护”原则，制订建后管护措施。全年各类农业综合开发丘陵山区项目治理面积2.4万亩，建设衬砌渠道89.58千米、硬质道路33.11千米、砂石路20.33千米、排灌站17座、渠系建筑物1680余座、输变电线路配套13.8千米，埋设管道1.22千米。

【农业综合开发土地治理项目建设】 通过农业基础设施建设，提高农业综合生产能力，保证国家粮食安全。以中低产田改造为重点，建设旱涝保收、稳产高产、节水高效的高标准农田。按区域统一规划，按项目管理，实行山水田林路综合治理，水利、农业、林业、科技等措施综合配套，实现经济、社会、生态效益的统一。全年农业综合开发土地治理项目建设总面积1.6万亩，总投资2323万元。其中：一般土地治理项目建设面积5000亩（官林镇、屺亭街道计划改造中低产田各2500亩），总投资750万元；高标准农田示范项目建设地为徐舍镇连心村，建设面积1万亩，总投资1430万元；农民专业合作经济组织试点项目建设地为芳桥镇华阳村，计划改造中低产田1000亩，总投资143万元。

【生态循环农业发展良好】 近年，全市因地制宜发展生态循环农业，探索以沼气为纽带的生态产业链，建立秸秆综合利用、林木种养立体循环模式等农业废弃物综合利用生产模式。市野山背生态种养技术专业合作社利用闲置荒地种植苗木，通过林牧、渔牧结合等方式，实现绿色环保种养，产品深受市场青睐。市坤兴农业废弃物处理有限公司购置秸秆回收打包机，夏秋两季收贮周边6000余亩农田秸秆近5000吨，并通过建设秸秆固化和秸秆沼气工程设施综合利用秸秆。年内，全市投资1800余万元，新增循环农业基地10个，项目涉及面广、内涵更丰富。其中，市都山现代生态农业有限公司项目投资200余万元，该项目把畜禽粪便和秸秆等农业废弃物发酵处理后作为农作物有机肥，还利用生态发酵床技术，快速降解牲畜粪便，做到畜禽粪便零排放。通过实施农牧对接和农业废弃物资源化利用，生态循环农业发展逐步纳入常态化管理，提升了全市农业现代化水平。

农林执法

【概述】 加强农林执法队伍建设，强化行政执法培训，规范行政执法行为和行政许可行为，加大权力网上公开运行力度，健全农林行政执法体系。组织开展农资打假、森林资源保护、渔业资源保护、野生动物保护等专项整治行动，推进农林行政执法信息化建设，增强执法监管能力，打造执法严、作风硬、业务精的农林执法监管队伍。全年受理各类行政审批服务事项2.05万件，其中即办件2.02万件、承诺件318件，处理“12345”热线投诉344条，主要涉及渔政资源监督、病死畜禽处理等问题，群众满意率98.8%。加强立案案件审核，依法审核行政处罚案件106起。

【农业综合执法】 坚持普遍检查与重点抽查、专项整治与长效监管、宣传教育与执法行动相结合，集中查处一批案件，净化农资市场。全年开展农资联合执法检查2次、单独执法检查100余次，出动执法人员420余人次，检查农资生产、经销单位290多个，立案查处16起。在新庄街道举办放心农资下乡进村宣传周活动，制作播出《宜兴农林》电视节目1期，发放《购买农资提醒手册》和农业生产技术明白纸200余份，直接供应放心农资1000多千克。全面拉网式专项执法检查种子公司3个、种子经营单位87户、种子3万多吨。对张渚、西渚、徐舍、芳桥等镇（园区、街道）的农资经营单位开展农资打假交叉执法检查活动，抽样种子品种5个、农药种类8个。组织由各镇（园区、街道）农资经营单位负责人、农业服务中心农技负责人共300余人参加的农资经营单位业务培训。按照省农业委员会《关于开展农资打假秋冬季行动的通知》精神，检查兽药市场，抽样兽药品种5个，送交上级部门检测。采取定点定片的方法，拉网式检查农资市场，检查农药品种130多个、1300千克，兽药品种80多个、700多千克，化肥品种30多个、1万多千克，饲料品种40多个、6000多千克，立案调查不合格农资案件16起。

【林政执法】 按照国家林业局森林公安局制定的《森林公安机关执法细则》要求，保证执法工作合法性，注重日常巡查、监督和宣传教育。全年市森林警察大队出警142次，查处涉林违法犯罪案件28起，其中刑事移交2起、行政处罚21起、协助属地派出所查办刑事或治安案件5起，处理违法犯罪分子37人，补种树木4360株，罚款8.29万元，收缴非法所得440元，没收违法林木3吨，没收、救助、放生国家和省重点保护野生动物156只，威慑和打击破坏森林、林地和野生动物资源违法犯罪活动。

【野生动物资源保护专项行动】 全市60万亩林地虽均设定为禁猎区，但以非法手段电击、药毒、圈套捕猎野生动物的现象时有发生。年内，国家、省森林公安局先后统一部署针对野生动物资源保护的专项行动2个：4—6月，以打击非法猎捕杀害、非法收购出售野生动物为重点开展“天网行动";2014年10月—2015年1月,开展打击破坏森林和野生动物资源违法犯罪的"利剑行动"。全年市森林警察大队清除捕鸟粘网1892平方米,救助和放生野生动物134只(条),销毁野生动物冷冻制品3.8斤,涉案价值2.43万元,破获涉嫌非法狩猎罪刑事案1起,专项行动成果获省森林公安局肯定。

【渔业执法】 针对电、炸、毒等非法捕捞行为对渔业生态环境带来的破坏,市渔政监督大队通过加大执法力度、推进普法教育等措施,利用广播、电视、报纸等媒体,开展《中华人民共和国渔业法》宣传,在各农贸市场、重要水域、港口码头、人员密集的公园进出口等地树立警示牌,张贴标语,悬挂宣传横幅,发放宣传小册子,提高全民法律意识。同时,市渔政监督大队会同其他职能部门联合执法,采取水上查、陆上堵、昼夜互动、分进合击等手段,先后在宜城、丁蜀、周铁、和桥等镇(园区、街道)开展较大的联合行动4次和较小的行动数次,查获非法捕鱼案件156起,其中违法电力捕鱼89起、毒鱼虾5起、无证捕捞62起,对查获的电捕人员在处罚自由裁量权框架内顶格处罚。通过一系列行动,非法捕鱼得到有效遏制并逐渐呈下降趋势。

(章鹤)

农村改革

【概述】 突出改革创新,激发农村发展活力,让农村得到更大发展、农民得到更多实惠。以开展农村土地承包经营权确权登记试点工作、建立农村土地流转交易平台、构建新型农业经营体系、打造"智慧农村"新模式等为重点,深化农村土地制度、金融制度改革,推动农业农村健康有序发展。年内,被征地农民社会保障和农村土地流转规范有序。20个村完成农村土地承包经营权确权登记工作。开展家庭农场认定工作,230个家庭农场通过首批认定,全市有省级示范家庭农场2个、无锡市示范家庭农场15个。

【20个村完成土地确权试点】 年内,在总结完善上年西渚镇筱里村农村土地承包经营权确权登记试点经验基础上,确定西渚镇整体推进此项工作,其余各镇(园区、街道)至少完成1个村的试点工作任务,涉及全市村30个、农户2.63万户、耕地9.7万亩,解决农户承包地面积不准、"四至"不清、空间位置不明等问题,赋予农民对承包地依法占有、使用、收益的权利。成立由分管市领导任组长,市委农办、市国土局和档案局等部门共同参与的领导小组,并设立专门办公室,建立联席会议制度。市委、市政府出台《关于开展农村土地承包经营权确权登记试点工作的意见》,明确整体要求、工作原则、工作步骤和内容等。印发土地确权登记颁证工作相关参阅资料和政策问答,使基层在业务操作和政策处理上有章可循。召开工作推进会,形成强势推进氛围。为试点镇村业务骨干150人开展具体核心业务专题培训。在宜兴智慧农村网整合登录土地确权系统,建立电子信息数据库。按照农业部确权登记颁证工作的技术规程要求,请3个专业测绘公司对承包地情况测量绘图。镇村两级作为实施主体,落实好前期准备、入户调查、测量绘图、公示审核、登记发证、建档入库等环节的工作。至年底,完成20个村的试点任务,涉及村民小组416个、农户1.19万户,确权土地面积3.56万亩。

【被征地农民社会保障扎实推进】 2013年,宜兴在省内率先出台《宜兴市征地补偿和被征地农民社会保障办法》。2014年,加大政策宣传力度,分层次、分批次组织镇(园区、街道)农经条线、村定员干部学习培训,全年培训800多人次。完善相关政策办法,市委农办联合市人社局等部门出台《关于宜兴市被征地农民社会保障业务操作办法的通知》。建立农民人数与农用地数量动态数据库,确保需安置的被征地农民人数测算准确无误,避免引发征地补偿矛盾纠纷。做好新征地项目预存征地补偿资金及社会保障统筹资金的相关工作,从土地有偿使用收益中优先安排被征地农民社会保障费用,确保保障资金落实到位。及时掌握屺亭街道学圩村、高塍镇塍西村等地征地动态,会同镇政府(街道办事处)做好政策宣传指导,让基层干部和群众准确掌握被征地保障工作的内涵实质,确保被征地农民刚性进保。探索研究被征地农民历史遗留问题的处理办法,确保新旧政策平稳过渡。

【家庭农场有序发展】 加强家庭农场认定与管理工作,建立家庭农场名录库制度,开展示范家庭农场创建,加快探索研究扶持政策,促进农民增收致富。全年提出申请认定的家庭农场有380个,其中230个通过首批认定、59个进行工商登记,主要覆盖种植、养殖、种养结合、休闲农业四大类,呈现出规模适度、专业生产、产业丰富、收入体面等特点。年内,百年家庭农场、梦珠生态种养家庭农场被评为省级示范家庭农场,钱华军种养家庭农场、龙珠家庭农场等15个家庭农场被评为无锡市示范家庭农场。鼓励有文化、有技术、有热情的大中专毕业生创办家庭农场,首批认定的家庭农场中有5名新生代职业农民,创办了陶丰源、五谷鲜等家庭农场。

【农村土地流转规范透明】 为推进土地流转公开透明、依法规范,年内,加强专项调研,专门设计土地流转相关统计表格,摸清底数,掌握现状,全市土地流转面积32.61万亩,从土地流转获益的农户比例达71%。制定土地承包经营权流转指导价格,确定公益性土地流转指导价每亩每年800元、生产经营性土地每年每亩900元,并要求各镇(园区、街道)根据各地实际,制定区域指导价。落实土地流转合同备案制度，对流转100亩以上的土地进行市级备案，全年备案土地流转合同216份、9.2万亩。修改完善土地流转合同样本，方便基层对照使用。建立农村土地流转服务平台，扩大土地流转规模。坚持农地农用，加强对农业园区土地规模流转后设施用地的项目审查。按照《关于规范政府补贴土地流转项目工作的意见》，规范政府补贴土地流转项目工作，全年新增奖补面积1681.7亩，其中生态防护林580.2亩、渎边公路以东奖补面积103亩、农业园区725.58亩、道路绿化92.92亩、宁杭铁路客运专线沿线整治180亩。累计奖补面积12.08万亩，涉及资金7024.19万元。

村级集体经济

【概述】 全市各村因地制宜，挖掘自身优势，发展壮大村级集体经济。全市215个村村级资产总额57.53亿元，比上年增长9.5%；负债总额14.35亿元，比上年下降16.67%。村级净资产43.18亿元，村均2008万元，比上年增长22.25%。其中，147个村净资产超1000万元，占总村数的68%，最高的官林镇都山村为4.26亿元。村级总收入11.82亿元，村均550.23万元，比上年增长13.22%。其中，最高的丁蜀镇潜洛村为7919.1万元，最低的屺亭街道邵谈村为62.71万元。村级总收入500万元以上的村有72个，100万元～500万元的有141个，100万元以下的有2个(比上年增加2个)。全市收支结余的村有176个，收不抵支的村39个(比上年减少8个)。

【村级可分配收入和稳定性收入稳步增长】 全年村级可分配收入7.21亿元。其中：经营收入0.55亿元，比上年减少0.31亿元；发包上交收入2.84亿元，比上年增加0.32亿元；补助收入2.56亿元，比上年增加0.16亿元；投资收益0.63亿元，与上年基本持平；其他收入0.63亿元，比上年增加0.08亿元。村级可分配收入村均335.22万元，比上年增长4.1%。全市村级可分配收入在300万元以上的村有87个，比上年增加10个，可分配收入总额近5亿元，占全市村级可分配收入总额的68%。村级可分配收入在100万元以下的村有3个，比上年增加3个。最高的官林镇都山村为2014.96万元，最少的屺亭街道邵谈村为62.71万元。全年村级稳定性收入3.56亿元，村均165.47万元，比上年增长10.71%。村级稳定性收入在100万元以上的村108个。其中：500万元以上的11个，比上年增加4个；100万元～500万元的97个，比上年减少3个；50万元以下的村42个，比上年减少11个。最高的官林镇都山村为1762.96万元，最低的杨巷镇新芳村12.22万元。

农村经济管理

【概述】 提升农村集体三资(资金、资产、资源)经营水平，充分挖掘存量资产、资源增值潜力，发挥村级资金最大效益。规范村级财务管理，重视民主理财，深化村务公开，增加公开透明度，使村级经济在群众监督下有序高效运营。开展农村集体经济组织成员资格界定及管理工作，保障农村集体经济组织成员合法权益。宜兴智慧农村网正式上线运行，促进农村信息资源共享和高效利用。

【农村集体经济组织成员资格界定】 年内，无锡市政府出台《关于无锡市范围内户口迁移管理办法的通知》。为顺应户籍制度改革，保障农民权益，宜兴在苏南地区率先启动农村集体经济组织成员资格界定工作。按照《宜兴市农村集体经济组织成员资格界定及管理工作的意见》要求，遵循依法公平、尊重历史事实和资格唯一性原则，明确每个成员只能拥有一个农村集体经济组织成员资格，同时明确成员资格保留和丧失的情形。各行政村成立调查小组，对各派出所提供的村级常住人口名单，界定两个时间段(2014年3月1日前和3月1日后)开展调查，核实在册人口和非在册人口状况，全面掌握农村集体经济组织内人员状况，对3月1日后新增人员严格把关。至年底。全市16个镇(街道)、6700个村民小组完成农村集体经济组织成员资格界定工作，23万户农户、70万人被界定具有农村集体经济组织成员资格。

【农村“三资”管理】 根据农业部办公厅《关于组织开展全国农村财务管理专项检查调研的通知》要求，抓好村级财务管理规范化建设。年内，市委农办会同市纪检、监察、民政等部门，抽调有关镇(街道)农经部门业务骨干，重点围绕村级管理制度建设、村账镇代理工作、集体资金管理、村级工程管理、内部审计监督、村级民主管理等方面，专项检查村级经济管理工作，对发现的问题下发整改通知书，限期整改。开展农村“三资”管理工作抽审，全面审计村级集体财务收支情况、“三资”管理和工程管理情况、债权债务情况等，总结经验，分析问题原因，严控村级经济管理中可能出现的问题。规范村级投资工程类项目建设行为，完善建设环节和过程监管，深入基层调研村级工程管理实际情况，市委农办与市招投标中心、建设局等部门联合制定下发《关于规范村级工程建设管理的意见》，对村级工程建设管理范围、发包原则、建设程序等方面做出明确规定，建设信息必须在宜兴智慧农村网中的村级工程招投标管理系统及村级工程招投标公示平台录入和实时发布。

【宜兴智慧农村网上线】 在考察学习各地农村综合信息服务平台建设经验和充分调研基础上，以新街街道为试点推进农村综合信息服务平台建设。年内，集农村土地承包经营权确权登记系统、农村“三资”管理系统、村级工程招投标系统、农民合作社管理系统、农村土地流转服务平台、三务(党务、村务、财务)公开平台等六大信息系统和五大为农服务平台为一体的宜兴智慧农村网上线。通过集聚主要涉农网站资源，实现综合平台与各主要涉农部门之间信息共享交换，并通过多种网络接入手段间的结合和转换，提升涉农信息资源服务聚合能力和信息发布质量。年内，组织全市各镇(街道)农办主任、信息化管理员、招投标管理办公室人员、农村土地承包经营权确权发证试点村工作人员围绕宜兴智慧农村网系统各模块功能和相应操作进行讲解培训，使基层熟练掌握“三农”服务新工具。至年底，宜兴农村智慧网系统信息采集、录入、分析等功能使用正常有序，实现农经工作“一网通”。

【村级财会队伍培训】 为加强村级财务管理，提高村级会计人员农经政策水平和业务素质，举办为期2天的全市各镇(街道)农办主任、财务辅导员、代理记账员和村级主管会计培训班，参训350余人。培训内容主要有：会计实务。根据农村新形势，指导村级基层组织按照会计制度，把握会计业务发生的实质，做好财务工作；村级经济管理。按照市委、市政府《关于进一步加强村级经济管理的意见》精神，对村级经济管理提出新要求；农经政策。重点讲解被征地农民社会保障及农村土地确权发证有关政策及业务。此外，还就农村基层党风廉政建设有关要求进行专题辅导。

集体经济薄弱村扶持

【概述】 2014年是全市开展新一轮扶持经济薄弱村工作的第二年，扶持工作以发展村级经济、增加农民收入为中心，以有人管事、有钱办事、有章理事为重点，加快脱贫转化步伐，新一轮扶持的73个薄弱村与无锡市级扶持的40个薄弱村各项建设成效明显。年内，按照无锡市委办公室《关于更大力度帮扶经济薄弱村发展的意见》精神，扶持力度加大，设立无锡市财政投入扶持专项资金3000万元，其中宜兴市获1260万元用于列入扶持薄弱村的经济建设、基础设施改造提升、达标转化奖补。宜兴市扶持的73个薄弱村全年获奖补资金2572.2万元。无锡市和宜兴市两级机关部门、单位增强帮扶合力，全年挂钩部门累计到村帮助指导工作1036人次，支持薄弱村资金1309.45万元，其中无锡市领导和挂钩部门扶持资金377万元、市内挂钩部门扶持资金932.45万元。薄弱村充分发挥主观能动作用，挖掘自身发展空间，找寻发展新途径。徐舍镇丰台村成立钰荧生态种养专业合作社，流转土地200亩种植芦笋，增加土地年租金5万元，徐舍镇邮堂村、奖墅村从规范鱼塘招投标入手，部分到期鱼塘经公开招标后每亩收入增长30%左右，村级收入明显增长。万石镇后洪村发展“合作社+基地+公司+农户”经营模式，先后成立专业合作社6个、农业协会2个、农业公司7个、家庭农场2个，全村农户入社率100%，基本形成新型农业经营体系。

【扶持成效】 全市73个经济薄弱村全年应税销售收入60.12亿元、利税5.07亿元，新办企业22个，新增各类投入3.12亿元，其中工业投入1.48亿元、农业投入2968万元、基础设施投入6941万元、社会事业投入5032万元、其他投入1273万元。年内，73个村修建村道216千米、桥梁50座，改造大小泵站105个，疏浚河道149.62千米。万石镇后洪、黄土寺、马庄3个薄弱村分别投入200多万元建造村文体活动中心，屺亭街道屺亭村、太华镇石门村等18个薄弱村创建成无锡市社会主义现代化新农村建设幸福村。全年薄弱村开发利用“四荒”(荒山、荒水、荒地、荒滩)面积243亩，复垦土地1327亩，新建特色基地620亩。实现农村劳动力转移4345人，调整农业结构面积5755亩，涉及农户2874户。全年新建农村专业合作社53个，累计350个，涉及农户5.5万户。73个薄弱村集体可分配收入1.33亿元，村均182万元，绝大部分村村级收入在100万元以上，农民年人均可支配收入1.75万元。

(蒋竹蔚)

农民专业合作社

【概述】 2014年，贯彻农业部、财政部等九部委《关于引导和促进农民合作社规范发展的意见》和省农业委员会《关于推进农民专业合作社规范发展的意见》精神，加强农民专业合作社规范化建设，提升合作社市场竞争能力，带动农民增收。全年新增农民专业合作社172个，累计1422个。其中：新增工商登记专业合作社162个，累计1192个；新增社区(富民)股份合作社4个，累计88个；土地股份合作社累计142个。全年农民专业合作社实现销售收入28.14亿元，带动和促进农民增收15.8亿元，创建无锡市级以上“五好”示范社61个，工商登记专业合作社和省示范社数量位居无锡首位。市坤兴养猪专业合作社、张阳花卉苗木种植专业合作社、丁蜀镇西望紫砂陶瓷专业合作社、项珍茶业专业合作社、滆湖野鸭人工养殖专业合作社被评定为国家农民专业合作社示范社，累计达6个(另一个为2012年获评的市丰汇水芹专业合作社)，数量居无锡地区首位，在全省县(市)中领先。市丰汇水芹专业合作社被评为全国首批“五好”示范社，市同创生猪专业合作社、项珍茶叶专业合作社被评为江苏省“百佳”合作社，市大地春生态农业合作社、韩丰生态种养合作社等7个专业合作社被评为江苏省优秀农民专业合作社示范社，成为引领合作社规范化建设的排头兵。市坤兴养猪专业合作社规范化建设被总结为省合作组织主要模式之一受到推广。

【合作社规范化建设】 按照分类指导、逐级规范原则，提高合作社建设质量。对合作基础较好的合作社，严格以“五好”示范社创建标准进行指导建设，指导其完善章程，密切与成员的利益联结机制。规范合作社财务管理，请软件公司用省农民合作社财务管理软件为20个示范社做账。对合作条件一般的合作社，突出服务宗旨，从理顺与成员的利益联结机制着手，引导其建章立制，尊重农民主体地位，保障成员知情权、参与权和决策权，做到“服务农民、进退自由、权利平等、管理民主”，逐步加强规范化建设，提升带动能力，成为带动农民增收的中坚力量。对有组建意愿的拟建合作社，努力做到成熟一个，发展一个。对于“空心社”“挂牌社”，按照“能并则并，能整则整，能撤则撤”方针，加强规范管理。

【联盟基金和“富农贷”缓解合作社融资难题】 在2013年组建平安农民合作社联盟共同基金基础上，加强基金宣传和服务，为合作社完成续贷提供沟通协调。全年新加入联盟基金的合作社有1个，至年底基金累计放贷8440万元，放贷余额4060万元，涉及合作社36个。年内，市委农办与市邮政储蓄银行合作，开设“富农贷”专属产品，提供融资绿色通道。“富农贷”允许农民合作社及其成员用农村土地承包经营权抵押、农民宅基地及房屋抵押、农机具抵押、林权抵押等弱担保、弱抵押措施控制风险，解决农民“有形产权不能有效抵押”的问题。全年10个农民合作社通过“富农贷”专属产品获贷款1600万元。

【合作社信用合作创新试验】 年内，为缓解农村融资服务难题，宜兴市成为农业部2014年度在全国唯一一个农业技术服务创新试点项目——农民合作社信用合作创新试验项目单位。项目按照“成员制、封闭性、民主管理、非产业发展项目不支持、不对外吸储放贷、不支付固定回报”基本原则，在管理民主、运行规范、带动能力强、成员资金需求旺盛的农民合作社内部开展信用合作，需要融资以从事产业发展的社员通过合作社集体审核后，由合作社主持向社内其他成员开展融资工作。年内，市坤兴养猪专业合作社、怡农蔬菜专业合作社、天信生态种养专业合作社开展内部信用合作试验，计划用3年左右时间，达到4000万元左右的信用合作规模，探索形成规模适度、管理规范、运行有效和风险可控的新型农民合作金融模式，识别并管控信用合作过程中的相关风险，探索低成本、可复制、易推广、能持续的新型合作金融模式。

（谢狄华）

编辑　李逸萍

综 述

【概述】 以深化科技体制改革为统领，以自主创新和产业结构调整为主线，以建设创新型城市为目标，深入实施“创新驱动”和“人才引领”战略，推进科技创新工程，促使创新创业环境更加优化、高新产业支撑更加有力、知识产权创造更加活跃、科技成果转化更加强劲、科技惠民力度更加深广，全市科技创新工作继续保持全国领先地位。全市高新技术产业产值1082.5亿元，占规模以上工业总产值的38.5%。推进企业研发机构建设，全市大中型工业企业、规模以上工业企业研发机构建有率分别达94.5%、51.7%。全市有国家级“孵化器”3个、省级4个，省级工程技术研究中心106个。新认定高新技术企业15个，累计276个；新增省高新技术产品299种。产学研对接活动加快创新资源聚集，全年举办或参加产学研对接活动50多场（次），签约合作项目130余个。企业创新能力显著增强，全社会研发投入38.27亿元，占地区生产总值的2.97%。专利申请量和授权量分别为3921件、2546件，万人有效发明专利拥有量10.89件。实施省级以上科技计划项目102项，争取科技资金1.01亿元，5个企业承担省重大成果转化项目。继续实施“人才强市”战略，全年新增“千人计划”专家工作站10个，引进省“创新团队”2个。宜兴市通过国家可持续发展实验区验收。新建镇被认定为省创新型试点乡镇，全市累计6个。江苏俊知技术有限公司和市四通家电配件有限公司入围2013年度江苏省科技小巨人企业名单。

【国家可持续发展实验区通过验收】 2009年，国家科技部批准宜兴市建设国家可持续发展实验区。宜兴市根据《2008—2013国家可持续发展实验区建设规划》要求，以“建设富裕、和谐、秀美新宜兴”为主题，坚持民生优先、生态宜居、节约集约的价值追求，实施创新驱动、开放带动、城乡一体发展战略，着力推动产业、城市、生态、文化“四位一体”建设，制订实施《宜兴市可持续发展实验区规划》，完成建设“富裕、和谐、秀美”新宜兴惠民工程、太湖水污染治理示范工程、新农村建设示范工程、生态型绿色环保城市建设示范工程、“5525”科技创新*示范工程和中国宜兴环保科技工业园“二次创业”示范工程及其他优先建设项目36项，可持续发展实验区建设规划中确定的七大类、32项指标全部达标。2014年12月，宜兴通过科技部国家可持续发展实验区专家组验收，被专家组推荐参加国家可持续发展实验区部门联席评审会。

【留创园晋升国家级孵化器】 省宜兴留学人员创业园（简称“留创园”）成立于2007年9月，总投资1.2亿元，位于环科园，建筑面积3.75万平方米，是集研发、孵化、转化、产业化于一体的智能化、多功能的高新技术企业孵化基地和留学人员回国创业基地。“留创园”依托宜兴成熟的环保产业集群、完善的环保人才队伍、发达的营销网络，搭建起南京大学宜兴环保研究院、宜兴环保科技创业服务中心等特色服务平台，吸引北美、欧洲、

国家级科技企业孵化器——江苏省宜兴留学人员创业园 （市科技局 提供）

澳洲、亚洲等地留学归国人员创办的环保创业项目30多个。园内搭建有综合管理服务、中介服务、人才和技术信息服务、产学研合作、投融资服务五大公共服务平台，并提供办公间、商务中心、会议室、多功能厅等，还设有专家公寓、员工餐厅、便利超市、咖啡厅、银行等生活配套设施。至2014年年底，园内有在孵企业55个，累计孵化成功企业100余个。“留创园”孵化企业类型逐步由综合类向专业类过渡，在孵企业七成多为环保企业。12月，“留创园”被国家科技部火炬中心认定为国家科技企业孵化器。

【科技人才助推新兴产业腾飞】 近年，宜兴确立“人才是第一资源”理念，不断完善政府、企业、社会多元化人才引育机制，实施高层次创新创业人才和高技能应用人才引育计划，市委、市政府制订出台《关于进一步吸引和用好优秀人才的若干意见》《关于鼓励企业柔性引进人才的若干意见》等政策，为吸纳优秀人才到宜兴工作或创业开辟“绿色通道”。至2014年年底，全市人才总量30.6万余人，集聚了一批国家“千人计划”人才、省“双创计划”人才等。在高层次人才的引领、推动下，全省首个科技镇长团工作站、全省首个“千人计划”环保产业研究院、全国首个“千人计划”股权基金等全省乃至全国的首个项目相继落户宜兴。同时，宜兴发挥电线电缆、环保设备、陶瓷耐材的产业优势，与全国各个学科特色明显、科技资源丰富的高校和科研院所组建行业技术联盟，培育出一批具有较高科技含量的产业集群。举办“百名教授宜兴行”“海外博士宜兴行”“863新材料领域下地方进企业科技主题活动”等大型产学研对接活动，向宜兴企业推介高校、科研单位的最新科技成果。宜兴市依托高校和科研院所，建设企业研发机构和重大产学研合作体，提升企业的研发能力和自主创新能力。至2014年年底，全市新兴产业总产值1197.3亿元，产业规模质态不断提升，产业基础不断稳固。

高新产业

【概述】 加快做大新兴战略产业、做强传统优势产业、做全高端产业链，全市高新技术产业总量稳步增长、质量不断提升、结构日趋优化。全市高新技术产业产值1116.5亿元，占规模以上工业总产值的38.5%。环保装备制造与服务、电线电缆、非金属材料3个国家“火炬”计划特色产业基地贡献份额持续扩大，5个省级科技产业园引领示范作用明显，开发区视觉媒体技术及应用文化科技产业园获批省文化科技产业园。新建镇入选省创新型试点乡镇，全市累计6个。全市新增高新技术企业73个，累计276个，主要涉及环保装备制造与服务、电线电缆、非金属材料、生物与医药等领域。302个企业完成备案研发项目890个，备案金额20.1亿元。新增国家“火炬”计划重点高新技术企业2个、省科技企业上市培育计划入库企业6个、省科技型中小企业29个，建成无锡市工业企业设计中心16个。新增国家重点新产品7种、省高新技术产品299种，高新技术产品认定数居无锡地区第一。

【省高新技术产品新增299种】 全市全年有170余个企业的299种产品被认定为2014年省高新技术产品，数量居无锡市之首。新增产品主要集中在新材料、新能源与环保、光电子、生物与医药等产业，大多数处于国内领先或国际先进水平。其中：江苏东光微电子股份有限公司研发的高雪崩耐量功率场效应晶体管填补国内空白，达国际一流水平；江苏宜清光电科技有限公司研发的VH410超短焦反射式投影电视实现批量化生产并登录购物网站销售。远东电缆有限公司有16种新产品入选，成为全市全年被认定省高新技术产品最多的企业。

【耐火行业成立国家级标准化工作组】 10月，全国耐火材料标准化技术委员会高温隔热耐火砖工作组成立。该工作组是宜兴耐火行业成立的首个国家级标准化工作组，旨在引领全市耐火企业技术创新，打破国外技术垄断。工作组由宜兴摩根热陶瓷有限公司组建。该公司在全国耐火行业享有较高知名度和影响力，拥有国家级重点新产品1种、授权实用新型专利10件，年产量5万余吨。2011年，该公司参与修订隔热耐火制品国家标准。宜兴市素有“耐火之乡”的美称，全市有耐火、保温企业700余个，年销售额超80亿元，占全省耐火行业年总销售额的三分之二，在国内具有一定的集聚效应和产业优势。近年，宜兴市大力实施技术标准战略，鼓励全市企业参与各类行业标准的制(修)订。至2014年年底，全市有国家级标准化工作组3个，有300余个企业参与制(修)订国家行业标准450个，提升了企业的行业话语权和市场竞争力。

2014年宜兴市国家“火炬”计划项目

表37

项目名称	承担单位	所在地
基于MIMO技术的新型移动通信天线	江苏亨鑫科技有限公司	丁蜀镇
高密度生物膜模块装备及技术产业化	江苏艾特克环境工程设计研究院有限公司	高塍镇

续表37

项目名称	承担单位	所在地
循环水电解除垢缓蚀杀菌成套装备的产业化	江苏江华水处理设备有限公司	高塍镇
冷却塔竹格淋水填料研制与产业化	宜兴亨达竹格填料有限公司	高塍镇
陶瓷化硅橡胶绝缘柔性防火电缆	无锡江南电缆有限公司	官林镇
高强度耐热铝合金大容量导线	江苏新远东电缆有限公司	高塍镇
10000吨/年塑料用无卤阻燃剂TEP	江苏雅克科技股份有限公司	开发区
复合高导电抗蠕变铝合金电缆的研发及产业化	江苏长峰电缆有限公司	官林镇
离聚物改进的耐候型氯丁橡胶电力电缆	江苏恒峰线缆有限公司	环科园

2014年宜兴市被认定的国家级高新技术企业

表38

序　号	企　业　名　称	属　地
1	百事德机械(江苏)有限公司	环科园
2	江苏博大环保股份有限公司	环科园
3	江苏鼎泽环境工程有限公司	环科园
4	江苏东光微电子股份有限公司	环科园
5	江苏哈宜环保研究院有限公司	环科园
6	江苏嘉盛光伏科技有限公司	环科园
7	江苏卡欧化工有限公司	环科园
8	江苏卡欧万泓电子有限公司	环科园
9	江苏鹏鹞药业有限公司	环科园
10	江苏天鸟高新技术股份有限公司	环科园
11	江苏伟屹电子有限公司	环科园
12	江苏一环集团有限公司	环科园
13	江苏中超环保有限公司	环科园
14	宜兴市东晨电子科技有限公司	环科园
15	宜兴市环洲微电子有限公司	环科园
16	宜兴市三恒自动化仪表有限公司	环科园
17	宜兴市宜刚环保工程材料有限公司	环科园
18	江苏德盛太阳能科技有限公司	开发区
19	江苏金霸环境技术股份有限公司	开发区
20	江苏雅克科技股份有限公司	开发区
21	江苏银环精密钢管股份有限公司	开发区
22	无锡市大禾高分子材料有限公司	开发区
23	宜兴市创新精细化工有限公司	开发区
24	宜兴市华联化工有限公司	开发区
25	江苏富陶科陶瓷有限公司	丁蜀镇

续表38

序号	企业名称	属地
26	江苏亨鑫科技有限公司	丁蜀镇
27	江苏省陶瓷研究所有限公司	丁蜀镇
28	江苏省宜兴非金属化工机械厂有限公司	丁蜀镇
29	宜兴东方石油支撑剂有限公司	丁蜀镇
30	宜兴市科兴合金材料有限公司	丁蜀镇
31	宜兴市宙斯泵业有限公司	丁蜀镇
32	宜兴兴贝耐火材料制品有限公司	丁蜀镇
33	江苏洪流化工机械有限公司	芳桥街道
34	无锡市德赛数码科技有限公司	芳桥街道
35	宜兴市耐火材料有限公司	芳桥街道
36	江苏澳能电力电缆附件有限公司	高塍镇
37	江苏晨力环保科技有限公司	高塍镇
38	江苏裕隆环保有限公司	高塍镇
39	圣安电缆有限公司	高塍镇
40	宜兴市环宇轴瓦制造有限公司	高塍镇
41	远东复合技术有限公司	高塍镇
42	泛亚电缆集团有限公司	官林镇
43	江苏红峰电缆集团有限公司	官林镇
44	江苏立宇环境科技有限公司	官林镇
45	江苏鑫丰塑业有限公司	官林镇
46	江苏远方电缆厂有限公司	官林镇
47	江苏中煤电缆有限公司	官林镇
48	江苏珠影特种电缆有限公司	官林镇
49	无锡康宇水处理设备有限公司	官林镇
50	无锡市华美电缆有限公司	官林镇
51	无锡市群星线缆有限公司	官林镇
52	宜兴市天石饲料有限公司	官林镇
53	宜兴市王者塑封有限公司	官林镇
54	远程电缆股份有限公司	官林镇
55	凌志环保股份有限公司	和桥镇
56	宜兴市华恒高性能纤维织造有限公司	和桥镇
57	宜兴市中碳科技有限公司	和桥镇
58	无锡市南方耐材有限公司	湖 㳇镇
59	无锡蕾菲赛尔机械科技有限公司	万石镇
60	无锡三友新材料科技有限公司	万石镇
61	宜兴华威封头有限公司	万石镇

续表38

序号	企业名称	属地
62	宜兴市兴益特种变压器有限公司	万石镇
63	宜兴市志博新材料科技有限公司	万石镇
64	江苏共昌轧辊股份有限公司	新建镇
65	江苏锐成机械有限公司	徐舍镇
66	江苏地龙管业有限公司	宜城街道
67	宜兴市四通家电配件有限公司	宜城街道
68	江苏德诚冶金电炉设备有限公司	张渚镇
69	宜兴市阳生化工有限公司	张渚镇
70	江苏巨能机械有限公司	周铁镇
71	江苏鑫中恒水工业装备有限公司	周铁镇
72	无锡友方电工有限公司	周铁镇
73	宜兴市格兰特干燥浓缩设备有限公司	周铁镇

知识产权

【概述】 推进“国家知识产权试点城市”建设，建立健全知识产权强市管理机制，促进知识产权与产业转型融合发展，强化知识产权创造与保护能力，提升企业自主创新能力和核心竞争力。全年专利申请3921件，其中发明专利1318件；完成专利授权2546件，万人有效发明专利拥有量10.89件，国际PCT(《专利合作条约》)专利申请10件。启动专利保险试点工作，17个企业投保专利保险21份，保障金额296.4万元。开展商贸流通领域假冒专利查处执法，立案34件。江苏宜兴陶瓷产业园区创建为省级知识产权试点园区(详见《园区建设》类目《江苏宜兴陶瓷产业园区》分目)，国际环保城列入省级“正版正货”示范创建街区(商城)。江苏沪宁钢机股份有限公司等3个单位获省知识产权战略推进计划资金。无锡市虎皇漆业有限公司、宜兴乐祺纺织集团有限公司被评为2014年度江苏省企业知识产权管理标准化示范先进单位。宋章根发明的“管道用耐高压旋转补偿器”和远东电缆有限公司、远东复合技术有限公司等单位联合研发的“架空导线用铝导体”获国家专利优秀奖。全市全年有211件发明专利获省级高价值发明专利资助，合计102万元。江苏傲伦达科技实业股份有限公司的“集成ESD保护的功率MOSFET或IGBT及其制备方法”等3件专利获无锡市专利金奖。江苏沪宁钢机股份有限公司的张国忠被评为省第六届十大优秀专利发明人。开展江苏省知识产权工程师培训，培训工程师95人。

【“沪宁钢机”承担省知识产权战略推进计划项目】 7月，江苏沪宁钢机股份有限公司入选2014年度江苏省企业知识产权战略推进计划项目承担单位名单，项目实施期为三年。该计划重点项目优先支持近两年入围中国500强、中国民营500强的省内工业企业或科技型企业和在国内外证券交易所上市的省内工业企业或科技型企业等；一般项目优先支持以知识产权促进转型升级的企业、战略性新兴产业领域中的龙头企业等。申报成功的企业将获省级财政专项资金支持。江苏沪宁钢机股份有限公司是国内钢结构制造行业质量第一品牌企业，具有较为系统完整的钢结构建造施工专业能力。近年，该公司专注技术创新，不断提升施工水平，先后参与承建国家大剧院、国家体育场等国家重大建设项目300余个，获国家建筑最高奖——鲁班奖20个。公司拥有授权专利65件，其中发明专利19件。项目实施期内，该公司将建立主导产品及关键技术领域的专利数据库，形成主导产品关键技术专利信息分析报告，并分析行业知识产权发展现状和趋势。

【宜兴企业一技术打破国外技术垄断】 10月，江苏金砼预制装配建筑发展有限公司制订的《型钢辅助连接装配整体式混凝土结构(金砼体系)技术规程》通过省工程建设标准站认证，开始在全国各大新华书店公开发售，标志着该企业完成国内首个完全自主知识产权的预制装配式建筑技术体系，打破国外企业长达30余年的技术垄断。建筑结构全装配技术被业界称为具有革命意义的节能技术，把建筑的所有构件先进行工厂化预制，然后完成快速装配，即装即用。装配式建筑与常规建筑相比，总能耗减少36%，装配人力成本节约75%，现场减少粉尘排放90%,同时抗自然灾害能力大大提升。因其技术系统化强、研究难度大,国内大型建筑企业只能通过购买国外技术,在国内小范围开展建设试点,始终未能在国内推广。2006年起,江苏金砼预制装配建筑发展有限公司不断加快企业转型,致力于建筑结构全装配的技术攻关。其间,该公司参与国家"十一五"科技支撑计划"全装配结构技术及自保温墙板"和建设部科研项目"全装配式混凝土框架受力性能与设计施工关键技术"的研究。近年,该公司申请相关新技术专利46件,形成国内建筑结构全装配技术体系中的"专利群"。作为国内首个完全自主知识产权的预制装配式建筑技术体系,其可操作性、指导性优于国外同类技术体系,被中国建筑界称为建筑业转型发展、建筑由"建造"向"制造"转变的关键性技术。

【国际环保城入选省"正版正货"示范创建街区】 2006年起,为加强知识产权保护,鼓励自主创新,优化创新环境,在全社会形成尊重知识产权、保护知识产权、诚信守法经营的良好氛围,提升全省企业诚实经营、信誉至上的良好形象,推动企业建立保护知识产权的机制,树立制售"正版正货"的自豪感和责任感,省知识产权局、工商行政管理局、版权局在全省实施"正版正货"承诺推进计划,认定"正版正货"示范创建街区和"正版正货"承诺试点单位。中国宜兴国际环保城占地620亩,总建筑规模50多万平方米,是世界第一个集环保产业链信息、研发、生产加工、检测认证、展示销售、物流、推广为一体的全方位资源整合平台,设有环保设备展示交易中心、环保产业服务中心、环保科技成果展示发布中心等设施。环保城自2010年投入运营起,秉承"正版正货"理念,严格市场商户准入制,强化市场内部管理,不断提升产品质量和服务水准,一期项目入驻率超95%,涵盖500多个环保企业和700多个国内知名品牌。2013年,市场成交额突破80亿元,居宜兴市16个专业市场首位。2014年6月,2014年度省"正版正货"承诺推进计划项目入选名单公布,环保城成为宜兴市2014年度唯一入选的省"正版正货"示范创建街区。

【两项专利获国家专利奖优秀奖】
11月,国家知识产权局发布第十六届中国专利奖获奖名单,宋章根发明的"管道用耐高压旋转补偿器"和远东电缆有限公司、远东复合技术有限公司等单位联合研发的"架空导线用铝导体"获国家专利优秀奖。"管道用耐高压旋转补偿器"开创全新补偿方式的热力管道铺设方法,克服现有热力管道补偿器补偿距离短、易泄露、能耗损失大、管线工程造价高等缺陷,具有建设投资节约、运行经济效益提高、可实现长距离输送蒸汽等优点,符合国家节能减排要求。专利"架空导线用铝导体"是全世界范围内研制的导电率最高的铝导体,具有低能耗的特点,主要用于架空导线中,构成高导电架空导线。高导电架空导线应用于特高电压、用电需求量大、大容量的输电线路中,可实现高电压、高海拔、大容量、远距离输送电能,大大降低电能损耗,大幅提高电网输送效益,增加了导线全寿命周期综合经济效益。

成果转化

【概述】 以推进科技项目实施为手段,聚焦新能源、新材料、节能环保装备制造与服务、光电光伏等新兴产业领域,实施一批科技成果转化项目,加强经济增长的驱动力和爆发力,引导企业迈入创新发展快车道。全年组织实施省级以上科技计划项目79个,争取科技资金1.01亿元。江苏艾特克阻燃材料有限公司的"用于轨道交通低烟无卤电缆的高性能环保型氢氧化镁阻燃剂"、无锡视美乐激光显示科技有限公司的"超短焦激光投影电视"等4个项目被科技部确定为中小企业创新基金项目,全市承担省科技型企业技术创新资金项目9个。承担省重大成果转化专项资金项目5项,累计34项。江苏银环精密钢管股份有限公司承担的省重大成果转化项目"核电装备关键管材制造研发及产业化"通过验收。江苏雷蒙化工科技有限公司承担的"生物增塑剂绿色催化技术开发及产业化应用"项目获国家科技部立项,被列入国家"863计划"。全市有14个科技项目获无锡市级以上科技进步奖,其中宜刚环保工程材料有限公司参与的"燃煤烟气SCR脱硝关键技术研发与工程应用"项目获省科学技术进步奖一等奖。

【省重大成果转化专项资金项目立项5个】 年内,全市有5个科技项目获省重大成果转化专项资金项目立项,立项数位列全省县(市)第二,争取科技资金4200万元。其中:无锡江南电缆有限公司承担的"智能电网用低碳高效高压直流电缆研发与产业化"项目总投资8246万元,已投入2246万元,其目标产品——智能电网用低碳高效高压直流电缆具备效率高、线损小的优点,主要应用于海底、城市等远距离、大容量直流输电,项目完成后公司将形成年产1200千米的生产能力;合复新材料科技(无锡)有限公司承担的"白光LED高导热电绝缘阻燃散热材料的研发及产业化"项目总投资6000万元,已投入1100万元,项目完成后公司将形成年产4000吨散热材料和6000万个LED散热器的生产能力。

【国内首台单细胞纳米光电检测仪在宜兴问世】 2004年起,国家"千人计划"专家李长明(2011年作为"千人计划"引进的海外高层次人才归国)率领70多名新材料、光电子、医学等专家学者组成的团队研发检测单个细胞生理化过程的精密检测仪。2014年3月,李长明与江苏瑞明生物科技有限公司共同研发制造的国内首台单细胞纳米光电同步检测仪在开发区下线,填补国内在单细胞检测领域的空白。该检测仪利用纳米技术,实现光、电信号的同时记录和传播,能够准确检测到单个细胞的状态,包括健康与否和变化的趋势,在生命科学、医学、药理学、毒理学、农业、食品科学以及生物能源领域都可有广泛应用。项目研发期间,直径约0.4毫米的纳米探头等核心技术申请发明专利3项,发表SCI科技论文7篇。至年底,江苏瑞明生物科技有限公司接到四川大学和西南大学的订单。

【全国首台泥浓式推盾机在宜兴下线】 江苏锐成机械有限公司是国内中高端城市管网掘进设备和数控装备的供应商。2014年7月,由该公司自主研发和制造的泥浓式推进盾构机下线。该盾构机是2013年省重大成果转化项目,为全国首台泥浓式推进盾构机。该设备最小转弯半径为同类传统土压式设备的三分之一,效率和推进距离约为同类土压式设备的3倍,成功运用于220千伏广州航云输变电电力工程隧道1.5千米的盾构区间的挖掘。

【100英寸激光电视新产品在宜兴发布】 5月,位于开发区的无锡视美乐激光显示科技有限公司在宜兴发布100英寸激光电视新产品。该激光电视采用LPD光源配合超短焦镜头,同时配备为激光光源量身定制的光学引擎,不受空间和环境光的限制,功耗仅为同尺寸平板电视的四分之一,解决了传统电视或客厅影院在尺寸、能耗、稳定性、成本等方面存在的问题,适合家庭客厅环境。该电视除兼容智能电视的功能,还可通过蓝光机、游戏机等成为现代化家庭超大屏幕娱乐中心,用户在家中就能体验即时影院、游戏、健康运动等项目。同时,凭借独有的四分屏技术,可同时观看四种节目,并能实现1∶1真人视频通话、网络试衣等功能。至年底,该公司形成年产34万台激光显示产品的规模。

2014年宜兴市获评的无锡市级以上科技进步奖项目

表39

项目名称	承担单位	类　别
燃煤烟气SCR脱硝关键技术研发与工程应用	东南大学、南京龙源环保有限公司、瑞基科技发展有限公司、宜兴市宜刚环保工程材料有限公司、无锡华光新动力环保科技股份有限公司、南京东大能源环保科技有限公司、南京宇行环保科技有限公司	省一等奖
水产养殖物联网关键技术及装备	江苏中农物联网科技有限公司、中国农业大学、江苏大学、全国水产技术推广总站、宜兴市农林局	省二等奖
柠檬酸酯类无毒增塑剂的技术开发与产业转化	南京工业大学、江苏雷蒙化工科技有限公司	省三等奖
团头鲂循环水清洁高效养殖关键技术示范与推广	中国水产科学研究院淡水渔业研究中心、通威股份有限公司、常州市武进区水产技术推广站、宜兴市水产畜牧站	省三等奖
团头鲂循环水清洁高效养殖关键技术研究与推广	中国水产科学研究院淡水渔业研究中心、通威股份有限公司、宜兴市水产畜牧站	无锡市一等奖
采用新型催化剂固定床连续化生产二丙二醇甲醚醋酸酯技术	江苏天音化工有限公司、德纳(南京)化工有限公司	无锡市二等奖
10万吨/年润滑油(剂)系列产品成套技术开发及产业化	江苏高科石化股份有限公司	无锡市二等奖
自密封旋转补偿器应用于长距离蒸汽传输技术	江苏宏鑫旋转补偿器科技有限公司	无锡市二等奖
JWA抑制癌症转移的分子机制研究	宜兴市人民医院	无锡市三等奖
AP1000核电超大防辐射、防火、防爆防弹屏蔽门	宜兴市万向防火门有限公司	无锡市三等奖
超低膨胀系数微晶材料	江苏宜达光电科技有限公司	无锡市三等奖
海马头部体积与T2联合阈值在早期阿尔茨海默病诊疗中的应用	宜兴市人民医院	无锡市三等奖
高效集成渗滤液处理一体化工艺技术开发	江苏新琦环保有限公司	无锡市三等奖
复合高导电率抗蠕变铝合金材料和电缆的产业化	江苏长峰电缆有限公司	无锡市三等奖
额定电压6/10kV移动设备用聚氨酯护套扁形软电缆	无锡市明珠电缆有限公司	无锡市三等奖

续表39

项目名称	承担单位	类　别
LED液晶电视用高频器件的设计与生产	江苏利通电子有限公司	无锡市三等奖
环保型同心电缆	江苏中超电缆股份有限公司	无锡市三等奖
碳纤维产品在输电领域的扩展开发及其应用	远东复合技术有限公司	无锡市三等奖
胃癌血管生成基因和易感基因多态性及机制研究	宜兴市肿瘤医院	无锡市三等奖

惠民科技

【概述】 加快国家可持续发展实验区和省现代农业科技园建设，推进农业科技创新引导计划工程，发挥科技创新对农业、民生发展的支撑作用，促进城乡统筹发展，提升科技服务现代农业、改善民生的能力。国家可持续发展实验区通过验收，江苏中农物联网科技有限公司承担的“基于物联网技术的水产养殖智能监控系统示范与推广”项目获国家农转资金项目立项。市人民医院骨科蒋臻欢博士的“RNAi抑制CPNE1表达对骨肉瘤细胞的影响及相关机制研究”项目获2014年度国家自然科学基金项目立项，获批国家资助金额23万元，成为宜兴市首次获得国家自然科学基金立项的项目。全市全年组织实施农业科技项目36个，支持经费330万元。其中，实施市级农业科技创新引导计划项目33个，支持经费220万元。实施市级民生科技示范工程建设推进计划项目25个，承担省科技支撑计划(社会发展)项目4个、省基础研究计划(自然科学基金)项目2个、无锡市科技创新专项2个、无锡市科技惠民项目2个。后洪村设施蔬菜(水芹)产业便利店入选江苏农村科技超市便利店，全市累计3个。

【省科技支持计划项目立项4个】 年内，全市有4个项目获省科技支撑计划(社会发展)项目立项，获科技资金380万元。其中：南京大学宜兴环保研究院承担的“Fenton-MBBR-MBR耦合工艺在PU合成革废水深度脱氮中的关键技术研发与示范工程”项目采用高氧化性和高生物活性的Fenton-MBBR-MBR集成工艺，深度处理PU合成革废水，实现PU合成革废水的深度脱氮，出水氨氮和总氮可以稳定达《合成革与人造革工业污染物排放标准》(GB21902-2008)；江苏五洲环保服务有限公司承担的“蒸汽机械再压缩-分子筛吸附组合技术零排放处理丙烯酸乳液废水”项目可实现丙烯酸类乳液废水的零排放和高附加值资源回收，具有显著的社会和经济效益；江苏裕隆环保有限公司承担的“基于膨胀颗粒床的污水处理提标降耗节能技术研究与示范”项目与国内外同系列产品相比有突破创新；江苏新纪元环保有限公司承担的“水质安全净化、节能高效差异化循环利用智能控制一体化处理关键技术装备”项目突破现有水处理混凝反应、沉淀、澄清、污泥浓缩、过滤需分池设置的不足及技术瓶颈，开发采用自流无动力网格紊流混合和波纹板及倒W结构涡流反应，污泥浓缩、过滤处理于一体的水处理高功效、低能耗技术和配套旋转扫角刮泥机装备，以及根据水质、水量自适应调整刮泥机运行的智能控制系统。至年底，全市累计有23个项目获省科技支撑计划项目立项，获科技资金1490万元。

政产学研

【概述】 深入实施“人才强市”战略，扩大“陶都英才”政策效应，加快打通高层次人才向宜兴快速集聚的绿色通道，推进“六大产学研合作工程”建设，打造开放式创新合作体系。年内，举办“西安高校行”“科技镇长团服务企业”“‘千人计划’专家宜兴丁蜀行”等产学研对接活动140余场(次)，签订合作项目130余个。市政府与西安大学电气工程学院签署战

2014宜兴市“西安高校行”科技与人才对接洽谈会举行　　（市科技局　提供）

略合作协议,全市累计有全面合作院校20所。第七批"科技镇长团"13名成员入驻宜兴。首次举办国际技术对接交流会,参加第四届省跨国技术转移大会。组织宜兴企业赴以色列、荷兰、中国台湾地区开展对接交流,环保产业技术创新战略联盟与台湾环保工业设备同业公会签订宜台环保技术战略合作协议。丹森-扬大高吸水性树脂联合工程技术研究中心、扬州大学大学生创新见习基地化学化工学院、扬州大学企业研究生工作站3个产学研合作机构落户宜兴丹森科技有限公司。全年新增省级以上国际合作项目3个,争取项目扶持资金650万元。全年新增省"博士计划"项目2个、科技创新领军人才25人、科技创业领军人才3人。

【全市首所本科类环保专业大学成立】 为加快技术研发,促进成果转化,推动环保产业创新发展、加速转型,解决企业对应用型专业技术人才的需求,9月,宜兴首所本科类环保专业大学——湖北理工学院宜兴工程学院成立。宜兴工程学院是环科园管委会和湖北理工学院根据国家、江苏省、宜兴市环保产业发展需求联合兴办,是以研究生教育、普通高等教育、成人教育、职业技能培训、科技项目的研发和成果应用为主的教学科研机构。学院占地59.7亩,建筑面积2.6万平方米。宜兴工程学院的培养环保类技术人才,符合宜兴实际、贴近企业需求,将为宜兴环保产业提供源源不断的应用型人才资源。至年底,学院开设环境工程、电气工程及其自动化、机械设计制造及其自动化、工商管理等专业,有在读本科生200余人。

【科技镇长团产学研项目推介对接会举行】 3月,科技镇长团助推创新合作、服务宜兴发展项目推介对接会举办,南京大学、东南大学、中国地质大学等10余个高等院校的专家教授以及200余位企业家参会。会上,26个产学研合作项目集中签订意向书,其中校企产学研全面合作协议5个、创业创新项目5个、科技服务项目16个。会后,南京理工大学、扬州大学、南京工程学院等科研院校的专家学者与有技术需求的企业家、创业者开展产学研合作对接,部分需转化的科技成果项目现场进行推介和路演。

【国内首个水污染控制协同创新中心成立】 5月,国内首个水污染控制先进技术与装备协同创新中心在宜兴成立,该中心以南京大学为牵头单位,协同同济大学、环科园,联合清华大学、浙江大学、河海大学、中国科学技术大学、中科院南京地理与湖泊研究所、环保部南京环境科学研究所以及10个国内水处理与装备龙头企业、6个国家级环保产业基地共同建设,实现了国内高水平水污染控制技术与产业发展优势资源的协同与汇聚。该中心成立后,重点瞄准水处理技术与装备创新前沿和国家水污染控制的重大需求,通过校校、校所、校企、校府深度联合,搭建"政产学研用"紧密结合的技术协同创新和产业协同发展开放式平台,带动以水处理行业为主要依托的相关产业集群的发展,致力建设具有重要国际影响力的水污染控制先进技术与装备研发基地及高层次复合人才培养基地。

【省"企业创新岗"试点宜兴8个企业入选】 2013年2月,江苏省与中国科学院合作,率先在全国开展"科技副总(企业创新岗)"工作,并选择宜兴市等8个与中科院合作基础较好的市(县、区)进行试点,宜兴市的江苏雅克科技股份有限公司、江苏金山环保工程集团有限公司等6个企业成为省首批创新岗试点。企业创新岗是以产学研合作研发项目为依托,面向企业设立技术副总或副总工程师兼职岗位,从国内一流高校院所柔性引进一批高层次科技人才,引导高层次人才向企业集聚,提升企业自主创新能力。2014年9月,省科技厅公布第二批"科技副总(企业创新岗)"名单,宜兴协联生物化学有限公司、艾特克控股集团有限公司、江苏和田科技材料有限公司、江苏新纪元环保有限公司、市海福印铁制罐有限公司、江苏天音化工有限公司、江苏五洲环保服务有限公司、无锡嘉瑞光伏有限公司8个企业入选,入选数量居全省县级市前列。此次选聘的专家来自南京大学、南京农业大学、江苏大学等省内高等院校和科研院所。两年聘期内,到岗专家将围绕科技创新与人才引培两大主题,发挥引才荐才、桥梁纽带、服务指导作用,帮助企业深化产学研合作、加强知识产权工作、完善企业技术研发体系。

科技金融

【概述】 加强科技金融服务体系建设,推动科技资源和金融资源两大要素深层次融合,实现资本与需求的有效对接,促进科技型中小企业健康发展,在一定范围内缓解科技型中小企业"融资难"制约瓶颈,为光电光伏、新材料等战略性新兴产业快速发展壮大提供科技金融支撑。年内,35个企业成功申请省科技成果转化风险补偿专项资金贷款项目,获贷款9080万元,其中江苏凯胜德莱环保有限公司和江苏中晖纺织机械有限公司均获贷500万元;8个企业成功申请"金科通"贷款,获贷款1750万元。市科技金融银企对接会召开,环科园、开发区、陶瓷产业园区与银行签署"宜科贷"业务合作意向书,一批科技型企业与银行签署科技金融银企合作意向协议书。

【多元化科技金融服务体系化解企业融资难题】 近年,宜兴市紧抓科技资源和金融资源,探索科技与金融的融合对接,提升区域核心竞争力。市委、市政府出台《宜兴市科技银行信贷风险补偿专项资金管理办法》《关于加强科技型中小企业科技金融的实施意见》等科技金融政策文件,优化科技型中小企业融资环境。同时，不断创新科技金融产品，构建多元化科技金融服务体系。2009年，宜兴市成为全省首批“苏科贷”试点地区，至2014年年底，“苏科贷”业务累计为55个企业发放科技贷款89笔，贷款总额2.13亿元。2012年，市政府、开发区、农行宜兴支行合作开展“金科通”业务，至2014年年底“金科通”向江苏宜清光电科技有限公司、无锡羿飞科技有限公司等企业发放贷款3380万元。通过“苏科贷”和“金科通”金融业务的实施，为宜兴的科技型中小企业节省利息支出300多万元，并实现“零代偿”。2013年，宜兴市启动专利保险试点业务，至2014年年底累计为33个企业投保专利保险41笔。园区科技金融体系日益完善，环科园依托“千人计划”研究院设立总规模2.5亿元的环保产业投资基金，引进8个国内优质基金公司，并设立“中小企业信贷成长计划”，至2014年年底累计向11个科技型中小企业发放贷款2.7亿元;开发区发挥政府性投资导向作用，至2014年年底通过江苏氿渡投资有限公司累计向27个科技型中小企业投资1.13亿元，为企业在创业初期提供了启动资金支撑。

【科技金融银企对接会举办】 4月，为解决宜兴科技型中小企业融资难题，促进科技型中小企业健康发展，宜兴市举办市科技金融银企对接会，全市50个科技型中小企业参加。会议以加快金融创新、助推银企合作为主题，要求各金融机构要扩大信贷总量、创新金融产品、优化服务机制，科技型中小企业要主动沟通促对接、精选项目求支持、讲究诚信谋合作，各职能部门和板块要加快成立专门机构、完善科技贷款政策、建立健全考评体系、建好管理网络体系。会上，环科园、开发区、陶瓷产业园区与农业银行宜兴支行、江苏宜兴农村商业银行、江苏银行宜兴支行分别签署“宜科贷”业务合作意向书，30个科技型企业和3个合作银行签订科技金融银企合作意向书，授信近1亿元。

【35个企业获省科技成果转化风险补偿专项资金】 2009年，为促进科技成果转化，加强科技资源与金融资源紧密结合，提升企业自主创新能力，推动新兴产业加快发展，促进全省产业结构调整升级，江苏省设立并启动省科技成果转化风险补偿专项资金(简称“苏科贷”)，宜兴市成为全省首批“科技成果风险补偿资金贷款”试点地区之一。该专项资金作为信用保障资金，旨在鼓励引导银行加大对科技型小企业放贷力度。银行按3倍省及市(县)风险补偿资金数向科技型中小企业发放贷款，省及市(县)风险补偿资金在总金额范围内，对其中发生的贷款损失项目进行全额补偿。该风险补偿专项资金使用遵循“政府引导、市场运作、利益共享、风险共担”原则，其风险责任由省、各市(县)、项目单位及贷款银行共同承担。2014年，宜兴35个科技型中小企业获“苏科贷”项目立项，获贷款9080万元，贷款规模在全省县(市)中名列前茅，立项数和贷款额分别比上年增长6.06%和4.97%。至2014年年底，“苏科贷”业务累计向55个宜兴企业发放科技贷款89笔，贷款总额2.31亿元，缓解了科技型中小企业的融资瓶颈;在贷的39个“苏科贷”企业2014年实现应税销售6.89亿元、净利润1973万元，分别比上年增长10.08%和22.15%，科技产出远超其他同类科技型中小企业。

创新载体

【概述】 围绕“企业研发机构全覆盖，创新平台效应大提升”目标，推进企业研发机构建设，健全科技创新平台运行管理机制，提升科技基础设施建设管理水平，为科技创新提供支撑。推进规模以上工业企业研发机构全覆盖计划，新增省级工程技术研究中心11个，累计107个；新增省级企业研究生工作站7个，累计39个；新增市级企业研发机构42个，累计699个；新增省级重点企业研发机构18个，累计18个。省留学创业园晋级为国家级科技企业孵化器，全市有国家级科技企业孵化器3个。宜兴天鸟高新技术有限公司、江苏雅克科技股份有限公司、江苏亨鑫科技有限公司3个企业的院士工作站和省科技发展计划重大研发机构建设项目——江苏省(一环)水处理技术研究院通过省科技厅验收。国家高新技术创业服务中心在国家级科技企业孵化器考评中被评为良好，3个省级工程技术研究中心在省绩效考核中被评为优良，2个省科技公共服务平台在省绩效评估中被评为优良，市级研发机构考核合格率95%。省(一环)水处理技术研究院和市科创科技投资担保有限公司被评为2013年度省科技服务业“百强”机构。

【13个省工程技术研究中心通过验收】 4月，宜兴市2010年立项建设的13个省级工程技术研究中心项目全部通过省科技厅验收，验收合格率100%。13个省级工程技术研究中心涵盖新能源、新材料、生物医药、电子信息等领域。其中:江苏天音化工有限公司承担建设的省精细助剂工程技术研究中心总投资1200余万元，研发的二元醇醚及其酯类产品年产量达30万吨，是国内最大的醇醚类溶剂生产基地;江苏华亚化纤有限公司承担建设的省(华亚)化纤工程技术研究中心总投资3000余万元，除进行技术、产品研发外，还是苏州大学、大连工业大学的高分子专业科研实习基地，拥有有效专利19件，8种新产品通过省高新技术产品认定。

科技活动

【概述】 以“强化科技服务、推进科技创新”为主题开展各类科技活动，提升企业自主创新能力，优化调整产业结构，加强基层科技工作指导，提高服务效能。举办第十九届科技节、科技与人才工作大会、“科技镇长团服务企业”对接会、科技金融银企对接会等活动，集聚各类创新资源，提升区域创新能力，在全社会造浓科技创新创业氛围。举行2014(第二届)中国环保技术与产业发展推进会，加深交流合作，提升环保技术与产业发展水平。举行2014宜兴市“西安高校行”科技与人才对接洽谈会(详见《中共宜兴市委员会》类目《人才工作》分目)开展机关干部结对联系活动，结对帮扶企业123个。开展高新技术企业、知识产权等科技创新业务培训26场(次)，培训企业400多个、人员2000多人次。

第二届中国环保技术与产业发展推进会上，科技部社会发展科技司司长马燕合作“十三五”科技规划思路演讲　（市科技局　提供）

【结对帮扶活动助推企业创新发展】 3月，市科技局为深化对基层科技工作的服务指导，发挥机关干部推动科技创新工作的积极作用，开展以“局领导定片，科技定镇(园区、街道)，业务骨干定企”为形式的结对帮扶活动，引导、扶持和助推结对企业强化创新意识、集聚优质资源、提升创新能力、打响企业品牌，优化氛围聚智力、深化合作增动力、强化服务添活力。该局在全市选择123个骨干龙头型和科技成长型企业作为结对联系对象，培育结对企业成为创新发展典型，再由点及面，逐步实现全市经济转型升级、民生改善提质增速。活动中，组建5个小组开展走访活动，深入结对企业召开集中座谈会11次，围绕政策法规、科技计划、科技合作、高新产业、研发机构、知识产权、科技金融、科技人才等内容为企业答疑解惑；制作局企结对联系反馈表，梳理企业需求，解决企业难题，共收到反馈表92份；开展科技创新创业政策的制订、宣传和解读，引导企业用活、用足、用好政策；落实高新技术企业和研发费用加计扣除减免政策，为企业争取税收优惠；为企业牵线搭桥，推动产学研合作；协助企业申报科技项目、认定高新技术产品和重点新产品。

【第二届中国环保技术与产业发展推进会召开】 10月，由国家科技部、省政府共同主办，市政府、中国宜兴环保科技工业园承办的2014(第二届)中国环保技术与产业发展推进会在宜兴召开，200余名专家教授、环保企业负责人和金融机构人士参会。推进会以“环境、科技、产业”为主题，围绕环境科技产业，紧扣年内环境领域的重要政策和发展趋势，梳理中国环境科技和产业发展的阶段成果，全面展示年内环境技术的最新进展，预测环境重点细分领域的科技产业发展趋势，集中探讨问题的解决之道。活动由主旨论坛和“概念厂·水未来”“产学研合作创新及发展”“国际环保技术转移”三个主题分论坛组成，设“未来二十年环保科技发展趋势预测”“中国城市污水处理概念厂最新研究成果汇报”“环保产业科技发展机制探讨”“‘水十条’对环保产业蓝图影响解读”“最具技术创新的‘靠谱’企业家寻找之技术路演”等板块，江苏中加怡润环境科技有限公司、中宜环科仪器江苏有限公司等9个公司参加环保创新技术路演。

（周静）

编辑　吕浩

综　述

【概述】 面对严峻复杂的宏观经济金融形势，全市金融机构坚持稳中求进工作基调，防控金融风险，调整信贷结构，创新金融业务，助推经济转型升级，共同维护良好的金融生态环境。年内，市金融办出台《关于清理大额不良担保圈的建议》《关于应对无锡银监对我市政府融资平台贷款整改意见的建议方案》《宜兴市电线线缆及铜加工行业信贷风险状况分析》，每月编制《金融运行分析》和《金融前沿》，及时反映运行情况和金融动态。年末，全市银行机构本外币存款比年初增长5.52%，本外币贷款余额比年初增长3.15%。全市保险机构保费收入31.95亿元，比上年增长5.56%；赔款和给付18.3亿元，比上年增长27.38%。证券、期货交易额分别完成1776.88亿元和1517.75亿元。全市担保余额90.49亿元，比上年末增长2.14%；年末风险准备金余额1.8亿元，比上年增长11.52%。典当贷款余额4亿元，比上年末下降49.17%；年末当户数722户，比上年末下降50.72%。至年底，全市有商业银行23个、农村小额贷款公司14个、投资担保公司6个、保险公司51个、保险中介公司5个、证券公司12个、期货公司2个、典当公司6个。宜兴市连续第四年获得"江苏省金融生态优秀市"称号。

【金融激励服务政策深化】 修订完善对银行机构的二级目标考核奖励办法，划拨专项奖励资金，增加社会责任奖和金融稳定奖；引导各银行降低贷款利率，让利于企业；加大对小微企业信贷投放的奖励力度，推动小微企业信贷投放，年内，小微企业信贷增幅高出贷款平均增幅13个百分点。开展政、银、企业对接活动，引导合作共赢，组织全市22个银行与674个企业综合授信签约857亿元。市金融办和市经信委共同制定对代偿、承接银行债务企业进行贴息的政策意见，倡导诚实守信鲜明的政策导向。强化小额贷款公司监督管理，加强对小贷公司的监管检查和评级指导，围绕"降利率、降不良"引导小额贷款公司健康发展。开展科技金融风险补偿试点工作，市金融办配合市科技局开展科技型企业风险补偿贷款试点工作，完善科技贷款的操作流程，确定初步入库的初创型科技企业名单，引导转型发展。

【金融环境维护有力】 推动12个骨干企业与36个银行签订《政银企合作联合公约》，建立经济金融安全示范区。为遏制恶意逃废债势头，7月，由市政法委牵头建立预防恶意逃废债务信息通报甄别制度，每日集中通报企业法人变更、股权转让、房产过户和抵押等情况。11月，通过省政府专题召开宜兴市金融生态协调会，维稳全市71个重点企业、19个骨干企业的存量贷款，降低企业财务成本。建立市领导重点风险企业挂钩制度，对全市10个重点企业分别由市领导挂钩加强金融协调，化解矛盾制约，阻隔风险传导。围绕化解转贷难题，由农行宜兴市支行承贷成立"天地龙转贷专项基金"，为天地龙集团及其有关担保企业提供转贷服务，帮助天地龙集团转贷18亿元，转贷笔数50笔，涉及银行19个；同时，从其他途径调剂1700万元帮助其他企业转贷，涉及企业54个，合计转贷167笔，缓解全市有关重点企业担保链风险传递的态势。

（朱建平　孙响娟）

银　行

【概述】 面对复杂严峻的经济金融形势，全市积极构建金融风险防范和处置工作机制，强化金融创新，推动信贷投放，经济金融运行稳中有进，存贷款规模继续扩大。至年底，全市银行机构本外币各项存款余额1758.86亿元，比年初增加92.39亿元；本外币各项贷款余额1391.54亿元，比年初增加43.46亿元。本外币存量存贷比为79.12%，本外币增量存贷比为47.04%。至年底，全市有银行机构280个，比上年增加9个。其中，工商银行18个、农业银行35个、中国银行26个、建设银行22个、交通银行8个、江苏银行5个、招商银行2个、浦发银行2个、兴业银行2个、中信银行2个、宜兴农商行85个、邮储银行56个、村镇银行6个，农业发展银行、光大银行、华夏银行、广发银行、平安银行、民生银行、恒丰银行、南京银行、宁波银行、汇丰银行、无锡农商行各1个。

全年有24小时离行式自助银行服务点123个，比上年增加34个。

在外部冲击和内部转型的压力下，全市银行业发展面临的风险和困难逐渐增多，在银行信贷结构中突出表现为各项贷款总体增长乏力、信贷增长难度较大。主要原因：工业需求不足、融资难度加大，大多数企业仍然以保生存为主，投资意愿偏弱，投资增速有所下降；市工业项目主要集中在开发区、环科园和丁蜀镇等重点园区和镇，其他板块工业项目严重缺乏，部分板块对实体经济尤其是工业投资重视程度不断下降，投资更倾向于体量大、见效快的城市综合体、服务业等项目，制造业产业空心化趋势日益明显；2012年下半年全市出现多个风险事件，部分银行的上级银行对宜兴地区的信贷投放更为谨慎和严格；2008—2009年经济刺激时投放的项目贷款逐渐到期进入还款期，而由于项目储备不足，新的项目贷款接不上，导致项目贷款减少；部分存量企业为压缩担保或降低成本支出，提前归还或到期暂不续贷，或由于担保无法落实，到期归还无法续贷，制约了贷款总量的增长；银行把部分质量不是很好的资产打包出售给资产公司，导致贷款减少。

2014年宜兴市银行机构存贷款情况

表40

项　目	存款年末余额			贷款年末余额		
	本币（万元）	外币（万美元）	本外币（万元）	本币（万元）	外币（万美元）	本外币（万元）
合　计	17070981	84599	17588645	13259847	107141	13915443
工商银行宜兴支行	1200625	6855	1242571	1303128	6361	1342053
农业银行宜兴市支行	2790615	14380	2878609	1562280	16665	1664252
中国银行宜兴支行	2415285	15193	2508254	1651733	43948	1920651
建设银行宜兴支行	1135188	23260	1277517	1271883	21827	1405441
农业发展银行宜兴市支行	57669	0	57669	154814	0	154814
交通银行宜兴支行	1302527	1858	1313898	1192690	2235	1206366
中信银行宜兴支行	197260	3969	221547	237484	1512	246739
光大银行宜兴支行	195003	4	195027	246200	0	246200
华夏银行宜兴支行	161430	93	162000	205439	1193	212740
广发银行宜兴支行	149397	0	149397	194444	0	194444
平安银行宜兴支行	55182	810	60137	59754	0	59754
招商银行宜兴支行	331018	4029	355671	375862	2453	390872
浦发银行宜兴支行	418861	4714	447706	428135	2598	444032
兴业银行宜兴支行	466935	38	467168	277854	0	277854
民生银行宜兴支行	235470	0	235470	198858	0	198858
恒丰银行宜兴支行	125667	3692	148260	85467	3691	108053
南京银行宜兴支行	306078	1240	313666	125829	70	126257
江苏银行宜兴支行	703171	623	706983	591575	2090	604364
宁波银行宜兴支行	132931	2432	147812	100488	2100	113338
无锡农村商业银行宜兴支行	50465	0	50465	116900	0	116900
宜兴农村商业银行	3536606	1405	3545201	2612253	397	2614685
邮政储蓄宜兴市支行	803712	3	803731	78421	0	78421
宜兴阳羡村镇银行	190654	0	190654	188356	0	188356
财政和委托存款数	109230	0	109230	0	0	0

说明：1美元=6.1190元人民币

【融资制约获帮助化解】 面对严峻经济金融形势，中国人民银行宜兴市支行（简称“市人行”）坚持稳中求进的工作总基调，落实货币政策，与市经济金融部门协作，共同帮助全市企业化解融资制约。引导企业加大直接融资力度，5月，市人行联合市发改委召开金融产品推介会。6月，联合市金融办举办中小企业直接融资知识讲座，邀请专家为全市130多个企业讲授直接债务融资工具知识，并挑选25个初步符合发债标准的企业进行点对点辅导。至年底，全市有发行定向债券的企业2个、共25亿元，发行银行间直接债务融资工具的企业3个、共18亿元；在“新三板”上市的企业3个；8个企业签署股权融资合作协议总额56.7亿元。推动金融机构加大信用放款力度，市人行联合宜兴工商局继续推进“重合同守信用”企业信用融资工作，全年有12个银行发放信用贷款56亿元。同时，引导宜兴农商行出台《信用贷款管理制度》，扩大对诚信中小微企业的信用贷款支持面。年内，该行中小微企业信用贷款余额2.63亿元。市人行运用央行票据通业务，发挥再贴现的政策导向作用，年内新增办理央行票据通业务的银行2个，累计5个，共办理总额超过10亿元，比上年增加3亿元，共为企业节约财务成本300余万元；小微企业贷款余额107亿元，比年初增加12.71亿元，增幅12.5%。

【新型农村经济主体获金融扶持】 市人行引导金融机构加大对新型农村经营主体的金融扶持，推动农民合作社联盟共同基金做大做强，至年底，有加入联盟共同基金的农民合作社41个，获得授信5170万元，其中38个合作社共获贷款4260万元；对上积极争取支农再贷款1亿元，做大“阳羡惠农通”支农产品，年末余额达2.4亿元；引导主要涉农银行出台专门针对家庭农场的信贷政策和金融服务方案，以信用贷款、林权抵押、风险补偿基金保证贷款等形式，对25个家庭农场发放贷款4055万元。至年底，全市银行对新型农村经营主体贷款余额为6.23亿元，比年初增加1.43亿元。

【金融稳定】 1月，为应对严峻形势，维护良好的金融环境，市政府出台《对代偿、承接银行债务企业实施补贴的意见》，对主动承接或代偿银行、小贷公司贷款的宜兴市企业、担保公司给予利息补贴，帮助代偿企业降低财务成本，全年补偿到位2600万元。5月，召开政银企合作推进会，组织全市12个重点骨干企业与相关银行签订政银企合作“联合公约”，共同建立金融生态试验区，防止因担保互保的连锁反应引发金融风险。7月，由市政法委牵头，宜兴工商局、市公安局、市人行等职能部门协同配合建立预防企业恶意逃废债务信息通报甄别工作机制，通过加强部门间行政审批信息通报甄别严防企业恶意逃废债务行为，全年通过甄别信息1075条，发现恶意逃废债务嫌疑线索62条，均由市法院依法采取限制性强制措施。继续开展大额存量不良贷款处置专项行动，市人行联合全市金融机构梳理46个不良贷款重点企业清单，涉及金额32亿元，逐一导入依法处置渠道，至年底，执行清偿完毕的不良贷款企业23个。

【金融服务】 年内，宜兴农商行和农行宜兴市支行建设农村金融综合服务站64个、综合服务示范站10个，创新建立驻场式、分区式服务制度，优化站点服务功能。市人行会同市经信委、市交通运输局、市民卡公司、市银联公司等机构共同推进金融IC卡在公交车行业应用工作，至年底，全市700多辆公交车全部完成机具改造，各商业银行在重要交通枢纽共布放自助圈存设备6台。市人行扩大反假宣传范围，与市长途客运公司联合，把中国人民银行假币“零容忍”宣传片发放至江苏、浙江等20条客运班线开展宣传。根据外汇管理政策调整，国家外汇管理局宜兴市支局及时开展政策宣讲，全年举办货物贸易政策宣讲与业务培训12期，参加的出口企业150多个；加强对重点行业、重点企业的走访，深入了解企业需求，为2个企业办理内保外贷业务1.25亿港币，为无锡江南电缆办理返程投资增资5000万美元。

【人行推进社会信用体系建设】 6月，市人行联合金融机构启动“加快社会信用体系建设，促进征信市场健康发展”为主题的社会信用体系专题宣传活动，协调媒体开展信用宣传，营造“学征信、讲诚信、守信用”良好氛围。9月，联合市工商联开展“守信用、讲信誉、重信义”企业评选，围绕企业欠贷欠息、让银行垫资、资信评级等情况，征求各商业银行的意见，综合评选符合条件的“三信”企业。加快推进农户及农村经济合作组织信用信息系统上线工作，组织全市银行机构开展信息系统专题培训，加强上线督导，为完善全市农村经济主体信用信息档案、落实农村信用评价机制打下基础。推动青年信用示范户创建增量扩面提质，实行统一授牌和示范户年审制度，评选出十佳示范户，提升示范户的典型引领作用。至年底，全市创建户数751户，比年初增加53户；贷款余额7.48亿元，比上年增加0.9亿元。

（姜静晶）

【工行加大业务转型升级力度】 为促进业务转型升级，助力园区科技型小微企业发展，工行宜兴支行为开发区内的小微企业提供上门服务，宣传金融知识，结合实际创新小企业信贷组合产品。成立小微企业金融服务团队，调整信贷结构，制定金融服务方案，提升金融服务水平，通过在开发区实地宣传，向园区内各企业宣传工行供应链融资、经营型物业贷、标准厂房按揭贷款等多种新型产品，打造小微企业专属产品。同时，结合区域经济发展实际，挖掘地域资源优势特点，针对园区内无抵质押的科技型企业,逐步发放贷款,满足企业生产经营需求。坚持方案化服务,为成长型企业提供以"新三板"挂牌为目标的上市顾问服务,帮助企业实施战略规划、整体重组、改制方案,推荐主板券商及其他中介机构,年内,该行为6个企业统筹策划挂牌新三板过程中的相关事宜,为全市首个在"新三板"挂牌的企业提供上市顾问服务。该行全年共计授信19.12亿元。

(刘懿瑶)

【农行外汇业务快速发展】 农行宜兴市支行外汇存款始终保持快速增长,年末外汇存款余额1.44亿美元,比年初增加3419万美元,日均存款余额1.95亿美元,其中外汇对公存款日均余额1.9亿美元。年内,累计实现国际结算39.6亿美元,比上年增加9494万美元,增长2.5%;国际结算市场份额为23.1%,位于全市同行业第一位,比年初增加3.6个百分点。跨境人民币业务快速发展,全年累计实现跨境人民币结算37.9亿元,比上年增加22.5亿元。年内,应收账款池融资业务实现零突破,进口信用证项下电子交单业务为全省农行系统内首单,"双益宝"、比率期权以及与东京分行合作的进口信用证项下的异币转通知业务在全国农行系统内为首例。

(周泽源)

【中行开通"百姓服务直通车"】 为提升金融品牌形象,加大惠民服务力度,中行宜兴支行围绕民众感兴趣的金融产品、金融服务,开通"百姓服务直通车",开展走进社区、走进市场、走进企业、走进学校的"四个走进"活动,为民众全方位普及中行产品、服务及理念知识。年内举办金融活动150余场,发放金融传单3万余张。至年底,宜兴支行储蓄存款余额135.9亿元,比上年增加12.7亿元,增量在中国银行、农业银行、工商银行、建设银行"四大行"宜兴支行中排名第一。

(杨忠伟)

【建行支持地方民生建设】 建行宜兴支行关注地方民生,投放项目贷款资金4亿元支持市重点供水工程项目建设,该项目主要为和桥滆湖水入户改造,建设全长170千米的DN100–800球墨铸铁区域供水管网和城镇供水管网,确保供水水源的可靠和安全。投放项目贷款资金2亿元,支持重点水利工程项目建设,对全市2条市级骨干河道及中小河流治理重点县综合整治片区6个项目区进行连片整治,实施疏浚河道、岸坡整治、水系沟通、生态修复等。

(杨力炜)

【交行打造服务最佳品牌】 交行宜兴支行致力"诚信经营、取信客户,合规经营、不碰底线,智慧经营、科学发展"的"三个经营"发展模式,创新业务形式,向上争取支持,探索非信贷直投业务,年内"平安—宜兴城投债权投资"达成保险资金20亿元。丰富服务内涵,自觉维护宜兴市金融生态,该行在市政府纠风办、市金融办、市银监办组织的对21个参评银行进行的专项评议中名列第一;综合实力在交行系统全国县(市)级排名保持第四名。

(李春初)

【江苏银行加快业务转型】 江苏银行宜兴支行不断优化金融服务,加强政银企合作,支持实体经济资金需求,2月,投放结构化融资业务资金4亿元。优化升级金融产品,7月,推出具有智能靠档计息功能的"智存宝"产品,该产品固定存期3年,支取时间可由客户任意选择,即使提前支取,利息也有保障,为客户提供了更多的选择与便利。8月,江苏银行直销银行业务上线,该业务主要通过纯线上提供金融产品和服务,具有收益更高、服务更方便快捷、服务收费更低等特点,实现了互联网金融创新突破。该行全年发行理财产品17.12亿元。

(吴逸)

【宜兴农商行加大信贷投放力度】 面对宏观经济下行的严峻形势,在风险可控的前提下,宜兴农商行始终坚持服务中小企业和"三农"的市场定位,不断加大对城镇化建设、民生工程、基础设施建设项目,以及家庭农场、农民专业合作社、优质小微企业的信贷扶持力度。年末,贷款余额261.22亿元,比年初增加26.05亿元,贷款规模、增量和市场份额占比均居全市同行业第一,信贷投放总量和增量连续保持全市同行业领先,农业贷款和小微企业贷款户数及余额始终保持在全市同行业的90%和65%以上,完成市政府下达的年度贷款增量任务,同时完成人民银行无锡市中心支行下达的年度投放计划。

【宜兴农商行助力"市民卡"建设】 作为与宜兴"市民卡"合作的唯一个金融机构,宜兴农商行投身惠民工程建设,先后投入8000多万元用于社保卡(市民卡)的一部分系统建设、功能完善等,并将"银医通"工程建设嵌入社保卡项目中,实现预约挂号、一卡一站式结算等便民功能。同时,宜兴农商行在优化物理网点布局的基础上,推进以市民卡为载体,自助银行、网上银行、手机银行、POS机四位一体的电子服务渠道建设,利用互联网技术进行金融产品创新,持续改进和提升服务,满足客户金融服务的多样性、特殊性和差异性需求。年内,完成7个二级分理处服务模式调整工作,为2015年社保卡的全面发行和使用做好配套服务的准备工作。

(汲长路)

【农发行支持地方农业经济发展】 农发行宜兴市支行履行政策性支农职责,做好粮油储备贷款及夏秋两季收购贷款的发放工作,支持地方粮油经济建设。全年发放夏粮收购贷款1.2亿元,入库小麦5.35万吨;发放秋粮收购贷款0.52亿元,入库稻谷1.67万吨。做好储备粮油的扩储工作,全年发放县级储备粮油贷款0.74亿元,轮换稻谷1.9万吨、大米2400吨、菜油150吨。根据江苏实行托市收购政策的情况，按照监管要求，全年监督拨付小麦托市收购资金2.62亿元，入库托市收购小麦11.1万吨；累计拨付稻谷托市收购资金1.18亿元，入库托市收购稻谷3.72万吨。同时，全年发放产业化龙头企业贷款7800万元。为提高信贷风险防范能力，该行首次推行粮食企业库存动产抵押登记制度，进一步通过法制化手段加强对粮棉油等库存的金融监管，降低贷款风险。

（汪丽）

【兴业银行首个社区银行成立】 7月，全市首个社区银行——兴业银行宜兴阳羡东路社区支行开业。该行作为新的银行模式，是定位于服务社区居民的简易型银行网点，相较于传统银行网点，具有更高的灵活性和便利性，作息时间不再限于传统的“朝九晚五”模式，营业时间从早上8点半至晚上7点半（冬季6点半），以更好地服务居民需求。为真正做到服务与业务办理合二为一，社区银行工作人员可走出柜台，通过厅堂里各类自助机具引导客户自助完成所需办理的业务。针对社区居民，该行逐步推出社区专属理财、存款和电子银行业务，并开展代扣代缴业务，居民在家门口便可缴纳水、电、煤气费等。同时，该社区银行还推出社区贷款业务，针对周边居民及辐射的商户，家常日用贷款和经营周转贷款均可通过社区支行贷款实现。除办理业务之外，该社区银行还提供各类咨询服务及普及金融知识活动。

（杨锡斌）

保　险

【概述】 面对严峻的经济金融形势，全市保险行业贯彻落实《国务院关于加快发展现代保险服务业的若干意见》精神，围绕“转变方式、调整结构、防范风险”经营理念，稳中求进，市场总体平稳。全年新增保险机构1个，累计51个，其中财产保险（简称“财险”）22个、人寿保险（简称“寿险”）24个、保险中介5个。全年保费收入31.95亿元，比上年增长5.56%；赔款和给付18.33亿元，比上年增长27.38%。其中：财险保费收入10.65亿元、赔款和给付6.21亿元，分别比上年增长9.48%、8.80%；寿险保费收入21.3亿元、赔款和给付12.1亿元，分别比上年增长3.7%、39.63%。市金融协会运用该会对全市金融单位实行行业管理的“大一统”组织形式的优势，重视银保业务，1月，召开银行分管银保业务的行长和保险公司负责人联席会议，各机构及时与银行营业网点加强沟通联络，建立风险共担机制，密切配合，发现问题及时处理，维护银保消费者权益。按照江苏省《关于进一步加强我省车险监管及自律的工作意见》《2014版自律公约及行业规范》文件精神，3月，协会召开规范当前车险市场经营秩序座谈会，执行江苏保监局提出的取消手续费比例限制，建立以综合成本率为核心监测指标的考核办法。4月，市金融协会与市公安交警大队联合发文《依法查处打击交通事故中违法理赔行为的通知》，强化公安交巡警部门与保险公司的协作配合，建立健全交通事故信息协查机制，严厉打击“碰瓷”“骗保”等交通事故案件中违法理赔行为。主动与市人民法院、市公安交警等职能部门联络协调，开展反保险欺诈工作，组织“平安金融”创建工作，各保险机构参与市“3·15”消费者权益保护日大型广场咨询活动，人保财险宜兴支公司、中国人寿宜兴支公司等18个机构被无锡市平安金融创建活动领导小组评为“平安金融”（单位）并授牌。全年受理、处理各类保险投诉案件52起。

2014年宜兴市保险机构保费收入、理赔支付情况

表41

公司名称	保费收入（万元）	处理案件（件）	赔偿支付（万元）
合　计	319538	129742	183313
人保财险宜兴支公司	35206	36071	21047
中国人寿宜兴支公司	67474	6512	46436
太平洋财险宜兴支公司	19568	21794	12062
太平洋人寿宜兴支公司	45363	7586	38931
平安财险宜兴支公司	20746	17836	12448
平安人寿宜兴营销部	12682	1675	5536
泰康人寿宜兴支公司	49788	9085	27298
天安保险宜兴支公司	1436	1566	831

续表41

公司名称	保费收入(万元)	处理案件(件)	赔偿支付(万元)
中华财险宜兴支公司	4264	4317	2890
华安财险宜兴支公司	1693	1590	1137
大地财险宜兴支公司	1233	1551	1027
永安财险宜兴支公司	759	400	297
安邦财险宜兴支公司	1091	405	389
阳光财险宜兴支公司	1807	2215	975
民生人寿宜兴营销部	5981	677	489
太平人寿宜兴支公司	2906	89	365
都邦财险宜兴支公司	471	390	137
太平财险宜兴支公司	2936	1800	1574
华泰财险宜兴支公司	2060	1600	1215
民安(中国)保险宜兴营销部	403	602	268
中国人寿财险宜兴支公司	6009	5024	2945
渤海财险宜兴营销部	687	381	137
中意人寿宜兴营销部	593	18	22
安城财险宜兴支公司	1823	1268	1001
中国人民人寿宜兴支公司	1128	160	1077
新华人寿宜兴营销部	2316	186	689
华夏人寿宜兴支公司	11503	58	199
长安责任保险宜兴支公司	748	844	206
紫金财险宜兴支公司	1569	1192	568
华泰人寿宜兴支公司	731	38	57
阳光人寿宜兴支公司	350	26	32
中国人民健康保险宜兴支公司	652	20	35
海康人寿宜兴营销部	65	10	9
中宏人寿宜兴营销部	188	5	12
英大财险宜兴支公司	1730	2164	693
信达财险宜兴支公司	289	567	208
利安人寿宜兴支公司	11231	12	59
东吴人寿宜兴支公司	59	8	13

【电动车三责险试点开办】 近年,电动车成为市民重要的代步工具,电动车事故在交通事故中占比居高不下,严重威胁市民的生命财产安全。而发生交通事故后,由于电动自行车没有保险,事故调解和理赔难度较大。9月,太平财产保险公司宜兴支公司联合宜兴电动车销售行业协会试点开办“非机动车第三者责任险”。至年底,该险种承保电动车400多辆,并有赔款发生,其中最大一笔人伤案件赔款2万元。但国内法律对电动车参保尚无明确规定,电动车第三方责任险不属于强制保险,市民对该保险需要一个认识和接受的过程。

(史卫东)

【人保财险公司加大创新力度】 人保财险宜兴支公司以“保费增速超市场平均水平”为目标，加大创新力度，提高服务效益。支持“三农”建设，年内，处理农业保险理赔案件1602个，赔款总额985.03万元，为农户提供风险保障8.93亿元。推进“绿色保险”，服务生态环境建设，对全市121个企业进行承保前的环境污染风险评估，为182个企业承保环境污染责任险，共为企业承担经济风险1.21亿元。年内，分别承保摩托车和拖拉机交通强制险1.35万个和2267个；处理摩托车赔案294件，支付赔款303.2万元；处理农用车案件59个，支付赔款133万元。推进具有“保费低廉、保障全面、服务优质”三大优势的和谐家园综合保险，至年底，有1.65万余户宜兴籍居民家庭参与和谐家园综合保险，占全市户籍居民家庭的4.4%。支公司全年保费收入3.52亿元，代收代缴各种税费总计4496万元，其中，缴纳营业税、城建税、教育附加费等2057万元，代扣代缴车船税2439万元。同时，该公司参与社会管理，履行转移分散风险责任，为社会承担保险风险3039亿元。全年，理赔结案3.61万件，支付赔款2.13亿元。年内，公司被无锡市平安金融创建领导活动小组评为“平安金融”单位。

（田甜）

【人寿公司承办职工大病保险】 职工大病保险，是在职工医疗保险制度基础上，对大病患者发生的高额医药费用给予进一步保障的保险制度。该保险参保对象为参加且符合享受宜兴市职工基本医疗保险待遇的参保人员，基金筹集以上年末的参保人数为准，暂按每人每年60元标准计算，由职工医保统筹基金为参保职工缴纳大病保险基金。8月，中国人寿以唯一符合政府标书文件要求的供应商独家中标承保宜兴市职工大病保险项目。至年底，该公司配合社保工作巡查人员参与检查医院13个，陪同查房达1000多人次；参保人数42.5万人，实际赔付人数522人，受益率0.12%。

（陈婉）

【太保财险公司创新发展】 太保财险宜兴支公司以创建五星级门店为契机，实施标准化团队建设，在全市业务网点实行理赔查勘派驻及门店综合柜员制度，方便客户上门承保理赔，让客户感受到公司的专业技能和服务水准，提升公司市场品牌形象。全年保费收入19568万元，比上年增长12.2%，增速高于全市同行业年平均水平。年内，太保财险宜兴支公司被评为宜兴市“2012—2013年度A级纳税信用等级”纳税单位。

（吴笛）

中国人寿宜兴支公司的职工大病保险窗口　　（中国人寿宜兴支公司　提供）

【太平洋人寿公司保费收入突破4亿元】 太平洋人寿宜兴支公司全年保费收入45363万元，首次突破4亿元大关，比上年增长11.4%。其中个人业务保费收入7040万元，比上年增长27.5%。全年，理赔结案1150件，支付赔款896.64万元，全年满期给付4417.18万元。年内，太平洋人寿宜兴支公司被市金融协会评为“平安金融”优胜单位，被宜兴市政府评为先进集体。

（张怡）

【中华保险公司强化夜间理赔服务】 中华财险宜兴支公司加强夜间理赔服务工作，在夜间理赔服务工作中做到保证理赔值班人员到位、保证第一时间和出险客户联系、保证到达出险地点的查勘时间、保证出险第一现场的查勘率、保证查勘理赔服务质量的“五个保证”，提高查勘理赔工作人员的责任性，提升理赔服务质量，树立公司的优质服务形象。全年夜间值班服务378人次，到达出险现场查勘168次。

（陈建平）

证券·期货·典当

【概述】 全市有加入金融协会的证券公司12个、期货公司2个、典当公司6个。全年证券、期货业新开户1726户，年末累计10.24万户；交易额分别为1776.88亿元和1517.75亿元，两业交易总额比上年增长69.26%；年末保证金余额14.41亿元。典当业全年贷款金额4亿元，比上年末下降49.17%；年末当户数722户，比上年末下降50.72%；典当人数1722人，比上年末下降37.74%。

2014年宜兴市证券、期货交易机构业务经营情况

表42

单位名称	开户数(户)		成交额(亿元)	保证金年末余额(万元)	营业利润(万元)
	当年新开户	累计开户			
合　　计	1726	102431	3294.63	144142.59	11279.31
国联证券宜兴人民南路证券营业部	569	81479	1152.71	104677.70	10138.21
国联证券宜兴阳羡东路证券营业部	167	4098	63.82	3413.22	195.55
宏源证券宜兴人民中路营业部	179	11801	515.65	13622.15	1152.03
国联期货有限责任公司宜兴营业部	5	60	491.90	8425.00	50.00
国联证券宜兴光明西路证券营业部	63	312	8.36	847.67	-15.51
国联证券宜兴和桥西横街证券营业部	24	133	1.22	58.06	-36.54
国联证券宜兴丁蜀解放路证券营业部	73	311	6.43	571.15	-7.96
国联证券宜兴张渚桃溪路证券营业部	49	212	3.43	419.31	-40.48
国联证券宜兴官林官新街证券营业部	33	167	3.30	315.16	-30.93
弘业期货股份有限公司宜兴营业部	11	1501	1025.85	9050.69	-53.37
光大证券宜兴阳羡西路营业部	45	441	9.67	788.00	-40.00
南京证券宜兴教育西路证券营业部	16	125	2.97	571.53	10.92
海通证券宜兴营业部	459	1675	7.78	1382.95	-38.7
齐鲁证券宜兴氿滨南路证券营业部	33	116	1.54	—	-3.91

2014年宜兴市典当业经营情况

表43

单位名称	年末当户数(户)	典当人数(人)	营业利润(万元)	累计贷款金额(万元)	年末贷款余额(万元)	质押贷款余额(万元)	抵押贷款余额(万元)	绝当款余额(万元)
合　计	722	1722	-56.84	40047.86	18087.60	6262.64	11814.90	808.20
宜兴市和信典当有限公司	233	571	-25.60	11114.10	3998.50	2081.50	1917.00	—
宜兴市振达典当有限责任公司	302	455	1.88	982.04	2953.07	199.15	2743.92	10.00
宜兴市兴业典当有限责任公司	59	465	117.50	5809.20	1094.80	874.80	220.00	—
宜兴市九龙典当有限责任公司	13	16	3.00	3092.00	2342.00	1812.00	530.00	798.00
宜兴市华夏典当有限责任公司	96	96	28.00	2672.00	2672.00	520.00	2152.00	0.20
江苏和顺典当有限公司	19	119	-181.60	16378.52	5027.19	775.19	4252.00	—

（史卫东）

【国联证券加快转型发展】 国联证券宜兴分公司加快转型步伐，拓展创新业务，借助“新三板”面向全国扩容时机，利用全市券商的地理区位优势，为企业拓宽融资渠道，开拓“新三板”业务。走访调研上市意愿较强的企业，储备“新三板”项目，完善企业信息资料库，做好地区优质企业的挂牌推荐工作。在遴选优质企业、夯实推荐挂牌业务的基础上，研究为挂牌企业提供后续融资、并购重组、市值管理等整体方案，以助力全市企业做大做强。通过股权质押等创新业务挖掘机构客户需求，在传统经纪业务的基础上不断寻求新的利润增长点，做好股权质押融资项目，至年底，完成股权质押项目5个，解决企业融资渠道单一、融资困难的问题。　（陈臻）

投资担保

【概述】 全市有加入市金融协会的投资担保公司6个，比上年减少1个；年末注册资金12亿元(其中政府出资5亿元)，比上年末减少1.2亿元、下降9.1%。6个投资担保公司全年为734个(户)中小企业累计担保贷款46.73亿元；营业利润346.91万元，比上年减少452.02万元，下降56.58%。年末，担保贷款余额90.49亿元，比上年末增长2.14%；风险准备金余额1.80亿元，比上年末增长11.52%。

2014年宜兴市投资担保机构经营情况

表44

单位名称	注册资本(万元)	其中政府出资(万元)	营业利润(万元)	全年担保		年末担保余额(亿元)	年末准备金余额(万元)	代偿情况		
				户数(个)	金额(万元)			代偿笔数(笔)	代偿金额(万元)	代偿损失额(万元)
合　计	120000	50000	346.91	734	467372.90	90.49	18012.16	194	4037.30	—
宜兴市科创投资担保有限公司	50000	50000	246.00	354	285021.00	21.21	7733.00	3	1527.00	—
宜兴市广汇投资担保有限公司	10000	—	74.22	70	46240.00	3.48	2522.05	—	—	—
无锡和信投资担保有限公司	16200	—	24.00	135	76705.00	5.33	6552	—	—	—
无锡置业担保宜兴支公司	13000	—	240.84	87	1396.90	55.16	467.91	189	2052.3.	—
宜兴市华丰农村小额贷款公司	20000	—	84.85	28	12560.00	1.30	129.20	—	—	—
无锡九龙投资担保有限公司	10800	—	-323.00	60	45450.00	4.02	608.00	2	458.00	—

(史卫东)

小额贷款

【概述】 为实现全市小额贷款公司健康长远发展，市金融办引导和规范民间资本参与筹建农村小额贷款公司，以“降利率、降不良”为重点，加强对小额贷款公司的监管检查和评级指导，通过现场检查和系统非现场检查督促小贷公司合规经营、规范发展。年内，利用9个小额贷款公司共同出资的900万元小微企业贷款周转金为资金困难的小微企业提供转贷资金支持共计2.67亿元。全年新增农村小额贷款公司3个，新增注册资本3.2亿元。累计有农村小额贷款公司14个、科技小额贷款公司1个，总注册资本金28.83亿元，贷款余额25.7亿元，平均年利率12.69%，存量客户1500多户。15个小额贷款公司全年共纳税3000多万元。

2014年宜兴市农村(科技)小额贷款公司经营情况

表45　　单位：万元

单　位	注册资本	实收资本	本期贷款余额	担保贷款余额
合　计	288300	273400	304237	26830
农贷合计	278300	263400	291131	25830
宜兴市华丰农村小额贷款有限公司	20000	20000	26163	12920
宜兴市联丰农村小额贷款有限公司	33900	33900	37531	9580
宜兴市新天地农村小额贷款有限公司	20000	20000	29148	—
宜兴市金久农村小额贷款有限公司	37500	37500	32472	—
宜兴市永丰农村小额贷款有限公司	20000	20000	17084	—
宜兴市富陶农村小额贷款有限公司	21600	21600	16189	—
宜兴市万源农村小额贷款有限公司	36000	36000	44898	3330

续表45

单　位	注册资本	实收资本	本期贷款余额	担保贷款余额
宜兴市陶都农村小额贷款有限公司	12500	12500	16645	—
宜兴市大明农村小额贷款有限公司	12000	12000	13549	—
宜兴市明阳农村小额贷款有限公司	16000	16000	21566	—
宜兴市万达农村小额贷款有限公司	16800	16800	18587	—
宜兴市中合华惠农村小额贷款有限公司	11000	6600	6565	—
宜兴市和信农村小额贷款有限公司	11000	5500	5608	—
宜兴市中联农村小额贷款有限公司	10000	5000	5126	—
无锡市伟丰环保科技小额贷款有限公司	10000	10000	13106	1000

（朱建平　孙响娟）

编辑　陆思迪

建筑队伍

【概述】 全市建筑业有从业人员12.6万人;施工企业660个,其中一级资质53个、二级资质215个;按承包能力分,总承包类企业77个、专业类企业493个、劳务类企业25个、设计与施工类企业65个。全年申报资质的企业190个:申报资质主项升级的企业44个,其中申报晋升一级资质的7个、二级资质的37个;申报资质增项的企业101个,其中申报一级资质的2个、二级资质的18个、三级资质的81个;新申报三级资质的企业45个。有注册建造师4784人,其中一级注册建造师680人、二级注册建造师3719人、一级临时建造师143人、二级临时建造师242人;受理、报送注册一级建造师85人、二级建造师538人。一、二级建造师的数量基本满足全市建筑施工企业资质要求,能保证企业正常经营。全市有被授予"中国钢结构行业30强"和"全国优秀施工企业"的江苏沪宁钢机股份有限公司(简称"沪宁公司")、将本土建筑工程创建为首个"鲁班奖"的宜兴市工业设备安装有限公司(简称"工业安装公司")、多次获全国人居经典综合奖的华仁建设集团有限公司(简称"华仁集团")、国内唯一在中国香港上市的钢结构企业江苏赛特钢结构有限公司(简称"赛特公司")等骨干企业7个,另有中国科技创新先进企业、全国工程建设质量管理小组优秀企业各1个。年内,沪宁公司入围中国建筑业竞争力百强企业排行榜,6个企业跻身江苏省建筑业企业百强,全市建筑业总产值超1亿元的企业由2011年的28个增至2014年底的47个,其中超20亿元的3个、超10亿元的7个。

【骨干企业产值占建筑业总产值近六成】 建筑产业集中度进一步提升,骨干企业引领作用明显增强。沪宁公司、工业安装公司、华仁集团等骨干企业全年完成建筑业产值132.9亿元,占全市相应总量的56%。此外,江苏华虹建筑安装工程集团有限公司全年建筑业产值16.57亿元,被评为江苏省建筑业成长性企业、江苏省重合同守信用企业和无锡市建筑业优秀企业;赛特公司全年建筑业产值12.93亿元,入围江苏省建筑业竞争力百强企业。

【沪宁公司质量创优硕果累累】 沪宁公司被评为"中国建筑钢结构质量第一品牌""全国优秀施工企业""中国建筑业竞争力百强企业""全国建筑业先进企业"等,全年实现建筑业产值30亿元。年内,参建的辽宁省博物馆、辽宁省科技馆等3项工程获"鲁班奖",承建的南京禄口机场、天津滨海机场等9项工程获"中国钢结构金奖",并获"国家优质工程奖"工程2项、"詹天佑土木工程奖"工程4项、"全国优秀焊接工程奖"工程2项、中国施工企业管理协会"科学技术奖"二等奖3项、江苏省住建厅"建设科学技术奖"二等奖1项、中国钢结构协会"科学技术奖"三等奖2项。新增授权发明专利4个、实用新型专利18个、省级工法9个,《金属材料管横向弯曲试验方法》立项为国家标准。

【华仁集团实现转型升级】 华仁集团创建于1972年,具备房屋建筑工程施工总承包一级资质,下设控股子公司5个、分公司12个。先后成立企业技术中心和信息化中心,收购具有甲级设计资质的设计院,企业技术中心申报为省级技术中心,共获发明专利2项、实用新型专利9项和其他专利10项,企业科技创新能力和市场竞争能力进一步提升。同时,不断推动转型发展、实施多元经营,在上海、重庆、无锡等地开发的商业、办公、住宅等房地产项目超过100万平方米。先后获"全国重合同守信用企业""江苏省建筑业竞争力百强企业"等称号。

【工业安装公司实现产值33亿元】 工业安装公司设有国内分公司11个,全年建筑施工总产值超33亿元。年内,承建的苏州独墅湖高等教育区教育发展大厦获"鲁班奖",承建的苏州圆融星座工程、解放军第一五三中心医院东区医疗综合楼2项工程和无锡广电传媒中心、镇江市城建档案馆和规划设计研究院等4项工程分别获"国家优质工程银奖"和"扬子杯奖"。企业获"江苏省建筑业百强企业""上海市施工企业综合实力30强""上海市优秀公司"和"上海市建筑业诚信企业"等称号,连续第九次获"全国优秀施工企业"称号。

2014年宜兴市建筑业骨干企业主要情况

表46

企业名称	资质等级及类别	建筑业产值(万元)		利润总额(万元)		上缴税金(万元)		产值利润率
		产值	排名	利润	排名	税金	排名	
宜兴市工业设备安装有限公司	房屋建筑工程施工总承包一级	331206	1	16530	2	10186	1	5%
江苏沪宁钢机股份有限公司	钢结构工程专业承包一级	294758	2	21875	1	7005	2	7%
华仁建设集团有限公司	房屋建筑工程施工总承包一级	200797	3	4782	4	6481	3	2%
江苏华虹建筑安装工程集团有限公司	房屋建筑工程施工总承包一级	165747	4	4418	5	4569	4	3%
江苏赛特钢结构有限公司	钢结构工程专业承包一级	129288	5	10959	3	2994	7	8%
宜兴市建工建筑安装有限责任公司	房屋建筑工程施工总承包一级	121394	6	3666	6	4042	6	3%
江苏富源广建设发展有限公司	房屋建筑工程施工总承包一级	103766	7	3022	7	4348	5	3%

2014年宜兴市建筑业获地市级以上荣誉

表47

荣誉名称	企业名称
中国科技创新先进企业	江苏沪宁钢机股份有限公司
全国优秀施工企业	江苏沪宁钢机股份有限公司 宜兴市工业设备安装有限公司
全国工程建设质量管理小组优秀企业	华仁建设集团有限公司
中国钢结构行业30强	江苏沪宁钢机股份有限公司
江苏省建筑业竞争力百强企业	江苏沪宁钢机股份有限公司 宜兴市工业设备安装有限公司 华仁建设集团有限公司 江苏赛特钢结构有限公司
江苏省建筑业成长性企业	华虹建筑安装工程集团有限公司
江苏省重合同守信用企业	江苏伟丰建筑安装集团有限公司 宜兴市建工建筑安装有限责任公司 华虹建筑安装工程集团有限公司
江苏省优秀装饰企业	江苏京城装饰工程有限公司
上海市施工企业综合实力30强	宜兴市工业设备安装有限公司
上海市建筑业诚信企业	宜兴市工业设备安装有限公司
无锡市建筑业优秀企业	华虹建筑安装工程集团有限公司 华仁建设集团有限公司 宜兴市建工建筑安装有限责任公司 江苏沪宁钢机股份有限公司 江苏伟丰建筑安装集团有限公司
无锡市AAA级重合同守信用企业	宜兴市建工建筑安装有限责任公司 江苏京城装饰工程有限公司

（周晓东　孙路）

建筑施工

【概述】 顺应国家宏观经济形势和投资方向的变化，在巩固发展传统建筑产业优势的同时，培育技术先进、装备精良的新型建筑企业，加快建筑产业结构的战略性调整。推动房屋建筑向大土木建设领域转型，实行工程总承包和项目管理总承包制，实施施工企业与房地产、设计、监理等企业之间的强强联合，建立基础设施建设与投资一体化、设计与施工管理一体化、房地产投资与开发一体化的运行模式。部分建筑企业采用建设经营转让BOT*、设计采购施工EPC*和建造移交BT*等建设方式，扩大投资在经营中的比重，实现由“建造建筑产品”向“经营建筑商品”的转变，尝试生产经营与资本经营一体化发展的新路径。全市有建筑施工企业660个，年产值超1亿元的企业47个，其中超20亿元3个、超10亿元7个。专业建筑企业558个(含设计与施工一体化)，占全市建筑企业总数的84.5%，施工领域拓展至35个门类，产值占全行业总产值的32.5%。全年建筑业总产值达335亿元，其中钢结构、环保、防腐保温、地基基础等传统专业企业的建筑业产值91.8亿元。完成省外建筑业产值120亿元，占全市建筑业总产值的35.82%。全市有建筑机械设备4.8万台，总功率194万千瓦，总净值26.2亿元。全年房屋建筑施工面积1738万平方米，其中新开工工程544万平方米、竣工工程823万平方米。承建高层建筑工程311个、大跨度结构工程8个、建筑面积10万平方米以上小区及配套工程5个。全年建设工程项目中，获国家和省级优质工程奖19个，获省级标准化工地21个、无锡市级标准化工地32个。

【建筑业科技创新力度加大】 加快建立以市场为导向、企业为主体、项目为载体、产学研相结合的科技创新体系，沪宁公司、工业安装公司、华仁集团等骨干龙头企业均建立市级以上的企业技术中心。参与国家标准、行业标准的修订，争创国家级和省级工法，广泛采用节能减排新技术和新标准，提高信息应用化水平。年内，参与建立国家标准1项，新增省级工法9个，授权发明专利4个，获华夏建设科学技术奖2项、中国施工企业管理协会“科学技术奖”二等奖3项、中国钢结构协会“科学技术奖”三等奖2项。

(周晓东　孙路)

装饰装修

【概述】 至2014年年底，全市拥有建设行业行政主管部门核发资质证书的装饰装修类企业115个，比上年增加14个，有装饰装修、幕墙工程、建筑智能化、空气净化工程资质159项，比上年增加30项。其中：一级资质企业12个，拥有工程资质15项；二级资质企业49个，拥有工程资质67项；三级资质企业54个，拥有工程资质77项。全年公共建筑装饰装修行业施工产值约13亿元。市装饰装修行业协会拥有会员单位117个。年内全行业7个工程获无锡市建筑装饰优质工程“太湖杯”奖(其中2个工程被评为优秀监理奖工程)，5个企业获“江苏省优秀装饰企业”称号，19人被评为省、市优秀建造师(项目经理)。

2014年宜兴市装饰装修一级资质企业

表48

企业名称	类　别
江苏江南艺术装饰有限公司	建筑装修装饰工程
无锡长城装璜有限公司	建筑装修装饰工程 建筑幕墙工程
江苏京城装饰工程有限公司	建筑装修装饰工程
新日源建设集团有限公司	建筑装饰装修 建筑幕墙
江苏鹅州装饰工程有限公司	建筑装修装饰工程
江苏静远建筑装饰工程有限公司	建筑装饰装修
江苏旻晨建筑装饰工程有限公司	建筑装修装饰工程
江苏茂达装璜有限公司	建筑装修装饰工程
江苏雅玛门窗幕墙有限公司	建筑幕墙工程
宜兴市工业设备安装有限公司	建筑装修装饰工程 建筑智能化工程

续表48

企业名称	类 别
华虹建筑安装工程集团有限公司	建筑装修装饰工程
江苏卓易信息科技股份有限公司(新增)	建筑智能化工程

2014年宜兴市装饰装修企业所获优质工程奖项(以项目最高奖项为准)

表49

奖 项	项目名称	承建单位	备 注
无锡建筑装饰优质工程"太湖杯"奖	环保科技工业园人才培训基地项目工程(一标段)	新日源建设集团有限公司	因省级当年未评优质工程,故本年度最高奖项仅限于无锡市级
	环保科技工业园人才公寓5#宿舍楼装饰工程	宜兴市群英装饰有限公司	
	环保科技工业园人才公寓1#宿舍楼装饰工程	宜兴市工业设备安装公司	
	宜兴丁山国际大酒店副楼室内装饰工程	江苏江南艺术装饰有限公司	
	宜兴市建设服务中心节能改造——主楼及东西辅楼改造	江苏茂达装璜有限公司	
	宜兴市招投标交易中心室内装饰工程	江苏静远建筑装饰工程有限公司	
	宜兴中创耐火材料有限公司办公楼室内外装饰工程	江苏京城装饰工程有限公司	
宜兴"陶都杯"优质工程奖	宜兴市福利彩票中心购置业务用房装饰工程	江苏江南艺术装饰有限公司	

(林庆飞 周晓东)

建筑管理

【概述】 围绕质量、安全、文明施工和建筑市场四个方面开展各项工作,推进"以质量为核心的建设工程管理年"活动,促进全市建筑市场健康有序发展。年内,市建设局出台《关于扶持全市建筑企业发展的若干意见》,进一步加强诚信体系建设,开展"六打六治"*和"打非治违"专项整治行动,引导、监督和规范建筑市场主体行为。实施"全过程、全方位、全环节"的质量管控,质量通病防治,实施外地监理企业进市备案制度,推行预拌混凝土企业质量信息备案管理系统,推广商品房交楼样板房制度,实现全市建筑工程质量的整体提升。查办部分不落实整改意见的企业及项目部、现场安全隐患较多的案件;对个别项目违规使用淘汰机械设备,危险性较大分部分项工程该论证而不论证,起重机械安装未告知、未检先用等问题实施行政处罚,全年行政处罚45起、罚款额26.5万元。全年创建省级标准化工地21个、无锡市级标准化工地32个。推进建筑节能和绿色建筑建设,4个镇通过省级"禁黏"(禁止使用黏土砖)验收,8个绿色建筑专项引导资金项目通过省厅验收,市文化中心工程和科技孵化园工程获绿色建筑三星级标识,全年完成建筑节能面积121万平方米,宜兴市成为全国首批"中德低碳生态试点示范城市"之一。

【建筑市场秩序规范有序】 完善建筑领域诚信建设管理体系,推行差异化考核,实施核查信息公示、预警提示、约谈、清出等制度,逐步淘汰市场信用差、质量安全管理水平低、责任性不强、内部管理混乱的劣质施工企业。进一步完善《外市建筑企业进市备案管理办法》,推行"资质申报三项制度",将进市备案企业纳入信用考核范围,形成完备的市场准入和清出机制,实现闭合式管理。全年纳入监管范围的建筑工程427个,核发建筑工程施工许可证315份、建筑面积520万平方米,实施补办施工许可行政处罚67起、处罚金额35.5万元,办理外出施工介绍信和诚信证明300余份。审核《信用手册》申报资料486份,对其中461个企业核发《信用手册》;办理外地建筑企业进市备案44个。

【建设领域安全生产管理】 贯彻落实住建部《建筑施工项目经理质量安全责任十项规定(试行)》精神,推进"安全文明施工标准化建设提升年"活动,连续第四年更新《安全文明施工标准化图集》,落实安全文明工地评审挂钩制度,规范建筑工地噪声和夜间施工管理,做好建设工地扬尘污染防治工作。全年集中开展标准化工地观摩活动和安全生产大检查5次,举办"法润陶都·春风行动"安全生产系列宣传教育活动,首次组织全市建筑领域的万名民工免费体检。加强对重大危险源的监控,全年组织重大危险部位施工方案一体化专家论证审查160项(次),开展安全生产大检查11次，发出限期整改通知单950份、停工整改通知单75份，提出整改意见8900多条，未发生较大安全生产事故和坍塌、倒塌等恶性事故，一般性事故起数和死亡人数继续保持下降态势。全年开展有针对性的检查或专项整治15次，涉及项目2076个(次)，面积4500万平方米，下发限期整改通知1700余份、停工整改通知300余份，提出整改意见1.37万条，并对64个项目经理作出扣分处理。对查出问题的相关企业的主要负责人、技术负责人、安全负责人和项目经理进行约谈，将其不良行为记入企业《信用管理》手册，对监理单位和总监作不良行为记录。对存有较大安全隐患的工程项目严格执行挂牌督办制度，对存有一般安全隐患的工程项目实行整改消号制度，重大隐患和一般问题整改率均达100%，全年有3个市级挂牌督办项目均按期摘牌。

【建设工程质量稳步提升】 强化重点工程创优技术指导，营造全市施工企业争先创优的浓郁氛围。加大建设工程质量通病治理力度，将公共建筑、市政、绿化、照明亮化、保障性住房和拆迁安置小区等工程全部纳入工程质量监管范围，实现建设工程质量监管全覆盖。推行商品房交楼样板房制度，落实三项防渗漏监督措施，多次组织专项检查和整改督查，促进全市保障性住房和拆迁安置小区工程质量的持续提升。全年监管建筑工程项目236个(面积584万平方米)、市政工程项目12个。

【民工工资追偿】 建立源头预防、过程可控、处置有力的工作机制，推动民工工资清欠工作走上常态化、制度化轨道。依托市建设监察大队，专项检查建设工程款和农民工工资支付情况，第一时间掌握倾向性、苗头性问题，做到早排查、早发现、早处理、早解决。同时，责令各施工单位指定专人负责投诉处理工作，一旦发生突发事件，全力配合做好协调处置工作。对拖欠工程款而引发严重讨薪事件的建设单位，吊销其建筑工程施工许可证；警告并约谈恶意拖欠民工工资施工单位的法人代表；对拖欠情节严重的外市企业执行"黑名单"制度，清出建筑市场。全年接待民工投诉265起，涉及民工1万余人次，偿付民工工资1.75亿元，工资纠纷结案率100%，将2个建筑企业、21人清出宜兴市建筑市场。

2014年宜兴市建筑业获奖工程

表50

创优等级	工程名称	承建(参建)单位	项目经理
国家"鲁班奖"	苏州独墅湖高等教育区教育发展大厦	宜兴市工业设备安装有限公司	庄乐明
	内蒙古科技馆	江苏沪宁钢机股份有限公司(参建)	杨志明
	辽宁省科技馆、辽宁博物馆	江苏沪宁钢机股份有限公司(参建)	甘国军
	长春站	江苏沪宁钢机股份有限公司	杨志明
	天津滨海机场		马　强
国家钢结构金奖	南京禄口机场		杨志明
	宜兴文化中心		马　强
	杭州中信城		苏中梅
	厦门世侨中心		苏中梅
	广州财富中心		杨志明
	厦门高崎机场		杨志明
	南昌西站		蔡　蕾
国家优质工程银质奖	苏州圆融星座工程	宜兴市工业设备安装有限公司	宗军强
	解放军第一五三中心医院东区医疗综合楼		庄乐明
	海南国际会展中心	江苏沪宁钢机股份有限公司	高继领
	昆明长水国家机场		傅新芝
詹天佑奖	成都双流国际机场		杨志明
	广州珠江城西塔		顾晓付

续表50

创优等级	工程名称	承建(参建)单位	项目经理
江苏省“扬子杯”优质工程奖	宜兴市湖滨实验学校(教学楼、实验、艺术综合楼)	江苏广瑞建筑安装工程有限公司	潘雪峰
	宜兴市实验小学(城东部)	江苏伟丰建筑安装集团有限公司	吴　强
	宜兴市金鸡山公墓改造	江苏中恒建设有限公司	潘瑞良
	无锡新欧风花园B地块5#楼	华仁建设集团有限公司	陈爱岚
	无锡科技创业园三期	宜兴市建工建筑安装有限公司	孙建明
	宜兴市创意产业中心	宜兴市工业设备安装有限公司	黄志祥
	无锡广电传媒中心		蒋建明
	星海公共绿地及地下车库(星海生活广场)		史永峰
	镇江市城建档案馆和规划设计研究院		张　勇
	镇江新区科技园核心配套一期项目2#研发楼		张　勇
	无锡大剧院	江苏沪宁钢机股份有限公司	苏中海
	常熟市体育中心、二期体育馆	江苏京城装饰工程有限公司	秦建明
	宜兴市农村商业银行新大楼	宜兴市工业设备安装有限公司	史济华
	宜兴八佰伴购物中心	华仁建设集团有限公司	祁　敏
	九如城养老综合体	江苏中大集团有限公司	谈忠良
	优湖美地(氿鼎时代)	江苏伟丰建筑安装集团有限公司	赵　毅
建筑施工省级文明工地	堂前人家拆迁安置房一期一标段	江苏中恒建设有限公司	梁夕明
	兴和花园商住楼二期工程	江苏南通六建建设集团有限公司	程　亚
	和桥高级中学迁建工程	江苏伟丰建筑安装集团有限公司	王明亮
	宜兴市城市污水处理厂一期安装工程	宜兴市工业设备安装有限公司	王旭昶
	环科园科技孵化园二期项目研发厂房	宜兴市建工建筑安装有限责任公司	周文群
	综合检验楼东、综合检验楼西、物理实验楼、力学实验楼	江苏伟丰建筑安装集团有限公司	陶建华
	桃溪人家1#-5#、7#、9#、12#住宅楼、人防及地下室工程	宜兴市铜峰建筑安装工程有限公司	吴红仙
	宜兴汇龙商务中心幕墙工程	湖北红太阳建设工程有限公司	储卫平
	春莱花园1#-20#住宅楼	江苏伟丰建筑安装集团有限公司	刘飞翔
	宜兴市荆溪南路改造工程一标段	江苏航卓建设有限公司	章　杰
	江苏省丁山监狱整体迁建工程	华仁建设集团有限公司	邹建江
	新街老年公寓	江苏中恒建设有限公司	宗其平
	宜兴市实验小学城东分校		戴建华
	宜兴市科技孵化园节能大厦室内装饰工程	湖北红太阳建设工程有限公司	张贵勇

(周晓东)

编辑　陆思迪

综　述

【概述】　围绕建设全国知名生态文化旅游胜地、长三角休闲度假旅游目的地目标，整合旅游资源，创新宣传营销手段，提升服务品质，强化行业管理，全市旅游事业持续优化发展。全年接待游客1737.57万人次，旅游总收入178.92亿元，分别比上年增长10.56%和10.3%。其中，接待海外游客9.27万人次，比上年增长4.39%。重点项目有序推进，全年在建、拟建旅游项目46个，投资总额300亿元。注重旅游景点提档升级，云湖风景区和陶瓷博物馆成为国家AAAA级旅游景区。至年底，全市有国家AAAA级景区8个、AAA级景区1个，有省四星级旅行社1个、三星级旅行社5个、二星级旅行社7个，全国休闲农业与乡村旅游示范点5个，省星级乡村旅游区(点)20个，无锡市星级“农家乐”76个。宜兴市位列新华网“2014最美中国榜”同级城市第一位，入选携程网“国内十大最具潜力目的地”旅行口碑榜，被评为国际休闲示范城市，获“2014最具文化底蕴旅游目的地”称号；善卷洞、竹海和张公洞三大风景区入选2014最受欢迎的生态休闲之地。

【宜兴入列“国内十大最具潜力目的地”旅游城市】　2月，携程旅行网推出“旅行口碑榜”，榜单由年度最佳目的地榜、目的地特色榜组成，内容涵盖年度最佳目的地、年度最佳酒店、年度最佳景点、年度旅游必吃餐馆等。榜单评选基于携程数千万用户的出行数据、携程攻略社区用户的真实点评和分享，并综合300多万用户投票和专家评审，准确地反映国内用户的出行需求。宜兴入列“国内最具潜力目的地”榜单第八位，是华东地区唯一入榜的县级城市。携程网数据显示，宜兴虽然没有AAAAA级景区，但拥有善卷洞、竹海以及名满海内外的紫砂壶等得天独厚的旅游资源。宁杭高铁开通后，越来越多的游客涌向宜兴，把宜兴作为目的地的游客增长量明显高于沿线其他城市。

【两风景区入选央视《寻找最美花园》栏目】　5月，中央电视台中文国际频道《寻找最美花园》栏目摄制组在宜兴录制节目，介绍宜兴山水人文胜境。《寻找最美花园》是中央电视台中文国际频道的大型旅游栏目，制作50集，旨在寻找神州大地最美的花园，展现其自然风光和人文风情。宜兴竹海风景区及宜兴善卷风景区分别以苏东坡阳羡买田故事和梁祝传说故事被列为宣传报道内容。竹海风景区中心面积达上万亩，有“华东第一竹海”“太湖第一源”之称，是国内竹风景、竹风情和竹文化的代表性景区，开放后接待游客累计达3000多万人次。善卷风景区是国内著名的旅游胜地和爱国主义教育基地，是重要的梁祝文化遗存关联地，以英台读书处及碧鲜庵所为人熟知。此次拍摄全方位展示了宜兴优美的自然风光和深厚的人文底蕴。

【“彩虹跑”活动】　11月，以“乐游美丽宜兴，慢享中国陶都——2014′宜兴户外休闲体验活动”为主题的“彩虹

彩虹跑活动　　(范双喜　摄)

跑”活动在国家AAAA级风景区龙背山森林公园开跑,1600余名“彩虹跑”参与者及游客参赛,赛程3千米。“彩虹跑”是一项娱乐项目,2011年发源于美国,融合了跑步和色彩,参与者身着白色T恤,跑步过程中经过不同的彩色站点,会被从头到脚抛撒彩色粉末。与传统跑步竞速相比,“彩虹跑”没有计时,也没有冠军,不分男女老少,更强调“参与、娱乐和色彩”的重要性,被称为地球上最欢乐的3千米,是一项推崇健康、快乐、彰显自我的跑步活动。宜兴“彩虹跑”活动由市旅游局主办,江苏电视台《跟着大脚走》栏目与宜兴旅游产业集团承办,旨在提升宜兴人民的幸福指数、扩大宜兴旅游的知名度、美誉度和影响力,营造轻松活泼的旅游氛围,打造美丽宜兴、时尚宜兴、活泼宜兴的城市旅游品牌新形象。

景区建设

【概述】 坚持以规划为引领,以政策为支撑,按照保护与开发并举的原则,整合全市旅游资源,推动景区建设,打造内涵丰富、特色鲜明的旅游景观。推进富陶温泉酒店、开元度假酒店、玉龙潭盆景艺术园、篱笆园乡村旅游游客接待中心等项目,阳羡湖旅游小镇、九如城养老综合体、烟山休闲度假村、东氿水上嘉年华等项目开工建设。年内,全市在建、拟建旅游项目46个,投资总额300多亿元。

市场开发

【概述】 加大旅游宣传推介力度,丰富营销推广手段,促进区域合作,增强宜兴旅游影响力,“中国陶都 陶醉中国”城市旅游品牌效应初现。以“生态季、陶艺季、欢乐季、喜庆季”旅游四季营销为主题,举办中国宜兴梁祝文化旅游节暨观蝶节、中国国际素食文化博览会、湖㳇新茶开采节、芳桥目连文化节等旅游活动。推广“宜帮菜”概念,举办2014′宜兴宜帮菜美食大赛。组织旅游企业参加宜兴旅游新景·上海旅行社联盟推介会、2014南京国际旅游度假及房车展览会、2014长三角旅游休闲产业博览会、第六届中国义乌国际旅游商品博览会等,宣传宜兴旅游,搭建区域合作平台。加大在高铁沿线城市宣传推广力度,增强宜兴作为旅游目的地的影响力。南京青奥会期间,在南京火车南站举行“夏驿站,宜兴见”——宜兴旅游高铁宣传营销活动。邀请25个浙江媒体赴宜兴考察旅游发展情况,召开浙江媒体记者游宜兴——宜兴旅游发展情况媒体通报会。第三届全国重点网络媒体江苏行活动走进宜兴,50余名人民网、新华网等网络媒体的编辑、记者赴宜兴考察景点。通过改版宜兴风光片、制作明信片、手绘地图、旅游折页,编辑《云游宜兴》《陶醉宜兴》《茶禅四月到宜兴》等旅游书籍和旅游系列宣传品,多层次宣传宜兴旅游。

【智慧乡村旅游项目启动】 近年,宜兴乡村旅游发展迅猛,但由于乡村旅游点经营者网络意识不足,宜兴的旅游网络营销滞后。全市154个星级乡村旅游点大多以传统方式经营,局限于等客上门和低价接待旅行社团队的初始阶段。2013年,通过携程网能查找到的宜兴乡村旅游点只有3个,而邻近的西塘有1000余个乡村民宿可在各大旅游网站上查找资料并直接预订。2014年,市旅游局启动智慧乡村旅游项目,举办乡村旅游信息化管理与网络营销培训班,80余名首批智慧乡村旅游项目上线单位和重点旅游乡镇旅游办负责人参加培训。培训班为首批40余名上线的旅游点经营者的手机安装新型线上乡村旅游管理和营销软件“云掌柜”,使乡村旅游点经营者通过手机管理自己的客房,并接收来自各大网站的订单。邀请携程网、艺龙网、去哪儿网三大旅游网站的客户经理就乡村客栈网络销售的发展前景、技术操作和营销技巧等进行全面细致的讲解,面对面解答旅游企业提出的问题,和三大网站签订上线协议120余份,打造“微客栈”2个,集中上线乡村客栈客房1032间。至年底,全市拥有上线乡村旅游点34个、客房1080个、“微客栈”20个。

【宜兴旅游在《孤独星球》上推介】 9月,“以责任之心传递世界之美”为主题的《孤独星球》杂志全球首聚会议在北京召开,来自全球不同国家的简体中文版、繁体中文版、阿根廷版、法国版、韩国版、泰国版等语言版本的主编齐聚北京,介绍各版本《孤独星球》的风格、特色及国外旅行者对中国旅游的期望和需求。会议设立“美丽中国”展示环节,北京、四川、云南、张家界、宜兴等地旅游系统代表,向《孤独星球》全球主编们推介了各自的旅游品牌形象。会上,宜兴市旅游园林管理局局长作“中国陶都、陶醉中国”旅游推介,展示宜兴深厚的文化底蕴和丰富的旅游资源,向主编们赠送紫砂壶纪念品,并向《孤独星球》全球读者和游客发出到宜兴体验中国文化的邀请。

【宜兴宜帮菜美食大赛】 10月,2014宜兴宜帮菜美食大赛在阳羡湖旅游小镇美食广场举办。宜帮菜是江苏菜系的组成部分,属淮扬菜系,受浙江菜系、安徽菜系特别是苏锡菜肴影响较深,口味有改进,兼容诸家精华。宜帮菜根植宜兴餐饮文化,以当地健康绿色食材为原料,制作精细,适合宜兴市民的餐饮习惯。该大赛提倡绿色餐饮,以“原色、原汁、原味”为主题,注重体现“营养、口味、健康”的饮食文化,达到“创新、实用、美味、健康”的要求。大赛分宜帮菜团体宴展示赛和年度宜帮菜技能比赛(个人自选菜),59个(名)参赛单位及个人,围绕宜帮菜独有的“山珍”“湖鲜”“荟萃”三大主题,以宜兴本地原料为主要食材,现场制作具宜兴地方特色的菜品。经过专业评委和大众评委评选,最终评选出金牌菜10个、特色菜

宜兴市首届国宴菜暨宜帮菜品研修班　　（市旅游局　提供）

30个和团体特别金奖8个、团体金奖8个。

旅游服务

【概述】 宣传《中华人民共和国旅游法》，规范旅游市场，优化旅游环境，加快旅游景区和旅游饭店、旅行社的融合发展，提高旅游市场人气和满意率。开展乡村旅游示范村（社区）创建活动，实施对星级乡村旅游点、示范村、示范点创建提升以及星级“农家乐”评定奖补政策，全市有省星级乡村旅游点20个、自驾游基地3个、星级“农家乐”154个。推动星级旅行社、宾馆创建工作，全年创建省三星级旅行社1个，全市累计有省四星级旅行社1个、三星级旅行社5个、二星级旅行社7个，星级宾馆11个。开展旅游市场专项整治，重点检查涉旅单位执行法律法规、旅游合同、旅游保险、广告宣传、经营服务等情况，督促整改问题20余个。规范行政服务工作流程，实施旅行社年度责任险统保工作和国家旅游网上旅行社年报工作，备案旅行社门市部33个，注销旅行社许可证2件，对上年未通过三星级年度复核的旅游饭店进行摘星。落实惠民政策，市内主要旅游景区免费对60—69周岁老年人开放。举办旅游研修、全国模范导游员吴军专题讲座、首届国宴菜暨宜帮菜品研修等培训班，提升从业人员的职业素养和专业技能。开展“一村一社区”结对共建，探索通过旅游产品带动农民致富的新途径。

【星级饭店年度复核工作完成】 9—11月，为保持和提升市内星级饭店的整体品质和服务水平，按照《旅游饭店星级的划分与评定》标准，市旅游局对全市星级饭店进行年度复核和评定性复核。市旅游局印发《关于开展2014年度星级饭店复核工作的通知》，组建全市首批星评员队伍，并举办星评专项培训班，完善和规范星评检查工作流程。派遣8名无锡市级和宜兴市级优秀星评员以明察与暗访相结合的方式对各星级饭店进行专业性强、针对性强的复核检查。经复核，荆溪宾馆通过省旅游星级饭店评定委员会的四星级评定性复核，另有7个饭店通过年度复核，1个饭店整体改造延期复核，1个饭店限期整改。检查显示，2014年全市旅游星级饭店经营情况与上年相比基本持平。各星级饭店历经2013年饭店行业的震荡和洗牌后，及时调整定位和营销策略，推出网络团购、“酒店+景区”捆绑营销等创新举措，并加大对软硬件设施设备投入力度，在智能化、信息化、节能减排、降本增效等方面取得较大成绩。

【主要旅游景区对60—69周岁老年人免费开放】 10月，为让更多老年人共享宜兴旅游发展成果，提高老年居民生活质量，市政府决定在原70周岁以上老人免费开放旅游景区的基础上，对全市60—69周岁老年人也享受同样待遇。全市60—69周岁的老年人持宜兴市身份证和一寸彩色照片可在各宜兴市民卡和旅游年卡服务窗口免费办理市民卡旅游年卡。老年人凭卡可免门票游览善卷洞、竹海、张公洞、玉女潭、优美灵谷、陶祖圣境、陶瓷博物馆、阳羡茶文化博物馆。为保证游览安全，60—69周岁老年人免费办理年卡的同时，需个人缴纳每年10元的人身意外伤害保险费。

（戴波）

编辑　吕浩

综　述

【概述】　全市商贸流通业围绕"区域性商贸中心城市""幸福宜兴"两条主线,按照"合理布局,提升功能,繁荣市场,可持续发展"的总体要求,着力"优管理、提档次、拓规模、惠民生",呈现"发展有序、量质并举、潜力凸显"的良好局面。全年社会消费品零售总额464.42亿元,比上年增长11.6%,增幅超无锡市平均水平,消费规模名列全省县(市)前茅。其中限额以上企业(简称"限上企业")商品零售额138.88亿元,比上年增长6.9%。各板块新增限上企业100多个,宜城街道、开发区、环科园完成全市80%以上的限上零售额。45个重点商贸流通企业和住宿餐饮服务企业销售额99.96亿元,占到限上企业销售总额的72%,支撑作用明显。超半数重点限上企业销售额增长。25个重点商贸流通企业中比上年增长的有15个,20个重点住宿餐饮服务企业中比上年增长的有9个。宜兴连续第七年入选"长三角商业十强县(市)榜",并列2014年长三角商业十强县(市)榜第五位。主要商品销售涨跌互现。前十大主要商品中有6类商品销售呈现增长态势,其中粮油食品饮料烟酒类比上年增长22.1%,增速较快;汽车类商品实现销售额44.8亿元,比上年增长3.7%,因市场相对饱和,增速有所回落。家用电器和音响器材类、金银珠宝类分别比上年下降11%和10.3%。市场交易额增速有所放缓。13个重点监测市场中有5个市场成交额比上年下降,最大降幅达78.6%。商业骨架逐渐拉开,人民路核心商圈、城东商圈、城北商圈集聚成型。超市下乡工程纳入2014年市政府实事工程,推动镇区1000平方米以上超市、中心村300平方米以上超市的布局、建设,7个品牌超市进驻农村新设网点,为新农村建设配套较为完善的商业设施。至年底,全市实现45个原建制镇大中型超市全覆盖、各中心村便利超市基本覆盖,惠及全市农村居民30万人以上。

【宜兴获评江苏省电子商务进农村综合示范县(市)】　宜兴市重点监测的35个重点电子商务企业,全年实现B2B(企业与企业之间通过互联网进行产品、服务及信息的交换)在线交易额10.7亿元,比上年增长2.3%;实现B2C(商业机构对消费者的电子商务)零售额3.2亿元,比上年增长121.5%。其中跨境零售额1530.4万元,比上年增长545.7%;实现服务收入1693.9万元,比上年增长7.9%。远东买卖宝网络科技有限公司获评首批无锡市电子商务示范企业,中国电缆材料交易所被列为重点培育的大宗商品电子交易中心。全市在全国各大电商平台开设网店超过4000个,自建电线电缆、环保等单品平台。在商务部开展的电子商务进农村综合示范县评选中,宜兴市跻身江苏省首批电子商务进农村综合示范县之一,全省有7个城市入选,宜兴市是无锡地区唯一入选城市。

【社区商业趋于便利】　为满足社区居民日益扩大的消费需求,全市推进以"便利消费进社区,便民服务进家庭"为主题的社区商业"双进"工程。新建镇新建社区、官林镇官林社区、万石镇万善社区创建成2014年无锡市级社区商业示范社区。至年底,全市有省级社区商业示范社区2个、无锡市级社区商业示范社区10个,居无锡市前列。全市10个商业示范社区基本实现"51020"标准,即居民出家门步行5分钟(200米)到达便利店、早餐店等,出门步行10分钟(400米)到达超市、农贸市场等,出门20分钟(1000米)到达区域商业中心。

【"市民生活周"系列活动】　9月,市商务局联合有关单位在万达广场举办2014年首届"市民生活周"系列活动,活动由餐博会、农超对接会、生活服务业技能大赛三个环节组成,超过12万人次参与。餐博会以"大众餐饮、绿色消费"为主题,展示农家乐特色宴席、酒店名宴,通过现场比拼金牌小吃、名点、乡土风味特色名菜、酒店名菜,决出"农家乐风情宴团体宴席"等9类奖项。其中,绿缘山庄等21个农家乐特色宴席获"农家乐团体宴"称号,24道菜被评为"金牌菜",禄漪园国际大酒店等8个参赛酒店获酒店名宴团体赛金奖。农超对接会吸引50个规模农业专业合作社、农产品生产企业和9个市内外大型连锁超市参会,展示各类特色农副产品80余种,12个合作社当场与参会超市签订农副产品购销协议。生活服务业技能大赛分婴儿护理、老人护理、家常菜制作、衣物熨烫4个单项和全能比赛，有6个家政单位组织66名家政人员参赛，40人获奖。

【首批早餐示范工程门店“出炉”】 9月，市政府出台《2014年宜兴市示范早餐门店创建方案》，将早餐示范工程纳入政府实事工程，由政府出资，通过以奖代补的方式，扶持早餐行业发展，在城区范围内引进、布局、提升一批大众化便利早餐门店，形成布局合理、特色鲜明、健康舒适的早餐消费环境。12月5日，首批早餐示范工程门店签约仪式举行，景怡誉食、常州银丝面馆、满圆福早茶等13个在卫生情况、主要原材料采购、储存及制作等方面经改造提升并验收合格的早餐门店成为全市首批早餐示范工程门店。至年底，另有近30个门店进入改造提升阶段。

（周文）

供销合作

【概述】 市供销合作总社围绕中华全国供销合作总社综合改革试点的总体思路和具体要求，坚持“改造自我、服务‘三农’”，推进社区为农服务社的提档升级工作，扶持农民专业合作社健康发展，发挥“农超对接”*助农增收作用，保障全市农资供应和生产，强化社有经济发展。按照省供销合作总社关于继续做好基层组织体系建设的要求，恢复重建湖㳇、万石、杨巷3个基层供销合作社，湖㳇供销合作社以大地春生态农业专业合作社和农家乐休闲旅游为发展重点，万石供销合作社以农机专业合作联社为发展重点，杨巷供销合作社以农资经营为发展重点。推动乡镇农村合作经济组织建设，完成新街、杨巷、高塍、丁蜀4个镇（街道）的农村合作经济组织联合会建设。至年底，市供销合作总社下辖直属公司4个、股份制公司10个、基层供销合作社13个，有在职职工46人、内退职工40人、退休职工2450人。中华全国供销合作总社授予市供销合作总社“百强县级社”称号，授予官林供销合作社“基层社标杆社”称号，授予万阳苗木专业合作社、滆湖野鸭人工养殖专业合作社“农民专业合作社示范社”称号。

【为农服务社创建有序推进】 市供销合作总社根据省供销合作总社创建为农服务社的指示，量化创建任务分配，将创建目标要求印发至镇、村，明确完成步骤和验收时间。采取现场推进方式，指定业务科室、基层社专人联系创建村负责人，指导各为农服务社农资、日用生活品社区超市改观店容店貌，布置为民服务设施。年内，完成无锡市政府、宜兴市政府下达建设12个为农服务社示范社和无锡市供销合作总社下达15个为农服务社提档升级的任务要求。至年底，全市有无锡市级为农服务社示范社42个、宜兴市三星级为农服务社101个。

【扶持农民专业合作社健康发展】 围绕宜兴现代高效生态农业产业布局和农户的现实需求，引导农民专业合作社树立品牌经营意识，开展规模化种养、标准化生产。重点指导宜芳山羊专业合作社规划建设山羊交易市场并形成山羊交易市场建设可行性报告；跟进明珠青梅食品深加工项目和滆湖野鸭品牌建设项目，协调其解决生产、加工、销售环节中存在的问题；推进高塍镇六圩村和万阳苗木专业合作社的薄壳山核桃特色果树种植作为“一村一品”建设项目，协调该合作社向400户村民免费发放山核桃树苗1825株并上门指导；推进油用牡丹项目建设，指导种植油用牡丹1000多亩。

【“农超对接”成效明显】 针对农民专业合作社农副产品难卖现象，发挥华汇现代农业发展有限公司“农超对接”平台作用，积极与宜兴大润发、大统华、宜客隆等超市合作，联系超市采购经理上门指导，扩大产销对接产品的品种和数量。全年帮助各专业合作社销售草莓、葡萄、水蜜桃、山芋、螃蟹、空心菜等农副产品450吨，增加了农民收入。为帮助农民专业合作社拓宽销售渠道，7月，协调大润发、无锡朝阳市场等知名超市、市场与农民专业合作社对接合作。10月，组织宜兴特色农产品参加2014海峡两岸名优农产品展销会，扩大了宜兴农产品的知名度和影响力。

【“田保姆”农作物托管服务】 以开展农业综合化服务为切入点，实施“田保姆”式农作物托管服务工作，结合农资配送服务、育秧机插服务、统防统治服务、施肥除草服务、收割机耕服务、运输烘干服务，形成农资综合化服务新格局。年内，建立农资商品示范田，开展无人直升机小麦赤霉病“飞防”演示，提高宜兴农作物病虫害防治防控能力；创办“天信农民讲堂”，开展粮食种植、果蔬种植、农技服务知识讲座10期、培训人数1050人；搭建农产品经纪人及农民学习交流平台，提升农民技能素质。至年底，农业综合化服务面积达2万亩，农业社会化服务影响力明显提升。

【金融服务平台搭建】 2014年，全市各大银行收缩信贷，多个小额贷款公司歇业，企业、农民专业合作社、个人借贷日趋紧张。3月，市供销合作总社主管的中合华惠小额贷款公司成立。年内，中合华惠小额贷款公司、宜兴华惠三农贷款担保公司坚持以稳为主，谨慎经营。至年底，中合华惠小额贷款公司共为全市70个小微企业、个人提供贷款1.06亿元，在贷企业46个，在贷资金6575万元；宜兴华惠三农贷款担保公司为47个农民专业合作社、涉农企业担保贷款4170万元，比上年增长3.5%。

【社有资产管理】 制订《社有资产安全经营管理制度》《宜兴市供销系统社有资产租售管理办法》，建立一套由基层供销合作社主持、市供销合作总社资产办公室把关、市供销合作总社纪委监督、市国资办审批的资产公开出售办法，规范资产出售行为。与各直属公司、基层社签订资产安全责任状，强化资产安全检查力度，发现问题及时整改，全年未发生事故。年内，按照“保全优质资产、维修破旧资产、出售不良资产”的管理思路，修缮改造官林鞋庄、官林生资部、鲸塘昇宏商场、金三角西木仓库、和桥农资仓库、物资回收公司常红仓库等，面积达8500平方米；公开出售新街、归径、大塍、徐舍等基层供销合作社的部分资产。经过修缮改造、公开拍卖，优化了社有资产结构，提升了社有资产完好率和收益率。

（殷明）

粮油贸易

【概述】 市粮食局发挥国有粮食购销企业的收购主渠道作用，切实担负起惠农、利民的社会责任，全年购销粮食327万吨，收购粮食50万吨，其中小麦34.8万吨，粳稻11.2万吨，惠农增收1亿元。市粮食系统有粮油收购企业28个，在职职工355人。修订完善《宜兴市突发粮食供应紧张应急预案》，扩大统计范围，完成由部分统计向社会统计的转变，经营量上报比重占全市95%以上，实现规模以上企业全覆盖，其他企业基本覆盖。坚持粮油市场价格监测预报制度，继续选择8个粮油经营单位作为测报点，建立以收购价、出库价、出厂价、零售价为框架，包含原粮、成品粮等多种粮食品种为对象的市场价格走向“晴雨表”，全年发布价格行情周报23期。开展粮油储藏技术规范和粮食流通统计制度执行情况专项检查。国家粮食仓库清查通过省粮食局、无锡市粮食局检查验收。做好粮食库存和食用植物油专项检查，受省粮食局委托核查屺亭国家粮食储备库、福新面粉（宜兴）有限公司两个外省代储粮食库存情况。清查全市承储政策性油脂企业库存，全市所储油脂账实相符、储存安全。

【粮食安全保供】 市粮食局根据储备粮“数量真实、质量良好、储存安全、管理规范”的要求，严格储备粮管理，提高科学保管和运作水平。在确保地方储备粮安全的前提下，根据市场行情，灵活增加轮换数量，采取公开销售的方式，高效做好地储粮轮换工作，销售粳稻1.5万吨，发挥保障供应和稳定价格积极作用。全年扩储稻谷8000吨，其中粳稻6000吨、大米1400吨（折稻2000吨），提前完成“十二五”扩储任务。坚持“合理布点、全面覆盖、平时自营、急时应急”，以保供应急救灾、便民利民、构建网络、提升能力、质量安全为核心，以街道（镇）全覆盖的粮食应急供应网点为基础，利用企业资源和设施，规范标准，提高效率，构建市场化体制下布局合理、运转高效、保障有力的粮食应急加工、储运及供应网络新体系，增强应对重大自然灾害和各类突发事件的粮食应急供应保障能力。严格执行军粮供应政策，做好粮食战略储备，完善各项保障预案，确保全市军粮供应安全稳定。

【粮食流通监管】 市粮食局全年开展监督检查73次，检查企业203个（次），出动检查人员259人次。开展粮食收购证专项检查，年内累计抽查企业17个。开展“转圈粮”（指粮库在托市收购前给面粉厂等企业打招呼，让其帮助拍下前几年收储的陈麦）专项整治，未发现问题。协调工商、质监、卫生、食药监等部门，以抓好节日市场为重点，开展联合执法专项检查5次，出动检查人员40人次。加强粮食质量监测体系建设，质监站申报省级计量和食品检测资质双证认证。

【两季粮食收购】 市粮食局在两季粮食收购中坚持敞开收购，做到应收尽收，坚持质量标准，严格以质论价，稳妥做好等外粮收购准备，杜绝“卖粮难”、压级压价和“打白条”现象。夏粮收购期间，因全市夏粮入库早、保护价收购政策滞后，全市所有库点统一按照最低保护价收购，维护农民利益、保护农民种粮积极性。全年21个托市点入库托市小麦12.46万吨，14个托市点入库托市粳稻3.66万吨。优化为农服务质量，合理布局收购网点，方便农民就近售粮，在收购网点提供免费茶水、防暑药品、休息场所，提供整车过磅、上下车、机械送粮入库等服务。售粮高峰延长收购时间，确保农民不卖一车“隔夜粮”。简化收购入库手续，组织开展上门验粮、预约收购、上门收购。免费提供晒场、协助少数有粮食水分和杂质超标问题的困难粮农整晒除杂。

【“放心粮油”工程】 12月，福新面粉（宜兴）有限公司等2个粮油加工企业、市丁蜀第一副食品有限责任公司等8个粮油销售企业，分别成为市“放心粮油”示范加工企业和示范销售店。至年底，全市有无锡市级“放心粮油”示范企业8个、宜兴市级“放心粮油”示范企业17个。其中，示范加工企业6个、示范销售店11个，“放心粮油”市场销售份额占80%左右。严格实行“放心粮油”示范企业一年两次复评制度，实行动态考核和全程质量监管。修改完善《宜兴市“放心粮油”考评实施办法》，建立长效机制，以采取企业自查与部门抽查相结合、市场抽查与库存抽查相结合、检查与服务相结合的监管方法增强监管考评的全面性、针对性和可操作性。

（陈艳）

石油贸易

【概述】 市商务局加强成品油市场运行监测，强化市场监督检查，保障成品油市场供应。对照2014年全市生态文明建设工程重点工作要求，将油气回收治理作为新建、迁建加油站和储油库的准入标准。至年底，全市有成品油经营企业163个，其中批发企业5个、加油站134个、加油点24个。中国石油天然气集团公司(简称“中石油”)、中国石油化工集团公司(简称“中石化”)、英荷皇家壳牌集团分别在宜兴有加油站(点)35个、34个、14个。全年销售成品油34.84万吨，比上年增长6.6%。其中，批发6.85万吨、比上年增长14.12%，零售27.99万吨、比上年增长4.92%。汽油17.05万吨、比上年增长4.3%，柴油17.79万吨、比上年增长8.96%。

【城区加油站环境整治】 为打造城市环境综合整治工作的亮点，市商务局牵头开展城区加油站及其周边环境整治，提升加油站整体形象。6月，市政府办公室印发《宜兴市城区加油站及其周边环境整治工作实施方案》，依托属地政府，联合建设、交通、城管等部门，综合整治城区加油站存在的问题，并在宜城街道、环科园、开发区3个主城区范围内的15个加油站试点推行整治方案，打造样板加油站，开展第一轮加油站综合环境整治检查。

(周文)

医药贸易

【概述】 全市有药品生产企业10个、批发企业3个、零售门店381个、医疗器械生产企业14个、医疗器械批发企业30个、医疗器械零售企业28个。其中市天健医药连锁有限公司下属门店89个。市药业有限公司全年销售收入8.13亿元，比上年增长12.8%。其中：批发销售收入5.4亿元，比上年增长14.4%；零售销售收入2.73亿元，比上年增长10.1%。该公司药品、医疗器械、中药材批发销售收入分别为4.78亿元、1770.8万元、4406万元；完成利税2560万元，比上年增长0.3%。5月，该公司一次性通过中药饮片厂GMP认证、批发GSP认证和市天健医药连锁有限公司零售GSP论证三项认证检查。经过与上海医药集团多次谈判，决定由该集团下属上药山禾无锡医药股份有限公司全资收购市药业有限公司(不包括市天健医药连锁有限公司)，全员接纳所有员工，计划于2015年1月6日签订重组协议。

(刘宁峰)

盐业专营

【概述】 宜兴市盐务管理局全面净化食盐市场，清除假冒伪劣食盐，有效防止工业盐尤其是化工副产品盐、含有毒有害物质盐流入食盐市场，保障食盐安全有序供应。加强盐业法规宣传教育，营造“人人关心食盐安全、人人维护食盐安全”的良好氛围。规范盐业生产经营单位的生产经营行为，促进食盐安全诚信体系建设，与食盐销售单位、边远农村地区和部分食品及农贸市场签订食盐安全承诺书。全年累计供应盐产品2.14万吨，其中，供应小包装食盐6116吨(含品种盐4182吨)、小工业盐(含食品加工用盐)1.53万吨。全年销售收入7490.96万元、利润490万元。年内，宜兴市盐务局被评为全省盐业行政管理工作先进单位。

【安全食盐市场构建】 市盐务局开展元旦、春节期间保障食盐市场安全专项行动和五一、端午节期间食盐市场专项执法行动。加大对食品加工用盐单位以及宾馆饭店、饮食摊点、机关学校等单位的食堂、集贸市场、大型超市、农村食盐销售网点的检查力度，检查农贸、副食品批发市场11个，食品用盐企业85个，饭店及饮食摊点300余个。4月，开展大包装食用盐专项检查，规范大包装食用盐市场。执行无锡市盐务局大包装食盐相关管理规定，加强对大包装食盐用户的监管，保证行业用盐市场稳定有序。重点检查有违法行为在案的腌制用户，登记食用盐的来源、品种和用量，杜绝违法行为。坚持管销结合，保证行业用盐市场供应，保障青梅用盐客户的需求。9—10月，市盐务局联合市公安局、市卫生局、宜兴工商局开展中秋、国庆期间食盐安全联合执法行动，罚款3000余元。检查卤菜店、熟食店122个，学校、企业食堂31个，葱油饼等季节性食品加工厂7个，饭店、宾馆、餐饮店195个，超市、零售店336个，查处盐业违法案件6起。11月，开展腌制行业专项检查，加强对腌制行业尤其是季节腌制行业用盐的监督管理。

【“减盐”宣传常态化】 市盐务局将减盐限盐活动纳入日常工作，使“减盐”宣传常态化。1月，组织盐政执法人员到宜城街道文化广场开展宣

推广食用低钠盐宣传活动现场 (市盐务局 提供)

传。3月,结合"3·15国际消费者权益保护日",开展盐业普法宣传。4月,开展"食盐安全知识进社区"主题活动。5月,市盐务局联合市卫生局、市疾控中心在新建镇农贸市场、官林镇文化广场开展宣传咨询。6月,组织盐政人员在东山、茶东、阳羡、谈家干社区开展"食品安全宣传周"宣教活动。结合"全民减盐行动",到宜城街道居家养老中心、幸福公寓等养老敬老机构开展科学用盐保健康专题讲座,并赠送低钠盐。7月,在万达广场开展餐饮行业用盐宣传活动。9月,到徐舍镇、官林镇开展食盐安全宣传。10月,联合卫生部门在新街农贸市场开展减盐宣传。11月,在4个街道卫生服务中心开展"减盐保健康"专题讲座。12月,联合市疾控中心在宜城、官林等4个街道(镇)开展减盐宣传。

(陈宫)

烟草专卖

【概述】 全年销售卷烟5.57万箱,比上年增长0.87%;平均每条卷烟批发价140元,比上年增长5.07%;完成应税销售收入16.5亿元,比上年增长5.09%;完成税收7313万元,其中上缴地税1099万元、国税增值税6214万元。市烟草专卖局实行《无锡市烟草专卖局(公司)卷烟零售客户分类测评及货源供应办法》,完善零售客户分类和卷烟货源供应工作。规范卷烟货源供应,根据市场调节投放数量,提高货源投放的针对性和有效性,卷烟货源供应稳定,保持供求平衡。6个稽查中队分析、判断辖区内重点零售户的订单信息、预警信息、销售情况,结合零售户所处的地域差异、当地消费水平差异制定日常检查方案,有针对性地进行市场监管。开通咨询投诉渠道,召开客户投诉咨询会21次,参会零售客户400多人。

【卷烟市场监管】 市烟草专卖局坚持依法行政,落实"市场监管守土尽责、打假破网依法有为、内部监管守卫规范"要求,针对卷烟市场特点,细化零售户分类管理,加大对重点区域、重点场所和重点商户及违法经营卷烟活动的检查力度,保持卷烟打假高压态势,净化卷烟市场,维护卷烟经营秩序。年内,开展"闪电"十五号、"闪电"十六号和冬季会战专项整治行动,查处涉烟案件378起,其中5万元以上案件64起、50万元案件4起,破获网络案件1起,查获违规卷烟6.07万条,收缴罚没款172.7万元,向公安机关移交案件54起,被公安机关拘留5人;发放烟草专卖零售许可证269张、变更89张、续期使用614张,市场净化率达98%以上。11月,查获吴某某等6人无烟草专卖品准运证运输卷烟的违法行为,当事人根据送达的《行政处罚事先告知书》内容,提出听证要求,市烟草局按照听证程序,公开举行该局首例行政处罚听证会。

(曹庆贵)

房地产业

【概述】 2014年房地产市场整体下行趋势明显,宜兴市房地产市场总体维持平稳发展态势。全市有房地产开发企业191个,其中一级资质1个、二级资质149个(含暂定二级)、三级资质38个(含暂定三级)、四级资质3个(含暂定四级)。全年房地产开发投入134.43亿元,比上年增长3.4%。其中,住宅开发投入100.64亿元,比上年增长7.6%。全市房地产施工面积845.26万平方米,其中新开工99.17万平方米、竣工218.30万平方米;城区(含宜城街道、环科园)在建223.06万平方米,竣工96.51万平方米。全年发放预(销)售许可证49件,批准上市面积160.85万平方米,上市面积比上年下降41.62%;全年销售各类商品房103.01万平方米,比上年下降24.65%;成交金额73.82亿元,比上年下降33.27%;全市各类住房均价6668元,比上年下降9.71%;二手房交易4289起,比上年下降37.74%;二手房成交面积64.05万平方米,比上年下降40.55%。全年拆迁安置房在建272万平方米,其中新开工65万平方米、竣工108万平方米。7月,完成"蠡河花园"及"沧浦家苑"(二期)两个安置小区的交付使用,安置拆迁户1100多户。针对全市房地产市场回落、开发总量及新增开发面积比上年减少、因商品房质量投诉增多引发的矛盾较为突出等情况,市建设局成立商品房质量投诉应急处置小组,稳妥处置涉房矛盾,维护群众合法权益。市建设局配合市法院、市法制办和宜城街道办事处,推进阳泉西路北侧地块司法强制拆迁工作。全年拆除房屋近52万平方米,全部为集体土地。其中,民房约24万平方米、1047户,企业建筑28万平方米。至年底,尚未收尾的遗留拆迁项目面积约20万平方米,涉及被拆迁户522户,其中民房12万平方米,涉及农户489户。严格实施房地产经纪机构、估价机构备案,开展专项整治活动。虹亚房地产开发(集团)有限公司连续第十一年进入省房地产企业综合实力50强行列。

【房产预售市场监管】 在房地产市场全面疲软的情况下,严格预销售审批工作,加快预售审批流程。开展预售方案前期会审,组织房屋产权监理中心、物业管理中心等职能部门提前进行商品房开发项目前期预售方案有关事项的会审工作,全年前期会审预售测绘项目29个。对照省住建厅《关于进一步加强商品房预售监管的通知》要求,统一公示全市商品房信息,并把楼盘信息公示作为发放商品房预售许可证的前提条件,对公示不到位的房地产企业限期整改到位后再行发证,保持全市房地产市场平稳健康发展。

【房地产中介机构专项整治】 上半年,全面摸底调查估价机构现状,掌握各估价机构业务情况,清退长期不开展业务的评估机构2个。10月,抽查全市26个评估公司出具的房地产

2014年宜兴市房展会现场　　　　（市住房局　提供）

估价报告，对2个违规操作公司发出行政告知书，限期整改到位。同时，将此次房地产估价报告评审结论记入机构信用档案，作为年度评先创优、企业资质升级的重要依据。11月，市建设局联合宜兴工商局、地税局开展房地产中介市场专项治理，整顿和规范二手房市场秩序，遏制违法违规行为，保护房地产交易及经纪活动当事人的合法权益。

【征收管理体制改革】 3月，撤销房屋拆迁管理办公室，成立市政府房屋征收管理办公室（简称“市征收办”），组建城区企业征收拆迁工作领导小组。市征收办内设综合科、征收管理科、安置房管理科3个职能科室，负责辖区范围内房屋征收安置的宣传发动、前期调查、项目评估、资金落实、手续办理、组织实施、补偿安置和资料整理等工作。根据工作需要，市征收办可通过购买服务方式完成房屋征收与补偿过程中涉及的专业性工作。部分镇（园区、街道）相应成立专门的房屋征收补偿办公室，负责辖区范围内房屋征收安置工作。12月，市政府常务会议审议通过《宜兴市国有土地上房屋征收停产停业损失补偿暂行办法》《宜兴市国有土地房屋征收若干问题的处理意见》《宜兴市国有土地上房屋征收与补偿程序及工作流程》《关于加强全市房屋征收安置管理工作的通知》等文件，并在全市实施。

【规范拆迁安置房建设管理】 年内，按照市政府办公室《关于加强全市拆迁安置房建设及安置管理工作的若干意见》中明确的安置房建设计划审核申报材料、申报程序及相关规定，市国土、规划、住房、建设等职能部门召开安置房建设联席会议3次，审核3个镇（园区、街道）的拆迁安置项目4个，面积达15万平方米。按照市安置房财税工作会议的精神，市建设局配合各镇（园区、街道）做好全市历史遗留拆迁安置房项目的认定工作，共确认安置房项目1个、面积7000平方米。在全市范围内全面推行安置房代建回购模式，出台《关于进一步规范安置房代建回购工作的通知》，规范完善安置房建设流程、细化前期准备工作，控制安置房建设的投资、质量和进度，提高安置剩余房源的管理水平，确保国有资产的保值增值。

（孙蒙　周晓东　夏雪松　杨俊涛）

住宿和餐饮业

【概述】 全市住宿餐饮业调整经营定位，拓宽经营领域，拓展市场空间，加快品牌化、连锁化、便利化发展，住宿餐饮业消费总量平稳增长。中高端住宿餐饮企业受市场环境变化影响较大，中低端住宿餐饮企业受影响相对较小。住宿餐饮单位4763个，其中企业334个、个体户4429个，从业人员1.9万人。住宿和餐饮业营业额30.49亿元，比上年增长14.5%；住宿和餐饮业社会消费品零售额22.22亿元，比上年增长9.4%。20个重点住宿餐饮企业年营业收入7.47亿元，比上年增长3.1%。14个企业年营业收入超2000万元，其中凯宾斯基、宜兴大酒店、宜兴宾馆、万达艾美酒店、花园酒店和国际饭店6个企业年营业收入超5000万元。

【20种土特产入围“真正无锡味”】 9月18日，由无锡市商务局、无锡市农业委员会、无锡市旅游局等部门主办的“真正无锡味”无锡土特产全城征集活动结束，宜兴22个企业生产的20种土特产上榜。其中，阳羡雪芽、宜兴红茶、宜兴百合、苏合农产品销售、宜兴板栗、宜兴乌米饭、和桥豆腐干7种产品入围无锡名优土特产，陶都牌水芹、厚仁牌芹菜、颖丰果园葡萄、地产葡萄、翠冠梨、芥茶、太华笋干、束氏云片糕、夏氏葱油饼、乌米饭（张渚镇黄塔顶度假山庄）、高塍沙皮香肉、三鑫水牛肉、官林牌酱野鸭13种产品入围无锡地方土特产。

【参赛江苏国际餐饮博览会获奖多】 10月24—26日，2014中国·江苏国际餐饮博览会暨第五届江苏乡土风味烹饪大赛在南京国际展览中心举办。宜兴盛世桃园酒店的“陶醉中国宴”和云湖国际会议中心的“云湖大觉素宴”获“江苏特色名宴”称号，宜芳山羊养殖服务专业合作社的宜芳羊肉获“江苏名菜”称号，“豫和泰”徐舍小酥糖、和桥“慈圣”豆腐干分获“江苏名点”和“江苏名小吃”称号。

2014年宜兴市重点住宿餐饮企业情况

表51　　单位:万元

序号	单位名称	营业收入	比上年增减(%)
	合　　计	74678	3.1
1	宜兴市金源置业有限公司凯宾斯基饭店	9936	38.2
2	宜兴大酒店	7812	-0.8
3	宜兴宾馆	6896	-38.2
4	宜兴万达广场有限公司万达艾美酒店	6574	188.3
5	宜兴花园酒店有限公司	6230	53.8
6	宜兴国际饭店有限公司	5457	-1.8
7	宜兴禄漪园国际大酒店有限公司	4176	-9.6
8	宜兴竹海国际会议中心有限公司	3906	-2.7
9	宜兴丁山国际大酒店有限公司	3455	17.0
10	宜兴市氿滨凯悦大酒店	3151	19.0
11	宜兴市宜能国际大酒店有限公司	2921	-40.3
12	江苏云湖国际会议中心有限公司	2821	9.8
13	宜兴市兴望农业休闲文化园	2406	-7.7
14	宜兴市安顿酒店	2090	-4.3
15	宜兴市老地方酒店	1577	-25.8
16	宜兴市德悦皇廷海鲜人酒店	1199	-25.9
17	宜兴市新芙蓉大酒店	1122	-27.5
18	宜兴五洲国际大酒店有限公司	1098	62.2
19	宜兴市陶都大饭店有限公司	928	-8.6
20	阳光酒店管理集团有限公司宜兴太湖阳光度假村	923	9.4

2014年宜兴市星级宾馆(饭店)

表52

饭店名称	星级	评定时间	地址	电话总机	客房(间)	床位(张)	餐位(张)
宜兴宾馆	★★★★★	2008-07	宜城街道人民中路2号	87708888	264	421	1000
宜兴大酒店	★★★★★	2006-07	宜城街道东山西路70号	87981999	275	389	1350
花园豪生大酒店	★★★★★	2013-01	宜城街道陶都路109号	89588888	220	300	721
宜兴国际饭店	★★★★	2002-12	宜城街道通真观路52号	87916888	236	341	1300
宜兴市荆溪宾馆	★★★★	2010-08	宜城街道龙潭西路290号	81758888	121	211	700
宜兴大亚达酒店	★★★	2001-12	宜城街道阳泉路108号	87933333	79	148	350
宜兴陶都大饭店	★★★	2003-08	宜城街道人民中路134号	87901818	79	143	500
宜兴华亭国际酒店	★★★	2003-12	宜城街道解放东路169号	87911888	118	214	500
宜兴市苏源电力宾馆	★★★	2004-05	宜城街道阳羡西路88号	87934480	227	130	430
宜兴太湖阳光度假村	★★★	2008-12	丁蜀镇兰山风景区	87461332	136	255	420

续表52

饭店名称	星级	评定时间	地址	电话总机	客房(间)	床位(张)	餐位(张)
宜兴市公路宾馆	★★	2001-05	丁蜀镇北郊	87702006	35	75	300

（周文）

批发和零售业

【概述】 全市批发和零售业完成社会消费品零售额442.21亿元，比上年增长11.7%，占社会消费品零售总额的95.22%。25个重点批发零售企业年销售额92.49亿元，比上年增长6.4%。融达汽车城、国际汽车创意城集聚经销商40多个，年销售规模超50亿元。连锁经营网络扩大，全市有连锁商业网点近500个。江苏大统华购物中心有限公司（简称“大统华”）、嘉佰乐购物广场等入驻高塍、周铁、张渚等中心镇，实现大中型超市主要集镇全覆盖，便利农民生活，为全市新农村建设配套了较为完善的商业设施。推进“便利消费进社区、便民服务进家庭”的“双进工程”，宜客隆便利店、章勇便利店、文汇放心肉专卖店、社区生鲜超市等一批网点入驻社区。5月，江苏华地国际控股集团有限公司（简称“华地集团”）在中国连锁经营协会公布的中国连锁百强名单中，销售规模位列第53位，第四次跻身中国连锁百强。

2014年宜兴市社会消费品零售总额限上部分完成情况

表53　　　单位：万元

序　号	镇(园区、街道)	实绩	完成计划(%)
合　计	—	1388763.3	92.58
1	环科园	128094.1	88.34
2	开发区	446549.1	97.08
3	丁蜀镇	48690.5	105.85
4	官林镇	20557.9	102.79
5	和桥镇	10750.6	53.75
6	徐舍镇	10639.5	53.20
7	张渚镇	20135.3	100.68
8	周铁镇	20863.2	104.32
9	高塍镇	20896.6	104.48
10	万石镇	6599.2	109.99
11	新建镇	5840.2	146.01
12	宜城街道	581205.2	88.06
13	新庄街道	10440.7	104.41
14	西渚镇	10746.4	107.46
15	太华镇	26623.8	121.02
16	杨巷镇	4980.0	124.50
17	芳桥街道	5043.8	126.10
18	湖 㳇镇	10107.0	101.07

【流通企业销售总体平稳】 全市流通企业年应税销售收入46.73亿元，其中，年销售收入超2亿元的流通企业16个(含10亿元以上1个、5亿元以上5个)。市中心商业区业态种类齐全，功能配套完善，继续引进高端百货品牌，实现品牌升级。宜兴华地百货有限公司、宜兴新苏南商厦有限责任公司、宜兴新东方百货有限公司、市和信广场有限公司四大商场全年销售额26.38亿元，比上年增长0.35%。“大统华”“大润发”“宜客隆”三大品牌超市年销售额19.33亿元，比上年增长6.19%。

2014年宜兴市重点商贸流通企业销售情况

表54 单位：万元

序　号	企业名称	销售收入	比上年增减(%)
合　计	—	924924	6.4
1	宜兴市华地百货有限公司	124617	-0.9
2	宜兴市大统华购物中心有限公司	69328	0.6
3	宜兴市和信广场有限公司	39652	-0.9
4	宜兴新苏南商厦有限责任公司	63811	1.4
5	宜兴新东方百货有限公司	35712	4.3
6	宜兴新苏南丰田汽车销售服务有限公司	31208	-18.3
7	宜兴市汇通汽车销售服务有限公司	15096	-0.8
8	宜兴市新苏南通和汽车销售服务有限公司	19538	0.2
9	宜兴大润发商业有限公司	79173	3.4
10	宜兴宝利丰汽车销售服务有限公司	58249	14.3
11	宜兴德同汽车有限公司	46220	-9.3
12	宜兴市宜客隆超市有限公司	44769	22.6
13	宜兴利星汽车零配件贸易有限公司	41866	—
14	宜兴市宜通汽车销售服务有限公司	31199	0.8
15	宜兴盛众汽车销售服务有限公司	30927	1.7
16	宜兴市德森汽车销售服服务有限公司	27625	-5.4
17	宜兴市瑞尔汽车销售服务有限公司	22889	-14.7
18	宜兴市恒信汽车销售服务有限公司	19417	-17.7
19	宜兴广海元汽车销售服务有限公司	17993	-17.2
20	宜兴市兴通汽车销售服务有限公司	16412	5.4
21	宜兴市太华镇乾元茶场	16375	14.0
22	江苏茗鼎生态茶业科技有限公司	14746	2.9
23	宜兴市华源汽车销售有限公司	13271	-11.9
24	远东买卖宝网络科技有限公司	19730	71.7
25	宜兴市粮油集团大米有限公司	25101	58.0

(周文)

物流和邮政业

【概述】 全市物流业发展进入转型升级的变革期,物流总量增速放缓,服务能力、现代化水平不断提高。物流业初步形成以公路货运为主,水路、铁路货运为辅,集运输、仓储、流通、配送等功能的多元化发展布局。全年实现全社会物流总额3510亿元,比上年增长6.2%;物流业增加值77.4亿元,比上年增长6%;全市交通运输、仓储及邮政业增加值19.9亿元,比上年增长6.0%。全社会货运量3562万吨、货运周转量28.9亿吨千米、港口吞吐量4213万吨,分别比上年增长3.8%、3.8%、0.6%。市邮政局全年完成业务总收入1.82亿元,比上年增长11.65%。邮务类业务收入5493.65万元,比上年下降14.7%。其中:发行业务、包件业务收入分别为1620.07万元、38.36万元,分别比上年增长1.85%、5%;函件业务、集邮业务、信息业务、分销物流业务收入分别为1758.24万元、1294.69万元、399.4万元、382.9万元,分别比上年下降18.6%、16.31%、30.81%、6.96%,《中国紫砂艺术大师》邮票珍藏册发行。速递物流类业务收入395.25万元(不含邮政速递物流公司业务收入),比上年下降45.55%。代理金融类业务收入1.21亿元(不含邮政储蓄银行业务收入),比上年增长27.84%。年内,发展同城递送、同城仓储+配送、电视直销商务投递、鲜花、蛋糕配送业务。符合条件的农村邮政营业网点调整为邮政储蓄综柜兼做邮政营业岗。

【骨干企业稳健运行】 无锡汇全物流有限公司、市三木运输有限公司、市华顺物流有限公司、市林凯物流基地有限公司分别实现物流主营业务收入5.85亿元、5900万元、3956.2万元、1511.1万元,分别比上年增长2.3%、15.8%、2%、18.6%。市旺达物流有限公司全年完成内外贸运输总量17.06万吨,比上年下降6.9%;集装箱吞吐量1.27万标准箱,比上年增长4.7%(其中陆路货运6055标准箱,比上年增长39%);保税仓库营业收入比上年翻两番;上海航线实现天天班。

【发展环境持续优化】 为助推现代物流业发展壮大,促进物流业信息化、系统化、社会化发展,市委、市政府在“促进经济社会又好又快发展”政策中专门设立鼓励发展现代物流业的专项奖励资金,引导物流企业做大做强。积极帮助符合条件的企业争创省、无锡市重点(示范)物流基地和企业,促进物流企业专业化、现代化发展,年内,市华顺物流有限公司创建为江苏省重点物流企业,市吉纳运输有限公司、无锡新时速物流有限公司创建为无锡市重点物流企业。至年底,全市有省级重点物流基地(企业)4个、无锡市级重点物流基地(企业)6个。

【重点项目有序推进】 无锡汇全物流有限公司(简称“汇全物流”)二期工程、中央储备粮宜兴库等项目被列为2014年度市定重点服务业项目。汇全物流二期工程位于开发区,占地90.9亩,总建筑面积5.3万平方米,建设恒温库房、加工组配区等,总投资1.8亿元。中央储备粮宜兴库规划用地面积1.8万平方米,建筑总面积7380平方米,拟建5个平房仓库、器材库、综合楼和地磅房,总投资1.1亿元。总投资1.7亿元的西郊农副产品交易市场二期(3万吨冷藏物流)项目完成桩基建设和冷库封顶。

【未成年人邮件隐私权益保护】 3月,市邮政局和市检察院共同签署联合开展未成年人隐私权益保护协议书,对未成年人权益给予特别司法保护。市邮政局定期开展邮政法规和邮政投递服务五条禁令的宣传教育,要求邮递员按规定投递标注“未成年人邮件信息”的邮件。畅通未成年人隐私权益在投递环节被侵犯的申诉服务渠道,并健全投递服务质量监控体系,定期开展投递服务质量专项检查,防止发生私拆、隐匿、毁弃邮件等通信案件,完善“谁投递、谁负责”的责任追究机制。

(钟渊　熊颖婷)

国际消费者权益日活动　　(市邮政局　提供)

拍卖业

【概述】 全市有拍卖企业12个(含独立法人7个、分支机构5个)、注册拍卖师21人。市拍卖行业协会有单位会员7个、个人会员49人,5个单位会员取得中国拍卖行业协会A级以上资质,其中江苏和信拍卖有限公司为AA级,无锡欣荣拍卖有限公司、无锡市阳羡拍卖有限公司、无锡市万顺博拍卖有限公司、无锡左校拍卖有限公司为A级。2014年全市拍卖企业申报拍卖备案119次,委托拍卖合同126份,委托拍卖金额9.52亿元,拍卖成交确认书220份,成交金额1.86亿元。因法院司法拍卖在淘宝网进行,拍卖标的物比上年减少,且单体金额不大;拍卖资产多属自然人及私有企业,国有、集体资产占的比例较小。受社会大环境的影响,拍卖成交率较低,拍卖成交金额1.86亿元仅占委托拍卖物品金额的19.54%。

【和信艺拍圆满举办】 11月,江苏和信秋季艺术品拍卖会在丁蜀镇紫砂宾馆举行,拍品包括400多件书画、紫砂作品,成交额7000多万元。此次艺拍分书画、紫砂两场,书画拍品200多件,大多为现代书画名家的精品力作;紫砂拍品近200件,既有工艺大师作品,也有紫砂界中青年实力派作品。其中,何道洪的"松竹梅"提梁壶以300万元起拍、780万元成交,拍得整场拍卖会最高价。

2014年宜兴市拍卖企业经营情况

表55

序　号	企业名称	成交额(万元)	成交场次(次)	主营业务利润(万元)
	合　计	67577.00	107	403.10
1	江苏和信拍卖有限公司	27225.00	21	313.04
2	无锡市阳羡拍卖有限公司	7606.43	16	67.58
3	无锡欣荣拍卖有限公司	10001.00	21	114.62
4	无锡市万顺博拍卖有限公司	1637.00	8	37.64
5	无锡左校拍卖有限公司	2750.70	10	38.15
6	无锡华证拍卖有限公司	607.00	11	26.00

(周文　顾良松)

商品交易市场

【概述】 按照"惠民生、促提升、建规范"总体思路,围绕"区域性现代商贸中心""幸福宜兴、宜居城市"两条主线建设和发展商品交易市场。全市有各类商品交易市场90个,其中专业市场19个(新增2个)、农副产品批发市场7个、农贸市场64个。市场成交额418.17亿元,比上年增长5.14%。其中消费品市场成交额134.12亿元、生产资料市场成交额284.05亿元。有年成交额超50亿元商品交易市场2个(中国宜兴国际环保城、江苏融达建材装潢市场)、超10亿元商品交易市场7个、超1亿元的商品交易市场10个。全年市场建设投入3.37亿元。全市酒类流通经营单位备案登记办理38个,累计办理2744个。

【农贸市场改造提升】 "农改商"三年行动计划完成后,年内,市政府办公室修订出台《宜兴市农贸市场建造(改造提升)标准及管理规范》《2014年宜兴市农贸市场建造(改造提升)专项资金操作实施细则》,改造提升青云、周铁、阳泉、新芳等8个农贸市场,改造消除善卷、堰头2个农贸市场安全隐患,改造面积27947平方米,投入资金15791万元。至年底,全市14个镇(园区、街道)的农贸市场得到改造提升,占全市规模农贸市场总量的65%。

【肉菜流通追溯体系建设】 按照"先平台后节点,先易后难、先肉后菜、先试点后推广"的思路,优化完善肉菜流通追溯体系建设方案。在城东、谢桥等6个农贸市场和瑞德蔬果批发市场等10个单位进行猪肉追溯体系建设试点;启动宜兴大润发商业有限公司等4个单位的肉菜追溯体系建设对接工作;初步建成农贸市场追溯体系网络,基本实现肉类来源可追溯、去向可查证、责任可追究的目标。

【市场考核管理创新】 市商务局坚持"有部署、有落实、有检查、有考核、有奖惩"的指导思想,根据2012年《宜兴市政府办公室关于印发宜兴市商品交易市场考核办法的通知》精神,优化对全市农副产品批发市场、农贸市场、专业性市场等的综合考评机制。年内,在常态化的卫生秩序管理、市容市貌管理、安全管理等考核的基础上,加入领照经营户数、税收贡献度等刚性考核内容，并表彰奖励考核优秀的市场，通报批评存在问题较严重和管理混乱的市场。全年有60个农贸市场的2551户经营户（经营者）纳入全市农贸市场信息管理系统平台，15个专业市场完成税收1.5亿元，为全市农贸市场信息化管理奠定基础。

【商品交易市场规划准入制】 按照《无锡市商品交易市场管理条例》《无锡市设立商品交易市场论证（听证）办法》，编制全市商业规划，梳理全市市场建设规划，强化市场建设的总量把控。年内，对西锄、范道、芳庄、堰头、周铁5个农贸市场和瀛园古玩艺术品市场、中首建材市场、华宜山羊交易市场3个专业性市场设立（重建、改建和扩建）项目进行市场准入论证，确保市场的定位、选址、业态等规范有序，促进市场建设适度竞争、共同发展。

【五洲·国际华东商贸城一期开业运营】 五洲国际·华东商贸城位于官林镇，由五洲国际控股有限公司于2013年8月投资建设。项目占地1000亩，规划建设分三期：一、二期为专业大市场，主营电线电缆及上下游产业链配套产品，并有五金机电建材等补充业态；三期为商务配套、酒店、总部经济园和高层住宅。该商贸城采用第五代市场模式，涵盖家具、建材、五金机电、汽摩配、生活配套、海宁皮草等多重业态。至年底，一期项目开业运营，建设商铺732间，入驻率80%。二期项目拟建集厂家直销、商品采购、仓储物流、展览展示、终端交易、电子商务于一体的新一代综合商贸物流平台。

2014年宜兴市成交额10亿元以上商品交易市场

表56　　单位:亿元

市场名称	市场成交额	经营范围
中国宜兴国际环保城	101.42	环保产品、环保设备零配件、市场设施租赁、市场管理服务
宜兴融达汽车城	44.00	汽车汽配，汽车维修、市场设施租赁、市场管理服务
江苏融达建材装潢市场有限公司	50.20	市场设施租赁、市场管理服务
江苏省华东石材市场有限公司	30.28	石材、石材机械、石雕工艺、市场设施租赁、市场管理服务
宜兴瑞德蔬菜果品批发市场	16.52	蔬菜、果品、粮油、水产、干货批发、市场设施租赁、市场管理服务
中国陶都陶瓷城	12.00	日用陶瓷、艺术陶瓷、市场设施租赁、市场管理服务
宜兴市和桥轻纺建材装潢市场有限公司	10.21	市场设施租赁、市场管理服务

（章丽燕）

编辑　刘全忠

信息化建设

CONSTRUCTION OF INFORMATIZATION

综 述

【概述】 以信息化基础设施建设为重点，促进信息资源的融合共享，扶持软件与信息服务产业发展，推进信息化在政务、工业、农村等领域的多元化应用。年末，全市电信业务总收入15.54亿元；有固定电话用户37.04万户，比上年下降8.5%；移动电话162.46万部，比上年增长1%；互联网用户32.19万户，比上年下降25.5%。全市有数字电视用户35.19万户，数字电视互动用户3.52万户。高清数字电视用户8.87余万户。

【电子政务不断完善】 按照《宜兴市国民经济和社会信息化“十二五”规划》纲要要求，市经信委编制《“智慧宜兴”建设发展规划纲要》，对全市智慧城市建设明确建设方向和目标任务。由市经信委牵头、卓易科技公司投资的市电子政务“云计算”中心一期项目，完成医疗卫生信息公共服务平台、市民基础信息数据交换平台、政府网站群等的搭建工作，并计划逐步托管各部门硬件资源；“云计算”中心二期工程开始建设，520个机柜安装到位。市建设局“数字化城建档案”建设、市商务局“肉类蔬菜流通追溯体系”项目、市城管执法局数字城管升级项目等基本建成，市民政局“社区信息化平台”建设、市公安局“技防城”二期、市卫生局“医院信息化平台”、经信委“企业征信系统”“市民主页”等信息化项目建设有序推进。推进农村信息化建设，官林镇官林社区被认定为省级农村信息化示范基地(社会领域)。继续推动市民卡应用普及，完善市民卡整体功能，至年底，已开通公交、公共自行车租赁、旅游年卡、商盟消费功能、水费缴纳功能，并加入“全国城市一卡通互联互通”，陶都通卡累计发行超85万张。

【“两化”融合水平不断提升】 远东控股集团有限公司被工信部列为全国首批“信息化和工业化融合管理体系贯标试点企业”之一，宜兴旭硝子工业陶瓷有限公司、宜兴市阳生化工有限公司等10个企业被评为省级“两化”融合试点企业。市王者塑封有限公司、江苏诺明高温材料股份有限公司、江苏中超电缆股份有限公司被评为无锡市“两化”融合示范企业。至年底，全市有国家级、省级“两化”融合示范企业分别为1个和4个，有省级“两化”融合试点企业31个、无锡市“两化”融合示范企业8个。市经信委和宜兴电信公司合作开展“数字企业”创建活动，远东控股集团有限公司、无锡鹏德汽车配件有限公司、江苏卓易信息科技股份有限公司、江苏中农物联网科技有限公司被评为无锡市五星级数字企业。远东控股集团有限公司“智慧化信息平台”项目被列入省“两化”融合诊断项目，江苏三木集团有限公司“信息化集成系统建设”项目和无锡市明珠电缆有限公司“支持移动应用的线缆行业信息化”项目被列入省企业信息化提升项目。江苏中江物联网科技有限公司“服装领域专用智能终端及解决方案的技术研发和产业化”项目被列入省级物联网专项项目。江苏中农物联网科技有限公司的“宜兴市水产养殖物联网应用示范工程”、江苏卓易信息科技有限公司“基于物联网的污水处理厂网一体化智能管控系统”等9个项目被列入无锡市物联网专项项目。

【软件和信息服务业稳步发展】 推动资质认证工作，开展企业“双软认证”(软件企业的认定和软件产品的登记)、CMMI(软件能力成熟度模型集成)认证的指导工作。江苏天长环保科技有限公司、江苏智优信息技术有限公司、市金指南软件有限公司通过省软件企业认定，省认定软件企业累计28个。全年新增软件产品62种，累计191个。无锡市陶都巨龙软件有限公司获省转型升级专项引导资金，卓易科技公司通过“2014—2015年度江苏省规划布局内重点软件企业”认定。全市软件和信息服务业发展态势良好，软件产业中软件产品行业、信息技术服务行业、嵌入式系统软件行业占比分别为6.41%、10.27%、83.32%。

(陈晨)

设施建设

【电信公司设施建设】 宜兴电信公司投资2亿余元，采用FDD-LTE、TD-LTE两种制式混合组网，加快4G网络建设。至年底，累计开通FDD基站

640个、TD基站51个,基本实现镇区、风景区、主要道路、部分发达乡镇农村区域全覆盖。扩大无线热点覆盖面,重点建设宾馆酒店、商务楼宇、学校、交通枢纽、楼宇市场、医院六大场所热点,对有需求的集宿区、学校优先覆盖建设,同时完善电信营业区的覆盖建设,全市范围内所有电信营业厅均覆盖WiFi(无线保真)信号。全年新建热点150个,累计470个;新装AP数近500台,累计2800台。热点有效覆盖率从年初的68%提升至97.87%。

【移动公司设施建设】 宜兴移动公司继续做好4G(TD-LTE)网络基础工程建设,全年投资8000万元,开通4G站点843个,实现主城区、城东新城、环科园以及大部分乡镇4G站点全覆盖,覆盖超过90%的,引领宜兴进入4G时代。加大光网络宽带建设力度,全年投资1300万元,新增节点机房9个,宽带出口带宽扩容32G,新敷设光缆3000皮长公里,新增网络覆盖小区140个、楼宇31栋、自然村落80处,覆盖人口超15万人。

【联通公司设施建设】 加快3G网络建设,全年新建物理站点39个,累计528个;新建3G站点39个,累计528个;新建室内分布3G站点2个,累计83个。采用EPON(以太无源光网路)技术FTTB(光纤到楼)接入方式,实现光纤到户,提高宽带上网速度,改善宽带维护环境。至年底,以光纤接入方式覆盖小区670户,其中FTTB接入方式覆盖小区496户,覆盖楼宇(大市场)174户。至年底,宜兴联通公司固定电话用户1.1万余户,移动用户数15万余户,宽带用户2.1万余户。

【广电设施建设】 推进"有线电视农村网络双向化改造及城区网络优化"工程,全年投入1540万元,完成农村网络双向用户改造5.8万户、城区双向网络优化2.1万户、光缆干线和村级光缆干线改造2983千米,新增分配网络光节点1700个。2011—2014年,完成项目总投资7600万元,完成全市农村网络双向用户改造21万户、城区双向网络优化9.2万户。全年投入100万元,实施新街、城东、芳桥、新庄4个基层站机房的标准化建设,保证其安全播出。总投资900万元的数字电视高清互动平台全面完成建设,实现高清20套、标清40套电视节目回看,实现本地栏目以及海量的影视、娱乐、体育等节目点播等功能。至年底,全市数字电视高清用户达8.87万户,其中高清互动用户3.14万户。投资100万元,建设宽带业务平台审计系统和催费系统,进行计费认证系统的扩容,联合苏南九县市区(宜兴、江阴、常熟、昆山、张家港、太仓、吴江、武进、丹阳)广电网络,完成CDN内网平台的二期扩容,实现广电宽带大提速,宽带用户从原有的2M升级至6M,同时开通10M、20M、50M、100M的宽带业务。至年底,该平台可以承载注册宽带用户6万户。

(仇春波　吕文婷　蒋希茜　李滔)

技术应用

【电信公司助推"平安宜兴"建设】 以实现"全市主要乡镇技防全覆盖、提升平安技防系列内涵"为目标,创新平安镇建设模式,推进主要乡镇平安监控的全市联网工作,逐步实现平安技防的智能化。投入400多万元,签约公安局警务站、丁山片区技防监控改造、开发区技防监控改造、"320"电子警察及卡口等平安技防建设项目8个。投入100多万元,签约100个老小区技防改造光缆配套及乡镇监控改造等。推进行业和企业平安技防建设,促进平安技防行业应用,全年签约并承建平安技防项目20个。

【电信公司承建"无线宜兴"工程】 利用自身先进的网络优势,推进"无线宜兴"信息化建设。5月,被列为2014年"宜兴市为民服务实事工程"之一的"无线宜兴"工程开通建成并规模上线。市民只需通过免费的公共WiFi热点"YiXingFree",即享受上网服务。"YiXingFree"免费WiFi热点提供安全、稳定、快速的网络,为市民提供便利,为企业提供服务,也为政府的公共服务和城市管理提供支撑。至年底,共建设"无线宜兴"WiFi热点2000多个。

【移动公司承建城区停车场视频监控系统项目】 宜兴移动公司承建无锡地区首个"城区停车场视频监控系统"项目。该项目计划建设城区内35个停车场的停车计时收费、停车场视频监控、进出车牌抓拍等子系统,系统建成后利用停车场出入口的电动挡车器、出入口控制机、车牌识别、远距离识别等出入口设备做连动整合,既可管制车辆的进出,亦可进一步管制车位数量和停车时间,有效辨识和管理通过出入口的车辆。同时,系统将采集的视频源信息与车牌信息整合至"宜兴市数字化城管系统",将分散、独立的图像采集点进行联网,统一监控、统一存储、统一管理,使得数字化城管指挥中心能及时准确地掌握所监视停车场的情况与停车场饱和度等信息,为城市管理决策者提供一种全新、直观的管理工具,提高管理效率。宜兴沁园、宜兴人民剧院两个公共停车场实施计时收费后,每天进出停放车辆数明显增加,经测算利用率较计次收费提高50%以上。

【宜兴联通"互动宝宝"应用平台】 宜兴联通公司"互动宝宝"应用平台是依托云计算、SOA(面相服务的体系结构)、大数据、移动互联网、社交媒体等技术,秉承"interactive(互动)+innovative(创新)+intelligent(智能)"的"3i"产品理念,针对3—6岁幼儿研发的幼教信息化云平台。该平台提供优质教学课件,提升幼儿园管理水平且降低园所运营成本,为幼儿园园长、教师和家长互动共育提供便捷、及时、有效的平台和智能工具,实现园长、教师与家长之间无缝链接。年内,宜兴联通公司共与8所幼儿园签署框架协议,并逐步试点。

(仇春波　吕文婷　蒋希茜)

管理与服务

【电信公司强化服务意识】 宜兴电信公司坚持一张账单、明白消费,一键接入、便捷沟通,一站服务、首问负责,一点查询、自主退订,一声提醒、温馨关怀的“五个一”服务承诺,开展规范服务达标活动,基础服务能力提升。参与市消费者协会“3·15”消费者权益日系列活动,受理投诉,接受业务咨询和宣传业务。宜兴电信公司连续多年获“无锡市诚信单位”称号。

【移动公司提升服务质量】 宜兴移动公司围绕“4G网络,全新体验;流量资费,实惠简明;订购收费,清晰透明;不良信息,严厉打击;实名登记,严格落实;星级服务,便捷提供”六大主题开展“六项服务承诺”专项推广工作,在客户接触渠道向客户和社会做出承诺。4月起,4G流量资费下调、优化流量提醒服务。结合《中华人民共和国消费者权益保护法》相关条款,逐一梳理各类协议,整改对客户不公平、不合理的条款,杜绝虚假广告和宣传,自觉履行服务协议和承诺。同时,面向社会公示装移机服务时限,确保按时完成装移服务。继续深化“总经理接待日”活动,开展总经理接待日活动48场,累计接待客户近200人次,现场处理解决客户投诉96件,咨询495件。开展“用心聆听您的声音”行风评议、“和你一起玩转流量”有奖问答、“我为4G服务提建议”、“10足心意、10分好评”服务问卷调查等活动,加大用户对移动业务与服务的感知、促进前台人员提升窗口服务质量,为客户提供透明、健康的消费环境。

(仇春波　吕文婷)

编辑　陆思迪

服务与监管
SERVICE AND SURVEILLANCE

发展与改革

【概述】 面对宏观趋紧、“三期叠加”(增长速度进入换挡期、结构调整面临阵痛期、前期刺激政策消化期)、增长放缓等不利因素交织的宏观经济环境，市发改委把握“稳中求进”总基调，坚持综合施策，提高宏观调控力度，全市经济融合发展保持平稳健康态势。年内，市委、市政府修订出台《关于促进经济和社会又好又快发展的意见》，配套出台八个方面的奖励细则，对各镇、园区、街道下发《2014年镇、园区、街道工作考核意见》，构建反映区域特色和各地科学发展要求的差别化考核体系。年终综合考核、考评列前八位的镇是：官林镇、高塍镇（与丁蜀镇并列第二）、周铁镇、万石镇、张渚镇、和桥镇、芳桥街道（与湖汊镇并列第七）、太华镇（与新建镇并列第八）。宜城街道、开发区（屺亭街道）、环科园（含新街街道）参照考评条件得分并列第一。年内，市发改委坚持每月编印《经济和社会发展主要指标完成情况综合汇总表》及《全市镇、园区、街道主要经济指标完成排位表》，每季度编印《宜兴发展改革报告》，编制完成《2014年宜兴市国民经济和社会发展计划》。

【实事项目顺利实施】 全年市委、市政府安排12件44项实事项目，至年底有11项目标类项目均超额完成年度任务，33项工程类项目（上年结转12项，新建21项）基本达到进度要求。提升民生保障水平，全年新增就业岗位3.2万个，就业2.7万人，城乡居民基础养老金标准由每人每天120元提高到138元，城乡低保标准由每人每月490元提高到560元；加大敬老院建设力度，市养老护理中心基本建成；居家养老服务扩面提质，新建服务站45个，湖汊镇老年服务中心投用；6个“小桔灯”儿童课外守护项目试点运行。增强公共服务能力，开展“幸福宜兴·文化民生”文化区域互动活动，组织文艺演出100场，惠及群众17万人次；继续加强公共文化阵地，创建农家书屋303个；扩大广电网络改造覆盖面，完成农村双向化改造21万户、城区网络优化9.2万户；加快构建“信息惠民”体系，居民健康档案数据管理中心、金保工程、市民卡工程等信息平台基本建成，陶都通卡发放超85万张，并与“全国城市一卡通”实现互联互通。优化城乡居民环境，完成宜城青云菜场以及茶西小区、迎宾新村、民主新村、紫竹苑东区等老小区综合改造；高标准推进解放东路、土城路综合改造和荆溪南桥、荆溪中桥拓宽改造等工程，完成13个平交道口的提升改造，城区路网“通畅度”稳步提高；加快农村公路提档升级步伐，拓宽改建镇、村道路100千米，改造危旧桥梁20座；调整201线、391线等城乡公交营运线路，更新燃气型公交车45辆，新建公交候车亭30只，城乡群众出行更便捷。促进社会和谐安定，大力实施“技防城”二期工程，20个开放停车场和15个专业停车场的技防监控系统全面建成；打造现代智能化气象业务平台，市气象灾害预警中心实现主体完工；推进农副产品平价直销区建设，销售平价蔬菜超3万吨，给市民让利6000多万元；打造便民消费环境，7个品牌超市进驻农村，13个门店成为示范早餐店。

【服务业健康发展】 服务业发展态势总体稳健，总量规模稳步扩大，全年完成服务业增加值535.8亿元，比上年增长10.3%，占GDP（国内生产总值）比重达43.4%。后劲投入强劲增长，完成服务业后劲投入270.6亿元，比上年增长16.4%。项目建设稳步推进，全市在建、拟建及储备计划投资额5000万元以上服务业项目共74个，计划总投资约760亿元，平均单体投资超10亿元。18个规模大、质态优、推进快的项目列入市定服务业重点项目，开工率95%。阳羡湖旅游小镇、九如城养老综合体、八佰伴购物中心等一批具有影响力的项目在加快建设；东氿商业水街、太华天谷养生项目等在开展前期工作；总投资180亿元太湖湾文化旅游度假区、总投资50亿元的桃溪湿地等一批龙头型服务业项目签约落户，发挥大项目的引领带动作用。招商引资力度不减，研究制订并分解落实全市服务业内资招商目标任务，开展服务业专题招商活动，全年引进服务业内资31亿元。组织参加无锡市主办的北京重大项目恳谈会，签约服务业重大项目2个，签约额达65亿元；举办“2014年宜兴（杭州）服务业交流合作恳谈会”，推介项目15个，签约项目24个，签约额近100亿元;中国陶都(宜兴)金秋贸易洽谈会开幕式上,集中签约服务业内资项目13个,签约总额达325亿元。通过加强招商,引进规模大、质态优、带动力强的高端优质服务业项目,提升全市服务业发展水平。

【对上争取成果丰硕】 把握宏观经济政策,向上报批项目、争取资金,组织申报示范试点。丁蜀镇拓业实业有限公司和开发区投资发展有限公司分别发行企业债12亿元、平台债16亿元,江苏中超电缆股份有限公司发行公司债券4亿元,全年债券发行总额高达32亿元。落实进口大米、小麦等农产品进口配额1.8万吨。全年办理项目审批、核准和备案手续近300个。资金要素保障有力,落实省级治太项目(八期)切块资金1.71亿元,为远东买卖宝网络科技有限公司、宜兴市华润环保设备有限公司等一批企业争取省级循环化改造示范试点补助资金667万元,为欧亚华都(宜兴)环保有限公司、江苏坤兴集团公司争取到中央预算补助资金955万元,为社会福利中心护理楼项目、紫砂陶制作技艺保护利用设施建设项目争取中央补助资金465万元,落实下达江苏宜兴远东电缆有限公司光电全氧燃烧节能技改项目中央预算补助资金840万元。全年争取资金超2亿元。股权融资稳步推进,举办2014年度金融产品推介会和股权融资推介会议,江苏银环精密钢管公司、江苏宜兴金鱼陶瓷厂等8个重点企业与国内外投资机构签订合作协议,签约金额达46.7亿元。组织申报国家、省级示范试点企业,年内,无锡顺得利电工材料有限公司成为省级第二批"城市矿产"示范试点企业。江苏环宇投资发展有限公司创建成为国家"双百工程"*骨干企业。

（陈滨）

财政管理

【概述】 全年财政工作应对宏观形势趋紧、经济下行的压力,攻坚克难,坚持顺势而为、稳健有为、创新作为的工作总基调,发挥财政职能作用,各项工作进展顺利,财政运行总体平稳。全市完成公共财政预算收入94.45亿元,比上年增长9.05%,完成年度预算的100.04%。其中,税收收入80.36亿元,比上年增长9.03%,税收占比85.09%。在无锡市九个板块中,公共财政预算收入增幅列第四位,税收增幅列第三位,税收占比列第一位,三项指标分别超无锡大市平均1.0、1.9和4.3个百分点。强化预算执行刚性、严格支出管控,按照"稳增长、调结构、惠民生、保运转、促发展"原则,增强预算约束力和执行力。全年全市一般公共预算支出99.68亿元,完成调整预算支出的99.01%。落实中央八项规定,在确保机关正常运转的基础上,压减一般性支出,严控预算追加,全年预算追加比上年压减40%。在保障各项社会事业支出基础上,集中财力扶持民生建设。年内,市政府修订完善"又好又快发展"政策,取消绩效不高、"撒花露水"式的奖励扶持政策,加大对"三农"(农业、农村、农民)、教育、医疗卫生体制改革、社会保障与就业、民生实事工程、村级公共服务和社会管理改革的支持力度,民生支出占公共财政的比重达71.8%。

【财政管理水平稳步提升】 预算管理上,有序推进预决算信息公开。市政府下发《关于全面推进预决算公开工作的通知》明确预决算公开内容,提出工作要求。确定财政、教育、卫生等9个部门作为2014年部门预算和"三公"*经费预算公开试点单位,并于9月在各自门户网站上公开预算情况。政府性债务管理上,继规范市级债务管理之后,市财政局出台《关于规范镇级政府性债务管理的通知》,落实严控增量的要求,防止盲目建设、过度举债。把债务管理延伸到镇级层面,确保镇级债务风险可控、规模逐步压降。政府采购管理上,通过建立快速绿色通道新程序、自主选择多品牌新方式、定点印刷分类规范新形式等,节省采购时间,节约财政资金。政府融资上,面对异常严峻的融资形势,提升市级融资主平台——城市建设投资公司的信用评级,拓宽银行间接融资的渠道,实现银行间交易商协会直接融资的重大突破。通过积极运作,既保障重点项目的资金需要,又较好地压降融资成本,缓解融资压力。

【财政助推企业发展】 加大财政直接扶持企业力度。市财政局参与修订宜兴市"又好又快"发展政策意见并会同相关部门对相关资金逐项审核、从严把关,最终核定并兑现奖励金额6.34亿元。争取上级财政的资金、政策支持。配合有关职能部门认真筛选、评估符合产业政策和重点领域的发展项目,帮助企业对上争取各类项目资金。全年向上申报34批、632个项目,获批到账资金3.24亿元。为化解企业发展中的融资难题、增强企业创新力和竞争力,全市各级财政充分发挥"资源库"和"资金库"等优势,成立专项扶持资金,为优质企业发展、推进优质项目提供资金保障。依托市科创担保公司转贷基金的平台,为科创企业和中小企业的贷款周转难"牵线搭桥"。全年科创担保公司担保451笔,金额28.5亿元,为企业进行转贷1645笔,金额149.2亿元。依托市镇两级中小企业贷款周转金,累计为全市近1000个企业周转贷款约230亿元,降低了企业贷款周转成本。

2014年宜兴市财政收入情况

表57

收入项目	2014年收入数(万元)	比上年增减(%)
增值税	166267	10.59
营业税	240897	7.95
所得税	144920	8.33
城市维护建设税	58409	8.03
房产税	35754	24.41
土地增值税	32172	-1.82
契税	48875	13.04
城镇土地使用税	43909	7.04
其他各项税收	32444	8.11
非税收入	140854	9.18
公共财政预算收入小计	944501	9.05
政府性基金收入	612136	-24.09

2014年宜兴市主要财政支出项目执行情况

表58

支出项目	2014年支出数(万元)	比上年增减(%)
一般公共服务	65196	8.52
教育	218889	10.38
文化体育与传媒	17743	10.20
医疗卫生	48473	12.25
城乡社区事务	80562	10.53
交通运输	23804	10.83
商业服务业等事务	97035	-0.31
援助其他地区支出	4095	-14.60
住房保障支出	18077	10.23
国债还本付息支出	1273	49.94
公共安全	50581	10.37
科学技术	27543	11.11
社会保障和就业	83172	11.64
节能环保	69135	13.78
农林水事务	135954	10.48
资源勘探电力信息等	22628	10.29
金融监管等事务	—	—
国土资源气象等事务	11237	112.26
粮油物资储备等事务	3772	151.97
其他支出	23750	5.26

续表58

支出项目	2014年支出数(万元)	比上年增减(%)
公共财政预算支出小计	1002919	10.19
政府性基金支出	633622	-23.21

(吉文超)

国有资产管理

【概述】 全年,市国有资产管理办公室(简称"市国资办")贯彻落实国有资产管理相关制度,拓展市镇两级监管举措,挖掘资产盘活营效潜力,提升国企经营盈利水平。年内出台7个规范性文件及3个议事规则,形成完整的制度体系。对经营者薪酬、资产资金的出租、出借、投资、担保等作出规范,并明确决策审批程序。年底,市镇两级资产总额387.25亿元,负债总额252.05亿元,净资产135.2亿元。市国资办向市陶都特种押运保安服务公司、旺达物流公司、市民卡公司、旅游产业集团四个国有企业委派财务总监,对没有签订责任状的企业委托主管部门进行考核,运用金蝶财务软件对国有企业实行网络实时监管,实现国资管理的全覆盖。完善考核办法,市国资办与建设、交通、旅游等7个单位签订2014年度经营目标考核责任状。全市国有企业营业收入、净利润、净资产收益率分别比上年增长0.2%、15.4%、0.1%。

【企业分类管理加强】 根据《中共江苏省委江苏省人民政府关于全面深化国有企业和国有资产管理体制改革的意见》精神,按照国有企业所承担的职责、产业特征、市场属性、资源配置方式的差异,将国有企业分为公共服务类、功能类、竞争类三种类型,实行分类管理。公共服务类企业:以承担保障经济社会发展和人民生活服务功能为主,在企业经营上主要是实行政府定价机制,履行政府公共服务代理人职责,优先考虑社会效益,兼顾经济效益的企业。功能类企业:以完成特定任务或满足特定功能而设立,主要是由政府配置资源,按照企业化方式运作,以完成重大基础设施、公共设施建设和完善城市功能为主,经济效益和社会效益兼顾的企业。竞争类企业:以市场为导向,以经济效益最大化为主要目标,以市场化方式配置资源,以股东利益为核心,通过企业化、市场化运营,实现企业经济效益最大化,并兼顾社会效益的企业。全市有纳入管理的国有企业88个,分为公共服务类9个,功能类24个,竞争类55个。

【国资保值增值】 按照统一管理办法、统一审批格式、统一实行公开招投标、统一合同文本、拍租收入统一上缴国有资本收益专户公开处置资产。全年各类拍租拍卖收入总额达1.2亿元。全市国有资产经营性租赁平均租金每平米139元,比上年提高40%,单项最高拍租溢价率达68%。市国资办会同建设、国土等部门联手对380套房产及店面房做了清理、评估、协调会商等工作,分批进入市招投标中心公开拍卖。其中下漳花园6间店面房整体拍卖,溢价率达25%。公开处置苏州抵债房产66套1700万元。7月,以1600万元拍卖机动车监测站资产。对省广电收购宜兴市有线网络资产及时制定对策,聘请专家对广电进行资产和账务的整理,保障地方国企利益。对闲置的涌金街、螺岩山庄、善卷洞东侧商业地产,提出经营和资产管理的处置建议,通过公开竞价程序推动螺岩山庄的启动。研究自行车公园运作课题,探索市级资产与镇级资产有机结合、取得共赢的途径,组建宜兴市龙池旅游投资发展有限公司,助力张渚镇发展。提出《关于云湖蝶水风情园房产处置的建议》,在上海、无锡等地产交所发布广告,与相关市外公司经过多轮谈判,以期推向市场,推动资产的变现增值。全年实现国企利税2.92亿元,国资拍卖、拍租收益1.2亿元,国企经营收益上缴3200万元。

(吉文超)

审计管理

【概述】 全年财政审计成效明显、专项审计针对性强、经济责任审计量质并举、政府建设项目审计高效推进、拆迁评估审计平稳开展。全年审计项目55个,查出管理不规范资金1.38亿元;审计核减政府建设项目工程款4.69亿元(比上年增加0.86亿元,增长22%),核减率11.84%;完成拆迁安置审核项目3个,核减资金和财政补贴3118.98万元;实施工程审计项目158个,完成29个,节约资金3979万元。作出审计处理并收缴财政442万元,审计后作出移送处理12起。

【财政审计】 延伸财政资金和财政管理的外延,除了将本级预算执行、非税收入、国有资本经营、财政存量资金纳入审计范围外,还将政府性债务、国库集中支付、公务卡改革、专项资金管理和市定经济政策执行等内容纳入审计范围。以政策和资金为导向,以"预算执行"为主线,根据审计事项调整延伸对象和审计组合,拓展审计范围。走访和延伸调查单位及个人194个(人),追踪政策执行及财政资金。运用财政平台数据,采用计算机审计技术手段，开展模型分析、挖掘分析、核查分析。审计服务民生化，深入企业、农村，聚焦民生项目审计。年内，市审计局紧扣预算管理、经济政策落实、财政结余管理，突出推动经济转型、改善社会民生、提升环境生态等主题，坚持揭示问题与规范管理、促进改革相结合，审计结果得到市领导、市人大的肯定。市政府根据审计建议，清理整合市级环保、农业、装备贴息等专项资金及"又好又快"政策，6月出台《宜兴市环境保护专项资金使用管理办法》。

【专项审计】 开展2013年城镇保障性安居工程跟踪、2012年至2013年工业装备投入奖励、企业逃废债务、政府性债务等专项审计（审计调查）6个，查出管理不规范资金408万元。审计调查市中元金属有限公司、市新芳铜厂有限公司、市宏鑫铜业有限公司、市嘉鹰铜业有限公司、江苏华明电缆有限公司资产负债情况，发现套取贷款、转移资产等违法犯罪行为的线索和证据，先后移送逃废债务案件4件，立案侦查企业法人3人，直接审计出企业法人转移资产5120万元以及其他转移资产的行为，为政法机关提供依据。由5名市审计局审计人员和3名市纪委专业人员组成3个审计组，按口径统一的原则，在各镇（园区、街道）自报基础上，调查全市16个镇（园区、街道）全口径债务，出具宜兴市镇（园区、街道）全口径债务审核情况表和专项审计调查报告，为市政府性债务管理办公室对各镇（园区、街道）政府性债务进行定期考核提供参考依据。年内，开展现代服务业等市级政策性专项资金的审计调查，关注与民生息息相关的区域环境保护及主要污染物减排专项资金、涉农资金、"菜篮子"工程资金等，促使市委、市政府重点扶持的民生项目更务实有效。

【经济责任审计】 突出领导干部经济决策权、政策执行权、经济管理权、监督权和廉洁从政四权一廉审计，以权力运行和责任履行为重点，关注领导干部履职尽责、规范用权、三公经费支出情况，实现审计监督与服务结合、全面监督和责任评价结合。全年坚持"离任必审"原则，审计市财政局、环保局、司法局、教育局和张渚镇、周铁镇、宜城街道等党政领导经济责任审计项目20个，完成16个，查出管理不规范金额1.09亿元，作出违规处理并收缴财政资金236万元。向市领导上报《审计要情专报》2份，有15份审计报告被市领导先后签批19次。移送有关涉嫌漏税线索1起，涉嫌有关单位非法营运线索1起，向政法机关提供资金线索1起。

【政府建设项目审计】 年初，市审计局与发改、建设、交通等部门做好衔接，对工程建设情况早知道、早安排。通过召开月度通报会，尝试审计人员参与跟踪审计关键环节、抓源头控制，对协审机构造价审核结果实行三级复核、抓质量控制，中间结算审计环节放手协审机构负责的"两抓一放"方法，取得成效。全年实施工程审计项目158个，其中，决（结）算审计项目100个，跟踪审计项目48个，抽复审10个。至年底，完成工程审计项目29个，核减资金4.69亿元，平均核减率11.84%；在审项目129个，其中跟踪审计项目48个（涉及工程投资77.53亿元），决（结）算审计项目81个（在审工程造价52.77亿元）。跟踪审计提出审计意见建议164条，节约投资3979万元。

【拆迁评估审计】 在川善线改线建设项目地表苗木补偿审计中，重视延伸审计，查明善卷村2千米道路改线苗木173万元补偿款实际审定金额为61万元，核减112万元，核减率高达65%。在云岭路太华段项目审计中，不断深挖细究，基本得出该路段真实的审计结果。全年完成拆迁安置审核项目3个，完成川善线改线建设项目地表苗木补偿、云岭路建设项目太华段拆迁房屋面积及市补贴资金、荆溪房屋拆迁有限公司城东五地块房屋拆迁结算资金、苏宁阳羡湖文体旅游综合体项目一期征地成本、市宝登合金有限公司及张泽耐火厂评估项目5个。

【政府投资审计覆盖镇级项目】 按照市委、市政府关于对镇级投资建设项目开展抽复审的要求，在履行好市级政府投资审计的同时，审计工作延伸到镇级投资项目，实现政府投资审计全覆盖。审计对象覆盖全市14个镇，重点审计调查建设体量较大的6个镇；审计覆盖建设项目的建设管理、内控机构设立情况、制度建立与执行情况、建设项目工程决（结）算情况，重点突出制度建立与执行情况、建设项目工程决（结）算情况。其中，工程造价抽复审覆盖土建、装饰、安装、市政、绿化、水利6个专业，涉及拆迁安置房、道路桥梁、水利设施、市政广场、绿化景观、室内装饰6种工程类型，重点关注合同执行情况、变更工程、隐蔽工程的计量计价情况。共发现并提出审计意见7项50条，其中规范投资项目管理类审计意见5项25条。各镇重视审计意见，逐步修改完善工程立项、招标、现场管理、变更及隐蔽签证审批、工程资料归档等制度，消除工程安全隐患1项1条，至年底全部整改到位。全年被市政府采纳工程投资控制类审计建议1项24条，市审计局组织18个工程抽复审金额1.48亿元，审定金额1.45亿元，节约政府资金245.98万元。

（戴金禾）

税务管理

【概述】 全年组织国税收入79.37亿元（其中免抵调库9.1亿元），比上年增长6.27%。其中，公共财政预算收入22.92亿元，比上年增长10.03%。入库国税直接收入70.27亿元，比上年增长5.21%。其中：增值税收入49.6亿元，比上年增长3.55%；消费税收收入1830万元，比上年下降0.16%；企业所得税收入15.58亿元，比上年增长8.13%；个人所得税收入3万元，比上年减少22万元、下降88%；车辆购置税收入4.91亿元，比上年增长14.03%。全年办理退税22亿元，比上年下降2.6%。其中，增值税减免退税4亿元（福利企业退税2.52亿元、资源综合利用退税1.37亿元、软件和集成电路退税0.2亿元），比上年下降6.08%；企业出口退税17.77亿元，比上年下降1.59%；企业所得税汇缴退税0.34亿元，比上年下降11.11%。全年税务稽查打击的重点是危害性较大的发票偷税和社会反映强烈的举报案件，共查处发票违法案件48件，比上年增加15件，查补税款1072.02万元，比上年增加31.07%。移送司法35人，比上年增加13人。开展化工行业、环保行业、劈开砖市场、家具行业等专项整治，累计对82户企业查补入库税款902.81万元，弥补亏损265.8万元，促进相关行业的规范发展。

全年组织地税收入129亿元，比上年增长9.66%。其中，地方税收69.92亿元，比上年增长8.63%；公共财政预算收入60.05亿元，占到全市公共财政总收入的63.58%，税收部分比上年增长8.68%，高于无锡大市3.3个百分点。全年征收综合规费4.41亿元、社保费39.84亿元。开展工业企业建设工程清理等重点税政工作，实现政、税、企三方共赢。全年有1300多户企业补开自建工程发票68.65亿元，入库税款2.91亿元，占地税税收增量的51%、公共财政地税收入增量的54%。推进拆迁安置房税收管理和政府建设工程项目税收清理，分别入库税收8.69亿元和0.68亿元。开展欠税(费)集中清理，全年催缴入库欠税(费)款1774万元，提请法院协助入库欠税(费)款2110万元。设计风险指标模型，建立企业所得税预警、驾校税收风险、企业房产购置、环保行业、耐火行业等多个风险管理项目，实现管理绩效3681万元。全年中高等风险应对3063户，实现风险应对绩效5.58亿元，比上年增长58.11%。全年查补收入1.25亿元，其中通过稽查预告及稽查约谈补税3033万元。宜兴地税与住房建设、工商、国税、国土等部门形成信息交换制度，完成非住宅类存量房交易风险应对176户，入库税款1.1亿元。运用税收杠杆，全年减免各类税收6.87亿元。

【国税系统税收管理改革取得阶段性成效】 年内，市国税局对办税服务厅进行机构整合和职能转变，启动新一轮税收管理改革。取消或限制进户执法事项11项，主要业务事项的调查户次、实地风险应对户次下降10%左右，减轻纳税人涉税负担。8月1日，在城区设立办税服务厅，集中纳税服务所有职能，所有的办税服务项目都可以在该机构申请、调查、审批和出件，超过九成办税服务项目都可以当场办结。在每个基层分局所在地设立一个办税延伸点，负责发票发售、发票代开及自助认证报税等相关事宜，方便纳税人就近办理不需要审批的高频办税事项。简化行政审批流程，不在公开的清单之外实施其他行政审批，不对取消和下放的审批项目变相审批。取消前绝大多数审批事项取置条件，改为形式要件审核，由事前调查转变为事后的风险监控。当场办结事项由65项扩大到235项，审批办结的时限提速60%以上，当场办结率达96.87%，实现纳税人评价满意率100%。

【国税纳税服务“一体化”建设】 年内，市国税局建成“一体化”纳税服务体系：办税服务厅一体化。取消原归属基层分局的办税服务厅，把全部审批事项和审批权限集中于新成立的城区办税服务厅，实现“一站式”服务。构建包括服务厅、互联网、APP（移动设备上的第三方应用程序）服务、快递邮寄等多元化、现代化的办税平台，探索电子商务购票，推行网上办税服务厅影像系统，拓展协税护税网络和功能。设立专门的纳税人权益保护部门，落实“无风险不检查”的执法原则和“无需求不打扰”的服务理念，通过宜兴国税特服号、12366服务热线、办税服务厅咨询电话、投诉举报电话和12345政府热线等多种渠道和途径，全面接受纳税人的投诉和建议。

【货运行业综合治税】 为营造全市货运行业依法纳税的良好氛围，促进交通运输行业健康可持续发展，根据市政府《关于加强货运行业综合治税工作的协调会议纪要》的精神，从11

市国税局设立“一体化”办税服务厅 （市国税局 提供）

月起，在全市范围内联合开展货运行业综合治税工作。主要对象是全市范围内持有宜兴市交通运输部门所属运输管理机构核发的道路运输经营许可证的所有企业或个体工商户及其下属车辆，重点是未履行纳税义务的单位和个体经营者。征收方式是由税务部门委托协税护税办公室在交通运输管理机构的运政服务大厅实施驻点征收，在运输单位道路运输经营许可证和运输车辆道路运输证年检前查验其以往纳税情况，督促纳税人自查申报补缴税款。成立由市财政局、市国税局、市地税局、市交通运输局、市公安局、市安监局、市城管局、市法制办等部门组成的市货运行业综合治税工作小组，至年底完成车辆性质确认500多辆，征收税款3万多元。

【地税风险管理增收绩效明显】 2014年是宜兴地税局风险管理基础建设年，制度逐步建立健全。风险管理基础工作逐步纳入规范化轨道。年内，市地税局编发《风险应对指引工作手册》，统一工作规范。设计风险指标模型，建立企业所得税预警、驾校税收风险、企业房产购置、环保行业、耐火行业等多个风险管理项目，实现管理绩效3681万元。全年累计完成中高等风险应对3063户，实现风险应对绩效5.58亿元，比上年增长58.11%。风险管理监控工作逐步体现本土化特征，自行建立的企业所得税查账企业预警率指标、驾驶员培训机构税收风险指标和企业购置房产涉税风险三个项目被无锡地税局认可和应用，产生绩效3498万元。优选确定13个重点行业项目化，其中耐火、化工、环保三个行业通过指标识别分别推送20户、35户和77户，申报应对绩效302万元。

【"金色小蜜蜂"纳税需求管理品牌创建】 4月，宜兴地税创建"金色小蜜蜂"纳税需求管理品牌。该服务主要围绕纳税人的需求展开，包括采集纳税人的需求，并汇总分析，然后提出相应举措满足合理需求等内容。"金色小蜜蜂"纳税人需求管理工作形成特定的机制。建立起需求对象划分标准，以服务对象的需求差异为出发点，从不同事项、不同群体、不同场所等层面细分纳税对象，开展相关性强的需求管理活动。建立起多元化的需求采集渠道，通过现场采集、网络采集、纳税人学校、12366热线等方式实现"零障碍、低成本、高效率"的需求采集目标。建立纳税人需求管理响应机制，对采集到的需求及时进行加工分析，根据需求的实际内容分别采取不同的应对措施。通过定期开展活动，了解纳税人的真实想法，拉近征纳双方的距离。

（傅梦洁　尹焱）

宜兴地税局"金色小蜜蜂"管理品牌　（宜兴地税局　提供）

物价管理

【概述】 围绕"稳物价、促发展、惠民生、强基础"的要求，贯彻落实清费减负政策，清理规范民生收费，优化企业发展的价费环境，取消和免征29项行政事业性收费项目。加强行政事业性和服务性收费管理，清理现行收费许可证及发证项目，核发收费许可证正副本350份，年审率100%。稳妥推进价费改革。根据成品油、煤炭等能源价格波动情况，适时启动油运、煤热价格联动机制，合理调整出租车燃油附加费和蒸汽价格，化解能源价格矛盾。加强天然气价格管理，进一步明确我市管道天然气的用气性质和范围，合理调整非居民用气价格，建立非居民用气上下游价格联动机制，使气价调整更加科学。制定出台本市出租车中长途运价调整政策，在氿园、人民剧院停车场试点开展停车计时收费，社会反响较好。开展定价成本监审工作，先后完成城镇污水处理、出租车客运成本、教育收费等18个单位定价成本监审，提高政府定调价决策的科学性和合理性。

【市场价格运行平稳】 围绕市委、市政府关于"确保居民消费价格总水平涨幅控制在3.5左右"的任务，依托全市59个价格监测点，关注居民生活必需品价格和重要生产资料、原材料价格走势，坚持每月三次定点采集91种民生价格商品价格水平以及基本药物价格现状，利用报纸、电视台、网络等媒体向社会公布。民生价格信息35期。加强市场价格形势分析，定期对本市价格形势、重要商品价格变动情况及变化趋势作出综合分析，并与周边地区进行价格对比分析，为市委政府提供决策参考。全年采集上报监测数据3.52万条，出版《价格监测分析》24期。加强市场价格的动态监

价格工作者走进港华燃气公司开展成本监审工作　　（市物价局　提供）

管，建立制度化、常态化的市场监管机制，每周对全市大型超市、商场、农贸市场进行巡查，维护正常的市场价格秩序。组织开展“反欺诈、营造放心消费环境”活动，重点查处商场、超市低标高结、虚构原价、虚假折扣等价格欺诈行为。加强节日市场价格监管，先后组织开展元旦、春节、五一、国庆等节日市场价格专项检查，出动检查人员280多人次，检查单位500多个，维护节日期间价格稳定。全年全市居民消费价格指数比上年上涨2.1%，比全省、无锡大市低0.1%。

【农产品平价商店稳步增长】 市物价局以强化日常管理为支撑，推进平价商店规范化建设，全市平价商店呈现管理规范、运行健康的良好态势。为建立长效管理机制，年初市物价局出台《平价商店管理考核实施细则》，完善平价商店准入、退出机制及管理考评办法，促进平价商店健康持续发展。通过检查考评，淘汰5个平价商店，并补充到位，确保平价商店总体规模不缩减。强化日常监管，坚持统一平价商品目录、每周两次采集下发市场均价、定期、不定期开展日常督查，强化平价蔬菜质量和供应销售管理，及时通报并纠正存在问题。全年下发21份责令整改通知书，促使平价商店整改到位。坚持稳价惠民宗旨，组织生产基地与平价商店进行对接，减少蔬菜流通环节，保障平价品种的正常供应。注重拓展平价商品供应范围，鼓励平价商店将粮油、肉蛋纳入平价供应范围，满足广大群众生活需求。全年平价商店共销售各类平价蔬菜3356万公斤，销售金额近1.5亿元，让利市民6760多万元，让利幅度31.67%。

【价格问题整治及综合服务】 围绕群众反映的民生价格热点问题，组织开展涉农、涉企收费、商业银行服务价格、汽车销售、修理行业价格行为、教育医疗收费等9项专项检查，纠正规范部分单位存在的价格违法行为。执行商品房销售价格备案政策，1月1日至3月9日，备案11个楼盘商品房销售价格，备案金额27.89亿元，核减9511万元，核减率3.41%。3月10日全市商品房销售价格暂停备案。加强住宅小区物业服务收费管理，协调解决物业服务收费矛盾和纠纷，全年共办理物业服务收费标准备案39件。清理规范教育收费，取消与入学挂钩的捐资助学费，减轻学生家长负担。强化医疗服务和药品价格管理，制定公布763个品规（品种规格的简称）最高零售价格中药饮片价格，开展医疗卫生行业收费专项治理，完成全市14个综合改革试点医院的考核评估工作。年内，推进价格诚信建设，指导帮助15个单位参与省级价格诚信单位创建活动，将药品零售行业纳入明码实价试点，增加9个试点单位。推动价格诚信理念深入人心。在宜城、官林、张渚、和桥等地区开展“推行明码实价、倡导价格诚信”活动，发放价格服务手册800多份，政策提醒函1000多份，宣传价格政策，提高群众价格维权意识。开展涉案价格鉴证、车物损评估、涉税价格认定等工作，保持错案率为零的优质记录。全年完成各类价格鉴证业务1205件，鉴证金5.3亿多元。坚持“有报必查、查必有果、有果必答”的原则，及时办理群众举报投诉，全年受理举报投诉和咨询案件191件，办结率、答复率均为100%。

【农副产品成本调查和分析】 组织开展农户种植意向、农户存售粮情况、小麦粳稻成本收益、百合成本收益等8项成本调查工作，为政府制定农村政策提供依据。农副产品调查设3个点、9户农户，调查对象为粳稻、小麦。调查户粳稻亩均产量578.63公斤，比上年增长0.36%；亩均现金成本645.06元，比上年减少1.68%；亩均现金收益1178.45元，比上年增长6.49%。粳稻生产总体呈现单产略增、成本下降、收益增加的特点。小麦亩均产量362.69公斤，比上年增长2.25%；亩均现金成本495.99元，比上年增长2.91%；亩均现金收益336.46元，比上年增长10.74%。小麦生产总体呈现产量、现金成本、现金收益总体上升的特点。

（蒋文伟）

统计管理

【概述】 全年以开展第三次经济普查为重点，夯实统计基础，优化统计服务，强化统计法制，实现统计工作新提升。年初，市政府制定《关于加强和改进统计监测工作的意见》，规定凡享受政府扶持奖励政策的企业，必须列入统计基本单位名录库；市政府及有关部门在兑现扶持奖励政策时，凡是以主要统计数据为考评依据的，考评材料必须报市统计部门审核。成立市统计工作领导小组，领导小组下设办公室。健全市政府统计工作联席会议制度，全市性的监测、评比、考核工作中涉及的重要统计指标数据，均需提交联席会议进行分析、审核和评估，确保统计指标数据科学合理、数出一致。市统计局印发《2014年宜兴市联网直报单位统计规范化建设工作方案》，对全市联网直报单位统计规范化建设工作作出具体部署，至年底，联网直报上报率达100%，有87%联网直报单位达到省统计规范化建设标准。开展村级经济实力评选和“千人评议机关”社会调查方案制定、问卷统计、数据录入、结果汇总等工作，确保调查结果客观真实。做好县域经济基本竞争力、基本现代化、转型升级、节能减排、民生改善等方面的统计监测与评价，完善监测指标体系，及时反映全市国民经济运行的数量、质量、结构和效益等情况，向市领导提供监测报告。组织开展季度、年度全市国民经济运行情况系列分析活动，及时编印年度、季度《经济运行情况系列分析监测报告汇编》。市统计局和宜兴开放大学联合举办统计从业资格持证人员继续教育培训班，培训13期、2700多人。年内，成立4个调研课题小组，深入有关村、企业开展调研活动，提高课题分析报告质量。至年底，全局共撰写统计分析和统计专报73篇，统计信息389篇，260多篇（次）被各级领导、有关部门和新闻单位所采用。有2篇文章在《中国信息报》上刊登，1篇文章在江苏省统计局网站刊登。《宜兴统计》（改版）发行，范围扩大到120多个重点企业。

【经济普查圆满成功】 2013年3月，经济普查领导小组办公室（简称市经普办）启动宜兴第三次全国经济普查，至2013年年底，前期工作基本完成，登记率达92.4%，居无锡地区首位。2014年1月，市经普办组织全市1700多名普查人员，利用信息化普查设备PDA（掌上电脑）入户登记调查，实现普查区绘图、单位核查、数据采集、传输、处理等普查业务全流程的自动化、电子化和网络化。全市共登记各类普查对象7.64万个，其中法人单位2.34万个、产业活动单位0.3万个、个体经营户5万户。4月起，审核数据。市经普办和各镇（园区、街道）经普办都指定专人负责接收和反馈数据。利用数据处理平台中各项查询模板和审核公式，在上级下发各种审核清单前，自行整理综合了各种差错类别的查询表并下发到各镇（园区、街道）经普办，尽量让审核、查询、改错一次性完成。关注数据质量。在数据审核时，重点关注奇异值，如年营业收入过高、人均工资过高或过低等。对全市130多个出现奇异值的企业质量抽查，做到机表一致，数图一致，数出有据。9月，市经普办根据初步汇总结果，编印《宜兴市第三次全国经济普查简编资料》。年内，市经普办被国务院第三次全国经济普查领导小组评为先进集体，成为无锡地区唯一获此荣誉的县市。

【紫砂陶瓷行业统计方法创新】 年内，市统计局以宜兴市第三次全国经济普查资料为基础，在全省率先建立一套符合宜兴实际、切实可行的宜兴紫砂陶瓷行业统计调查制度。11月，“无锡市宜兴紫砂陶瓷行业统计调查制度”专家论证会在宜兴举行。由省统计局、无锡市委宣传部、无锡市文广新局、无锡市统计局、市统计局领导和专业人员组成的专家组对宜兴紫砂陶瓷行业统计调查制度进行分析论证。市统计局介绍宜兴紫砂陶瓷行业的发展和规模，强调调查制度实施的必要性和重要性，说明拟订的统计调查制度及其实施方案。专家组成员围绕制度的科学性、实际操作可行性、调查资料的可获得性开展论证。经过研究分析和讨论，专家组一致认为宜兴紫砂陶瓷行业统计调查制度无论是结构、体系、方法都较为成熟，具有较强的科学性和可操作性，是一次很好的统计改革创新，对于规范紫砂陶瓷行业的统计方式和内容，推进文化产业统计规范统一，增强文化产业统计的科学性和数据可靠性具有重要意义。

【统计行政指导】 市统计局贯彻落实无锡市统计法制工作会议精神以及全市“保真护统”（保障数据真实，维护依法统计）三年行动纲要工作要求，规范统计基础，坚持依法统计，强化法制工作对统计重点工作的支撑、服务和助推作用。依托《统计行政事务告知书》（简称《告知书》）的宣传、告知、指导和服务功能，及时调整发放名录，适时完善、规范告知内容，把《告知书》打造成为统计法制宣传和提供法制服务的优质产品。3月，下发2014年度《统计行政事务告知书》，增设对《江苏省统计条例》的宣传，重点宣传“四上”（规上工业、规上服务业、资质以上建筑业、房地产开发经营企业和限额以上贸易）单位统计从业人员依法持证上岗工作。市统计局整合工业、服务业、房地产业、建筑业等11个专业的报表要求，形成以1447个网报单位为统一载体的综合报表分类清单，分专业印制《告知书》，一次性告知，使每个统计调查对象都能明确本企业报表的种类、上报时间和要求以及法律规定的权利和义务，减轻了企业的负担。

【统计宣传】 紧扣统计新法新规，以新闻媒体、网络平台、现场咨询、送法进村企等多种形式开展统计普法宣传活动。全年印制《统计法律法规和统计基础知识》5000本、《走近统计》宣传彩页3万份，在全社会营造依法统计的氛围。1月，市统计局开通“宜兴统计”新浪官方微博。“宜兴统计”旨在发布宜兴市经济社会主要经济指标，提供统计资讯、统计知识、教育培训等内容的宣传服务,同时解答网友的提问和投诉,成为市统计局与社会公众沟通的桥梁纽带。同时,市经普办开通"全国经济普查普查员"账号,通过此微博账号为网友生动介绍普查知识,及时通告普查工作进展,宣传普查知识,反映普查动态。为了实现经济普查宣传从"入眼入耳"到"入脑入心"的转变,同月,市经普办与宜兴电视台筹划,录制人物纪实《普查员的一天》,用镜头跟踪记录普查员早出晚归、走街串巷、入户调查的画面,展现普查员日常工作的艰辛。2月,《宜兴日报》A1版面以"梦想心语——立足岗位,梦想才有支点"为主题,以"我如苔花、绽放青春"为题报道市经普办业务组组长江沁心参加第三次全国经济普查的工作经历,向全社会宣传统计和经济普查工作的意义普查员和工作中所经历的曲折艰辛。2月14日,《宜兴新闻》《中国宜兴网》以"经济普查员:'白加黑''五加二'只为数据更精准"为题跟踪报道了普查人员上门登记的过程,体现出普查员敬业爱岗、不怕吃苦的精神。年内,市统计局和宜兴日报社按季刊发"宜兴统计"专版,宣传统计法规,解读统计数据,诠释统计指标。同时,改版和更新统计网站,方便社会公众了解统计工作、查询统计数据、掌握发展情况。

(陆军衡)

招投标工作

【概述】 市招投标管理办公室和招投标中心围绕市重点工作目标,贯彻落实《招标投标法实施条例》,制订政策,完善流程,优化方法,强化监管,规范操作,招投标工作成效明显。全年三类交易总额21.68亿元。其中,政府投资工程招投标316个标段,累计中标价16.86亿元,比工程预算价节约3.1亿元,资金节约率15.54%,比上年提高4.09个百分点;政府采购368笔,累计中标价3.72亿元,比采购预算价节约1.04亿元,资金节约率21.82%;产权交易276宗,交易金额1.1亿元,比转让参考价增加1846.86万元,增长20.23%。9月,市招投标中心交易新大楼投入使用。

【电子化招投标稳步推进】 年内,市招投标中心与国泰新点智慧软件开发公司合作开发电子化招投标系统。该系统包括公共服务、项目交易、行政监管平台。具备网上招标、网上投标、网上开标、网上评标、网上监管五项网上功能。按电子化招投标模式,补充完善工程招投标工作流程,完善电子化招投标所需的各类表式、示范文本,包括资格预审文件范本、招标文件范本、投标文件范本、开标记录、公示等标准化招投标文档。加强诚信库建设。完成工程招标代理机构、评标专家、投标企业三类诚信库建设,将招标代理机构、投标企业及评标专家基本信息全部录入数据库,并公示录入信息。组织业务培训。先后4次培训工作人员、招标代理机构从业人员、评标专家等。改变审查方式。运用网上监管平台,加强对工程项目发包方案、招标文件、资格预审文件备案等进行网上审查审核,改变以往纸质文件审查审核方式,提高工作效率。至年底,完成2个邀请招标项目、43个公开招标项目的电子化招投标,房屋建筑和市政工程项目招投标全部实行电子化,从项目进场注册至合同备案全过程均实现网上操作,相关公告、公示等均在审核通过后在宜兴市招投标网和省招投标网同步公布。电子化招投标的实施,降低了成本、提高了效率、减少了人为因素、促进了公平公正。

【国有投资工程招投标工作文件下发】 针对招投标市场存在的突出问题,市政府广泛征求镇园(区)街道、机关部门、投标企业、代理机构的意见,8月,市政府印发《关于进一步加强和规范我市国有投资工程招投标工作的意见》(简称《意见》)、《宜兴市工程建设项目施工招标评标办法》(简称《办法》)。《意见》从工程发包方式、资格条件设置、最高投标限价、评标办法、电子化招标、合同备案、标后管理七个方面进行规范。《办法》将原四大类八种评标办法统一整合为四种新的评标办法,明确评标办法的适用范围、评标方法适用的工程类型、工程类型的界定、废标条款的种类、操作程序和具体评审方法。这两个文件印发后,市招投标管理办公室进一步规范全市招投标行为,强化市场监管,严肃查处违规问题。至年底,对4个单位、12个投标企业、8名评委、3个代理机构的违规行为作了相应处理,市场秩序和行为进一步规范,政府投资工程邀请招标和直接发包行为大幅度下降,投标企业的积极性明显增强。

【政府采购回归服务职能】 年内,市招投标中心梳理政府采购工作职能和内部流程,调整工作思路,改进工作方法,回归服务职能,改变政府采购中心管理越位的状况。根据《中华人民共和国政府采购法》、市有关规定和工作实际,调整完善政府采购内部流程,改变以往由一人"包干"到底的采购模式,实行审核式、分段式、复审式管理,将项目接收、采购文件编制、网上公示、开标、评标、合同备案、项目质疑的处理等环节实行分人分段作业。采购文件的参数编制以采购人书面材料为准,由经办人编制,经科室另一名同志复核后,再发至采购人确认,确保采购方案符合采购人需求。同时,坚持开标会由采购人主持,确保开评标工作规范有序。

(蒋镓丞)

国土资源管理

【概述】 坚持严格的耕地保护制度,全年划定基本农田6.05万公顷,建设高标准基本农田5000公顷。推进土地复垦整理,完成耕地占补复垦项目46个,新增耕地144.47公顷;完成城乡建设用地增减挂钩复垦项目9个,新增耕地22.56公顷;完成工矿废弃地复垦项目14个，新增耕地84.31公顷；完成土地平整233.33公顷，新增耕地4.33公顷。坚持最严格的节约集约用地制度，实施“控制总量、优化增量、盘活存量、用好流量、提升质量”五量调节战略，全面提升节约集约用地水平，全年上报用地批次3个，总面积145.27公顷。为各类基础设施、重点工业项目和民生项目办理供地162宗、419.8公顷。每亿元GDP占用建设用地面积比上年下降7%，被评为2012—2013年度全省国土资源节约集约模范县(市)。严格执行工业用地和经营性用地招标拍卖挂牌出让制度。全年挂牌出让工业用地67宗、164.48公顷，其中,成交58宗、流拍9宗，成交面积121.98公顷，成交金额5.97亿元。全年出让经营性用地66宗、157.27公顷，成交金额47.62亿元。其中，城区土地5宗、6.27公顷，成交金额3.99亿元；其他镇(园区、街道)土地61宗、151公顷，成交金额43.62亿元。开展工业用地出让金清理专项行动，向43个超期未缴纳土地出让金的单位下发催缴通知书，22个单位缴付到位，催缴款项2.68亿元，与21个出让金未缴款到位的单位解除土地出让合同。开展农村宅基地及集体建设用地确权登记发证工作，完成全市宅基地发证34.20万宗，面积3381.8公顷，发证率98.9%；完成集体建设用地发证4677宗，面积1556.1公顷，发证率99.8%。发放各类土地证书1.92万本，评估各类土地98宗、188.95公顷。出让采矿权3宗，出让资源量1830万吨，出让价款1.74亿元。全市6个矿山企业的2.14亿元规费全额征缴到位。

【“四全”服务模式建成运行】 国土资源“四全”服务模式是以“全业务网上办理、全区域便民服务、全流程优化审批、全节点效能监控”为目标体系的国土资源行政审批服务模式，由无锡市国土资源局于2013年下半年创造性提出并在无锡全市推广。2014年4月，市国土资源局，启动推进“四全”服务模式。按照“权限能放即放，材料能简则简，时限能短必短”的原则，全面梳理国土资源现行行政审批事项及审批制度，通过流程再造、程序简化、权限下放等措施压缩办理时限、提高服务效能。审批流程压缩76项归并14项，行政事权下放26项，审批时限缩短62%。同时，优化硬件设施，国土所(分局)服务窗口改造，统一外观设置，添置便民设施，配强业务人员，公开办事流程和收费标准，最大程度地方便群众办事。12月，该模式全面建成，全市20个服务窗口上线运行。全年办理各类业务1.87万件，其中异地办理1180件。

【“国土卫士”视频监控系统建成投入】 宜兴是全国著名陶都、“建材之乡”，长期以来的开山取料、办矿采石，尤其是一些违规开山挖矿行为，使生态环境遭到破坏。为构建国土资源执法监察长效管理机制，实现国土资源“全方位、全天候、全区域”监管，市国土资源局与中国移动宜兴分公司合作，开发建设“国土卫士”视频监控系统。该系统充分利用移动公司丰富的基站铁塔资源，结合移动云计算和互联网技术，在基站铁塔顶端安装高清网络球机摄像头，通过基站光纤宽带连接至国土局现有监控平台，实现对铁塔周边2千米范围全方位、全天候监控。2013年年末，该系统在丁蜀镇试点。2014年年初，在全市范围推广应用。9月，系统启动运行，全市18个镇(园区、街道)完成安装视频监控探头267个，监控范围覆盖除湖泊水面、城市建成区、建制镇建成区的全市辖区及重点矿山监管区域。管理人员足不出户，即可通过后台电脑，全天候、全角度地观测安装点周围2—3千米的矿山开采、土地使用情况，弥补了人工巡逻的不足。

【国土资源节约集约模范县(市)创建成功】 近年，宜兴市以创建国土资源节约集约模范县(市)为抓手，按照“控总量、优增量、盘存量、活流量、提质量”的总体思路，通过量质并举坚守耕地保护红线、激活存量挖掘土地资源潜力、优化配置提升土地利用效率、深化整治打造绿色生态矿业、强化执法维护资源利用秩序、量化考评形成节约集约激励机制，实现土地利用水平明显提升、资源保护成效更加显著、资源利用秩序更加规范。2014年年初，参与第三届国土资源节约集约模范县(市)创建活动。1月，成立创建活动领导小组，制定发布创建活动实施方案。2月至5月，完成数据资料收集和创建活动总结汇报材料。7月，通过省国土资源厅对市创建活动进行的考核、验收。10月，宜兴市获“江苏省国土资源节约集约模范县(市)”称号，并获新增建设占用农用地计划200亩指标奖励。至年底，单位建设用地固定资产投资较2010年增长49.2%，单位建设用地GDP产出较2010年增长42%，每亿元GDP耗地量较2010年下降30%，优于上级下达的考核目标。全市土地开发强度为19.8%，是苏南地区土地开发强度最低的县(市)，低于平均水平8个百分点。

【地质灾害防治】 为科学防治地质灾害，合理开发利用地质环境资源，最大限度避免和减轻地质灾害给人民生命和财产造成的损失，5月，依据《江苏省2014年地质灾害防治方案》《宜兴市地质灾害规划(2013—2020年)》要求，结合2013年度地质灾害防治工作情况，市政府制定实施《宜兴市2014年度地质灾害防治方案》，明确至2020年全市地质灾害防治工作的指导思想、基本原则、战略重点和目标任务。全力做好地质灾害预防工作，汛前组织排查重点防治区13个，确立全年防灾重要隐患点9个，完善镇、村、组及监测人的地质灾害群测群防组织，编制完成各隐患点应急预案。加强地质灾害评估，全年完成地灾评估项目12个，面积52.45公顷。积极开展地质灾害隐患点治理工作,5月,省财政支持项目张渚镇牛山隐患点治理工程方案通过专家评审,12月,清除了太华镇新增的两处地质灾害隐患点。

【国土综合整治】 年初,市政府制定实施《关于加强和规范土地整治项目管理工作的实施意见》。全年实施官林、西渚-和桥2个土地整理项目,完成土地平整233.33公顷,新增耕地4.33公顷。完成耕地占补复垦项目46个,新增耕地144.47公顷。为推进旅游风景区内和主要交通干线沿线露天开采的矿山治理工作,修复山体自然景观,开展矿山环境整治。至年底,云湖风景区大觉寺边坡治理项目和宁杭高铁黄梅山、大狼坞、景台山项目竣工,完成复绿坡面5.49公顷,复垦废弃地2.1公顷;宁杭高铁沿线南山矿区、陆平岕项目受重新招标及设计调整等因素影响,项目推迟至2015年完成;丁蜀镇大潮漏废弃矿山地质环境治理项目为2012年度省地勘基金项目,8月,该项目通过省国土资源厅组织的竣工验收,获评优秀等级工程质量评价(省矿山地质环境治理领域的最高荣誉)。

【土地市场持续调整】 受房地产市场持续低位运行的影响,全市土地市场活跃度较低。全年经营性用地出让成交总量明显下降,为2013年度成交总量的60.07%。地块出让总体是低价成交,市场活跃度地区差异明显,丁蜀镇出让宗地基本以溢价成交,徐舍镇出让宗地流拍现象严重。地价持续小幅下行,镇(园区、街道)经营性用地成交价为每亩128.48万元,比上年下降5.9%;城区经营性用地成交价为每亩472.88万元。用地结构变化明显,住宅、商住和商业用地分别占出让成交总量的16.42%、39.76%、43.82%,住宅用地比上年下降20%,商业用地比上年上升25%,且以商业服务业用地为主。

(谈婷婷)

工商行政管理

【概述】 围绕市委、市政府开展"项目竞赛年"活动,宜兴工商局推行企业网上登记和企业商号、商标、域名一体化登记,免费发放电子营业执照,提高企业登记工作效率和水平。全年全市新设立内资企业3468个,个体工商户5679户、农民专业合作社122个。全市累计有各类企业2.97万个、个体工商户4.91万个、农民合作社1229个。开展企业融资服务。全年办理股权出质登记55起,担保标的额37.24亿元;办理动产抵押登记280件,帮企业融资(主债权)78.06亿元;办理存货抵押16件(融资8.73亿元),浮动抵押6件(融资3.38亿元),为"云峰"商标和"明珠"商标获得银行质押贷款3500万元。开展"护航品牌"专项活动,引导市场主体实施商标战略。全年新申报商标国际注册3件、国内注册1000多件;新增加驰名商标2件;组织新申报省著名商标15件,再认定28件;新申报无锡市知名商标35件,再认定45件,申报地理标志证明商标"湖㳇杨梅"1件,"陶都岕茶"成为宜兴市首件集体商标。全市有注册商标1万多件、驰名商标35件、知名商标241件、著名商标100件、集体商标1件、地理标志证明商标3件。全年有7个企业首次被国家工商总局公示为2012—2013年度全国"守合同重信用"企业,累计19个,在无锡大市中排名第一;新培育发展无锡市"守合同重信用"企业95个,其中AAA级46个、A级49个。全年上报各类工商信息1256条,协助法院办理股权查封300多起。

【"陶都岕茶"成为全市首个集体商标】 集体商标是指以团体、协会或者其他组织名义注册,专供该组织成员在商事活动中使用,以表明使用者在该组织中的成员资格的标志。为引导宜兴品牌进一步做大做强,宜兴工商局鼓励各类市场主体申领集体商标。但由于申请资格和使用规定等方面制约,以及市场主体对集体商标缺乏正确认识等原因,全市的集体商标一直空白。市陶都岕茶种植专业合作社成立于2009年,位于张渚镇茗岭村,由无锡市供销合作总社、市供销合作总社所属茶场以及市龙背山森林茶场10个在山岕的茶场组成,有社员100余户。有山岕茶园4500亩,其中有机茶园1500亩、无公害茶园3000亩,标准化生产车间2500平方米。2012年,该合作社向国家工商总局递交了集体商标的注册申请。经过两年多的考核,2014年5月,国家工商总局核准该合作社的"陶都岕茶"为集体商标,使之成为全市首个集体商标。

【注册资本登记制度改革】 近年,宜兴工商局探索注册资本登记制度改革,主动参与放宽工商登记的调研,推进工商注册制度便利化。1月,工商局实行注册资本登记制度改革。改革确定:除特殊行业外,全市内资公司制企业注册资本由实缴登记制改为认缴登记制,不再限制公司设立的最低注册资本和出资期限。与实缴登记制相比,实施认缴登记制的新注册企业不必专门准备注册资金,只需在股东认可的企业章程中注明注册资本和出资期限。宜兴工商局加大审批改革宣传力度,开展相关人员专题培训,并优化流程、完善制度。当月,宜兴工商局向宗昀颁发江苏新东邦国际贸易有限公司营业执照,这是实施注册资本认缴登记方式后全省首张企业法人执照。11月,市政府专题召开全市工商登记前置改后置审批管理工作会议,部署工商"先证后照"改为"先照后证"的工作,下发《宜兴市关于加强工商登记前置改后置审批管理工作的意见》。至年底,全市新设立的各类内资企业比上年增长50.3%。

【家庭农场蓬勃发展】 宜兴工商局创新工作举措,落实首问负责制、一审一核、“先照后证”、部门并联审批等服务，主动为家庭农场业主无偿提供名称核准指导、资料填报指导、优先受理登记等“一站式”服务。每月定期组织“农场主”培训，开展“工商服务进农场，排忧解难促发展”“政策宣传大蓬车”“诚信在市场、放心千万家”等活动，编发《家庭农场百题问答》等宣传资料。及时跟踪回访家庭农场在发展和运行过程中存在的困难和问题，为他们排忧解难。宜兴工商局组成专项小组，走访调研9个镇(街道)的37个行政村，收到意见或建议69条(次)，现场咨询解答问题200余次。全年全市登记家庭农场主体183户，比上年增长121%；资金总额4.57亿元，比上年增长162.28%；从业人数806人，比上年增长130.33%。从主体类型看，家庭农场以企业为主，其中，个人独资企业140户，资金总额4.16亿元；普通合伙企业8户，资金总额1188万元；有限公司4户，资金总额1751万元；个体工商户31户，资金总额1225万元。从产业结构来看，家庭农场以第一产业为主，有181户。

【市场监管维护有力】 探索建立健全与改革相适应的市场监管制度，稳步推进年报工作。利用各种媒体加强工商年检改年报的政策宣传力度，加强对工商干部和企业人员的培训。至年底，全市各类市场主体完成外网年报公示6.9万个，年报完成率84.51%。加强广告市场监管，根据上级交办、群众举报、横向部门移办的违法广告线索，采取联席会议、联动监管、信用评价、曝光案例等措施整治房地产、医疗和互联网等虚假违法广告，查处违法广告案件37件，罚没款55.9万元。开展房地产交易、电信业、快递服务行业合同格式条款的专项整治，共检查格式合同480份、违法合同27份，违规合同格式条款49条，立案查处违法案件2件。实施打击虚假标识进口洋品牌商品专项执法行动，查获涉嫌假冒洋商品700多件，案值1400余万元。开展流通领域商品质量检测，共抽检商品1405批(次)，查处565件案件，案值1027万元，有5件销售伪劣产品案被依法移送公安机关。其中：对辖区内流通环节食品经营主体实施监督检查1.09万户(次)，实施流通环节食品质量法定检测452个批(次)，其中省工商局、无锡工商局组织定向监测235个批(次)。全年查处各类食品经营违法行为案件187件，罚没款79.4万元，没收不合格食品410千克。严厉打击传销和规范直销，捣毁取缔传销窝点5个，查处涉嫌传销案件5起，清除非法主体网站15个，教育、遣散传销人员600多人。开展农资市场整治，查处各类农资案件5件，案值3.15万元。加强市场主体综合监管，开展证照管理大排查工作，依法查处无照经营行为。在市政府部署下，宜兴工商局联合市公安局、文广新局等部门开展金三角融达小商品城的专项整治活动。组织工商干部定岗定位到辖区农贸市场“上早市”，开展禽流感监管防范工作。

【商业行会持续发展】 近年，女企业家在经济社会发展中崭露头角。为团结全市女企业家，加强其交流合作，促进自身企业和全市经济协调发展，1月，市女企业家商会成立，79位女企业家成为宜兴市女企业家商会的首批会员。全市电动车销售行业发展迅猛，有电动车经销商、制造商、配件供应商、维修等相关企业近200个，从业人员逾1000人。为加强电动车销售行业管理，规范市场行为，引导行业健康有序发展。9月，市电动车销售行业商会成立，89个企业成为首批商会会员。市酒类同业商会(协会)成立后，加强全市酒类市场诚信体系建设，提高消费环境安全度、经营者诚信度、消费者满意度，6月，市酒类行业协会等13个行业和协会被评为江苏省放心消费创建活动示范行业(组织)。

2014年宜兴市被新认定的中国驰名商标

表59

商标名称	企业名称	认定途径
金道及图	宜兴申利化工有限公司	行政
地龙DILONG及图	江苏地龙管业有限公司	行政

2014年宜兴市被新认定的江苏省著名商标

表60

序号	商标名称	企业名称
1	强飞及图	无锡双诚碳炭黑有限公司
2	金道及图	宜兴申利化工有限公司
3	陶都及图	江苏国立化工科技有限公司

续表60

序号	商标名称	企业名称
4	天音TIANYIN	江苏天音化工有限公司
5	虎皇	无锡市虎皇漆业有限公司
6	高科及图	江苏高科石化股份有限公司
7	HNGJ	江苏沪宁钢机股份有限公司
8	宇杰及图	江苏宇杰钢机有限公司
9	XTY及图	江苏小太阳机械科技有限公司
10	江旭及图	江苏江旭铸造集团有限公司
11	瑞尔及图	无锡市瑞尔精密机械股份有限公司
12	双盾及图	宜兴市化工成套设备有限公司
13	长益及图	无锡市长城电线电缆有限公司
14	百合及图	无锡市曙光电缆有限公司
15	远程	江苏新远程电缆股份有限公司
16	才丰及图	江苏远通电缆有限公司
17	丰乐及图	江苏东南电缆有限公司
18	华燕及图	无锡华燕新电源有限公司
19	云峰YUNFENG及图	江苏东峰电缆有限公司
20	鑫曦及图	江苏长远电缆有限公司
21	彩极CAIJI及图	江苏恒峰线缆有限公司
22	泛亚FANYA及图	泛亚电缆集团有限公司
23	凯电及图	江苏中辰电缆有限公司
24	明珠MINGZHU及图	无锡市明珠电缆有限公司
25	俊知技术及图	江苏俊知技术有限公司
26	鼎安DINGAN	江苏宝安电缆有限公司
27	鹏鹞	鹏鹞环保股份有限公司
28	图形	江苏博大环保股份有限公司
29	興达	江苏兴达文具集团有限公司
30	春燕及图	宜兴市兴合树脂有限公司
31	中村窑具及图	宜兴中村窑业有限公司
32	硅莫红	江苏君耀耐磨耐火材料有限公司
33	方圆及图	宜兴方圆紫砂工艺有限公司
34	艺萃及图	江苏省宜兴彩陶工艺厂
35	图形	宜兴市金鱼陶瓷有限公司
36	乐祺	宜兴乐祺纺织集团有限公司
37	艺蝶ARTBUTTERFLY及图	宜兴市艺蝶针织有限公司
38	荆谊嘉	宜兴海晟食品有限公司
39	茗鼎	江苏津如现代农业开发有限公司

续表60

序号	商标名称	企业名称
40	陶都TAODU及图	宜兴市丰汇水芹专业合作社
41	苏南及图	江苏苏南饲料有限公司
42	JSHH及图	华虹建筑安装工程集团有限公司

（高耐洪）

质量技术监督

【概述】 强化食品监管，开展“五星企业”（中国星级品牌）创建活动，加强监管、检验、执法三位一体监管，组织开展食品安全风险隐患大排查大整治行动，开展节日热销食品、豆制品、桶装水、食品标签等专项检查11次；全年培训食品企业180多个，出动监管人员1856人次，巡查食品生产企业693个（次），查处食品违法案件40起，抽检产品1500批（次），合格率97.20%。强化特种设备安全监管，1930个单位完成特种设备安全标准化达标管理，分级分类监管单位632个，C类监管单位100%完成整改升级。加强特种设备现场安全监督检查，市质监局牵头制定《宜兴市电梯安全管理联席会议制度》，推进全市电梯安全联合监管，开展气瓶、场（厂）内专用机动车辆、非两工地施工起重机械、“六打六治”*、“打非治违”（打击非法和违法违规行为）等专项检查，组织开展特种设备安全集中检查整改专项行动、高温季节和重要节假日及南京青奥会等重大活动期间的特种设备安全保障工作；全年立案12起，督促3700多个特种设备使用单位开展事故隐患自查自纠，经督促完成整改一般事故隐患893条、严重事故隐患401条，严重隐患100%督促整改。强化质量监管，开展2014年许可证获证企业巡查，巡查许可证企业88个，督促整改问题172个；年内新增体系认证企业25个；2013年四季度至2014年三季度全省产品质量监督抽查中，宜兴抽查合格率为96.8%。江苏高科石化股份有限公司生产的“高科”牌柴油机油、无锡市远登电缆有限公司生产的“远登”牌电线电缆、江苏凯达电缆有限公司生产的“丰义”牌电线电缆、宜兴市金鱼陶瓷有限公司生产的“金鱼（图形）”牌陶瓷酒瓶系列、宜兴狮王木业有限公司生产的“辛巴”牌实木复合地板被认定为“江苏名牌产品”。全市累计有60个企业63种产品被认定为“江苏名牌产品”。强化依法行政，全年办理案件77起，无行政复议、行政诉讼；发放行政指导文书620份，指导510个企业规范生产。宜兴质监局驻市行政服务中心窗口获“全国组织机构代码文明服务窗口”称号。强化打假治劣，全年出动执法人员2000多人次，受理举报投拆128余起，检查企业800余个，立案查处各类违法案件81起，涉案货值860多万元。

【耐火行业首个国家级标准化工作组在宜成立】 宜兴有“耐火之乡”的美称，2014年全市有各类耐火、保温企业700余个，年销售额逾80亿元，占全省耐火行业的三分之二，在国内形成一定的集聚效应和产业优势。宜兴摩根热陶瓷有限公司在全国耐火行业享有较高知名度和影响力，企业年产量达5万吨，拥有国家级重点新产品1种、授权实用新型专利10项。该公司于参与修订2011年的1项隔热耐火制品国家标准于2013年5月颁布实施。2014年10月，全国耐火材料标准化技术委员会高温隔热耐火砖工作组（SAC/TC193/WG01）在宜兴成立，该工作组由宜兴摩根热陶瓷有限公司承担，成为全市耐火行业首个国家级标准化工作组，主要负责高温隔热耐火砖领域国家标准和行业标准的制修订工作。

【技术标准战略收效显著】 近年，市质监局围绕“自主创新、专利技术”，推进高新技术企业实施技术标准战略。2014年服务企业4500余个，确认标准8500多个，指导企业取得采标证书61件，开展执法900多人次，培训5300多人次。年内，宜兴企业参与制修订的18只国行标已发布实施。新增宜兴企业参与制(修)订的国标、行标47个，其中有21个由宜兴企业作为主要起草单位承担制(修)订任务。江苏小太阳公司作为国内纺织印染机械配件的龙头企业，先后牵头主导制(修)订《布铗》《布铗链条》《单层拉幅定形机》等6个行业标准，提高了纺织机械整机的通配性，提升中国印染机械行业在国际市场的竞争力。江苏小太阳机械科技公司承担的“全国纺织机械与附件标准化技术委员会/纺纱染整机械分技术委员会/浆切吸边装置及定型机配套件标工作组”（SCA/TC215/WG4）成立。无锡市家整体住宅有限公司承担的“全国木材标准化技术委员会结构用木材分技术委员会《木结构试验 框架墙体软重物体撞击试验》标准制定工作组”（SCA/TC41/WG06）成立。全市累计拥有国家级标准化工作组5个，宜兴企业的行业话语权进一步增强。组织2个企业分别申报水污染治理装备联盟和循环经济标准化试点。加强农业标准化和服务业标准化工作。全年制(修)订农业企业标准10个，申报省级农业地方标准制修订项目6

个、省级农业标准化示范区项目4个,监督管理在建省级农业示范区2个。"免费公共自行车绿色交通综合服务"标准化试点启动。

【计量检定】 年初,为解决群众生活、生产难题,宜兴计量所制定免费检定工作方案和计划表,选派素质高、业务精、能吃苦耐劳的检定人员免费检定。指导农村医疗卫生单位建立计量器具台账、配备计量管理人员、完善计量管理制度,提高其计量管理水平。6月,宜兴计量所免费检定全市231个社区卫生服务站、18个计划生育指导站、12个社会福利机构的726台在用医疗计量器具(血压计694台、B超20台、人体秤12台),免费修理478台,合格率100%。为确保环境监测用计量器具的准确可靠,8月上旬起,宜兴计量所对全市化工、印染、污水处理等重点污染源企业在用环境监测计量器具开展周期强检工作。检定历时三周,完成66个重点污水排放企业(含污水处理厂)的116台(件)污水监测计量器具和17个烟气排放企业的31台(件)烟气监测计量器具的检定,其中COD(化学需氧量)在线监测仪62台、明渠堰槽流量计37台、氨氮在线监测仪17台、粉尘在线监测仪8台、SO_2(二氧化硫)在线监测仪23台。全年宜兴计量所完成免费计量检定4800多台,年检计量确认企业700余个,培训企业计量工作人员180人,检查重点用能单位19个,组织31个重点用能单位进行能源计量数据网上直报工作,开展瓶装液化气充装单位、电机生产企业计量专项执法检查,开展商品计量监督抽查687批(次),合格率96.6%。

(杨澜)

安全生产监管

【概述】 市安监局开展安全生产检查整改行动和"六打六治""打非治违"专项行动,组织开展"一节两会"期间安全生产大检查、复工复产大检查、夜间生产企业突击检查,对存在重大隐患的企业依法停产整顿,跟踪督查整改落实情况,防范和遏制生产安全事故发生。推进重点行业安全生产专项整治,完成54个涉及在役化工装置设计诊断、156个涉及有限空间作业、121个存在较重职业病危害企业的专项整治计划。深化安全隐患排查治理体系建设,6989个注册企业上报并整改隐患8518条。市安全生产监察大队在张渚、徐舍、官林、和桥、周铁、丁蜀、城区七个中心片区派驻安全生产监察中队,全年完成执法检查1043次。加强职业卫生管理体系建设,构建诚信经营、公平竞争、优胜劣汰的技术服务体系。全年组织开展职业卫生"三同时"*评审7次,完成职业卫生安全许可证试点39个,调查核实职业病诊断申请35个(对),组织职业健康体检3.02万人次。为提高工业企业的安全管理水平,预防安全生产事故发生,年初,市安监局印发《关于加强工业企业安全生产服务工作的指导》,指导企业定期开展隐患排查治理,加强职业病防治,抓好应急管理和应急装备建设。组织开展安监、交通、环保、气象、卫生等9个部门参与的2014年宜兴市危化品运输车辆事故应急演练。指导12个镇(园区、街道)及16个重大危险源企业的应急救援演练。定期发布《宜兴市安全生产预警分析》,全年通过短信平台向企业发送预警短信12万余条。12月,由全省安全生产条线32名专家组,成立的宜兴市安全生产专家库建立全年全市安全生产形势保持平稳,发生生产安全事故10起,死亡10人;火灾事故1370起,死亡9人;交通安全事故2.7万起,死亡250人。非煤矿山行业连续十年保持零死亡,全市未发生较大以上事故。年内,宜兴市被国家安监总局确定为60个危险化学品重点攻坚县(市、区)之一。

【安全检查】 建立以覆盖全年的安全生产大检查为主,集中检查、突击检查为辅,重点专项检查、联合检查为补充的安全监管检查网络。以"全覆盖、零容忍、严执法、重实效"为要求,组织开展以危险化学品行业为检查重点的全市安全生产大检查、安全生产监察整改专项行动检查和"六打六治"打非治违专项行动,共督促指导企业排查并整改隐患5454条。"8·2"昆山事故后,组织检查生产经营单位和场所5115个(次),责令整改、限期整改、停止违法行为2.38万起,责令停产、停业、停止建设企业6个,关闭非法违法企业1个。定期开展专项检查。2月,专项检查全市烟花爆竹零售企业,对7个经营单位立案处罚。元旦、春节、五一等重大节日期间,组织开展节前专项检查。6月,市安监局会同市旅游局、质监局等部门专项检查竹海、森林公园、张公洞、善卷洞等景区的安全监管情况、特种设备以及隐患排查治理等情况。8月,专项检查全市59个危险化学品企业。不定期开展突击检查。突击检查太华镇7个化工经营单位,立案处罚2个。在高温期间,开展交叉对口检查。吸取如皋市双马化工"4·16"粉尘爆炸事故教训,组织40多名相关人员和多名化工专家,按片区分成7个检查小组,实行跨区域对口互查。加强重点危险源监管。每季度定期检查全市31个重点危险源单元。全年通过应急救援平台监控中心发现重大危险源视频数据、模拟量数据问题216起,及时处置相关企业液位报警73起。

【重点行业(领域)安全监管】 继续把重点行业(领域)安全作为全市安全生产工作的重中之重。通过逐一登记、建档立案、督促整改、跟踪问效等措施排查工贸行业企业3200个,确定涉及有限空间作业专项整治的企业156个(拥有密闭及半密闭空间总数218个、地下有限空间总数6个、地上有限空间总数212个),至年底通过整改全部达到整治目标。组织开展涉氨制冷企业专项治理"回头看"行动,检查企业7个,排查并整改隐患34条。逐一核对全市90个与危险品相关企业，完成在役化工装置设计诊断54个。向职业病专项整治企业送达告知承诺书，推进专项整治工作，全市121个存在较重职业危害的企业，申报率达100%，体检、检测率达90%；完成其他一般作业场所职业病申报与备案2860个。

【安全生产标准化建设】 年初，市安监局强调安全生产标准化建设与深入开展安全执法行动相结合，与安全生产专项整治相结合，与推进落实企业安全生产主体责任相结合，与加强职业安全健康工作相结合，分行业、分领域、分地区树立一批安全生产标准化建设的示范企业、标准化建设先进车间、先进班组和先进个人。至年底，全市687个规模以上企业和77个危险化学品经营涉及储存设施全部创建达标，达标率100%；168个危险化学品使用企业中通过安全生产化标准化建设达标评审的有165个，达标率98%。

【政府购买安全生产服务试行】 年初，通过政府购买方式，聘请在省内招标的技术服务中介机构对全市50个重点行业（领域）开展安全检查。由技术服务单位针对企业的工艺特点，组成相应技术专家队伍，每季度检查被服务企业，对检查发现的问题和隐患提出整改意见或建议，出具《安全生产专业技术检查报告》，同时跟踪复查隐患整改情况，形成复查报告并向市安监局备案。市安监局采取书面警告、法定代表人约谈和解除合同等途径，实时监督技术服务机构，确保服务质量和效果。专家检查服务分两轮进行，第一轮发现隐患1320条，完成整改1124条，整改率85.2%；第二轮重点巡视企业罐区安全设施设备，发现隐患256条。9月，市安监局召开隐患整改推进会，对未按时整改到位的重大安全隐患进行分类、分级归口负责，限时整改。

【安全生产培训】 年初，市安监局投入100余万元，整体搬迁市安全生产考试点并更新升级原设施设备。3月，市安监局制定《宜兴市工矿商贸规模以上企业从业人员全员安全培训工作实施方案》，开展“三项岗位”（煤矿主要负责人、安全生产管理人员和特种作业人员）人员、班组长和农民工为重点的全员培训工作。同时，全市建立起市、镇、企三级联动的立体培训工作网络。在不影响企业正常生产、不增添企业麻烦、不由企业承担任何费用的基础上，市安监局通过免费上门辅导、发放培训资料、上门放映安全生产内容的电影等方式，指导督促企业开展全员培训。7月22日起，全市开展为期一个月的企业安全培训和持证上岗专项执法检查，重点检查危险化学品生产和储存企业、非煤矿山企业、烟花爆竹批发企业以及特种作业操作人员较多的规模以上工业企业，共检查全市企业222个。全年组织法定培训1.47万人，其中企业负责人5274人、安全管理员6455人、特种作业人员1414人；完成规模以上企业全员培训589个企业，厂、车间、班组三级培训5.51万人次。

安全生产现场检查（市安监局 提供）

【安全生产宣传教育】 与宜兴日报社、广播电台、宜兴电视台等主流媒体联手打造安全生产宣传知名品牌，营造安全生产氛围，全年编发《宜兴安全生产》专版12期，播出《安全之声》电台专题节目47期，采编《关注安全》专题电视节目7期。办好“宜兴安监”政务微博，全年发布安全生产信息微博412条，借助宜兴日报手机报发布安监信息248篇。全年刊出《安全生产信息》21期、《安全生产信息专刊》9期。与市邮政部门联合印制《安全生产直邮通》1.25万份，寄送至企业生产基层一线。市安监局联合建设、质监、交通运输等部门在文化广场、丁蜀镇和周铁镇举办现场咨询3场，共发放宣传资料6万余份。推荐江苏东峰电缆创建成为省级安全文化示范企业。与市锡剧团联合创作，打造以“强化红线意识、促进安全发展”为主题，融合歌曲、舞蹈、小品、锡剧和魔术等形式的安全文化专题演出，在全市巡演8场。依托市影剧公司农村电影放映队，将安全生产知识送进农村、重点企业，在全市放映安全生产电影815场。

（张琦）

食品药品监管

【概述】 紧扣“保食品药品安全”中心任务，加强市场监管、提升执法力度、优化监管环境。部署开展医疗器械“五整治”*和农村食品市场“四打击四规范”*等重点工作,防控食品药品安全风险,确保群众饮食用药安全。加强ADR(药品不良反应监测)、MDR(医疗器械不良反应监测),举办医疗器械不良事件监测培训班,印发临床常见不良事件病例等资料,全市上报药品不良反应病例480例,严重不良反应新病例212例,医疗器械不良事件356例,药物滥用监测报告表213份。开展药源性兴奋剂专项整治,市食品药品监管局印发《关于南京青奥会期间进一步加强宜兴市药源性兴奋剂监管工作的通知》,要求各企业按照国家规定的药品类兴奋剂品种目录进行自查。组织协管员开展对辖区内药品经营企业的巡查和宣传工作,年内没有发生含兴奋剂药品流弊事件。开展电视购物专项整治行动。指定专人监测电视台、广播电台、报纸、互联网等媒体发布的药械广告、药品信息情况,移送违法药品广告5条。继续分类评审食品小作坊,有302个食品小作坊通过分类评审纳轨管理。全年未发生重大食品安全事故和源头性药害事件。

【医疗器械“五整治”专项行动】 年初,宜兴药监局制订《宜兴市医疗器械“五整治”专项行动实施方案》,成立医疗器械“五整治”专项行动领导小组,明确整治重点,落实科室职责,规划工作步骤。通过召开动员会议、电视新闻报道、报纸刊登信息、举办广场咨询、深入社区讲解、开展知识竞赛等方式宣传“五整治”工作。检查坚持以重点企业、重点产品、重点环节、重点内容为主,采取集中检查和突击检查相结合、整治与规范并重的工作方式,重点检查生产企业产品的生产、检验过程,经营企业采购销售产品的合法性,使用单位产品购进使用的规范性等情况,做到涉械单位检查无盲点、过程环节无断层。年内出动执法人员472人次,检查医疗器械生产单位13个、医疗器械经营企业71个(医疗器械批发企业29个、零售企业42个)、医疗机构46个。查处李某无证经营美容用三类器械玻尿酸案、某生产企业生产无注册证器械案等7起违法案件,货值金额7.95万元,罚没款4.77万元。取缔无证经营窝点2个,责令整改7户(次),采取行政指导措施建议企业自主注销许可证3个。

【《药品经营质量管理规范》全面落实】 为全面落实新版《药品经营质量管理规范》(GSP),提高药品经营企业管理水平,市食品药品监管局组织执法人员新版GSP学习培训。全年培训300余人次。组织行业培训,通过组织企业负责人培训班、开展网络继续教育等方式,对比解读新、旧版GSP的内容。通过行业协会会讯、药械远程监管平台、《宜兴日报》等宣传新版GSP内容,提高公众认知度。派专人现场指导相关企业,督促企业尽早完成硬件设备改造、软件系统升级及执业药师的配备,主动引导难以通过的企业转行或退出。4月,对GSP证到期、新办企业按照“一个标准、一把尺子”的原则实施认证工作,全年认证企业30个。

【食品药品违法犯罪案件查处】 全年立案查处药械违法案件33件,案件标值44.36万元,作出处罚超100万元;查获假冒知名品牌药品6个品种、医疗器械3个品种,取缔无证经营7个;宋文泰、王霞生产销售假药案移送公安机关侦查,被公安部列为全国“打四黑除四害”督办案件,两名犯罪分子分别被判处有期徒刑5年、处罚金30万元和有期徒刑3年、缓期4年、处罚金20万元;“陈玉杰生产销售假药案”移送公安机关调查。全年监督检查食品企业1.6万余个(次),查处违法案件315件,涉案金额536.8万元,罚没款76.2万元。市食品药品监管局组织公安、农林、质监、工商、卫生、商务等部门开展联合执法,查处黑作坊、黑窝点,捣毁一家使用“AB粉”(A粉含6-苄基腺嘌呤、B粉含赤霉素)、无根水等添加剂生产豆芽菜窝点,查获并销毁“毒豆芽”50吨,由公安、检察部门批捕犯罪嫌疑人8人,震慑制售假劣食品违法犯罪行为。

【农村食品市场“四打击四规范”】 年内,市食品药品监管局以农村食品小作坊、小食杂店、农家乐等为重点对象,组织开展农村食品市场“四打击四规范”专项整治行动。联合质监、工商、卫生等部门对食品加工小作坊和主要辐射农村地区的食品批发市场等农村食品源头加大治理力度,共出动执法人员1.3万余人次,检查食品生产单位1000多个(次)、食品经营户9000多个(次)、批发市场等各

药品经营企业专项检查　　（市食品药品监管局　提供）

类市场150多个(次),监督抽检食品467批(次),取缔无照经营户54个,查处食品违法案件59件。经过专项整治行动,食品小作坊、小经营户等食品安全状况得到改善,农村食品市场保障水平得到提高。

【食品药品检验检测】 市食品药品监管局注重收集和分析近年国家及各省药品监管部门发布的药品质量公告和查处假劣药品信息,从中筛查出辖区的经营使用量大、易出现质量问题的重点企业、重点品种作为重点抽样对象,提升抽检效能。全年完成监督抽样319批(次),快速检验750批(次),收到检验报告书84份,其中不合格15份,不合格率达17.8%。全市实施食品实验室检测4490多批(次),合格率达94.3%;快速检测近68万批(次),合格率达98.5%。7月,针对"上海福喜事件",开展肉与肉制品检查执法,强化食品各环节原料质量安全检查,出动执法人员2488人次,检查生产经营企业1967个(次),实验室检测肉类食品24批(次),快速检测"瘦肉精"样本数2.29万个,合格率均为100%。实施肉制品执法检查定期报告制度,确保全市肉制品质量安全。根据市场状况,将市食安办抽检目标由去年的400批(次)增加到500批(次),扩大抽检品种的覆盖面,抽检合格率为98.3%。

【食品药品安全科普宣传】 5月,为提高师生食品安全常识知晓率、增大学校食品安全管理力度,市食品药品监管局联合市教育局举办全市"食品安全知识进校园"活动,为全市中、小学师生普及食品安全知识。组织宜兴工商局、市质监局、市卫生局等单位的专业人员走进校园,为学生上关于食品药品安全的公开课,录制专题宣传视频并放在宜兴教育网上供学校师生收看,向学生发放食品药品安全知识宣传折页7万份。按照有统一标识、有活动场所、有科普设施、有宣传阵地、有兼职人员、有工作制度的"六个有"标准建设食品药品安全科普宣传站。依托全市各村(社区)食品药品工作站,将食品药品安全科普宣传、培训、咨询、服务与村级食品药品安全工作整合起来,明确村级食品药品信息员专人负责,提高村级食品药品安全工作资源的利用率。利用全市各村(社区)公共宣传栏统一展出食品药品安全科普宣传展板,在公共阅览室为村民提供食品药品安全科普宣传资料。借助食品药品安全科普宣传站宣传"四打击四规范"整治行动工作内容,鼓励村民提供线索、配合有关部门开展整治,发挥了食品药品安全科普宣传站工作平台的作用。10月,确定和桥楝聚村、丁蜀蜀山社区、宜城宝东社区为先行点。年内,组织人员走进宜城文化广场、丁蜀蜀山社区、宜城土城社区、湖㳇敬老院等地开展宣传服务活动,资深执业药师和执法人员为社区群众作专题讲座、并展出宣传展板、发放宣传资料,接受群众咨询和投诉。

(唐振宇)

海事管理

【概述】 围绕水上交通安全重点,履行监管服务职责,开展"打非治违"、水上交通安全生产检查整改、水上交通安全知识进校园等专项活动,加强西氿备用水源地环境综合整治,完成上海亚信会期间水上安保远端控制工作,全年未发生有海事监管责任的水上交通事故和船舶污染事故。全年办理船舶进出港签证385艘(次),进出港集装箱6538标准箱、大件514吨,实施船舶安全检查10艘(次),执法人员现场巡查700余人次。年内,宜兴海事与市地方海事处签订《共同推进水上安全监管合作备忘录》,就加强联动执法、加强船舶超载运输治理协作、完善水上搜救联动机制等内容达成协议,全年联合巡航4次。为推进水上服务区课题研究,宜兴海事处联合武汉理工大学开展《内河水上服务区建设标准》课题研究,研讨内河水上服务区应具备的基本功能、安全与防污染管理制度建设、从业人员资质等方面的具体标准。探索新媒体平台,加强政务公开,在新浪网开通官方微博"江苏宜兴海事处",更好服务群众。

【26米级海巡艇列装宜兴海事】 1月19日,首艘海巡艇海巡06781列装宜兴海事处。该艇为玻璃钢巡逻艇,是全市最大的公务船和最先进的水上搜救船艇,总长26米,型宽4.4米,型深1.8米,吃水0.8米,主机功率820千瓦,设计航速25节,续航力20小时,能在6级风的恶劣天气下执行巡航搜救任务。它的入列,标志宜兴海事处搜救能力有了大提升。

(潘波)

口岸管理

【概述】 市口岸办强化协调服务,整合优化资源,改善通关环境,搭建具有陆路转关、二类水路口岸、公共型保税仓库及出口监管仓库功能相叠加的现代化口岸平台。全年口岸综合保障能力、口岸服务效能进一步提升,口岸运行安全高效。全年完成口岸集装箱进出量1.27万标准箱,比上年增长4.68%。其中,陆路6055标准箱,比上年增长39%;水运6614标准箱,比上年下降14.63%。完成口岸集装箱货运量17.06万吨,比上年下降6.98%。其中:陆路运输7.48万吨,比上年增长12.14%;水路运输9.58万吨,比上年下降17.91%。新增当地口岸业务企业11个,累计81个。全年旺达保税仓库完成业务9票、125标准箱、保税货值2071万美元,比上年增长170%;宜兴旺达出口监管仓库完成业务22票、72标准箱、货物监管货值299万美元,比上年增长24.6%,帮助企业完成退税38.87万美元。市口岸办拓展水运市场,推进"小船改大船"计划,11月底,宜兴至上海第二条30TEU(标准集装箱)的集装箱驳船投运。口岸码头水路集装箱总运力由原来的62TEU增加到76TEU,保持“天天班”。协助中远航运股份有限公司拓展水运市场,做好水运优势宣传,引导企业利用水路运价优势开展水运业务,为企业量身定做运输及通关模式。牵头召开宜兴重点货代与无锡及宜兴中远航运股份有限公司的合作促进会。深入市场调研,提出建议意见。研究海关特殊监管区域设立的相关政策,为宜兴市申报保税物流中心及海关特殊监管区域提出参考意见;对旺达保税仓库和长三角物流园保税仓库的运行情况进行调研,对后续的运行管理与海关部门共同探讨对策,提出建议意见;研究海关新策的出台,协助旺达公司对出口监管仓库的“入库即退”政策进行再申报;调研宜兴跨境电子商务的发展情况,提出建议意见等。

【熏蒸库房整改工作完成】 市旺达物流有限公司(简称“旺达公司”)由市口岸办主管,承担宜兴海关直通点的转关服务功能、宜兴二类水路口岸功能、宜兴旺达保税仓库的保税功能、旺达出口监管仓库的出口监管四大功能。8月,根据宜兴国检局的相关要求,旺达公司改造口岸熏蒸库房,全面出新熏蒸库房,改造和调试了监控、毒气自动报警、高空排放毒气装置,按标准重装室内外标牌等。改造后的熏蒸库房达到整体密闭、内部循环、快速排气、安全有效等要求,具备安全、经济、实用三大优势,改善了宜兴口岸除害处理硬件条件,保证了进出口产品熏蒸消毒的安全有效。

【口岸功能优化】 强化口岸各部门服务理念,提升服务质量,促进查验部门、仓储运输、报关代理、场站作业之间的协作交流,实施24小时预约加班报关、报检、通关制度,实现各个通关环节的无缝对接。发挥货运代理协会的作用,规范管理船代、货代、运输企业,促进货代与船代的合作,倡导诚信服务、诚信经营,营造公平、公正、合法的市场竞争环境。市口岸办牵头海关、国检、海事等口岸查验部门为企业做好口岸通关服务工作,优化通关流程、出台通关便利化措施,促进外贸便利化服务。年内,市口岸办协同海关、国检、海事部门走访企业8次,帮助解决通关难题10个。协助企业提升信誉等级,新增江苏亨鑫科技有限公司、江苏中广润新材料科技有限公司等A类企业8个,累计46个,江苏江润铜业有限公司被海关授予全市首个AA类企业。与海关、国检等联检部门推进“属地申报、口岸验放”“区域通关一体化”“无纸通关”等改革,全市进出口企业无纸化率超过85%。

(王强)

海关监管

【概述】 全年审结报关单3618票,比上年下降10%;监管货运量16.4万吨,比上年下降1.9%;监管货值7.4亿美元,比上年增长15.3%;征管入库税收7.94亿元,比上年增长24.8%;设立加工贸易合同629份,比上年减少6.7%;合同备案金额6.2亿美元,比上年减少31.2%;核销结案合同570份,比上年减少24.4%;变更延期合同904份,比上年增加43.3%;办理注册企业169个,比上年下降35.7%;查验货物124票,比上年增长33.3%;查获21票,查获率16.94%;保税中后期核查企业16个。1月28日,无锡海关驻宜兴办事处(简称“办事处”)的开发区业务办理点启用。多措并举挖税源,电解铜商品贡献税收5.37亿元,比上年增长12.8%。加强对进口设备服务力度,开拓进口设备税源0.46亿元。提升现场审价业务技能和审价工作成效,审价补税176万元,创历史新高。分行业规范加工贸易企业经营行为,通过核查具体企业来规范整个行业管理。辅导企业用好海关总署简政放权、转型升级的优惠政策,简化手续、降低成本。扩展内销“集中申报”、外发“集中备案”政策受惠面,审批集中外发业务比上年增长102.2%。推动加工贸易无报关单报核,有10余个加工贸易企业享受无报关单报核便利。探索加工贸易企业多样化监管方式,争取专项经费引进会计师事务所对辖区1个企业开展保税中后期查作业。出台9条支持外贸稳定增长措施,编发《对外贸易便利化服务手册》。

【打造便捷高效的通关环境】 年内,办事处推进区域通关合作,引导更多的企业采用“属地申报、口岸验放”模式,把“口岸”功能延伸到宜兴,实现与口岸海关之间的一体化作业、无障碍通关,让更多企业通关便捷。至年底,适用该模式企业达22个,全市长江经济带区域通关一体化报关单在南京关区排在前列。继续加快通关作业无纸化、税费支付电子化改革,使通关流程再提速。12月,通关作业无纸化率达91.3%,使用“电子支付”方式的企业占比超过80%。推进“破难题、促诚信、助发展”企业系列重点服务活动,协助无锡海关关领导与宜兴地区6个企业结对,为企业订制服务措施。提前介入“中国宜兴国际素食文化暨绿色生活名品博览会”,制订活动通关预案,实行现场验放、快速通关。为宜兴奥瑞金包装股份有限公司、无锡荣诚电工材料有限公司等重点企业重大设备进口提供个性化服务,预审进口货物清单,设计物流方案,提供快捷通关绿色通道。推进“宜关零距离”在线服务QQ群,有62个重点企业加入。

【通关一体化改革】 9月,办事处实行长江经济带海关区域通关一体化改革模式,简化行政审批,降低企业通关物流成本,提高贸易效率。改革后企业自主选择通关方式、申报口岸、查验地点。允许代理报关企业“一地注册、多地报关”;企业可以凭“加工贸易业务批准证”办理异地加工贸易备案手续。企业在一地办理的“三预”专业认定、暂时进出境等行政许可决定等审批手续，可以在一体化范围内海关通用；在海关总署总担保及汇总征税项目的基础上，实现“一份保函、区域通用”；允许许可证件证面签注口岸为长江经济带任一口岸的货物，在区域任一海关办理申报验放手续；监管证件多地通用。9月22日，鹰普机械(宜兴)有限公司一批货值9万元的发动机支架，在办事处完成报关手续后，从上海码头装船发往美国，全程仅耗时了3分钟，成为宜兴市企业长三角地区“通关一体化”改革后的第一单。全年，受理一体化(狭义)报关单196票，稳居南京关区同级别海关前列。

【首个AA类企业获批】 办事处加大高资信企业培育力度，引导企业提升管理类别，助力企业信用升级以提升外贸竞争力。坚持开展“送法进企业”活动，先后召开专题政策宣讲会7场，参会企业200多个，帮助企业提高守法自律意识；坚持推动大型加工贸易企业探索自律管理，引入会计事务所开展“健康体检”，规避企业内部管理风险；坚持企业类别精细化管理，调查辖区538个“休眠企业”，促进企业规范经营；多途径宣传海关信用管理新政策，提高海关信用管理制度在进出口企业中的认知度和参与度。全年新增A类企业8个，累计达42个。10月，江苏江润铜业有限公司获得海关总署AA类企业的核准批复，成为宜兴地区首个AA类企业。

【关检合作“三个一”快速通关试点成功完成】 8月1日起，海关、检验检疫“三个一”(一次申报、一次查验、一次放行)模式推行到全国所有直属海关和检验检疫部门、所有通关现场、所有依法需要报关报检的货物和物品。办事处落实上级要求和部署，加强与市检验检疫部门的联系配合，建立例会制度、跟踪周边先行地区最新进展动态、研究细化推进方案、及时协调解决难题，成为无锡地区推行关检合作“三个一”的试点。12月25日，明宇石业有限公司依托江苏省电子口岸平台关检综合录入进口货物信息，通过“一次申报”客户端，以“一次录入”方式向海关和国检同时申报，成功申报转关进口大理石荒料744吨、货值11.1万欧元，关检共同对货物实施一次查验和一次放行，这标志着无锡地区首票关检合作“三个一”快速通关业务试点在宜兴口岸完成。

(周传亮)

出入境检验检疫

【概述】 全年探索“放、管、治”三位一体的质量发展路径，服务地方转型升级，深化改革创新、推进职能转变。有力助推宜兴紫砂申报国家地理标志保护产品、口岸外来有害生物截获、木质包装联合检疫执法、出口产品退运调查等。全年检验检疫出入境货物1.79万批(次)，货值9.78亿美元，受法检目录调整影响，分别比上年降低28.94%和28.42%。其中，出境报检1.76万批(次)，货值8.29亿美元，分别比上年降低29.47%和33.79%。签发各类优惠原产地证书1.34万份，签证金额6.57亿美元。全年免收出口商品法检费用375万元。全年减免检验检疫收费450万余元。年内，宜兴检验检疫局获江苏省文明口岸先进单位、江苏省级青年文明号等称号。

【依法行政扎实有效】 1月，对宜兴某电缆企业从芬兰进口的一批110千伏高压电缆悬链生产线设备开箱检验，发现箱内有大量积水，要求电缆企业与进口设备代理公司、理货公司、境外发货人等相关方联系，分清各方所应承担的义务。3月，从德国汉堡1批进境木质包装中截获黑条木小蠹、双齿谷盗等在内的十余种活体昆虫，该批昆虫中的桑象甲为全国口岸首次截获。7月，宜兴市某印铁制罐有限公司从日本进口的全自动四色金属印铁机在生产前试运行中出现严重质量问题，宜兴检验检疫人员进行现场监管并第一时间拍照取证帮助企业向设备制造商索赔。11月，从日本进口的木质包装内的货物表面上发现一头象虫，且为死体，鉴定为检疫性有害生物稻水象甲。1—11月，突击检查辖区内出口木质包装，整顿宜兴地区出口木质包装生产经营秩序，查获并处罚两个企业冒用IPPC(国际植物保护公约)印章的行为。12月，对2014年目录外进出口商品开展第二阶段抽查检验工作，确保宜兴地区列入国家质检总局、江苏检验检

宜兴检验检疫、农林联合执法检查进出口企业使用木质包装情况

(市检验检疫局　提供)

疫局抽查目录的产品合格。全年共查处违法案件5起,罚款12万元。检疫处理标准集装箱2456个,比上年增长41%,不合格查处114个,截获有害生物34批(次)116种、190种(次)。

【优质服务助推优势产业】 1月,宜兴检验检疫局为无锡普利司通轮胎进口的一批用于科研测试汽车轮胎,按相关规定进行后续监管,办理3C(计算机、通讯和消费电子产品的简称)免办证明。同月,帮助市金鱼陶瓷有限公司取得输美日用陶瓷生产厂认证证书,该企业成为全市第10个输美陶瓷认证企业。3月,检验检疫宜兴协联生物化学有限公司生产的重量2.2万千克、货值2.97万美元的谷朊粉,协助其成功出口印度,这是无锡地区该类产品首次出口印度市场。5月,帮助浙江昱辉阳光能源江苏有限公司生产的一批96件多晶太阳能电池板组件出口埃及,这是宜兴地区此类产品首次出口埃及市场。8月,宜兴某企业首次向德国出口一批松果,主要用于装饰、点缀、营造节日气氛,检疫人员按照要求进行风险评估,提出检验检疫方案,及时给企业出具了熏蒸证书、植物检疫证书等相关证单。9月,帮助宜兴万昌食品有限公司的一批重达16吨、货值4.67万美元的水煮金针菇首次出口日本。

【两基地被评为省级出口示范基地】 宜兴广新食品有限公司的出口竹笋基地位于太华山区,占地15公顷,远离工业区。该公司产品采用新鲜竹笋为原料,全自动生产线加工封装,产品远销日韩,年出口量逾1600吨,货值400万美元。江苏唯一的大米出口基地市粮油集团大米有限公司的出口示范基地位于宜南山区,栽种银玉2084优质稻种,为确保产品的品质、口感和安全,稻田采用达到二级饮用水标准的山泉灌溉,全程标准化生产,严格控制投入品,并采用低温冷库储藏出口大米。2013年,该基地出口大米350余吨,创汇近40万美元。环保、绿色、生态是这两个示范基地出口产品的最大特点。为推动这两大农产品龙头企业的示范基地申报工作,宜兴检验检疫局与市委农办给予全方位指导,帮助企业整合农业资源,强化科学监管。5月,两个基地均被评为省第六批出口农产品示范基地(区),全市省级出口农产品示范基地累计达5个。

【宜兴造石油脱钙剂出口苏丹】 宜兴创新石化有限公司是一个石化炼油助剂企业。公司初次接到出口订单,对于出口政策和产品标准缺乏相关的认识。宜兴检验检疫局发挥技术、法规、信息的优势,主动服务、为企业解难。多次深入企业调研,收集多方技术资料,将出口需要提供的资料和有关规定提前告知企业;指导企业制订检验方案,帮助企业审核贸易合同、采购合同等相关文件,确保产品质量可靠、安全有效;指导企业质量管理人员严格按照要求,把好产品生产、加工、检验、储存、运输等各环节的质量关口,确保产品顺利出口。1月,经过检验检疫严格检验监装后,该公司货值达15万美元的64吨石油脱钙剂产品运往苏丹。

【宜兴口岸全国首次截获毛胸鳞长(蚍)】 毛胸鳞长"蚍"是一种以植物的种子、根茎、嫩叶为食物的害虫,对农作物及园艺作物的破坏性较强,一旦在境内传播,会对宜兴的苗圃、园艺经济造成不可估量的损失。2月,宜兴检验检疫局从来自德国汉堡的4批进境木质包装中截获数千只昆虫、线虫等外来有害生物。经江苏检验检疫局植检实验室鉴定确认,该批外来生物有松材线虫、滑刃线虫、光滑阔材小蠹等26种,其中毛胸鳞长(蚍)为全国口岸首次截获的有害生物。为防止有害生物扩散,检疫人员按照相关工作流程,完成熏蒸处理,对木质包装内携带的有害生物完全杀灭,并协助进口企业向德国出口商反馈木质包装热处理不合格情况及相关索赔问题。

【宜兴口岸首次进口糖制艾草】 艾草治污是由韩国引进的一种先进技术。天然艾草经过糖浆浸润、萃取、起始菌培养、微生物培养,制成微生物制剂,用于治理土壤重金属治污。6月,宜兴辰希缘菌业有限公司从韩国进口1500千克糖制艾草,用于土壤重金属改良与猪圈除臭,这是宜兴口岸首次进口该产品。宜兴检验检疫局为防范外来有害生物入侵,对糖制艾草进行风险分析,并对其采取直通放行到厂进行检疫抽样。在检疫结果未出来之前,要求企业集中堆放,不得使用。

【中国质量诚信企业增至9个】 "中国质量诚信企业"评选是国家质检总局针对全国出口企业开展的诚信建设活动,是出口企业在检验监管、品牌宣传、贸易征信等方面重要的质量诚信证明,每两年复评一次。从2009年开展质量诚信评选活动后,全市数百个进出口企业报名参与。近年,全市不断推进企业诚信体系建设,宜兴检验检疫局采取座谈、走访、调研等方式,参考商务、海关、税务、工商、环保、银行、统计等多部门信息,推荐产生具有本地特色的优质进出口企业。2014年7月,无锡博大竹木业有限公司、宜兴狮王木业有限公司、无锡江南电缆有限公司、江苏森茂竹木业有限公司、江苏亨鑫科技有限公司、江苏新远程电缆股份有限公司、江苏俊知技术有限公司7个企业被评为2014年"中国质量诚信企业",全市累计9个。

(杨敏)

编辑　朱敏

"美丽宜兴"建设
"BEAUTIFUL YIXING"CONSTRUCTION

综　述

【概述】 围绕“让农业更强、农村更美、农民更富”总目标，以培育引领功能强、辐射范围广、带动效应好的幸福镇村为抓手，建设更加富裕和谐秀美新宜兴。2012年度农村环境连片整治三期（丁蜀镇）工程通过省级验收。2013年度太湖流域一、二级保护区农村环境连片整治工作加速推进，和桥、芳桥、万石、湖㳇、新建5个镇（街道）的工程基本完工。市财政投入3522.5万元美丽乡村长效管理专项资金，确保村庄环境始终干净、整洁、优美。高标准完成首批10个被撤并乡镇老集镇的提升改造工作。张渚镇南门村园田组、西渚镇横山村荷花塘组、徐舍镇胥藏村斛里组创建为省美丽乡村建设试点示范村。西渚镇白塔村被评为江苏最具魅力休闲乡村和无锡市美丽乡村休闲旅游示范村。全年创建无锡市村庄整治标杆示范村60个，西渚镇、和桥镇、芳桥镇、新庄街道创建成无锡市社会主义现代化新农村建设幸福镇（街道），32个村创建成无锡市社会主义现代化新农村建设幸福村，周铁镇实现幸福村全覆盖。至年底，全市累计有江苏最具魅力休闲乡村3个、无锡市社会主义现代化新农村建设示范镇（街道）10个（全市创建比例达56%）、无锡市社会主义现代化新农村建设幸福村144个（全市创建比例达67%），累计有4个镇实现幸福村全覆盖。

【幸福镇村建设推进有力】 围绕建设发展先进村、生活富裕村、生态优美村、社会和谐村、法治平安村五个方面目标，以提高群众幸福指数为主旨，立足农村实际，幸福镇村建设成效明显。成立市幸福镇村建设工作办公室，各镇（街道）也完善相关机构，健全组织领导体系。建立工作责任机制、推进机制和考核机制，把幸福镇村建设目标任务纳入各部门、各镇（街道）年度考核体系。建立定期跟踪考核工作机制，坚持平时跟踪问效、年中进度检查、年末考核评估相结合。许多镇成立督查考核小组，通过主要领导分片挂钩、结对联系，建立定期督查通报制度，加大推进力度。通过各种宣传营造创建氛围。在《宜兴日报》刊登专刊2期，配合宜兴日报社进行“美丽经济”之宜兴样板系列报道。各创建镇村向村民发放创建幸福村倡议书，利用黑板报、宣传橱窗、横幅、标语等，宣传创建的重大意义、前景规划、争创标准和具体措施等，营造共建共享氛围。积极争取上级部门各类资金，32个争创村中的部分村优先被列入省一事一议财政奖补对象、村庄绿化重点村创建对象和省级美丽乡村建设示范村等。全年创建无锡市社会主义现代化新农村建设幸福镇（街道）4个、幸福村32个。

【美丽乡村精品创建深入实施】 在2013年完成陶都美丽乡村三年行动计划基础上，进一步巩固提升美丽乡村建设水平，打响农村生态宜居新品牌，扩大美丽乡村建设在全省乃至全国的知名度。2014年，推进张渚镇南门村园田组、西渚镇横山村荷花塘组、徐舍镇胥藏村斛里组3个省级美丽乡村建设试点示范村建设工作，召开推进工作会，确定专业监理负责规划的实施和质量监督，每月统计工程进度，不定期到现场监督检查，3个村年内均通过验收。同时，由市财政局牵头，市委农办、市建设局、市规划局联合推荐新建镇新建村前周组、丁蜀镇西望村蜀古组2个自然村创建省美丽乡村建设示范村。至年底，创建工作在有序推进中。全年投入3522.5万元美丽乡村长效管理专项资金，提升村庄环境。为推进农村基础设施建设和公益事业发展，结合美丽乡村建设，落实村级公益事业建设一事一议财政奖补项目69个，资金总额4580万元，其中财政奖补资金1950万元，年内项目全部完工。

【幸福美丽乡村各具特色】 随着幸福镇村建设不断深入，结合村庄环境整治，生态村、美丽乡村创建，农村发展迈上新台阶。丁蜀镇定溪村村级经济快速发展，有以纺织、陶瓷、耐火材料生产为主的企业30多个，全村年工业应税销售收入约1.3亿元，吸纳全村劳动力就业1570人，村级可支配收入783.83万元，村民年人均可支配收入2.62万元。丁蜀镇浦南村村民年人均可支配收入2.5万余元，企业职工养老保险率100%，适龄居民参加养老保险率98%，农民最低生活保障率98%。农村环境面貌展现新形象，涌现出芳桥街道芳桥村缪渎桥组、丁蜀镇洋渚村三庄组、西渚镇横山村荷花塘组等幸福村亮点。农村民生福祉实现新改善。各创建村推进和谐社会构建，注重社会公益事业建设，公共文化设施日臻完善并常年开放。开展各类职业技能培训，提高青壮年劳动力技能水平。开展各类农村文化娱乐活动和法制教育活动。增强村民法制观念，杜绝恶性事件发生，稳定社会秩序。

【城乡一体化先导示范区建设初显成效】 2012年，周铁镇、张渚镇被列入无锡市首批城乡发展一体化先导示范区建设试点镇，引领区域协调发展，推动城乡一体化向纵深跨越。2013—2014年，周铁镇转型发展动力强劲，在生态、文化建设等方面成效明显，获"中国人居环境范例奖""中国历史文化名镇""国家机械装备产业基地"称号。张渚镇发挥农业资源优势，万亩阳羡茶园、万亩玫瑰园、龙池山自行车公园等一批集经济与观赏休闲价值于一体的示范园区相继建成。张渚镇善卷村、龙池村分别成为首届"江苏最美乡村"和"全国生态文化村"，张渚镇南门村成为"全省村庄环境整治观摩点"和"2013年江苏最具魅力休闲乡村"。2014年，新增和桥镇、西渚镇为第二批无锡市城乡发展一体化先导示范区建设试点镇。年内，4个先导示范区试点镇结合各自区位、自然禀赋、人文气息、人口和经济发展水平等因素，制订完善发展规划和实施意见，拟定实施项目，重点突出科学规划、产业升级、功能配套、生态优美、固本强基、社会稳定等方面，推进城乡产业、基础设施、公共服务、生态文明"四位一体"建设，促进城乡一体发展。

（蒋竹蔚）

村庄环境长效管理

【概述】 围绕"建设美丽中国示范城市、打造全省最美丽乡村"目标，在完成村庄环境整治两年行动计划基础上，启动村庄环境长效管理工作。3月，市政府出台《关于加强村庄环境长效管理工作的实施意见》（简称《意见》），明确长效管理的内容、标准、考核和奖补规定。督促各镇（园区、街道）、各村及时出台相应的实施细则，基本建立覆盖全市的长效管理制度以及涵盖各自然村卫生保洁、绿化管护、设施养护、河道管护等的专业管理队伍，形成"村主体、镇主抓、部门主管"的长效管理网络体系。全年组织检查、暗访和考核6次，抽查自然村1590个，覆盖率47%，下发检查通报6份。作为村庄环境长效管理重点工作之一，启动并高标准完成首批10个被撤并乡镇老集镇提升改造工作。全年创建无锡市村庄整治标杆示范村60个。

【长效管理常抓不懈】 各镇（园区、街道）和各行政村按照"镇主抓、村执行"总体要求，及时落实市政府《意见》精神，明确责任分工，履行工作职责。高塍、万石、新庄等镇（街道）开展环境综合整治百日活动，重点解决环境卫生死角问题。和桥、湖汊、周铁等镇严格按照各自制订的实施方案有区别、有重点、有步骤地开展长效管理工作。环科园、开发区、宜城等园区（街道）按照《意见》精神，以点带面、重点突破，确保工作的连续性和管理的针对性。张渚、西渚、新建、芳桥等9个镇（街道）由分管领导或市村庄环境长效管理领导小组办公室牵头，组织定期和不定期的检查考核，排出名次，褒奖先进，激励后进，形成"比学赶超、你追我赶"氛围。丁蜀、新建两镇通过现场观摩、发放简报的形式，及时通报各村环境长效管理情况，介绍经验、宣传典型、营造氛围，取得明显成效。每个行政村均全面统计和分析管护人员的配备情况，对管护力量薄弱的自然村加派人员，并合理制定管护人员工资标准。所有行政村完善"组保洁、村收集、镇转运、市处理"的生活垃圾收运处置体系。张渚镇龙池村、西渚镇横山村、徐舍镇芳庄村等村将村规民约、管护责任牌和农村党员责任区公示牌在村庄明显位置公示，设立监督电话，接受群众监督，使保洁区域责任人、监督人、监督电话、党员工作职责和范围等一目了然，以确保生产生活垃圾收集规范、日产日清、绝不堆积。

【日常保洁管理落实到位】 市级层面上，市村庄环境长效管理领导小组办公室会同相关成员单位加大定期巡查、随机抽查力度。坚持市村庄环

万石镇湾斗村新貌　　（鲍陈　摄）

境长效管理领导小组办公室平时督查、成员单位联合检查、镇(园区、街道)交叉暗访相结合,坚持明察和暗访相结合、定期和不定期检查相结合、会议推进和重点督导相结合、情况通报和曝光不合格村庄相结合,将每次检查情况与年底奖补资金挂钩。镇级层面上,各镇(园区、街道)每月至少组织一次考核评比,每次检查排出名次,奖优罚劣、奖惩分明;定期组织观摩学习,比较管护质量好与差、管护水平高与低。村级层面上,加大对管护人员和责任人的考核,组织学习村庄管护标准,使管护人员知道“管什么,如何管”;定期召开管护工作例会,分析存在问题,提出改进措施,提升村庄管护精细化、专业化水平。

(周晓东)

农村环境连片整治

【概述】 自2010年被确定为农村环境连片整治国家级示范市后,宜兴市合理选择整治示范片区,以农村生活污水处理和生活垃圾清运为主要内容,结合示范片区内农村环境综合整治,开展环境连片整治工作。至2014年年底,先后完成一期(周铁镇、新庄街道)、二期(太华镇)、三期(丁蜀镇)和太湖流域一、二级保护区农村环境连片整治工程。年内,2012年度农村环境连片整治三期(丁蜀镇)工程通过省级验收。完成2013年度太湖流域一、二级保护区内和桥、芳桥、万石、湖㳇、新建5个镇(街道)、29个行政村、298个自然村的农村环境连片整治工程。启动覆盖拉网式农村环境综合整治工作,编制完成《宜兴市农村环境综合整治规划(2013—2017)》,向有关镇(园区、街道)下达目标任务书。编制完成《2014年度宜兴市覆盖拉网式农村环境综合整治实施方案》。2013—2014年工程建设涉及14个镇、48个行政村,计划建设污水处理设施44套、配套污水管网和4个行政村的截污纳管工程,年内正在推进中。

【三期工程通过省级验收】 农村环境连片整治三期工程于2012年4月启动,2014年12月通过省级验收。示范片区以丁蜀镇境内湖岸为线,北至丁蜀镇方钱村,南至丁蜀镇大港村,面积约54.7平方千米,包括行政村10个、自然村60个、人口2.77万人,受益自然村36个、受益人口2.03万人。累计投资6732.94万元,其中中央农村环保专项资金2870万元、市财政配套3862.94万元。以农村生活污水分散处理为主要内容,对3个行政村实施截污纳管工程,新建污水管网18.09千米、污水泵站2座,建设分散式微动力污水处理设施22套、配套污水管网101.19千米。通过对生活污水的截污纳管和分散式生活污水的集中处理,新增农村生活污水年处理能力48.58万吨,COD(化学需氧量)、氨氮、总氮、总磷每年分别新增减排83.33吨、5.95吨、7.03吨、2.69吨。突出以提升为重点的垃圾收集体系建设,对示范区内10个行政村增设生活垃圾收集设施,其中增设垃圾中转站1座、垃圾集运点22处、带盖垃圾池215个、垃圾桶1700个、集中清运车20辆、快速保洁电瓶车50辆。突出以形态为重点的村容村貌整治,示范区农村实施房屋立面出新、村庄绿化、环境美化、卫生死角清理等环境综合整治工程。9个自然村通过三星级康居示范村验收,尤其是方钱村洋渭、汤庄村水产、双桥村太湖头、洑东村兰右4个示范自然村,成为花园式、景观式的农村环境新亮点。

(吴笛)

老集镇提升改造

【概述】 根据市委、市政府总体部署,重点提升改造被撤并乡镇的老集镇。4月,对全市25个被撤并乡镇的老集镇区域现状调查摸底后发现,有些老集镇环境“脏、乱、差”问题比较突出。市委、市政府提出利用3年左右时间逐步改造提升,达到建筑风貌整齐划一、公共服务配套齐全、广告招牌规范统一、车辆停放整齐有序、环境卫生干净整洁的目标。7月,确定首批提升改造的老集镇10个。至年底,投入改造资金约9500万元,老集镇提升改造完成年度目标任务。

【老集镇提升改造开局良好】 从人民群众最关心、反响最大、最迫切需要解决的问题入手,实施道路修复、排水和污水管道改造、公厕整治、集贸市场改造和公共服务配套完善等。对改造的项目,做到“应纳尽纳”“应改尽改”;对区域面积大、一次性完成确有难度的集镇,列出分期实施的区域范围,有计划、有步骤地逐步改造到位;规定每个整治项目的开工时间和竣工时间,建立长效机制,加强日常管理,强化即治即管,解决占道经营、乱堆乱放、乱停车辆等共性问题。徐舍、和桥等镇多次专题研究讨论提升改造工作,根据实际情况制订改造方案,部分镇还专门聘请相关设计单位设计改造提升方案。徐舍镇堰头老集镇多次召开现场观摩会,为其他镇(园区、街道)树立样板。严把方案设计关,组织公开招标,实施“全过程、全方位、全环节”的工程质量管控,并在聘请专业监理基础上,实行镇村干部驻场管理,引导群众协助监督管理。除市奖补资金外,开展村企结对和捐资捐建,吸收社会资本参与。同时结合各类创建、农村环境连片整治等项目,筹措资金、整合资源、搭建平台,发挥政府资金叠加效应,破解资金瓶颈。全年投入约9500万元,完成10个老集镇提升改造的年度目标任务,并彻底解决了徐舍镇堰头、和桥镇南新和闸口、新庄街道大塍4个老集镇的污水纳管问题。

(周晓东)

编辑 李逸萍

城乡规划

URBAN AND RURAL PLANNING

规划编制

【概述】 围绕城市总体规划,不断完善规划编制体系,优化城市空间布局,发挥城乡规划的引领和调控作用,各项重点工程建设任务均高质量完成。全年完成《陶都风情小镇概念规划及城市设计》《宜兴市景区资源调查与汇编》《宜兴产业转型集聚区发展规划》《西渚镇白塔村乡村旅游发展规划》等规划研究12个。调查和梳理全市风景旅游资源,探索适合宜兴乡村旅游发展的模式,完成宜南山区可建设资源的调查和分类管理。加强历史文化名城保护规划,基础性调查丁蜀古南街、宜城月城街、丁蜀葛鲍聚居地、周铁十字街等历史文化街区,开展《传统古建聚落人居环境改善关键技术研究与示范》课题研究,探索历史文化街区保护和利用新模式。加快规划保留村庄建设,编制100个不同类型、不同规模规划保留村庄的详细规划。出台《宜兴市农村农户建房规划管理办法》,编发宣传册和建房户型标准图集,为村民建房提供统一标准和技术支撑。

【宜南山区可建设资源调查】 2013年下半年至2014年12月,市规划局调查摸底宜南山区可建设资源,并根据调查情况,形成《宜南山区可建设资源调查报告》。该调查报告重申严格生态保护的原则,统筹兼顾近、中期宜南山区各类建设用地及建设项目合理布局,加强规划对新增及存量建设用地的管控和更新引导,使宜南山区各类建设用地和建设项目在满足规划要求的前提下规范、合理、有序建设。经调查,全市有建成和正在建设的旅游、商业服务设施项目93个,需转型发展工业集中点5处、企业40个,茶场、林场现有建设用地131处,废弃宕口85个,各镇、园区近期规划建设项目用地47处。

【《宜兴市景区资源调查与汇编》编制完成】 2013年下半年至2014年12月,市规划局调查全市18个镇、街道的景区资源,编制完成《宜兴市景区资源调查与汇编》(简称《汇编》),共18册。《汇编》按照国家相关规范及权威资料要求,调查汇总市域范围内的古建筑、古桥梁、古树名木、历代名人事迹、地方风俗、特殊地貌等景区资源名录,根据景区的历史与现状、资源与成果对其进行分类,并配套图像资料,建立景区资源数据库。《汇编》对全市风景资源的保护与开发利用起到存史、资政作用,为宜兴"智慧旅游"建设提供了信息化技术支撑。

【陶都风情小镇概念规划及城市设计】 年内,宜兴市探索新形势下适合高铁新城科学发展的模式,编制《陶都风情小镇概念规划及城市设计》(简称《规划》)。陶都风情小镇位于宜兴高铁站站前区域,规划范围西至国道104线,北至站前大道,东至陶都路,南至湖光路,规划面积2.5平方千米。《规划》以"具有宜兴地方特色的陶文化主题小镇、全国知名的陶文化旅游目的地"为主题,打造低碳环保的陶文化主题街区和山水宜居家园。《规划》提出"一心、两轴、十片"结构布局。其中"一心"指生活配套服务中心,"两轴"指两条东西向的功能发展主轴,"十片"为陶文化核心展示区、民宿体验区、旅游服务区、文化创意区和商住混合区等10个功能区。

【宜兴产业转型集聚区发展规划】 宜兴产业转型集聚区位于宜兴经济开发区科创新城及其北侧区域,规划范围东至范蠡大道,南至芜申运河,西至省道342线,北至殷村港,规划总面积39.6平方千米。集聚区紧邻经济开发区和和桥、万石、周铁、芳桥等镇(街道)的工业园,紧靠锡宜高速公路、省道342线及规划中的宜马通道、周杨公路、范蠡大道和常宜高速公路,具有明显的中心效应和交通优势。规划划分居住组团、生产性服务园、研发组团、产业转移园、新材料产业园、新能源产业园六大功能区。集聚区产业总体发展方向为:做强做大光电子、新能源、新材料、先进装备制造等优势产业,加快培育绿色食品、生物医药等潜力产业,转型升级铸造、化工等传统基础产业,加快发展金融服务、现代物流、会展服务、信息服务、职业培训服务、科技服务等生产性服务业。

【《美丽乡村农村住宅建筑设计方案图集》编制完成】 年内,为彰显宜兴美丽乡村建设的特色,打造全省最美丽乡村,市规划局与东南大学建筑学院合作编制《宜兴市美丽乡村农村住宅的建筑设计方案图集》(简称《图集》)。《图集》从宜兴的地域特色出发,根据不同的地貌特征、历史积淀和发展现状,将农民住宅建造的适用场景分为山村风貌型、水乡风情型、田园风貌型三大类型,将建筑风格分为中式风情、现代风情、简欧风情、英伦风情、草原风情五种建筑风格,住宅户型涵盖独立式、双拼式和联排式三大类型。《图集》内容全面,条理清晰,是一套翔实、易于操作的农民住宅方案资料图集,对全市农民建设美丽乡村具有直接的实践指导作用。同时,为加快推进全市规划保留村庄的建设,编制了100个具有代表性的规划保留村庄的详细规划作为村庄规划的规范文本。

【上坝村生态休闲度假区概念规划】 上坝村位于江苏、浙江两省交界处,是丁蜀镇最南部的行政村,与湖㳇镇接壤。该村东临太湖,三面环山,自然资源丰富,绿化覆盖率达90%,是阳羡风景区连接环太湖旅游圈的重要地段。年内,丁蜀镇规划办委托国家美术学院规划设计院编制《上坝村生态休闲度假区概念规划》(简称《规划》),制订上坝村未来发展策略和目标定位,明确村域功能空间布局,整合优化村域用地布局,落实村域旅游发展格局,促进上坝村产业转型。《规划》结合丁蜀镇的陶瓷产业特色、上坝村的知青文化和生态环境优势,以向阳涧为水系景观带,打造知青文化区、乡村主题公园区和生态湿地公园区三个功能区,形成以"一带三区"为特色的复合型乡村旅游度假综合体。

规划管理

【概述】 全年办理建设项目选址意见书64份、120.74万平方米,办理建设用地规划许可证173份、392.36万平方米,办理建设工程规划许可证881份、443.45万平方米。制订出台《宜兴市农村农户建房规划管理暂行办法》。完善业务制度,制订《关于村镇房地产项目的批后管理制度》《规划方案会审制度》《建设工程批后管理制度》等8个规划业务制度。推进"阳光规划"建设,组织规划专题座谈会议79批(次),市规划展示馆全年接待团队178批(次),提供讲解400场(次),接待社会参观1万余人次。

【《宜兴市农村农户建房规划管理暂行办法》出台】 5月,为加强农村农户建房的规划和用地管理,优化镇村空间布局,市政府出台《宜兴市农村农户建房规划管理暂行办法》(简称《办法》)。《办法》对全市农户建房规划、审批管理程序和环节以及批后的监督管理等方面都作出规定:建房审批要以村庄建设规划作为依据,引导农户在镇村布局规划中确定的保留村庄集中建房,不再接受农户分散建房申请,原则上不予审批非规划保留村庄的建房申请;严格审查农户建房主体资格,只有享受同等义务的本村经济组织成员能享受"一户一宅"政策;全市农户宅基地标准及建筑占地面积严格遵循《江苏省土地管理条例》的规定,但考虑到部分农户的实际困难和需求,在建筑层次(即总建筑面积)的规划审批和具体操作上留有一定的调节余地;明确农户建房申请、审批、验收程序,制订镇、部门联合会审制度,明确各职能部门、各镇政府在农房建设中的职权,把审批权限下放到各镇。

【《宜兴市城市总体规划(2003-2020)》实施情况评估】 年内,在城市发展的条件和背景均发生巨大变化的状况下,为更好地监督和检查《宜兴市城市总体规划(2003-2020)》的执行情况中存在的问题,市规划局评估《宜兴市城市总体规划(2003—2020)》2003-2013年期间实施情况,并深入研究产业经济社会人口、城镇体系、城乡综合交通、城乡市政基础设施、城市规模与空间布局、城市绿地系统、历史文化名城保护、生态建设及保护、城市特色、公共服务设施10个专题,完成《宜兴市城市总体规划(2003—2020)实施评估报告》,为规划的动态调整和修改提供依据。通过现场调研、资料分析和数据对比发现,2003—2013年期间总体规划实施效果较好,对宜兴城市建设产生了积极的引导作用,但限于当时编制背景和规划认识的局限性,总体规划仍存在不完善的地方,难以适应新的发展要求,需要进行调整和修改。

【历史文化名城保护】 年内,为探索历史文化街区保护和利用的新模式,市规划局对丁蜀古南街、宜城月城街、丁蜀葛鲍聚居地、周铁十字街等历史文化街区开展基础性调查,建档分析每一栋建筑的位置、结构、历史、现有归属和使用等情况,改变原住民整体搬迁改造的传统商业运作模式,探索保留原住民文化延续、与原住民利益共享的街区保护和利用新模式。与东南大学建筑学院共同承担科技部"十二五"国家科技支撑计划课题《传统古建聚落人居环境改善关键技术研究与示范》,联合开展各项关键技术研究,把历史遗存真实、完整地保存下来。加强街区基础设施改造的技术和机制研究,在维护历史文化街区建筑街巷尺度的前提下,探索地下管线综合管道改造方案。组织开展历史文化街区防灾工作,严格检查灾害安全隐患,制订防灾预案,督促检查消防配置,开展防灾综合演练和防灾宣传。科学编制历史文化名镇保护规划,完成周铁老街历史文化街区保护规划编制和修缮、城隍庙区域环境整治、塘河水韵重现等工程,周铁镇申报为中国历史文化名镇。

(许健)

编辑　吕浩

重点工程

【概述】 围绕建设"美丽中国示范区"和"现代化滨氿花园城市"目标，有序推进东氿新城建设，持续实施老城区综合改造，高效建设各项民生实事工程和景观工程，大力推动村庄环境整治步入长效管理轨道，城乡建设事业保持稳健向前的良好态势。全年实施政府投资工程38个，完成投资15亿元。新庄大桥新建、荆溪南路改造、土城路改造等民生工程，太湖大道、宜漕路等绿化工程，太湖大道、宜金线（新建段）等路灯工程，蠡河花园、沧浦二期两个安置房工程均于年内竣工。市文化中心、市实验小学城东分校、汇龙商务中心、养老护理中心等重大工程项目有序推进。牢固树立"质量第一"理念，夯实多方联合监管体系，实施"全过程、全方位、全环节"工程质量管控，各项工程争创优质工程和精品工程，人民路综合改造工程被评为全国市政金杯示范工程，市文化中心主体工程通过无锡市优质主体工程验收，并获国家级"绿色三星建筑"设计认证。不断探索建立更为科学高效的政府投资工程管理机制，市建设局制订出台《工程变更审批操作程序》。全年通过自审完成标底审核和竣工结算审计项目340个，结算审计总额1亿元，核减655万元。

【市招投标交易中心新大楼竣工投用】 市招投标交易中心新大楼工程总投资6940万元，2012年10月开工，2014年4月竣工投用。大楼位于市建设局大院西南角，总建筑面积1.1万平方米，工程质量获无锡太湖明珠杯。新大楼设置市招投标管理办公室和市招投标交易中心两大办公机构，功能定位为招投标行政管理和招投标交易。交易中心配备全国最先进的招投标交易系统，实现全流程无纸化网上招标、投标、开标、评标，全过程电子化网上留痕、可溯、可查，全方位规范网上备案、监管、监察，最大限度减少人为因素，真正实现招投标的公开、公平、公正、科学择优。

【青云菜场综合改造】 为从源头上改变青云菜场设施陈旧老化、外围交通拥堵、室内存在安全隐患等问题，提升其作为城区"大菜篮"的惠民服务功能，市委、市政府决定对青云菜场进行综合改造。工程总投资1950万元。8月，市建设部门在市体育中心东侧停车场搭建临时过渡菜场，方便群众买菜。9月，青云菜场改造工程启动。工程包括：拆除直销区钢结构大棚及部分外店面、原摊位，整治出新外立面，按农改商标准对优化改造部功能分区；拆除主菜场原摊位，按农改商标准优化改造内部功能分区（含地下负一层功能恢复改造）；优化改造直销区和主菜场周边道路的市政配套，缓解交通拥堵。改造后的青云菜场，按原有功能分区和定位，分南北两个区域。北区占地面积4500平方米，分地上一层和局部地下负一层，地上一层经营品种以鲜肉、水产品、蔬菜、调味品、土特产等为主，有摊位182个、内店铺38间，地下部分设冷库和仓库36间。南区（地上一层、局部两层）占地面积1800平方米，经营品种以地产蔬菜、水产品及家禽为主，有摊位145个、家禽售卖点

改造一新的青云菜场内景　　（市建设局　提供）

8间、平价菜直销点1间。菜场内蔬菜残留农药检测及其他商品检测室、服务台、消费者投诉台、公平秤复称处等服务设施一应俱全，消防喷淋、通风、防排烟、肉菜追溯、预付费智能刷卡、水电表计量、广播音响等保障系统健全完善，市场硬件和规范管理同步升级达标，为广大市民安全、放心地购物和买菜提供保障。至2014年年底，完成工程量的90%。

【荆溪南路综合改造工程竣工】 为提高荆溪南路道路和桥梁的交通组织功能、拓宽街道活动范围、改善市民出行条件、提升城市空间品质，2月，市委、市政府启动荆溪南路综合改造工程，总投资1.14亿元。该工程北起土城路路口，南至教育路，路桥全长950米，包括荆溪南桥和荆溪中桥两座桥梁，其中荆溪南桥四跨总长84米、荆溪中桥五跨总长110米。工程对道路进行黑色化改造，拆除重建原有绿化侧分带，移植原有雪松和部分法国梧桐等行道树至其他绿地相关道口以进行渠化改造。改造后，桥梁宽和道路红线宽均为38米，设置双向六车道，实行机动车道与非机动车道分离，其中两侧人行道各宽2.5米、慢车道各宽3.5米、车行道宽22米。10月，工程竣工通车。

【新庄大桥建成通车】 新庄大桥工程横跨王婆河、芜申运河，西起学府东路，东接太湖大道，路桥全长1.8千米，桥梁全长798米，道路红线宽47米。其中，中央分隔带6米，两侧人行道各2.5米、非机动车道各3.5米、机动车道各11.5米、分隔带各3米。项目总投资约3亿元(含排水、路灯、景观亮化等配套工程)，2012年7月开工建设，2014年7月竣工通车。桥梁分南、北两幅，每幅桥宽26米。其中：跨王婆河的为八跨板梁桥，每跨20米，总长160米；跨芜申运河大桥主桥采用三跨预应力混凝土连续箱梁结构，是宜兴首座采用超大挂篮悬臂施工的桥梁，三跨总长244米，引桥长394.4米。新庄大桥成为连接东氿新城和太湖湖滨区域的新景观通道。

【太湖大道景观绿化工程竣工】 太湖大道景观绿化工程西起学府路，东至渎边公路，全长7.5千米，绿化总面积11万平方米，总投资约1200万元，2014年3月开工建设，同年5月竣工。工程种植范围为以银杏树为行道树的3—5米的边分带、7米的侧分带以及新庄大桥范围内6米的中分带。太湖大道分车带绿化形式以简洁、大方的规则式为主，主体树种为樱花。在道路入口处，满铺地被20米，以确保视线通透，消除安全隐患。地被后点缀花境和石景，为分车带的主景。花境和乔木之间以60米长的灌木段作为过渡段。过渡段后是100米长的小乔木段。100米长的大乔木段与小乔木段之间运用层次错落的60米长灌木段作为过渡段。大乔木段每段在季相和树形上均有所变化，不同季节显示出不同的色彩效果，大乔木树阵下满铺草坪，视觉通透，达到景色浑然一体的效果。

【三个学校改造工程高效推进】 市汇文中学改造项目总投资1380万元，2014年6月开工建设，同年7月竣工交付。工程秉承提升校区环境、延伸校园文脉的原则，改造学校操场、南广场、大门及智能化系统和市政设施，出新教学楼、食堂、宿舍等墙面。市第一中学改造项目总投资1322万元，2014年7月开工建设，同年12月竣工交付。工程建设按照简洁大方、环境优美的原则，加固改造食堂和女生宿舍，拆除1号、2号宿舍并在原地新建一座1513平方米的多功能训练馆。老干部大学改造项目总投资2000万元，2014年6月开工建设。项目计划原科技楼改造为老干部活动中心，原体育馆改造为报告厅，图书馆实施结构改造，道路加铺沥青，新建绿化、亮化工程和监控系统等。至年底，市政和绿化全部完工，装饰工程完成90%。

【五条道路建设改造工程竣工】 土城路全长1.1千米，人行道1.2万平方米，改造范围西起人民中路，东至荆溪中路，主要包括道路黑色化、人行道改造、地上强弱电入地、局部绿化迁移以及照明、部分给排水、燃气等市政配套设施及交通设施的重建等，总投资1200万元，2014年7月开工建设，同年12月竣工。解放东路改造范围起于解放北桥，止于荆邑中路，总长1.34千米，主要包括道路黑色化、人行道改造、侧分带绿化、照明、部分给排水、燃气及交通设施改造以及地上强弱电入地等，总投资3000万元，2014年7月开工建设，同年12月竣工。氿西路北延段改造工程南起巷头西路与氿西路交叉口，北至小区规划道路，全长254米、宽28米，总投资415.61万元，2014年3月开工建设，同年12月竣工。巷头西路西延段改造工程东起巷头西路铁路涵洞，西至经一路(规划暂定名)，全长358米、宽36米，总投资509.43万元，2014年3月开工建设，同年12月竣工。雁行西路西延改造工程东起雁行路铁路涵洞，西至经一路(规划暂定名)，全长466米，总投资385.34万元，2014年3月开工建设，同年12月竣工。

【两个绿化改造工程竣工】 宜漕路绿化改造工程南起庆源大道与宜北路交叉口，北至和桥镇和楝公路，全长约12千米。原有绿化养护面积15.6万平方米，绿化改造总面积29万平方米，总投资1026.45万元。2014年5月开工建设，同年7月竣工。工程设计秉承自然生态的理念，保留原有公路两侧的水杉及香樟树，重点改造中分带绿化，和桥、屺亭镇区段绿化改造以侧分带、中分带及花坛绿化形式为主。汽车城、红星美凯龙、金属物流中心区域绿化改造工程分别位于三地西北侧、西南侧和西侧，总面积6.05万平方米，总投资257.1万元，2014年3月开工建设，同年4月竣工。工程建设利用原有绿化配置，强化地形调整，营造自然的起伏感、气

蠡河花园安置房　　（市建设局　提供）

势感，同时选用树形优美、蓬形饱满的点景树和花灌木合理搭配，使改造区域内的常绿树种与落叶树种交叉运用，花灌木与色块遥相呼应，实现了季相分明、处处有景。

【四个路灯亮化工程竣工】 新庄大桥路灯工程起于学府路，止于太湖大道，全长1.8千米，工程总投资260.42万元，2014年3月开工建设，同年5月竣工，安装13.5米双臂灯100基、9米单臂灯25基等。太湖大道路灯工程起于新庄大桥，止于渎边公路，全长6.62千米，总投资694.27万元，2014年3月开工建设，同年5月竣工，安装13.5米双臂灯244基、12.8米双臂灯30基等。宜金公路（新建段）路灯工程起于启迪路，止于吉渡桥，全长10.9千米，总投资629.15万元，2014年9月开工建设，同年11月竣工，安装12.3米双叉灯250基、15米6火中杆灯7基。城西出入口亮化工程位于红星美凯龙周边，全长2.5千米，总投资224.25万元，2014年12月开工建设，2015年2月竣工，安装3.5米庭院灯41基、LED投光灯1084基、LED大功率洗墙灯176基、LED直条灯1224基。

【两个安置房小区竣工交付】 蠡河花园安置房位于宜浦路南侧，范蠡大道西侧，占地面积16.9万平方米，总建筑面积20万平方米，安置1442户，合同回购总价4.61亿元，2013年3月开工建设，2014年6月竣工交付。沧浦家苑（二期）安置房位于东氿大道南延西侧，沧浦家苑（一期）南侧，占地面积10.1万平方米，总建筑面积10.56万平方米，安置1018户，合同回购总价3.32亿元，2013年5月开工建设，2014年6月竣工交付。

（周晓东）

城市管理

【概述】 市城管局主动提供事前引导、事中服务，防止事后违规，化解执法管理矛盾，全年解决市容环境瑕疵问题5000余个。建立健全违法建设预警管控机制，重点调查宜南山区建设情况，依法实施太华胥锦村、环科园大汉山泉区域违建拆除行动。分析研判出租车行业动态，开展非法营运打击行动，全力配合处置停运事件。严管非法石料码头，拆除清理徐舍顺风货场、小张墅段等下料码头及附属设施10余处。从严抓好夏季市容环境、广场菜场周边秩序，坚守城区住家船、桥梁下构筑物等既有整治阵地，始终保持城市容貌秩序良好可控状态。激活数字化城管体系，对城区专业停车场、市容节点区域布设实时监控点30处，全面对接公安天网系统，建立二级终端工作平台。重启“12319”城市管理热线，与“12345”政府服务平台实施同步考评。着力打造具有宜兴特色的管理品牌，全年完成整治项目24个、规范项目40个，人民南路和茶东社区管理成为省级示范项目，老旧小区“1+X”物业管理模式被评为典型案例并在全省推广。完善公共自行车服务网络，推进三期补网工程，宜兴公共自行车标准列入省级服务业标准化试点项目。牵头实施农业看护房整治改造，整改主干道路沿线看护房641处、2.9万平方米。在沁园、人民剧院两处专业停车场推行停车收费改革，由“计次收费”调整为“计时递进收费”，实行半小时

“12319”城管热线接听群众来电　　（市城管局　提供）

内停车免费优惠政策，日均停车周转量大幅提升。城北大排档集中疏导区建成投用，接纳经营户58个，场内经营者证照齐全率100%。增强城市管理包容度，因地制宜设置季节性瓜果销售疏导点、云湖景区土特产自产自销疏导区，城区民工生活服务配套区、周王庙摊点疏导区的建设管理继续保持良好状态。

【城市环境综合整治有效推进】 按照省、无锡市部署安排及《宜兴市城市环境综合整治三年整治规划》要求，市城管局狠抓城市环境薄弱地段脏乱差现象，全年完成整治项目24个、规范项目40个。加大宜城街道人民南路、东虹东路环境综合整治力度，加强广汇、荆溪、紫竹苑、城东4个农贸市场及周边环境整治，人民南路创建为省级城市管理示范路，茶东社区创建为省级城市管理示范社区。集中清理、整治户外广告，提升户外广告规范化设置水平，实施广告发布内容联合会商制度，美化视觉效果。推进扁担河综合治理，优化城市河道水生态环境。推进城郊结合部、城中村、老旧小区等9处环境改造工程，重点整治大众路、荆溪南路，年内设置经营疏导点2处，新增停车设施8处，新增停车泊位1219个。结合镇级城市化管理，把城市管理向农村辐射，整治改造全市主干道路沿线视线范围内的641处农业看护房，提升全市道路沿线生态景观水平。挖掘文化内涵，推进屺亭文化广场、国道104梅园段、铜峰林业组的人文生态景观改造，形成别具风格的城郊风景线。市整治办通过向人大代表、政协委员、行风监督员以及新闻媒体记者发放调查问卷，编印《城市管理宣传服务手册》，开展"城管体验日"活动，组织专题新闻报道等方式，营造氛围。

【城北大排档集中疏导区建成投用】 7月，为解决露天烧烤摊点油烟污染、深夜噪音扰民等问题，引导原本分散的烧烤经营户集中规范经营，市城管部门创新理念，会同宜城街道办事处，利用人民北路东侧、宜兴港华燃气有限公司与巷头路之间的闲置地块，由巷头股份经济合作社出资500万元，启动建设城北大排档。建设期间，按照优先安置区域内原经营户、适度向社会放开的原则，开展招商活动，实施公开抽签排位，周边原分散经营的58个经营户获首批入场经营资格。店面租金每月2千元，考虑到创业初期的困难，第一年优惠30%。管理方针对烧烤摊点品种单一、油烟污染大的问题，在招商中鼓励业主转换业态，引进一些特色经营项目。11月，集中疏导区建成，场内有摊位81个，场外配置停车泊位190余个。同月底，疏导区试营业，场内烧烤、炒菜、海鲜、火锅等美食种类繁多，能满足市民多样化需求。试营业后，市城管局联合驻地派出所等单位，组建了管理办公室，加强环境管理，确保内外环境秩序良好可控。

【停车场计时收费试点成效显著】 9月，针对城区停车场车辆占用泊位时间过长、泊位周转率不高、影响停车泊位高效使用的情况，市城管局在氿园、人民剧院两个中心城区公共停车场试点实施停车计时收费，通过价格杠杆来调节停车流量、提高停车泊位使用效率。通过计时，对短暂停车、停车时间不超过半小时的免收费，停放半小时至2小时的收5元一车(次)，2小时以上的每增加1小时加收1元，不足1小时按1小时计算，以此类推，真正体现公共资源的公益性和社会性。实施试点计时收费后，人民剧院停车场平均每天停放车辆由280多辆(次)增加至420多辆(次)，氿园停车场则平均每天停放由160多辆(次)增加至300多辆(次)。10月，两个停车场正式施行停车计时收费。

【云湖景区移动摊位整治】 9月，为规范云湖景区周边移动摊位经营行为，提升景区市容环境管理水平，市城管局联合西渚镇加强云湖景区综合整治。考虑到景区的特殊性，在借鉴外地经验的基础上，统一制作古典式样木质结构摊位20个，固定设置在云湖广场对面的停车场入口处，与周边景观相映衬。同时，为规范经营行为，提高摊位经营的准入门槛，严格规定经营的物品必须是自产自销的农副产品，严禁销售荤腥食品和不符合规定的商品。为每个摊位编号后，以抓阄的形式确定经营户的位置，每周按编号依次轮换。西渚镇城管中队与每位经营户签订合约，规定摊位经营资格不得转让第三方，违者将被立即取消经营资格。在中队监督下，经营户推选出1名组长，参与摊位经营的自我监督和管理。经过整治，云湖景区市容环境秩序大幅改善。

(刘涛)

镇村建设

【概述】 围绕"建设美丽中国示范城市、打造全省最美丽乡村"目标，加强村庄环境整治，改善农村人居环境，建设宜居、宜业、宜游的美丽乡村新风貌。市政府出台《关于加强村庄环境长效管理工作的实施意见》，明确村庄环境长效管理的内容、标准、考核、奖补规定，全市长效管理的各项制度基本建立，各自然村卫生保洁、绿化管护、设施养护、河道管护人员基本到位，长效管理的网络基本形成。原被撤并乡镇集镇区域改造工作启动，首批10个原撤并老集镇年内完成提升改造。张渚镇、西渚镇列入省综合规划建设示范镇实施和规划项目，丁蜀镇西望村、新建镇新建村被列入省美丽乡村建设项目。年内，创建省三星级康居乡村23个、市三星级康居乡村180个。

【村庄环境长效管理实施意见出台】 3月，为加快推进村庄环境提升改造、建立健全长效管理机制、巩固村庄环境整治工作成果，市政府出台《关于加强村庄环境长效管理工作的实施意见》，建立健全环境卫生管理、乱堆乱放整理、违法建设管控、河道环境治理等各项制度，确保村庄环境长治久洁。长效管理的目标要求是：生活垃圾日产日清、村内道路环境整洁、河塘沟渠清洁卫生、房前屋后院落整洁、绿化种植养护到位、公共设施配套完好、村容村貌整洁有序、田园风貌整齐美观。为保障长效管理成效，实行市、镇、村分级落实日常管护经费制度。2014年起，市财政每年对村庄环境提升和长效管理进行奖补。每年选取10个规划布点村庄，挖掘历史文化资源、发展乡村旅游、促进群众致富，验收合格后给予每个村50万元环境提升奖补。长效管理奖补包括自然村和行政村两类：自然村奖补指三星级康居乡村，按50户（含）以下、50—100户、100户（含）以上三个户数层次为标准，年度考核合格分别给予奖补3万元、4万元、5万元；行政村奖补指二星级康居乡村和环境整洁村，以行政村为单位奖补，除去行政村中三星级康居乡村户数，按800户（含）以下、800—1500户（含）、1500户以上三个户数层次为标准，分别给予每个行政村奖补5万元、8万元、10万元。另外，市财政专门安排专项资金，并由市公用事业部门统一用于农村生活污水处理设施的维护和管理；各镇、园区、街道每年也安排资金用于村庄环境的长效管理；鼓励社会各界捐资支持参与村庄环境整治和长效管理工作，倡导村民采取志愿服务、义工等形式开展环境卫生自我管理，逐步形成全社会共同参与的良性格局。建立健全市、镇（园区、街道）、部门、村、群众全方位监督机制和责任追究制度，强化监督，注重绩效、奖罚分明。考核不合格的，扣除不等的奖补金。各镇、园区、街道按照每个自然村不少于3人的标准组建设施维护、河道管护、绿化养护、卫生保洁等管理队伍，做到定人、定岗、定责。至年底，组织检查、暗访和考核6次，下发检查通报6份，抽取自然村庄1590个，自然村庄抽查覆盖率达47%，合格率85%。

【被撤并乡镇老集镇区域提升改造启动】 4月，市建设部门调查摸底市内25个原撤并乡镇老集镇区域现状，发现部分老集镇存在基础设施老旧、环境卫生状况较差、公共服务配套不完善等问题。为改善集镇环境面貌，回应当地群众诉求，市委、市政府计划在2—3年内，对环境较差的原撤并乡镇老集镇进行改造，达到集镇区域建筑风貌整齐划一、公共服务配套齐全、广告招牌规范统一、车辆停放整齐有序、环境卫生干净整洁的目标。7月，张渚镇茗岭、徐舍镇堰头、和桥镇南新等10个原撤并老集镇提升改造工程启动，总投资8900万元，主要涉及路面黑色化、道路两侧立面出新、店招店牌统一安装、地下管道改造等工程。至年底，10个老集镇基本提升改造到位。

（周晓东）

市政管护

【概述】 按照“统筹计划、道桥分开、细化工种、精细化施工、快速维修”思路，推进集中整治和长效管理，开展开放式广场集中纳管、桥梁下构筑物专项整治、开放式公园安全隐患整治、城区道路违章坡道专项整治以及城区道路交叉口优化改造等工作，城市综合管理水平显著提升。常态化管理桥梁和道路的检测、维修和加固等工作，常规定期检测桥梁60座，维修加固大桥9座，专项整治19座桥梁的桥下违章构筑物，优化改造45座桥梁的护轮带。疏通城市交通堵点，保障市民的出行安全。拆除城区违建坡道142处，渠化改造城区平交道口13个。对宜城氿滨公园、氿北湿地公园、徐悲鸿广场等26处开放式公园、风光带公共设施展开消除安全隐患的维修整治行动，维修护养广场花岗岩、园路汀步、木制和不锈钢栏杆等市政设施，改善城区慢行环境。

【市政基础设施专项普查】 近年，城区市政基础设施建设迅猛，但统计工作相对滞后。11月，市建设部门专项普查城区主次干道、桥梁、公园等市政基础设施，对在城区北至芜申运河、南至通蜀路、东至东氿大道南延、西至氿滨大道范围内的城市道路、桥梁、开放式地块、公园进行详细的调查摸底。通过普查，统计出城区有道路99条、桥梁119座、开放式场地和公园23个。市建设部门建立起城区市政基础设施的电子台账，把市政基础设施的长度、面积等有关具体数据系统化分类入档，为城市长远规划、市政建设和维护计划、城市管理提供可靠的参考资料。

【城区10条道路路面修缮工程完工】 受人流量大、车辆聚集、超载超限车辆违规行驶等因素影响，城区部分水泥混凝土道路路面出现裂缝、坑洼等不同程度的损坏。6月，市政处巡查城区水泥混凝土道路，确定巷头路、宜北路、板桥路等10条需要修缮道路，涉及面积2000多平方米。7月，修缮工程启动，对已排查出的裂缝、坑洼路面等进行维修，部分原破损面积较大的路面被破除，重新浇筑混凝土。8月，修缮工程完工。

（周晓东）

绿化管护

【概述】 年内，市建设部门修编和完善《宜兴市公共绿地养护管理考核办法》，编制《宜兴观赏植物图册》《宜兴市园林绿化养护管理月历》等重要科普图册，建立健全绿地信息数据库。实施动态化监管，坚持奖优罚劣、优胜劣汰制度，提高日常绿化管理和考核的效率。“城区林荫大道改造三年行动计划”启动，年内完成枫隐路、氿滨大道和东氿大道等7条道路的林荫化改造，完成补绿12万平方米。推进老旧绿地优化美化工程，修剪宜园、龙背山森林公园、老体育公园等绿地，城区绿化达“疏、透、通、亲、靓”的景观效果。建立健全问题整改督查机制，完善联合联动执法机制，完成管养到期绿化新一轮发包工作，及时出台相关奖补政策，鼓励绿化企业购置中小型客车替换农用车，降低运营风险，提高安全系数。

【林荫大道三年行动计划启动】 据建设部门统计，宜兴城区有主要道路31条，其中总里程135.85千米的20条道路形成林荫路，并完成行道树改造。城区部分道路存在未种植行道树、行道树树种长势较差及侧分带缺少上层大乔木等情况，影响了城市的景观和生态效果。11月，根据《宜兴市林荫路建设总体规划》要求，启动林荫大道三年行动计划，实施范围东起东氿大道、西至团氿西路、北起庆源大道、南至龙潭路，涵盖11条道路，总里程47.2千米。建设部门将在3年内结合市政道路改造计划，完成巷头路、阳泉路、荆溪路和陶都路等11条主要道路的行道树改造，补植具有庇荫作用的黄山栾、乌柏、榉树等乡土类高层乔木，形成一路一景的道路特色。至2014年年底，城区东氿大道、荆邑路、氿滨大道等7条主要道路完成集中补植，合计补植行道树5000株。

【绿化养护管理】 全年完成管护城区公共绿地面积750万平方米，管护国、省、市道绿地面积2000万平方米。推进规范化管理，修订完善原有考核办法及招投标制度，明确各类乔灌木的修剪标准和绿地水肥管理的技术要求。高标准实施补绿、插绿工程，城区补植乔木2200株、色块树1.2万余株、草坪地被1.5万余平方米，国、省道补植乔木、灌木2800余株，色块树1万余株，草坪地被2万余平方米。坚持常态化管理，落实绿地各类养护标准及要求，严格监管日常养护作业各流程。加强精细化管理，推行绿化修剪分级分类管理，将除草保洁、苗木修剪、施肥灌溉、应急预案和开挖审批等纳入"精细化管理一揽子计划"，提高养护作业水平，城市绿地线条更为清晰、整齐、有序，行道树更为枝繁叶茂、树形挺拔，花灌木更为色彩缤纷、四季分明。开展"爱绿护绿"系列活动，全年编印《宜兴绿化简报》12期，普及园林绿化和养护管理专业知识，组织"3·12"义务植树节广场咨询活动，向市民发放苗木、种子及技术资料，提高市民爱绿意识和审美观念。

（周晓东）

照明管护

【概述】 市建设局按照《宜兴市城市公共照明专项规划（2011—2020）》的要求，加强行业管理和指导，推进能源合同管理模式，推动公共照明设施节能节电改造，建立常用灯具主材库，探索从源头上减少耗能、耗电。有效控制照明亮化的建设和维护质量，打造绿色公共照明系统。持续推进亮化智能化控制改造，全市累计安装智能化控制箱14个。推进老小区路灯更新换代，推广应用LED路灯，全年更换616套。年内，为解决部分路段、小区亮化设施年久老化和损坏问题，提高灯具使用寿命，降低故障率，符合城市低碳排放标准，市建设局投资580万元，对管理范围内氿西路、荆溪路、解放东路等17个路段，向阳新村、建设新村、常胜新村等19个小区路灯以及森林公园、宜园、城南河沿线、洑溪河公园等5个区域亮化设施进行大修，更换各类节能灯具1619套。其中，城区老小区淘汰高能耗、高故障率的高压汞灯616套，更换70瓦钠灯196套、节能灯420盏。巡修人员拉网式排查城市照明设施的安全隐患，更换城区及和桥、丁蜀、张渚、周铁等老小区简易木控制箱51个，消除安全隐患。

（周晓东）

环境卫生

【概述】 围绕"提升综合处置能力、促进城镇环卫水平"目标，开展市容市貌综合整治，强化环卫作业管理，提升全市环境卫生整体水平。城区机械化清扫作业日里程800千米，日保洁面积805公顷。推行优化清扫作业模式，全年减少空驶里程3.5万千米，节省汽油1.2万升，在慢车道、广场等区域开展机械化作业试点工作。继续推行沿街店铺生活垃圾上门收集服务，日上门收集店铺商家8000余户。开展公厕整治行动，设立引导标识牌，推行免费供厕纸服务，为百姓提供便利。完成官林、和桥、周铁、丁山垃圾中转站改造。做好垃圾收运处置工作，全市全年收集垃圾430万桶、处置生活垃圾32.2万吨，日均880吨。严格实施垃圾焚烧发电设备维护、技改工作，焚烧标准始终维持在欧盟2000水平（世界最高标准），垃圾无害化处理率100%。

【垃圾箱统一安装电子"身份证"】 环卫工作有"点多、线长、面广"的特点，以往传统管理模式只能将工作人员分区划片管理，难免存在管理盲区。年初，为提高垃圾清运及处理能力，市公用事业局为城区各街道和小区的垃圾箱安装电子"身份证"。在垃圾收运过程中，垃圾收运车上安装的红外感应接收器与电子"身份证"感应，把电子"身份证"中记录的每个垃圾箱的编号、位置、清理情况、收运时间等信息准确地传送到市城乡公用事业一体化管理中心，监管人员足不出户，便可掌握城区每个垃圾箱的具体位置、饱和状况和清理情况，并及时做出相关调度指示。至7月，全市1.2万个垃圾箱电子"身份证"全部安装到位，城区环卫工作实现全方位、无缝隙的现代化智能监管。

【卫生死角垃圾清理】 为解决因找不到责任人而形成死角垃圾积存和市民随处倾倒建筑垃圾等城市顽疾，市环卫部门从各环卫作业公司抽调人员和车辆成立环卫机动突击清洗队，专门清理城区的死角垃圾。通过清洗队常态化清理城区绿化带内的砖瓦和路边的小堆建筑垃圾，地毯式清理市民休闲广场、人民路人行道内的地面积泥积灰，组织专人重点清理地面口香糖、沿路压口烧烤店残留油污，专业化清除公交车站台、城市主干道的小广告等措施，城区环境面貌进一步改善。

（沈韵凯）

物业管理

【概述】 坚持规范管理和长效管理，持续完善物业管理体制和机制，加快行业提质升级，加大培养物业管理人才力度，全市物业管理工作稳步运作。深化属地负责体制，提升属地管理工作标准和水平，物业管理工作职能下放至6个住房所。市住房局出台《关于加强物业管理区域设备管理的指导意见》，制订《物业服务企业（项目）年度考核办法》和评分细则，开展两轮设施设备管理专项整治。全年完成前期物业管理招投标16个项目、217.45万平方米，前期物业服务合同备案项目32个，承接查验协议备案项目29个，成立小区业主大会10个，归集维修资金9000万元，维修195起、460万元。培训物业服务从业人员327人次，处理“12345”公共服务热线203件。市银湖物业管理有限公司、居家乐物业服务有限公司、卓易物业管理有限公司晋升为二级资质。

【镇级物业管理】 年内，市委、市政府引导各镇提升属地管理的工作标准和水平，继续完善物业管理体制机制，加强镇级物业管理工作，推动镇级物业规范管理和长效管理。同时，市住房局加强对物业属地管理工作的指导，完善各类政策的制订，并把全部物业管理工作职能下放到丁蜀、和桥、张渚、周铁、徐舍、官林住房所。通过组织走访交流、外出观摩、授课学习、实务操作等方式，对全市18个镇、园区、街道管理队伍进行业务培训，提高管理人员工作能力，使属地物业管理水平逐渐从粗放式管理向精细化管理转变。8月，市住房局召开各镇物管中心负责人会议，通报2013年拆迁安置小区创优活动情况，制订2014年拆迁安置小区创优活动方案和考评细则。10月，市政府召开全市镇级物业管理工作会议，通过现场观摩环科园拆迁安置小区“西花园一村”、高塍镇拆迁安置小区“滨水新城”、商品房开发小区“远东香邑”和集中开会等方式，督促各属地政府在思想上和行动上重视镇级物业管理工作。各镇、园区、街道加强物业管理机构建设，加大人员配置力度，完善域内物业纠纷和矛盾调解机制。丁蜀镇召开加强全镇住宅小区物业管理工作动员大会，出台《关于加强全镇住宅小区物业管理的意见》。其他各镇把物业工作纳入党委政府工作范畴，并根据当地实际情况，确立管理模式和工作机制。

【小区设施设备管理水平有提高】 年内，市住房局出台《关于加强物业管理区域设备管理的指导意见》，提出“六有五无二指南”*设施设备建设管理标准；制订《物业服务企业（项目）年度考核办法》和评分细则，提高设备管理的权数分值；开展两轮设施设备管理专项整治，集中检查项目70个，约谈设施设备管理有严重问题的13个物业服务企业，要求其制订整改方案并限期整改到位。结合专项整治，组织41个服务企业进行现场点评观摩会，督促服务企业重视设备管理。组织全市80个物业企业开展电梯操作工培训、消防安全培训等专业技术人才培训，帮助物管工程技术人员实现从被动的故障维修到主动地维护保养，全年培训物业服务从业人员327人次，基本实现全市住宅小区电梯、消防零事故。

【住宅小区业主公共资产清查】 针对小区公共资产不清，长期被侵占、挪用，经营情况及收益不透明等现象，3月起，市住房局开展住宅小区公共资产管理专项整治行动，统计清查主城区88个小区的公共资产。组织开发企业、物业企业和社区居委，统计全市住宅小区的公建配套用房使用和经营情况，将统计数据和备案数据进行对比，对信息不一致的小区按照测绘平面图上所示物业用房位置，并逐间清查，核实物业用房的位置、面积、使用情况等信息，初步建立小区业主公共资产台账。要求资产管理单位填报小区公共资产数据，核对、更正与备案不一致的数据，并由市物业管理中心现场核实。建立新建物业移交验收时必须填报公共资产统计表制度，补充完善公共资产资料库数据。至12月，宜兴市物业管理小区公共资产使用情况基本理清核实。

【简化维修资金申报使用流程】 年内，市住房局重新制订维修资金使用申报程序，通过流程再造，简化流程，实行年度维修计划申报制度，对年度维修计划内的，预算额度内资金优先使用。新程序允许急修、零修项目可边修边报，急（抢）修项目不需申报纸质资料后再实施，可以边电话申报边组织实施抢修，使涉及群众安全和影响群众生活的问题得到及时解决。市物业管理中心验收急（抢）修项目时，物业公司需提供现场照片或更换的零配件作为验收依据，既缩短了办理时间，又保障了维修资金使用安全。

（孙蒙）

防汛防旱

【概述】 牢固树立防大汛、抗大灾思想，坚持预防为主，抢抓水利工程建设，落实防汛责任和保障措施，工程措施与非工程措施并举，完成各项防汛抗旱任务。汛前，市防汛防旱指挥部（简称“市防指”）印发《关于公布2014年度各镇（园区、街道）及重点水利工程防汛责任人的通知》，落实市领导分工防守和定库责任制，明确以党政“一把手”为核心的防汛防旱指挥组织网络，为35座水库、库容5万立方米以上塘坝及5000亩以上圩区明确市、镇(街道)两级防汛行政责任人和技术责任人。针对水利工程点多面广的特点,按照"早查早处理、严查严处理"的要求,组织技术负责人、工程技术人员拉网式检查河道(涧河)、堤防、库塘、涵闸、泵站等水利工程,重点检查圩堤和库塘大坝的涵洞、主要航运河道沿线圩堤、镇村结合部的防洪工程、在建工程的安全度汛措施以及城、镇区的防洪排涝设施。全年查出河道堤防险工19处、2797米,病闸4座,病站5座。全年无旱情。

【雨情、水情】 全年降雨频次较高,有60天出现明显降雨过程,尤其是后三个月,超过一半的天数下雨。全市总雨量680毫米,比2008年—2013年全市汛期平均雨量少约57毫米,但比上年汛期雨量多120毫米。全市最大降雨站点为大涧站,汛期雨量达975毫米。汛期内,出现强降雨3次,面雨量分别为47毫米、47毫米和89毫米。其中,第三次强降雨主要集中在西南山区,横山水库上游地区面雨量达150毫米以上。全市6月20日入梅,7月17日出梅,梅期持续27天,其中17天出现明显降雨过程,梅雨特征明显,降雨范围大、时间长、雨量大,梅雨总量207毫米,占汛期总雨量的30%。

【汛情】 6月、7月,连续遭遇两次强降雨袭击,全市普降大雨,局部暴雨,河湖库塘水位急剧上升,迅速迫近警戒水位。杨巷、徐舍、宜城、大浦和南新5个河湖站点水位均上涨0.6米左右,7月6日杨巷水位达到汛期的最高值4.37米。7月26日,遭遇入汛后第三次强降雨。此次强降雨持续时间更长、雨量更大。至7月28日,徐舍、宜城、南新等主要河湖站点水位跃至汛期最高值,分别为4.29米、4.04米和3.84米,横山水库和油车水库等6座水库水位超过警戒水位。

【水库泄洪】 7月27日10时30分,汛期第三次强降雨后,横山水库水位急剧上涨,突破警戒水位后仍保持快速上涨的势头。为抵御洪峰,保障水库大坝安全,保证水库安全运行,横山水库两年内首次调度泄洪。为兼顾水库大坝安全和饮用水供给,汛期内横山水库共调度泄洪10次,弃水1612.12万立方米。9月3日,油车水库水位超历史最高水位,达38米,9时30分至17时水库实施建库后首次泄洪,弃水27万立方米。两大水库通过科学调度,多蓄优质水源近1000万立方米。

【防汛队伍与物资】 全市建有防汛抢险队伍268个、6700人。其中,民兵抢险队95个、1837人,河道及管理单位抢险队114个、2424人,水库抢险队38个、1591人,其他专业抢险队21个、848人。全市共储备防汛沙袋136.04万只、木材360立方米、毛竹3.24万支、桩木(树棍)2.85万支、铁丝5702千克、元钉995千克、柴油20吨、块石1660吨、土工布2.07万平方米、彩条布9万平方米,其中市级防汛仓库储备编织袋37万个、彩条布9万平方米、桩木4750根、10—12英寸潜水泵40台套、旱机50台套、流动抗排机船28条。

(屠飞翔　杨秋石)

防震减灾

【概述】 坚持"预防为主,防御与救助相结合"工作方针,深化地震监测预报、震害预防、震灾紧急救援三大体系建设,推进全市防震减灾法制工作。健全地震应急工作体系建设,制订应急行动方案,补充和完善应急物资库。开展地震应急演练活动。保护地震监测设施和观测环境,保证地震监测仪器、信息处理和发布系统的正常运行。坚持震情速报管理,保持辖区及周边地区发生有感地震第一时间报出震级、时间、地点。全年完成抗震设防审查工程项目219个、266.63万平方米。年内,创建成国家级地震安全示范社区1个、省级2个、市级4个。市地震局被评为2014年度全国县级防震减灾工作综合考核先进单位。"5·12"防震减灾宣传日期间,展出宣传展板30块,分发《地震应急小知识》《地震科普小常识》1万本,《防震减灾科普宣传折页》5000份及印有防震减灾宣传标语的鼠标垫、水杯、科普知识拉纸笔、雨伞、购物袋等宣传用品,投放电子屏防震减灾公益广告和横幅210处(次)。

(吴文　蔡育安　周晓东)

水政水资源管理

【概述】 围绕创建省级水生态文明城市和节水型社会示范市目标,加强水资源保护,规范水行政许可审批和水费征缴行为,强化水资源管理职能,健全水资源管理制度,宣传水行政法律法规,完成太湖水环境治理任务。加强水政执法,开展水资源、涉水涉河建设项目、水源地保护执法巡查297次,检查用水单位取水计量300余次,发现和处置水事违法行为41起。江苏坤风纺织品有限公司用水审计工作通过省水利厅专家审查。创建省级节水型企业4个、省级节水减排示范区5个、节水型社区2个、八大行业(化工、造纸、食品、纺织、建材、机械、冶金、火电)节水行动项目1个,市级节水型学校5个、节水教育基地1个。全年办理取水许可审批20件、河道堤防占用审批22件、水土保持实施方案审批11件、水土保持方案审批备案25件。全年征缴水资源费1405万元。"世界水日"(3月22日)期间,开展水法宣传活动,增强社会公众惜水、爱水、节水的法律意识和水患意识。

【节水型社会示范市建设通过省级验收】 近年,按照省级节水型社会示范区(市)建设要求,宜兴市严格落实水资源管理制度,提高水资源利用效率和效益,增强节水保障能力,强化节水全过程管理,开展节水型社会示范市建设。市委、市政府高度重视节水型社会建设工作,不断完善节水管理制度,建设节水减排工程,建成宜兴市清源污水处理厂污水处理装置、江苏灵谷化工的中水回用设施、江苏兴达文具集团有限公司雨水收集装置、宜兴阳羡茶文化生态园农业高效节水装置等高水平节水型载体,水资源利用效率和效益明显提高,水资源管理能力和水平不断提升。2014年,全市万元地区生产总值用水量下降至51.59立方米,万元工业增加值用水量下降至12.24立方米,节水成效显著。12月,宜兴市通过省级验收,成为无锡市第一个省级节水型社会示范区(市)。

【河湖健康评估工作启动】 为加强水资源管理,推进水资源管理现代化,宜兴市按《无锡市河湖健康评估工作实施意见(试行)》要求,启动河湖健康评估工作。市水利农机局邀请河海大学对中干河、南溪河、漕桥河、殷村港、阳山荡5条骨干河(湖)道开展健康评估。评估人员通过检测、分析河岸稳定性指数、生态流量满足程度指数、水功能区水质达标率和公众满意度等11项指标定量,形成河流自然环境综合健康评估、社会服务功能评估和河流健康综合评估结论。至年底,编制单位完成评估工作,并通过无锡市专家审查,为宜兴河湖治理提供有效技术支撑。

【多措并举推进水功能区建设】 为解决上游客水水质一般、水功能区达标率始终较低的难题,破除制约水利发展瓶颈,市水利农机局探索水功能区优化途径,多措并举推进水功能区建设。强化水功能区达标管理,调研全市水功能区,逐一排查并分析水功能区不达标原因,指导、督促相关地区相关部门采取有效措施。落实“三条红线”管理标准,明确年度用水总量、用水效率和水功能区限制纳污控制指标,对排污量超出水功能区限制纳污总量的地区进行限制审批。狠抓节水减排工作,加强节水“三同时”(同时设计、施工、投产)和计划用水管理,对超计划用户征收超定额、超计划加价水费。推进城乡黑臭河道治理,实现入湖河流水质的持续改善。做好水源安全保障工作,开展水源地达标建设,指导相关地区和部门做好水源地达标相关工作。加强蓝藻防控,确保饮用水安全和河道水质稳定。加强水源地村生态补偿工作,督促相关地区编制农村生活污水收集处理方案。同时,结合省、市重点水功能区名单,在全市范围内挑选33个具有代表性的水功能区,作为宜兴市水生态文明重点考核水功能区。至年底,全市水功能区达标率有提高。

(杨秋石)

编辑 吕浩

交通建设

【概述】 有序推进重点公路工程，加快实施客运场站建设，优化完善农村交通基础设施，全市交通事业稳健发展。全年交通基础设施建设投资14.19亿元，其中公路工程投资12.49亿元、客运场站工程投资0.64亿元、农村实事工程投资1.06亿元。全年开工建设交通基础设施建设项目43个，其中公路工程29项、客运场站工程7个、农村实事工程2个、航道工程2个。滆湖东路、太湖大道东延段、老宜漕线万石段等13条公路建成通车，国道104线宜兴收费站建成投用，阳灵隧道全线贯通，新庄大桥建成通车。完成芜申运河、锡溧漕河部分护岸修理，芜申运河宜兴水上服务区、张渚海事所港池疏浚、官林海事所驳岸修理以及东氿航标改建等工程完工，完成全市等级航道断面测量工作，启动市域航道网专项规划编制工作。市政府出台《农村公路提档升级工程的实施意见》，制订《农村公路提档升级改造工程管理办法》，西渚镇通过乡村公路管养及安保工程示范镇验收。全年改造美化镇村公路130千米，改造农村危(旧)桥20座。全年新增公路通车里程23千米，全市公路通车总里程2365千米，内河航道通航总里程610千米。

【《农村公路提档升级工程的实施意见》出台】 5月，市政府出台《农村公路提档升级工程的实施意见》，明确从2014年起，用5年时间对镇村道路进行提档升级改造500千米、标准化建设(完善路肩、绿化和安保设施)镇村道路300千米、改造危桥100座，改善村民出行条件；至2018年，全市60%的镇村道路达四级公路双车道以上标准，农村公路安保设施覆盖率达100%，镇道绿化覆盖率达70%以上。2014年，全市投资1.3亿元对农村公路进行提档升级改造，拓宽和重建破损道路。至年底，全市镇村道路提档升级改造130千米，覆盖全市14个镇、街道、园区。其中，镇道40条、76千米，村道46条、54千米。同时，全年完成农桥改造20座，标准化建设镇村道路70千米。

太湖大道 (市交通运输局 提供)

【市域航道网编制专项规划】 宜兴市地处江南水乡，境内河流纵横，全市有内河航道79条、610千米，水运是宜兴综合交通运输体系的重要组成部分。省干线航道芜申线和锡溧漕河构成宜兴水路主骨架，这2条航道船舶年通过量40余万艘(次)，年货运量1.8亿吨，接近京杭大运河无锡段的年运量。全市港口年吞吐量近4亿吨，水运货运量占全市综合运输量的50%。1月，为促进全市内河航道和城市、产业以及上位规划的协调发展，支撑市域城镇建设、产业结构和布局的调整，宜兴市启动首次市域航道网专项规划编制工作。该工作由省交通设计院中标实施，围绕宜兴水运发展实际及城市发展定位，拓展现有航道规划的深度与广度。至年底，航道编制工作基本完成，向全市各镇、园区、街道征求意见后即可修编结束。

【场站工程】 年内，国道104线宜兴收费站建设完工，设计为双向八车道，其中电子不停车收费系统车道二个、半自动收费系统车道八个，总投资1200万元。蔬菜批发市场、城西、高铁新城3处公交首末站完工，总投资3650万元。周铁镇客运站总投资1300万元，主体完工并进行内外装修。丁蜀镇综合客运站总投资3400万元，完成工程总量40%。屺亭街道公交首末站总投资1300万元，完成前期工作。高铁站前广场改造工程全面启动，新建风雨长廊2个，改造和新建东、西两侧停车场，增设停车位102个。安装完成城区公交候车亭54个、农村公交候车亭34个，调整、增设农村客运站牌284块，在城区安装公交电子站牌30块，在湖㳇镇安装旅游专线电子站牌19块。

【阳灵隧道贯通】 7月，无锡市最长的干线公路隧道工程——宜兴阳灵隧道全线贯通。阳灵隧道是省“十二五”规划省道S360的重要组成部分，于2013年5月开工建设，全长1080米，高5米、宽14米，其中主行驶车道宽9米。为便于周边群众及游客骑自行车出行，道路两侧创造性地设置两条宽2.5米的自行车专用车道。隧道建成后，使云湖、善卷洞、竹海三大景区之间的车程缩短20余千米，优化了宜兴旅游道路网络，为沿线地区发展旅游经济创造了条件。

交通运输管理

【概述】 优化运输环境，加强矿产品运输整治和出租车管理，消除安全隐患，规范运输市场秩序，提高道路运输保障能力，全市交通运输保持安全稳定。完善《农村公路管养考核办法》，研究隧道养护管理方案，整治国道104线宜兴段、省道宜兴段道路沿线环境。全年公路养护投入2350万元，巡查公路37万千米，清理展露堆积物2867.6立方米、非公路交通标志1092块、非法摊点1078个，全市干线公路和农村公路养护水平居全省前列。市政府出台《矿产品秩序整治违规行为责任追究暂行办法》，太华站、宜漕站、国道104宜兴站联合治超系统投用，严控矿产品运输企业及车辆数量，严格执行车辆称重、码头巡查和通行费月票办理程序，继续保持矿产品运输整治高压态势，宜广线、丁张线矿产品运输车辆无超限现象发生，超载率0.45%。加大水上巡航频率和密度，预控调节主航道通航秩序，实施太湖封湖38次，水上接处警197起，救助船员15人，救助船舶10艘，湖区搜救成功率100%，全市水域全年无堵航责任事件发生。全年发放航道临跨河设施行政许可证7张，征收航道赔补偿费108万元。出台《加强和规范出租汽车行业改革发展的实施意见》，取消出租车燃油附加费，加大黑车打击力度，维护城区出租车经营秩序。履行运政稽查职能，开展运输行业专项整治，全年实施交通行政处罚案件556件，查处非法营运的车辆81辆(次)、无证驾培车辆2辆(次)、违规运输危险品车辆3辆(次)，取缔非法组客点3处。

【违法超限运输治理】 年内，市公路管理部门多措并举治理违法超限运输行为。太华、宜漕、国道104线宜兴段3个收费站安装联合治超系统，通过车道内高清“电子眼”自动识别超限车辆，并同步实施系统报警、拦截和车牌抓拍、视频取证等，让超限车“无处遁形”。创新推出“三点一组、以点带线”治超新模式，以太华、大港(超限检测站)、宜漕3个普通公路收费站为依托，设立3个治超点，沿线分路段合理部署路政人员，严查超限运输车辆。成立矿产品运输专项治理(应急保障)小组，严查运输车辆超限、抛洒滴漏、扬尘污染等违法行为。联合锡、宁、苏、常等地公路部门在国道104线宜兴段等重点区域开展“超限集中整治”行动，打击公路违法超限运输行为。至年底，共检查车辆16万余辆，查处超限车辆910辆，卸载货物7775.27吨。

【内河船型标准化船舶拆解改造工作启动】 4月，省政府出台《江苏省“十二五”时期推进内河船型标准化工作的实施意见》，规定2016年起，禁止单壳危险品船舶、老旧船舶和过闸200吨以下的干散货船进入长江干线、京杭运河及淮河水域运行。至2013年年底，全市有各类船舶约1200艘。10月，宜兴市启动2014年度内河船型标准化船舶拆解改造工作。市交通运输部门通过多种形式开展政策宣传，做好经营业户和船民上门咨询和电话咨询服务。同时，积极疏导船民，努力消除船民疑惑，要求不愿意拆解的船户作出书面承诺。制订内河船型标准化船舶拆改工作流程，规范审批管理流程，确保申报材料和信息真实可靠、拆解船舶符合条件和标准、船舶拆解工作符合程序、监督到位和政策规定执行到位。根据规定，对提前申请拆解淘汰或提升改造的船舶，根据总吨位、船龄、用途等进行3万元至30万元不等的补贴。至2014年底，全市拆解改造船舶22艘，总吨位2678吨，发放补贴160.39万元。其中，拆解淘汰单壳液货危险品船4艘、老旧运输船18艘。

(周峰)

编辑　吕浩

综　述

【概述】 2014年，以生态文明建设为统领，以“环境提升年”为契机，按照环境质量稳步提升、污染减排达到进度、生态创建全面覆盖、服务创新不断深化、环境监管有力加强、信访总量持续下降的总体要求，发挥环境保护优化发展、改善民生、促进和谐的关键性作用，区域环境质量持续提升，群众对人居环境的满意度逐年增加。城区和国、省、市道新增绿地面积68万平方米，城市建成区绿地率39.75%、绿化覆盖率42.79%、人均公园绿地面积15.78平方米。全市森林覆盖率、林木覆盖率分别为24.05%、28.62%。城区和集镇建成区生活污水处理率分别为96%、86%，城市建成区生活垃圾机械化收集率100%。芳桥、万石、和桥、湖㳇和新建5个镇(街道)的太湖流域一、二级保护区农村环境连片整治工程完成，丁蜀镇农村环境连片整治工程通过省级验收，覆盖拉网式农村环境综合整治工作有序启动，农村环境持续改善。

【生态环保成效明显】 整体推进环境治理工作，实施治太(湖)保源(水源)企业达标排放、大气污染治理、农村环境整治等工程。主要入湖河道基本消除Ⅴ类水质，污水处理厂出水达标率66.7%，饮用水源地水质达标率100%，连续第七年实现太湖安全度夏；空气达到及好于二级标准天数占65.9%，达65%的考核要求，在无锡地区位列第一。“以项目提升年”为契机，优化环保服务。全年审批建设项目738个，总投资295.6亿元，“三同时”*验收率100%；成立市环境影响评价专业委员会，促进环境评价工作市场化、规范化、科学化；市环保局编制《宜兴市环境保护专项资金使用管理办法》，建立市级环保专项资金补助项目库，规范环保专项资金的使用和管理，争取各类环保专项资金1亿多元。落实水污染减排项目10个、大气污染减排工程11个，及时增补畜禽养殖场关停项目2个以及市和盛轻纺织有限公司破产关停项目，完成上级下达的减排任务。市环保局制定《宜兴市2014年度环境监察执法计划》，建立24小时值守制度，依法立案查处问题严重的企业或个人80个(人)；加大信访处置力度，全年处置信访1211件；科学开展环境监测，获得有效监测数据9万多个。

【民生环保全面覆盖】 年内，民生环保专项行动锁定影响群众生活的大气污染问题，以“一区、两园、三线”［开发区，环科园、陶瓷产业园，宜(兴)广(德)线、宁杭铁路客运专线、旅游线］为重点区域，分二期推进区域性环境综合整治，重点改善大气环境质量，实现民生环保工程全覆盖。投资1.24亿元，整治污染企业46个，集中整治国道104线新街段、开发区庆源大道和西渚镇云湖路口“小三角”地带、归径小圩村等区域内涉气企业的粉尘排放、厂区环境以及道路扬尘等环境问题。经过环境综合整治，气味扰民问题改善，环境质量提升，群众对这些区域的环境投诉量明显下降。

【生态红线区域保护全面启动】 年内，市环保局编制完成《宜兴市生态红线区域保护规划》，明确全市生态红线区域涉及镇(街道)9个、水域3个，总面积750.44平方千米，占全市国土面积的37.72％。严格保护列入市级生态红线的区域，对没有列入规划但有一定保护价值的其他区域，因地制宜做好保护。市环保局会同市财政局制定《宜兴市生态红线区域保护管理办法(暂行)》《宜兴市2014年度生态红线区域补偿资金分配方案》《宜兴市生态红线区域保护监督管理考核暂行办法》等文件，完善生态红线保护工作有关管理规定。实施生态红线区域监控工程，在全市生态红线区域内设置监控点35个，实现远程监控，加强对生态环境变化趋势的预测预报，为项目审批、监督执法等提供信息支撑。与南京大学生态研究所进行初步沟通，探索生态红线保护研究，拟委托该单位对全市生态红线区域开展生态资源价值研究，摸清底细，明确下一步工作重点。同时做好生态红线保护宣传工作，拍摄生态红线保护环保电视宣传片，宣传生态红线区域保护规划的重要意义。

(吴笛)

治太保源

【概述】 围绕打造生态文明建设太

湖治理“样板工程”总目标，落实国家太湖水环境综合治理总体方案和省太湖水环境综合治理实施方案，推进治太保源，在更高水平上实现“两个确保”(确保饮用水安全，确保不发生大面积湖泛)，促进湖河水质持续改善、生态持续恢复。保障2014年南京青奥会期间太湖水环境安全稳定，全时实施应急举措确保太湖安全度夏，完成年度治太目标任务133项。严密跟踪太华镇关停的化工企业，督促油车水库上游地区加快生活污水纳管，开展西氿备用水源地环境整治，确保饮用水安全供应。市控3个饮用水水源地、省定9条主要入湖河流、11个小康断面、41个水环境功能区水质持续改善，水质达标率100%。现代化水质考核断面Ⅲ类达标率提升至50%

【控源截污工程顺利推进】 持续推进控源截污核心工程建设，多措并举削减污染排放。实施污染物总量减排工程，全年COD(化学需氧量)、氨氮污染物分别减排1127吨、136吨，27个企业通过强制清洁生产审核。依据《江苏省太湖流域撤并乡镇集镇区污水处理设施全覆盖规划》，新增污水管网65千米，污水处理厂达标排放率66.7%，比上年提高26.7个百分点。完成每年4950吨危险废物焚烧处置能力的扩建项目。至年底，省“治太”七期项目中，5个规模畜禽养殖场整治完成80%，1个分散畜禽养殖场整治完成70%，10个循环农业工程建设完成80%，完成氮磷生态拦截工程4.7万平方米。实施控制性种养水葫芦等水生植物工程5500亩。完成农村河道清淤298条、259千米，清理土方311万立方米。西溪河(邮芳河—杨巷新市段)、埝径河(盛家西桥—西氿段)、屋溪河(老屋溪河口至汤泉段、汤泉至白云溪河段)治理工程和中小河流治理重点县综合整治试点工程基本完成。

【小流域四河综合整治】 小流域四河综合整治实行分步治理，计划总投资1.09亿元。2014年，推进大港河、乌溪港、大浦港、洪巷港水环境综合整治工程137项。至年底，完工10项，在建19项，处于工程前期108项，完成投资854.1万元，完成2014年计划工程量。完工项目有：大港河上坝村垃圾集中堆放点1处、垃圾收运体系4处，大浦港浦南村石墨厂、混凝土搅拌站拆除工程各1个，洪巷港洪巷村污水处理设施3套。在建项目有：乌溪港周墅社区6座养殖场、5处垃圾收运体系建设工程；大浦港浦南村1个石墨厂搬迁工程和1个渔业交易码头建设工程等；洪巷港新庄村2套污水处理设施及配套管网建设工程。处于工程前期的项目有：大港河2套污水处理设施、12条主要支浜生态清淤工程和乌溪港19套污水处理设施、42条主要支浜生态清淤工程等开始招标，大浦港4套污水处理设施建设工程进入招标。至年底，大港河达Ⅱ类水质，乌溪港、大浦港、洪巷港均达Ⅳ类以上水质。

【治太保源四大专项行动】 围绕持续改善省定主要入湖河道水质，持续实现入湖河道水质好于上年同期、入湖水质好于入境水质总体目标，依据省治太实施方案及市委、市政府决策要求，开展四大水环境治理专项行动。市公用事业局牵头实施污水处理提标升级改造整治行动。城市污水处理厂、丁蜀镇华琪污水处理厂、万石镇南漕污水处理厂等5个污水处理厂纳入新建、提标升级改造工程，丁蜀镇完成居民生活污水截流3500户，和桥镇小沿河北岸32个店铺、油车水库上游30个村民小组和114个饭店的污水被纳管处理，还完成全市应纳尽纳点污水收集处理工程238个。市农林局牵头实施畜禽养殖场整治行动。丁蜀镇签订拆迁协议108户，拆除圈舍55户，500头以上规模养猪场全部整治到位，赔偿资金1200万元。和桥、万石等5个镇(街道)完成畜禽养殖场整治调查摸底工作。市水利农机局牵头实施河道清淤整治行动，预算总投资6106.1万元，大港河、乌溪港、大浦港、洪巷港4条省定主要入湖河道计划清淤9.3千米，疏浚土方20.74万立方米；支河清淤96条、141.3千米，疏浚土方264.19万立方米；实施生态修复8.15万平方米。至年底，工程全面启动。市环保局牵头实施治太保源企业达标排放整治行动。监控9条入湖河道两侧重点企业，出动检查人员520人次，地毯式集中检查重点企业63个，下发监察意见书32份，处罚并整改企业5个。市纪委、市委办、市府办和市太湖办联合督查组每月开展专项督查，协同解决难题，加快工程进度，确保整治成效。

【太湖实现安全度夏】 把安全度夏应急防控作为年度治太工作重点内容。4月初，召开全市治太工作会议、蓝藻打捞工作会议，及早明确任务，强化职责分工，完善相关措施。依托各类应急预案，落实应急值班、监测预警工作体系，做好捞藻处置准备，加大对饮水安全的管理与协调，全方位提升应急能力。从4月3日首次发现蓝藻集聚开始，围绕蓝藻打捞“日生日清”、蓝藻后续处理“年产年清”目标，做到及早处置。全市32个水质自动监测站实施全时监测，12个太湖湖体点位、5条主要入氿河流、9条主要入湖河流、11个上下游交界断面、41个水环境功能区断面实施全时监控，3个饮用水源和周边28个水质断面定期检测分析，确保饮水安全。市太湖办会同监察及行业主管部门加大督查联动，下发督查通报3份，要求限期落实整改问题14项。太湖连续七年实现安全度夏。全年对上争取蓝藻治理专项资金644万元，更新改造蓝藻机械化打捞作业平台14个，更新机泵22台，铺设蓝藻输送管道2.5千米，新建蓝藻厌氧发酵无害化处理站1座，完成打捞点土方清淤7.5万余立方米，改造蓝藻堆放池10个。全年出动捞藻人员6.4万人次，打捞太湖

蓝藻打捞现场 （市水利农机局　提供）

藻水26.5万吨，处理藻浆15万吨，生产藻泥4032吨，处理上年度陈藻12.5万吨。

【太湖水环境预警监测】 4—10月，市环保局开展太湖水污染及蓝藻预警监测。对漕桥河、官渎港、乌溪港等9条主要入湖河流断面进行不间断自动监测。对太湖西部沿岸一带水域的社渎港、乌溪港、大浦港等8个点位进行藻类观测。对太湖西部沿岸区的沙塘港、殷村港、百渎港等7个点位进行人工沿岸带观测预警。全年获浮标站数据214份、沿岸观测报告60份、入湖自动站监测周报30份、入湖自动站比对周报30份，收集卫星图片214份，入太湖巡测75次，为蓝藻预警打捞工作提供可靠依据，确保宜兴连续七年实现太湖安全度夏。

【饮用水源地保护】 推进油车水库水源地保护工程建设，根据市政府《关于切实加强油车水库水资源保护的若干规定》和《油车水库饮用水源地保护工作实施方案》的职能分工和要求，建立健全各项工作制度，建立油车水库水政监察中队，下发水源地保护相关配套行政措施和文件，实施污水收集、农村改而、涧河治理等五大工程措施和规划控制，农业产业结构调整畜禽养殖场整治等五大非工程措施。编制《油车水库饮用水水源地保护规划》，组建水源地保护管理专职队伍，建立保护区执法巡查、重大事项会商、水源地水质日常监测、水源地水污染应急处置、水源地保护长效管理等制度和机制，提升水源地日常监管规范化水平。坚持对横山、油车水库及西氿备用水源地实施不间断执法巡查，全年开展日常执法巡查432次，联合执法巡查10次，出动巡查车(船)450车(艘)次、执法巡查人员1320人次，发现与处置违法违章行为20起。针对5—6月横山水库饮用水源地水色异常情况，立即调查分析水库上游污染源现状，并编制上报《横山水库饮用水源地保护工作建议意见》，为保护水源地提供科学依据。

（林志军　吴笛　俞烨舟　杨秋石　章鹤）

大气污染防治工程

【概述】 按照《宜兴市大气污染防治行动计划实施细则》要求，健全政府统领、企业施治、市场驱动、公共参与的大气污染防治联防联控新机制，坚持污染物总量减排和空气质量改善相匹配，推进产业结构和能源结构调整，增强区域大气污染防治能力，综合治理工业废气、机动车尾气、城市扬尘等污染物。加强工业大气污染减排，完成5个电力企业脱硫脱硝提标改造工程，完成6个水泥熟料企业、8条在用的新型干法水泥窑的脱硝设施建设。锁定影响群众生活的大气污染问题，推进民生环保，投资1.24亿元整治污染企业46个。开展大气污染源排放清单网上填报工作，400余个企业完成填报。严控交通运输污染排放，加强公共交通设施建设，发展绿色交通。加强秸秆禁烧，推进秸秆机械化还田和能源化、饲料化、基料化等多种利用。编制完成《宜兴市重污染天气应急预案》，将重污染天气应急响应纳入政府突发事件应急管理体系。全年二氧化硫、二氧化氮、可吸入颗粒物(PM10)、细颗粒物(PM2.5)年均浓度分别为每立方米31微克、45微克、82微克、69微克，分别比上年下降34%、2.2%、18.8%、15.9%，完成年度空气质量改善目标。

【大气污染劣质产业综合整治】 严把环保准入关，加大产能严重过剩行业产能控制。严格执行国家和省要求的"两高"(高污染、高能耗)产业准入目录和产能总量控制政策措施，坚决遏制"两高"行业扩张产能。年内，未核准、备案新增产能的"两高"项目。加快淘汰落后产能，压缩过剩产能。结合全市产业发展实际和空气质量状况，制定落后产能淘汰政策，鼓励企业加快生产技术装备更新换代。按照第三轮化工整治要求，全年关停化工企业15个，淘汰S7以下高耗能变压器200多台。完成列入省压减过剩产能计划的市国山水泥有限公司40万吨、江苏阳羡南方水泥有限公司31万吨水泥产能压缩淘汰任务，并通过省经信委组织的考核验收。开展高污染燃料燃烧设施整治，将宜城街道、丁蜀镇、开发区、环科园、陶瓷产业园等区域列入全市高污染燃料禁燃区，完成禁燃区内锅炉排查工作，出台《宜兴市高污染燃料禁燃区及生态红线区高污染燃料燃烧设施综合整治工作方案》，整治禁燃区及生态红线区内的燃煤小锅炉；推进区域外的燃煤小锅炉整治，完成年度整治102台的目标任务。

【清洁能源加快发展】 2014年，市发改委制定《全市煤炭消费总量控制方案和目标责任管理办法》，严格控制煤炭消费新增量，重点削减非电行业煤炭消费总量。将能源结构调整、清洁能源保障纳入煤炭消费总量控制方案，推进城市燃气管网与热力管网等基础设施建设，全年新建中高压天然气管道90千米、LNG(液化天然气)和L-CNG(压缩天然气)加气站4座，加快清洁能源发展，扩大天然气占一次能源比重。禁止企业使用高灰份、高硫份的劣质煤炭，水泥、热电等企业按要求更换使用含硫率低于0.7%的优质低硫煤。市发改委制定《宜兴市油气回收综合治理工作方案》，开展加油站、油库油气回收治理工作。至年底，43座需改造的社会加油站全部竣工；中国石油化工集团公司(含英国皇家壳牌集团)投资2000多万元，对在宜兴的47座加油站中在营的42座，按照先市区、再镇(园区、街道)、后干道的顺序，全部改造完毕；中国石油天然气集团公司投资900万元，对在宜兴的40座加油站中在营的31座全部改造完成。油气回收率100%。

【秸秆禁烧和综合利用】 按照“疏堵并举、标本兼治”原则，坚持行政推动与技术服务相结合，政策引导与严格奖惩相结合，创新秸秆禁烧工作机制，实现秸秆全面禁烧和综合利用。2014年秸秆禁烧期间，各镇(园区、街道)、市直有关部门干部深入秸秆禁烧第一线，分片包干，明确责任，落实各项管控措施。年内，秸秆禁烧工作力度大于往年，秋季秸秆禁烧工作成效好于周边地区、好于上年同期。在适宜农机作业的地块，实行秸秆机械化直接还田，每台联合收割机械加装秸秆粉碎还田装置，将秸秆就地粉碎还田，或配备秸秆打捆机械，将秸秆打捆清运至集中堆放场。(参见《农业农村》类目《综述》分目)

(吴笛　章鹤)

生态环境治理

【概述】 推进环境污染整治，发挥环境保护优化发展、改善民生、促进和谐的关键性作用。通过实施治太保源四大专项行动、大气污染治理、农村环境整治等工程，环境质量持续改善。开展治太保源企业达标排放、污水处理提标升级改造、畜禽养殖整治、河道清淤整治四大行动，全市主要入湖河道基本消除V类水质，入(太)湖水质好于入境水质，污水处理厂出水达标率66.7%(比上年提高26.7个百分点)，饮用水源地水质达标率保持100%，连续第七年实现太湖安全度夏。开展大气污染劣质产业整治，推进清洁能源发展。实施电力、水泥行业提标改造工程，开展高污染燃料燃烧设施整治，将宜城街道、丁蜀镇、开发区、环科园、陶瓷产业园等区域列入全市高污染燃料禁燃区，全市空气质量在无锡地区位列第一。审批危险废物转移608批(次)、5万余吨，审批市内危险废物产生企业移出处置69批(次)、1万多吨。芳桥、万石、和桥、湖㳇、新建5个镇(街道)的太湖流域一、二级保护区农村环境连片整治工作基本完成，编制完成《宜兴市农村环境综合整治规划(2013—2017)》，启动覆盖拉网式农村环境综合整治。

【污染物排放控制】 发挥环境审批审核管理“阀门”作用，严控污染总量，有氮磷排放的项目一律不批、不符合国家产业和环保政策的项目一律不批。提高环保准入门槛，建立园区规划环境评价与项目环境评价联动机制，化工园区外新办化工企业一律不批、超出区域环境容量的项目一律不批。全年审批各类建设项目738个，否决、劝退各类不符合环保政策要求的建设项目10个，环保“三同时”执行率100%。对照无锡下达的污染物总量两年减排量一年完成的目标任务，制定年度减排项目计划，落实市新伟隆印染有限公司、宜兴乐祺纺织集团有限公司、无锡迈克斯纺织品有限公司等水污染减排项目10个，宜兴华润热电有限公司、宜兴协联热电有限公司等大气污染减排工程11个，并及时增补畜禽养殖场关停项目2个以及市和盛轻纺织有限公司破产关停项目，完成上级下达的减排任务。全年COD、氨氮、氮氧化物分别减排1127吨、136吨、9286吨。实施排污许可证制度、排污权有偿使用和交易工作，收取排污权有偿使用和交易费350余万元。推广企业清洁生产工作，从源头削减环境污染，全年对热电、化工、纺织印染、重金属等行业的27个企业开展强制清洁生产审核。

【畜禽养殖场专项整治】 7月，市农林局按照《市政府关于全面开展省控入湖河道周边畜禽养殖专项整治工作的意见》精神，以依法整治、突出重点、属地负责、分步实施、适度奖补为原则，采取达标治理和整体拆除相结合的办法，专项整治9条省控入湖河道主要流经区域，涵盖丁蜀镇、周铁镇、和桥镇、万石镇、芳桥街道和新庄街道的所有畜禽养殖场(户)。要求存栏500头以下的生猪养殖场(户)基本拆除；存栏500头以上的生猪养殖场(户)和规模家禽养殖场，在规定期限内整治到位，实现达标排放，并自觉接受监管；规模以下的家禽养殖实行圈养，妥善处置污染物。专项整治工作分两步推进，丁蜀镇作为第一阶段专项整治重点，在推进过程中提高工作目标，加强整治力度，扩大拆除范围，拆除存栏5头生猪以上的养殖场(户)。全年丁蜀镇签订拆迁协议108户，占总任务的88%；拆除圈舍55户，占总任务的54%；退养母公猪60户，处置母猪1699头、公猪45头、肉猪1.22万头。其余5个镇(街道)作为第二阶段整治对象将在2015年继续推进畜禽养殖场专项整治。

【治太保源企业达标排放专项行动】 年内，为保障太湖安全度夏，市环保局开展治太保源企业达标排放专项行动，加强对漕桥河、官渎港、乌溪港、殷村港等9条入湖河道两侧排水企业的执法监管，做好重点断面水质异常波动处置工作，查处不正常运行污染处理设施以及偷排、超标排放等环境违法行为，及时督促企业整治，改善入湖河道水质。市环保局对主要入湖河道周边国控企业每月至少日常检查3次，其中每月至少检查污水处理厂4次、重点排水企业2次。严格执行24小时环境执法值守制度，夜间突击检查排水量比较大的企业、夜间生产企业、有偷排隐患的企业。针对位于河道周边的企业，加强周边河道的巡查，杜绝私设暗管夜间偷排现象，以环境执法检查的高压态势促进企业增强自觉守法意识。开展环境执法与司法联动，对环境违法行为，及时依法处理，下发监察意见书32份，处罚并整改企业5个。

【"整治违法排污企业保障群众健康"专项行动】 为保障群众健康，集中整治与群众生活密切相关的环境问题及相关企业。重点开展水泥熟料企业和热电行业专项检查，立案查处个别企业治理设施停运、超标排放的行为，对部分问题企业下发限期治理决定书。开展铅蓄电池和医药行业专项检查，全市16个蓄电池企业有2个停产，其余14个均按环保要求限期整改。开展危险废物规范化管理专项整治，专项检查全市危险废物经营单位14个、危险废物重点产生企业42个，对企业固体危险废物规范化管理提出监察意见，掌握和规范固体危险废物处置行为。开展南京青奥会期间环境保障专项行动，8月，高密度巡查11个重点燃煤企业、36个限产企业、4个停产企业、15个建筑工地，确保各项管控措施落实。8月，空气质量指数稳定在100以下，空气质量优良天数占98%。

【国土综合整治】 推进土地整治工作，市政府出台《关于加强和规范土地整治项目管理工作的实施意见》，全年实施官林、西渚—和桥土地整理项目2个，完成土地平整233.33公顷，新增耕地4.33公顷。完成耕地占补复垦项目46个，新增耕地144.47公顷。推进旅游风景区内和主要交通干线沿线露天开采矿山的环境治理，修复山体自然景观。1月，启动云湖风景区大觉寺边坡治理项目。7月，启动宁杭铁路客运专线沿线矿山整治任务。至年底，云湖风景区大觉寺边坡治理项目和宁杭铁路客运专线黄梅山、大狼坞、景台山项目竣工，复绿坡面5.49公顷，复垦废弃地2.1公顷。丁蜀镇大潮漏废弃矿山地质环境治理项目为2012年度省地勘基金项目，8月，该项目通过省国土资源厅组织的竣工验收，获评优秀工程。

【化肥农药减施工程】 为强化耕地质量建设，提高土壤有机质含量，减少化肥农药对农业生态环境的破坏，推广秸秆还田、绿肥种植、有机肥增施、病虫害测报、科学用药等措施，减轻农业面源污染，促进农业生产方式转变。推广商品有机肥和有机无机肥，结合省有机肥推广补贴项目，全年销售商品有机肥1.1万吨，消纳有机废弃物3.5万余吨，减少使用化肥1000余吨。示范推广绿肥种植，全年种植绿肥7000亩，每亩节约氮肥4.5千克。加大秸秆腐熟剂应用的宣传，下发秸秆腐熟剂412.37吨。提高农业病虫害监测水平，加强对病虫测报哨点、疫情监测点人员的技术培训和指导，全年重大病虫预测预报准确率在95%以上。落实防控措施，坚持科学用药，推广高效低毒低残留化学农药和生物农药，做好化学农药的合理轮换和新药剂的示范推广，减少化学农药投入。

（吴笛　章鹤　谈亭亭）

生态环境优化

【概述】 把生态宜居作为转型发展、科学发展的核心价值追求，把建设生态文明作为可持续发展的重要战略导向，不断探索创新，实现环境换取增长—环境优化增长—发展提升环境的战略转型。以幸福镇村建设为抓手，开展农村环境长效管理，提升改造老集镇区域环境，涌现出芳桥街道芳桥村缪渎桥组、丁蜀镇洋渚村三庄组、西渚镇横山村荷花塘组等幸福村亮点。4月，开展第26个爱国卫生月活动，开展卫生死角大清理，清理乱张贴小广告1.2万张，清理病媒"四害"（鼠、蝇、蚊、蟑螂）孳生场所8996个，清运垃圾14.59万吨。围绕"河畅水清、功能健全、岸美景绿、人水和谐"总目标，实施以农村河道清淤整治和河道长效管理为重点的河湖生

官林镇桂芳村马公荡生态湿地　　（市农林局　提供）

态治理,推进省级水生态文明城市创建,通过河道疏浚、岸坡整治、生态修复、长效管理等措施,恢复农村河道功能,提高行洪排涝能力,改善农村水环境。城市河道保洁、清淤、截污、调水、生态修复"五位一体"的河道治理模式日益成熟,全年常态化保洁城区河道24条,保洁里程120千米。加快沿太湖区域生态保护带建设,修复荷花湾、马公荡生态湿地3700亩,控制性放养水葫芦5500亩,其中东氿水域放养3700亩、西氿水域放养1500亩、入湖河道放养300亩。在湿地保护小区内的太湖、滆湖湖滨开展湿地芦苇收割与资源化利用,收割芦苇7300亩,清除芦苇约8000吨。全年新增造林绿化1.01万亩、省级生态公益林3.6万亩,全民义务植树100多万株。年内,创建省级村庄绿化示范村42个、省级森林生态村3个、无锡市森林村45个。

【农村河道清淤】 围绕太湖治理及新农村建设,以防洪为主、兼顾生态的治水理念,以农田灌溉、集镇及居民集中居住区、主要道路边的河道为重点,推进农村河道清淤整治,实施清理垃圾、清除淤泥、整治河坡、修复损毁堤防护岸、建立长效管理机制等举措。全年计划投资4443万元,清淤农村河道282条、273千米,清理土方393万立方米。为确保河道清淤质量,专门成立河道测量队伍,采取清淤前后两次测量的方式,严格清淤标准,对达不到要求的河道进行返工处理。全年实际投入3329万元,清淤农村河道298条、259千米,清理土方311万立方米,全市水系进一步畅通,河道引排蓄能力进一步恢复,农田抗御洪涝旱等自然灾害的能力提高,农村水环境面貌持续改善。

【河道长效管理】 综合运用财政支持、监督考核、宣传报道、管理体制、应急安排五大机制,落实政策、管理、技术三大措施,确立水路即道路、机械化保洁、专门化管理、市场化服务等新理念,解决河道长效管理的重点难点。重点奖补创新保洁管理模式、更新机械化保洁设备、新建漂浮物拦截方式及种植水上生态作物、新增星级化管理河道等举措。对省、市领导挂钩实行"河长制"*管理的河道,对16条市主要骨干道路沿线河道,旅游景区、村庄、集镇区域周边河塘及有灌溉泵站河道加强管理。每月开展河道长效管理专项检查,制定月度、季度巡查路线,全年完成农村河道长效管理考核8次,涉及18个镇(街道)、235个村,检查考核河道2109条,其中市级河道23条、镇级河道227条、村级河道(塘、荡)1859条。开展河道保洁机械化三年(2014—2016)行动计划,全年推广机械化保洁船13艘。继上年万石镇成立全省首个河道综合管理专业合作社,实行河道保洁市场化管理后,新街街道、芳桥街道、屺亭街道等镇(街道)实现河道保洁市场化管理全覆盖,徐舍、高塍等镇(街道)以片区为单位进行市场化管理试点。建立农村河道长效管理考核季报通报制度,宣传各镇特色工作,推广好的做法和经验,通过全年四期考核季报的发放,提升农村河道长效管理水平。全年各镇(园区、街道)落实保洁船只461艘、保洁人员906人,出动保洁人员11.32万人次、船只4.1万艘(次),清理河面垃圾12.5万吨。

【造林绿化与林区管护】 全年全民义务植树100多万株,植树成活率90%以上。新增造林绿化1.01万亩,其中成片造林5115亩。全市森林面积61.55万亩,林业用地面积74.94万亩。全市森林覆盖率24.05%,林木覆盖率28.62%。按照"绿色江苏"的任务,创建无锡市森林村45个。新增省级生态公益林3.6万亩,完善生态公益林资源管理档案,强化生态公益林补偿基金管理。做好林业病虫害测报和防治,遏制重大森林病虫害扩散蔓延,巩固宜兴市林场、湖㳇镇竹海、太华镇太华村、西渚镇大贤岭林场和万石镇5个林业病虫测报点,指导基层测报人员开展测报工作,完成5000余亩毛竹的病虫害防治,定点救治古树5棵。加大古树名木保护与管理力度,完善市内古树名木目录信息,检查濒危古树名木。防火季节林区各镇各单位坚持24小时防火值班,确保信息畅通,火警处理及时,坚持定点看守、巡查相结合的护林防火制度。

【城区及主要道路绿化建设和管护】 加强城区及国、省道绿化建设和管护,提升园林绿化建设和管理的专业化和园艺化水平。全年投入园林绿化和景观绿地建设资金近1亿元,完成北市河景观(二期)、梅林大桥东北角景观改造、太湖大道景观绿化(一期)、汽车城周边绿化提升改造、宜漕路(和桥至万石段)绿化改造、阳山荡路绿化改造等重点工程的建设,新增绿化面积68万平方米。启动"城区林荫路改造三年(2014—2016)计划",完成红塔南路、枫隐路、氿滨大道、东氿大道和荆邑路的林荫化改造,插绿补绿12.1万平方米,新增管护面积95万平方米,城市道路初步达"夏有荫凉、冬有暖阳"的效果。城市公园绿地服务半径覆盖率超80%,城市建成区人均公园绿地面积15.78平方米。按照定岗、定位、定责、定人、定标准、定奖惩要求,强化绿化养护分级分类管理,确保种植一年以上的植物保存率达98%,种植不满一年的树木成活率达95%。重点做好国、省、市道和旅游干线及高速公路出入口等重要节点区域的绿化美化,加强城区草花更换、花坛摆放、立体花坛设计摆放等工作,确保城区及国、省、市道各路段绿化带内无白色垃圾、枯枝烂叶和枯死树木,色块、树木修剪到位。至年底,城区公共绿地管护面积750万平方米,国、省、市道绿地管护面积2000万平方米。

(万利军　章鹤　杨秋石　周晓东)

城市污水处理厂　　（市公用事业局　提供）

生态基础设施建设

【概述】 围绕"处理能级提升、管网优化配置"目标，加快污水处理设施建设，提升污水处理精细化运行管理水平。全年新增污水管网65千米，完成污水纳管102户。完成城市污水处理厂及配套的15.5千米DN1200污水压力管的建设和调试。围绕污水收集处理现状，在体系高负荷运转基础上，加强对上游企业的执法监管和污水厂运行监管，对全市19个重点泵站进行每月100个水样频次送检。强化污水运行调度能力，发挥欧亚华都污水处理厂纳归联网后的作用，通过管网调度，各污水处理厂之间实现水量智能化调剂，防止污水处理量超负荷而导致工艺不稳定。年内，全市污水处理厂总体运行情况良好，全年处理污水5500万吨，出水综合合格率98%。提升垃圾处理能级，丁蜀垃圾中转站建成投运。全年全市收运处置生活垃圾32.2万吨，日均880吨，垃圾无害化处理率100%。

【城市污水处理厂一期和丁蜀垃圾中转站建成】 市城市污水处理厂工程设计规模为每天15万立方米，其中一期建设规模为每天7.5万立方米，采用预处理+常规处理+深度处理的工艺，同步配套建设再生利用水每天2.5万立方米。一期工程总投资3.75亿元，2012年11月启动，2014年11月主体建成并试运行，建成后可大幅提升污水处理能级和处理标准，缓解城区污水运行压力，提高污水处理率，减少流入太湖流域的污染物总量，优化人居环境。丁蜀垃圾中转站位于丁蜀镇陶瓷产业园区内，包括垃圾中转站和垃圾贮藏仓，总用地面积7186平方米，总投资约1300万元。2013年3月启动，2014年12月投运。接纳能力为每天250吨，有效解决丁山片区垃圾处理问题。

（沈韵凯）

生态环境监管

【概述】 按照网格定位、人员定格、责任到人、监督到位要求，健全环境监管网格化体系，实现精细化监管。以民生环保专项行动为核心，开展"整治违法排污企业保障群众健康"环保专项行动，加强环境信访事件处置，维护群众环境权益。加强饮用水水源地保护，构建严密的防控和保护体系。加强水环境监管，强化对太湖、滆湖、"三氿五荡"（东氿、西氿、团氿，莲花荡、临津荡、钱墅荡、徐家荡、阳山荡）及饮用水源地等区域的水质监测监管，确保入境水质好于入湖水质。加强大气污染源监管，根据《宜兴市大气重污染应急预案》要求，将保障群众健康作为首要任务，解决居民集中区、敏感区域的气味扰民和气味污染问题。加强噪声污染监管，重点解决工业企业、娱乐场所、烟花爆竹、建筑施工及餐饮业噪声扰民问题。强化环境预警监测和在线监控，提高风险防范能力和应急处置水平，降低环境问题发生率。强化建设项目监管，全年审批建设项目738个，否决、劝退各类不符合环保政策要求的建设项目10个。合理开展排污申报和收费，全年申报和核定排污登记单位742个，征收排污费3736.1万元。

【环境执法保持高压】 2014年，围绕污水、重金属、废气、固体危险废物等环境执法重点，市环保局制定《宜兴市2014年度环境监察执法计划》，高频度高密度组织分区域集中检查、地毯式拉网排查、夜间和节假日交叉巡查和各类突击检查。对主要入湖河道周边国控企业每月至少日常检查3次，其中对污水处理厂每月至少检查4次，对重点排水企业每月至少检查2次。执行24小时环境执法值守制度，每天至少夜查企业2个，对重点企业专门安排环保人员通宵蹲守检查。全年组织大规模集中检查和夜间、节假日突击检查50多次，出动执法人员2万多人次，检查企业1万多个（次），依法立案查处问题严重的企业或个人80个（人），处罚484.09万元。保障南京青奥会期间的环境质量，遏制秸秆大规模焚烧带来的环境和舆论影响。

【环境信访和应急处置】 年内，健全环境信访领导接访及带案下访制度，开展环保局长大接访活动，解决重点、难点信访问题。完善环境信访和应急处置工作值班制度,做到值班和夜查、值班和处置、值班和解决环境问题相结合。及时解决媒体关注、群众反映强烈的屺亭异味和噪音扰民、新街街道涧北河河水污染、城东垃圾中转站臭味污染等问题。对存在突出环境问题的镇(街道、园区)与企业,实施限期整改,并由市领导约谈有关负责人,督促整改工作,全年限期整改环境问题36件。全年受理环境投诉1211件,其中大气污染799件、噪声污染166件、废水污染177件、建设项目44件、固体废物污染20件、其他污染5件,基本得到妥善处理。年内,为增强突发环境事件应急处置能力,在江苏凌飞科技股份有限公司组织突发性事故应急救援演练。专项排查5个饮用水源地(自来水厂)、2个化工园区、63个重点环境风险源企业和23个闲置化工场地的环境安全隐患,检查发现隐患问题5个,全部整改到位。

【环境监测和预警】 制订年度监测工作计划,重点高频次监测全市37个国控和省控及市控监测断面、上游11个入境河流断面、下游9条入湖河流断面、11个生态补偿断面、28个河长制断面、11个小康断面水质和主要饮用水源地横山水库、油车水库、龙珠水库、西氿备用水源及上游27个断面、41个功能区断面水质,完成各类水质采样1.5万次。加强太湖蓝藻预警观测,入太湖巡测75次,发布监测日报151份,收集卫星图片214份。全年获环境监测数据9万多个,编制监测报告和报表560份、综合分析报告147份,准确掌握水、气、声、土壤的环境质量状况。提高在线监控自动化、信息化水平,重点企业全部安装自动监控设施,累计有COD在线仪72台(新增7台)、流量计71台(新增2台)、二氧化硫在线仪31台(新增2台)、氨氮在线仪20台(新增1台)、总磷在线仪12台、总铜在线仪1台、氟离子在线仪1台、PH在线仪3台,建成水质自动监测站32座、空气自动监测站4个,形成全天候、全覆盖的环境监测网络。

【环境保护宣传教育】 开展广场宣传咨询服务、环保摄影比赛、青年环保志愿服务等活动。在报纸、网络等宣传载体基础上,新增《宜兴环保》电视专栏和《环保与你同行》车载电视节目2个宣传平台,实现本地媒体宣传平台全覆盖,开展多渠道、立体式、全方位、不间断的环保宣传教育。全年出刊《绿色家园》报纸专栏12期、《宜兴环境监测》杂志4期,制作播出《宜兴环保》电视专栏8期、《环保与你同行》城乡公交车载电视节目48期、《环保你我他》电台专栏87档,在媒体发表环保新闻信息1632篇,编发《居民环保手册》《新环保法宣传手册》等宣传资料。

(吴笛)

环保监察人员在进行太湖水取样　　(市环保局　提供)

生态建设机制

【概述】 加快生态文明制度体系建设,不断创新环保机制。落实环境影响评价、"三同时"、排污许可证等制度,提高环保准入门槛。完善常态化的环境执法与司法联动机制、生态补偿机制、污染防治机制、建设项目环境监理机制、减排督查推进机制、目标责任机制和考核奖惩机制。构建生态红线保护机制,对全市750.44平方千米生态红线保护区域实施最严格的资源保护和环境监管。对上争取到生态红线区域补偿资金、太湖流域区域补偿资金、覆盖拉网式农村环境综合整治资金等专项资金1亿多元。开展环境信用评价和环保污染责任保险工作,在826个开展环保信用评价的企业中评出绿色企业46个、蓝色企业731个、黄色企业46个、红色企业3个。完成143个企业的环境污染责任保险参保工作。编制环境监察计划,实施环境执法监管科学化、网格化管理机制。加强大气污染防治,构建大气治理联防联控体系,实现空气质量检测与应急预警一体化。建立24小时值守与信访应急处置制度,第一时间化解环境信访,用制度保护生态环境。

【环境污染责任保险制度实施】 市环保局按照"政府推动、市场运作、专业经营、风险可控、多方共赢"基本原则,推进环境污染责任保险工作。通过环境专家上门为企业指导,寻找企业环境问题,制订整改方案,帮助企业消除存在的环境污染隐患。至年底,相关保险机构提供风险评估(服务)730余个(次),指出企业存在的环境风险和污染隐患3000余项,提出整改意见2000余条,签单承保526个(次),承担环境污染责任风险超5亿元。

【环境影响评价机构管理考核越发严格】 为加强建设环境影响评价行业管理,提高环境影响评价工作质量,市环保局完善环境影响评价机构管理考核制度,修订《宜兴市环境影响评价机构管理考核暂行办法》《宜兴市环境影响评价机构考核细则(暂行)》。从环评机构服务情况、环评报告编制时间、环评报告编制费用等方面考评全市环境影响评价机构,具体考核环评报告的评价依据、项目基本情况、环境质量现状、环境敏感目标、总量控制、工程分析、环境影响分析等项目,考核评分结果在市环保局网站及行政服务中心环保窗口设立的公示牌上公示。对年度综合分数最后一名且低于70分的环评机构,将暂缓受理其编制的环评文件,时限3个月。年度综合分数不及格或连续2年处于末位的环评机构,将暂缓受理其编制的环评文件,时限1年。

【环保专项资金使用管理制度更为规范】 2014年,为加强和规范市级污染防治和环境保护专项资金的使用和管理,提高资金使用效益,市政府办公室出台《宜兴市环境保护专项资金使用管理办法》。市环保局建立市级环保专项资金补助项目库,将环保专项资金使用范围明确为区域性和流域性污染防治项目、环境治理建设项目、污染防治新技术和新工艺的推广应用项目、重点生态环境保护和生态建设工程项目、环境监管能力建设项目、环保科研项目等。同时明确环保专项资金不支持的项目,包括项目单位人员和办公经费补助、楼堂馆所建设项目、立面出新和绿化等基础设施建设内容、与污染防治无关的其他项目、环境保护"三同时"项目、扩建生产能力的项目等。将环保专项资金支持项目列入项目库,明确项目原则上投资额不得低于30万元,未入库项目不得使用专项资金,形成规范、公平、公正、公开和专款专用的环保专项资金使用管理机制。

【"河长制"管理深入推进】 按省、无锡市"河长制"管理工作要求,继续把河长管理作为落实治河责任、促进水质改善的重要手段。实现"一个优化、三个突出、一个强化",即市级河道"双河长制"管理整体优化,突出"水质考核""河长履职""规范管河",强化"考核通报"工作。年内,"河长制"管理工作考核的36个市级河道断面中,Ⅱ类、Ⅲ类、Ⅳ类、Ⅴ类与劣Ⅴ类水质断面分别为1个、21个、11个、2个与1个;40个镇级河道断面中Ⅲ类、Ⅳ类、Ⅴ类与劣Ⅴ类水质断面分别为33个、3个、2个与2个。水质类别处于Ⅲ类和Ⅳ类之间的断面比例均在80%以上,考核河道水质整体改善明显。全市"河长制"管理工作实现"三到位、一提高"目标,即各级河长带头履责到位、社会监督同步到位、"一河一档、一河一策"整治方案编制到位以及河道管理规范化程度提高。

(吴笛　林志军)

编辑　李逸萍

宜兴市党史遗址

遗址名称：**史砚芬故居**
地　　址：官林镇义庄村

遗址名称：**潘汉年故居**
地　　址：新街街道陆平村

遗址名称：**宜兴革命陈列馆**
地　　址：宜兴革命纪念园内

文化建设

CULTURAL CONSTRUCTION

教育 EDUCATION

综　述

【概述】 贯彻落实国家、省、无锡市教育改革和发展规划纲要，实施《宜兴市教育事业“十二五”发展规划》，坚持教育优先发展地位，全面推动教育现代化建设。加快发展学前教育，优质均衡发展基础教育，创新发展职业教育和社会教育，大力支持高等教育，教育发展水平不断提升，宜兴市被国务院教育督导委员会命名为全国义务教育发展基本均衡县（市、区）。全市全年教育事业投入21.89亿元，比上年增长10.56%。实行幼儿园、义务教育、普通高中、职业学校公用经费制度，公办（集体办）幼儿园、小学、初中、普通高中每生每年公用经费标准均有所提高，分别为350元、700元、1000元、500元；职业学校每生每年公用经费标准保持500元。执行义务教育学生营养改善计划，家庭经济困难学生生活补助标准为小学每生每年1500元、初中每生每年2000元。校舍维修标准保持每平方米10元。

加强教学质量管理，出台《关于进一步提高中小学教学质量的意见》《宜兴市学校综合评估双百分考评方案（试行）》。执行省规范办学行为相关规定，开展办学行为督查。加强社会培训机构办学管理，全年对78所社会培训机构开展办学年检。出台《关于各级各类学校勤俭办学的管理意见》《关于完善直属单位基建（维修）项目招投标管理的暂行办法》《关于完善教育技术装备集中采购管理的暂行办法》等。出台《坚决制止高中阶段学校新增债务的意见》，加强高中学校债务管理，年内全市高中学校没有新增债务。加强收费管理，取消义务教育阶段与招生入学挂钩的相关收费。启动第六轮校际结对帮扶，组建21对教育共同体。出台《关于加强中心小学对村校（办班点）一体化管理的意见》，实行中心校与村校一体化管理。推进学校建设改造，加强教育装备和信息化建设，高塍小学新校区落成启用，完成汇文中学、新街中学、行知实验学校、新街小学改造，完成宜兴一中校舍加固及综合训练馆建设、无锡未成年人社会实践基地食堂加固；建设学校合格信息中心7个、校园电视系统11套、自动录播教室2个，配备多媒体交互系统200多套，全市教育装备达省一类标准要求的学校有56所，实现义务教育现代化学校全覆盖。加强安全管理，落实中小学岗位安全职责，加强安全教育和应急演练，推进学校安全标准化建设，健全校园安全隐患定期排查整改制度，宜兴中学、丁蜀中学、树人中学、实验小学、广汇小学等23所学校创建为无锡市平安校园。推进中小学校舍安全工程，制订《2015—2017年校舍安全工程规划》，通过省中小学校舍安全工程督导组检查。加强扶困助学工作，全年免除中等职业学校学生学费1821万元，惠及学生1.02万人次。发放学前教育家庭经济困难儿童助学金、义务教育阶段家庭经济困难学生生活补助、普通高中国家助学金、中等职业学校国家助学金207.2万元，惠及学生2977人次。

【招生入学工作改革】 4月，为缓解城北地区幼儿入园难现状，市实验幼儿园试点实行服务区招生制度，学校对应招收该地区或社区的学生。5月，市教育局出台《2014年宜兴市高级中等学校招生工作意见》，取消普通高中借读政策。6月，出台《2014年宜兴市城区小学、初中招生方案》，实行城区小学、初中按计划、分批次招生，并首次实行择校摇号政策。第一批次为施教区学生。宜兴市学生符合四个条件之一视为施教区学生，可直接报名入学：学生家庭（或学生与父母一方）拥有施教区正式户籍和房产，户籍与房屋产权证相一致的；学生家庭（或学生与父母一方）拥有施教区正式户籍的（不含挂靠户）；学生父母（或父母一方、学生父母与上一辈共有）在施教区内拥有房产的（含非宜兴市户籍学生）；学生随父母（或父母一方）在上一辈处落户，上一辈在施教区拥有正式户籍和房产的。外来务工人员子女同时符合四个条件视为施教区学生，可直接报名入学：父母在施教区稳定租住两年以上、父母与城区用人单位签订一年及以上劳动合同或取得工商营业执照、其子女符合户籍地计划生育政策、父母按规定缴纳社会保险一年以上（2013年6月30日前参加社会保险）。第二批次为择校生，符合三类条件之一的学生可报名登记，经公开方式确认录取后入学：学生家庭在城区无户口和房产，但父母在城区工作，且在施教区内居住的宜兴市学生；父母或其他法定监护人在施教区取得暂住证半年以上，与城区用人单位签订一年及以上劳动合同或取得工商营业执照，其子女在户籍所在地没有监护条件且符合计划生育政策；城区跨施教区就读学生，但仅限城区内与学校施教区相邻社区居委内的学生。学校在第一批次施教区学生招生后仍有空余学额，且第二批次择校生登记人数超出空余学额数，则采用实名摇号方式录取择校生。7月，实验中学、外国语学校、阳羡小学3所学校择校生登记人数超出空余学额数，登记择校学生602人，公开摇号录取354人。

【九年一贯制学校建立3所】 中共中央十八届三中全会提出"义务教育免试就近入学，试行学区制和九年一贯对口招生"要求。5月，省政府出台《深化教育领域综合改革实施意见》，提出"推行初中与小学九年一贯对口招生，解决择校问题"。九年一贯制指一所学校小学部和初中部实行一体化教育，学生小学毕业后直升该校初中。全市部分非建制镇探索推进小学、初中九年一贯制办学模式。2013年6月，撤销张泽小学、张泽中学建制，合并组建张泽中小学。2014年8月，撤销分水小学、周铁中学分水办学点建制，合并组建行知实验学校。同月，撤销湖㳇小学、湖㳇中学建制，合并组建湖㳇实验学校。至2014年底，全市有九年一贯制学校3所。

2014年宜兴市各级各类教育事业情况

表61

校园类别	数量	学校数(所)	班级(个)	毕业生数(人)	招生数(人)	在校学生数(人)	毕业班学生数(人)	教职工(人)共计	教职工(人)其中：专任教师
高等院校	无锡工艺职业技术学院	1	212	2228	2678	7663	2440	460	328
	江苏城市职业学院宜兴办学点	1	13	299	68	314	82	178	145
中等专业学校	普通中等学校	4	269	3406	2753	9803	2462	1061	855
普通中学	高　中	9	309	5425	4675	14769	5216	1703	1470
	初　中	33	658	8516	9627	27941	8841	2653	2365
小　学		54	1356	9888	9692	60405	9570	4294	4042
特殊教育学校		1	14	8	21	135	52	44	37
幼儿园		77	677	8730	9467	24974	8949	2552	1391
成人学校		19	424	5112	7848	16912	5032	157	130

学前教育

【概述】 贯彻落实国家、省关于学前教育改革发展意见精神，建立健全学前教育保障机制，坚持规划与投入并重、公办与民办并举、软件与硬件并进，加快发展学前教育。全市有注册幼儿园77所，其中公办和集体办幼儿园33所、民办幼儿园44所，有省优质幼儿园45所。全市3—6岁在园幼儿2.49万人，其中流动人口幼儿8954人，宜兴市户籍适龄幼儿入园率100%。全市有专任幼儿教师1391人。其中：专任教师专科及以上学历1296人，占93.17%；在编全额拨款专任教师93人，占专任教师总数的6.69%。年内，新建景湖天成幼儿园，扩建湖滨实验学校附属幼儿园、丁蜀均陶幼儿园、太华幼儿园，异地搬迁亲亲宝贝幼儿园。湖滨实验学校附属幼儿园、徐舍幼儿园、万石幼儿园、南漕幼儿园创建为省优质幼儿园。亲亲宝贝幼儿园、丁蜀均陶幼儿园创建为无锡市优质幼儿园。徐舍镇、万石镇、杨巷镇、新街街道创建为无锡市学前教育现代化乡镇(街道)。大树幼儿园、湖㳇幼儿园创建为市AA级特色幼儿园。实验幼儿园、宜城幼儿园、教师进修学校附属幼儿园、丁蜀幼儿园、湖㳇幼儿园、官林幼儿园被评为市教科研工作先进幼儿园。1名优秀园长参加省骨干园长高级研修班，6名园长参加省农村幼儿园园长培训，6名骨干教师参加省引智培训，107名教师参加国家级、省级农村教师培训、远程网络培训，286名教师参加市级培训。28所幼儿园被评为市先进幼儿园，28名园长被评为市优秀园长。一批幼儿和教师在无锡市小铃铛艺术展演、幼儿教师童谣弹唱比赛、幼儿园主题活动环境设计与实施、幼儿园体育教学活动展评中获奖。全市幼儿教师获无锡市教学能手称号2人，获市教学能手称号14人。

【《宜兴市城区幼儿园布点规划》编制完成】 针对全市公办学前教育资源不足现状，结合宜兴新一轮城镇化建设和新农村建设总体规划，考虑国家"单独二孩"政策实施及外来务工人员随迁子女入园需求，7月，市教育局启动制订《宜兴市城区幼儿园布点规划》。12月，完成规划编制工作。该规划期限为2014年至2030年，计划在宜城街道、新街街道（环科园）、开发区（含屺亭街道）、新庄街道、丁蜀镇五个区域新建幼儿园。

基础教育

【概述】 围绕基础教育优质均衡发展，深入实施素质教育，全市基础教育质量不断提升。加强学校德育工作，市教育局出台《关于进一步加强中小学德育工作的意见》。开展"仪式见证成长"主题教育、"日行一善"学雷锋志愿服务、"缤纷冬日"、"七彩夏日"学生假期等系列活动，分期分批组织学生参加社会实践。选派127名班主任、团委书记、心理健康教师参加省、无锡市骨干研修培训，开展班主任技能比赛，建立班主任上岗、在岗、骨干和高端四级培训机制。加强宜兴市教育心理学会建设，建立心理健康教育中心组。推进义务教育薄弱学校提升工程，烟林中学、元上小学分别列入省薄弱初中课程提升工程、小学特色文化建设工程。全市义务教育入学率、巩固率保持100%，初中阶段升学率98.52%（上年为98%），高考录取率93.48%，优质高中正取生分配比例保持70%，外来务工人员随迁子女在公办义务教育学校就读率保持95%。全市参加高考5402人，比上年减少535人。本科录取3801人，录取率70.36%；专科录取1249人，录取率23.12%（上年17.8%）。普通类本二以上进线2872人，进线率53.17%；体育、艺术类考生省定文化和专业成绩本科双过线324人。全市录取北京大学1人、清华大学2人。官林小学、徐舍小学、宜丰小学等37所学校创建为无锡市依法治校示范校。湖㳇实验学校、新建小学创建为无锡市两型社会建设示范学校。年内，创建市特色学校9所，累计73所。

【特色教育建设成果丰硕】 自实施教育亮点工程后，全市体育、艺术、科技教育成果丰硕。年内，宜兴市在各级各类体育比赛中获多项奖励（详见《体育》类目《学校体育》分目）。在全国啦啦操冠军赛中，和桥二中、湖滨实验学校、广汇小学、悲鸿小学、陶都小学、和桥二小、红塔小学均获冠军。宜兴市在全国中小学生啦啦操比赛分站赛中获3个冠军，在全国中小学生金钥匙科技竞赛江苏赛区中获二等奖，在省青少年科技创新大赛中获一等奖3个、二等奖9个，在无锡市青少年科技创新大赛中获一等奖3个。广汇小学在省金钥匙校园智力竞赛中获二等奖。宜兴市在无锡市"百灵鸟"文艺汇演中获金奖14个，在无锡市"小小红梅奖"少儿锡剧邀请赛中获金奖4个。万石中学创建为省首批特色文化先进学校。和桥二中、湖滨实验学校、洋溪小学创建为无锡市科技教育特色学校。

【未成年人社会实践基地获评全国教育系统先进集体】 无锡未成年人社会实践基地围绕"特色鲜明、国内一流"品牌基地建设目标，深化实践基地综合实践活动课程研发与实施策略研究，构建"领域-模块-大类-项目"四级课程体系，建设多功能搭载型应急模拟训练塔。年内，基地成为中国青少年宫协会会员单位、中国陶行知研究会实践教育分会常务理事单位、全国青少年户外体育活动营地，基地"实践型"国防教育在省国防教育工作会议上作经验交流，《新华日报》《中国教育年鉴》等媒体对基地进行专题报道。基地全年接待国内外学生52批，平均每天298人次。9月，基地被教育部和人社部表彰为"全国教育系统先进集体"。

【广汇小学推进科学教育特色建设】 2010年起，广汇小学依托科创园区地域优势，坚持科技教育与学科教学、校本教材、课外活动、竞赛项目相结合，开展在和融文化理念下的校本科技教育实践研究，先后建设科技教育广场、科学探究俱乐部、科技名人馆、科技探秘厅、科学实验室、科学探究室、科技书吧、航天馆，营造校园科技

陶都小学啦啦队获全国啦啦操冠军　　（市教育局　提供）

文化氛围，搭建科技教育活动平台。有200多名师生先后在国家、省、市各类科技比赛中获奖，学校先后被评为中国少年科学院科普教育示范基地、省青少年科技教育协会团体会员、省科技教育先进学校、省青少年科学工作室、省科学教育特色学校、无锡市科普基地学校、无锡市科技教育特色学校、市优秀乡村少年宫、市AA级特色学校。

【"学生最喜爱的班主任"评选】 2013年9月，市教育局印发《关于开展宜兴市中小学优秀班主任、德育先进工作者评选工作和"学生最喜爱的班主任"评选活动的通知》，启动"学生最喜爱的班主任"海选活动。该活动参评对象为全市中小学(含中等职业学校、特殊学校)在任班主任，采用学校海选、学区评选和市级评选(包括网络投票、现场答辩、实地考察、行政审核)三级评选方式。2013年12月，经学校海选、学区评选产生43名"学生最喜爱的班主任"候选人。2014年5月，43名候选人接受现场答辩和实地考察。6月，实验小学张弢等20人获市"学生最喜爱的班主任"称号，阳羡中学周勇兵等23人获市"学生喜爱的班主任"称号。

特殊教育

【概述】 贯彻国家《特殊教育提升计划(2014—2016)》，推进特殊教育事业发展，保障残疾人受教育权利。建立完善特殊教育体系，将特殊教育纳入全市教育事业发展规划，实行家长或学生自主选择特殊教育学校或普通学校随班就读机制，全市残疾儿童少年均能平等接受义务教育。全市有特殊教育学校1所(市特殊教育学校)，有听障教育、培智教育教学班14个，学生(幼儿)135人。有随班就读残疾学生52人，均享受个别化教育指导。全市残疾儿童少年入学率保持100%。有特殊教育专任教师37人，全部拥有专科以上学历。坚持特殊教育投入倾斜政策，实行残疾儿童全免费教育，全年资助残疾儿童教育经费80.5万元。

【"博爱教育"品牌建设】 市特殊教育学校秉承"让每个孩子获得最优发展，让每个孩子都能走向成功"办学理念，深化博爱教育，打造博爱课堂，举办无锡市特殊教育"理想课堂"校际联动研讨活动，开展第十九届"博爱杯"校园文化艺术节活动，组织学校艺术社团活动。学校在无锡市第四届特殊奥林匹克运动会上获金牌1枚、银牌3枚、铜牌4枚，并获团体二等奖。在全国、省、无锡市特殊教育论文评比中获一等奖7个、二等奖7个、三等奖12个。在无锡市第三十四届"百灵鸟"中小学文艺展演中获铜奖，在无锡市首届残疾人小品比赛中获三等奖。年内，该校被评为江苏省平安校园、无锡市依法治校示范校、无锡市学陶先进集体、无锡市特奥工作先进单位，有6名毕业生考入高等学校。

市特殊教育学校学生参加无锡市第三十四届"百灵鸟"中小学文艺展演 (市教育局　提供)

职业教育·成人教育

【概述】 贯彻落实教育部《现代职业教育体系建设规划(2014—2020年)》、省政府《关于加快推进现代职业教育体系建设的实施意见》，以全国农村职业教育与成人教育示范县、省职业教育创新发展实验区、省社区教育示范区创建为抓手，创新发展职业教育、社会教育。全市职业学校全年招收新生2753人。全年岗位培训10.8万余人，获证奖补培训1.5万余人。全市中、高等学历教育在籍学员1.6万余人。职业学校对口单招本科过线率30.71%，超省平均过线率10.4个百分点。全市中等职业学校学生参加省学业水平测试优秀率23.2%，高于省定标准3.2个百分点。在省职业院校师生技能大赛中，宜兴市获一等奖6个、二等奖8个、三等奖17个、团体一等奖1个。在第六届省职业教育创新大赛中，宜兴市获三等奖2个。在全国中等职业学校"文明风采"大赛中，宜兴市获一等奖1个；在省中等职业学校"文明风采"大赛中，宜兴市获一等奖6个、二等奖9个、三等奖11个、优秀奖23个。全年投入1100多万元改造职业学校办学条件。宜兴中等专业学校"机电技术应用"和张渚中等专业学校"电子技术应用"创建为省级品牌专业。杨巷镇、徐舍镇、万石镇社区教育中心创建为省标准化社区教育中心，高塍成人学校创建为省高水平"农科教"结合富民示范基地。丁蜀中等专业学校创建为无锡市信息化示范学校，其“爱宜”陶瓷发展与合作中心项目被评为无锡市职业教育校企合作示范项目。全市全年建成无锡市重点专业群5个、无锡市精品课程资源5个、宜兴市重点专业群和精品课程资源15个。宜兴中等专业学校与常州工学院合作，开设建筑工程施工专业中职与本科“3+4”分段培养项目。全市有高职与本科“5+2”分段培养项目2个、中职与本科“3+4”分段培养项目3个、中职与高职“3+3”分段培养项目2个。在全国率先推进乡镇成人学校“五独立”建设(独立的法人登记、独立的财务核算、独立的人员编制、独立的校园设施、独立的办学空间)。年内，全市所有成人学校实现办学“五独立”。

【宜兴中等专业学校创建为国家示范学校】 2011年7月，宜兴中等专业学校完成“国家中等职业教育改革发展示范学校”申报工作。同年10月，该校成为“国家中等职业教育改革发展示范学校建设计划”第二批立项建设学校并开始为期两年的创建工作。该校围绕理念一流、师资一流、设备一流、管理一流、质量一流建设标准，坚持政府主导、行业指导、企业参与、学校主办的办学思路，推进创建工作，建设以数控技术应用、电子技术应用、建筑工程施工、会计、旅游服务与管理为主的重点专业和以数字校园、校园文化为主的特色项目，形成校企合作、工学结合人才培养模式，建成具有双师素质和双师结构的师资队伍。2014年6月，该校创建成国家中等职业教育改革发展示范学校。

【宜兴开放大学成立】 3月，市政府整合全市各级各类优质教育资源，以江苏电大宜兴学院、宜兴社区培训学院为主体，组建新型高等学校——宜兴开放大学，使之成为全省首批筹建挂牌的33个市、县开放大学之一。宜兴开放大学是江苏开放大学的重要组成部分，由市教育局主管，接受江苏开放大学业务指导，采用灵活运行机制，以现代信息技术为支撑，面向全体社会成员开展学历继续教育、非学历继续教育以及终身学习支持服务，办学网络覆盖全市城乡。至年底，宜兴开放大学有在籍学员8000余人。

高等教育

【概述】 江苏广播电视大学宜兴学院(3月撤销)、江苏城市职业学院宜兴办学点坚持“以服务为宗旨、以就业为导向、以能力为本位”办学方向，注重学生思想道德建设，提高学生综合素养，发挥宜兴高等职业教育、开放教育和社会培训重要基地作用。学校有大专层次在校班级42个，全日制在校学生1474人，设有会计电算化、商务英语、装潢艺术设计、动漫设计与制作、数控技术、应用电子、工业与民用建筑、机电一体化、计算机辅助设计等专业16个。学校高职毕业生就业率98.1%。全年培训各类人员2.57万人。

无锡工艺职业技术学院(简称“无锡工艺学院”)由宜兴校区和丁蜀校区两部分组成。年内，无锡工艺学院调整机构设置，设置党政职能部门12个、群团组织2个、院、系(部)10个、直属单位3个、基层党组织10个，将陶瓷工艺系整合组建为陶瓷学院。调整后，无锡工艺学院设有陶瓷学院、数字艺术系、环境艺术系、服装工程系、机电工程系、电子信息系和经济管理系7个院系，下设专业35个，其中陶瓷艺术设计、陶瓷工艺、雕塑设计、电线电缆制造技术、眼视光技术等专业是省属高职院校中独具特色的专业。无锡工艺学院面向全国招生。年内，招收高中起点专科生1947人，对口单招中职生731人。无锡工艺学院通过省级示范性高职院校建设项目验收并获“优秀”等级。年底，有全日制在校普通专科生7663人、成人专科生1545人，有在校教职员工463人(其中专任教师328人)；校舍总面积23万平方米，其中丁蜀校区占地面积4万余平方米。

【无锡工艺学院省级示范性建设项目通过验收】 2011年7月，无锡工艺学院立项创建省级示范性高等职业院校。该学院立足陶都文化资源优势，坚持“以服务为宗旨、以就业为导向，走产学研结合”的办学道路和“合作办学、合作育人、合作就业、合作发展”的办学方针，以校企合作体制机制创新为着力点，以内涵发展为核

专家组观看学生茶道表演　　(市教育局　提供)

心，以专业建设、人才培养模式改革、课程建设、实训条件建设、师资队伍建设和社会服务能力建设为重点，提升高等职业教育的能力和水平。3年内，该学院重视示范创建工作，完成建设任务；注重体制机制创新，办学活力不断增强；深化人才培养模式改革，示范专业建设成效显著；注重专兼职教师队伍建设，打造出“双师团队”*；对接区域社会经济，服务能力明显提升。2014年6月，省级示范性高等职业院校建设项目验收组到该学院验收，专家组一致认为，该学院完成省示范高职院校建设项目各项任务，尤其是基于现代学徒制理念的“双元双创”人才培养模式*改革取得的显著成效并成为省级示范项目建设的突出亮点。11月，该学院通过省级示范性高职院校建设项目验收并获“优秀”等级。

【卓易信息学院成立】 近年，无锡工艺学院创新体制机制，不断深化产教深度融合，推进多元化办学，开展校企合作。校企双方本着人才共育、资源共享的原则，在合作办学、人才引进、研发平台、社会服务等方面开展全方位、多层次的合作。2014年7月，无锡工艺学院与江苏卓易信息科技股份有限公司签约，开展战略合作，共建卓易信息学院。这次签约是第三次全国职业教育工作会议召开后省内高职院校中首个校企合作签约，对国内职业教育与产业同步发展、同步升级、同步规划等方面的发展与探索具有示范效应。签约仪式上，卓易公司捐赠20万元设立“卓易奖学金”，奖励卓易信息学院品学兼优的学生。卓易信息学院实行理事会领导下的院长负责制，院长由卓易公司董事长、国家“千人计划”领军人物——谢乾担任。校企双方共同规划专业设置，共同构建课程体系，共建实训基地，实现人才互聘，使企业充分参与人才培养过程，实现人才培养与市场需求零距离对接。同时，双方利用各自优质资源，共同向上争取人才引进政策扶持，联合招聘高端人才，加大引进高层次人才力度。卓易信息学院新建的多功能研发平台，面向社会开展培训服务。

（王伟平　蒋才锋）

教学科研

【概述】 围绕市教育局总课题“教育高位均衡发展态势下区域推进有效教学的实践研究”，深化有效教学实践研究。执行《宜兴市教育科研管理规范》，规范教育科研工作。制订实施《加强教研员考核管理意见》，实行教研员动态管理。6月，市教育局出台《宜兴市学科建设发展规划（2014—2016）》，规划涵盖全市高中、初中、小学和学前教育四个学段的24个学科，内容包括学科课程建设、学科课堂教学、学科课题研究、学科教师培养、学科基地建设、学科活动管理六方面。加强中小学教学质量监测，开展高中教学调研，编印《高考动态》59期，出刊《宜兴课改》4期、《教学理论与教学经验选编》2期。推进学科结对帮扶工作，学科结对学校30对。全市获国家教学成果奖2个、省教学成果奖4个；获省“教海探航”征文一等奖6个、二等奖8个，市教育局获先进集体奖。全市教师获省、无锡市教师优质课和基本功比赛一等奖21个、二等奖23个。全市教育系统有国家级课题（子课题）13个、省级课题118个、无锡市级课题228个、宜兴市级课题51个。

【实验中学获国家教学成果奖】 实验中学长期致力推进课堂教学改革，形成“立体化的课程结构、整体建构的实施方式、多元化的评价体系”课程特色，其中以“结构·尝试”教学为核心的课堂特色教学尤为突出。“结构·尝试”教学法是以系统科学理论、现代认知心理学和主体教育论为理论指导，整体把握教学要素结构，以尝试学案为载体，以“两类结构”（知识内容和方法程序结构）为抓手，以变式训练为主线，以思维发展为核心，以先学后教为特征，帮助学生掌握学习某一类知识解决某一类问题的思维方式或方法，促进学生全面主动发展的教学方法。9月，实验中学参与完成的《尝试教学法的实验研究与推广应用》和独立完成的《培养学科素养的“结构·尝试”教学研究》分获教育部2014年国家教学成果奖基础教育类一、二等奖。

2014年宜兴市教育机构承担的国家级课题和子课题

表62

领题单位	课题名称	课题级别
市教育局	教育高位均衡发展态势下区域推进有效教学的实践研究	国家级课题
市教育局	宜兴市中等职业教育区域推进校企合作的对策研究	国家级课题
宜兴中等专业学校	中职校人才培养模式的改革研究	国家级课题
张渚中等专业学校	纵横信息数字化学习与中职学生信息综合运用能力提高的研究	国家级课题
阳羡中学	利用信息技术的支架作用建构学生学习共同体	国家级课题
官林中学	高中物理高效课堂教学的实践与研究	国家级课题

续表62

领题单位	课题名称	课题级别
丁蜀中学	提高高中物理课堂教学效益的实践与研究	国家级课题
宜兴市第二实验小学	走向智慧的语文教学研究	国家级课题
红塔小学	以陶行知思想为指导，整体实施关爱教育的实践与研究	国家级课题
周铁小学	农村小学德育生活化的实践与研究	国家级课题
市教育局	生命教育	国家级子课题
张渚中等专业学校	职校生心理潜能与积极开发策略研究	国家级子课题
鲸塘小学	小学生天文观测活动的实践与探索	国家级子课题

教师队伍

【概述】 结合《教师获取职业幸福的途径》读书活动，加强师德教育。市教育局出台《宜兴市教师职业行为“八个不准”暂行规定及责任追究办法》《关于贯彻落实教育部〈严禁教师违规收受学生及家长礼品礼金等行为的规定〉的实施意见》，严格师德专项考核，聘请82名师德师风监督员，规范教师从教行为。开展在职教师有偿补课治理，制订出台《关于严肃查处中小学在职教师有偿补课行为的处理意见》，落实校长管理职责，与教师签订《不从事有偿补课承诺书》，向社会公布监督举报电话，严查教师有偿补课行为。实施义务教育新教师配备农村学校制度，新招录119名义务教育教师全部配备至农村学校。推进教师轮岗支教，选派城区教师到农村学校轮岗支教，选派农村初中教师到临近小学轮岗支教，全市全年轮岗支教教师79人。做好汇文中学剩余教师分流工作。出台《关于加强中小学教师基本业绩评价考核的实施意见》，推行教师业绩评价，激发教师工作积极性。制定加强骨干教师管理的意见，实行骨干教师动态管理。组织校长远程培训，开展《教育，让人生更美好》校长读书活动，组织学校中层干部培训，加强后备干部培养，组织9人参加市委组织部主办的青年干部培训班，全市有467名学校干部参加各级各类培训。开展暑期校本培训、教师学科培训、上岗培训，开展幼儿园、普通高中、职业学校专业教师培训，选派1078名教师参加国家级、省级业务提高培训。2014年6月，市教育局出台《宜兴市事业单位岗位设置管理工作若干问题的处理意见》，部署实施教育系统岗位设置工作。至年底，教育系统事业单位10028人次、11438个岗位首次设置工作完成。实施名师培养工程，3人被评为省特级教师，1人被评为正高级教师，90人被推荐为无锡市教学能手，22人被推荐为无锡市班主任工作能手，33人被推荐为无锡市班主任工作新秀。至年底，全市有教职工1.05万人。其中，专职任课教师9497人，教授级（正高级）教师3人、高级教师2632人、中级教师5646人。

【“师说讲堂”开设】 9月，市教育局出台《关于开展宜兴市“师说讲堂”活动的实施意见》，开设“师说讲堂”，在市、校两级同步开展师德师能提升活动。活动以“修师德、铸师魂、练师能、强师本”为主题，以作一次宣讲、进行一次点评与互动、谈一番感悟为重点，通过“我学、我讲、我议、我选、我思、我行”等形式，教育引导教师爱岗敬业、为人师表。全市各级各类学校制订学校“师说讲堂”活动实施方案。同月，首次市级“师说讲堂”在省宜兴中学开讲，和桥中等专业学校老师邓顺妹和桃溪中学老师吕琴作典型事迹宣讲。11月，第二次市级“师说讲堂”活动在省宜兴第一中学举行，全国特级教师李凤遐作《教师之爱与师生幸福》主题宣讲。

【新教师招录】 1月，公布《2014年宜兴市教育系统公开招聘教师公告》，放宽新教师招录户籍、学历要求，增加幼儿教师招录数量。招录优秀硕士研究生不受户籍限制，招聘技能指导教师学历放宽至专科，招录教师学历放宽至公办本科。幼儿教师招录数量由上年10名增至15名，即在面向应届或上届幼师毕业生招录5名公办幼儿教师基础上再面向非编在岗幼儿教师招录10名公办幼儿教师。6月，完成新教师招录工作。全市公开招录新教师166人、高技能人才2人。

（王伟平）

编辑　王雅

公共文化
PUBLIC CULTURE

综 述

【概述】 以构建现代宜兴文化建设新格局为总目标,以高度文化自觉和文化自信,实施“文化服务创建年、文化精品推进年、文化品牌提升年、文化人才培训年”,努力提升文化宜兴建设新实力,彰显中国陶都新魅力。加强公共文化服务体系建设,成功创建成省公共文化服务体系示范区,全面启动村(社区)文化服务标准化提升工程。打造群众文化品牌,举办第十三届“新风颂”文艺汇演、文化区域互动、第六届社区文化艺术节、“文化乡村行,和谐千万家”文化集中服务活动等品牌活动。增强文化惠民承载力,提高市文化馆、中国宜兴陶瓷博物馆、市图书馆、宜兴美术馆等公益性文化场馆的服务能力和水平。提高艺术生产力,37件作品进入无锡市群芳奖决赛,喜获金、银、铜奖;小戏《稻收以后》、小品《打工爱情变奏曲》和原生态表演唱《挑稻歌》荣获江苏省五星工程奖。推进历史名城建设,中国紫砂博物馆揭牌,批准设立以宜兴陶瓷博物馆为主体的省内第二个海峡两岸交流基地,启动宜兴紫砂申报世界非物质文化遗产代表作工作,完成宜兴市省级以上文保单位记录档案补充工作,开展第三次全国文物普查新发现保存状况的调查工作。全市有市级表演团体1个,文化站(馆)18个。有全国重点文物保护单位6处、11个点,省文物保护单位13处、23个点,市文物保护单位88处、94个点,市文物控制单位56处,红色革命遗址19处,馆藏文物1万余件。全市有各级非物质文化遗产项目55个,其中国家级3个;各级非物质文化遗产项目代表性传承85人,其中国家级3人。

【文化中心建设精细高效】 按照建设“全国一流、省内领先”目标定位,围绕2015年全面建成开放总要求,强化现场力量,建立工作机制,制定工作计划,扎实有效推进,各项筹建工作进展顺利。经过深度研究和反复论证,圆满完成市博物馆、美术馆展陈设计。启动开展可移动设施设备及物业采购招标,全面完成700万元图书采购任务,顺利完成物业公司、图书馆信息化系统、中心家具招标,基本完成服务设施设备、特种设备、乐器等采购方案。推动确定文化中心管理办公室、管理有限公司、物业公司和各场馆参与的管理架构,形成文化中心管理运行方案,明晰了管理运行模式,成立文化中心管理有限公司。市博物馆筹建工作卓有成效,先后赴南京、上海、天津、北京、中国台湾等地征集藏品,举办民间集中捐赠活动5次,征集藏品近2000件;完成通史馆和风土馆、名人馆、“阳羡茶·宜兴壶”3个专题馆展陈文本撰写和展陈文物筛选工作,精选出各时期具有代表性的展陈文物888件并完成第一批97件展陈文物的修复工作。

(杨芝琴)

群众文化

【概述】 围绕“文化宜兴”“文化名城”建设目标,以创建省级公共文化服务示范区为抓手,以文化惠民服务工作为纽带,增强服务手段,拓展服务渠道,壮大服务队伍。1月,启动“我们的中国梦——文明乡风沐农家”文化集中服务活动。4月,举办宜兴市第十三届“新风颂”文艺汇演。4—9月,开展“幸福宜兴 文化民生”文化区域互动活动。7月,市文化志愿者联合会成立,至年底,成立分会24个,有志愿者近1万人。9月,举办“爱沐大地陶都暖”爱国敬业诚信友善——江苏省道德模范与身边好人(无锡宜兴)现场交流活动。11月,参加省第十一届“五星工程奖”决赛,市文广新局、高塍镇政府选送的小锡剧《稻收以后》,江苏唐贡文化传播有限公司、新街街道文化站选送的小品《打工爱情变奏曲》,市文化馆、周铁镇文化站选送的方言表演唱《挑稻歌》,周俊文的摄影作品《采春》均获金奖。12月,市文广新局举办新年音乐会。此外,以庆祝“三节”(元旦、春节、元宵)、2014“中国·宜兴两岸素食文化暨绿色生活名品博览会”开幕式文化活动、“五一”劳动节、“首届徐悲鸿艺术节”等为契机,举办民间特色文艺展演。编印月刊《公共文化服务指南》,及时预告当月全市范围内的书画艺术展览、公益文化活动、送戏送电影情况、电影上映预告以及最新书讯等资讯,并在“宜兴文化网”同步预告公示。年内，建成省公共文化服务体系示范区。全年为农村送戏190场、电影3240场、图书2.6万余册。

【省公共文化服务体系示范区建成】 2012年8月，省文化厅、财政厅联合部署开展第二批江苏省公共文化服务体系示范区创建工作。近两年的创建周期中，按照《江苏省公共文化服务体系示范区创建细则》要求，市文广新局对照示范区创建验收标准7类、30项、68个指标，汇总分类迎检资料编目。围绕公共文化服务设施网络、文化服务供给、组织支撑等项目，建立汇总创建台账100本；加大重点文化设施投入，建设一批如宜兴博物馆、图书馆等高水准、高质量的综合文化设施；依托"幸福宜兴 文化民生"文化区域互动，彰显区域文化品牌；聘请省社科院教授到宜兴开展制度设计研究，通过走访调研重点研讨突出矛盾和问题，形成全市社会团体参与公共文化服务建设的亮点和经验，从制度设计层面完善创建思路做法，为全市的公共文化服务长效发展提供理论依据和前瞻性的设计。2014年7月，经省级专家委员会最终审定，确定宜兴为第二批省公共文化服务体系示范区。

【村（社区）文化服务标准化提升工程启动】 结合中央相关精神要求，市文广新局首创村（社区）文化服务标准化提升工程建设，研究制订了有1个以上的特色文化品牌，有1名以上的专职文化辅导员，有3支以上的特色文化团队，有6个以上免费开放的公共文化服务项目，有每年5次以上的文化培训，有每年8次以上文体活动的"六个有"建设标准及考核细则。4月，在万石镇召开全市村级工程推进会，推广先进经验，促进示范带动和亮点效应。根据市政府办公室《关于转发市文化广电新闻出版局宜兴市村（社区）文化服务标准化提升工程实施意见的通知》精神，市发改委、财政局、文广新局逐一实地考评2014年度主动申报验收的村（社区）。经最后评审，全市有97个村（社区）考评达标。其中张渚镇南门村、杨巷镇芝果村等71个村（社区）考评为"优秀"等次。

【文化区域互动惠民近10万人】 为进一步发挥宜兴文化区域互动品牌优势，推进文化惠民服务，激发群众广泛参与、共建共享文化热情。5月，2014年"幸福宜兴 文化民生"文化区域互动启动仪式暨首场演出在杨巷镇新芳小学体育馆上演，标志着2014文化区域互动演出季的启动。文化区域互动历时5个月，演出100余场（次），参演人员近2万人次，节目创新率80%，舞台遍及全市城乡近70个社区和行政村，惠及群众近10万人次。9月，2014"幸福宜兴 文化民生"宜兴市文化区域互动总结暨庆祝建国65周年惠民演出在氿滨广场举行，官林镇、和桥镇等10个镇（街道）获组织奖，宜城街道、万石镇等8个镇（街道）获优秀组织奖，屺亭街道的小品《榜样》、丁蜀镇的舞蹈《清风荷影》等18个节目获优秀节目奖。

文化区域互动 （市文广新局 提供）

【无锡市"群芳奖"宜兴得佳绩】 7月，第二届无锡市"群芳奖"颁奖暨《魅力无锡 群芳争艳》精品群文节目首场惠民演出在无锡大剧院举行，宜兴市文艺作品获金奖5个、银奖14个、铜奖18个。音乐类作品二胡合奏《外婆桥》、舞蹈类作品群舞《竹乡丫丫》、戏剧类作品小锡剧《稻收以后》和小品《打工爱情变奏曲》、摄影类作品《采春》获金奖。市文广新局获优秀组织奖。由宜兴市文化馆、周铁镇文化站选送的表演唱《挑稻歌》应邀参与颁奖演出活动。

【"新风颂"文艺汇演】 4月22日至25日，市第十三届"新风颂"文艺汇演举行。汇演分5个专场，参演2000余人。92个参演文艺作品涵盖舞蹈、音乐、曲艺、小戏小品、故事等门类，涌现了一大批内容丰富，形式多样的新人新作。市教育局选送的舞蹈《飞之梦》、杨巷镇文化站选送的鼓乐表演《周处射虎》等32个节目获百合花奖金奖，和桥镇文化站选送的故事《大爱无限 润物有声》、芳桥街道文化站选送的小品《接访的一天》等30个节目获百合花奖银奖，另有27个节目获百合花奖铜奖，市委市级机关工委、市老干部大学等5个单位获优秀组织奖。

【文艺精品创作取得新成果】 群众文艺创作打造精品佳作，全年出刊《荆溪剧坛》4期，刊发作品20余万字，37件作品进入无锡市群芳奖决赛。重点创排的小锡剧《稻收以后》、小品

《打工爱情变奏曲》和原生态表演唱《挑稻歌》获江苏省五星工程奖。小品《老丁牙疼》、小戏《亲身娘 阿婆娘》分别获得第十一届"中国滨州·博兴小戏艺术节"优秀推荐节目和推荐剧目,两位演员分别获得最佳演员和优秀演员。评弹《蝴蝶双双又飞来》获第十六届中国上海国际艺术节"艺聚徐汇区 雅集江南风"苏浙沪说唱艺术邀请赛银奖。重视创作基础培训,稳定和发展了全市文艺创作队伍。广泛开展小戏小品创作培训班,歌词、歌曲创作班和故事员培训班,90多位学员参加了培训,全年共组织创作各类文艺作品300余件。坚持"二为"方针,广泛组织剧目创作。为纪念顾景舟100周年诞辰,精心创作的电影剧本《顾景舟》进入筹拍阶段;组织创作骨干为安全生产、法制宣传、科技、环境保护、劳动监察保护等5个专场文艺晚会创作排练剧(节)目16个。成功承办了由中国文联、中国剧协和中国文学艺术基金会共同主办的"中国梦 百姓梦 我的梦——庆祝建国65周年原创小戏小品汇报演出"(宜兴站)的演出任务。

(房茜)

文　物

【概述】 依据市政府办公室印发的《关于做好宜兴市第一次全国可移动文物普查工作的通知》,市文物管理委员会办公室(简称"市文管办")开展普查工作,完成市徐悲鸿故居管理委员会、档案馆等文物收藏单位可移动文物采集登录工作。调查第三次全国文物普查中新发现文物的保存状况。完成全市古碑刻的补充调查和古桥梁现状调查,共调查古桥梁149座,新发现古桥21座。继续推进瀛园、周王庙及别院、卢忠肃公祠、前墅龙窑等重点文物维修。协助市博物馆做好民间文物捐赠的宣传和"宜博之友"联谊会的组建。完成文昌阁、周王庙及太平天国王府内保存的部分博物馆展陈文物的拣选、拍摄、登记造册和移交,确定市博物馆通史馆展陈所需石刻的拓制目录。继续与南京博物院对接落实文物复制、拨交等工作。完成全市省级以上文保单位记录档案补充。至年底,全市有全国重点文物保护单位6处、11个点,省文物保护单位13处、23个点,市文物保护单位88处、94个点,市文物控制单位56处,红色革命遗址19处,馆藏文物1万余件。

【宜兴窑古代陶瓷学术研讨会举办】 4月,由中国古陶瓷学会和宜兴市政府主办,市文广新局和市文管办承办,省古陶瓷研究会宜兴陶瓷专业委员会、宜兴陶瓷博物馆、市博物馆协办的宜兴窑古代陶瓷学术研讨会在宜兴举行。中国古陶瓷学会会长王莉英、副会长李广宁及古陶瓷研究专家、学者,《中国文物报》《中国文化报》等媒体代表,宜兴文博界、收藏界、陶艺界的代表等120余人出席研讨会。研讨会收到学术论文25篇,其中《宜兴窑古代陶瓷概述》《宜兴紫砂陶传统工艺综述》《明代出土紫砂壶分期研究》等报告系统全面地阐述宜兴窑青瓷、紫砂、均陶等的历史传承与演变、工艺特征等问题。报告中许多资料是首次披露,具有很高的学术和史料价值,丰富了宜兴窑陶瓷研究的文库。为配合研讨会的召开,市文管办编辑出版《荆火相传——宜兴民间收藏古代陶瓷集粹》,编印《宜兴窑古代陶瓷标本集》《宜兴窑古代陶瓷学术研讨会论文汇编》等书籍。会议探讨宜兴窑古代陶瓷器的文物价值,交流学术界有关宜兴窑古代陶瓷的最新研究成果,将宜兴窑的研究上升到学术层面,在国内外推广了宜兴窑和宜兴数千年陶瓷文化,促进了当代宜兴陶文化的可持续发展。

【重点文物维修力度加大】 年初,市文管办对瀛园进行系列改造,新建瀛灵厅,整体油漆出新木结构,整改地坪并向东延展围墙近50米,粉刷出新所有建筑围墙,治理部分绿化树木。改造完成后的瀛园成为市民休闲和娱乐的好去处。7月,由市文管办、华虹建筑安装有限公司等实施的市政府重点投资项目周王庙及别院修缮保护工程启动。至年底,完成周王庙正立面和第一、第二进房屋木构部件的油漆粉刷、出新及屋顶的拾漏、翻新等工作。9月,市文管办和丁蜀镇政府启动黄龙山紫砂泥矿井维修工程,修缮和整治井口房屋建筑和周边环境。监督并指导周铁张氏宗祠第三进建筑、前墅龙窑烟囱等文物点的修缮工作。

改造后的瀛园　　（市文管办　提供）

【开放文物点发挥作用】 改善太平天国王府、卢忠肃公祠、文昌阁等开放文物单位的基本陈列，打造全市“行知大学堂”和“爱国主义教育基地”，为中小学生社会实践提供平台。市文管办先后在太平天国王府举办“中国古代名画仿真艺术展”“宜兴市瀛园古玩艺术品市场藏品展”“宜兴窑古代陶瓷标本展”“中国书画艺术协会作品展”“庆祝中华人民共和国成立65周年——红色收藏展”“冯智花鸟画、钱林山水画作品展”等17个展览。9月，联合市博物馆、宜城街道等在瀛园举办中秋赏月猜谜游园晚会。市文管办还联合长乐戏剧社、宜兴双溪昆曲社等文化社团常年在瀛园、周王庙举办戏曲票友联谊会。全市有周王庙、太平天国王府、文昌阁、瀛园、卢忠肃公祠等文物点免费向公众开放，全年各文物开放点接待观众12万多人次。

【文物宣传形式多样】 宜兴文物网(www.yxww.cn)改版后累计访问量120余万人次，成为市文管办对外宣传、发布消息的重要窗口。1月，市文管办在周王庙、太平天国王府开展“五小小明星·带你游文物”活动，市实验小学、城北小学等学校的20多名小朋友，接受文物知识和小讲解员、小管理员、小引导员、小服务员、小保洁员等志愿服务行为规范及注意事项的培训。2月，在周铁镇竺西公园展出“宜兴文物宣传(图片)展”“宜兴市第三次全国文物普查成果展”“馆藏文物精品展”“文物法规宣传展”等系列展览，吸引众多群众观看。8月，市文管办在省级文保单位徐义庄祠(阁老厅)举行“听故事寻遗迹，知历史道传承”小老师培训活动暨亲子趣味寻宝活动，帮助学生了解宜兴的历史、文物，学习《奶奶为何叫钦娘》《卢郎心孝夜探亲》等6则与宜兴历史有关的故事。10月，市外国语学校部分师生参观市省级文物保护单位、爱国主义教育基地宜兴太平天国王府。11月，市实验小学附属幼儿园组织140余名小朋友参观省级文物保护单位、爱国主义教育基地宜兴太平天国王府和瀛园。全年出刊《宜兴文物通讯》(季刊)4期、1200份，有100多条文物宣传新闻在《中国文物报》《中国文化报》、新华网、中国文明网、江苏省文物局网、江苏电视台新闻频道和无锡市、宜兴市的主流媒体刊载。

(蔡述亮)

非物质文化遗产

【概述】 围绕“传承”核心主题，强化科学规划在非物质文化遗产保护工作中的引领作用，从对项目个体的保护转向对项目生存空间的整体性保护，推进文化生态保护实验区建设。为进一步打响地方文化品牌，启动宜兴紫砂申报世界非物质文化遗产代表作工作。至年底，全市有国家级非物质文化遗产项目3个、省级项目5个、无锡市级项目29个、宜兴市级项目18个；国家级非物质文化遗产项目代表性传承人3人、省级传承人13人(12人健在)、无锡市级代表性传承人49人、宜兴市级代表性传承人20人(19人健在)。

【紫砂申报世界“非遗”工作启动】 3月，市政府第20次常务会议就紫砂申报世界非遗作专题讨论。会议原则同意市级层面成立“申遗”领导小组，并由市文广新局牵头，立即着手启动“宜兴紫砂陶制作技艺”申遗工作。6月，在文化部非物质文化遗产司组织的“我国申报联合国教科文组织非物质文化遗产名录研讨会”上，决定将“宜兴紫砂陶制作技艺”增补为中国申报联合国教科文组织非物质文化遗产名录预备项目。7月，宜兴召开宜兴紫砂申报世界非遗工作推进会，开始“申遗”基础材料的收集和整理工作，并于9月基本完成。10月，文化部相关领导和专家到宜兴实地走访调研，明确宜兴紫砂陶制作技艺申报“人类非物质文化遗产代表作名录”，并开始着手编制申报文本。

【“申遗”名录和基地建设】 2月，鲍仲梅、周桂珍、毛国强、方卫明、谈志坚被评为江苏省非物质文化遗产代表性传承人。7月，“田螺姑娘的传说”“滆湖渔歌”等12个项目被列入第三批宜兴市非物质文化遗产名录。8月，“锡剧”“宜兴汤氏肝病疗法”等8个项目被列入第四批无锡市非物质文化遗产名录。11月，“宜兴均陶制作技艺”被列入第四批国家非物质文化遗产代表性项目名录。同月，宜兴长乐陶庄、市方卫明均陶艺术研究所

省“非遗”代表性传承人方卫明在制作均陶器 (市文广新局 提供)

和张渚镇文化站被评为第一批无锡市非物质文化遗产传承示范基地，江苏省宜兴紫砂工艺厂、江苏省彩陶工艺厂和宜兴范家壶庄陶瓷艺术品有限公司被评为无锡市非物质文化遗产生产性保护示范基地。

【江苏省宜兴陶瓷文化生态保护实验区建成】 根据《江苏省文化厅关于省级文化生态保护实验区建设的指导意见》要求，开展省级宜兴陶瓷文化生态保护实验区的申报工作。市文广新局组织编制《宜兴陶瓷文化生态保护实验区规划纲要》(简称《规划纲要》)，组织专家实地考察、论证，经无锡市文广新局认可、推荐后，由市政府向省文化厅提出申请。省文化厅在审核申报材料的基础上，组织专家到宜兴实地考察，并多次论证、评审《规划纲要》，宜兴根据省文化厅的修改意见不断修改、完善。12月，省文化厅下发《关于同意建立江苏省宜兴陶瓷文化生态保护实验区的批复》，标志着宜兴首个省级文化生态保护实验区建成，这是全市非物质文化遗产保护工作的一大突破。宜兴陶瓷文化生态保护实验区以宜兴主要陶瓷产区丁蜀镇为核心区域，延伸至周边有陶瓷类遗址的相关镇村。按照审定的《规划纲要》要求，协调涉及的文化、规划、人社、建设、工商、旅游等相关部门和单位，分阶段开展并落实相关保护措施，整体性保护实验区内非物质文化遗产项目、相关物质文化遗产(不可移动文物、可移动文物、历史文化街区和村镇等)和自然生态环境，促进非物质文化遗产的有效保护与传承。

2014年宜兴市非物质文化遗产名录

表63

序号	项目名称	项目类别	申报地区或单位	级别	公布年份
1	宜兴紫砂陶制作技艺	传统技艺	市陶瓷行业协会	国家级	2006
2	梁祝传说	民间文学	市华夏梁祝文化研究协会	国家级	2006
3	陶器烧制技艺(宜兴均陶制作技艺)	传统技艺	宜兴均陶工艺有限公司	国家级	2014
4	男欢女嬉	传统舞蹈	张渚镇	省级	2007
5	剪纸(宜兴刻纸)	传统美术	徐舍镇	省级	2007
6	宜兴观蝶节	民　俗	市阳羡风景区旅游发展有限公司	省级	2009
7	宜兴青瓷制作技艺	传统技艺	宜兴碧玉文化发展有限公司	省级	2011
8	制陶技艺(宜兴彩陶装饰技艺)	传统技艺	江苏省宜兴彩陶工艺厂	省级	2011
9	宜兴乌饭	传统技艺	市收藏家协会	无锡市级	2007
10	和桥豆腐干	传统技艺	和桥镇	无锡市级	2007
11	宜兴丝弦	传统音乐	徐舍镇	无锡市级	2007
12	梨膏糖制作技艺	传统技艺	市戏曲家协会	无锡市级	2010
13	踩衙莽	传统舞蹈	新庄街道、宜城街道	无锡市级	2010
14	马叉舞	传统舞蹈	太华镇	无锡市级	2010
15	猴棍	传统舞蹈	新街街道	无锡市级	2010
16	盾牌舞	传统舞蹈	官林镇	无锡市级	2010
17	马灯舞	传统舞蹈	杨巷镇、屺亭街道	无锡市级	2010
18	车水号子·易木牌	传统音乐	徐舍镇	无锡市级	2010
19	唱春	曲　艺	市戏曲家协会	无锡市级	2010
20	小热昏	曲　艺	市戏曲家协会	无锡市级	2010
21	三跳道情	曲　艺	新庄街道	无锡市级	2010
22	徐舍小酥糖制作技艺	传统技艺	徐舍镇	无锡市级	2013
23	高塍猪婆肉制作技艺	传统技艺	高塍镇	无锡市级	2013
24	官林荤油糕制作技艺	传统技艺	市官林益民食品厂	无锡市级	2013

续表63

序号	项目名称	项目类别	申报地区或单位	级别	公布年份
25	风筝制作技艺[周铁鹞笛(灯)风筝制作技艺]	传统技艺	周铁镇	无锡市级	2013
26	大刀舞	传统舞蹈	徐舍镇、官林镇、万石镇	无锡市级	2013
27	狮舞(西乡狮子舞)	传统舞蹈	徐舍镇	无锡市级	2013
28	十番锣鼓	传统音乐	太华镇	无锡市级	2013
			张渚镇		2014
29	宜兴陶传统仓储技艺	传统技艺	江苏省供销社陶瓷公司	无锡市级	2013
30	宜兴龙窑烧制技艺	传统技艺	丁蜀镇三洞桥村村民委员会	无锡市级	2013
31	宜兴阳羡茶制作技艺	传统技艺	无锡市茶叶研究所有限公司、市岭下茶场、江苏茗鼎生态茶业科技有限公司	无锡市级	2013
			市龙背山森林茶场有限公司		2014
32	滆湖渔歌	传统音乐	官林镇	无锡市级	2014
33	宜兴绿苎头团子制作技艺	传统技艺	宜城街道	无锡市级	2014
34	锡剧	传统戏剧	市锡剧团	无锡市级	2014
35	烧饼制作技艺(杨巷葱油饼制作技艺)	传统技艺	杨巷镇	无锡市级	2014
36	江南羊肉烹饪技艺(宜兴芳庄羊肉烹饪技艺)	传统技艺	徐舍镇	无锡市级	2014
37	中医肝病疗法(宜兴汤氏肝病疗法)	传统医药	新建镇	无锡市级	2014
38	打夯歌	传统音乐	张渚镇	宜兴市级	2009
39	官林野鸭制作技艺	传统技艺	官林镇	宜兴市级	2009
40	酱汁雁来蕈烹饪技艺	传统技艺	西渚镇	宜兴市级	2009
41	腌笃鲜制作技艺	传统技艺	湖㳇镇	宜兴市级	2009
42	黑膏药制作技艺	传统医药	万石镇	宜兴市级	2009
43	牌楼花船舞	传统舞蹈	西渚镇	宜兴市级	2009
44	滆湖的传说	民间文学	高塍镇	宜兴市级	2009
45	烙画(烫画)	传统美术	官林镇	宜兴市级	2009
46	宜兴节场(官林节场、分水节场)	民　俗	官林镇、周铁镇	宜兴市级	2009
47	宜兴庙会(分水庙会、屺山庙会、万石庙会)	民　俗	周铁镇、屺亭街道、万石镇	宜兴市级	2009
48	长圩赛龙舟	传统体育、游艺与竞技	宜城街道	宜兴市级	2009
49	宜兴说大书	曲　艺	周铁镇	宜兴市级	2009
50	田螺姑娘的传说	民间文学	市收藏家协会	宜兴市级	2014
51	王氏月饼制作技艺	传统技艺	新街街道	宜兴市级	2014
52	杨巷焦老苏制作技艺	传统技艺	杨巷镇	宜兴市级	2014
53	官林米酒药丸制作技艺	传统技艺	官林镇	宜兴市级	2014
54	豆腐花制作技艺	传统技艺	宜城街道、周铁镇	宜兴市级	2014
55	万氏针灸	传统医药	新建镇	宜兴市级	2014

（潘晴）　　**编辑　王雅**

文化产业

CULTURE INDUSTRY

综　述

【概述】 继续深入实施"文化强市"战略,发挥文化资源优势,加大扶持服务力度,把文化产业奖励政策纳入全市又好又快发展政策体系。全市营业收入超1亿元的规模文化企业有江苏利通电子有限公司、江苏申乾食品包装有限公司等19个。新增投资额超1亿元的文化产业项目有江苏大益茶道艺术中心有限公司投资的大益茶道艺术中心、市龙溪陶艺文化创意产业有限公司投资的国际陶艺文化创意产业中心、大觉寺投资的大觉寺四期工程、市王者塑封有限公司投资的高档塑封膜生产线扩能项目4个,国际陶艺文化创意产业中心及和桥影城综合体被列入宜兴市服务业重点项目。市中超利永紫砂陶有限公司与淘宝拍卖会启动超过3亿元的战略合作,合力推动紫砂产业电子商务加快发展,"中超·百年利永紫砂博物馆(北京)紫砂汇"同期开幕,利永天猫旗舰店也同步上线。由市影剧有限公司投资创办的市瀛园古玩艺术品市场正式对外营业,为宜兴收藏爱好者提供了一个有宜兴特色的艺术展示交易平台。宜兴日报社全年实现收入3380多万元,《宜兴日报》数字报网上阅读平台建成并投用,启动媒体融合发展。市广播电视台(集团)全年经营总收入2.01亿元,完成总投资7600万元的有线电视农村网络双向化改造及城区网络优化工程,逐步推进广电网络整合。全市电影放映单位全年放映电影3.83万场,有各类广告经营单位282户,广告业经营收入2.4亿余元。相关单位加大监管力度,不断开展各类专项整治行动,优化文化市场环境。至年底,全市有文化产业单位1650个,从业人员6万多人。全年文化产业增加值45亿元,占全市地区生产总值的3.6%。

【开发区投影产业园获批省文化科技园区】 2013年,省委宣传部和省科技厅、省文化厅、省广播电影电视局、省新闻出版局联合启动文化科技产业园设立、评选工作,旨在发挥园区产业集聚、项目孵化和示范引导作用,推进文化科技结合,提高区域创新能力。随着多位投影领域行业领军人物的引进,位于宜兴经济开发区的江苏省宜兴视觉媒体技术及应用文化科技产业园迅速形成产业集聚,引进相关企业50多个。其中,有以森莱浦光电、羿飞科技为代表的关键部件生产企业,以宜清光电为代表的整机生产企业,以颠峰软件、云智科技为代表的应用技术企业。该园坚持文化与科技融合创新发展,在光源技术、特种镜头技术和高清应用技术三大领域形成国内独创的领先优势。2014年12月,该园获批为2014年度江苏省文化科技产业园,成为全市首个省级文化科技园区。

【财政奖励促文化企业发展】 年内,市委、市政府出台《关于促进经济和社会又好又快发展的意见》,新增对非物质文化遗产项目的生产性保护和新办文化创意企业的奖励内容,有效调动社会资本投资文化产业的积极性。年内有15个文化企业获市财政奖励资金280万元。市海福印铁制罐有限公司的食用油墨UV干燥印铁扩能项目、无锡市陶都巨龙软件有限责任公司的云计算紫砂艺术认证平台项目申报省文化产业引导资金,分别获补助70万元、60万元。江苏兴达文具集团有限公司、市金鱼陶瓷有限公司获"无锡市文化产业示范企业"称号。市葛盛陶庄文化艺术有限公司在上海股权托管交易中心Q板挂牌上市。宜兴彩陶工艺厂、市海福印铁制罐有限公司成为江苏省文化产业协会会员单位。市碧玉青瓷有限公司、市葛盛陶庄文化艺术有限公司、市紫砂艺术研究院参加第七届中国南京文化创意产业交易会。市紫砂艺术研究院参加在台北市举办的海峡两岸文化创意与传统艺术展。葛记陶庄创始人葛昊翔、范家壶庄总工艺师范伟群获无锡市唐鹤千卓越青年文化创意人才奖。

(张和平　李传云　郭昀)

报　业

【概述】 宜兴日报社拥有多种媒介,涉及报刊、出版、会展、网络等领域,媒体融合发展格局初显雏形。《宜兴日报》全年刊登宜兴地区新闻7000多篇、新闻图片3000多幅。向社会各界代表人士发送《新闻通联》《宜兴日报评读意见》《氿风》杂志各12期。每天向1.5万个用户发送《宜兴日报手机报》和《宜兴手机早报》。宜兴日报社全年实现收入3380多万元，与上年基本持平。连续第八年开展“‘隆元杯’记者走基层·听民声”新闻竞赛活动，展开新一轮“走基层、转作风、改文风”活动。1月，《宜兴日报》数字报网上阅读平台建成并投用，计算机录入、加工《宜兴日报》自1956年创刊后所有报纸的5.8万多个版面，实现《宜兴日报》历史报纸的完全数据化。10月，《宜兴日报》月末特刊——《宜新刊》电子杂志亮相，成为宜兴日报社第一本上线的电子杂志。年内，宜兴日报社获评“金长城传媒奖·2013十大地市区域报”“2013—2014中国品牌媒体百强县（地）市区域报品牌10强”，社长程伟被评为“2013—2014中国品牌媒体创新人物”和“中国报业融合发展奖·十大创新人物”。宜兴日报社社长助理李慧获得由中国报业协会评选的“中国报业最美财务人员”称号，是全省报业系统中唯一入选该奖项的县市报员工。

【融媒体发展初现雏形】 近年，宜兴日报社注重新媒体与传统媒体的融合发展，坚持创新理念、创新举措、创新成果，逐步形成立体阅读、数字互动、展会文化三大平台，媒体融合发展初现雏形。2014年，融媒体发展成为宜兴日报社发展重点。年内，升级改造移动客户端，使其变成以资讯为主、新闻为辅的App，同时更名为“i宜兴”，并利用该平台策划迎春宝宝评比、最美辣妈评比等活动；与市卫生局合作拍摄的微电影《ICU9号病床》在5月12日首映，与市安监局合作拍摄的微电影《奠基》完成杀青；出版时尚旅游休闲口袋书《陶醉宜兴》；完成历时三年的“天南地北宜兴人”大型系列报道第一阶段的100位名人采访任务，并结集出版。至年底，宜兴日报社拥有《宜兴日报》、宜兴网、宜兴日报手机报、宜兴手机早报、“i宜兴”移动客户端、DM《氿风》、宜兴日报、宜兴网官方微博及微信公众平台、中国少年新闻学院宜兴学院、宜兴报业广告传媒有限公司、《宜兴日报》文化培训中心、《宜兴日报》书画院（美术馆）、古吴轩出版社宜兴办事处、文汇出版社宜兴办事处、多功能阅报栏和路名牌等媒介。

【旅游口袋书《陶醉宜兴》出版】 《陶醉宜兴》是一本介绍宜兴人文地理的时尚旅游休闲口袋书，该书内容包括宜兴山水风光、陶韵书画、民间传说、美食购物，以及最宜兴的生活方式等诸多富有宜兴特色的元素。和一般的叙述方式不同，《陶醉宜兴》用青春新锐的风格、富有创意的图文表现方式，向读者呈现富有诗性情怀、令人为之陶醉的宜兴。全书369页，由宜兴日报社采编队伍策划、编写，由上海文汇出版社出版。5月1日，该书在2014中国宜兴国际素食文化博览会首发，连续夺取5—6月宜兴书城新书销售冠军并入选2014上海书展单独举办推荐会的90余种图书之一，成为首次进入全国书展推介的宜兴本土图书。至11月底，首版1万册售罄。12月，《陶醉宜兴》第二版出版。

【《天南地北宜兴人》一书出版】 由宜兴日报社倾力打造的《天南地北宜兴人》专栏，自2012年9月推出，坚持每周四以整版大特写形式，集中反映百名宜兴在外乡贤精英群体。至2014年10月底，宜兴日报社完成采访包括中国工程院院士陈志南、中国科学院院士吴岳良、空军政治部原副主任邓铜山、著名画家丁天缺、斯诺克世界冠军丁俊晖等涉及科技、教育、体育、艺术、商业等领域的宜兴名人100位，讲述了宜兴人在外的成长轨迹，宜兴城市品牌形象得到提升。2014年年底，报社将100位宜兴人的故事集结成册，由文汇出版社出版《天南地北宜兴人》（第一卷、第二卷）。全书定位独特，主题重大，内容鲜活，富有时代感，是打造宜兴名人品牌的精品之作，推出后广受社会好评。

【微电影《ICU9号病床》播放创新高】 5月12日，在市“5·12”国际护士节102周年大会上，由市卫生局、宜兴日报社联合摄制的全市首部卫生题材微电影——《ICU9号病床》首映。该微电影剧本从卫生系统26个单位的73篇剧本和短文中海选而出，剧中角色也全部由一线医务人员本色出演，真实再现了医护人员的工作、生活和情感。该片在宜兴网、“i宜兴”手机客户端上率先发布，随后相继在土豆网、优酷视频、腾讯视频发布，点击量超过《小城密码》，创宜兴本土微电影网络点击播放量新高。

【春季博览会汽车销售创新高】 5月1—3日，由宜兴日报社和市商务局联合主办的“2014第三届宜兴春季博览

春博会车展吸引众多群众选购　　（宜兴日报社　提供）

会”在市体育中心举行。春博会会场总面积约8000平方米,吸引汽车、家居、美食等行业的50多个商户参展。其中,汽车参展商34个,参展新车200多辆,包括玛莎拉蒂、保时捷、捷豹、奔驰、宝马、奥迪等品牌。参展商通过提供购车优惠、订车送礼、购车砸金蛋、一站式服务等方式,吸引6万余人次参观选购,销售汽车551辆,创下历届春博会销量新纪录。

【第三届餐饮博览会举办】 9月,“碧桂园杯”2014江苏·宜兴餐饮博览会暨第五届江苏乡土风味烹饪大赛(宜兴专场)在宜兴万达广场举办。餐博会由宜兴日报社牵头,与市委农办和市商务局、市旅游局、市总工会、市人社局联合主办,以“大众餐饮、绿色消费”为主题,着力打造宜兴地方餐饮品牌、传播特色餐饮文化,举办包括农家乐特色宴席评比、酒店名宴席评比、金牌小吃及名点评比等一系列活动。杨巷夏氏葱油饼、高塍猪婆肉、徐舍小酥糖、官林麻烘糕等宜兴传统美食纷纷亮相,50多个以提供绿色农副产品为主业的农民合作社也成为餐博会的“亮点”。虽然宜兴餐饮以淮扬菜系为基础,但与周边地区的餐饮特色比较,宜兴乡土食材丰富,地方名菜地域特色显著。餐博会评出“农家乐风情宴席团体宴席”“酒店名宴席”“酒店名菜”“宜兴特色名小吃”“宜兴特色名点”等9类奖项。

【宜兴新年音乐会举办】 12月30日,由市委宣传部、宜兴日报社主办,宜兴市碧桂园房地产开发有限公司冠名的“2015碧桂园之夜宜兴新年音乐会”在市体育中心举行。担任演出的法国女子爱乐乐团的大部分成员来自法国最具盛名的节日乐团——法国爱乐乐团,具有极高的艺术水准。音乐会以欢快的《春节序曲》开场,小提琴协奏曲《梁祝》选段、电影《窈窕淑女》插曲《我可以整夜跳舞》等精彩曲目轮番上演,2000多名观众感受了高雅文化的魅力。

2014年《宜兴日报》获省级以上奖作品

表64

获奖名称	等级	获奖作品	类别	作　者
2013年度江苏省报纸优秀作品	二等奖	宜兴太湖河蚬再度叩开国际市场大门	消息	赵辉
		一生痴情　满纸鲜灵	通讯	程伟　李丽
		2月25日1版	版面	陈丽　叶慧珠　杨鋆
	三等奖	“行走陶瓷产区”系列报道	系列报道	程伟　史志强　李丽　赵辉
2013全国报纸副刊获奖作品	三等奖	昆曲雅韵里守一段诗意时光	通讯	张芸　许琦
江苏省第二十四届报纸副刊好作品	一等奖	昆曲雅韵里守一段诗意时光	通讯	张芸　许琦
	二等奖	走近星云大师	通讯	冯乐心
		他的姐姐	通讯	许娟
	三等奖	大语无声	通讯	徐沭明
		远去的至味	通讯	戴军
2013年度江苏省县市报新闻奖	一等奖	白血病突如其来　淘宝店播种爱心	通讯	张胤　李渊
	二等奖	宜兴再度与诺贝尔奖得主结缘	消息	贾俊康
		将生命流淌成南溪水	通讯	戴军
		“行走陶瓷产区”系列报道	系列报道	程伟　史志强　李丽　赵辉
	三等奖	民间资本“搅活”文化产业“春水”	消息	郑钊
		革新村土地合作社给力土地增效社员增收	消息	余文桂
		“我给老爹当红娘!”	通讯	杜晶
		昆腔雅韵里守一段诗意时光	通讯	张芸　许琦
		天南地北宜兴人	专栏	集体
		两天内61箱蜜蜂被毒死,谁干的?	摄影	仇洪生

续表64

获奖名称	等级	获奖作品	类别	作　者
		“紫砂壶”与“高山茶”的交融	摄影	马超
		舌尖未散余味　餐桌又展盛宴　宜兴“老味道”增鲜“中国菜”	好标题	徐力力　张莹
		一生痴情　满纸鲜灵	好标题	程伟　李丽
		2月10日头版	好版面	李丽　叶慧珠
2013年度江苏省报纸文化好新闻暨“江苏文化好新闻”竞赛获奖作品	二等奖	文化产业，何以摆脱以商养文的“阵痛”	通讯	郑钊
	三等奖	百余牌坊石块被唤醒　会元状元牌坊正仿建	通讯	李渊
		让“老字号”历久弥新系列	通讯	吕燕　张云芳　郑钊
2013年度中国城市党报新闻奖获奖作品	一等奖	拆迁区域内千亩粮田没抛荒	消息	余文桂
		一生痴情　满纸鲜灵	通讯	程伟　李丽
		读图·陶人(组图)	新闻图片	张启峰　朱智辉　陈伟亚
	二等奖	宜兴再度与诺贝尔奖得主结缘	消息	贾俊康
		我市首例自然灾害公众责任险理赔	消息	张茜
		陶都田野散发泥土芬芳	通讯	余文桂
		大语无声	通讯	徐沭明
		“幸福宜兴　爱老暖城”	系列报道	耿蕾　赵辉　吕燕
		村民急盼还原“母亲河”	读者来信	高歌
	三等奖	菜贩徐芳向孤老赠菜不留名	消息	余文桂
		子弹头动车组首驶宜兴	消息	李震
		琴心宁静如秋籁	通讯	冯乐心
		将生命流淌成南溪水	通讯	戴军
		白血病突如其来　淘宝店播种爱心	通讯	张胤　李渊
		“我给老爹当红娘！”	通讯	杜晶
		宜兴籍空军英烈王汉勋和郑苹的凄美爱情	通讯	冯昭
		把爱“种”到大山深处	通讯	李渊　黄萍萍
		沉睡47年百余牌坊石块被唤醒	通讯	李渊
		职校生何以逆袭最难就业季	通讯	吕燕
		从古都走向名都	通讯	徐沭明
		30分钟的表彰大会传递出的信息	新闻评论	杜坤强
		和“大篷车走四方”	系列报道	吕燕
		菜农邵丽琴的一天	新闻图片	翟霄帆　马超
		“紫砂壶”与“高山茶”的交融	新闻图片	马超
		油桐花下爱如雪(组图)	新闻图片	马超
		2013年2月10日头版	好版面	李丽　叶慧珠　张杰
		舌尖未散余味　餐桌又展盛宴　宜兴“老味道”增鲜“中国菜”	好标题	徐力力　张莹

续表64

获奖名称	等级	获奖作品	类别	作　者
2013年度中国县市传媒新闻奖优秀作品	二等奖	宜兴73岁农民余浩堂老人捐献遗体用于医学研究	(非突发重大新闻类)(组照)	丁焕新
		宁杭高铁昨开通运营	(经济科技类)(单幅)	丁焕新
		喜乐汇·元宵	(文娱体育类)(单幅)	丁焕新
		一个人的暑假好孤单	(日常生活类)(单幅)	蒋瑜
		关爱学生口腔健康	(日常生活类)(单幅)	蒋瑜
	三等奖	干露露“锋芒毕露”演出在我市被查	(突发新闻类)(单幅)	翟霄帆
		两天内61箱蜜蜂被毒死,谁干的?	(日常生活类)(单幅)	仇洪生
		“腊八”不忘老年人	(日常生活类)(单幅)	蒋瑜
		陶艺一家人	(日常生活类)(组照)	周莱
		5月3日4—5版	优秀版面	陈丽　张杰
		2月27日4—5版	优秀版面	陈丽　张杰
		4月27日3版	优秀版面	李丽
2013年江苏省新闻摄影评比获奖作品	铜奖	宁杭高铁昨开通运营	—	丁焕新
		七十三岁老人志愿身后捐献遗体(发表于《健康报》)	—	丁焕新
2013年度中国地市报新闻奖摄影作品、论文评选	二等奖	宁杭高铁正式开通　沪宁杭变“铁三角”(6)	经济科技类(组)	丁焕新
		宜兴73岁农民余浩堂老人捐献遗体用于医学研究(4)	非突发重大新闻类(组)	丁焕新
		诺贝尔化学奖获得者艾伦·黑格在宜兴中学作演讲(6)	新闻人物与肖像类(组)	丁焕新
		中国式摔跤国际邀请赛昨开赛	体育类(单)	丁焕新
		2013环太湖国际公路自行车赛第七赛段在宜兴举行(6)	体育类(组)	丁焕新
		雨中曲	文化艺术与娱乐类(单)	丁焕新
		“寻亲大姐”吕顺芳　大爱献给寻亲人(6)	日常生活类(组)	丁焕新
		宁杭高铁首次承接老兵退役运输任务(6)	军事法制类(组)	丁焕新

续表64

获奖名称	等级	获奖作品	类别	作　者
	三等奖	江苏首个自行车主题公园在宜兴开园(4)	旅游类(组)	丁焕新
		各显神通	日常生活类(单)	蒋瑜
		一场“豪雨”降临之后……	突发新闻类(单)	翟霄帆
		庙会的故事(4)	文化艺术与娱乐类(组)	翟霄帆
		宁杭高铁新闻摄影的实践与探讨	论文	丁焕新
江苏省第二十四届报纸副刊论文评选	二等奖	打造具有人文力量的纪实影像品牌	论文	徐沭明
		把民俗文化这道“家乡菜”做得更美	论文	张芸

（王凌珏）

广　电

【概述】 市广播电视台(集团)打造广播电台、电视台、《宜兴广播电视》报、陶都传媒网、《陶都》杂志、手机电视、广电传媒文化有限公司7个宣传平台，实现媒介立体覆盖。年内，与省广电有线信息网络股份有限公司签署《合资意向协议书》和《合资补充协议》，确定利润分配、资产评估、人员安置、房产资源、本地节目传输和频率频道资源和网络广告资源五大事项，双方确认市广电台认缴的网络净资产为4.65亿元、净利润分配基数为4650万元。具备全套数字装备以及高清电视直播车，总资产7.7亿元，净资产6.8亿元。自办广播频率2个、电视频道4个，全年播出自采广播、电视新闻2.6万余条(次)，自办广播、电视节目分别全天候播出16.5小时、4小时。自办电视社教专题节目在突出宣传党建、农林、民政等社会化教育管理信息外，新增《宜兴地税》《宜兴环保》《宜兴质监》《宜兴国土》《宜兴交通》5个社教类栏目，改版扩容《科普之光》栏目，全年播出3016档。紫砂频道自办《陶行天下》《新发现》《大师说器》《四季逗》4档栏目，全年播出224档。从2011年开始建设的政府实事工程——有线电视农村网络双向化改造及城区网络优化工程完成，总投资7600万元，改造全市农村网络双向用户21万户、优化城区网络双向用户9.2万户，累计有网络光节点数12628个。至年底，全市有线电视用户38.1万户，数字电视用户35.19万户，数字电视互动用户3.52万户，高清数字电视用户8.87万户，宽带接入1.56万户。全年向中央、省、市级媒体报送新闻1000多条(次)，录用328条(次)。电视社教节目《紫砂问道——紫砂壶十大经典器型专家论坛实录》、电视文艺艺术片《慢游龙池 骑乐无穷》和广播新闻《侯志文和他的200个孩子》等31部(次)作品分获江苏省、无锡市级奖项。全年经营总收入2.01亿元，其中网络收入1.53亿元、广告收入4752万元。

【节目宣传提档升级】 时政栏目《宜兴新闻》严格落实中央“八项规定”和省委、市委“十项规定”，紧扣市委、市政府工作重点和“项目竞赛年”“教育实践年”等活动，大幅增加经济类、专题调查类、综合类报道，增加新闻评论，先后推出“新年新开局 实现‘开门红’”“坚持稳中求进、致力改革创新”等主题专栏和多组系列报道。《今日关注》《阳羡茶馆》两档民生类新闻节目坚持关注社会民生。广播频率改版，《小君访谈》《家有儿女》《政风行风热线》等本土品牌特色栏目的节目质量、收视收听率、群众满意度等均保持较强水准。完成86部大型系列纪录片《天南地北宜兴人》(82位宜兴人)摄制工作，全年播出23部，累计播出57部。强化外宣工作，外宣发稿数量、新闻时长显著增加，全年被中央电视台录用新闻21条(次)，江苏卫视录用193条(次)，江苏广播电台录用36条(次)，无锡广播电视台录用78条(次)。电视新闻《推进党的建设制度改革》在中央电视台《焦点访谈》栏目播出，详细报道宜兴建立更完善的干部政绩考核体系的先进经验。关于全国首例胚胎争夺案的报道《老人的官司》，在中央电视台新闻频道播出，单篇时长15分钟，取得外宣工作重大突破。

【舆论引导彰显力量】 广播、电视同步推出“走群众路线，当服务先锋”“身边的感动”等系列报道，深入挖掘身边的先进典型和感人事迹。通过报道乡村姑娘朱凯莉、“反扒夫妻”周小明和李彩英等感人故事，弘扬社会正气，引领社会新风。发起“帮助陈佳豪”“情系小佳茜”等爱心接力活动，让他们及时得到社会帮助，彰显广电媒体的社会责任。积极参与和推进社会主义廉政文化建设,按照市委、市政府中心工作要求创作一批富有教育意义、深受观众喜爱的廉政宣传短片和公益广告,每天在电视台和广播电台早、中、晚各播出3次。针对部分出租车停运、中星湖滨城小区居民安装射灯等突发事件,及时介入、全程跟踪,牢牢把握新闻报道的主动权,坚持正面舆论引导,配合有关部门化解矛盾,避免不实信息、谣言等的扩散和传播,维护社会和谐稳定。配合市纪委(监察局)定期组织部分机关走进《政风面对面》栏目,当场回应群众期盼,接受群众监督,构建维护群众利益的诉求机制,提升人民群众满意度。广播电台每周三期的《政风行风热线》旨在搭建听众、广播、政府之间互动平台,为市民解疑释惑,解决实际问题,回复率100%,深受听众好评。

《中华之光》录制中　　　　（市广播电视台　提供）

【产业拓展取得突破】 面对复杂多变宏观经济形势和日益激烈的市场竞争,开辟产业发展新路径。先后举办和承办《中华之光·讲堂》*、幸福与安乐文化讲坛、全球汽车造型设计大赛颁奖典礼等大型主题活动。与中央电视台中文国际频道联合录制的《中华之光·讲堂》节目一经播出即受到全国观众的广泛关注。广播电台和宜兴国旅首度合作,共同招募游客,举办"'畅'游日韩、'琦'妙旅程"活动2次,在广告经营方面取得新突破。市广电传媒文化有限公司举办"阳羡茶馆曲艺专场"和"阳羡茶馆元宵万达曲艺专场"等活动,邀请江苏交广网《开心方向盘》主持人程鸣、梁爽等到场与观众互动,在打造曲艺类电视文化品牌方面迈出新步伐。电视台紫砂频道实现全市频道节目版权交易零的突破,50集纪录片《大师说器》在北美华人地区公开播出。

【两个平台稳定运行】 年内,高清互动信息平台和广电宽带平台运行平稳。总投资近1000万元的数字电视高清互动平台完成建设,实现20套高清、40套标清电视节目回看,本地栏目以及海量影视、娱乐、体育等节目点播等功能。至年底,全市数字电视高清用户8.87万户,其中高清互动用户3.14万户。宽带业务平台提质增速,在2013年完成广电宽带业务平台建设的基础上,2014年投资100万元,完成宽带业务平台审计系统和催费系统建设,扩容计费认证系统,联合苏南九县(市、区)(宜兴、江阴、常熟、昆山、张家港、太仓、吴江、武进、丹阳)广电网络,完成CDN内网平台的二期扩容,实现广电宽带大提速,原有的2M宽带用户全面升级到6M,同时开通10M、20M、50M、100M的宽带业务,该平台扩容至可承载6万个注册宽带用户。

【市交通指挥中心广播直播室启用】 年内,市广播电视台投入230多万元建设市交通指挥中心广播直播室和更新改造广播中心设备。10月,位于市公安交通指挥中心的市交通指挥中心广播直播室正式启用,FM96.1宜兴交通台《一路畅通·晚高峰》节目进驻该直播室。主持人可直接通过交通视频监控和一线执勤交警实时反馈,为汽车用户提供即时路况信息和权威资讯服务,帮助市民选择最佳出行路线。节目开设《交通违章查询》《961路况播报》《交警面对面》《法律在线》等栏目版块,在每周一至周五的16:30—18:00晚高峰黄金时段播出,通过热线电话、短信、微信公众号等方式,架起"电台—听众—交警"三方互动新平台。

2014年宜兴市广播电视主要获奖作品

表65

序号	标 题(栏目)	类 别	奖 项	作 者
1	紫砂问道——紫砂壶十大经典器型专家论坛实录	江苏省电视社教特别节目	二等奖	朱峻峰　仇建荣　俞毓斐　孟祥冬　王科
		无锡电视社教特别节目	一等奖	

续表65

序号	标 题(栏目)	类 别	奖 项	作 者
2	侯志文和他的200个孩子	江苏省广播新闻访谈节目	三等奖	吴军霞 朱峻峰 叶勤娣 傅东辉 张宏才 杨绪赵
		无锡广播新闻访谈节目	一等奖	
3	慢游龙池 骑乐无穷	江苏省电视文艺艺术片	三等奖	洪立等
		无锡电视文艺艺术片	一等奖	
4	爱你不容易,政策性农业保险路在何方?	无锡电视新闻评论	一等奖	李宁人 吴辰超 申晨希 嵇园渊
5	宜兴市法律援助中心创新办案惠民生	无锡广播社教对象性节目	一等奖	黄芳 夏滨 杨绪赵
6	宜兴红茶汤	无锡广播播音文艺类	一等奖	傅强
7	小贝流浪记	无锡广播儿童连续剧	一等奖	傅强 沈婧 许洁 朱峻峰 叶勤娣 张宏才
8	莫让“教师节”变“送礼节”	无锡报刊新闻评论	一等奖	庄敏芳
9	“人文陶都 宜居宜兴”2013宜兴房展会圆满落幕	无锡报刊新闻消息类	二等奖	堵潇洁
10	本报编辑路遇车祸 热心救助传递社会正能量	无锡报刊新闻通迅	二等奖	庄敏芳
11	匠心独运 画随心动——访书画家夏汉忠先生	无锡报刊新闻专访	二等奖	堵潇洁
12	大爱母亲:无怨无悔照顾瘫痪儿子50载	无锡电视新闻长消息	二等奖	赵越 吴琪
13	今日关注	无锡电视新闻优秀栏目	二等奖	徐达 徐建新 徐浚 张静静 董姝 杨济源
14	魅力金张渚之张渚味道	无锡电视社教专题片	二等奖	罗抒坪 芮礼
15	《紫砂壶十大经典器型》评选活动系列节目	无锡电视社教系列片	二等奖	仇建梅 周平 魏斌 徐一叶 朱琳俊 宋小康 姚俊 蒋文韬 宋源
16	陶都风 宝岛情	无锡电视社教特别节目	二等奖	许国伟 郭春平 夏旭峰 袁震芳 邵佳程 王滔滔
17	紫砂的脾气	无锡广播儿童单本剧	二等奖	许琦 杨绪赵 萧秋水
18	周处除“三害”	无锡广播儿童剧	二等奖	朱峻峰 纪莹 吴云燕 方宇 傅东辉 杨绪赵
19	唱一段流光赠乡情——宜兴小热昏	无锡广播文艺戏曲。曲艺节目	二等奖	许琦 孙锦恒
20	追梦五色土	无锡电视文艺专题节目	二等奖	诸葛泳 虞亚静 吴立文
21	紫砂传奇裴石民	无锡电视文艺艺术片	二等奖	仇建荣 徐芳菲 孟祥冬
22	宜兴新闻	无锡电视播音新闻类	二等奖	嵇园渊
23	秋季蛋鸡的养殖管理	无锡电视播音社教类	二等奖	杜丽
24	政风行风热线	无锡广播主持新闻类	三等奖	吴云燕
25	台阶上的新闻发布会	无锡广播新闻短消息	三等奖	史银娟
26	陶都美丽乡村行	无锡广播新闻系列报道	三等奖	宗希、张宏才
27	天下任我行	无锡广播社教优秀栏目	三等奖	许琦
28	台阶上的新闻发布会	无锡电视新闻短消息	三等奖	许云峰 潘俊悦 赵越

(李滔)

影　剧

【概述】 年内，投资3500万元建设的和桥影城综合体9月开始土建工程。市锡剧团坚持送戏下乡，全年演出190场，受众15多万人次，社会影响力显著提升。市影剧公司组织开展免费送电影进敬老院、进军营、进监狱活动，全年放映公益电影3240场（次）。至年底，全市有电影放映单位31个，其中影剧院19个、流动电影队12个，总座位1.26万张。全市电影放映单位全年放映电影3.83万场，其中市影剧公司放映8200场；接待各类文艺演出团体12个，演出39场，观众3万多人次，演出分成收入30多万元。

【电影惠民工程有序推进】 为丰富村民、社区居民和外来务工人员文化生活，市影剧有限公司12个流动电影放映队参与“文化乡村行，和谐千万家”等活动，全年送电影进农村、进社区、进学校3240场（次）。组织优秀主旋律影片《雷锋在1959》《永远的焦裕禄》《黄土地》等展映活动。参与市总工会开展“保障职工权益，筑牢安全防线”电影放映活动；配合市安监局开展“强化红线意识，促进安全发展”安全生产宣传教育电影放映活动；配合市有关部门开展《崇尚科学 反邪教宣传》电影放映活动；配合市建设局开展“安全生产月”电影放映活动；配合市科协举办科普电影周和科普电影宣传等系列宣传电影展映活动，放映2000多场（次）。为全市22个敬老院、福利院放映公益电影4个轮回、100多场（次）；送电影到市消防大队、宜兴监狱30多场（次）。

【舞台精品引进四次】 2月，举办“健民杯”2014迎新春锡剧展演活动，由市锡剧团在人民剧院演出三台经典传统剧目《碧玉簪》《春江月》《拜月记》8场，观众7000多人。同月，举办“笑转宜兴”庆元宵东北知名艺术团全国巡回演出“二人转、小品”专场晚会。3月，由常州市武进区锡剧团到宜兴献演大型古装锡剧《浣纱谣》《风雪寒梅李三娘》3场，观众2700多人。12月，第十届宜兴戏剧节期间，省锡剧团演出优秀剧目《珍珠塔》《八珍汤》6场，观众5400多人。

（张俊辉）

图　书

【概述】 推进市图书馆新馆基础工程和信息化系统工程建设、图书馆分馆建设、农家书屋建设。市图书馆新馆总建筑面积2.68万平方米，年内完成结构封顶。市图书馆设立屺亭街道、新街街道、宜兴监狱、丁山监狱4个分馆和新华书店1个服务点。全市形成以市图书馆为中心、镇（街道）图书馆为依托、村（社区）图书室为服务点、流动车服务为补充、屺亭街道和新街街道等设图书馆分馆的格局。为响应文化惠民要求，营造良好全民读书氛围，市图书馆持续推进“书香宜兴”建设，利用少儿图书室作为青少年阅读阵地，开展系列活动，引导青少年培育社会主义核心价值观。市图书馆藏书52.45万册，全年举办影视展播20次、馆内展览18次、讲座13场、公益培训9次、征文比赛3次、送展下乡28次、送培训下乡11次、送书下乡5次、送讲座下乡2次；办证1.6万张，借阅书刊21万余册（次），年接待读者26万余人次。

【“书香宜兴”建设】 推动“书香宜兴”建设，引导市民阅读常态化、长效化。围绕“沐浴书香，润泽幸福”主题，开展3个篇章、10个活动的阅读活动，举办展览46场、讲座36场、影视展播20场、公益培训10余次，吸引读者5万多人。4—12月，围绕世界读书日，市图书馆组织第二届“书香宜兴”读书节系列活动。举办“全民阅读 共享快乐”阅读推广、阅读惠民、“书香伴成长”等活动；打造“七彩夏日”“缤纷冬日”活动品牌；举办“缤纷冬日”小读者个性手工坊、物理小实验等趣味节目和“七彩夏日”静阿姨故事会、我是小小图书管理员、红领巾读书读报奖章征文优秀动画片展播等特色节目。

【阅读“六进”工程深入基层】 4月，市图书馆启用流动图书车，开展图书流动车进机关、进军营、进学校、进社区、进乡村、进企业活动，让市民充分感受图书馆服务的便利性。开展“大手拉小手阅读关爱”活动，到监狱、民工子弟学校、残疾人托管中心送图书并举办讲座5次，为全市有关敬老院举办养生讲座8次，向困难家庭子女、弱势群体、薄弱农家书屋赠送图书和

流动电影放映队送电影进学校　　（市影剧公司　提供）

学生在流动图书车上阅读　　（市图书馆　提供）

学习用品。开展图书漂流、好书推送等阅读惠民活动，与无锡市戒毒所图书室开展图书置换活动，为特殊群体送去精神食粮；每月在图书流动点、分馆之间开展置换图书。开展阅读精品引领活动，举办图书“书香弥漫的人生岁月”读书征文，收到征文300篇。开展阅读宣传展示活动，举办党旗飘扬——红色精神党史图片展、“书香弥漫的人生岁月”获奖征文展、江苏省暨无锡市书香摄影展等活动。

【星级农家书屋创建】 响应省新闻出版局《关于实施农家书屋提升工程的意见》精神，全面推进星级农家书屋群落建设。建立健全农家书屋管理制度和借阅制度，确保农家书屋建设长效管理。举办农家书屋管理员培训班，全市18个镇（园、街道）的98名农家书屋管理员参训。根据省星级农家书屋创建标准，年内新创建五星级农家书屋18个、四星级4个、三星级1个；累计创建五星级农家书屋48个、四星级10个、三星级4个。12月，宜兴市被评为江苏省实施农家书屋提升工程试点工作示范县（市、区）。

【新华书店加快转型】 3月，市新华书店书城官方微信上线，发展会员近1万名，为读者推送图书信息，提供图书查询及购书、微信好友专享活动等服务。市新华书店多次到学校和监狱举办书市、捐赠图书，向江苏省丁山监狱、宜兴监狱捐赠图书400多册。中标市图书馆700万元新图书采购权，实现校园图书馆馆配图书销售额100多万元。拓展微型书店3个，实现销售额近20万元。线下营销活动形式多样，举办“讲故事比赛”“科学小实验互动活动”“设计书签比赛”“手工拼图比赛”等活动，与多个出版社合作举办图书展销活动；邀请著名作家梁晓声、安意如、许友彬、秦文君、匪我思存、陈俊生等到学校和书城举办演讲和现场签名售书；与市文明办、教育局、文广新局联合举办的第21届“快乐假期，轻松阅读”读书活动，销售图书220万元。市新华书店通过ISO 9000质量管理体系认证审核，进一步规范企业内部质量管理。新华书店宜兴凤凰广场建设项目（建设地点为东氿大道与解放东路交界处），年内通过省发改委立项批文，进入平面设计总图和外立面设计程序。

（冯昭　周吉）

广　告

【概述】 宜兴工商局拓宽监管思路，创新户外广告登记软件，整顿经营秩序，规范经营行为，开展专项检查，确保全市广告业健康、有序、快速发展。全年广告业经营收入2.4亿余元，比上年增长4.35%。全年新增广告经营企业70户、个体工商户12户。至年底，有各类广告经营单位282户，其中企业226户、个体工商户56户。

【广告监管力度加大】 加强广告监测，拓展监管执法领域。利用广告监测室，加强对主流媒体和网络、手机等新媒介、新形式广告发布行为的监测、监管。全年监测媒体广告5万多条（次），查出违法违规广告6000多条（次），其中，监测和检查药品食品广告1.2万多条（次），查出违法违规广告2600多条（次），向涉嫌违法单位发出责令停止发布通知书26份，并将有关监测结果抄告无锡工商局、市委宣传部和市文广新局、卫生局等部门。强化户外广告登记管理力度，规范户外广告发布行为。利用计算机输录户外广告备案600余件、特定场所广告备案21件。清理、整治全市原有户外广告，重点整治手续不齐全、书写不规范、设置不符合要求，用字不规范、不醒目、不工整、陈旧破损等有碍市容市貌，业主歇业但仍未拆除、长期空置，设置时间过长（霓虹灯3年、广告牌5年以上）、存在安全隐患的户外广告。户外广告检查中发现并查处未经登记16例、内容违法25例。针对电视媒体广告市场频繁出现制作、发布违法广告，特别是出现非法“性药品”广告欺诈、误导消费者现象，依据《无锡市开展电视购物专项整治实施方案》的通知和《江苏省工商局等八部门关于开展整治互联网重点领域广告专项行动的通知》，开展整治电视违法广告行动，将医疗、药品、保健食品、化妆品、美容服务、房地产六类广告作为突出整治重点。年内，出动执法人员126人次，检查广告经营单位及印刷企业、药店和其他经营主体365户（次），责令广告主及广告经营者停止发布违法广告66件。整治中，处罚电视台涉嫌违法广告金额11.9万多元,其中对红塔医院等发布的违法医疗广告案作出7万多元的行政处罚;处罚无锡力安置业有限公司等6个房地产企业违法发布户外广告金额20多万元;查办新型网络违法广告21件、处罚25.4万元。全年累计查处广告违法案件48件,罚没款70.29万元。

(沈涛)

文化市场管理

【概述】 不断适应文化市场监管新要求,努力构建现代文化市场体系。推动行政审批权力下放。市文广新局制订出台《关于文化行政审批执法提速增效、规范提升的实施意见》,重新梳理文化行政审批事项,放宽市场准入门槛,更多地采用市场机制替代行政审批,废止影院发展规划,对书报刊、营业性演出等简化审批流程。推动信息公开,开展文化市场技术监管服务平台建设,把行政许可纳入信息化体系,使审批过程更加透明高效。全市新增文化市场经营主体48个,其中出版物经营单位18个、名片印刷企业4个、歌舞娱乐场所18个、印刷企业8个,累计有文化市场经营主体1082个。全年处罚文化市场违规经营行为24起,其中网吧业14起、歌舞娱乐业6起、出版物零售业2起、其他行业2起,行政罚款10.5万元。

【"扫黄打非"集中行动】 市文广新局按照省和无锡市年度"扫黄打非"会议精神,开展"清源"行动,联合市公安机关开展暑期出版物市场整治行动,对全市校园周边、车站、乡镇节场等地开展不间断巡查。全年在"清源行动"中收缴非法音像制品2.2万多张、非法出版物4800多册、非法报纸1000多份,取缔无证摊点12个,立案处罚出版物零售单位2个。开展"秋风"行动,立案查处2个非法记者站。加大影视安全播出监管力度,捣毁非法销售卫星地面接收设施窝点58个,拆除和收缴非法卫星地面接收设施(俗称"小耳朵")2000余套,打击了非法安装卫星地面接收设施行为,宜兴再次被评为省无"小耳朵"标兵县(市)。

【网吧专项治理】 市公安局、文广新局、综治办联合制订《暑期文化市场整治行动方案》,减少网吧违规接纳未成年人行为。宜兴工商局、市文广新局文化执法大队等联合开展暑期校园周边环境治理和取缔"黑网吧"专项行动,针对"黑网吧"屡禁不止的情况,联合执法大队采取"日间巡查+突击检查"的方式清查,定期回查被取缔"黑网吧"简历档案,一旦发现重新营业的,从重处罚。全年巡查网吧1200多个(次),立案处罚无证经营"黑网吧"19个。创新管理举措,先后举办网吧业主法律知识培训班4次,联合市文化市场行业协会举办"星级"网吧评选活动,按照日常经营情况,评定"五星级"网吧3个、"四星级"网吧8个、"三星级"网吧9个。推动转型升级,结合全市网吧行业现状,多次组织召开行业座谈会,引导网吧行业转型升级,向多元化、品牌化、休闲化方面发展。至年底,全市有"网咖"系列高端网吧20多个。

【融达小商品市场小歌舞厅专项整治】 2012年,位于宜城街道阳泉西路的融达小商品市场建成投入使用,此后,小歌舞厅逐渐聚集,至2014年达49个,随之带来较为严重的无证无照经营、消防安全隐患和治安等问题。为促进该市场小歌舞厅有序发展,市政府专门成立专项整治工作小组,于2014年11—12月对融达小商品市场小歌舞厅开展专项整治行动。现场为这些小歌舞厅领取工商营业执照提供服务,各行政部门对违法经营户依法采取行政强制措施,并指派专人夜间值守。经过工作组挨家挨户督促指导、宣传法律法规,大多数经营户按照行政部门的要求整改。至年底,共清理关停市场内无证无照经营的小歌舞厅13个,专项整治初见成效。

(高松龄　沈涛)

编辑　王雅

综　述

【概述】　市体育局推进全民健身公共服务体系建设，开展群众体育运动，提升竞技体育的竞争力和大型赛事的影响力，促进体育产业发展。巩固“城乡10分钟体育健身圈”建设成果，全市村（社区）体育健身设施覆盖率达100%。人均拥有公共体育设施面积2.6平方米。新增市级体育社团2个，累计22个。全年承办国际赛事2项（中古国际女篮对抗赛、世界斯诺克巡回赛宜兴高塍公开赛），承办省级以上体育赛事9项(次)。探索学校体育场馆设施开放管理模式，确保学校体育场地100%向公众开放。完善社会体育指导员培训体系，提高社会体育指导员素质和技能，新增社会体育指导员297人，累计3184人。开展群众体育活动283次，吸引20万人次参与体育健身活动，元旦迎新长跑、送体育下乡、8月8日全民健身节启动仪式成为相对固定的品牌活动。体彩年销售4.18亿元，比上年增长16.92%，筹集体彩公益金2950万元。年内，市体育局获“江苏省承办全国以上体育竞赛最佳组织奖”“江苏省体育彩票工作先进单位”等称号，市体育总会获“江苏省先进县级体育总会”称号。

【市第八届运动会举办】　3—11月，市第八届运动会举办。10月，在市体育馆举行的开幕式上，全市各镇（街道）、系统的44个代表团派代表参加入场仪式，6000名群众代表观看大型群众体育展演《追梦陶都》，1300名表演者全部来自基层群众体育爱好者、各体育协会和在校学生。运动会设城镇、系统两个部，分中小学生组、成年人组、老年人组、残疾人组四个组别，设比赛项目47项（次），城镇部18个镇（街道）代表队、系统部24个党委部门以及银行系统代表队的数千名运动员和工作人员参加，人员涵盖宜兴籍居民及外来务工人员。运动会参赛6341人次，其中中小学生组2341人次，残疾人组1000人次，是全市体育史上比赛项目最多、组队规模最大的一次综合性运动会。宜城街道、市教育局等17个单位获“团体总分奖”，高塍镇、市公安局等11个单位获“体育道德风尚奖”，西渚镇、市卫生局等12个单位获“优秀组织奖”，市木兰拳协会等9个单位获“开幕式优秀表演奖”。

市第八届运动会开幕（万全　摄）

【体育场地普查】　1—8月，在全市开展全国第六次体育场地普查工作（简称“六普”）。市体育局、教育局、旅游局联合成立普查工作领导小组。3月，先后对各镇（街道）体育指导站站长、教育系统七大学区一线普查员共500人进行体育场地的界定、场地指标解释、各类场地的测量方法及普查数据质量控制和审核等业务培训，并赴18个镇（街道）进行现场二次培训。5月，完成普查表格的初步登记，共收集表格3246张，初步统计全市体育场地数量2091个（含学校体育场馆设施），场地面积290万平方米。审核阶段采取集中审查表格与实地抽查场地的方式，累计抽查表格267张、实地查看场地267个、填写差错问题反馈表248张。8月，经省、无锡市、宜兴市三级普查机构再次审核、补充，确定全市有体育场地2896个。其中：室内体育场794个、室外体育场2102个；场地面积326.61万平方米，建筑面积30.92万平方米，用地面积597.47万平方米。

群众体育

【概述】 巩固“10分钟体育健身圈”建设成果，体育设施建设再上新台阶。各镇(街道)新增体育馆3个、游泳池6个、全民健身中心3个，全市18个镇(街道)建有全民健身中心，17个镇(街道)建有体育馆，13个镇(街道)建有游泳池。继续巩固“市级活动作引领、协会活动成常态、镇级活动树品牌”服务体系建设，全年承办省级以上体育活动9项(次)，协会参加或举办的活动近200项(次)，举办镇级群体活动121项(次)。新增社会体育指导员297人，累计3184人，每万人拥有社会体育指导员25.3人。继续培育基层体育社会组织，各镇均拥有镇级总会和镇级单项协会。继续做好国民体质监测和测试工作，体育中心、张渚镇、环科园、开发区4个监测点完成省级国民体质监测2520个样本的监测任务，并免费为群众开展体质测试、向其提供体质状况分析报告和运动建议，全年测试群众逾1万人。

【公共体育设施建设再上新台阶】 市体育中心新增乒乓球馆，改造网球场、游泳馆、健身房、室外篮球场、健身路径和门球场，新建石锁锻炼场。屺亭街道投资2000万元建设屺亭文体中心，西渚镇完成镇文体中心篮球场塑胶化改造，太华镇投资1500万元启动太华龙珠公园二期工程建设，官林镇官林实验小学完成体育馆、拆卸式游泳池工程，新街街道投资350万元建设的文体中心竣工并投入使用，和桥镇投资80万元的一凡游泳馆建成投用，高塍小学体育馆竣工。市体育局为有承办高水平篮球赛事能力的官林体育馆和新芳小学(市篮球后备人才培训基地)分别免费安装高标准篮球架及24秒计时器；为基层捐赠健身路径58套、乒乓球台20张、室内健身器材2套，实时更新“10分钟体育健身圈”电子地图信息。完善属地管理、设立巡检员、签订维修合同、建立报修制度等一系列公共体育设施管理机制；全民健身骨干志愿者队伍每季度集中巡检全市所有的体育健身器材，查找、反馈相应问题，由体育设施产权单位整改、维修。

【科学健身指导工作取得新成效】 成立市级科学健身专家教练团，成员为22个市级协会的主骨干教练，为需要的群众提供健身指导。组织24名指导员分别参加国家级、一级社会体育指导员培训，推荐200名指导员晋升为二级社会体育指导员。承办省健步走项目一线社会体育指导员再培训，参训307人；省健身秧歌项目一线社会体育指导员再培训，参训100人；江苏省排舞、广场舞一线社会体育指导员排舞、广场舞再培训，参训155人。每个行政村均有晨晚练健身点，每个晨晚练健身点均配备1—3名社会体育指导员，负责指导群众科学健身。

【群众体育活动新格局构建】 市级群众体育活动层次高。连续第三年邀请江苏棋院副院长兼象棋队教练徐天红到张渚镇、官林镇进行车轮战，第43届县(市)门球比赛吸引省内25支代表队、79名运动员参加，全国越野行走教练员培训班暨首届全国越野行走比赛吸引省内外近400名教练员和社会体育指导员参加。镇(街道)级群众体育活动丰富多彩。万石镇举办“百花万善园，万马奔元宵”大型群众广场文体活动，周铁镇举行第十五届太湖竺山风筝节暨全市社区、村风筝邀请赛，官林镇举办第八届镇运会和职工乒乓球赛，湖㳇镇举办杨梅节乐跑活动，新庄街道举办健身球比赛以及展演活动，新街街道举办“庆元旦、迎新春”第二届职工拔河比赛，徐舍镇举办庆“三八”广场舞比赛，西渚镇举办第十三届老年运动会等活动。支持各协会参加上级比赛和组织本级活动。宜兴老年人体育协会组队参加省老年人体育节气排球比赛获男排优胜奖，参加江苏省老年人体育节柔力球比赛获优胜奖2个、优秀奖6个，参加2014年无锡市“快乐健身”系列活动获第三名2个、优胜奖4个、优秀奖1个；市棋类协会参加在安徽省马鞍山市举行的苏浙皖三省十一市(县、区)象棋赛，获团体第二名；市风筝协会参加在如皋市举办的江苏省风筝精英赛，获放飞奖6个、道德风尚奖2个；市武术协会组队参加在仪征市举行的江苏省传统武术比赛，获金牌25枚、银牌30枚、铜牌20枚；市、镇老年体协上下联动，举办老年人体育节启动式，开展江苏省老年人体育节系列活动；市乒协举办“云海间杯”全市乒乓球邀请赛；市

官林镇第六届全民运动会开幕　　（市体育局　提供）

羽协承办全国“东西南北中”羽毛球大赛与周边县市的羽毛球对抗赛，市台球协会举办“伯雅轩”杯斯诺克邀请赛。全年协会参加或举办活动近200项(次)。

2014年宜兴市体育单项协会参加上级体育比赛获奖情况

表66

协会名称	竞赛名称	获奖情况	举办时间、地点
市老年体协	“快乐健身”系列活动	乒乓球男队:第三名 乒乓球女队:第三名 气排球女队:第一名 气排球男队:第三名 柔力球:优胜奖第一名	6月23—25日 江苏省无锡市
市风筝协会	常熟市“灵动碧溪杯”鹞灯邀请赛	沈加大:一等奖 岳仲荣:二等奖 团体三等奖	9月6日 江苏省常熟市
	“小洋口旅游杯”2014年省风筝精英赛	沈加大:最长类第二名 闵文强:串类第三名 张炳良:地方特色风筝最佳空中效果奖 陈新大:软体造型风筝最佳空中效果奖 陈国强、闵莹强:体育道德风尚运动员奖	10月10—12日 江苏省如东县
市棋类协会	苏浙皖三省十一市(县、区)“古漕运杯”中国象棋邀请赛	团体第二名	4月25—27日 安徽省马鞍山市
	“快乐健身”老年象棋、围棋比赛	吴松林:象棋冠军 郭洪盘:围棋第二名	6月23—25日 江苏省无锡市
市信鸽协会	550公里年度总决赛	成卫忠:冠军 管仁杰:亚军 刘树军:季军	12月5日 河南省商丘市
市羽毛球协会	全国东西南北中羽毛球大赛(宜兴站)	盛小芳:C组女子单打季军 陈敏:A组女子双打、混合双打季军	4月12—13日 江苏省宜兴市
市武术协会	南京武术精英(国际)邀请赛	闻家根:武术全能第一名 周梅娟:武术全能第一名 范听娣、王娅芬、周法祥、马品一、刘玉林、吴颖、杨玉香、周玉华、芦永忠、周瑜敏分别获得个人一等奖	11月8—9日 江苏省南京市

学校体育

【概述】 全市各校贯彻落实《中共中央国务院关于加强青少年体育增强青少年体质的意见》，坚持开展“阳光体育”运动，确保每个学生每天体育锻炼时间不少于1小时，91.7%以上的学生的健康标准达到《国家学生体质健康标准》规定的及格等级以上。加强青少年体育组织建设，全市有国家级青少年体育俱乐部3个，省青少年奥林匹克体育俱乐部5个，省级、无锡市级、宜兴市级传统项目学校分别为3所、18所、36所。人才梯队建设科学化程度不断提高，通过举办招生选材运动会，选拔优秀运动人才。全市有98所学校体育场馆设施向社会开放。市体育局全年向65所体育场馆对外开放示范学校发放奖励经费130万元。

2014年宜兴市组队参加无锡市以上中小学生体育竞赛获奖(第一名)情况

表67

竞赛名称	获奖情况
省"无锡市三高中杯"中学生健美操、啦啦操锦标赛	舞蹈啦啦操高中组:省宜兴第一中学
省小学生乒乓球冬令营比赛	女子丙组:高塍小学
省小学生女篮比赛	新芳小学
无锡市中学生田径比赛	女子初中组团体:市实验中学
无锡市棒球比赛	B组:洋溪小学 C组:环科园实验小学
无锡市传统项目学校乒乓球比赛	高中组女子团体:省宜兴第一中学 初中组女子团体:市实验中学 男子乙组:市第二实验小学 女子乙组:高塍小学 女子丙组:高塍小学
无锡市中学生田径运动会	初中女子组总分:市实验中学
无锡市小学生篮球比赛	男子组:新芳小学 女子组:新芳小学
无锡市小学生排球比赛	小学女子组:和桥第二小学
无锡市小学生羽毛球比赛	男子乙组:和桥小学 男子丙组:和桥小学 女子丙组:和桥小学

竞技体育

【概述】 全市有青少年体育运动学校(简称"市少体校")1所,在校学生126人,专职教练员8人。4月,在全市乡镇小学通过举办招生选材集训,选拔18名小学生进入市少体校的国家级高水平体育后备人才基地。全年市少体校向上级单位输送运动员24人。其中:向省优秀运动队输送1人,直接或间接向省体校输送12人,向无锡市体校输送11人。完善全市学校体育竞赛12个项目的注册管理,注册运动员2143人,新增篮球一级裁判3人。宜兴代表队在省第十八届运动会青少年部田径比赛中,获金牌10枚。在省青少年县组田径赛中,宜兴代表队获得金牌8枚、银牌7枚、铜牌2枚,奖牌总数列全省第二名,团体总分列全省第四名,高中组列全省第二名,并获"体育道德风尚奖"。市实验中学组队代表无锡市参加省第十八届运动会女子丙组篮球比赛获第五名。宜兴籍斯诺克运动员丁俊晖跃居世界排名榜第一位。

【高水平赛事打响宜兴体育名气】 4月,全国东西南北中羽毛球大赛(宜兴站)举行,全国各地40多个羽毛球俱乐部的413名业余羽毛球爱好者到宜兴比赛。5月,中国女子篮球队和古巴女子篮球队在宜兴比赛,3000多名观众观赛。6月,2014年首届全国越野行走交流比赛在龙背山森林公园开赛,国内300名运动员参赛。2014中国台球协会(CBSA)世界斯诺克巡回赛宜兴高塍公开赛吸引世界排名前32位中的15位选手参加,参赛球员水平和参赛人数均创宜兴历史新高。中央电视台体育频道现场直播以上四场比赛,中国台球协会官方网站、MY147网站等媒体直播多场比赛。

【宜兴籍斯诺克选手丁俊晖跃居世界排名榜第一】 12月,世界台联在其官网上宣布,中国斯诺克名将丁俊晖在最新一期世界排名榜上超过此前排在前两位的马克·塞尔比和尼尔·罗伯逊,跃居第一名。宜兴籍斯诺克选手丁俊晖首次加冕世界第一,成为斯诺克历史上首位登上世界排名第一的亚洲球员。丁俊晖凭上个赛季的5个冠军,以700336英镑的赛季积累奖金积分成为世界第一,也是斯诺克历史上第11位世界第一。

体育产业

【概述】 组织8个体育产业项目申报省级体育产业引导资金,其中世纪汎风公司的亚洲球员巡回赛(APTC)世界斯诺克巡回赛、中超乒乓球俱乐部的乒乓球社会化推广、龙池山自行车公园的健身旅游和联创塑业有限公司的人造草坪四个项目，经省、市体育和财政部门的评审，获得体育产业引导资金260万元，是该项引导资金投放后，宜兴市获得引导项目和资金最多的一年。规范体育经营活动市场管理的行政执法工作，新增游泳项目经营许可行政审批事项。统一专项培训全市26个游泳经营场所相关人员，明确申请许可证的全部要求，向12个符合各项规定的经营单位核发高危险性体育项目经营许可证。全市全年体育彩票年销售总量首次突破4亿元，达4.18亿元。

【体彩销售再创新纪录】 全市实现体彩年销售4.18亿元，比上年增长16.92%，列全省县（市、区）第五名，筹集体彩公益金2950万元，推动了体育事业及社会公益事业的发展。年内，体彩销售开始探索转型，升级销售产品，由实体网点向网络代购渠道探索性扩展。体彩产品进一步向视频、高频玩法升级，“11选5”玩法向在售体彩专营店全面开通，属于高返奖率竞彩玩法的“e球彩”也向部分质量较好的传统网点扩展。全年全市体彩500万元以上大奖中奖者4个，累计36个。

【游泳场规范运行和安全管理】 8月，市体育局、卫生局、公安局等部门联合成立安全检查领导小组，召开全市游泳场所安全卫生工作会议，学习《关于严格执行游泳场所规范运行和安全管理标准的通知》等文件精神，汇总整理各场所《游泳场所基本情况申报表》，对提出行政许可申请的游泳场所经营单位，严格审查申报材料，做好现场核查。对游泳场馆负责人、从业人员开展安全教育，对救生员和教练员进行现场危险处置、应急救助管理等培训，组织救生员参加体育行业职业技能鉴定站组织的结业考试。组成联合执法小组，逐项检查水质状况、人均水面面积、救生员、救生设备、规章制度、台账记录等，实时检测游泳池水质。市体育局不定期派员分赴各游泳场所，对照新游泳场所强制性国家标准，仔细检查梳理各场所可能存在的安全隐患。全年检查经营性场所21个，发现和纠正问题55项（次），开出责令限期改正通知书19份。

（张东红）

编辑　王雅

党 史

【概述】 市史志办历时四年编纂的《中国共产党宜兴历史第二卷(1949—1978)》(简称“党史二卷本”)正式出版发行。为配合党史二卷本的出版,将《宜兴革命史》更名为《中国共产党宜兴历史第一卷(1919—1949)》,增加附录《宜兴英烈选介》《宜兴革命遗址遗迹》,并重新排版、校对、出版。起草《关于加强我市革命遗址遗迹保护、管理和利用工作的报告》,在调查研究的基础上,制订《革命遗址遗迹保护管理办法》。制订《中国共产党宜兴历史第三卷(1978—2006)》工作实施计划,起草党史专题编研题目110个。与太华镇联合出版《新四军在宜兴(太华卷)》,配合太华镇打造红色旅游。为《新四军在宜兴太华分卷》撰写稿件3万多字,该书于4月出版。完成无锡市史志办交办的《中国名人词典》宜兴部分词条的编写工作,整理人物词条10条、1.5万字。承担市新四军历史研究会《太滆烽火》第九辑的编辑,撰写相关史稿10多篇、4万多字,该书于10月出版发行。为迎接宜兴解放65周年,组织编写面向中小学生和普通群众的地方党史普及读本《红色印记——宜兴党史知识500问》,印刷5000册,赠送至全市各机关单位、中小学和基层党员。宜兴革命陈列馆开设“精彩2013”图片展,全年接待约3万人次。

【党史二卷本出版】 党史二卷本于2010年启动编纂。2014年10月由中共党史出版社出版。12月,举行首发式。该书分宜兴解放和向社会主义过渡的实现、社会主义建设在探索中曲折发展、“文化大革命”十年内乱、在徘徊中前进和实现伟大的历史转折4编、19章,约40万字,是宜兴市继《宜兴革命史》之后的又一重大党史成果。该书坚持辩证唯物主义和历史唯物主义的观点和方法,遵循实事求是原则,比较全面系统地反映了中国共产党领导宜兴人民进行社会主义革命和社会主义建设的曲折历程,较好地反映了宜兴地方党史上的重要事件、重要人物以及党的建设等内容,政治观点正确、结构设置合理、史实叙述充分、评价历史客观、地方特色鲜明。

(陈惠萍)

地方志

【概述】 地方志工作以编纂《宜兴年鉴》、整理和开发利用旧志为重点,加强基层志书编纂业务指导。年内,《宜兴年鉴》全书在宜兴市情网上线,提供只读版、网页版两个版本供读者在线浏览。有序推进旧志整理,完成明万历十八年《重修宜兴县志》、清嘉庆二年《增修宜兴县旧志》等8部旧志的文字录入;完成民国《光宣宜荆续志》、清嘉庆《增修宜兴县旧志》、明万历《重修宜兴县志》点注工作的三分之二并进入校核阶段;加强芳桥、徐舍、万石、新建、和桥五镇(街道)和西渚镇鲁山村以及宜兴地税局、市总工会修志工作的业务指导。市史志办全年赴基层讲授修志业务、邀请基层修志人员业务交流20多次。至年底,《万石镇志》正式出版发行,《宜兴地方税务志》内部出版,《芳桥镇志》《鲁山村志》完成终审,《徐舍镇志》完成初稿,《新建镇志》《和桥镇志》《宜兴市工会志》编修工作启动。

【《宜兴年鉴(2014)》出版】 6月,《宜兴年鉴(2014)》由方志出版社出版。全书143万字。该年鉴全面、系统、翔实地记载了宜兴市2013年度的经济、政治、社会、文化和生态文明等方面的基本情况和年度大事、要事、新事、特事,展现了宜兴特有的地情特点和宜兴人民的精神风貌,记述内容丰富、时代气息浓郁、地方特色鲜明、整体装帧精美,被方志出版社评价为“展现了宜兴特有的地情特点和宜兴人民的精神风貌,是年鉴中不多见的精品佳作”。至8月底,向市级机关、各镇(园区、街道)和在外乡贤免费赠送2000多本。

【《宜兴交通印记》出版发行】 3月,历时六年、四易其稿的《宜兴交通印记》出版发行。该书由市交通运输局和市史志办公室合作出版,陈有富编著。全书46.1万字,设交通设施、水陆运输、交通工具、文化教育、机构设置、附录6个门类、139个篇目。该书以翔实的史料、珍贵的图片、朴实的文字,横向记述了宜兴交通的各个门类,纵向记述了宜兴交通的发展进程,书写了历代交通人“当好先行”的创业精神，勾勒出宜兴交通走向辉煌的历史画卷。

【《万石镇志》出版发行】 10月，《万石镇志》举行首发式。《万石镇志》于2011年2月启动编修工作，2014年2月正式交付出版，历时三年。该志上限不限，下限至2011年，记述重点为1912年至2011年。全志除凡例、概述、大事记、后记外，分8编、33章，共72万字。按照详古略今、简而不漏的原则，重点记述了新中国成立尤其是改革开放以来，万石人民开创政治、经济、文化、社会事业各项工作新局面的光辉历程。同时，该书将"中国封头之乡""华东石材市场""机电产业园区""特色种植养殖业"四大章节作为"区域特色编"置前，突出了时代特点和地方特色。

（吴艳　叶绿）

档　案

【概述】 贯彻"为党管档、为国守史、为民服务"的指导思想，履行档案管理与服务职能。为方便民生查档需要，接收市计生委2009—2012年间的5565件二胎档案和市民政局部分收养档案、烈士档案、伤残档案，新增进馆档案7.79万卷(件)，保管档案总数66.82万卷(件)。全年征集拥有96个姓氏的家谱24部、260册，星云大师《茶禅四月到宜兴》书法一幅，宜兴籍名人所著书籍20册、照片32张，民间收藏家储放生藏品90多件，民间摄影家陈寿春所藏照片(电子版)335张、图书10册，各类书籍336本。通过可移动文物普查，排查书画作品325幅，并做好信息采集工作。优先扫描婚姻档案、复退军人档案、收养档案、二胎档案等民生档案，完成扫描111万页，目录输入6.9万条；完成馆藏档案数字化总数为1437页；为市检察院系统扫描档案20.6万页，目录输入3.7万条。全年接待查档1.68万人次，调阅档案1.29万卷(次)，为1.71万人提供经济房(廉租房)、房产过户、生活补助、土地流转、计算工龄、续修家谱等档案证明。年内，市档案馆建成为江苏省中小学档案教育社会实践基地和无锡市"行知大学堂"中小学爱国主义教育基地，评出档案工作二星级单位(复查、升级)10个，三星级5个。

【档案基础管理工作扎实】 为加强全市档案基础业务工作，做好档案进馆事宜，依据《中华人民共和国档案法》，结合宜兴市档案工作实际情况，市档案局制订《2014—2016年档案进馆计划》和《宜兴市档案馆收集档案范围实施细则》，全年完成进馆任务单位33个。按照国家档案局相关规定，扩大进馆档案范围，新增会计档案、专业业务档案等新的进馆门类。举办贯彻落实国家档案局9号令培训班，参训161人。配合市卫生局、民宗局，对卫生条线和宗教事务条线档案人员进行档案培训。加强指导监督，出台《关于档案工作年度考核的实施意见》，对全市149个建档单位开展年度考核检查。与市政府国资办联合发布《关于贯彻落实国家档案局10号令的意见》，要求国企编制好企业《文件材料归档范围和保管期限表》，对市交通建设集团、交通资产管理公司开展业务指导；鼓励企业建档，印发《关于服务民营企业做好档案工作的通知》，并现场指导宜兴迈吉太阳能科技有限公司、江苏德威节能有限公司等重点企业档案工作，验收江苏俊知技术有限公司和江苏新远东电缆有限公司申报的重点工程项目档案。

【婚姻档案共享平台建设】 由于市民政局婚姻登记处将2012年以前的婚姻档案全部移交至市档案馆保存，所以要补办或出具婚姻证件(证明)，须先到市档案馆查询并取得婚姻情况查询证明后，再到市民政局婚姻登记处补办证件。为更好地方便群众查询和利用婚姻档案，市档案局与市民政局婚姻登记处协调，依托政务网和"数字档案室"系统，建立婚姻档案信息资源共享平台，实现婚姻档案查询无缝衔接。随着婚姻档案远程利用工作的推进，群众在市婚姻登记处接待窗口可实现一站式补证，大大节约群众的办证时间。

【《紫砂泰斗·顾景舟》电影剧本初稿完成】 市档案局开辟档案利用新途径，利用馆藏档案编纂电影剧本。《紫砂泰斗·顾景舟》是省档案局和江苏星瑞影业有限公司合作投拍的十部反映民国时期江苏著名人物的影片之一，顾景舟是著名工艺美术大师、民间工艺代表人物。市档案局接受省档案局委托，负责电影剧本的创作。该局聘请专业人员挖掘顾景舟名人档案资源，编写剧本，经过六次修改，完成初稿。11月5日，市档案局联合市陶瓷行业协会组织召开剧本座谈会，邀请市陶协会长史俊棠、中国工艺美术大师徐秀堂、顾景舟家属及弟子进一步完善剧本。

（高超）

文史资料

【概述】 发挥文史资料存史、资政、团结、育人作用，着力推进宜兴文化建设大发展大繁荣。为展现宜兴民俗的历史渊源和乡土特色、更好保护和传承非物质文化遗产，市政协联合各界人士挖掘整理宜兴民风民俗，编纂出版宜兴文史第42辑——《宜兴民俗》。全书设上、下两大部分，上篇"乡俗与风情"，属志的表述，包括岁时节令、人生礼俗、行业习俗和文体习俗，涵盖生产、生活、社会等各个领域；下篇"传承与研究"，属"学"的寻踪，共列23篇民俗研究文章，涉及宜兴物质和非物质的有关收藏，以及商贸、方言、"非遗"、文娱、旅游和茶文化等相关内容。该书翔实记录了富有乡土气息的地方风俗习惯，传承了传统民俗文化。

（黄瑜）

编辑　王雅

宜兴市党史遗址

遗址名称：**新四军苏浙军区一纵队司令部纪念地**
地　　址：太华镇太华村襄阳自然村

遗址名称：**新四军标语**
地　　址：张渚镇祝陵村
宗炳康家的西墙上

遗址名称：**三洲实业中学旧址**
地　　址：太华镇胥锦（井）村

社会建设
THE SOCIAL CONSTRUCTION

综　述

【**概述**】　全市政法机关围绕构建平安中国示范区和法治建设先导区目标，以维护社会大局稳定、促进社会公平正义、保障人民安居乐业为主要任务，深化平安宜兴、法治宜兴建设，营造安全稳定的社会环境、公平正义的法治环境、优质高效的服务环境，实现不发生重大影响的政治事件、群体性事件、恶性刑事案件、安全事故的目标。完成南京青奥会、APEC会议周和中共十八届四中全会等敏感节点和重大活动期间维稳任务。全年排查矛盾纠纷1.5万人次，受理社会矛盾纠纷7680件，调解7527件，调解率、成功率分别为100%和98%。严厉打击涉黑涉恶、“四盗两骗”（入室盗窃、盗窃车内财物、扒窃、盗窃非机动车,电信诈骗、网络诈骗）等违法犯罪行为，全年破获刑事案件2499起，打击处理刑事作案人员2903人，连续9年实现命案全破，“八类”（杀人、纵火、投毒、抢劫、强奸、绑架、爆炸、故意伤害）案件、“两抢”（抢劫、抢夺）案件发案数分别比上年下降50.6%和35.6%。加快推进防控体系建设，全市各镇、园区、街道基本完成技防体系升级改造，城区老小区技防改造进入全面施工阶段。全年排查治理消防重点场所单位2.76万个（次），督查整改安全隐患7353处。加强基层社会治安综合治理，推进综治工作信息化，强化基层综治组织建设，全市社会管理综合治理水平不断提升。组织开展新一轮治安整治工作，挂牌整治宜城街道的10个治安环境复杂、案件多发区域，杜绝社会治安热点乱点问题形成。

【**出险关停企业处置依法有力**】　面对宏观经济持续低迷、出险关停企业增多的实际，7月，市委政法委组织召开全市防范和化解企业风险工作会议，动员相关部门和属地加快推进存量出险关停企业的依法处置进程，确保不发生影响全市经济发展和社会稳定的重大不稳定事件。年内，全市政法系统坚持依法治理原则，采取重大问题市级牵头专案处置、一般问题属地包案处置模式，推动57个出险关停企业进入依法处置轨道，其中完成执行清偿18个、进入破产清算程序13个、进入执行清偿程序26个。市政府确定的46个重点出险关停企业中有32个进入司法处置程序，合计处置企业债务38.1亿元，其中涉及银行贷款8.6亿元。市公安部门开展打击恶意逃废债务行动，全年查破经济犯罪案件115起，挽回经济损失4亿余元，抓获外逃企业主9人，召回失联企业主5人。市人民法院开展执行专项行动，执结民间借贷案件337起，社会公示失信被执行人272人、司法拘留120人、追究刑事责任26人。整合市人民法院、公安、工商、地税、住房、国土等部门力量，建立资产变更、转让、过户、抵押和公民出国、出境等信息集中通报甄别机制，筑牢恶意逃废债务的制度防线，全年发现和依法查处恶意逃废债务线索54个。

【**综治维稳工作交出满意答卷**】　全年无暴力恐怖事件、越级进京去省非访、大规模群体性事件、重大恶性刑事案件、群死群伤重大安全事故发生，全市综治维稳工作交出满意答卷。南京青奥会、中央巡视组在南京工作、APEC会议周、中共十八届四中全会等敏感节点和重大活动期间，宜兴市实行分管市领导每日研判推进机制，完成各项安保维稳任务。市维稳办围绕源头预防矛盾纠纷，推动重大决策、项目稳评工作，强化稳评结果应用，全年完成稳评项目95个，无一起决策失误引发矛盾纠纷。市公安部门强化社会面管控，排查化解突出不稳定因素1309起，妥善处置群体性事件123起，依法处置网络负面信息1100余条、落地查处165人次，杜绝舆论炒作。市司法部门开展社会矛盾大排查大化解，100人以上企业实现调解联络员全覆盖，建立重大矛盾纠纷“风险评估”“调解听证”和“三办联席会议”机制，全年调解矛盾纠纷7527件，继续保持“零激化”。市信访部门完善领导接访下访、信访矛盾每月排查机制，开展信访积案化解、敏感节点稳控专项行动，妥善化解信访积案12起，信访稳定绩效始终居无锡地区首位。

【**社会管理规范化建设有序推进**】　年内，为畅通群众诉求反映渠道，提升社会管理服务水平，宜兴市推进社会管理规范化建设。改造升级市社会管理服务中心，整合综治、信访、矛盾调解、维稳等社会管理服务资源，理顺工作流程、完善工作制度、充实管理体系，打造统筹全市社会管理的实战性枢纽平台。同时，推进基层社会服务组织建设，增强基层社会治理和公共服务能力，8个镇建成镇级规范化政法综治工作中心，在全市各镇、园区、街道新建信息化社区警务室220个，法律援助工作站站点实现城乡全覆盖。启动市、镇、村三级综治信息化平台建设，按照市、镇、村(社区)、网格员四级联动应用的要求，推广应用全省综治信息系统，围绕重点人头管理、特殊人群管理、矛盾调处、信访办理、社会治安等9个领域，逐步实现基础信息网上采集、办事服务网上流转、工作过程网上监督、目标责任网上考核。

【法治建设成绩显著】 年内，宜兴市持续推进法治政府建设，加快落实政府合同规范化管理、重大决策事项法制审查等法治机制，市依法治市领导小组出台《2014年度法治宜兴创建工作实施方案》和《2014年度法治惠民实事工程实施方案》等法治创建工作文件，市管领导干部述法考评、新任领导干部法制考核实现制度化。在全市各级部门中开展依法行政示范点(单位)创建活动，市级规范执法示范点创建率达85%，市政府被推荐为全省2014—2016年度依法行政示范点。全市政法系统推出执法为民六项承诺，落实警务、检务、审务公开制度，健全完善执法规范化机制，建立畅通寄信、上访、电话、网上留言等诉求表达渠道，开展治理执法不公和涉法涉诉信访积案化解专项行动，实现执法司法“权力装进笼子里”和透明化运行，年内未发生重大执法司法过错问题。加快民生领域法治进程，实施司法救助机制和未成年人“四位一体”(政府、家庭、学校和社会)检察保障等10个法治惠民工程；推进“六五”普法规划，开展“3·15”消费者权益保障等法制宣传教育活动20余场(次)，市、镇、村三级法治文化阵地实现全覆盖。3月，宜兴市被评为全国“六五”普法中期先进县(市、区)。

(徐增)

公　安

【概述】 以平安宜兴建设为主导，打造公安铁军精兵，深化打、防、管、控各项措施，全市社会治安持续稳定。健全矛盾排查化解机制，全年排查化解矛盾纠纷1.1万起、突出不稳定因素152起，妥善处置群体性事件63起。健全应急处突机制，加大专业处突力量和应急装备建设，开展“关城门”行动、重大交通事故处置、消防灭火救援等实战和演练行动367次，完成重大活动安全保障任务53批(次)。破获刑事案件2499起，打击处理刑事作案人员2903人。推进技防城、技防入户、道路监控“3·20”(江苏省城内道路每3千米设1个车辆监控点、城际道路每20千米设1个车辆监控点)等工程建设，加强社会面视频监控资源整合，拓展完善各类信息平台实战功能，完成18个技防镇、83个技防小区、14套电子警察、13套卡口抓拍系统改造建设，新建、改造监控探头2500余个，整合视频监控资源3800余路，通过技防设施协助破案1672起。全年巡防抓获违法犯罪嫌疑人1273人，协破案件1562起，全市违法犯罪警情数比前三年平均数下降3.9%。开展流动人口和出租房屋清查行动，登记暂住人口28.4万余人、落脚点7.41万个。推进城市畅通工程建设，查处交通违法行为52万余起，拘留严重交通违法人员369人，致人死亡重大交通事故比上年下降5.7%，死亡人数比上年减少15人。深化社会单位消防安全“四个能力”建设，加强“户籍化”管理，集中排查治理重点场所、重点行业、重点区域火灾隐患，检查场所单位2.76万个(次)，督促整改安全隐患7353处，全市防火减灾形势保持平稳。推进“缉枪治爆”等专项行动，排查整改民用爆炸物品、烟花爆竹、散装汽油等危险物品单位安全隐患，查处涉危案件100起，涉及单位12个、76人，收缴管制器具612件、废旧炮弹59枚、各类枪支46支、子弹2.32万发、烟花爆竹5806件、危化物品1千克。加强毒品案件破获力度，打击涉毒群体，全年破获毒品刑事案件166起，抓获涉毒犯罪嫌疑人158人，缴获各类毒品26千克，查处涉毒违法人员539人，其中强制隔离戒毒116人。投入1169万余元购置警用装备。窗口单位为群众和企业办理各类事项60万余件，提供上门送证等便民服务12万余人次。维护民警合法权益51起，查处侵权违法行为人71人。

【严打整治】 坚持严打方针和“零容忍”理念，打、防、管、控多措并举，开展打击治理“四盗两骗”犯罪、百城禁毒会战、除尘行动等专项斗争，全力侦破严重暴力犯罪和多发性侵财犯罪，维护全市社会治安大局和谐稳定。破获现行刑事案件1873起，摧毁犯罪团伙69个，其中破获年内命案7起、命案积案3起，实现命案连续9年全破。破获“四盗两骗”案件763起、“两抢”案件32起、“食药环”(食品、药品、环境)案件5起，“八类”案件发案数比上年下降50.6%，“两抢”案件发案数比上年下降35.6%。加大打击恶意逃废债务、集资诈骗、非法传销等经济违法犯罪力度，开展“猎狐2014”追逃行动和追赃挽损工作，破获经济案件135起，移送起诉154人，抓获境外逃犯5人，挽回经济损失5亿余元。排摸治安突出问题和重点地区，开展融达小商品市场歌舞厅违规经营、除毒害、扫黄扫赌“无声风暴”等打击整治行动，查处“娼赌毒”(嫖娼、赌博、吸毒)案件1486起、3911人，收缴赌博机305台。其中，查处涉毒刑事案件166起，强制戒毒116人，缴获毒品26千克。

【全市首起特大制毒案告破】 7月，29岁的福建人林某、28岁的安徽人张某及辽宁人曹某等人在福建省打工期间，通过一个QQ群搭识后，一起商谈制造、贩卖冰毒事宜。9月，张某等人到宜兴，通过20岁的宜兴人周某(女)、28岁的贵州人盛某租用芳桥街道一处偏僻、周围无人居住的农舍作为制毒场所，并从湖南、福建等地购买制毒原料、工具等制作冰毒。10月，市公安局禁毒大队根据福建省警方提供的线索，在刑侦、特警等部门配合下，在该农舍内抓获涉嫌制造、贩卖冰毒的林某和张某，缴获冰毒成品及半成品18.38千克，麻黄素6千克，次磷酸、盐酸、无水硫酸镁、甲苯等制毒原料48瓶、10余千克，冰毒制造设备1套，同时另3名同伙盛某、曹某、周某在周铁镇被抓获。7月至案发，该团伙在福建省南安、安溪等地和宜兴市芳桥街道共制造冰毒30余千克，由于打击及时，在宜兴生产的毒品均未流入消费渠道。该案是近年首次在无锡地区发现并打掉的由外省流入的从原料到冰毒成品全环节、规模化制造冰毒的典型案例。

【市巡特警大队成立】 7月，为强化街面动态反应处突能力、严防严打街面违法犯罪，市公安局组建市巡特警大队。该大队由原市特警大队和巡防大队人员为基础整合组建而成，是宜兴首支巡特警队伍。该大队有巡特警民警61人、协警75人，配有运兵车4辆、装备车1辆、警务用车12辆，所有巡逻车辆全部配枪，所有民警均通过专业培训，实施准军事化管理。巡特警大队主要承担治安巡逻、反恐、防暴和处置突发性事件等任务，通过城区主干道全天候巡逻防控和设卡盘查、重点地区部位武装值守巡逻、便衣巡逻相结合，着力提高见警率和治安控制力。大队设立24小时值勤机制，随时接受110指令和市民的报警，确保能够第一时间到位。南京青奥会期间，巡特警大队在宜兴的3个省际交界处实施重点布控巡逻，为青奥会召开奠定了坚实的外围治安防控基础。大队成立至年底，全市街面抢夺、涉车盗窃案件分别比上年同期下降36.5%、23.4%，通过巡防抓获各类嫌疑人81人，其中治安拘留以上64人。

【社区(村)警务室信息化建设完成】 2013年起，为强化信息数据资源汇聚整合，实现警务基础平台、警用地理信息系统与条线专业系统的互联互通和共享应用，服务支撑警务实战，公安部门开展社区(村)警务室信息化建设，完善社区警务室日常运作、社区民警入户调查等社区警务工作机制。2014年7月，全市221个社区(村)警务室的信息化建设全部完成投用，统一购置的270辆警务电动车全部配发到位。新的警务室设立暂住证办理服务功能，全年办理暂住证8000余张。警务室开展暂住证信息管理专项整治工作，做好信息采集、治安防范、服务群众等工作，全面提升社区警务工作质态。至年底，全市各社区(村)警务室整合汇聚各类信息3000万余条，通过信息应用破获案件1270余起。

【市内户口迁移和户籍准入新规定实施】 3月1日起，无锡市政府出台《无锡市范围内户口迁移管理规定》，明确无锡市区、江阴市、宜兴市之间的户口迁移作为市内户口迁移，执行统一的市内户口迁移政策，实行网上户口迁移一站式办理，不再使用迁移证、准迁证，无锡市区、江阴市、宜兴市户口的居民持相关材料至迁入地公安派出所办理，实行一站式服务。4月，无锡市政府出台《无锡市户籍准入登记规定》，明确自5月1日起，无锡市范围内(包括江阴、宜兴)实行统一的户籍准入登记规定。宜兴市公安部门贯彻落实户口统迁和户籍准入新规定，确保新政策第一时间惠及宜兴市民。宜兴市治安管理大队简化程序，缩短户口登记办理时限和居民身份证、临时居民身份证制发周期，并将2周岁以上人员的出生申报下放至派出所户籍窗口，将原须10个工作日的审批时间缩短至当场办理。同时，为孤寡老人、残疾人等特殊人群开通上门“一条龙”服务、急事特办、一周七天办理等绿色服务通道。至年底，全年办理市内户口迁移7930人、户籍准入登记2690人，为特殊人群上门办证7次、6人，办理急件150余起。

【央视报道宜兴“反扒夫妻”浴血擒贼事迹】 10月，城北派出所巡逻队员周小明、李彩英夫妻在宜城街道阳羡东路今日星城小区附近执勤时，发现嫌疑人张某意图利用干扰器盗窃车内财物。夫妻俩暗中蹲守并密切关注张某行踪，在张某盗窃得手欲逃离现场时，两人上前拦截，遭张某持刀反抗后双双受伤，但两人仍拼尽全力夺下张某手中的刀。张某被周小明及周围群众合力抓获。周小明小腿、腹部均被割伤；李彩英身上有多处刀伤，一处深入胸腔伤及肺部，另一处重伤颈部。经医院抢救，两人均脱离生命危险。1993年城北派出所成立起，周小明夫妻就是所里反扒一线骨干。21年中，该所抓获的属于刑事犯罪的盗窃犯罪嫌疑人60%是由该夫妻擒获的。12月，中央电视台社会与法频道《道德观察》栏目播出专题片《反扒夫妻》，报道了周小明、李彩英夫妻浴血擒贼的英勇事迹。节目播出后，夫妻俩英勇无畏的英雄气概和见义勇为的崇高风尚引起社会各界的广泛关注和高度赞扬，为宜兴公安辅警队伍树立了良好形象。

(潘煜)

检　察

【概述】 市人民检察院坚持“遵循司法规律、做强检察业务”，以维护社会和谐稳定为基本任务，履行批捕起诉职能，全年批准逮捕519件、619人，提起公诉1437件、1745人。其中：批捕严重暴力性犯罪79件、94人，提起公诉117件、131人；批捕“黄赌毒”、食品、药品类犯罪97件、117人，提起公诉175件、202人。全年查办贪污贿赂案件17件、19人，渎职侵权案件6件、

6人，其中处级干部1人、科级干部3人。在发案单位召开典型案例剖析会，深度挖掘犯罪原因，发出检察建议9份，协助建章立制20多项。探索廉政教育新形式，开展预防职务犯罪网络文化节、预防文化进乡村等活动。全年办理刑事监督案件12件，受理民事行政申诉案件26件、提请抗诉2件，办理虚假诉讼案件4件，其中1起民事诉讼保全案的检察建议书被最高人民检察院评为全国检察机关民事行政检察优秀法律文书。依法检查入监入所人员5141人、出监出所解教人员9853人，监察减刑、假释、暂予监外执行4105人，提出不予、暂缓减刑假释114人。开展“三类(职务类、金融类、涉黑类)罪犯”减刑、假释、暂予监外执行专项检察活动，检察“三类罪犯”361人。全年受理群众信访151件、分离84件、自行办结61件，其中化解重点信访案件2件、办理中央巡视组转办案件4件，全部实现案结事了、息诉罢访。市检察院连续第四年保留全国检察机关“文明接待示范窗口”称号，被检察日报社评为2014年度全国检察宣传先进单位。

【检察机关终结性法律文书网上公开】 2013年12月，最高人民检察院出台《2014—2018年基层人民检察院建设规划》后，终结性法律文书网上公开成为全省检察机关改革的重要内容。同月，市检察院成立调研小组深入刑检部门调研发现，该院每年受理移送审查逮捕案件700余件、移送审查起诉1500余件，平均每年作出不立案、不逮捕、不起诉、不抗诉、不支持监督申请等法律文书100余份，这些案件连续多年做到无重大瑕疵，完全可以实现网上公开。2014年1月，市检察院率先在无锡市检察系统制定《终结性法律文书网上试行公开办法》，明确公开的原则、范围、程序以及相关文书补正职责、答疑主体，在门户网站新增全新栏目——《终结性法律文书》。该栏目向全社会公布“陆建权故意伤害案”不起诉决定书、“吴水平交通肇事案”不起诉决定书。网友通过点击观看文书，对整个刑事案件的办案过程、事实证据、处理结果一目了然。至年底，该院网上公开法律文书1080份，被省检察院确定为检务公开试点单位。

【预防职务犯罪检察建议书首次公开宣告】 3月，市检察院根据以往采用信函或人员送达检察建议书不被建议单位重视、检察建议效果不好的实际，探索检察建议送达方式，制订《检察建议书公开宣告实施方案》，试行检察建议书公开宣告，以司法形式促使被建议单位高度重视检察建议书，最大限度发挥检察建议的作用，促进检察机关规范透明执法办案，彰显法律监督权威。4月，市检察院邀请检察建议对象赴院，在刑检办案区宣告庭首次采用公开宣告方式，对被建议单位送达某镇工作人员挪用公款案的检察建议书。该份检察建议是针对乡镇经管办在监管农村“三资”过程中的机制、制度方面存在的漏洞而制发。整个宣告包括检察建议承办人说明提出检察建议的原因和目的、宣告人宣读本院检察建议书、被建议单位代表就是否采纳建议和如何落实检察建议发表意见、被建议单位代表到承办人处签收检察建议书四个程序。其间，被建议单位代表对该院公开宣告的形式给予认可，并指出在刑检办案区内宣告感到庄严肃穆，很受震撼。至年底，该院采用公开宣告方式送达检察建议书1份。

【艾夕芬心理工作室成立】 为保障未成年人合法诉讼权利，降低犯罪行为造成的心理伤害，帮助其树立正确人生观、价值观，3月，无锡地区首个检察机关心理工作室——艾夕芬心理工作室在市检察院成立。由国家二级心理咨询师艾夕芬带领的5人心理辅导团队通过一套常规有效的心理矫正未成年人检察工作机制，心理辅导矫治犯罪嫌疑人及其家长，促使家长在对涉罪未成年人的帮教中保持正确心态，与检察机关一起“拉孩子一把”。5月，该院受理的一起涉及7名未成年人犯罪的案件中，多名涉案未成年人缺乏父母关爱，工作室开展以“感恩回报·迷途知返”为主题的亲子团体心理辅导活动，帮助孩子们重新走上正确的人生轨道。6月4日，该案例被《检察日报》以《新生活从“心”开始》为题，作为帮教的先进事迹宣传报道。至年底，心理工作室心理疏导未成年人29人。

【首届宜兴预防职务犯罪网络文化节举办】 为推进陶都预防文化建设活动，扩大预防职务犯罪工作的社会影响力，发挥网络虚拟互动、灵活参与优势，引导网民参与预防网络文化建设，形成清廉政务环境、良好网络环境，3月，市检察院联合宜兴网、宜兴陶都传媒网等网络媒体举办首届宜兴预防职务犯罪网络文化节。文化节以“预防文化网上更精彩”为主题，开展知名网友“走近检察 感受预防”体验，“随手拍预防 清风满陶都”数码摄影征集，“建设清廉宜兴 人人参与”短语、廉文创作，“小手拉大手亲情促清廉”网络作文竞赛，“关心您 保护您 警醒您”廉政公益广告展播，“话说预防策略”预防职务犯罪工作交流，“惩治职务犯罪 需要您的支持”举报宣传周网络集中宣传7项活动，历时3个月。活动中，市检察院邀请30余名网络媒体的负责人、知名版主及部分网友参加“走近检察 感受预防”体验活动，参观市检察网络管理中心、院史文化展览中心、刑检办案区等，介绍推进预防文化建设、信息化建设应用和规范执法办案等情况，让他们亲身感受并了解预防文化、检察工作。

【检察为民服务中心启用】 为推动检务公开，深化“诉访分离”，提高检察工作透明度和执法公信力，加大控申接访场所建设力度，10月，市检察院启用检察为民服务中心。该中心面积230余平方米，设接待、警务、候访和配套四个区域，具有案件管理、

宜兴检察为民服务中心　　（市检察院　提供）

行贿犯罪档案查询、检察文化宣传、接受控告举报申诉、律师接待、视频接访、公开听证、国家司法救助、检调对接等功能，为来访人员提供便捷的"一站式"贴心服务。"一站式"工作模式打破了原有以部门为中心的分散状态，建立起一体化的综合受理平台，整合来信、来访、电话、网络四大诉求表达渠道，线上线下同步操作，实体虚体并轨。群众诉求在该中心汇集，再分流到各业务部门办理，最终办理结果归口到服务中心，实现"走进中心门，办成心中事"。同时，该中心还设置双屏接待、远程接访系统、自动查询触摸屏等设施和饮水机、急救药箱、雨伞、报刊。至年底，该中心累计接待来访群众56人，受理群众诉求36起。

【市观护矫正工作站成立】 为保护犯罪情节较轻的涉罪外来人员，市检察院在无锡市明珠电缆有限公司、江苏凌飞化工有限公司和江苏新龙鼎环保成套工程有限公司分别挂牌成立市观护矫正工作站。工作站在原有观护教育基地的基础上进一步优化功能、改善条件，站内设有宿舍、学习活动室、卫生间、洗漱间等。工作站秉承保障人权、维护公正的理念，以教育、感化、挽救为原则，按照适人定岗、适能定岗的要求，为涉罪外来人员无偿提供生活住所和劳动技能培训，保障涉罪外来人员顺利回归社会。至年底，3个观护矫正工作站共接收涉罪外来人员177人，其中女性6人、未成年人35人。

（金晶）

审　判

【概述】 全年受理各类案件2.27万件（其中旧存3097件），结案1.9万件，诉讼标的额153亿元；受理数和结案数均创历史最高纪录，分别比上年增长9.4%和7.8%。受理各类民商事案件1.42万件，比上年增长2.7%；审结1.15万件。其中：调解、撤诉结案6303件；审结金融纠纷案件820件，标的额29.3亿元，分别比上年增长58.6%和78.6%；审理企业破产案件18件，比上年增长157%；核实破产债务总额52.3亿元、资产总额14.8亿元，其中银行债权10.4亿元；受理知识产权案件145件，比上年增长25%；审结涉紫砂行业知识产权案件2件，发出《关于加强紫砂名人名作知识产权保护的司法建议》。受理执行案件7032件，比上年增长30.4%；执结5679件，比上年增长33.2%；结案标的额59.2亿元，比上年增长49.1%。受理刑事案件1453件，比上年下降4.4%；审结刑事案件1411件、1695人，分别比上年下降3.7%、10.8%；审结抢劫、抢夺和盗窃案件300件、407人。审结涉众型非法吸收公众存款案件10件，比上年多3件。受理行政案件45件，比上年增长40.6%；审结39件，比上年增长21.4%；化解重大行政争议8件、指导依法拆迁2件、化解进京上访2件。

【依法执行维护法律权威】 近年，市人民法院针对被执行人难找、执行财产难寻、协助执行难求、应执行财产难动、特殊主体难碰等执行难题，加强执行指挥中心建设，提高执行快速反应能力，及时妥善处置各类执行线索，提升执行效率。该院整合执行联动网络查询、执行案件信息共享、执行快速反应三大平台，与市公安、国土、工商、金融等部门建立"点对点"联动查控机制，抽调专门力量成立集中查控组，集中查控被执行人名下的房产、土地、银行、证券、车辆等，强化执行工作合力。该院深入开展打击恶意逃废债务、处置大额存量不良贷款专项行动攻坚战，不断加大对逃避执行、抗拒执行等行为的惩治力度。全年受理执行案件数、执结数、结案标的额分别比上年增长30.4%、33.2%和49.1%。全年"执行110"累计出警187次、1251人次，其中赴外地执行390次，共冻结银行存款账户501个、公积金账户45个、股票25只，扣押车辆19辆，查封房产518套、土地60次、机动车235辆，扣划银行存款203笔，对被执行人限制高消费315人、司法拘留151人，有效震慑被执行人，维护生效法律文书权威。

【淘宝网司法拍卖平台上线运行】 1月，市人民法院淘宝网司法拍卖平台上线运行，包括别墅、复式住宅、普通商品房在内的三处房产在淘宝网开拍，宜兴涉诉财产司法拍卖工作正式"触网"。网友登录淘宝网首页，在"淘宝·拍卖会"的子栏目中选择"司法拍卖"一栏，根据地点依次点击"江苏省""宜兴法院"，就可以进入宜兴法院司法拍卖网页。拍卖品在开拍前都经过前期调查权属、制订拍卖计划、发布拍卖公告等法律程序。上网拍卖的标的物由抽签选定的专业评估机构评估,网友可安心选择感兴趣的拍品竞价。为让网友了解拍品,拍品都有图片、视频展示。法院还安排专人接受电话咨询、组织现场看房等,确保竞买人的合法权益。拍卖标的物保留价由法院确定通过淘宝网后台设定,拍卖过程仅显示随机生成的竞买号,竞买人只需缴纳保证金即可参加竞拍,排除了围标、串标等实体操作中可能存在的隐患。该拍卖还实行"零佣金"制度,司法网拍使得拍卖面扩大,资费更低,竞买流程简便易操作,可参与性更强。第一次网拍成功后,该院不断丰富标的物,陆续将名车、商铺、花木甚至生猪放在网上拍卖。10月,该院与中国银行、中信银行等签订协作协议,约定竞买人可通过向银行申请按揭贷款的方式支付竞买价款,突破司法网拍资金支付瓶颈,为提升成交率与溢价空间,推动高价司法网拍创造了决定性条件,使房屋拍卖成功率较上年同期提高15%。至年底,该院累计网上拍卖标的物241件,成交112件,成交率46.47%,成交总价3.76亿元,总体溢价率5.43%,拍卖平均时限仅18天,为案件当事人节省拍卖费用约1600万元。

闹市晒"老赖"　　　　(市人民法院　提供)

【电子屏公布失信被执行人名单】 3月,在位于宜城街道华地广场旁、宜城街道人民南路与东山西路十字路口的两块电子屏幕上均出现一组"老赖"(拒不履行生效法律文书确定义务的失信被执行人)的名单和照片,引得市民驻足围观。此次曝光的"老赖"有24人,其中企业法人3人、个人21人,涉及执行款总计6000多万元,其中涉案标的额最大的2000万元、最小的1.2万元。市民可以清晰地看到被执行人姓名、身份证号、执行标的额、失信情形、执行依据文号,连"老赖"们的脸部也能看得一清二楚。公布失信被执行人名单是最高人民法院对拒不履行人民法院判决、裁定的"执行老赖"采取的最新举措。市人民法院此次公布的失信被执行人,均为该院在办理执行案件中发现具备履行能力而拒不履行,并存在拒不申报财产、隐匿行踪拒不接受法院传唤而规避执行、达成执行和解协议后又拒不履行等情形的被执行人。"老赖"们一旦被纳入失信被执行人名单,将在贷款、办公司、招投标、高消费等方面受到限制。上了"黑名单"的单位、企业依照有关法律法规,在政府采购、行政审批、政府扶持、融资信贷、市场准入、资质认证等方面将受到信用惩戒。同时,为加大执行力度,对于构成拒不执行人民法院判决、裁定罪的,将依法定程序移送公安机关立案处理。市民也可以拨打公示名单上的举报热线,为市人民法院提供"老赖"行踪和财产线索。8月,市人民法院投资20万元,将院内审判大楼原有二色电子小屏幕升级为面积12平方米的四色电子大屏幕,可同时播放4位失信被执行人名单,并实现24小时不间断滚动播放。至年底,该院累计集中公布"老赖"138人,录入最高人民检察院失信被执行人信息库240人,有38名被执行人主动履行义务,委托市公安局拘留被执行人38人、限制被执行人出境32人、以拒执罪移送刑事侦查19人。

【全国首例已故夫妻冷冻胚胎权属纠纷案审结】 5月,市人民法院一审审结国内首例因"80后"夫妇车祸身亡、双方父母争夺其遗留的冷冻胚胎而引发的继承纠纷案。宜兴籍男子沈某和妻子婚后多年未育,遂在南京鼓楼医院做了试管婴儿手术,前期试管培育受精全部完成,后两人发生车祸相继离世。4位"失独"老人期望得到沈某夫妻冷冻胚胎的监管权和处置权,遭医院拒绝。沈某父母遂起诉女方父母,主张获得已故儿子、儿媳冷冻胚胎的监管权和处置权。审理中,市人民法院追加南京鼓楼医院为第三人参加诉讼。市人民法院审理认为,施行体外受精——胚胎移植手术过程中产生的受精胚胎,为具有发展为生命的潜能、含有未来生命特征的特殊之物,不能像一般之物一样任意转让或继承,故其不能成为继承的标的,故驳回原告诉求。原告不服该判决,上诉至无锡市中级人民法院。9月,无锡中院对该案作出终审判决,撤销原审法院判决,4位"失独"老人共同拥有冷冻胚胎的监管权和处置权。

【江苏华证实业有限公司破产清算案收尾】 江苏华证实业有限公司(简

称“华证公司”)成立于1994年12月20日，注册资金5580万元，法定代表人闵明，主营期货、典当、拍卖等业务，名下拥有全国县(市)第一个期货公司——华证期货有限公司。华证公司自开办后无正常经营业务收入，持续违规非法参与商品期货交易。2007年起，该公司以借款、投资理财等名义非法集资，支付巨额高息。2011年10月，因闵明挪用下属控股公司华证期货有限公司客户保证金无法归还，诱发华证公司巨额债务危机，公司停止经营。2012年12月，市人民法院裁定受理对华证公司破产清算案。该案债权基本由集资款构成，涉众面广，维稳压力大，破产财产变现难。针对该案难点，该院成立专案组，突出法院主导地位，坚持运用法治手段化解社会矛盾；依靠市委、市政府支持，发挥属地政府在维护稳定、化解信访、变现资产等方面的积极作用，引导债权人客观理性维权，依法推进华证公司破产清算工作。同月20日，该院裁定确认华证公司破产财产分配方案，华证公司实物资产均被拍卖，破产财产为9022.74万元，第一顺序职工债权、第二顺序税款债权清偿率为100%，普通债权清偿率为11.54%。

【宜兴法治文化广场投用】 6月，由市人民法院投资建设的宜兴法治文化广场建成使用。该广场于2013年立项，总投资60万元。广场总面积6000平方米，以宜城街道城南河风光带为基础，在不改变原有景观和功能的前提下，融入法治文化元素改造提升而成。广场分为A、B、C三个区域：A区位于教育西路尽头，紧贴法院外围墙，设有独角兽石雕1座、法律成语故事木雕5块；B区位于城南沿河风光带靠马路一侧，包括大小不等的法治石刻11块、法治名人立体浮雕9个、摘录法律知识不锈钢活页6个；C区以天圆地方主体雕塑为中心，设有法治长廊、满江红石刻、著名判例木雕、国内外第一部成文法典石刻等。广场利用石雕、地雕、石刻、长廊等载体，展示国内外著名法典、历史经典案例、法治格言警句等法治元素，让市民在休闲健身的同时接受法治文化熏陶，提升法律素养。

（蒋璐）

司法行政

【概述】 围绕“争创一流业绩、探索全新举措、打造实战型司法行政机关”总体目标，坚持“整体工作走前列、单项工作争先进、面上工作有创新、重点工作树品牌”思路，统筹推动各项工作持续发展，维护全市经济社会稳定。全年开展矛盾纠纷排查1.5万人次，排查及化解可能引发不稳定因素的矛盾5971个；受理社会矛盾纠纷7680件，调解7527件，调解率、成功率分别为100%和98%。劝阻上访17起(108人)，防止民事转刑事20起(20人)，调处信访交办案件12件。接收社区服刑人员455人、刑满释放及解除劳动教养人员795人，至年底，有在册社区服刑人员777人、刑释解教人员2192人，两类人员衔接率、帮教率、安置率均为100%。市法律援助中心受理法律援助案件1446件，结案1308件，“12348”专线电话受理咨询465次。全市有法律服务机构48个，为政府部门、企事业单位和村(社区)担任法律顾问3350人次，办理诉讼案件5440件，办理非诉讼案件6558件，为企业和进城务工人员审查和规范劳动合同3520份，为企业避免和挽回经济损失7.38亿元。市公证处办理公证7724件，其中国内民事公证3059件、国内经济公证1826件、涉外公证2839件。市司法鉴定所受理鉴定申请496份，出具鉴定报告644份，法院采信率100%。营造“六五”普法宣传氛围，开展法制文艺演出200余场(次)，赠送宣传物品25余万份，受教育群众50余万人次。宜兴市被司法部评为全国“六五”普法中期先进县(市)，市司法局被省委、省政府评为省社会治安综合治理先进集体。

【公共法律服务体系全覆盖】 市司法局贯彻落实省司法厅《关于加快构建覆盖城乡的公共法律服务体系的意见》的具体部署，推进公共法律服务体系建设。推进公共法律服务中心建设。1月，集中整合市社会矛盾纠纷调解中心、市法律援助中心、市公证处、公益律师等法律服务资源，成立市公共法律服务中心。该中心具有法律服务、法律咨询、法制宣传、法律援助、人民调解、社区矫正、安置帮教、公证律师等司法行政主要职能，提供一站式服务。6月，依托全市18个镇、园区、街道的司法所，建立镇

市法律援助中心　　（市司法局　提供）

(园区、街道)公共法律服务中心18个,全市公共法律服务中心实现全覆盖。巩固提升村(社区)法律顾问成效,在全市所有村、社区设立村(社区)法律服务站,每周或每月定期为居民提供免费的法律咨询。至年底,村(社区)法律服务站为居民提供免费法律咨询7.49万人次,村(社区)法律服务站覆盖率100%。加强公益性法律服务基地建设。开展律师公益法律服务基地规范化建设活动,在重要场所和单位建立公益法律服务基地,开展定期、定时送法活动。至年底,首批7个律师公益法律服务基地统一命名挂牌,律师到各公益法律服务基地(中心、站、点)值班84人次,接待咨询近1260人次,协调处理矛盾纠纷850起。引导法律服务团(志愿团)深入村(社区),为群众提供优质高效的法律服务。组织基层法律服务工作者开展“八个一”惠民工程*,发挥好基层法律服务在促进和谐、改善民生中的积极作用。至年底,公共法律服务体系基本实现全覆盖。

【社区矫正集中管理教育模式实施】 2月起,为提高社区服刑人员认罪服法意识,提升社区矫正教育成效,市司法部门除开展日常教育学习外,开始推行“5天制小班教育”的集中管理教育模式。集中管理教育的对象为新入矫社区服刑人员,矫正期间受到警告、治安处罚的社区服刑人员,以及其他需要强化教育学习的社区服刑人员。集中管理教育以集中式、走读式教育为主,学习内容包括社区矫正知识、社区矫正管理规定、心理健康教育知识等,同时也开展警示和劳动安全教育,以帮助社区服刑人员正确认识和理解社区矫正,明确和强化身份意识,自觉遵纪守法和服从教育管理,平稳度过社区矫正。为规范集中管理教育工作,市司法局出台《宜兴市社区矫正集中管理教育工作规定(试行)》,明确集中管理教育的目的、对象、方式、内容及考核等;编印《宜兴市社区矫正集中管理教育培训资料汇编》,将集中教育内容统一编成学习教材供社区服刑人员参考;制订集中管理教育学习计划,科学合理地安排好教育学习的课程。集中管理教育的组织实施,有效强化社区服刑人员的在刑意识和遵纪守法意识,为更好地接受和服从社区矫正管理打下良好基础。至年底,举办社区矫正集中管理教育学习班855期,集中教育社区服刑人员1.03万余人次。

【“劳调对接”化解劳动争议】 近年,劳动争议案件呈逐年上升趋势,为维护劳动者的合法权益,促进社会和谐稳定,市司法局积极构建劳动争议矛盾纠纷调解平台。2014年2月,市司法局联合市人社局组建“劳调对接”调解工作室,由市矛盾纠纷调处中心派驻调解员到劳动仲裁委员会(简称“仲裁委”)现场办公。工作室受理辖区内的劳动争议案件,主要包括:因企业开除、除名、辞退职工和职工辞职、自动离职等发生的争议;因执行国家有关工资、保险、福利、培训、劳动保护的规定发生的争议;因履行劳动合同发生的争议;法律法规规定应当依照劳动争议处理条例处理的其他劳动争议的案件。仲裁委立案部门收到当事人的起诉材料并经审查后认为符合仲裁前调解的,当事人也同意调解的,则仲裁委暂停立案,将案件移送“劳调对接”调解工作室,工作室依据调解工作遵循当事双方自愿、平等等调解原则,在收到案件起5个工作日之内,召集双方当事人进行调解。至年底,工作室受理并成功调处劳动争议纠纷114起,涉及金额844.25万元,维护了全市劳资关系和谐稳定。

【多措并举助推中小企业发展】 年内,为更好地服务和保障中小企业发展,助力中小企业共克时艰,市司法局多措并举,打造中小企业维权“绿色通道”。组建5个律师服务企业讲师团,深入企业开展涉企法律宣讲26场(次),3000余名企业家听讲。编印《企业法律风险防控指南》(第二辑)3万余册,无偿赠送至全市各中小企业,增强企业风险防范意识。长效开展律师联企活动,每个律师结对挂钩一个或多个企业,定期或不定期深入企业,了解企业经营情况,协助企业排查经营法律风险,梳理买卖合同、劳动争议等涉企纠纷案件。搭建政企信息沟通桥梁,认真分析研判中小企业发展过程中存在的问题,向市中小企业主管部门发出法律建议6份,并及时跟踪法律建议的落实情况,联合政府相关部门建立重大案件通报机制和预警联动机制,力争从源头上预防和减少企业纠纷和法律风险。

【16个法治文化品牌建设项目公开招标】 2012年,根据市委、市政府出台的《关于进一步加强法治文化品牌项目建设的意见》,市财政局拨款380万元作为法治文化品牌项目建设专项奖励资金,其中2013年度发放奖励资金55万元。为提高资金使用效率,打造精品亮点,经调研论证,剩余资金由奖励资金变为项目建设资金,项目建设由市司法局牵头组织实施。2014年,为提高法治文化阵地建设质量,市司法局采取统一选址、规划、设计和建设的新模式,确立张渚镇五洞村法治文化公园、太华镇乾元村普法苑等16个项目作为法治文化品牌项目建设点。市司法局在宜兴政府网、宜兴普法网、无锡普法网、陶都论坛等网站及《宜兴日报》发布法治文化品牌项目建设的报名公告,10个广告公司报名参与竞标。8月,市司法局召开“法治文化品牌项目建设”招标发布会,向社会公开招标。9月,召开由宣传、审计、财政等部门和相关专家组成的评审小组评审会,以现场票决的方式择优评出各建设点的设计方案,中标的设计方案均把法律元素、民俗风情、区域特色融为一体,彰显出宜兴法治文化建设特色。工程签约后由广告公司按照设计方案先行垫资施工,工程质量由司法局监督

把关，工程款结付由审计部门审核后结算。

【法润陶都春风行动】 3—5月，市司法局组织“法润陶都春风行动”，集中开展进城务工人员、农民、困难群众合法权益保护以及特殊人群困难家庭帮扶行动，为建设美好宜兴营造和谐稳定的法治环境。活动期间，法律服务人员通过法治讲座、现场法律咨询等有形载体和互联网、微博等新兴媒体宣传法律知识，帮助进城务工人员审查劳动合同，提高进城务工人员法治意识与风险防范能力，引导其依法理性表达诉求，累计开展法律援助巡回服务26批、外来务工人员专场法律咨询4场，发放“义务法律服务卡”6350份，代书诉状73份，为农民工解答法律问题1352人次、审查劳动合同3520份。通过法制文艺巡演、组建“三农”法律服务团和农村改革法律法规宣讲团，集中宣传涉农法律法规，为农民解决假种子、假农药、有害食品等侵权纠纷提供专业法律服务，帮助基层政府规范有序落实农村产权制度改革政策，累计排查和调解环境污染、农村产权制度改革、农业生产经营、征地拆迁等纠纷361件，为农民签订和审查土地流转合同427份，提供免费诉讼服务26件。开展关爱困难群众法制宣传、“法律服务公益活动月”、法律服务助残等活动。加强对未成年人、老年人、残疾人、困难群众权益保护的有关法律法规宣传，为残疾人提供免费法律咨询，对其办证、鉴定等实行优先受理、快捷办理、减免费用，对行动不便的残疾人、老年人、特殊病患者等群体实行电话预约和上门服务。深化监狱和司法行政互帮共建活动，组织普法讲师团深入监所，开展法制宣传教育和法治文艺汇演。组建“关爱特殊人群”法律服务团，为经济困难的特殊人群及其家庭提供免费法律咨询和法律援助。推出“首问、承诺、减免”惠民措施，降低低保困难家庭、残疾人和“五保户”办理抚恤、救济、赡养、抚养以及最低生活保障待遇等九类事项的收费标准。免收涉及捐款、继承等事项的3种公证文书公证费，累计为符合条件的当事人减免收费4280元。

【市司法局获评全国法律援助联系点先进单位】 自2010年司法部建立实施《全国法律援助工作联系点制度》后，市司法局作为全国35个联系点之一，认真履行联系点工作职责，及时报送工作进展、典型案例、经验做法、难点问题和意见建议，3年累计报送信息、案例、论文、图片资料136条（篇），其集中办案制度、法律援助律师点援制度、星期五例会制度、疑难案件会商制度、援助对象特困救助制度等经验做法获司法部肯定。2011年2月，《法制日报》头版头条专题介绍宜兴法律援助经验。2011年12月，市法律援助中心主任黄伟群作为全国唯一的县级法援中心律师参加第八次全国律师代表大会。2012年7月，黄伟群律师作为全国6名代表之一参加司法部法律援助办案格式文书标准的制定。2013年，市法律援助中心被司法部评为第四届全国法律援助先进集体，黄伟群被评为全国法律援助优秀服务标兵。2010—2013年，市法律援助中心办理法律援助案件5046件，挽回经济损失7000余万元，法援案件数连续5年在全省名列前茅。2014年1月，市司法局被司法部评为全国法律援助工作联系点先进单位。

（韩进）

监所管理

【概述】 省宜兴监狱实现连续19年3个月未发生罪犯脱逃和狱内重特大案件，连续15年8个月未发生重伤以上安全生产责任事故。服刑指导中心规范化建设通过省监狱管理局验收。在罪犯中开展《弟子规》《传统文化点亮中国梦》公益讲座等国学专项教育活动16次。成立市图书馆宜兴监狱分馆。建立升国旗唱国歌制度，开展监区之歌创作评比，激发罪犯爱国情怀，帮助罪犯树立正确人生观和价值观。开展改造之星、改造标兵评比，评出“改造之星”342人、“改造标兵”179人，拍摄专题片《改造标兵》。制订“监区开放日”制度，全年开展亲情帮教活动11次，帮教罪犯270余人。开展特困帮扶及走访活动，为特困罪犯子女发放爱心助学金2万余元。举办团体帮教活动8场、就业推介会2场、法律咨询会3场，帮教罪犯500余人次。开展文体活动60余次。

省丁山监狱开展“青奥安保百日行动”、安全隐患排查整治等专项活动，实现连续16年8个月无监管安全事故发生，被省监狱管理局评为“青奥安保百日行动”先进集体。全年依法办理减刑、假释、监外执行案件2162起，办理暂予监外执行9人，对129名罪犯依法予以撤销或暂缓呈报缓刑，办案合格率100%。推进罪犯教育改造科学化、特色化、社会化建设，成立民警讲师团，邀请10名社会专家担任兴趣技术教育讲师，开展思想素质教育、劳动技术培训和罪犯兴趣教育，全年课堂化教育罪犯500课时。开放狱务公开电子查询系统，开通并常态化运行刑罚执行信息公开平台、监狱外网和狱务公开热线，全年向罪犯亲属发送短信4000多条，发放《狱务公开手册》2000多本。

无锡市司法强制隔离戒毒所（简称“无锡强戒所”）以“四爱”教育*为主题，举办新春文艺联欢会、书市入所等活动。开展以“举办10场以上就业推介会，为100名服刑人员、戒毒人员失学辍学子女就学提供帮扶，为1000名家庭经济困难服刑人员、戒毒人员免费提供法律咨询和法律援助，为数万名服刑人员、戒毒人员开展法制宣传教育”为主要内容的活动及特困扶助、法律援助、职业培训、法律宣传等活动，发放特困扶助金3900元，为21名戒毒人员提供法律援助，150名戒毒人员获职业资格证书。成立民警讲师团，制订《教育讲师团管理办法》，提升民警讲师教学技能。落实“三期三评一延伸”戒毒模式，细化戒毒人员诊断评估、等级处遇等规定。对新入所学员进行身体素质测试，建立戒毒人员身体健康档案。筹划戒毒人员“每天参加康复训练1小时，以3个月为一个节点，测试耐力素质、速度素质、力量素质、适应状况、情感状态和认知程度6个内容”的“健康361”身体康复工程，准确反映戒毒人员身心变化情况，科学评估戒毒人员身体康复情况。与和桥中等专业学校共建法制教育基地，向5位教师颁发志愿者聘书。与宜城街道综治办共建禁毒教育实践基地，被宜兴电视台《宜兴关注》栏目报道。

宜兴监狱心理健康课程 （宜兴监狱 提供）

【宜兴监狱开展团体心理辅导活动】 针对春节前后服刑人员情绪不稳定的特点，省宜兴监狱利用各监区心理辅导站开展团体心理辅导活动。各监区心理辅导站结合服刑人员改造实际，创新心理辅导方式：开展“三个和尚捉蜻蜓”“桃花朵朵开”等热身游戏，消除服刑人员的紧张感与陌生感；开展“盲人过河”等主题活动，激发服刑人员自信心，增强服刑人员之间信任感；开展“抢穿鞋”“同舟共济”等活动，加强服刑人员之间配合度，帮助服刑人员建立良好人际关系；开展描绘“人生曲线”和“我的过去、现在、将来”大讨论，引导服刑人员审视过去、以资未来，畅谈心中想法和感受，收获尊重与爱心。

【丁山监狱重视教育改造】 省丁山监狱树立“教育为本”理念，坚持传承与创新、严格管理和教育感化相结合，提升罪犯改造质量。年初，选聘133名民警成立讲师团，邀请10名社会专家担任兴趣技术教育讲师，常态化开展《劳动教育》课程和“四崇四守”季度主题教育，罪犯全年课堂化教育达500课时，刑满释放罪犯获证率超95%。落实个别教育责任制，增强个别教育实效，开展“个别教育强化月”活动，罪犯“十必谈”*谈话率100%。健全罪犯心理矫治工作体系，开展入监评估、危机干预和团体辅导，探索循证矫正实践和个案交流评比活动，提升科学矫正质量。年内，举办首届服刑人员文化艺术节和“陶都大讲堂”5期，更新宣传画100多幅，成立陶艺、陶刻等兴趣班5个。深化“法润江苏春风行动”和“十百千万”工程，举办大型文艺演出2场、亲情帮教7期、社会帮教10场，走访困难罪犯家庭30多个，帮扶特困罪犯及其未成年子女1000多人次。开展季度回归就业指导培训和职业推介活动，落实罪犯出监评估，与市司法局合力做好50多名重点罪犯落实无缝对接工作，提升罪犯改造社会化成效。

【无锡强戒所自编自导康复健身操】 7月，无锡强戒所在强戒人员中推广自编的康复健身操。该操是无锡强戒所通过问卷、体检、咨询等调研，根据强戒人员生理特征、身体状况、生理诊断评估的标准，在市体育局和市疾控中心专家的指导下，自编自导适合强戒学员的“六字诀”（嘘、唱、呼、嘶、吹、嘻）康复健身操。旨在通过开展康复健身操，培养强戒人员“运动、康复、快乐、和谐”的生活理念，突出身心合一的自我修复，最大限度提升康复训练效能，缓解稽延性和神经精神症状，增强体质，提高身体灵活性，改善身体协调性，强化自我控制能力。

（黄哲磊 陈伟 王建伟）

编辑 吕浩

就业与创业

【概述】 全年新增就业岗位3.15万个，劳动力实现就业2.7万人。城镇新增就业人数1.49万人，农村劳动力转移人数1.21万人，城镇登记失业率2.22%，城乡充分就业率96.73%，零就业家庭动态清零，高校毕业生就业率93%。全年组织2185人参加创业培训，扶持自主创业2535人，带动就业1.55万人。培训初、中级技能人才9002人，培训高技能人才6630人。全年发放就业困难人员社保补贴约5800万元。规模以上企业劳动力合同签订率达99.79%;工资集体协商建制率达99.2%。全年处理劳动争议案件1898件，结案率达99.5%以上，其中调解结案率达88.2%;受理工伤认定申请3197件，作出认定2930件，劳动能力鉴定1170人;处理职工工资拖欠案件837件(市级层面)，涉及1.29万人，金额2.03亿元。全年主动监察检查用人单位919个，处理举报投诉1106起，行政处罚涉及劳动保障严重违法违规案件5起，罚款44.16万元。开展农民工工资支付、劳务派遣、整顿人力资源市场秩序、用人单位遵守劳动用工和社会保险法律法规、夏季高温期间劳动监察执法专项检查6次，检查单位633个，涉及职工2.52万人，督促补签劳动合同811份、办理社会保险登记27户、补缴社会保险432人、清退不合理费用5.66万元、补发夏季高温津贴14.4万元。办理拒不支付劳动报酬涉嫌犯罪案件13件。9月，江苏省创业工作会议上，宜兴市紫砂陶瓷创业孵化基地——西望村创业经验向全省推广。

【运行就业服务】 组织开展青年、妇女、复退军人和残疾人等不同群体的创业培训;结合宜兴实际，开展陶瓷、电子商务等专业的特色创业培训。创新人才培养模式，突破年龄、资质限制，将工作业绩和职业能力作为高技能人才企业评价的鉴定标准，把高技能人才企业评价工作纳入“获证奖补”的范畴。组织开展手工制陶大赛，近600人参加，有163人符合中级高级工条件。开展“高技能人才成就奖”评选活动，3人获“高技能人才成就奖”;推荐上报无锡市技能大师工作室3个、企业首席技师3人，申报省技能大师工作室1个、企业首席技师2人。加强培训拉动就业，新增高校毕业生见习实训基地11个，涉及机械、化工、光伏等行业，至年底有208名高校毕业生参训，发放见习补贴81.4万元。强化企业培养高技能人才的作用，鹰普机械(宜兴)有限公司、江苏汉光生物工程有限公司等企业通过开展企业评价，培养高技能人才3796人。落实政策帮扶就业，开启以高校毕业生为服务重点的“充分就业”服务模式，到宜兴就业的高校毕业生根据相关条件，发放连续三年、每年0.72万元~2万元不等的租房补贴和10万元~20万元不等的一次性购房补贴，全年为79人发放租房补贴55.3万元。落实小微企业吸纳高校毕业生社保补贴政策，发放补贴13.48万元。做好全市灵活就业困难人员和用人单位使用就业困难人员社保补贴的发放工作。其中，灵活就业困难人员社保补贴涉及1.36万人、补贴金额5550万元，用人单位使用就业困难人员社保补贴涉及195个单位728人、补贴金额290万元。为让各类劳动者享受平等就业的机会，通过政策扶持、职业指导、推荐培训、推荐岗位等“一对一”援助行动，促进就业困难人员就业。年内“三八架金桥，春风送岗位”女性就业专场招聘会使“阿姨”和“大妈”成为“香饽饽”。“阳光助残”残疾人就业专场招聘会成为历年来招聘企业最多、岗位最多的残疾人专场招聘。全年实现失业人员再就业4588人，就业困难人员再就业955人。

【创业平台搭建】 近年，全市实施创业带动就业战略，创新创业政策，加强创业服务。市政府出台《关于促进以创业带动就业工作的意见》，将有创业愿望且具备一定创业能力的城乡各类人员列为创业扶持对象。市财政、人社和税务等相关部门加大创业扶持资金投入，制定涉及扶持创业的资金补贴、税收优惠、规费减免等具体操作办法。全市有省级以上留学人员创业园2个，门面型、楼宇型、市场型、加工型等创业孵化基地41个。所有镇(园区、街道)、村(社区)均设立创业服务窗口。为增强创业者的创业能力，建立起满足城乡劳动者创业需要的创业培训体系，将有创业意愿和培训需求的城乡劳动者全

市公共实训基地　　（市人力资源市场　提供）

部纳入创业培训范围。在省级创业培训示范基地——宜城成人文化学校设环科园、丁蜀、电大成教处3个创业培训点，常年开展创业培训。为提升自主创业成功率，针对高校毕业生、团员青年、农村妇女、复退军人、残疾人员等重点就业创业群体，实施“五个一百”创业培训计划（五个创业群体，每个群体每年至少培训100人），为不同对象设计不同的方案。依托市人社、残联等部门的创业培训、技术指导、项目资金等服务和优惠政策，马伟忠创办浩峰家庭农场、爱德陶艺社，为残疾紫砂艺人搭建学习交流平台，被评为市青年创业明星。市丰汇水芹专业合作社社长濮焕中、市乾元茶场董事长汤卓敏带领村民走上致富道路，入选无锡市五位创业榜样行列。5月，中央电视台第七频道《致富经》栏目推出《创业中国——无锡榜样》系列节目报道他们的事迹。全年扶持自主创业2535人，带动就业1.55万人。

【“青年创业周”活动】 为宣传创业政策和展示创业成果。5月，市人社局开展以“创业陶都，成就梦想”为主题的“青年创业周”系列活动。系列活动中青年创业设计大赛吸引全市各院校青年学生、社会有志创业青年参与，有30余个团队参赛，经初审、复赛答辩等环节，产生15个获奖项目，学生组的8个获奖项目被推荐参加江苏省大学生优秀创业项目，胡鹏程的“基于RFID已实施的紫砂产品溯源认证”、李瑛的“创美图饰”、黄思忆的“天裁定制服装工作室”、张锦燕的“维度校园吧”、张新宇的“壶韵天地”、路紫晶的“梦幻气球工作室”6个项目被评为2014年江苏省大学生优秀创业项目。在各镇（园区、街道）和相关部门推荐的43名创业典型中评选出10名青年创业明星。在宜兴电视台举办创业论坛暨创业明星颁奖仪式，邀请4位草根创业明星畅谈创业经历，交流创业经验，激励更多青年开启创业理想，并现场推介创业项目60多个。

【丁蜀成校被认定为省级创业培训示范基地】 作为宜兴市创业培训定点机构之一的宜兴市丁蜀成人文化技术学校（简称“丁蜀成校”），坚持创业培训与紫砂陶瓷行业创业特点有机结合，开设紫砂陶瓷特色创业培训班，形成制壶技能、创业能力、文化学历“三位一体”的培训模式。该校采取“请进来，走出去”的形式，组织学员参加产学研对接交流活动和全国各地会展，提升艺术修养、创作水平和创业能力。经创业培训的学员，开设陶艺工作室、自主创业成功率达90%以上。近年，丁蜀成校共开设创业培训班60多期，培训学员2050人，带动就业8000多人。12月，江苏省陶瓷实训基地（丁蜀成校）被认定为省级创业培训示范基地。

（蒋励）

人力资源市场

【概述】 市人力资源市场坚持公平、公正、公开原则，开展定期招聘、专场招聘、外出招聘、网络招聘等一系列公益性招聘活动，为用人单位和求职者提供人力资源服务，降低全市企业人力资源成本，把解决“招工难、就业难”的民生问题落到实处。坚持每个周三下午和周六上午举办定期招聘会，全年共举办92期，进场招聘单位7657个（次），提供工作岗位14.34万个(次)，进场应聘7万余人次，初步达成就业意向人数4.3万人次。为帮助企业吸引更多优秀人才，全年组织外出招聘活动7次，参聘单位近100个(次)，提供岗位近3000个(次)，达成初步就业意向1000多人。

【特色专场招聘会】 市人力资源市场和各合作单位，发挥市场优势和自身特长，年内为农民工、女职工、困难家庭等特定就业群体举办专场招聘会5场，进场单位405个(次)，提供岗位1.71万个(次)，达成初步就业意向近5000人次。其中较有成效的招聘会有：3月，市人力资源市场与市妇联联合举办“三八架金桥，春风送岗位”女性就业专场招聘会，81个单位提供岗位2530多个，300多个女性达成初步就业意向。同月，与市残联联合举办“阳光助残”就业专场招聘会，81个招聘单位中60%为福利企业，提供岗位近1800个，500多个残疾人达成初步就业意向是历年招聘企业最多、提供岗位最多的残疾人专场招聘会。宜兴花园豪生大酒店、宜兴花语现代农业生态科技发展有限公司等企业承诺为身体条件特殊、交通不便的残疾职工提供包吃包住的福利。

招聘会现场　　（市人力资源市场　提供）

【"相约陶都"高校毕业生招聘会呈现新特点】 7月，举办全年最大规模的招聘会——2014年宜兴市"相约陶都"高校毕业生大型招聘会。有220多个企业提供就业岗位5200多个，比上年增加近500个。此次招聘会呈现三大特点：薪酬"起步价"有所提高，90%的企业提供的底薪在每人每月1800元以上，专业技术要求较高的岗位，如部门主管、各类工程师等，薪酬待遇达到每人每月4000元以上，大部分生产一线操作技术类的工作在达到熟练水平后达到每人每月3500元以上；"门槛"高但操作灵活，尽管岗位要求高，但许多企业针对应届高校毕业生可塑性强的特点，通过后期培训培养适岗人才；毕业生求职心态趋向成熟，有6000多位求职者进场应聘，达成就业意向的2200多人。

【网络招聘服务平台年访问量近167万人次】 市人力资源市场做好网上人力资源招聘工作，拓宽网络招聘渠道，开通市人力资源市场官方微博和微信平台，收集整理全国各大高校就业办公室的通讯录，完善并强化人力资源市场的招聘信息和个人信息网上获取及发布功能。通过网络拓展服务平台开设多个主题招聘专区。及时更新"宜兴工艺美术（紫砂）专业技术职称查询系统"信息。做好日常发布宜兴人才网网站信息，更新毕业生档案查询数据库、局相关科室信息、成绩查询系统等工作网站。至年底，网站有网络招聘单位411个，发布网络招聘信息数近10万条（次），全年网站访问量近167万人次，形成辐射全国各地的人力资源网络系统。

【人力资源供求分析报告发布】 坚持调研并发布人力资源市场紧缺人才目录；每个月统计人力资源市场供求数据，及时做出分析评估；按季度发布人力资源市场供求双方情况及形势趋向分析报告，引导各类人才确立合理的就业期望，倡导"到生产建设一线建功立业"；引导各用人单位建立合理的工作激励机制和良好的工作环境来吸引技术人才，为职业技术院校培养适应市场需求的复合型技术人才提供建议；引导劳动者参加职业技能培训，提升就业竞争力。据全年的统计数据显示，全年整体经济形势严峻，造成企业用人需求普遍减少，大学生就业形势变得更为严峻。而且在招聘岗位中，理科类岗位相对较多，文科类岗位仍处于相对饱和状态。全市企业紧缺岗位主要集中在销售、技术、高级管理岗位上。近年，软技能逐渐成为企业招聘关注的重点之一。企业一方面招聘学习能力强的高潜力员工，通过设置过渡性岗位、提供职业技能培训等方式培养适岗人才；另一方面，发掘内部高潜力员工，通过适当调整岗位职能、针对性开展技能培训等方式培养，填补企业内部人才缺口。

【市场猎头服务】 该项目主要为全市骨干企业提供高层次人才服务。猎头服务的对象是各行业的优秀人才，特别是副总经理、人事总监、人事经理、财务经理、市场经理、营销经理、产品经理、技术总监、技术经理、生产部经理、高级项目经理、其他高级顾问及其他经理级以上人才等。市人力资源市场借助宜兴人才网为平台构建网络猎头服务，同时以宜兴人才网的人才库作为猎头服务资源，从中挑选出优秀的人才，建立猎头服务人才库。通过周六招聘会、大型招聘会、外出招聘等招聘形式储备优秀人才，与特色专业的各大高校建立紧密联系关系，通过多渠道收集人力资源信息，为全市企业发布猎头信息，并对储备人才进行筛选定位以及相关能力测试，将合适的人选推荐给用人单位，并做好后期用人情况登记和信息收集反馈工作。

（缪立）

社会保险

【概述】 全年社保扩面参保1.3万人，完成市定目标的108.3%；净增缴费0.61万人，完成市定目标任务的102%；新增企业参保率达100%。至年底，全市职工养老保险、职工基本医疗保险、学生医保参保人数分别为33.18万人、46.23万人、8.72万人；失业保险、工伤保险、生育保险参保人数分别为26.35万人、25.51万人、24万人。居民养老保险覆盖人数39.82万人，领取22.87万人；城乡居民养老保险覆盖率99.9%。全年征缴社会保险费39.99亿元。其中事业养老保险0.89亿元、企业职工养老保险22.96亿元、失业保险1.54亿元、基本医疗保险12.84亿元、工伤保险1.16亿元、生育保险0.32亿元,基金收缴率达98%以上。全年支出各项基金33.1亿元。其中事业养老保险1.39亿元、企业职工养老保险19.01亿元、失业保险0.86亿元、基本医疗保险10.01亿元、工伤保险1.12亿元、生育保险0.41亿元,累计结余66.83亿元。年内,市政府制订出台《宜兴市居民基本医疗保险管理办法》,实现全市城乡居民医保和学生医保的制度并轨。启动实施职工大病保险。实施《关于解决参加职工基本医疗保险灵活就业人员生育的医疗费用的通知》,对136名灵活就业参保人员支付医保基金35.04万元。市人社局制订出台《被征地农民社会保障业务操作办法》,提高全市被征地农民社会保障工作的规范化、制度化水平。贯彻实施《城乡养老保险制度衔接暂行办法》,实现制度的平稳衔接。推进企业退休人员社会化管理,做好新办企业退休人员的档案接收、管理、使用工作,为7.47万名企业退休人员发放健康体检费896万元。

【社保待遇及社保基数调整】 全年调整22.5万名老年居民的基础养老金,由每人每月120元提高至138元。对7.51万名2013年退休的企业退休人员调整养老金,人均月增资额为225元,增资后人均月养老金水平达1889.93元。调整和提高各类特殊群体的相关待遇:离休人员及建国前老工人每年增发1—2月基本工资和特需费参观费;为502名企业退休的军转干部发放年度困难生活补贴和“两节慰问金”;为110名企业退休的抗美援朝复员战士发放2013年下半年度和2014年上半年生活困难补贴44.38万元;为4467名企业退休人员代发2013年度独生子女一次性奖励金(财政专项资金)1608.12万元;调整企业退休军转干部地方性生活补贴,每人每月增加300元。调整一至四级工伤人员及其供养直系亲属待遇,涉及人数76人。按照省人社厅《关于发布2014年度社会保险有关基数的通知》和无锡市人社局《关于公布2014年度社会保险有关基数的通知》精神,10月,全市执行新调整的社会保险缴费基数。调整后,社会保险月缴费基数下限为2299元,上限为14496元。其中,2014年10月1日至2015年6月30日参保人员(不含个体工商户及其雇工、灵活就业人员)社会保险月缴费基数上限,按2013年全省城镇非私营单位职工平均工资(57985元/年)的300%计算,每月为14496元;月缴费基数的下限调整为2299元。2014年7月1日至2014年9月30日社会保险缴费基数仍旧按2013年度标准执行。2014年10月1日至2015年6月30日间,个体工商户及其雇工、灵活就业人员的月缴费基数设置为七档。其中,一档2299元、二档2639元、三档2991元、四档3375元、五档3832元、六档4273元,与2013年度一致,七档则由之前的12820元,调整为14496元。2014年7月1日至2014年9月30日,社会保险缴费基数上下限按2013年度标准执行。

【社会化管理服务示范点创建】 为提升退休人员社会化管理服务工作水平,助推社会保障体系建设,市人社局在宜城、丁蜀等退休人员集中居住的镇(园区、街道)范围内开展第一批退休人员管理服务示范点创建活动,分别从平台建设、队伍建设、业务要求、服务内容、民主测评五个方面进行考评。丁蜀镇公园路社区以“孝老睦邻笑生活,五韵连心圆梦想”为目标,以“五韵连心桥”为主题,开展孝老睦邻、亲情陪伴、生活帮助、心理疏导等活动。宜城街道荆东社区上门走访每名退休人员,核实信息,发放社会化管理服务联系卡,并重点登记困难、重病、亡故对象,实施分类管理,建立退休人员基本信息台账。12月,市人社局验收申报的示范点,丁蜀镇公园路社区、宜城街道荆东社区等10个社区获宜兴市企业退休人员社会化管理服务示范点资格。

【城乡居民医保与学生医保并轨】 为统一管理体制和职能,按照市委、市政府规划,6月,原隶属于卫生局管理的城乡居民医疗保险管理职能调整至市人社局,市卫生局下属事业单位“宜兴市新型农村合作医疗管理委员会办公室”建制划归市人社局,更名为“宜兴市医疗保险管理中心”。为完善城乡居民基本医疗保障体系,实现新型农村合作医疗和学生医疗保险制度的一体化整合,9月,市政府出台《宜兴市居民基本医疗保险办法》,将城乡居民医疗保险与学生医疗保险并轨,统一整合为居民基本医疗保险。补助政策将基本维持原城乡居民医保补助模式不变。门诊结报实行统筹模式,补偿标准为参保对象在宜兴市定点医疗机构门诊时可报费用的40%,单次补偿限额为32元,每人每年可累计最高补偿额350元。住院最低补偿额为50元,全年累计最高住院补偿额为18万元。城乡困难群体因病住院除正常结报外,凭有效证件还可享受卫生、民政部门规定的二次补助。全年有45万人参保,筹集基金2.62亿元,参保率继续保持100%。

【职工大病医疗保险】 市职工大病保险业务由市人社局组织实施,通过公开招投标,确定由中国人寿保险股份有限公司无锡市分公司具体办理相关业务,并在市人社局医保经办机构设置职工大病保险服务窗口。根据《宜兴市职工大病保险暂行办法》规定,凡参加市职工基本医疗保险的均同步参加职工大病保险,参保人员个人不需要缴纳大病保险费。在同一个医保年度内,参保人员发生的住院(含特殊病种门诊)治疗的符合职工基本医疗保险支付范围的医疗费用,经职工基本医疗保险和职工补充医疗保险、公务员医疗补助结算后,个人负担累计(全自费除外)超过1.5万元以上的部分,可由职工大病保险基金按比例累进补助。其中,个人自付累计超过1.5万元至5万元以下的部分,按50%比例补助;超过5万元至8万元以下的部分，按60%比例补助；超过8万元以上的部分按80%比例补助，补助金额不封顶。参保人员自2014年1月1日起发生的住院（含特殊病种门诊）医疗费用，经职工基本医疗保险和职工补充医疗保险、公务员医疗补助结算后，个人负担累计（全自费除外）超过1.5万元以上的，则符合职工大病保险补助对象。9月，全市启动实施职工大病保险，至年底有1068人领取补助资金1003.5万元，防止参保人因病致贫、因病返贫。

【城乡居民医疗保险】 城乡居民医保筹资标准为每人每年580元，其中市级财政补贴每人每年240元、镇（街道）财政补贴每人每年160元、个人自负每人每年180元，参保人数达45万人，有1.4万名城乡困难群众享受免费参保政策。全年门诊结报117.11万人次，结报2343.22万元；住院结报6.41万人次，结报2.33亿元，人均结报3635元。加强医疗救助力度。年初对2013年度1238名符合救助条件的参保对象发放医疗救助资金235.26万元。扩大全市困难群体救助范围，救助范围从三类扩充到八类，实时救助比例从30%上升到90%。重大疾病保障的病种由8类扩大到20类。全年住院实时医疗救助3741人次，救助金额达759.22万元，分别比上年增长19.41%、29.34%。特殊病种门诊补助6365人次，补助金额849.97万元，分别比上年增长65.24%、32.6%。重大疾病保障54人次，救助金额达65.44万元，平均每人次1.21万元。推进支付方式改革工作，实施门诊总额预付制度，制定门诊资金包干制度，按照“定额分配、超支不补、结余考核奖励”的考核原则分配和使用门诊基金。建立与定点医疗机构协商制度，严格考核单病种限额结算政策落实情况，对于无故规避限额结算的病例，一经查实进行处罚，全年单病种执行例数比上年增长10.8%。

【定点医疗机构监管力度加强】 强化医生网上审核制度管理，加强对定点医疗机构监督管理。利用医保信息平台，规范医疗服务行为，处罚对存在问题不改正的医疗单位。全年发放整改通知书及预警告知书164份。落实服务保证金的制约机制，共对21个医院扣除服务保证金13.61万元。开展住院病历抽查工作，全年抽查21个定点医疗机构住院病历483份，16个定点医疗机构共被罚26.76万元。加大外伤赔案审查核实力度，调查外伤病案5532件，拒赔874件，涉及医疗费用总金额达1208.5万元，分别比上年增长21.82%、14.7%、36%，防范非补偿范围内城乡居民医保基金的不合理支出。加强各定点医疗机构高值耗材使用的管理，开展高值耗材使用检查，针对检查出的问题下发整改通知，责令整改到位。强化专业管理人员队伍服务职能，按照《城乡居民医保专管员工作考核细则》中的要求考核专管员。

（蒋励　邵桢）

住房保障

【概述】 以创建全国高水平住房保障城市为目标，市住房局狠抓工程质量、公平分配两个关键，做好保障房建设、分配及体系建设工作。全年新增保障性住房4550套（间），其中开工新建经济适用房150套（间）、新增公共租赁住房900套（间）、新建限价商品房3500套（间），竣工4340套（间）。为369户租赁住户发放保障补贴70.67万元，实物配租廉租住房241户，实物配租公共租赁住房283户。发放退休职工住房补贴406户、764万元；审批新职工住房补贴456人次；核准备案职工已购公有住房上市交易565套、1.57万平方米，交易额2.03亿元；清退重复房改42户，回收资金29.8万元，清理住房面积1061平方米。扎实开展审核分配。全年受理审核三个批次的保障住房，经过“三审两公示”*确认符合保障条件445户。新增尚福公寓公租房和廉租房保障对象336户、钱墅人家经济适用住房14户、廉租补贴17户。探索保障房退出机制，年中巡查保障对象，查出尚福公寓有25户保障房存在空置、出借或改变用途等违规现象，清退拒不整改的家庭2户。年内处理钱墅人家一期经济适用房骗购行为一例，让骗购家庭以市场价格补足房屋差价的方式退出经济适用住房。稳步推进工程建设。桃溪人家5幢多层1—3号楼通过预验收，4号和5号楼主体完工，3幢高层主体封顶，单体竣工。钱墅人家二期项目于10月开工，计划于2015年年初竣工交付，住宅共1378户，建筑面积11.5万平方米。调整住房保障收入标准线，申请廉租住房的人均月可支配收入标准由2013年的每人1400元调增为1500元；申请经济适用房和公共租赁住房的人均月可支配收入标准由2013年的每人2200元调增为2400元。

【经济适用住房上市交易管理办法出台】 为完善经济适用住房政策体系，使经济适用住房的退出有据可依，12月，市政府出台《宜兴市经济适用住房上市交易管理办法》（简称“《办法》”）。根据《办法》，经济适用房购房人在签订购房合同之日起满5年后，缴纳“收益金”，并取得该房的完全产权后，即可采用买卖、出租等方式处置该住房。根据《办法》，经济适用房上市交易实行审核制度。购买的经济适用房满5年并且房屋所有权人及该房其他申请人同意并签署出售意见；无其他法律、法规规定禁止上市的情形，按规定缴纳原享受土地行政划拨、税费减免等政策性优惠及其相关收益后可以上市交易。同时《办法》规定购买经济适用房不满5年的，不得直接上市交易，购买人因特殊原因确须转让经济适用房的，由市政府按照原价格并考虑折旧和物价水平等因素回购。购买经济适用房的家庭，在5年内通过购置、继承、受赠等方式获得其他住房，已购的经济适用房应由市政府回购;满5年后通过购置、继承、受赠等方式获得其他住房,已购经济适用房由市政府按相关规定价格回购,也可由购房人补缴收益金后取得完全产权。该《办法》的出台是宜兴首次制定相关管理办法允许经济适用房上市。

【住房保障"四位一体"模式全面构建】 12月,市政府下发《宜兴市保障性限价商品房管理办法》(简称"《办法》")。《办法》规定,限价房的申购方式要通过申请、审核、公示、发放"准购证"、抽签配售等环节。申请对象为具有宜兴市城镇常住户口的居民,或户口虽然不在所申购限价房的地域,但在该地域有固定工作,且连续工作满两周年的住房困难家庭居民;申请家庭人均房屋建筑面积在25平方米以下、人均可支配收入低于全市城镇上一年度人均可支配收入1.5倍或男性年龄达到30周岁、女性达到28周岁的单身人士,无房且其可支配收入低于全市城镇上一年度人均可支配收入1.5倍。相关人才申请购买限价房,申请人及其家庭成员(配偶及子女)在宜兴人均房屋建筑面积在25平方米以下,申请人与宜兴市行政区域内用人单位签订劳动合同或聘用合同,并缴纳社会保险1年以上不受户籍和经济条件限制;范围为:取得"211工程"院校本科学历且具备学士学位的毕业生;具有硕士研究生及以上学历学位的人员,具有中级及以上专业技术职务任职资格的人员,具有技师职业技能等级以上的人员,符合人才引进政策的其他特许人员。该《办法》的出台,降低了全市申请保障性住房的门槛,住房保障层次更趋多元化,增加城镇特定住房困难家庭和符合条件的外地人才等特殊群体,这标志着全市住房保障方式由廉租住房、公共租赁住房和经济适用房构成的"三位一体"住房保障体系向增加限制商品房的"四位一体"住房保障体系转变。

【尚福公寓获"太湖杯"优质工程奖】 尚福公寓小区是为城市中低收入家庭量身定制的公共租赁住房项目,为全市首个公租房小区。建有住宅楼7幢,总户数814户,主要配租区域为宜城街道、环科园和开发区。小区设计建造标准高,进场材料经过严格资质审核、抽检、样品试验等。该项目获"无锡市市级优质结构工程""省建筑施工省级文明工地"等荣誉。2013年年底建成投用,至2014年年底,先后有四批500多户配租家庭入住,舒适的居住环境和完善的配套设施让入住家庭满意。2014年10月,尚福公寓获无锡市"太湖杯"优质工程奖。

(孙蒙)

尚福公寓　　(市住房局　提供)

住房公积金管理

【概述】 全年归集住房公积金9.94亿元(含新职工住房补贴0.2亿元),比上年增长11.94%;累计归集总额59.22亿元(含新职工住房补贴),比上年增长26.24%;新增开户单位613个,比上年下降9.45%;新增缴存职工1.78万人,支取额比上年下降12.32%;有7.24万人支取公积金4.87亿元,比上年增长2.1%;年末住房公积金余额33.83亿元(含新职工住房补贴),比上年增长20.43%。全年向1078户职工家庭发放住房公积金贷款3.24亿元,支持购房13.34万平方米,放贷额比上年下降30.77%。累计放贷总额35.72亿元、贷款余额15.19亿元,资金使用率44.89%,贷款逾期率0.02‰。实现增值收益3955万元。年末,全市共有建立住房公积金制度的单位3729个、职工16.4万人,分别比上年增长19.63%、5.81%。制订风险防控措施,严格防控各业务风险点,强化内部审计,保障资金安全。全年识别支取造假资料10多件,追缴骗提行为2起。公积金提取方式变更为实时支付,业务系统直接将公积金款项划转至提取人借记卡。中国工商银行、中国建设银行、中国农业银行、中国银行四大国有银行及交通银行、江苏银行、中信银行等都可签约委托还贷转账业务,全年有9877人办理签约手续。

【公积金扩面艰难推进】 面对宏观经济趋紧,企业经营困难的形势,公积金中心克难攻坚,多措并举,逐步推进扩面工作。年初,将扩面任务分解至各镇,列入市政府年终综合考评内容。与各镇社保所协作,以行政事业单位非编人员、拟上市公司、村民委员会、国有企业中未建立住房公积金制度的职工为重点,通过向政府汇报争取、上门宣传动员、适当行政执法等办法,强力推动扩面工作。和桥、官林等5个镇及交通、工商等行政事业单位的非编人员相继建立公积金账户，公安等部门非编人员建制工作逐步跟进。调动承办银行的积极性，年内，交通银行成为7个公积金承办银行之一。公积金中心通过报纸、电视、网络等主流媒体宣传公积金有关政策规定；印发政策宣传手册及中心名片至缴存单位。深入远东控股集团有限公司、江苏亨鑫科技有限公司等大型企业，设立咨询台，面对面为职工解答问题。建设单位网站，专人负责网上信息更新及政策咨询。成立由950个缴存单位组成的QQ群，及时进行沟通交流。

【资金使用率创新低】 年内，房地产市场持续低迷，房屋成交量仅为上年的60%，公积金放贷量也大幅萎缩。为使符合公积金贷款条件的职工应贷尽贷，公积金中心密切关注新开楼盘动向，了解房屋销售情况，上门对销售经理进行贷款政策培训。梳理分析纯商业住房贷款中符合公积金贷款条件的客户，一对一宣传，动员其办理商业贷款转公积金贷款。尽管如此，1—9月，公积金放贷量仍处于较低位，月放贷量0.23亿元，比上年同期下降41.03%。10月1日起，贷款政策有所放宽，对二次贷款重新规定：对首次公积金贷款时，所购住房建筑面积大于120平方米，该住房产权已转移给他人的职工家庭，可以申请办理第二次公积金贷款。10月28日，公积金贷款取消担保费的收取。11月1日，贷款政策再次调整，规定：取消第二次公积金贷款的限制，对还清首次公积金贷款的家庭，可以申请办理第二次公积金贷款。第二次公积金贷款首付比例不得低于房屋总价的30%，贷款利率为同期公积金贷款利率的1.1倍。11月22日起，公积金贷款利率下调，5年以下（含5年）年利率为3.75%，5年以上4.25%。2个月内连续的利好政策出台刺激了放贷量的小幅增长，10—12月，月均放贷量增至0.4亿元。但由于缴存额不断增长，放贷量逐年减少，导致资金使用率明显下降，至12月底，资金使用率由年初的51.11%下滑至44.89%。

（陈敏）

消费者权益保护

【概述】 全年受理消费者投诉、举报计937件，调处率98.5%，为消费者挽回经济损失408.55万元，组织回访301件，满意率98%。全市有农村行政村（社区）12315消费维权联络站279个，覆盖面达100%。宜兴工商局全年对32类商品实施商品质量监测239个批(次)；对84个批次的不合格商品依法实施行政处罚，罚没金额98.8万元。3月，利用“3·15”国际消费者权益日，宜兴工商局会同物价、质监、电信等单位，发放新《中华人民共和国消费者权益保护法》(简称“新《消法》”)宣传资料3000多份，现场受理投诉20多起。在全市近40个汽车4S店设立消费维权服务站，方便消费者运用新《消法》和汽车新“三包”规定，维护自身权益。4月，宜兴工商局和桥分局按照新《消法》调解处理首例网络投诉。

【新《消法》培训】 3月，新《消法》颁布实施。年内，宜兴工商局先后组织由局系统、大中型商场超市、市场主办单位人员参加新《消法》培训。5月，对宜兴大型超市——宜兴大统华超市中层以上管理者、各门店负责人及维权服务站工作人员共100余人进行新《消法》集中培训。7月，宜兴工商局会同市司法局、旅游局对竹海公园、善卷洞等旅游景区的经营户和相关工作者进行分期分批新《消法》培训。培训过程中采用“以案说法”方式，围绕消费者应享的十项权利、经营者的各项义务、新《消法》的十大亮点等方面详细解读，并对消费者为什么会产生投诉、对投诉的认识、如何处理投诉、处理投诉的原则及技巧上的掌握等问题与参训者共同交流、共同探讨。

【“3·15面对面”维权活动】 2014宜兴市“3·15”国际消费者权益日现场咨询活动由宜兴工商局、市消委、市邮政局共同主办，通过开展消费维权新闻发布会、消费者代表座谈会和消费调查、“3·15”消费维权大型现场咨询服务等一系列活动，动员社会各界维护消费和谐。维权活动中，工商、物价、质监、电信等20多个单位的工作人员发放漫画、图书等宣传资料；市酒类行业协会的工作人员手把手地教市民利用手机的条形码扫描功能鉴定酒的真假。现场为近600人提供咨询服务，发放各类资料3000多份，受理各类投诉维权事件20多起，其中以商品房、数码产品的质量问题为主。活动现场还举行了《中华人民共和国消费者权益保护法》实施20周年纪念邮票的首发仪式。

（史青生）

编辑　朱敏

民政事务

CIVIL AFFAIRS

综　述

【概述】 突出现代民政元素，加大改革创新力度，有序推进各项工作。民生保障得到新加强。低保、孤儿供养标准和重点优抚对象抚恤标准稳步提高，全市低保标准提高到每人每月560元，全年发放低保金4605万元。“一帮一、献爱心”结对帮扶低保对象家庭实现全覆盖，全年发放慰问金（含实物折价）和节日补助金1912万元。慈善救助、防灾减灾亮点纷呈，全年募集、发放慈善资金4562.6万元、3582万元，惠及困难群众3.96万人。全年处理因台风、暴雨、雷击、火灾、爆炸等事故485起，发放理赔救助金311.8万元。“底线民生”保障能力和水平进一步提升，全年医疗救助对象1.78万人次，救助金1065万元。社会治理迈出新步伐。“政社互动”、社区减负行动全面启动，社区工作职责得到明确，社工管理日趋规范，社会组织发展活力不断增强。公共服务取得新成效。养老、殡葬改革等实现硬件设施和软件服务双提升，双拥共建特色鲜明、成果丰硕、品牌更响。省专家组为宜兴41名贫困残疾人进行假肢测量取型和试样，为前期18名听力残疾的贫困残疾人佩戴助听器。宜兴市获首批江苏省“现代民政示范县区”称号，实现江苏省双拥模范城“七连冠”，蝉联“全国慈善七星级城市”；市慈善会慈善助医项目获评“中华慈善突出贡献项目奖”；宜城街道巷头社区、丁蜀镇公园路社区和官林镇官林社区创建为“全国和谐社区建设示范社区”；宜城街道的沧浦、谈家干社区被评为全国综合减灾示范社区。

【养老服务业步伐加快】 全年养老服务业发展态势良好。养老机构新增床位1100张、累计床位8780张，其中护理型床位占28%。全市千名老人床位数34张。改造20个养老机构的消防设施，全市养老机构规范化建设达标评估率100%。在确保国有资产不流失、养老用途不改变、服务水平不降低的前提下，周铁镇、徐舍镇实行养老机构“公建民营”管理模式。全市新增居家养老服务中心1个、居家养老服务站54个，城乡居家养老服务站（点）基本实现全覆盖。全年发放尊老金2600多万元，全市60周岁以上老年人可免费游玩宜兴主要旅游景区。营造全社会尊老敬老氛围，举办第二个老年节庆祝活动暨第三届老年文艺汇演活动，吸引2万多名老年人参与；举办芳桥街道的忠孝文化节等系列尊老爱老敬老活动。培训养老机构护理人员，市九如养老职业培训学校免费举办养老护理员培训班6期。“安康关爱行动”参保率达38%以上，万石镇、高塍镇参保率均超70%，全市赔付率达60%。

【双拥优抚上新台阶】 坚持“融合式发展”，双拥优抚工作上新台阶。坚持实事拥军，市政府共投入资金150余万元，完成部队饮用水、照明、公交站台、篮球场、道路修建等实事工程，一次性解决7名军嫂的就业问题；开展各类慰问活动，全年慰问资金达200余万元；开展“军民共净太湖、建设生态宜兴”“3·5学雷锋”“爱心圆梦助学”活动等，不断创新双拥共建活动形式。落实重点优抚对象定期补助标准自然增长机制，首次为部分优抚对象制定体检“套餐”，全市新建优抚之家6个。完成2013年冬季退役士兵接收、安置、培训工作，妥善安置2014年春季转业士官。做好散葬烈士墓的迁移入园工作，至年底，慰烈工程入葬烈士96人。

【孤残儿童参加“希望之旅”】 “希望之旅”由中国儿童福利和收养中心主办、省涉外婚姻和涉外收养中心承办，旨在推动孤残儿童涉外送养。市福利中心为每位参加“希望之旅”的宜兴孤残儿童准备详细的书面材料，包含身体、语言、智力、运动发育、发展等情况介绍和生动有趣的生活照，为孩子们创造回归家庭的机会。6月，市福利中心4名孤残儿童在工作人员的带领下，到南京市儿童福利院参加“希望之旅”活动。活动中，孩子们和三个国外收养组织面对面接触，通过自我展示、互动环节及回答问题，向收养组织展示他们的认知、动手能力，表现出他们活泼、可爱的一面。

社会救济

【概述】 以打造现代救助、阳光救助、依法救助“三型救助”为目标，突出机制创新、手段创新、服务创优，抓好社会救助体系、防灾减灾体系建设。建立市社会救助联席会议，整合分散的、功能相近的救助政策和措施，在全市18个镇（街道）和311个村（社区）推进建立社会救助"一门受理、协同办理"服务平台，统一制作社会救助一门受理标识标牌，及时受理、转办申请事项。全年共发放《社会救助暂行办法》单行本1万本、社会救助宣传折页40多万张。做好走访慰问、困难群众危房改造、综合减灾、医疗救助和低收入家庭、中等偏下收入家庭认定等工作。春节期间，全市各级广泛开展走访慰问活动，共走访敬老院23所（含市福利中心），城乡低保对象、"五保"*对象、低保边缘对象等困难群众2.7万户、3.8万人，发放慰问金（含实物折价）1676.8万元。发放城乡低保等对象节日补助金235.88万元。开展"一帮一、献爱心"结对帮扶低保家庭活动，实现低保家庭结对帮扶全覆盖。加强医疗救助水平，全年资助1.4万名困难对象和特定对象参加城乡居民医疗保险，资助金额达251.12万元。拓展医疗救助范围，将矽肺病列入城乡居民医疗保险特殊病种门诊补助。全年医疗救助各类对象3758人，支出医疗救助金813万元，困难群众的医疗难问题得到缓解。

【低保管理规范化】 全面贯彻落实《无锡市居民最低生活保障工作规程》，开展城乡低保提标扩面和年检复审工作，市民政局严把家庭经济状况调查核算关、民主评议关和公示审批关，做到低保金动态管理下"应保尽保、应退尽退、阳光救助"，保障困难群众的基本生活。年内，建立市申请救助家庭经济状况核对工作联席会议，强化信息比对，提高低保工作的科学化、动态化、精细化管理水平。上调城乡居民最低生活保障标准，由上年的每人每月490元提高到每人每月560元，并按月实行社会化发放。在低保标准不断提高的情况下，保障人数明显下降。新增低保对象705户1142人、调高5503户1.08万人、调低379户603人、调出1353户2047人，城市低保人均月补差410元、农村低保人均月补差272元，分别比上年增长11%和21%。2014年全市保障城乡低保对象8711户1.35万人（其中城市低保1013户1612人、农村低保7698户1.19万人），占全市总人口的1.25%，发放低保金4605万元（其中市级资金3243万元）。

【慈福民生保险理赔救助超300万元】 顺应"小政府、大社会、大服务"格局，按照政府、社会、个人相结合的方针，促进保险与现代保障相衔接，将保险纳入灾害事故防范救助体系，建立在财政支持下，以商业保险为平台、多层次风险分担的灾害保险制度，运用保险机制创新公共服务。结合全国第六个"5·12防灾减灾日"和社会救助宣传月活动，开展"民生保险知识宣传进社区"活动，采取组织业务会议、新闻媒体互动等形式，加大宣传力度，提高全民参与的积极性和主动性。自然灾害公众责任保险、养老机构综合责任保险、和谐家园综合保险、安康关爱老年人意外伤害保险等慈福民生系列保险呈现出时间短、成效快、全覆盖的特点。2014年慈福民生系列保险投保总金额达750万元，处理因台风、暴雨、雷击、火灾、爆炸等事故485起，发放理赔救助金额311.8万元。

【综合减灾能力加强】 围绕全市应急体系建设的要求，市民政局制订出台《自然灾害应急救助工作规程》，注重自然灾害应急救助的机制创新、资源集聚、力量整合。在全面核查危房的基础上，投入市级补助金225万元，按照政府拨一点、镇村补助一点、个人自筹一点、亲友资助一点、社会捐助一点、政策减免一点的办法改造徐舍、西渚、和桥、丁蜀等18个镇（街道）207户困难群众的危房369间，确保困难群众居住安全。宜城街道的沧浦、谈家干社区被国家减灾委、民政部评为全国综合减灾示范社区。

【流浪乞讨人员救助力度加大】 为进一步做好流浪乞讨人员救助保护工作，拓展延伸救助服务，市民政局救助站构建三级救助管理网络，实现城区基层社区救助管理网络全覆盖，设立全市18个镇（街道）的临时救助点和312个村（居）委会救助咨询引导点，实现对救助人员实施全方位、全时制、无缝隙的救助和服务。10月，救助站贯彻"自愿求助、无偿救助、主动救助、应助尽助"的原则，启动"寒冬送温暖"救助活动，配备棉衣、棉被、方便食品、应急药品等救助物资，加派人员，加大救助力度，加大救助巡查密度，加宽救助巡查区域，深入城区及周边地区，重点对车站码头、繁华地段、公园长廊、地下通道、桥梁涵洞、废弃房屋等流浪乞讨人员集中活动和露宿区域进行搜寻救助，做到发现一例、救助一例。对经劝导后愿意进站接受救助的流浪乞讨人员立即护送入站，对反复劝导不愿进站接受救助的，即时发放必要的御寒衣物、食品，告知详细的救助联系方式，确保他们能够及时得到救助，并按照相关要求做好记录。同步开展救助宣传活动，对市民发放倡议书、救助引导卡，公布24小时救助电话，多渠道宣传救助管理工作、救助管理方式、救助政策法规，引导社会力量共同参与。在为期三个多月的专项救助行动中，市救助站救助各类流浪乞讨人员313人次，在街头主动救助中出动130余车(次)，现场发放御寒物资及食品300余份。

（沈江桥　唐晨光）

慈善救助

【概述】 市慈善会打造宜兴慈善品牌，提升公众慈善意识，慈善募捐有序开展，慈善救助稳步推进，慈善事业发挥"扶贫济困、安老救孤、赈灾助医、兴善助学"作用。加强对慈善捐赠形势、前景的调研,深入基层、走进企业,与慈善分会、认捐企业开展座谈。引导有意向的企业捐赠,不断拓展冠名基金、定向捐赠等捐赠新渠道,扩大捐赠来源,丰富捐赠形式,全年慈善筹资达4577.64万元,超额完成年度计划。实施“金秋助学”“慈善一日捐”等项目;开展“慈善楷模”“慈善明星”“陶都好人”“慈善公益人物”等评选,让模范典型的影响力不断扩大;通过“义工在身边”“义工在行动”等活动,组织发动全市1.3万余名注册义工开展敬老、帮困、环保等公益活动。全年慈善专项救助支出达3582万元,其中助学717.46万元、助医1173万元、助困649.25万元、助残18.15万元、助老47.7万元、应急救助182.87万元、其他救助793.57万元,救助力度达到历年之最,救助困难群众3.96万人次。

【慈善助学】 根据市民政局下发《关于进一步做好慈善助学工作的通知》精神,全市不断加大助学力度,继续对义务教育阶段的贫困小学生、贫困初中生每年补助600元,高中及各类技校贫困学生每年补助1500元(外地2500元),大一贫困新生每年补助5000元,大二及大二以上贫困大学生每年补助3500元,特别困难的大学生最高可资助8000元。通过集中发放,全年有4043名困难学子共获助学金717.46万元。8月,江苏小太阳机械科技有限公司、无锡市方舟科技电子有限公司、市宜通汽车销售服务有限公司3个企业联合开展爱心行动,3个企业每年出资5万元,定向资助低保、低保边缘家庭的困难学子10人。

【慈善助医】 为解决困难群众看病难问题,市慈善会重新制定2014年慈善助医的标准:在城乡居民医疗保险住院结报后,个人自费在5万元以下的,由原来每人1000元~3000元的救助标准提高到每人2000元~5000元;自费在5万元~10万元的,由原来每人3000元~5000元提高到每人5000元~8000元;自费在10万元~20万元的,给予每人8000元~15000元的救助;自费在20万元以上的,给予每人1.5万元~3万元的救助。对器官移植等手术治疗,费用特别巨大的,一次性可救助5万元。全年有6013名困难群众得到慈善助医,救助金额达1173万元。同时,根据市民政局《关于认真落实慈善医疗救助工作的意见》,对在市人民医院、中医医院等10个医疗机构住院治疗的低保、五保等8类特定困难对象给予住院总费用10%的减免,全年减免2293名8类对象医疗费用240多万元。

【基金救助形式创新】 市慈善基金蓬勃发展,呈多元化趋势,年内多个敬老基金、关爱基金、扶贫创业基金登记成立,基金救助从原来的扶贫助困向扶智助养、扶志助乐等方面扩展,从传统的输血型救助转变为“输血造血”型救助并重。全市有冠名基金88个,基金总额达1亿元,年救助支出1000多万元,占全市慈善救助总额的四分之一。湖㳇镇改变传统现金资助模式,整合全镇23个企业的18个公益基金会,整合成“扶贫济困”“助学关爱”“尊老敬老”三个基金会。尊老敬老基金会(湖㳇镇7个企业参与)联同邵柏芝基金会、宜兴竹海景区基金会每年出资180万元补足湖㳇镇老年服务中心食堂(该老年食堂向全镇60—89周岁的老人提供就餐服务)的经费开支,开创慈善基金服务养老行业新模式。在发展企业冠名基金的同时,市慈善会致力推动个人冠名基金的发展和普及。中国工艺美术大师徐汉棠出资1000万元,成立市丁蜀镇徐汉棠教育基金会,每年资助60名困难和优秀学生。在第三届“中国城市公益慈善指数”评比中,宜兴市蝉联慈善领域的最高荣誉——“公益慈善指数七星级城市”,慈善助医项目获“中华慈善突出贡献项目奖”。

【弃婴收养新规实行】 根据《中华人民共和国收养法》,结合无锡市民政局《关于进一步做好我市弃婴(儿)相关工作的通知》精神,7月1日宜兴实行弃婴收养新规:市社会福利中心或市民家庭接收(收养)弃婴前,都要先采集血样进行DNA比对,排除弃婴是被拐卖儿童和与收养家庭有亲子关系后,才能进行收养登记。全年共办理收养登记65件。

【义工服务树新风】 为弘扬雷锋精神,倡导文明和谐新风,营造“讲文明、树新风、促和谐”的浓厚社会氛围,市义工联于3月5日在市文化广场开展“传承雷锋精神,展现义工风

宜兴蝉联公益慈善指数七星级城市　（市民政局　提供）

采"系列主题活动,全市27个义工站的300多名义工代表参加。宜城街道义工协会、卫生局义工站、宜兴12580义工站等开展修拉链、配钥匙、理发、量血压、民政法规咨询等13项便民服务;绿叶义工站、卫岗义工站组织义工到结对社区的空巢老人家中走访慰问,并为独居老人整理家务。欢乐义工站、宜兴海事处的义工到市残疾人托养中心开展"包馄饨送爱心"活动。民政局义工站福彩中心义工队组织义工到宜城街道宝东社区居家养老服务点开展"爱心午餐"敬老活动。全市各义工站都定期开展"绿化行动"绿化美化服务,在旅游景区、社区开展植树护绿、环境整治活动,用实际行动倡导低碳生活,使绿色健康的理念深入人心。

(骆鸿舜　董云燕)

社会福利

【概述】 加强对福利企业的日常管理,规范福利企业台账,促进残疾人就业队伍。全年福利企业变更490个(次),安置残疾人就业443人。年审福利企业149个,关停福利企业11个,新增1个。至年底,全市有福利企业148个,安置残疾人就业7678人;有养老机构28个,其中镇(园区、街道)敬老院22个、市福利中心1个、民办养老机构5个。年内,新增养老床位1100张,累计8780张,其中敬老院5762张、市福利中心1300张、益民老年公寓169张、怡心养老院130张、银杏托老中心239张、夕阳红养老院150张、九如城养老护理服务中心1030张。全市每千名老人拥有机构养老床位数达32张。全市累计投入1.58亿元,改造消防设施,改善供养对象入住的内外部环境。市福利彩票中心全年销售福利彩票3.7亿元,其中"福彩刮刮乐"2533万元、"中福在线"8217万元,为全市筹集福彩公益金3700多万元,在全省县市中排名第五位。全年支出社会公益金3200万元。

【三种供养对象生活费及时发放】 至年底,全市有孤儿147人,其中福利机构集中供养62人、散居生活85人。发放孤儿基本生活费,集中供养的每月1600元,散居供养的每月1100元。全市有城镇"三无"(无劳动能力、无生活来源、无法定赡养)和"五保"供养对象3145人,其中集中供养的1086人,散居供养的2059人。集中供养的城镇"三无"和"五保"对象供养标准每人每月718元,散居的每人每月598元,全年共投入1900多万元。端午、中秋、春节过节费每人每节100元,累计发放94万元。

(许玄)

婚姻登记

【概述】 婚姻登记工作坚持依法行政,以为民服务为目标,以便民为导向,以群众满意为标准,转变工作作风,提升服务质量,用实实在在的工作成效,让每一位服务对象感受到新变化、新气象。全年办理婚姻登记2.52万余对,其中结婚登记1.1万余对,离婚登记2660对,补办结婚登记3202对,补办离婚登记133对,出具婚姻登记记录证明8234份。全年无一例有效投诉,实现登记合格率、群众满意率两个100%。

【登记高峰日平稳有序】 为备战2014年的各大登记高峰日,有效维护登记高峰日的正常秩序,婚姻登记处完善应急工作方案,采取组织、场地、人力、设备、应急、检查六项保障措施,做好登记工作。先后完成1月3日(一生)、2月14日(情人节)、5月20日(我爱你)、8月2日(七夕)、9月9日(长长久久)、11月11日6次单日登记在200对以上的高峰登记工作,其中2月14日、5月20日分别办理447项、473项业务,"520"高峰日个人单机办证108对,为历年最多。

【婚姻登记档案查询系统基本建成】 随着人们参与经济活动的不断活跃,买房、购车、房产过户等各种需求不断提升,因信息有误、遗失等多种原因需要补办补领结婚证的市民也随之增多。全年有3202对市民补办补领结婚证,占全年登记量的13%。为此,婚姻登记处与市档案局接洽协商,购买配置电脑、读卡器等设备,接通档案查询专网,计划2015年年初在登记大厅正式开通婚姻登记窗口平台档案查询系统。查询系统与市档案局共享资源,可随时查询当事人的真实婚姻状况以及个人家庭信息等,补办补领结婚证的市民将享受到一站式办公的便捷,省去两头跑的麻烦。

【打造"三个婚登"提升窗口亮点】 进一步提升婚姻登记工作水平和能力,扮靓窗口服务亮点,致力打造"三个婚登"。打造"素质婚登",强化队伍建设。坚持抓好提前10分钟到岗晨点评,开展一周学习培训考核,一月评选"一月三星",进行一季难点问题剖析,展出年度最美员工事迹。打造"贴心婚登",优化便民服务。开通特别通道,设立咨询指导站,落实首问负责制,每天专人处理解答群众难点问题,化解排队拥挤和情绪激化情况。打造"高效婚登",增强作风效能建设。推行周六假日受理服务,化解当事人工作时间冲突问题;制订完善高峰应急应对方案,开通电话预约;设置视频服务监督和呼叫秩序系统,实现小管理到大服务的提升。

(都国松)

安置优抚

【概述】 贯彻落实《军人抚恤优待条例》和《江苏省实施〈军人抚恤优待条例办法〉》,全年发放救济金、抚恤经费4400万元。全市有民政部确定、认可的优抚对象5989人。其中:"两参"*人员768人(含铀矿开采人员),带病回乡退伍军人200人,60周岁以上农村籍退役士兵3886人、60周岁以上烈士子女78人、在乡老复员军人373人、双重身份(复员、伤残军人)人员146人,残疾军人、伤残人民警察、伤残国家机关工作人员、伤残民兵民工555人,“三属”(烈士遗属、因公牺牲军人遗属、病故军人遗属)对象129人。根据民政部下发的关于做好2014年残疾军人证、烈士《证明书的换发工作的通知》,全年换发残疾军人证538份、烈士证明书122件。八一建军节前,市民政局首次为在乡复员军人、伤残军人、60周岁以上退伍老兵、“两参”人员等200多名优抚对象量身定制体检“套餐”,建立健康档案;带领36名优抚对象走进武警无锡支队二大队营区,观看战士军事表演,参观连队荣誉室,与官兵座谈。全年新增新街街道、湖汶镇、西渚镇、和桥镇、芳桥街道、新庄街道“优抚之家”6个,累计10个。9月,举行首次烈士纪念日活动,社会各界代表共1200多人到市革命烈士陵园祭扫革命先烈,缅怀革命先烈的丰功伟绩。市民政局网站首页开辟网上祭扫烈士专栏,方便群众网上祭扫。

【定期抚恤补助标准自然增长】 根据上级调整部分优抚对象抚恤生活补助标准的相关文件精神,1月起,调整全市部分重点优抚对象生活补助标准。其中:抗日战争时期入伍的复员军人由每人每月2568元提高至2685元,解放战争时期入伍的由每人每月2140元提高至2237元,新中国成立后入伍的由每人每月1926元提高至2014元;“两参”人员由每人每月429元提高至448元;义务兵及其家庭基本优待金由1.5万元提高到1.64万元;在乡伤残军人、“三属”等优抚对象的定期抚恤补助标准得到相应提高。年底,发放年满60周岁的农村“两参”人员生活慰问金,每人3200元。

【冬季退役士兵安置】 根据《中华人民共和国兵役法》《退役士兵安置条例》以及省民政厅的有关文件精神,推进退役士兵安置工作,全年发放一次性经济补助2226.03万元。全年接收2013年冬季退役士兵513人,其中提前退役15人、异地入伍回本地安置5人;二年义务兵353人、一级士官120人、二级士官27人、三级士官11人、四级士官2人。接收2014年春季转业士官12人,其中服役满12年的8人、服役满16年的4人。市民政局组织开展2013年冬季退役士兵短期职业技能培训,总课时340个,开设就业与创业、社区保安员、计算机实用技术、物业管理等课程,参训学员453人,全部结业获证。

(马小波　张栋梁)

双拥工作

【概述】 春节、八一建军节期间,市主要领导和双拥工作领导小组成员慰问驻宜兴部队官兵、武警8690部队驻广州海关执勤官兵和军队离退休干部,赠送慰问金120余万元。同时驻地部队和双拥办分别组织召开军政座谈会,双方相互通报发展建设情况,共叙友情、共商双拥大计。2月,市双拥办开展“遥遥万里边关行、殷殷深情看新兵”活动,远赴武警陕西渭南支队,看望2013年入伍的80名宜兴籍战士。在3月学雷锋活动月,市双拥办组织驻宜兴武警8690部队的100多名官兵深入福利机构、街道社区等地,开展义诊和义务劳动;武警8690部队医院的十多位医生和宝东社区的义工在城东大润发广场为市民提供健康咨询、血压测量等义诊服务,部队修理所的官兵为市民修理摩托车、自行车和小家电;8690部队女兵小分队在市社会福利中心为孤残儿童们整理床铺、检查身体,为颐养院的老人按摩、梳头发、剪指甲,陪他们聊天;市双拥办协调牵头武警8693部队与江苏紫峰农业科技股份有限公司建立“太湖蓝藻治理实验基地军民共建点”,在每年“竹柳”种植季节无偿提供人力支持。全年驻宜兴各部队共出动官兵1200余人次、出动运输车辆20余台(次),为地方森林防火、蓝藻治理、重大体育赛事执勤、消防技能培训、党政机关祭扫烈士等给予支持。市各有关部门、社区开展多项拥军活动,共写军民情。年内,在江苏省第十届双拥模范城评选中,宜兴市被评为省级双拥模范城,实现省级双拥模范城“七连冠”;市军队离退休干部休养所被评为“全国和谐军休家园”,市交通运输局被评为全国双拥模范单位。

【军地结对共建】 年初,武警8694部队68分队与宜城街道唐公社区签订“爱心圆梦”助学协议,结对共建。该分队所在营官兵每人每月从津贴费中拿出5元钱,资助唐公社区两名困难家庭的学生,直至他们大学毕业。至年底,向两名学生各支付1万元。端午前,唐公社区组织20余名社区大嫂,自备食材,到68分队开展“粽叶飘香迎端午,军民共话鱼水情”活动,为战士们包粽子。

【四项拥军实事完成】 近年,官兵一直使用净化的地下水,地下水水质硬的问题一直没有得到解决。2014年初,市政府把“自来水进军营”列为拥军实事工程。7月,市双拥办投入建设资金70余万元,将自来水引入武警8694部队营区内部,解决官兵长期饮水难题。投入资金38万元,对73031部队副食品基地营区门前1.7千米的路段实施“亮化”,在营区内部安装三处15米的高空照明灯。市客运公司在武警8690部队门前设立临时停靠点,取名“拥军站台”,方便部队官兵家属出行。投入8万元,修复武警二大队四中队营区篮球场,丰富战士的业余生活。

(卢旭娟)

老龄事业

【概述】 推进公办养老机构改革,建立基层养老服务人员定期培训制度,开展庆祝第二个老年节、走访慰问百岁老人、老年文艺会演暨广场舞比赛等活动,在全社会营造敬老爱老浓厚氛围。全市有60周岁以上老年人27.46万人,占户籍人口的25.4%。其中,60—69周岁老人16.45万人,70—79周岁老人7.03万人,80—89周岁老人3.49万人,90—99周岁老人0.48万人,百岁以上老人46人。规范尊老金发放管理,优化尊老金发放管理系统,及时为全市3.8万多名80周岁以上的老人发放尊老金2600多万元。年内,有20个单位被市老龄会授予“敬老文明号”称号,其中镇村两级13个、市级机关单位2个、社会团体5个。扶持湖汊镇老年服务中心和宜城街道乐龄配餐中心城东分部建设,年内建成开放。开展新《中华人民共和国老年法》宣传活动,制作新《中华人民共和国老年法》展板330余块,办理江苏省版老年优待证2486张。全年被各类报纸杂志和上级部门刊用150余篇宣传报道,连续第四年获“江苏老龄宣传先进单位”称号。宜城街道华盘玉在第六届全国敬老主题教育活动中获“全国孝亲敬老之星”称号。

【养老机构建设规范化】 紧扣现代化考核指标,增设机构养老床位数。全市养老机构共28个,其中镇(园区、街道)敬老院22个、市福利中心1个、民办养老机构5个。全年新增养老机构床位数1100张,至年底,累计有床位数8780张,其中敬老院5762张、市福利中心1300张、益民老年公寓169张、怡心养老院130张、银杏托老中心239张、夕阳红养老院150张、九如城养老护理服务中心1030张。全市每千名老人拥有机构养老床位数达34张。全市累计投入1.58亿元,对11个养老机构进行消防设施改造和内部环境整改。市幸福公寓C区改造后入住率达97%,新辟幸福公寓B楼10层至13层为介助区,福利中心内部护理型床位达70%。在确保国有资产不流失、养老用途不改变、服务水平不降低的前提下,周铁、徐舍镇实行敬老院“公建民营”模式。

【老年关爱行动深入开展】 宣传和推行老年人意外伤害综合保险。至年底,全市“安康关爱”行动投保9.28万人次,投保金额371.37万元,投保率达38%,其中万石镇、高塍镇投保率均超过70%;赔付402人次,赔付金额181万元。“安康关爱”行动提升了参保老人及其家庭抵御意外风险的能力,减轻了镇村两级经济负担和工作压力。养老机构推行入住养老机构老人意外伤害保险,市政府用财政补贴形式为养老机构提供资金支持,以社会保险机制分担养老机构的风险,为全市老年人织起养老保障“安全网”。该保险采用每年一保的形式,首次承保期限为2015年2月1日至2016年1月31日,保费为每位老年人每年100元,其中老年人支付70元、政府补贴30元,“五保户”老人的费用由政府全额支付。一旦发生合同约定的意外伤害事故,保险公司赔偿责任累计限额达5.7万元。

【“老青松”计划系列活动】 4月,市福利中心与市疾控中心、食品营养与安全学会合作开展为期一年的“老青松”计划,围绕“预防老人跌倒”主题,每月开展相关活动。年内,市福利中心安排120多位休养老人进行骨密度检查,举办“关于如何预防骨质疏松和增强骨质相关措施”等知识讲座,并为老人免费赠送《健康知识手册》。

【百岁老人】 至年底,全市有百岁老人46人,其中男性8人、女性38人。

2014年宜兴市百岁老人

表68

序号	申请人姓名	性别	出生年月	居住地址
1	徐爱宝	女	1910年5月12日	宜城街道阳羡新村93号201室
2	陆阿娥	女	1910年11月11日	周铁镇前观村杨树园15号
3	郑洪保	男	1911年2月14日	张渚镇芙蓉村石罗墩999-3号
4	张鸿俊	男	1911年6月8日	和桥镇棟聚村张家66号
5	史彩华	女	1911年8月16日	官林镇滨湖村观渎177号
6	谢凤如	女	1911年8月17日	宜城街道东庙巷999-218号
7	俞华南	男	1911年9月20日	丁蜀镇大浦迎宾路999号
8	吴菊明	女	1911年10月25日	芳桥街道后村村石塔村50号
9	吴丽华	女	1911年11月28日	徐舍镇芳庄村45号
10	潘梅君	女	1911年12月10日	宜城街道荆溪新村119号205室
11	芮岳金	男	1912年1月1日	官林镇凌霞村大田村999号

续表68

序号	申请人姓名	性别	出生年月	居住地址
12	洪百斤	女	1912年1月3日	和桥镇大生村寺西村27号
13	肖玉仙	女	1912年1月9日	高塍镇肖张墅村北谢14号
14	盛菊芬	女	1912年6月4日	徐舍镇潘东村乾圩埂12号
15	朱义妹	女	1912年7月11日	官林镇前城村前庄22号
16	储爱林	女	1912年9月9日	新建镇新建村野田村34号
17	冯志明	女	1912年11月1日	和桥镇大生村刁家塘30号
18	查秀凤	女	1912年12月26日	万石镇余镜村小元村12号
19	范找荣	女	1913年3月19日	周铁镇彭干村下干12号
20	陈阿胖	女	1913年6月17日	周铁镇分水村圩田里15号
21	孙珍宝	女	1913年6月29日	万石镇南漕村杨树园31号
22	宗洪娣	女	1913年7月20日	徐舍镇奖墅村23号
23	陈小妹	女	1913年8月15日	官林镇大儒村144号
24	周凤珍	女	1913年10月11日	张渚镇柏山村柏山141号
25	丁伯妹	女	1913年11月12日	徐舍镇东元村皇甫168号
26	张牛大	女	1913年11月15日	丁蜀镇双庙村港西52号
27	杨品芝	女	1913年12月4日	和桥镇团结街77号
28	李宝坤	女	1913年12月25日	新庄街道东氿村对方圩69号
29	牛秀英	女	1913年12月28日	丁蜀镇大浦村西村163号
30	沈英妹	女	1914年1月3日	屺亭街道后亭村陈巷14-2室
31	徐巧英	女	1914年1月5日	官林镇滆湖村庄家渎183号
32	史爱生	男	1914年1月6日	徐舍镇诚庄村舍头17号
33	马福娣	女	1914年2月16日	徐舍镇翔圩村亚溪37号
34	金京川	男	1914年3月1日	新庄街道曹家桥村金家湾88号
35	蒋秀凤	女	1914年3月7日	高塍镇天生圩村东塍44号
36	赵新美	女	1914年3月14日	丁蜀镇丁山大街140号
37	陈秀生	男	1914年6月1日	张渚镇长岗村杨家地47号
38	余顺娥	女	1914年7月26日	徐舍镇芳庄村蒋巷村64号
39	杭顺芽	女	1914年9月1日	周铁镇欧毛村午干渎37号
40	黄爱保	女	1914年9月6日	徐舍镇美栖村杨家村30号
41	储午英	女	1914年9月15日	官林镇西昌路5号
42	王进才	男	1914年9月21日	周铁镇中新村北准渎166号
43	潘　玉	女	1914年10月4日	宜城街道碓坊新村71号106室
44	史玉英	女	1914年10月11日	周铁镇中新村溪南138号
45	戴甫娣	女	1914年11月28日	高塍镇志泉村长圩村80号
46	翁招罗	女	1914年12月9日	丁蜀镇查林村221号

（许玄　蒋志才）

殡葬管理

【概述】 坚持“以人为本，以德为魂，善事逝者，慰藉亲人”的理念，持续推进以葬式改革为重点的“二次殡葬改革”。实施惠民殡葬，对宜兴籍居民殡葬减免基本服务费，全年减免服务费达770万余元。推进市镇两级骨灰堂免费存放、家属自愿选择生态安葬奖补或免除费用等措施，建立全覆盖、多层次的殡葬惠民体系。为进一步推动公益性骨灰堂建设，深化殡葬改革工作。年初，市政府下发《关于开展2014年度殡葬管理达标建设的通知》，对全市镇级公益性骨灰堂建设、整治私埋乱葬和公益性公墓规范化管理达标等提出具体要求，对达标建设效果显著的镇在原定建设奖补的基础上，给予不少于2万元的奖励。7月，市民政局实施殡葬专项治理，摸清全市的骨灰楼、公益性公墓达标建设情况。至年底，新增和桥镇、芳桥街道、屺亭街道3个镇(街道)级公益性骨灰堂。年内，开展以“优质服务、阳光殡葬”为主题的优质服务月活动，推进殡仪服务的规范化、科学化。

【清明祭扫工作开展】 为了让清明祭扫更安全、文明、和谐、有序，开展宣传文明祭扫、生态殡葬活动。3月，在群众“清明祭扫”之际，启动“殡葬宣传月”活动，在宜兴电视台、广播电台宣传清明祭扫注意事项和文明殡葬、生态殡葬公益告示；在《宜兴日报》刊登“低碳文明殡葬”系列报道3期，通过《宜兴民政》专题栏目宣传全市殡葬工作；在全市各镇、街道主要道路、殡仪馆及公墓悬挂宣传标语133条、宣传板33块；印发“宜兴市殡葬管理宣传单”3000份；首次建立墓区“广播站”，宣传殡葬注意事项。3月18日，市民政局在金鸡堂骨灰楼举行以“文明祭祀，平安清明”为主题的全市首次集中祭祀仪式，130余名市民向逝去的亲人和先辈寄去哀思。祭祀过程中没有鞭炮和纸钱，只有鲜花、黄丝带和许愿卡；没有焚香、叩头等繁琐礼节，只有感人至深的追思词。这次集中祭祀仪式，向市民倡导生态、文明、节俭、安全的祭祀方式，引导群众的理念由“入土为安”向“入室为尊”转变。清明期间，金鸡山公墓共接待祭扫群众近50万人次，疏导车辆近10万台(次)。

【殡葬设施建设加强】 在市级层面上，投资近5000万元、可容纳5万个格位的金鸡堂骨灰楼投入使用，为主城区镇街提供20年新生骨灰的存放，年内骨灰安放数达7300多个，节约土地近30亩。至年底，投资600多万元、占地110亩的金鸡山生态墓区一期工程完工。该工程集生态葬式与人文纪念于一体，实施树葬、草坪葬，设有海葬纪念区、遗体捐赠纪念广场、生态循环葬区、名人园，为全市生态园林式墓区建设起到示范引领作用。在镇级层面上，市财政投入5000多万元用于镇级骨灰堂建设。至年底，和桥镇、芳桥街道、屺亭街道3个镇(街道)级骨灰楼投入使用，湖㳇镇、万石镇骨灰楼计划2015年完工。

(黄慧敏)

全市首次集中祭祀仪式　　(市民政局　提供)

区划与地名管理

【概述】 江苏省首部地名法规《江苏省地名管理条例》实施后，市民政局在《宜兴日报》开辟专版进行宣传解读，并组织各镇、街道民政办主任培训地名管理的业务。针对全市城区道路的命名情况混乱、道路分段不合理、部分小街巷命名不到位等问题，市民政局联合市建设局、规划局全面梳理城区道路,实地察看每处命名地段。全年命名(更名)全市地名44处，其中居民住宅区30处、道路10处、商业广场4处。行政区划优化调整。3月，芳桥镇撤镇设街，由开发区托管，开发区的发展空间得到提升。为加强城镇管理，3月和7月，分别新设高塍镇的桃园社区和宜城街道的城东社区，解决部分新建小区的脱管问题。6月，合并丁蜀镇的解放社区和丁山社区。为加快农村适应新型城镇化的管理，9月，对新庄街道的苏阳村撤村建居(委会)，划入新庄社区统一管理，加快了新庄街道镇区的城市化进程。

【《宜兴市历史地名保护名录(第一批)》出台】 为推进全市地名文化遗产保护工作，弘扬宜兴地名文化、挖掘宜兴地名的内涵，贯彻落实省民政厅《关于进一步加强地名文化建设的意见》和无锡市民政局《关于开展地名文化遗产筛选工作的通知》的精神,市民政局成立市地名研究会。向各镇、街道印发《关于在全市开展地名文化遗产筛选工作的通知》。在各镇、街道上报地名文化遗产的基础上,市民政局组织专人筛选信息,并召开研讨会确定全市第一批历史地名保护名录。12月,市地名委员会办公室制定《宜兴市历史地名保护名录(第一批)》出台,分政区、街巷道路、桥梁、乡村居民点、河荡、名胜古迹六方面内容。其中,政区历史地名以乡镇合并后取消的行政区名称为主,街巷道路、乡村居民点、河荡名等以《宜兴地名》工具书中录入为准,名胜古迹、桥梁名主要以文物保护单位或文物控制单位确定为主。该名录共整理收集重要历史地名政区37条、街巷道路82条、桥梁91条、乡村居民点147条、河荡34条、名胜古迹48条。

【平安边界建设】 开展"锡苏线"界线联检工作。根据无锡市与苏州市共同制定的"锡苏线"界线联检工作方案,与吴中区民政局召开座谈会、走访边界区域渔民、实地踏勘太湖平台山,确定边界两侧无任何纠纷和矛盾,共同起草的《"锡苏线"宜兴中段界线联检工作报告》上报无锡市政府和苏州市政府。7月,无锡市民政局制定《无锡市边界矛盾纠纷应急处置预案》。市民政局按照该预案要求,开展创建平安边界活动的各项措施,沿边界镇、村层层签订维护界桩、界线的协议书,边界线管理任务明确,管理网络健全,管理人员责任到位,维护边界地区的社会稳定,促进边界地区的经济发展。同时,加强全市31个界桩的管护工作,要求界桩管护员每月巡查辖区内界桩,每个季度清理维护界桩,每半年上报界桩照片一次。

(杨小冬)

社区建设

【概述】 全年围绕"服务民生、优化管理、促进和谐"的目标,创新工作机制、完善服务体系、强化队伍建设,社区建设和管理取得成效。全面推进社区扁平化管理,以社区党组织为核心、居委会为工作基础、社区事务工作站和综治办为服务平台、其他各类社会组织和社区居民广泛参与的新型社区服务管理体制构建到位,城乡社区"一委一居一站一办"覆盖率达100%。坚持"分类管理",根据城乡社区发展特点和社区居民需求,分类推进社区社会化服务。商品房社区(城市新社区)搭建居民互动交流平台,开展居民自治管理;老城区社区重点完善基础设施,优化居住环境,提升物业管理水平;拆迁安置社区重点帮助居民转变生活方式,尽快融入城市生活;农村社区重点为留守老人提供生活照料、精神慰藉等服务。按照"总体规划,部门协调,信息互通,资源共享"的原则,推进社区信息化升级改造,形成"一标准一库三平台""社工易管、居民方便"信息化布局,实现社区基础资料的数字化。

【推行"政社互动"创新社区管理】 10月,市委、市政府印发《关于在全市推行"政社互动"的实施意见》,明确镇人民政府(街道办事处)和村(居)委会为"政社互动"责任主体。按照"定责、还权、赋能"的思路,市民政局全面梳理全市社区(村)职责事项,形成《村(居)民委员会依法履行职责事项》和《村(居)民委员会协助政府工作事项》,确定村委会依法履职事项12项,居委会依法履职事项10项、村(居)委会协助工作事项30类83项。各镇(街道)采取"委托合同""购买协议"等形式,与社区事务工作站或村级综合服务中心签订合同,将部分政府管理工作事项交给社会组织协助管理。实行"双向评估",成立镇(街道)和社区(村)两级评估小组,对委托给社会组织承担的社会管理与公共服务事项,进行年终评估。以"减负不降标准"为前提,清减社区事务。精简创建达标评比,清理取消各类市级创建评比,取消创建评比160项,保留无锡市级以上创建评比20项。全面清理台账资料,原则上只保留民情日志、意见簿、会议记录、事关居民需求的受理材料和涉及社区和谐稳定的内部台账,其他台账一律进入社区综合信息平台。规范挂牌、印章使用,社区对外只悬挂党组织、居(村)委会、社区事务工作站(村级综合服务中心)、综治办4块牌子。提高社区经费保障,至年底,宜城、新街、屺亭、新庄、芳桥五个街道和丁蜀镇的社区补贴由每百户1万元提升至1.2万元,其余镇1000户以下的社区由8万元提升至10万元、1000户至3000户的社区由10万元提升至15万元、3000户以上社区为20万元。

【全市首部社工管理条例出台】 11月,《宜兴市社区事务工作站人员管理办法》(简称"《办法》")出台,成为全市首部社区工作人员管理条例,全面规范社工的招聘录用、日常管理、职位晋升、薪酬福利等。《办法》规定:从2015年1月1日起,全市社区事务工作站的工作人员都要通过统一公开招考的方式持证上岗。每个镇(街道)成立社会工作者服务中心,由市民政局和人社局统一组织招录工作人员。新聘社区工作站工作人员须35周岁以下,大专以上学历,且有2年以上的工作经历。按照《办法》,全市社区事务工作站的专职社工将按照每300—400户安排一名社工的标准配置,他们主要负责党群、民政残联、宣教文卫、人力资源和社会保障等工作。

【社区人力支撑更有力】 社区书记优选高配,开展社区"领头羊"工程,一批优秀复退军人、民营企业管理人员、大学生村(社区)干部和镇(街道)机关干部被选拔为社区书记,在社区建设和管理中发挥领导核心作用。年内,市民政局组织村主任学习涉农政策及矛盾处理、农村民主自治等内容;组织全市社区主任到中国社区培训基地——杭州培训，学习社区“三社联动”、社区社会化服务、社区民主自治等内容，参观中国社区建设展示中心、彩霞岭社区公益服务中心。11月，举行“社会组织能力建设”专题培训，96名书记和负责人参训。引导镇（街道）对社工进行素质教育，结合“敲门服务进社区”活动，围绕如何“敲开一扇门，做一名贴心社工”主题，对丁蜀、张渚、新街等5个镇（街道）、11个社区的社工进行专题培训及跟踪管理。丁蜀镇每季度专业培训全镇社工，外聘教授或先进社区书记授课，实地传授知识，参训300余人次。加强与万达广场、丽人网合作，在部分社区开展“宜兴星舞台、社区达人秀”“社区嘉年华”等文艺演出。丁蜀镇《陶都社区报》成为社区工作交流展示平台。

【社区服务水平提高】 服务环境不断优化，采取新建、扩建、改造和调整等方式优化服务环境，加强社区服务中心建设。各社区基本建有居家养老服务站、卫生服务站、文体活动站、图书阅览室等设施，全市社区办公服务活动用房平均面积超1000平方米，社区一站式服务大厅覆盖率达100%。社区社会组织加速壮大，宜城街道新华社区“睦邻互助社”、新街街道绿园社区“氿滨百姓剧社”、张渚镇东街社区“男欢女嬉舞蹈队”等一批群众性社会组织脱颖而出，初步形成门类多样、覆盖广泛、作用明显的社区社会组织体系。至年底，全市登记备案社区社会组织1046个。服务活动有声有色，镇级特色文化、艺术和体育团队实现全覆盖，宜城街道“邻居节”连续举办七届。公益创投扎实开展，累计为65个社区、75个项目资助资金325万元。

【义工服务】 全市有义工协会18个、义工服务站289个（机关部门义工站24个、社会义工站5个、社区义工站260个）、义工服务基地31个、便民服务岗5处、各类服务队100多支，义工注册人数达1.8万人，其中有一星级义工58人、二星级义工12人、三星级义工1人。全市形成市有义工联、街道（镇）有义工协会、社区有义工站的三级义工组织网络。通过政府引导扶持、职能部门规范指导、义工社团自我管理、社工引领指导义工、社会多方参与的模式，开办社区学校，为所属社区内双职工家庭子女和民工子女等失管学生提供以学业和兴趣辅导为主的帮扶关爱活动。“义工辅学进社区”公益创投项目在宜城街道10个社区开展，受益人数近200人。全市30个养老机构、社会公益类组织、风景园区等义工服务基地与宜城街道29个社区结对，提供供需互惠的服务平台。根据每月活动主题和时事节日，开展“蓓蕾行动”助幼服务、“霞光行动”为老服务、“绿色行动”绿化美化服务、“蓝盾行动”治安维稳服务、“春雨行动”便民利民服务五大服务项目，全年组织义工站（协会）开展活动124次，服务达6万小时，直接或间接服务人数达7.5万人次。年内，宜兴义工组织被评为宜兴市十佳社团、无锡市志愿服务先进集体。

（虞婧　顾益平）

社会组织管理

【概述】 社会组织登记管理改革，降低门槛对四类社会组织（行业协会商会类、科技类、公益慈善类、城乡社区服务类）实行直接登记，登记企业数量增加，公益创投成效明显。全年新登记社会组织336个，累计2011个，其中社会团体401个、民办非企业单位547个、基金会8个、备案登记的社会组织1055个。全年网上年检社会组织478个、现场年检22个，撤销、注销2个。对全市社会组织实施常态化评估，共完成全市422个社会组织的评估，其中获AAAA级18个、AAA级34个、AA级339个。围绕“抓能力、树品牌、强管理”的要求，市民政局举办社会组织能力建设公益讲坛，定期邀请社会组织相关领域的专家学者、领军人物探讨社会治理及社会组织发展课题，分类分批培育社会团体秘书长、民办非企业单位负责人、城镇社区书记、公益类社会组织负责人。全年举办各类培训讲座6期，受训400余人次。

【实施四类社会组织直接登记】 11月1日，省民政厅印发《江苏省四类社会组织直接登记管理暂行办法》（简称“《办法》”），在全省范围内对四类社会组织实行直接登记。《办法》规范了四类社会组织的范围界定、登记权限、登记条件、登记流程以及监管职责等。在四类社会组织登记过程中，市民政局适当放宽条件，实施“两允许、两降低、两取消、两鼓励、一简化”：降低登记门槛，做到允许“一业多会”，允许其名称使用字号；降低会员数量标准、注册资金标准；取消社会团体筹备审批环节和社会团体分支（代表）机构的审批；鼓励民办非企业单位申请注册服务商标，鼓励大学生、社会工作专业人才创办社会组织；简化验资手续。全年直接登记全市各基层义工协会、公益性公墓和骨灰楼、社区事务服务中心、居家养老中心、社会组织孵化站、有关行业协会等300多个。

【社会组织公益创投活动】 市民政局以“扶老、助残、救孤、济困”为宗旨开展公益创投活动。全年公益创投项目入选市级项目54个、无锡市级项目10个、省级项目1个，共投入公益金387万元。项目涵盖关注老年人事业、救助特殊困难群众、帮助革命伤残军人、公益自愿服务活动、社区自愿服务活动、帮助残疾人事业、社会组织孵化培训七个类别，体现出社会组织参与积极性高、项目涵盖范围广、项目创意新颖等特点。申报主体有公益组织、学术性团体、联合性团体、商会组织和乡镇的社区社会组织等，活动触角由城区延伸到乡镇。申报项目创意有特色，选题立意新颖、独辟蹊径，如特殊儿童预警网络、以

社会组织广场公益活动　　（市民政局　提供）

锡剧为载体的文化养老项目、外来妇女家庭支持、民间手工艺传承、关爱牌迷老人、盲人培训等项目，填补传统社区服务和公益活动的空白。项目坚持阳光操作，由江苏华益社会组织评估中心和市社会组织创业服务中心联合组成评审小组，对项目进行综合评审，对每一个新项目团队实行一对一全程跟踪培训指导。市财政局、民政局核对检查公益金使用情况，建立重大活动、重大资金使用报告制度。项目实施坚持公益创投与招投标相结合，开展社会组织项目与企业结对，新老项目单位结对、实施项目抱团活动，实现社会组织集群、项目集聚、资源集约的三赢效果。

【社会组织孵化服务网络建立】 近年，随着经济社会快速发展，市民的社会服务需求与日俱增，各类社会组织的发展活力也不断增强。2013年年底，全市有依法登记的社会组织1423个，但公益性组织发展困难，仅为35个。为促进社会组织健康有序发展，2014年1月，市社会组织创业服务中心建成投用。服务中心面积近400平方米，由市民政局主管，设有培育孵化区、成果展示区、创投服务区、管理机构区等功能区，通过“政府资金支持、专业团队管理、社会组织受益”的运营模式，为公益慈善类、社会服务类和群众生活类等社会组织“孵化”项目提供公共服务平台，优先发展优秀的社会组织和公益项目，规定初创期、草根性、公益性的社会组织通过审核后，可直接“入驻”。服务中心为入驻社会组织免费提供场地设备、能力建设、项目扶持等基本服务，同时免费提供财务托管、法律服务、成长评估、每月小额活动经费补助等拓展服务。孵化时间原则上为两年，社会组织具备“出壳”条件后就离开，新的一批公益性社会组织继续入驻。至年底，有阳羡法学社、市硬笔书法协会、爱德陶艺社等11个公益性社会组织入驻服务中心。全市形成市级社会组织创业服务中心(1个)、镇级社会组织服务中心(4个)、社区社会组织孵化站(20个)为模式的社会组织孵化培育体系，实现了社会组织培育孵化网点全覆盖。

（沈永明）

编辑　朱敏

公用事业
PUBLIC SERVICE

公　交

【概述】　落实《宜兴市公交三年发展规划(2013—2015)》,优化城乡公交站点设置,完善线路方案,完成城市公交专用道规划论证。金三角客运总站城乡公交自助上客系统建成启用,通过人车分流,满足乘客零距离换乘需求。开通宜兴至太华直达公交班线。在全省率先推行镇村公交"准点行动",提高城乡公交准班准点率。年内,全市13个镇(街道)、39所学校、4829名义务教育学生实行上下学校车接送,491个站点、145条接送线路、82辆校车安全运行,基本实现农村义务教育学校校车接送全覆盖。在实验中学南校区、宜兴外国语学校东校区开通城区学生公交专线。至年底,全市有城市公交车450辆,其中新型燃气车127辆;有城乡公交车331辆,其中新型燃气车45辆。全年新辟调整城市、城乡公交线路30条,新增、更新燃气型公交车74辆,燃气型公交车占比达22%,8条公交线路实施全空调化改造,城市公交营运车辆实现全空调化。城市居民选择公交的出行量占总出行量的25%。至年底,公共自行车累计建成站点170个,投放车辆4100辆,覆盖宜城街道、环科园、丁蜀镇。年内,张渚镇启动建设公共自行车服务站点12个,投放自行车300辆,计划2015年正式启用。全年完成客运量7143万人次,客运周转量8.83亿人千米。宁杭高铁客运专线全年进站142.91万人,出站144.15万人。

【长途客运提供免费上网服务】　8月,市公路客运有限公司在长途客车上试点安装带有WiFi功能的车载信息服务终端设备,免费向乘客提供信号强、速度快的无线上网服务。在前车窗上贴有醒目的透明标签,印有"全车已覆盖免费上网"等字样。乘客上车后搜索"9797168.com"WiFi信号,连接后即弹出"全国客运安全宣传视频"页面,点击"我已了解安全须知,继续上网",即可免费上网浏览信息、收发邮件、刷新微博等。8月底,车载WiFi设备在153辆长途客车上应用,交通长途客运步入智能化时代,深受乘客欢迎和好评。

【镇村公交推行"准点行动"】　镇村公交是连接镇村之间的重要交通运输方式,但存在线路长、客流少、空驶率较高等问题。为兼顾车辆使用效率和群众出行便利,8月起,市交通部门在全省率先推行镇村公交"准点行动",根据镇村公交运行中"两头密、中间疏"、公交起点站和终点站车较多、居民在中途等车耗时长的特点,在镇村公交班线运行车辆和190块站牌(站台)上均标明班次间隔时间、到站时间,并向沿线居民发放车辆班次运行信息卡,建立运行应急保障预案,接受群众监督,保证"准点行动"高效实施。

【城区义务教育学校开通学生公交专线试点】　6月,为缓解城区学校周边交通拥堵状况,按照积极引导、应乘尽乘、专业管理、确保安全原则,在市公共交通有限公司原有管理机构基础上,市政府成立城区中小学学生公

在城区学生公交专线中运行的公交车辆　　　(市交通运输局　提供)

交专线管理办公室。10月，率先开通实验中学南校区学生公交专线10条。12月，开通宜兴外国语学校东校区学生公交专线9条。接送对象为城区义务教育学校四年级以上学生，学生公交参照城市公交管理模式，纳入正常公交班次序列，每辆车前设置“××学校学生公交专线”标志牌。在学校正常上课期间，每条线路在上午学生上学和下午学生放学时段各发1—2班公交汽车，上学途中只上不下、放学途中只下不上，双休日和寒暑假不开。学生可刷市民卡上车，票价每次0.5元。车载“智慧校车”系统将自动记录相关信息，并通过校讯通平台传送至家长手机，确保学生安全到校、到家。

【公共自行车服务标准提升】 年内，为完善公共自行车服务网络，开展三期补缺工程建设，在城东、环科园等区域新增站点20个、自行车500辆。市公共自行车服务系统于2012年7月启动，至2014年年底，累计建成站点170个、投放车辆4100辆，日均借车总量超1.5万辆(次)，办理诚信借车卡近13万张，在无锡地区率先实现主城区公共自行车服务网络全覆盖，各项运行指标名列全省前茅。为提高公共自行车服务效能，在原考核基础上，完善《宜兴市公共自行车运营管理考评办法》，对站点完好率、站点设施维护、自行车调度运营等八项内容实施百分制考核，建立监督员管理制度，落实专人专管，确保运行质量监督网络覆盖到每个站点、每个时点。同时，为推行公共自行车管理标准化建设，市城管局会同市质监局申请制订《公共自行车服务运营管理规范》和《公共自行车服务质量规范》服务标准2个，并被列入2014年省级标准化建设试点项目。

（周峰　王伟平　刘涛）

供　水

【概述】 围绕打造“智慧水务、知名水务、幸福水务”理念，提升供水体系建设水平。完成湖㳇水厂每天2万吨改造和取水枢纽工程，提高了水资源综合调蓄和利用效率，缓解供水调度压力。完成偏远山区供水管网改造工程7700户，解决张渚茗岭、太华山区一级增压范围内居民安全饮水问题。湖㳇及环科园偏远山区供水工程、太华水厂二期工程、高铁供水增压站工程等项目在推进中。新建巷头路供水主管网9.5千米。实施农村支管网改造及宜城老小区管网改造，解决宜城城东、宜城老城区以及徐舍堰头、周铁分水等2万多户用户低水压问题，夏季水压不足投诉大幅减少。安全保供力度不断增强，通过创新研发，完成大修理和技术改造项目16项。对水源地实行24小时不间断监控，优化工艺流程和品质保障，保持水质100%符合新国标供水品质。全年新增供水主支管网153千米，累计有主支管网2700千米。全年实现总供水量1.08亿吨。

【湖㳇水厂改扩建工程建成投运】 湖㳇水厂取水工程位于湖㳇镇洑西涧和永红涧交汇处下游约100米处，包括1座节制闸和1座每天可以抽取7万吨水的取水泵房。节制闸上游左侧支流洑西涧建成油车水库，向氿滨水厂每天提供约5万吨优质源水；另一支流永红涧集水面积约30平方千米，水质优良，每年可提供优质源水约853万吨，相当于氿滨水厂近一个月产量。2013年3月，启动湖㳇水厂每天2万吨(原每天0.5万吨)改造和取水枢纽工程。其中，一体化处理装置具备每天单独处理0.5万吨的能力，斜管沉淀池+无阀滤池工艺具备每天处理1万吨的能力。2014年5月，项目建成投运。投运后，湖㳇水厂在每天2万立方米供水量前提下，在丰水期还可向氿滨水厂提供最高每天5万立方米的优质源水。

【供水便民惠民服务】 开设供水网上营业厅，通过网络实现水费缴纳、信息查询、投诉处理和业务受理。增设市民卡、宜兴农村商业银行卡、支付宝支付等多种缴费模式，增加缴费网点数百个。至年底，预存水费用户13万户，占全市总用户的三分之一。全年处理来电来访3.6万件，回访单位客户近500次、居民客户近2万次，发送短信服务40余万条，客户满意率99.9%。坚持开展社区结对、大客户走访活动。全年随机发放调查问卷3000余份，开展志愿服务90余次、新小区现场办公18次、延伸服务4829

湖㳇水厂　　（市公用事业局　提供）

次、夜间施工564次。

（沈韵凯）

供　电

【概述】 全年全社会用电量88.28亿千瓦时，比上年下降2.73%。其中：工业用电量69.51亿千瓦时，比上年下降1.62%；农业用电量8608万千瓦时，比上年下降9.27%；生活用电量8.9亿千瓦时，比上年下降13.2%。全年供电量80.59亿千瓦时、售电量76.69亿千瓦时，分别比上年下降3.87%和3.74%。网供最高负荷138.68万千瓦，比上年下降3.56%。供电可靠率99.97%，综合线损率2.35%。全年电费收入55.88亿元，总营业户数65.09万户。完成业扩报装*3.98万户，增量68.07万千伏安。全年完成配网、农网投资5.12亿元，新增110千伏变电所1座、主变容量4万千伏安，新增35千伏以上线路171.2千米。年内，市供电公司成为无锡地区2014年唯一获得“全国五一劳动奖状”的集体，连续五年、第六次蝉联全国“安康杯”竞赛优胜企业，被省供电公司授予“安全生产先进集体”称号，在市“千人评议机关”活动中获公共服务单位综合评议第一名。

【电网建设有新成效】 以不限电、少停电、用好电为行为指南，重视各级电网协调发展，加大配电网改造力度，改善配电网结构，推进“一流配电网”建设。500千伏宜兴东输变电工程开工建设，220千伏都山输变电工程完成前期工作。新增、扩容变压器1117台，新增、改造架空线路450千米，新建电缆线路70.55千米，新增、改造环网柜91台，新增分段开关114台，电网线路联络率75.83%，其中城区100%，故障次数比上年下降6.99%。城市综合电压合格率99.998%，供电可靠率99.97%；农村综合电压合格率99.565%，供电可靠率99.925%。开展公配站（所）专项修理，完成18座公配所修试、36座公配所环境监控系统修理、65座公配所标准化整理工作。开展GIS沿布（电力设施设备定位）工作，完成设备数据采集1.16万处、电缆数据采集184千米。加强周期性巡视，增设公配所运维修试队伍，全年巡视786座（次），发现并及时消除缺陷126处。推进分布式光伏发电项目并网。3月，江苏新远东电缆有限公司10兆瓦屋顶分布式光伏发电项目并网发电，年发电量1100万千瓦时，可供应普通家庭1800多户，全年减少碳排放量约9970多吨。4月，西渚镇筱里村居民自建的光伏发电系统通过验收。

【安全生产平稳有序】 市供电公司开展“安全教育季”“安全事故回头看”等专题活动，提升安全意识。开展安全隐患排查，发现隐患395处，整治393处。迎峰度夏期间，提升电网供电能力，改造重载线路29条、重载变压器353台。建立督察公开通报机制，严肃追责考核，开展领导干部“飞行检查”104次，两级安全督察检查现场2192个、出动5281人次。严把外协队伍安全培训和负责人考核关，举办居配工程施工安全质量管理提升活动，强化外包队伍管控。加强工程前期和属地化管理，确保推进工程项目稳步实施。编制完成中压配电网规划三年（2014—2016）行动计划，明确18个中压片区、规划类别和规划建设目标，完成芳桥配电网示范区建设及官林、张渚等片区配电网规划。加快配农网项目实施进度，推进环科园、太华地区一流配电网建设，投入3491万元，改造升级10千伏设备及优化网架结构。配合市政迁改工程，完成220千伏线路迁改1处、110千伏及以下线路迁改32处。

【电网应急措施落实到位】 规范事故应急抢修措施，通过营配调一体化沟通机制，实现调控、运行、抢修及远程工作站之间及时高效沟通，减少停电时间，提升抢修效率。强化配网故障分析，每周开展典型故障剖析，每起故障“有分析、有举措、有落实”，避免同类事故重复发生，全年故障次数比上年下降6.99%。加强应急物资规范管理，修订完善《配电网抢修备品备件配置标准》，物资类型从134种精简到43种，明确各备品备件物资的储备定额和领用流程。建立政策处理联动机制，提前介入工程前期，统筹公司资源，以“打组合拳”的形式多头协调，妥善处理线路走向、保护线路走廊、避免跨房等敏感问题。主动与当地政府沟通，与地方供电所、政府联合成立工程专项协调小组，依靠地方优势，确保工程顺利建设。

【供电优质服务】 市供电公司实施“强基固本”工程，践行“你用电、我用心”服务理念，深入农户家中及中、小

市供电公司帮助企业检修用电设备　　（市供电公司　提供）

学校宣传安全用电,发放画册资料24万份。强化规范管理意识,改进服务行为,创新服务举措,提出"一次按标准做好工作"的工作理念和解决供电服务"最后一公尺"的服务理念。对居民末级剩余电流动作保护器、农村场头脱粒装置、鱼塘养殖户用电设备逐户开展安全隐患排查,家保安装率达98.8%,整改更换标准场头脱粒用电装置5629处,鱼塘养殖用户保安器安装率95.01%。开展"用电医生""电力美容""亲情电力""爱心电力"四项特色行动,打造快速高效应急通知和服务通道。以宜城街道民主社区、荆溪社区为试点,创新开展居民入户安检工程,为3.3万户居民解决用电隐忧。全年发放安全用电资料1.03万份,开展现场用电"义诊"598次,解决用电问题2494个。

【电厂建设】 全市有发电机额定容量3000千瓦以上的发电企业16个。其中,抽水蓄能电站1个,垃圾发电厂1个,热电联产企业6个,利用余热、余气、余压发电的资源综合利用企业8个。

2014年宜兴市电厂主要技术经济指标

表69

序号	单　位	发电机额定容量(万千瓦)	供电量(万千瓦时)	燃料量(万吨)	供热量(万吉焦)	供电煤耗(克/千瓦时)	供热煤耗(千克/千焦)	热网总长度(千米)
	合　计	61.45	358920	342.93	2709.26	—	—	198.80
1	江苏国信协联能源有限公司	38.40	197670	156.20	841.61	310.23	37.26	150.00
2	宜兴灵谷热电有限公司	6.00	28739	80.03	1039.40	335.00	36.57	3.20
3	宜兴新联热电有限公司	0.30	791	—	56.06	—	—	3.00
4	宜兴华润热电有限公司	6.00	75895	46.40	317.70	312.39	34.00	31.60
5	光大环保能源(宜兴)有限公司	0.90	5370	18.23	—	—	—	—
6	江苏三木集团有限公司	2.40	9770	24.20	322.95	358.00	38.93	5.00
7	江苏华亚化纤有限公司	2.40	17800	17.87	131.54	392.00	41.00	6.00
8	无锡双诚炭黑有限公司	0.30	1685	—	—	—	—	—
9	宜兴市金墅水泥有限公司	0.40	2587	—	—	—	—	—
10	江苏阳羡南方水泥有限公司	1.35	7352	—	—	—	—	—
11	江苏宜城南方水泥有限公司	0.45	2615	—	—	—	—	—
12	宜兴天山水泥有限责任公司	1.20	5354	—	—	—	—	—
13	江苏徐舍南方水泥有限公司	0.45	2722	—	—	—	—	—
14	江苏新街南方水泥有限公司	0.90	570	—	—	—	—	—

说明:1.光大环保能源(宜兴)有限公司的燃料为生活垃圾;其他消耗燃料的企业为燃煤发电;不消耗燃料的企业为利用余热、余气、余压发电
2.天乾(无锡)科技有限公司余热发电机组关停,没有数据

【抽水蓄能电站平稳运行】 江苏宜兴抽水蓄能电站全年电站机组发电启动1512次,成功率100%;抽水方向启动1160次,成功率99.74%;发电量9.35亿千瓦时,抽水电量11.52亿千瓦时,等效可用系数89.68%,综合效率79.73%,超76%的设计效率。计划外服务电网启动超过700次,刷新电站投产后计划外启动机组纪录。完成南京青奥会、防洪防汛、迎峰度夏等重要时段保电任务。特别是南京青奥会期间,落实"再部署、再检查、再落实"的保电工作要求,提前策划、细化措施,周密安排机组消缺,组织黑启动*应急演练、重点设备特巡等针对性工作,确保电站机组"随调随起"。年内,电站获"改革开放35年百项经典暨精品工程"和"全国电力行业设备管理工作先进单位"两项国家级荣誉。

(蒋逸　王佳玲　蒋洁青)

供　气

【概述】 坚持"安全、普惠、监管"工作方针,促进燃气基础设施建设,加强安全保障措施,规范经营秩序,强化行业监管,探索燃气管理长效机制。全年新建中压管道81千米、低压管道85千米,累计有输配管网1851千米。建设低压庭院埋地管91.4千米、镀锌立管及架空管212.04千米。

蔬菜水果批发市场L-CNG站　　（市公用事业局　提供）

全年天然气供应量3.7亿立方米。签约工商、公共福利用户212个，其中工业用户75个、商业用户78个、公共福利项目59个。新增居民用户开户2.99万户，点火生效1.5万户。完成红星嘉苑小区、银湖小区、8690部队家属小区等老小区管道燃气改造工作，涉及居民近1万户。蔬菜水果批发市场L-CNG（液化、压缩天然气）合建站、城东LNG（液化天然气）加气站、金三角LNG加气站、城南L-CNG合建站4座加气站基本建成，全市“油改气”项目实现零突破。

【安全智能钢瓶推广应用】 围绕建设安全普惠的瓶装天然气新市场，规范各镇（园区、街道）天然气管网未普及区域的液化气市场秩序，强化钢瓶安全管理，防止和减少因气瓶导致的燃气事故。根据“政府搭台、企业唱戏、衍生服务、提高水平”原则，市公用事业局出台《关于规范液化石油气钢瓶管理的实施方案》，在万石镇、官林镇和新建镇先行试点，推广使用液化石油气智能阀专用瓶，强化钢瓶安全主体责任落实，实现钢瓶管理信息化、规范化。通过层层宣传、户户动员、村领导带头、现场开户等手段，开展专用瓶推广宣传活动20余次，发放燃气安全宣传资料5万余份。至年底，以上三个镇实现专用瓶开户2.12万个，回购报废钢瓶1.21万个只，回收检测钢瓶1.63万个。

【燃气安全保供】 明确各镇（园区、街道）的燃气安全属地管理职责，建立镇（园区、街道）燃气安全协管员制度。组织燃气行业季度安全大检查、日常巡查、整改复查、专项检查等，全年检查燃气经营、供应企业200多个（次）。各储配站、燃气供应点、天然气场（站）和天然气管线均能落实各项制度和操作规程。做好用户户内安检工作，提高用气设备安全系数。至11月底，宜兴港华燃气有限公司安检居民用户9.11万户，入户安检率88.66%；查出一级隐患570户，整改率100%；整改上半年检查出的超年限燃气具、无熄火保护装置的灶具、漏气燃气具等920台；修理、更换表箱134个，安装调压箱防撞栏50处；检测阀门9225个、管线663.9千米。宜兴中燃能源有限公司成立户内安检小组3个，深入工商企业、居民用户家中对专用瓶用户进行安检并提出隐患整改意见，平均每组每天检查30余户，官林镇、万石镇石材市场以及新建镇入户安检率达90%。

（沈韵凯）

编辑　李逸萍

综　述

【概述】 继续深化医药卫生体制改革，加快完善基本医疗卫生服务体系，基本形成以市级医疗机构为龙头、区中心医院和社区卫生服务中心为骨干、社区卫生服务站为基础、民营医疗机构为补充的三级医疗卫生服务网络。医疗服务能力提升，基本公共卫生项目服务质量和疾病预防控制能力得到提高，卫生监督执法力度加大，妇幼卫生服务水平提升，卫生应急保障体系和社区卫生服务体系日趋完善。全市有医疗卫生机构477个(所)，其中医院27所、个体诊所77个、社区卫生服务中心18个、社区卫生服务站242个，专业公共卫生机构7个(所)；有编制床位4880张，医疗设备总价值7.57亿元；直属药业公司1个。全年受理门(急)诊515.26万人次，比上年增长8.71%；收治住院病人15.5万人次，床位使用率95.43%，分别比上年增长13.06%和下降0.81%；业务收入24.36亿元，比上年增长16.06%；有卫生技术人员8465人，其中注册执业医师2938人、执业助理医师418人、注册护士3332人。市卫生系统招录医卫类毕业生283人，其中硕士生34人。无偿献血1.82万人次，无偿献血总量540.8万毫升，无偿献血占临床用血比例、自愿无偿献血比例、自愿捐献血小板比例均继续保持100%，血液质量进一步提升，保障了全市医疗机构的临床用血。

【国家基本药物制度规范实施】 贯彻落实基本药物制度，减轻群众医疗费用负担。全年病人门(急)诊和住院次均药品费用为105元和3630元，比改革试点实施前有所下降，门诊次均处方值和住院次均费用均得到有效控制。根据省卫生厅《关于做好2014年全省基层医疗卫生机构基本药物集中采购计划申报工作的通知》要求，做好全市基本药物的遴选、增补工作。市基本药物遴选小组制订2014年基本药物采购目录，目录设品规704个(不含大输液品规48个及无锡增补品规106个)。其中，调整品规15个，新增价格适中、供货正常的基本药物品规32个。针对部分廉价药品供应不及时的情况，按照省卫生厅《关于做好短缺药品保障工作的通知》要求，做好全市廉价药品的供应工作。在江苏省基本药物集中采购平台上定期监测及上报短缺药品信息动态；根据群众用药需求，遴选常用廉价品规57个；统计全市社区卫生服务机构使用量，优先采购及配送使用量大的药品。

【卫生服务机构服务能力提升】 年内，和桥镇永兴村社区卫生服务站创建成省示范村卫生室，万石医院骨科创建成省级特色科室，万石医院骨科、杨巷医院胃肠专科创建为无锡市级特色科室。做好基本药物目录遴选工作，及时供应廉价基药，定期开展社区卫生服务机构处方点评。以市中医医院和湖汶镇社区卫生服务中心结对、长期开展双向交流合作为标志，开展对口支援，全市二级以上医院全年对口支援社区卫生服务中心7个，21名医生晋升职称前到社区服务。家庭健康医生制度逐步完善，全年重点人群签约服务35.85万人，签约率96%，签约对象服务内容知晓率100%，服务对象满意率达90%以上。全市社区卫生服务机构完成门(急)诊145.2万人次，比上年增长6%；门诊总收入7682万元，比上年增长11%；基本药物销售6076.5万元，比上年增长15%。社区卫生服务中心和服务站门诊均次费用分别为75元和45元，就诊费用明显减少，群众满意度提升。

(丁超　郭晓唐)

医疗技术

【概述】 注重继续教育与业务培训，落实全科医师与住院医师规范化培训，鼓励基层单位派员外出进修与业务学习，支持开展科研与新技术项目，不断提升医疗服务水平。继续加强中医治疗特色及中医科普知识的宣传与教育。全年无锡市级以上科研立项14个，完成科研课题11个。市人民医院主持的6项技术获省卫生厅医学新技术引进二等奖。各基层单位全年选派63名医护人员到二、三级医院进修，其中派出护士22人、派医生到外地三级医院11人。市医学会举办学术会议及学习班48期(次)，参加者5384人次。

【科教研工作】 全年省级科研立项3

个、无锡市级(含高校科研)11个,年内完成11个。全市卫生系统在建立"医学院校以地方综合医院为发展基地,地方综合医院以高等医学院校为技术依托"、互惠互利、共赢发展的院校合作新平台上取得突破,市人民医院升格为扬州大学医学院的临床学院,市中医医院升格为扬州大学医学院附属医院,市第二人民医院升格为江苏大学教学医院,市疾控中心与东南大学合作成立江苏省环境诱变剂学会宜兴科技服务站,市妇幼保健所与复旦大学附属儿科医院结成合作单位。市中医医院与南京中医药大学联合举办中西医结合临床研究生课程班,第一批52名业务骨干完成为期两年的课程学习。市第二人民医院2010年起与南通大学联合举办三年一期的研究生课程进修班,累计参训32人、结业6人,其中2人获硕士学位证书。市十里牌医院与无锡市医院管理协会开展院会协作,成为无锡市医疗专家科技服务基地。全年参加省卫生厅"千名药师培训"3人、临床骨干医师培训5人、开展务实进修7人。

【医技水平不断提升】 市人民医院主持的"集束化肠内管理技术在重症患者免疫功能调节中的应用""集束化的流程与技术在颅脑交通伤救治中的应用"等6个技术项目获省卫生厅医学新技术引进二等奖,在省内县(市)排名第一;新设的生殖医学科通过省卫生和计划生育委员会(5月29日,江苏省卫生和计划生育委员会成立,简称"省卫计委")的现场评审,成为省内第一个获准开展夫精人工授精技术的县市级医院;全年有体外循环、口腔种植等23项二类技术通过省卫计委评审。市中医医院开展院内首例心脏瓣膜置换手术,儿科通过省级重点专科创建项目中期评估。市中医医院消化内镜、妇科内镜诊疗等6项技术以及市第二人民医院普外科内镜技术通过二类技术评审。张渚人民医院血液透析技术通过无锡市卫生局评审并投入使用。市级医院实施基层适宜推广卫生技术项目16个,其中入选省库1个、无锡市库2个。

【中医药工作加强】 全市开展中医药文化建设,通过组织骨干中医师深入社区、老年大学等开展中医药科普讲座,开展专家膏方门诊服务和"中医药就在你身边"科普巡讲等活动,向市民宣传中医养生知识和理念,推进中医"治未病"工作。组织专家对16种临床常见病拟定中医理、法、方、药并印制成册,分两次培训基层医疗机构人员450人。对中医体质辨识信息化处理开展多轮研讨,形成实施方案,各社区卫生服务中心均按要求开展65岁以上老年人中医体质辨识服务和0—3周岁儿童健康指导,运用中医药知识开展预防保健活动。启动农村中医适宜技术项目推广,推广面覆盖全市所有乡村医生。组织开展中医药知识调查工作,收集上报7项传统中医药知识目录。

(周光明)

疾病防控

【概述】 贯彻"预防为主"工作方针,完善疾病防控体系建设,加强突发公共卫生事件处置能力,提升人民群众健康水平。严密防控埃博拉出血热、人感染H7N9禽流感、手足口病及麻疹等传染病,有序开展发热伴血小板减少综合征、戊型肝炎、布氏病、包虫病等监测。深入开展"亿万农民健康促进"和"公民健康素养促进"行动,实现全民健康教育,编发健教宣传资料27种、54万份。完成食源性疾病哨点监测任务,开展食源性疾病负担调查928户,城市生活饮用水监测覆盖率和合格率均达100%。江苏省环境诱变剂学会——宜兴科技服务站在市疾控中心成立。市预防医学会与东南大学合作开办公共卫生硕士2015级宜兴班,全市26名学员完成全国联考、复试等招录等工作。艾滋病检测网络持续完善,累计建成艾滋病快速检测点8个,艾滋病筛查实验室实现二级以上医疗机构全覆盖。新建成周铁、芳桥、西渚、新建、高塍5个现代化预防接种门诊,实现全市镇(街道)现代化预防接种门诊全覆盖。全年报告法定传染病19种、5422例。其中,甲类传染病未发生,乙类14种、1566例,丙类5种、3856例,甲乙类传染病总发病率121.53/100000。为适龄儿童新建卡1.34万人,接种国家免疫规划疫苗11种、28.84万针(次)。登记管理高血压和糖尿病患者13.06万人,规范管理率94%,开展65岁以上老年人保健服务11.61万人次。全年开展职业健康监护体检10429人次,中、小学生体检23912人。

【P2分子生物实验室建成】 P2分子生物实验室(Physical Containment Level 2 Laboratory)即二级生物安全实验室,适用于对人和环境有中等潜在危害的微生物。年内,为提高传染病病原微生物的快速诊断能力,提升传染病疫情监测和调查处置水平,市疾控中心启动P2分子生物实验室建设工作,并持续加大技术积累和人才培养力度,投入300余万元用于实验室改造和仪器设备采购。年内,实验室建成投用,一些检测项目无须再送往上级单位检测,卫生检验检测水平在全省乃至全国县(市、区)级疾控中心中领先。

【血吸虫病防治】 全年完成血防查螺面积2612万平方米,巩固灭螺面积230万平方米,查螺用工2.69万个,未发现钉螺。不断巩固血防工程,徐舍镇烟山村门口山(II期)、西渚镇篁里村龙眼塘两个历史有螺条块环境改造综合灭螺工程(项目)均报批为省血防重点灭螺项目,累计投入经费57.6万元。年内,扩大灭螺面积5万平方米,其中沟渠硬化1635米、稻田药浸80亩,有效消灭钉螺滋生环境,阻断血吸虫病传播潜在威胁。11月,宜兴市接受国家卫计委《全国预防控制血

血防工作人员正在查螺　　　　（市卫生局　提供）

吸虫病中长期规划纲要(2004—2015)》的终期预评估，各项指标均达到规划纲要的目标要求，得到评估组肯定。

【慢性病综合防控】　在2013年宜兴市建成江苏省级慢性病综合防控示范区的基础上，2014年，全市慢性病管理工作水平进一步提升。推进死因监测，启用新版死亡医学证明和信息登记规范，落实35岁以上首诊病例测血压制度，"慢五病"（恶性肿瘤、高血压、糖尿病、冠心病、脑卒中）患者、心脑血管事件、恶性肿瘤的报告质量稳步提高。新建健康小屋6个，全市累计建有健康小屋39个（其中示范性健康小屋6个），实现镇（街道）慢性病自助检测点（健康小屋）全覆盖。

（姜珂）

卫生应急

【概述】　年内，全市报告处置突发公共卫生事件3起，其中一般突发公共卫生事件2起、未分级突发公共卫生事件1起；确诊人感染H7N9禽流感病例1起；发生传染病暴发疫情3起，一般疫情39起；调查可疑食物中毒9起，判定并报告处置食物中毒事件1起；未发生饮用水污染事件，未接到职业中毒或疑似职业中毒报告。全年院前急救出车5496辆（次），处置病员3055余人次；院内急救处置3人以上的突发伤害事件76批（次）、食物中毒4批（次）、气体中毒2批（次）。8月，市人民医院派9名骨干医生赴无锡、苏州配合处置突发公共事件医疗卫生应急救援，应急救治协助昆山市爆炸事件伤患85天。高质量完成重大活动保障任务，完成"素博会"、中考、高考、"秋洽会"、"两会"等23次活动（会议）期间的医疗、食品安全保障工作。

【卫生应急组织体系建设】　年内，市卫生局成立卫生应急领导小组、市级技术指导小组和专家库。各医疗卫生单位成立卫生应急领导小组和工作小组，成立专门科室或指定相关科室承担卫生应急管理职能，确定专（兼）职人员具体负责卫生应急日常管理工作。张渚、和桥等区级以上医疗单位、疾病预防控制、卫生监督等机构抽调技术骨干，成立医疗救援、突发急性传染病防控、突发中毒事件处置、核和辐射突发事件医学应急等卫生应急专业队伍。修订汇编卫生应急预案，完成32个突发公共卫生事件相关预案的编制修订，印发《宜兴市突发公共卫生事件应急预案汇编》到全市各医疗卫生单位，并培训相关负责人。各医疗卫生单位执行24小时应急值班制度，全市形成上下联动、分级负责的卫生应急组织体系。为提升应急处置水平，市卫生局举办卫生应急管理、埃博拉出血热、人感染H7N9禽流感、登革热疫情防控与医疗救治等培训班；开展霍乱疫情卫生应急处置、高压氧舱意外、埃博拉出血热疫情、大批伤员救治等应急演练；参与市级危化品运输车辆事故、民爆器材行业安全事故、化工厂爆炸事故应等急救援演练。

【监测预警报告和突发事件公共卫生风险评估】　全市各医疗机构规范开展预检分诊工作，设立规范的发热门诊、肠道门诊，开展监测工作。组织实施埃博拉出血热、人禽流感、非典型性肺炎、手足口病、甲型H1N1流感、不明原因肺炎病例等疾病和其他突发公共卫生事件的监测，实现传染病网络直报，医学观察2名非洲疫区利比里亚归国人员21天。开展突发事件公共卫生日常和专题风险评估，及时发现和处置突发事件。市疾控中心和市妇幼保健所指导督促学校（含幼儿园）建立健全卫生管理制度，做好晨午检、因病缺课、食源性疾病等的监测统计和上报工作。市疾病预防控制中心密切关注突发公共卫生事件相关信息和传染病疫情监测信息网络系统，每天两次审核分析各医疗单位上报的传染病相关信息，监测分析每起预警信息，发现异常情况及时报告、现场调查并落实相关措施，遏制突发公共卫生事件发展。全年监测处理传染病预警信息140起。

【应急物资储备】　加强应急物资的储备和管理，实行不同形式的分级储备。市卫生局负责部分个人防护品、消杀药品、标本运输箱及部分药品的储备，针对西非国家的埃博拉出血热疫情应急储备防水隔离衣、防护服、呼吸器等应急物资；市级医疗机构负责医疗器材、医疗急救装备、中毒救治药品及普通抢救药品的储备；市疾控中心负责个人防护品、后勤保障装备、现场采样设备、现场检测试剂和设备、消杀器械和药品、常备疫苗和血清的储备。市卫生局和各医疗单位建立应急物资账册，落实物资采购、验收、保管、领用、补充、更新、安全等制度，在保持一定储备基数的基础上，实行动态管理，确保应急物资数量充足，功能完好。至年底，市卫生局有储备应急物资32种，价值23.3万元；市疾控中心储备应急物资80多种，价值约53.7万元；市人民医院应急物资使用性储备约80万元。

（陆凤君）

妇幼保健

【概述】 妇幼保健服务体系建设不断完善，妇幼卫生主要指标继续保持全省领先。大力推进爱婴医院创建评估和产科标准化建设，市人民医院、中医医院等12个医院通过无锡市卫生局爱婴医院的复核评估，复评通过率80%。全年孕产妇无死亡，早孕建册率96.80%，产前健康管理率99.99%，产前筛查率83.58%，产后访视率96.48%；孕产妇住院分娩率100%，剖宫产率38.8%，新生儿疾病筛查率98.54%，新生儿听力筛查率98.83%，新生儿访视率96.76%；5周岁以下儿童死亡率5.32‰，婴儿死亡率4.1‰，出生缺陷率发生率3.76‰，围产儿死亡率5.55‰；儿童健康管理率98.57%，儿童系统管理率92.72%；托幼机构卫生保健合格率100%，入托入园体检率100%。

【重大妇幼卫生服务项目有序开展】 2014年，宜兴市被列为预防艾滋病、梅毒和乙肝母婴传播项目国家点，根据市卫生局《关于进一步规范预防艾滋病、梅毒和乙肝母婴传播项目的通知》要求，组织专题业务培训，明确管理目标和服务流程；确定市妇幼保健所为产前确诊梅毒孕妇定点治疗机构，确定市人民医院为艾滋病、梅毒感染孕产妇及新生儿定点治疗及分娩机构；要求所有产科医院为乙肝表面抗原阳性孕产妇所生儿童免费注射乙肝免疫球蛋白。全年孕产妇艾滋病初筛检测率、梅毒血清学检测率、乙肝表面抗原检测率均达100%；确诊艾滋病感染对象2例，无新生儿感染病例；发现梅毒感染孕妇33例，先天梅毒患儿1例；发现乙肝表面抗原阳性孕妇454例，所生新生儿457例，免费注射乙肝免疫球蛋白456支，注射率99.78%。妇女“两癌”筛查有序开展，全年宫颈癌初筛、TCT检查各2.85万人，阴道镜检查2147人，宫颈组织病理检查1085人；乳腺癌初筛、B超检查各28948人，乳腺钼靶检查419人，确诊乳腺癌8例，宫颈癌3例，宫颈癌前病变266例。孕产妇住院分娩补助项目稳步进行，农村孕产妇住院分娩补助3458人次，按每人500元补助到位，结合新农合、生育保险等补助政策，人均享受补助标准远超国家标准，做到应补尽补。孕产妇增补叶酸预防神经管缺陷项目更趋规范，根据妇女居住地址，由所在地社区卫生服务中心（站）定期随访，指导其规范服药。叶酸纳入药房统一管理，出入库登记齐全，全年叶酸服用7769人，发放叶酸7614瓶，经随访叶酸服用依从率96.16%，知识知晓率94.33%。

【妇幼保健质量持续提升】 婚检和孕前优生检测规范有序开展，全年婚检7021对，婚检率94.27%；孕前优生检测4387对，孕前优生检测率100%。按照《国家基本公共卫生服务项目规范（2011版）》要求，不断规范孕产妇管理和0—6岁儿童管理服务流程，利用妇幼卫生信息平台，实现全市信息资源共享，有效提高孕产妇和儿童两个系统的管理率和产后访视率。通过每季度电话访问，强化质量控制，促进产后访视的真实性与规范性。全年孕产妇建卡1.35万张，产后访视率96.47%；0—6岁儿童新建卡1.01万例，体弱儿检出率12.03%，专案管理率100%。

【妇幼卫生监管力度加强】 依据《中华人民共和国母婴保健法》，严格助产和计生技术资格准入。全市具备助产技术服务许可资格单位14个，具备计划生育技术服务许可资格单位24个。全市出生医学证明发（补）证单位均能按流程规范发放。加强非医学需要的胎儿性别鉴定和选择性别的人工终止妊娠工作监管，未发生“两非”案例，出生人口性别比保持正常水平。强化托幼机构保健管理，市卫生局与市教育局联合将托幼机构卫生保健管理工作达标情况与新办园准入、托幼机构年度资格审验直接挂钩，不合格单位限期整改。经审查，全市托幼机构卫生保健对等达标率100%。

（任强）

卫生监督

【概述】 市卫生监督所组织全市44名卫生监督协管员参加培训，指导卫生监督协管员实地巡查辖区内食品安全、饮用水卫生安全、学校卫生、非法行医和非法采供血等现象4661次，发现并报告卫生监督协管事件或线索27次。全年监督检查单位1.64万户（次），举办各类培训班80期，培训管理相对人5839人次，发放宣传资料4.8万份，监督监测食品样品406件、餐饮具2567件，快速检测样品1996件、公共用具542件、消毒产品36件。开展公共卫生和医疗服务专项整治行动35次，查处卫生违法案件363起，行政罚没款63.99万元，申请法院强制执行26起。立案查处无证行医32起，移送公安机关2起，没收药品6箱、医疗器械2713件。开展重大活动保障16次。全年受理卫生许可申请2515户，发放许可证2416张。专项监督检查全市47个放射诊疗单位126户（次），重点复查2013年执法检查中被给予警告等行政处罚的7个单位，其中关闭1个、整改到位

6个。在全市开展消毒产品专项整治工作4次,检查310个单位的消毒产品604个,立案查处8起,抽检灭菌剂1种、灭菌器械2种、卫生用品33种,合格率均为100%。年内,市卫生监督所被评为省“健康卫士杯”先进单位。

【餐饮食品安全卫生监督】 全年未发生四级以上食品安全事件,学校食堂和重大活动保障单位未发生食物中毒事故。全年检查餐饮单位6883户(次),评定食品卫生监督量化分级管理A级单位69个、B级单位3076个。举办食品安全培训班68期,参训5139人次。全市配备食品安全管理员2000余人,抽检食品样品406件、餐饮具2567件,快速检测样品1996件。完成重大体育赛事、“两会”、“素博会”等重大活动期间的食品安全等保障任务16次。开展中小型餐饮单位环境卫生整治、餐饮服务和保健食品市场“四打击四规范”*整治等专项整治15次,立案查处违法案件270起。3月,专项整治中小型餐馆、旅游景区农家乐餐饮单位,立案查处25户。7月,市卫生监督所与城管、工商等部门联合整治店外烧烤摊位,取缔摊位24户。8月,选派监督员赴南京市参加青奥会食品安全保障工作,并开展南京青奥会期间全市餐饮服务、公共场所、饮用水等方面的安全监管工作,立案查处餐饮单位60余户。集中整治全市餐饮类小作坊乱用食品添加剂,特别是整治由于乱用添加剂引起食品中铝超标的问题,立案查处小作坊26户。3月、9月,市卫生监督所会同市教育局对全市学校和托幼机构开展春秋2次专项检查,检查学校274户(次)、托幼机构168户(次),抽检蔬菜、粮油、调味品等37件,合格率97.3%;抽检餐饮具807件,合格率83.3%;开展教育环境综合评价学校64所,其中A级(优秀)3所、B级(合格)61所。11月,将全市原4个餐(饮)具集中消毒单位优化整合为2个,其中1个通过无锡市验收。

【公共场所卫生监督】 全年卫生监督检查理发美容业、住宿业、公共浴室、歌厅酒吧、游泳馆等公共场所单位6097户(次),采集公共用品和用具样品542件,合格452件,合格率83.8%。2个住宿业试点单位实施“五常法管理”*。游泳场所实施电子化信息公示,对于水质自检情况按照要求做到及时更新。完成国家卫生城市、卫生镇复审和省文明城市暗访期间的公共场所单位卫生监督检查工作。对辖区内住宿业、美容业、理发业、公共浴室实施卫生监督量化分级管理1475户,量化率95%。开展公共场所卫生专项整治5次,立案查处26户。3月,开展公共场所理发美容(剃刀)专项整治工作,张贴“一客一换”提醒标识1600余张,推荐使用一次性剃刀,监督抽检理发美容工具88件,合格率100%。7月,对全市23户游泳场所(馆)开展大检查,通报水质监测结果,对3户无证单位予以立案查处。5月,全面检查使用集中空调通风系统的公共场所单位,并监督抽检集中空调的冷却水。11月,联合市公安、消防、卫生、环保、城管、文化等部门专项整治融达小商品市场小歌舞厅49个,发放卫生许可证39张。

卫生监督员在大觉寺开展“素博会”食品安全保障工作 (市卫生局 提供)

【饮用水卫生监督】 全年卫生监督检查供水单位、涉水产品生产和经营单位134户(次)。2月,开展“健康江苏2014卫监”二号涉水产品(管材管件)生产企业专项监督检查,未发现违规行为,抽检管材管件4个品种、8件样品,合格率100%;抽检化学处理剂类样品14件,合格率100%。5月,开展生活饮用水宣传周活动,培训全市集中式供水单位负责人48人次。对市政供水单位的源水、出厂水及末梢水监督抽检50件,合格率100%;抽检15个二次供水单位的16件样品,合格率100%;抽检农村分散式供水样品4件,合格率100%。对全市供水单位出厂水及末梢水的游离余氯、色度、浑浊度、pH值、肉眼可见物及嗅和味6项快速检测70件、420项,合格率100%。对6个市政、农村供水单位实施量化分级21次,其中A级单位1个、B级单位5个。

【医疗服务与传染病卫生监督】 全年检查医疗机构494户(次),立案查处无证行医案件32起,移送公安机关2起。自2013年10月启动全市打击非法行医专项行动至2014年12月,累计查处非法行医信息155条,立案处罚45起,罚款19.25万元,没收违法所得1.25万元、药品860千克、医疗器械3199件，移送公安机关案件5起，判处非法行医罪3例，移送工商部门案件3起。开展医疗广告专项整治，对违法广告发出警告10次，对医疗机构不良行为实施记分40分处理，对3个重点单位进行约谈和行政警示4次。开展医疗机构内镜专项检查，监督抽检内镜样品12件，合格率100%。执法检查全市各级各类学校、托幼机构和医疗卫生单位传染病防控工作，检查各类学校和托幼机构442户(次)、医疗机构50户(次)。

(王云霞)

医政管理

【概述】 以"三好一满意"(服务好、质量好、医德好，群众满意)活动为抓手，持续改进医疗质量，妥善处置医患纠纷与矛盾，全年处置医患矛盾170余起，申请医疗事故技术鉴定9起。区中心以上医院通过创建等级医院，医院管理、医疗质量和综合服务能力全面提升，大部分区中心以上医院均实施临床路径管理。继续开展抗生素专项整治，门诊及住院使用抗生素率下降。积极应对人感染H7N9禽流感、埃博拉出血热、登革热疫情，做好防控及诊疗业务培训与收治准备，全年未发生疑似病例和确诊病例。

【等级医院创建】 市人民医院、中医医院以三级医院标准为抓手，在医疗质量与安全、医院管理等方面持续改进，优化收治病人结构，市人民医院全年收治危重病人比例达28%。市卫生局邀请无锡市医院协会评审专家为辖区内二级医院创建单位开展《二级综合医院评审标准实施细则(2012)》培训。各创建单位对照标准，建立并实施患者安全管理制度如临床危急值报告、手术安全核查等制度，以PDCA(计划、实施、检查、处理)循环理论开展医疗质量管理并持续改进，提升医疗服务能力。年内，市官林医院通过二级综合医院定级评审，全市累计建成二级医院8个。

【医疗质量管理】 继续开展医院感染、病历质量、病理、检验、医学影像等方面的质量管理与督导。设计医院和社区卫生服务中心内科、外科、妇科、儿科、中医等专科常见病种电子病历书写模块，组织人员参加相关培训并投入使用；坚持定期开展病历质量检查，通过病历质量的监督持续改进医疗质量。开展合理使用抗生素专项整治，加强联合使用、预防性使用抗菌药物和三线抗菌药物使用监管，门诊抗生素使用处方比例、抗菌药物使用强度下降。诊疗行为进一步规范，市人民医院加强临床药师参加医疗查房和病历质控工作，区中心以上医院开展临床路径管理，大部分单位落实5个病种以上，市人民医院、中医医院分别增至64个、17个。加强护理管理，二级以上医院全面推开优质护理，三级医院全面实施优质护理；建立护士分级体系，推进13个专科护理专业化普及培训。

【医政监督管理】 利用年中、年度检查和夜查房等形式，检查全市主要医疗机构医疗质量与安全。采取集中谈话与个别谈话的方式，约谈存在问题较为严重的单位主要负责人，全年诫勉谈话4次，涉及6个单位。邀请无锡市级专家举办医疗技术临床应用管理专门培训，规范技术准入管理。全年开展打击非法行医专项行动，实施行政处罚48起，罚款15.75万元，没收违法所得8960元，没收药品760千克、医疗器械1882件，移送公安机关以非法行医罪追究刑事责任5起，移送工商部门3起。

(周光明)

爱国卫生

【概述】 开展爱国卫生活动，促进城乡环境卫生管理长效化、规范化和制度化。年内，宜兴市通过国家卫生城市复审；新建镇、徐舍镇、湖㳇镇、周铁镇、芳桥镇、西渚镇、太华镇被全国爱卫会重新命名为国家卫生镇；张渚、高塍、杨巷3个国家卫生镇通过全国爱卫会复审，74个省卫生村通过省级复审。农村饮用水水质卫生监测工作实现各镇(街道)全覆盖。农村集中式供水采样142件，合格率100%；监测4624项(次)，合格率100%。全市农村改厕率99.3%，新建生态户厕3146座，累计建设农村分散式生活污水集中处理设施408座。

【健康知识普及】 4月，市卫生局在

洑溪河健康主题公园　　(市卫生局　提供)

宜城街道文化广场举办“爱国卫生月”“健康教育月”大型广场宣传咨询义诊活动，展出宣传展板20块，向市民发放健康教育宣传资料33套、9000余份，免费发放蟑螂药2000包、鼠药3000包，到现场观摩和咨询的群众8000余人。在洑溪河旁新建健康主题公园1个，总面积14.5公顷，西起荆邑路，东止东氿路，总长2.2千米；新建健康步道7条、健康小屋4个。至年底，全市累计有健康主题公园2个、健康步道19条、健康小屋37个。深入开展控烟活动，命名宜兴日报社、市民政局等11个单位为市级“无烟单位”，对医院、车站、网吧等重点单位开展控烟宣传。全年印发控烟海报2000份、宣传手册20万册、“五小行业”（小食品经营及加工单位、小理发美容店、小旅店、小浴室、小歌舞厅）禁烟标识2万张、卫生制度4.5万张。

【病媒防制】 4月，围绕“建设健康宜兴、共享美好生活”主题，开展第26个爱国卫生月活动，组织各镇（街道）、各成员部门和有关单位及群众开展卫生死角大清理，全市清理乱张贴小广告1.2万张，清理病媒“四害”（鼠、蝇、蚊、蟑螂）孳生场所8996个，清运垃圾14.59万吨。组织全市集中投放灭鼠、灭蟑药物，免费发放灭鼠药物16万包、灭蟑药物10万包。摸底调查城区“四害”孳生的重点单位，对菜场、专业市场等28个单位开展专项消杀工作，累计消杀面积10万平方米，有效降低“四害”密度。向宜城街道、新街街道的居民小区免费发放捕蝇笼1112只、灭鼠毒饵站5776只，完善更新城区“四害”防制设施。年内，通过“四害”防制先进城市达标考核工作，全市“四害”控制为水平鼠类B级、蟑螂A级、蝇类B级、蚊虫B级，高于国家卫生城市C级达标要求。

（王骊）

编辑　王雅

镇·街道

TOWNS·STREETS

张渚镇

【概述】 区域面积175.6平方千米，辖行政村13个、社区5个，总人口72262人。全年地区生产总值78.59亿元，比上年增长12.2%。工业增加值和第三产业增加值分别为33.17亿元、42.02亿元，分别比上年增长7.91%、16.39%。财税总收入5.66亿元，比上年增长18.16%。其中，镇级可支配收入1.78亿元，比上年下降4.3%。全社会固定资产投资30.46亿元，其中工业后劲投入21.83亿元，比上年增长17.63%。应税销售收入138.05亿元，比上年增长22.01%。其中：工业应税销售收入124.67亿元，比上年增长14.66%；流通应税销售收入13.38亿元，比上年增长202.84%。利税总额15.83亿元，比上年增长2.45%。自营出口额1.96亿美元，比上年增长39.15%。农业总产值5.48亿元，比上年增长16.22%。农民年人均可支配收入22942元，比上年增长11.8%。全年粮食总产量2.02万吨，比上年下降6%。江苏悦禧玫瑰科技园申报成为省丘陵山区农业开发项目，宜南茶叶种植专业合作社、红岭茶业等4个单位申报成为省级高效设施农业。举办第一届张渚镇旅游产业投资说明会，龙池山自行车公园年接待游客35万人次。投资2.5亿元的华东百畅休闲度假园项目全面完工，总投资35亿元的桃溪湿地山水文园项目签订投资框架协议。落实土地流转合同分级备案制度，全镇累计流转土地2.17万亩。以善卷村、凤凰村、茶亭村为试点的农村土地承包经营权确权登记有序推进。成立张渚镇民间文化艺术联合会和国山书画院，成立由女企业家和企业家“贤内助”组成的张渚镇妇女安润联谊会。完成技防镇升级改造工程，实现无锡市级民主法治村全覆盖。苏南英被评为“江苏好人”，贾林康被《人民政协报》评为“建设美丽中国——时代先锋人物”。

【经济运行趋稳向好】 骨干企业支撑有力，完成规模以上工业产值126.29亿元，比上年增长10.32%。江苏沪宁钢机股份有限公司获批房屋建筑工程施工总承包一级资质，承办2014年中国钢结构协会成立30周年大会，获评2014年度全国优秀施工企业、中国钢结构行业30强、江苏建筑业百强企业。全镇光电光伏产业步入平稳增长期，全年LED光电、光伏产业的应税销售收入分别比上年增长22.45%、53.69%。江苏刚大金属有限公司、无锡嘉瑞光伏有限公司等15个规模以上工业企业应税销售增幅20%以上。晶正照明科技有限公司(原江苏炜峰电子科技有限公司)项目和江苏德诚冶金有限公司(迁建)项目建设工程基本完工。科创能力持续增强，全年新增省高新技术产品6种、申请专利152件，授权占比50%以上。新增东南大学硕士生工作站、南京航空航天大学本科生工作站和三江学院大学生实习站等人才载体3个，与南京农业大学园艺学院开展政产学研合作，成立茶学、中药材等实践基地2个。

【城乡一体发展协调推进】 城南新城黑色化路网基本建成，银湖路、茶亭路、庆丰路等镇村道路升级改造工程与宜(兴)广(德)公路、丁(蜀)张(渚)公路、新东路环境综合整治工程全面完成。全年村道黑色化改造11.5千米。张渚桥改造工程、工业区主入口景观工程按期竣工。水利基础设施建设不断加强，完成重点水利建筑物工程21个、重点土方11.16万立方米。溢润新城小区、福地桃溪花园小区一期工程加快推进。城南新城污水泵站建设完工，城南停车场基本建成。加强农村建房规划管理，完成规划保留村庄详规编制。推进农村环境连片整治，新建村级微动力生活污水处理设施8套。改善菜场、公厕、镇郊结合部等重点部位环境卫生，通过国家卫生镇复审。实施钟张运河清淤12.59万立方米，清理河道垃圾5000吨，严密监控沿河污水排放。整治工矿废弃地590亩、绿化造林550亩。

【社会事业不断进步】 年内，投入民生资金9781万元，占镇公共财政总支出的一半以上。办理失业登记3417人，完成农村劳动力转移就业900人。新增社保参保企业17个，新增参保职工1798人，完成全年任务的500%。全镇低保户942户、1452人，全年发放低保金494万元。五洞村成立全镇第六个村级慈善基金会，村级慈善基金总额1500万元。成立张渚镇义工协会,有会员367人。"桃溪人家"保障性住房基本完工。市张渚高级中学高考成绩继续位居全市同类学校前列,张渚中等专业学校对口单招成绩继续保持全市第一,引进国内知名幼教品牌"红黄蓝",城南幼儿园启动建设。全年为群众办理便民服务事项2.8万件,通过镇长信箱、"12345"政府公共服务热线等各类诉求平台,解决群众实际问题571件,群众满意率达95%。

村庄环境整治　（张渚镇　提供）

【百日环境综合整治提升行动】 6月,针对重点区域建设管理秩序混乱、建材与大理石企业环境污染、非法占地违法建设、矿产资源私挖乱采与运输无序的问题,启动"百日环境综合整治提升行动"。制订落实矿产品运输、码头规范营运、违法建设集中整治等实施方案和办法8个,出台建材企业环境综合整治标准5个。镇村两级投入2500多万元、7000多人次,全方位整治丁张线、宜广线、东环路和镇区、工业区的"三线两区"范围,实施节点建设、环境出新、道口硬化、绿化补植等改造提升工程,城乡环境进一步改观。加强矿产资源保护,排查矿产资源偷盗隐患点,通过安装探头、设置路障和警示牌等措施严控,杜绝私挖乱采行为。累计投入3000多万元,改造提升矿山专用道路及沿线环境、整治大理石企业与建材企业,清洁化生产水平明显提高。

【茗岭山区安全饮用水工程】 张渚镇茗岭山区由于地势落差大、自来水压力不够而导致自来水无法送达农户家中,山区大部分区域农户使用的仍是水库塘坝的直流水和山涧水,饮水安全得不到保障。2013年10月,市政府启动实施茗岭山区安全饮用水工程。工程总投资4200万元,分两期实施。一期工程为100米高程以下用户的主管及支管入户工程,投资3000余万元,涉及农户3900户,水源地为太华镇龙珠水库。一期工程新建供水增压泵站4座、主管网17.5千米,2014年6月竣工;铺设支管网170千米,2014年6月开工,至同年底完成工程量的95%。二期工程为100米高程以上农户的主管及支管入户工程,投资1200万元,采用深井水源。二期工程新建深井4口,铺设主管15千米、支管60千米,主要涉及到岭下岕、西岕及柏山岕的1200余户农户。至2014年12月底,4口深井建造完工,二期主、支管网计划于2015年3月开工建设。

2014年张渚镇各行政村、社区基本情况

表70

名　称	区域面积(平方千米)	户籍数(户)	户籍人口(人)	可分配收入(万元)	书　记	主　任
东龙村	10.50	1352	4029	187	郑　庆	刘法大
茶亭村	8.50	1056	3259	177	杨泉真	潘洪坤
南门村	18.81	2642	7082	914	吴永全	唐顺洪
凤凰村	9.63	1267	3600	192	曹庆云	曹小强
北门村	4.32	860	2222	421	夏正祥	沈　强
犊山村	6.15	1630	4779	346	黄旭东	任奋林
善卷村	5.20	514	1516	743	李为清	李　强
五洞村	7.59	1876	4490	504	高国荣	陈胜强
祝陵村	13.19	1430	4099	650	赵如法	芮国平

续表70

名　称	区域面积（平方千米）	户籍数（户）	户籍人口（人）	可分配收入（万元）	书　记	主　任
芙蓉村	18.25	1037	3054	518	唐登勇	熊志成
龙池村	21.60	1290	3902	513	张建其	王岳明
茗岭村	27.35	2293	6404	590	徐　平	朱齐军
省庄村	25.24	953	2956	940	杨来强	卢伟仙（女）
东街社区	—	1132	2673	—	冯美娟（女）	冯美娟（女，兼）
新街社区	—	2101	4922	—	潘洪奇	潘洪奇（兼）
西街社区	—	1811	4194	—	单　旭（女）	单　旭（女，兼）
桃溪社区	—	2248	5420	—	朱立群	朱立群（兼）
水埠社区	—	1422	2887	—	陈海青（女）	陈海青（女，兼）

说明：全镇另有集体户217户、774人

（季光明）

西渚镇

【概述】 区域面积66.6平方千米，辖行政村8个、社区1个，总人口28134人。全年地区生产总值14.49亿元，比上年增长4.2%。财政总收入1.24亿元，比上年增长3.1%；可支配收入8249.57万元，比上年增长3.5%。应税销售收入36.06亿元，比上年下降30.2%，其中工业应税销售收入35.52亿元，工业利税总额1.05亿元。全社会固定资产投资11.88亿元，比上年增长11.89%。工业后劲投入3.43亿元，比上年增长15.91%。出口总额2453万美元，到位注册外资210万美元。服务业增加值7.14亿元，比上年增长17.46%。农民年人均可支配收入19202元，比上年增长8.3%。粮油产量连续十一年增长，完成农业总产值4.65亿元。围绕打造"生态文化旅游名镇"目标，通过产业转型推动经济社会全面转型，实现综合实力跨越式增长、主导产业高端化发展、镇村建设一体化推进、生态环境整体性改善。推进幸福镇村建设，横山村、篁里村创建为无锡市幸福村，西渚镇获"无锡市幸福镇"称号。加快基础设施建设，5000亩农业综合开发土地治理项目完成验收。全年水利建设投入800万元，筱里村小农水连片整治、五圣村潘山塘整治、篁里村灌排沟渠等12个水利工程竣工，完成河道清淤12.1千米、重点土方15.8万立方米，实施横山村、白塔村移民后扶项目2个。落实土地流转合同三级备案制度，引导农民通过入股、村级委托、置换等多种新型形式，逐步建立"政府引导、市场调节、农民自愿、依法有偿、流转有序、管理规范"的土地流转机制。

【经济运行稳中有进】 23个规模工业企业年应税销售收入占全镇经济总量的88%，市舜昌亚麻纺织有限公司应税销售收入超3亿元（比上年增长25%），江苏省苏丰纺织有限公司、市华芸亚麻纺织有限公司、市伟隆印染有限公司等企业稳中有进，为全镇工业经济平稳发展发挥带动和支撑作用。后劲投入保持稳步增长，舜昌亚麻公司1.5亿元纯麻纱技改扩能项目进入调试阶段，伟隆印染公司、市和平冷拔模具有限公司完成标准化企业创建。华芸纺织公司、市联创塑业有限公司等企业加大技改投入，提升装备水平，增强企业竞争力。科技创新力度加强，搭建企业与高校、科研院所双向互动机制，舜昌亚麻公司、市兴望农牧有限公司、晟元金属公司分别与苏州大学、扬州大学、长沙理工大学实现产学研合作。全年申报专利8件、获授权1件，市级研发机构升级3个，申报宜兴市级项目2个、其他储备项目3个，全镇企业科技创新能力进一步提升。

【"三农"工作彰显特色】 以改善基础设施、发展特色农业为重点，推进"三农"工作。新增高效农业投入3800万元，推进农业园区和特色农业基地建设，金山农庄、神禹山庄、盛道茶业等农业规模企业设施配套逐步完善，科技兴农水平进一步提升。推进西渚云湖现代农业（观光）园区建设，芸芯山庄、绿苑苗木园、华康茶场等一批成长型农业企业逐步成为全镇观光农业新亮点。全年引进无土栽培等新技术5个、各类农业新产品8种，新增有机产品认证3个、绿色产品5个，丽山白茶获江苏省第十六届"陆羽杯"名茶评比特等奖。新办家庭农场18个，新建农民专业合作社7个。全年农业新型主体销售农产品3.2亿元，带动农民增收7200万元，促进就业2250多人，辐射农户7600户。年内，新创建省级、无锡市级“五好”示范社各1个，无锡市级示范性家庭农场1个，宜兴市“十佳”合作社2个，15个农民专业合作社加入江苏省合作社名录库。

【旅游产业品位提升】 坚持把旅游产业作为支柱产业，不断推进旅游精品化、产业化、特色化进程，全镇旅游业呈现持续优化发展良好态势。全年接待游客160万人次，比上年增长23%。云湖景区创建为国家AAAA级旅游景区，大觉寺白塔、禅茶艺馆、藏经楼等项目顺利推进。市定重点服务业项目——中宜京都总部中心项目办理开工前各项手续报批。中超集团禅茶紫砂汇休闲养生中心、恩公岭特色民宿、轩阁生态园进入立项程序。横塘牵稼园一号、木根小院等特色民宿对外营业。白塔村成立全市首个乡村旅游专业合作社并被评为江苏最具魅力休闲乡村、无锡市美丽乡村休闲旅游示范村。举办第三届素博会系列活动、无锡金秋休闲季活动、大觉寺生命之行夏令营、上海古琴协会禅茶琴之旅等一批特色活动。西渚镇旅游品牌定位与旅游产品策划方案基本定稿，助推西渚旅游形成完整的发展体系。收集全镇旅游资源、时令讯息，开通“西渚旅游”微信公众账号。运用无锡电视台亲子乡村旅游真人秀节目《周末去哪儿》、无锡市摄影爱好者采风活动等载体平台，宣传“水墨云湖、禅意西渚”城镇新品牌。

【民生福祉稳步提升】 落实各项促进就业与创业的扶持政策，举办各类培训班246期，新增就业岗位330个、农村劳动力转移就业500人。新增社保扩面289人，完成年度任务数的241%。帮扶弱势群体，核定农村低保对象459户、761人，发放保障金215万元。完善政府引导、民间参与、基金运作的慈善救助管理体系，发放各类助困、助残、助医、助老慈善款合计60余万元。成立西渚镇义工协会，实现8个村义工服务站全覆盖。创新开展“文明乡风沐农家”活动，4个村（社区）建成居家养老服务站，镇老年综合活动中心投入使用。横山村农家书屋创建为五星级农家书屋，白塔村“禅文化”成为全市“一村一文化”品牌特色，“牌楼花船舞保护及传承”入选市首批民间特色文化扶持项目。参加市第八届全运会各比赛项目，西渚中学女篮、元上小学中国象棋、国际象棋团体均获全市第一名。举办西渚镇第十三届老年体育运动会、“西渚·氿悦·沐心香村杯”全市乒乓球邀请赛；获“江苏省群众体育先进乡镇”称号。

【农村土地承包经营权确权登记试点工作进展顺利】 土地承包经营权确权登记颁证是农村产权制度改革的一项重要内容，2014年，西渚镇作为全市唯一的试点镇，开展确权登记颁证工作。篠里村在先行试点的基础上，完善确权登记颁证工作，通过图解结合实地测量方法对承包地全面实测，农户签字率97%以上，进入颁发证书环节。其他村全面完成入户调查阶段工作，顺利进入测量绘图环节。经过土地确权登记，西渚镇摸清承包土地现状，解决了二轮承包中手续不完善、承包地块面积不准和空间位置模糊、变更登记不及时等情况，明晰土地承包经营权属，完善土地承包关系，妥善解决历史遗留问题，把土地承包关系用法律凭证形式固定下来，为该轮土地承包到期后继续承包并长久不变扫除障碍，实现农村土地承包由合同管理转向登记管理。

【城乡面貌整体改善】 张（渚）戴（埠）路、振元路黑色化改造工程顺利竣工，西（渚）篁（里）线道路拓宽改造如期完成。加快农村公路提档升级，做好道路管理养护工作，创建为江苏省乡村公路管养及安保工程示范镇。溪西村百亩桥、篁里村元钢桥农村危旧桥梁改造按期完工。镇区线杆入地工程进展顺利，工业集中区道路改造建设基本结束，万亩基本农田土地治理工程有序推进。完成横山村谭家冲、篠里村禹山三星级康居村创建任务，荷花塘、谭家冲等整治点环境明显改善。新增造林面积960亩，全镇绿化覆盖率达67.2%。落实

云湖夕照　　（西渚镇　提供）

重点行业、重点企业能耗管理和污染治理措施，关停江苏漆宝化工有限公司、市恒立化工厂，区域环境质量改善。加大秸秆禁烧工作力度，开展以控污节排为重点的农业面源污染治理，完成氮磷拦截工程3万平方米。专项整治旅游干线环境，加强对施工工地及矿产品生产运输秩序的长效管理工作，加大对乱停乱放、占道经营、流动摊点、户外广告整治力度，查处各类违法建设43起、车辆违章80辆，镇区卫生和工地环境明显好转。

2014年西渚镇各行政村、社区基本情况

表71

名　称	区域面积（平方千米）	户籍户数（户）	户籍人口（人）	可分配收入（万元）	书　记	主　任
横山村	12.01	1284	3644	212	褚国民	熊明友
溪东村	4.31	630	1945	120	陈志春	陈志刚
溪西村	4.39	693	2093	123	张胜初	张华军
五圣村	6.95	852	2705	169	林海金	金朝松
西渚村	10.50	1806	5495	168	李林冲	方　忠
白塔村	7.16	944	2857	248	欧阳华	张建新
篁里村	10.06	1359	4075	244	王天元	狄云龙
筱里村	7.56	1323	3882	182	魏道远	钱　鹏
新和社区	—	754	1384	—	—	任达兴

说明："区域面积"不包括大贤岭林场和横山水库

（应涵）

太华镇

【概述】 区域面积92平方千米，辖行政村8个、社区1个，总人口25080人。全年地区生产总值12.81亿元，与上年基本持平。财政总收入1.09亿元，比上年增长22%；财政可支配收入7081.73万元，比上年增长20.83%；工业应税销售收入26.08亿元，与上年持平；工业利税总额2.05亿元。固定资产投资3.33亿元。流通应税销售收入2.4亿元。农业总产值16320万元，粮食总产量1913吨。农民年人均可支配收入17715元。以江苏省城市规划设计研究院编制的《太华镇旅游发展总体规划（2012—2030）》为大纲，编制完成《太华镇乡村旅游发展规划总体思路》，确立乡村旅游发展新方向。太华红色文化得到有效挖掘和保护，《新四军在宜兴（太华卷）》出版发行，电影《亲娘》影视基地建成，挖掘研究新四军历史遗存33处并逐步恢复部分遗存。投入55万元建设道路旅游导视系统，并开通微博、微信、智慧旅游平台信息。乾元谷山庄、蓝山湖农庄升级为无锡市五星级农家乐，前者创建为江苏省四星级乡村旅游示范点。在2014江苏·宜兴餐饮博览会暨第五届江苏乡土风味烹饪大赛（宜兴专场）中，太华"药膳"获"农家乐风情宴团体宴席""乡土风味特色名菜"唯一双特金奖。全年接待游客20万人次，实现营业收入3500万元，比上年增长20%以上。太华镇获"中国十佳生态养生旅游名镇"称号。

【转型发展成效显著】 年内，总投资超过4000万元的乾元谷休闲生态园一期项目基本建成并营运；总投资近40亿元、占地约5000亩的太华天谷国际养生度假区项目一期基本完成土地征用补偿、房屋拆迁等建设前期工作；总投资5亿元、占地100亩的百利产权式度假酒店项目完成土地摘牌、项目立项工作；首期协议工商注册外资3000万美元、占地500亩的中华亲情林项目完成工商注册，并实现到账外资910万美元；总投资5亿元的天润新能10万千瓦风力发电、索利特水疗度假酒店等项目，进入市级项目评审程序；中国宜兴动漫主题乐园项目完成项目选址，处规划编制阶段。

【基础设施日臻完善】 全长5000米的朝阳路全线基本贯通，总投资1.4亿元的云岭路开工。总投资约2300万元的龙珠湖公园（一期）绿化亮化景观工程基本建成开放，省道342线兴业路至小岭段绿化提升工程完成，总投入近500万元的乾元村庄环境改造提升（三期）工程基本完工，景观效果和休闲功能逐步展现。全年新增水利工程投入2230万元，投入近500万元除险整治重大地质灾害点2处。加快推进群众安全饮用水工程建设，总投资超600万元、涉及逾3000户居民的非集中式供水管线工程如期完工，集中式供水管线工程处收尾阶段，总投资近1000万元的25个分散式水源一体化净化装置完成市级招

龙珠湖公园　　（太华镇　提供）

标。建筑面积5000多平方米的新四军纪念馆主体封顶。投入500多万元，对见乾路、乾元路、华山路及集镇主要支路实施路灯亮化配套工程。投入120万元，综合整治集镇区域老小区，改善群众居住条件；投入近200万元，实施太华小学、太华中学、幼儿园硬件改造工程，办学条件进一步改善。

【工业经济稳健发展】 完成全年经济增长目标，各项税收总额、镇级财政总收入、实际到账外资、工业用电量等指标均比上年增长10%以上。太华镇35个应税销售收入超1000万元企业共实现应税销售收入超20亿元，占全镇应税销售收入的75%以上，其中江苏天竹化工科技有限公司、无锡市博大竹木业有限公司等超1亿元企业共实现应税销售收入超10亿元，规模骨干企业的支柱作用更加突出。纺织、印铁制罐、电子等行业企业，发展速度和运行质效实现同步提升，市江丰纺织有限公司、市东茂织造厂等企业实现应税销售收入比上年增长40%以上，无锡迅驰电子科技有限公司应税销售收入比上年增长138%。

【农业质效稳步提升】 太华镇乾元茶场、胥锦茶场等规模茶叶企业引进"玉茶""金冠英""黄茶"等优良品种，改造老茶树400多亩，新拓茶树100多亩。全年优质茶叶产量达128吨，实现产值3300万元，比上年增长13%。全年完成绿化造林500多亩，植树6万多株，新增生态公益林7643亩。江苏金农园植物进出口贸易有限公司、宜兴蓝山湖生态农庄有机蔬菜外销配送至省内外大中城市；华锦茶场、分芥岭茶场共计投入320万元建设循环农业设施；华锦茶场、分芥岭茶场、曼地亚红豆杉基地共投入85万元新建喷滴灌溉设施，灌溉面积425亩；蓝山湖农庄有机蔬菜基地投入近200万元建设道路、沟渠、联栋蔬果大棚。特色农业品牌影响力不断扩大，乾元茶场投入400多万元进行品牌策划和广告宣传，获国内广告界的最高奖项"长城奖"；在江苏省第十六届"陆羽杯"名特茶评比活动中，太华镇选送的茶叶获特等奖5个、一等奖2个；在第十届国际名特优茶比赛中，太华镇选送的茶叶获金奖5个；太华笋干、"乾红"早春茶、"茗鼎"牌茶叶等入选2014年"真正无锡味"无锡土特产。

【社会事业稳步发展】 全年新增社保248人；新农保参保5355人，上缴参保费532.03万元；办理就业失业登记620人，失业人员领取灵活就业补贴443.7万元；转移农村劳动力458人；公积金扩面完成85人。全年发放最低生活保障金106万元、尊老慰问金70多万元、重度残疾人生活补贴40万元。镇慈善冠名基金二期筹集善款96万元，发放困难救助、结对助学、助老助医慈善救助金72万元。太华镇文化站在文化部全国首次乡镇文化站评估定级中被评为二级文化站。开展文化区域互动、"文明新风沐农家"等活动，太华镇"竹乡丫丫"节目在"新风颂"文艺汇演中获无锡市群芳奖金奖，老年舞蹈节目《鱼水情深》获市老年文艺汇演金奖。太华中学教师殷世华被评为全国德育先进个人，获"全国优秀教师"称号。太华中学中考成绩位居全市同类学校前列。太华小学承办中国竹笛特色教育学校联盟第五届年会活动，并获宜兴市"AAA级特色学校"称号。

2014年太华镇各行政村、社区基本情况

表72

名　称	区域面积（平方千米）	户籍数（户）	户籍人口（人）	可分配收入（万元）	书　记	主　任
乾元村	9.80	581	2159	120	宗汉平	宗岳行
茂花村	4.74	417	1306	117	魏根培	何再良
云湖村	7.52	613	2081	110	李再安	李再安(兼)

续表72

名　称	区域面积（平方千米）	户籍数（户）	户籍人口（人）	可分配收入（万元）	书　记	主　任
桥涯村	17.28	1453	4452	117	黄建强	汤震伟
太平村	8.13	563	1963	132	陆岳勤	陆　兵
胥锦村	16.70	1426	4572	133	林国明	林国明（兼）
太华村	19.07	1902	6299	130	张国群	汤志伟
石门村	8.83	412	1603	118	徐建国	吴耀东
杨店社区	—	386	615	—	汤惠仙（女）	董春兰

（周胜薇）

编辑　陆思迪

徐舍镇

【概述】 区域面积180平方千米，辖行政村23个、社区2个，总人口100245人。全年地区生产总值83.7亿元，比上年增长11%。财政总收入5.95亿元，比上年下降6.6%；财政可支配收入2.34亿元，比上年下降17.31%。全社会固定资产投入24.86亿元，其中工业后劲投入20.46亿元。应税销售收入332.16亿元，比上年增长8.13%。其中：工业应税销售收入308.37亿元，比上年增长12.6%；流通应税销售收入23.79亿元，比上年下降28.4%。规模以上工业主营业务收入204.55亿元，比上年增长19.6%。自营出口创汇6500万美元，与上年基本持平。全年农业总产值9.99亿元，比上年增长9.9%；农民年人均可支配收入17293元，比上年增长4.39%。推进农村扁平化管理，南星村、堰头村通过市级示范社区验收。全年帮助贫困户脱贫357人，为146户种养业示范户集中培训757人次，上门技术指导650多次，帮助400户就业困难家庭解决工作问题。年内，江苏省高新技术产品认定25种，新增产学研项目11个，申请专利199件，其中发明专利55件。引进"双高"（高层次、高学历）人才28人、海归人才5人，申报省"双创"（创新、创业）计划人才2人，新增人才载体4个，申报"陶都英才"创新创业人才项目1项，申报研究生工作站的企业1个。举办"西氿明珠·魅力徐舍"摄影比赛，启动徐舍镇第一届乡村大舞台——"舞动徐舍·幸福生活"广场舞比赛，打造"金秋锡剧周""企业文化节"等品牌活动。全年组织演出活动43场（次），参与群众4万人次。青狮队和鲸旺童狮队登上中央电视台。《徐舍镇志》编纂工作进入尾声。成功申报"宜兴丝弦"和"徐舍小酥糖"为省级非物质文化遗产。徐舍镇获"无锡市学前教育现代化乡镇"称号。

【工业经济平稳发展】 工业生产稳中有进，全年完成规模以上工业总产值206.85亿元，比上年增长21.4%；骨干企业强力支撑，56个规模以上企业完成应税销售收入282亿元，占全镇工业应税销售收入的91.55%。江苏中超投资集团有限公司加大兼并重组和资本运作力度，江苏高科石化股份有限公司与上海宝钢集团公司达成战略合作，科耐特电缆附件股份有限公司在"新三板"挂牌上市。重点项目不断推进，江苏博砚电子科技有限公司"光阻剂"项目填补国内空白，潞安卓泰祥和金属科技宜兴有限公司年产20万吨超细铜导线项目稳步建设。科技创新能力不断增强，江苏锐成机械有限公司成为国家级高新技术企业，江苏省绿盛环境工程有限公司、宜兴鲸皇科技化工有限公司、市华虹新兴墙体建筑材料有限公司成为省民营科技企业，江苏宏远药业有限公司申报成为省工程技术研究中心。

【"三农"工作稳步推进】 全年粮食总产量9.75万吨，粮油产量实现"十一连增"，率先在省级高产创建水稻示范方上全面推进机械化栽插，水稻机械栽秧面积比例列全市第一。全年新增农业项目9个，高效农业土地流转面积1800亩，"三资"（工商资本、民间资本、境外资本）投入5250万元。实施品牌建设，新增"顺奇"牌白芹、"顺奇"牌食用甘薯叶、"老潘"牌水蜜桃、"老潘"牌油桃、"老潘"牌葡萄绿色农产品5个，"芦笋""邦山川"牌油桃无公害农产品2个。田浪农业示范园和省级菜篮子工程示范园提速发展，"苏合草莓""富仁葡萄""陶丰源樱桃""绿盛水果玉米"等特色产品供不应求。全年新增工商注册家庭农场69个、农民专业合作组织14个。烟山百年家庭农场成为无锡市首个认定农场，并申报为省示范农场。全年为12个结对扶贫村落实财政奖补资金517.1万元。完成南星、胥藏两个村农村土地承包经营权确权登记颁证试点工作和农村集体经济组织成员资格界定工作。按照月查季评方法落实村庄环境长效管理制度，建成省三星级康居示范乡村18个，南星村、烟山村和邮堂村被列为

美栖村新农村改造　　　　（徐舍镇　提供）

无锡市"幸福村"创建对象。全年投入2860万元完成市重点水利工程建设，配合市水利农机局完成以西溪河、堰径河和厔溪河为重点的国家中小河流整治和徐舍排涝泵站远程监控系统建设。

【城镇形象不断提升】 完成工业集中区规划修编和报批程序，提出农村经济技术开发区的总体构想。重点工程扎实推进，完成徐丰路、长福路等6条园区道路改造及绿化提升工程，改造渎堰路、裱画路、堰桥路等5条镇村道路，完成农路改造12.5千米、农桥改造3座。运河花园一期、新河小区二期安置房土建基本结束，镇南新区建设及功能调整稳步推进，堰头、芳庄两个老集镇整体改造提升工程有序推进。以"两线四路"（宁杭高速沿线、宁杭高铁沿线、新国道104线、老国道104线，徐张公路、戈潘公路）为重点，在全镇22个村推行7000平方米农业看护房整治改造工作。在民主社区、翔圩村成立物业管理工作站，并组建物业管理矛盾调解站和应急维修服务站，提高服务水平和群众满意度。全年组织群众性清洁卫生集中大扫除4次，820余人次参与。

【民生福祉稳步改善】 全年新增就业岗位1982个，转移农村劳动力1982人，完成社保扩面1327人，适龄居民参保覆盖率100%。发放民生保障金875万元、临时救济慈善金113万元、助学善款56.6万元，总冠名基金数20个。徐舍镇新敬老院建成。总投资3000多万元的徐舍新幼儿园投入使用，并创建为江苏省和无锡市优质幼儿园。投入500多万元完成潘家坝小学修建、暑期校园维修工程及徐舍成校改造搬迁工作。徐舍小学的"锡剧文化进校园"项目获评无锡市示范校少先队特色项目。全年标准化建设社区卫生服务站27个。组织开展西氿备用水源地环境综合整治"回头看"大检查，关停化工企业1个，勒令停产整改5个，关停非法轧石企业5个，矿产品运输得到有效管控。

【苏宁环球现代农业产业园初具规模】 苏宁环球现代农业产业园为市重点农业产业园项目，申报为无锡市级现代农业园区，占地6万亩，覆盖余圩、翔圩等7个行政村，采用"公司+农户（或专业合作社）""公司+中小企业"的生产组织体系，计划建设为集研发、种植、交易、会展、旅游、休闲、度假于一体的生态农业产业基地，打造成华东地区最大的花卉苗木与特色农产品交易市场，建成投产后每年可有150亿元的经济规模，直接带动就业2万多人。该农业产业园委托南京农业大学为项目科研依托单位，结合《徐舍镇总体规划》对产业园进行整体规划设计，并合作成立南京农业大学——苏宁现代农业研究院，为产业园发展提供技术支持和人才储备。年内，产业园内全市最大智能温室竣工，核心项目前期工作及配套工程基本结束；研制出"六控稻米"（控制稻米的品种、土质、水质、肥料、农药及生产过程全程），被列为国家粮食科技丰产工程优质品牌大米培育品种。至年底，该项目投入1.5亿元，流转土地2.2万亩，种植并收割大米1.8万亩，种植苗木1300亩。

2014年徐舍镇各行政村、社区基本情况

表73

名　称	区域面积（平方千米）	户籍数（户）	户籍人口（人）	可分配收入（万元）	书　记	主　任
洴浰村	8.73	1736	4994	438	谢健能	谢旭东
东岳村	5.06	1071	3374	234	杨立平	钱勤春
宜丰村	5.61	964	2895	139	卫发良	杨锡中
长福村	5.26	1086	3462	151	许文忠	徐国成
美栖村	4.41	1168	3463	156	宗华东	蒋林祥

续表73

名　称	区域面积（平方千米）	户籍数（户）	户籍人口（人）	可分配收入（万元）	书　记	主　任
翔圩村	5.96	1278	4334	107	蹇　春	蹇　春(兼)
南星村	7.29	1455	4377	177	吴保生	蒋卓炜
佘圩村	4.65	975	2966	136	黄玉君	蒋其良
潘东村	10.07	1665	4991	290	黄正军	张达君
潘家坝村	4.51	868	2585	205	邱江波	邱江波(兼)
丰台村	5.23	794	2541	156	王松元	曹云康
胥藏村	4.10	787	2395	164	谢育新	谢育新(兼)
盛家村	5.90	1170	3587	207	柯荣荣	陈　锋
鲸塘村	11.31	1586	4726	218	王孟定	蒋亚君
堰头村	8.55	1631	4675	388	刘福生	张志明
烟山村	12.71	1467	4615	272	许建明	丁亚军
汤泉村	9.49	1299	3872	300	程国平	陈德明
西墟村	7.15	1199	3622	311	郑　刚	郑　刚(兼)
联星村	9.98	1759	5169	157	王　俊	王　俊(兼)
芳庄村	6.84	1272	3619	168	张建伟	王建新
五牧村	8.27	1455	4400	219	蒋国成	彭东明
邮堂村	11.33	1882	5418	362	朱永明	吴祥春
奖墅村	8.24	1287	3899	220	吴胜良	杨志刚
民主社区	3.75	2890	6300	—	鲍春明	鲍春明(兼)
鲸塘社区	3.75	1571	3966	—	谈荣彬	谈荣彬(兼)

（陆诣）

编辑　陆思迪

官林镇

【概述】 区域面积124平方千米，辖行政村18个、社区2个，户籍人口72378人。全年地区生产总值196.6亿元。财政总收入15.64亿元，比上年增长7.7%；可支配收入4.29亿元，比上年增长14.4%。应税销售收入981.55亿元，其中工业966.97亿元、流通应14.58亿元，流通应税销售收入比上年增长47.45%。全社会固定资产投资50.96亿元，工业后劲投入41.6亿元。到位注册外资5670万美元，比上年增长3.77%，居全市各镇、街道第一位。进出口总额11.5亿美元，比上年增长8.21%。服务业增加值突破20亿元，比上年增长8%。农业总产值5.32亿元，粮食总产量3.08万吨，农民年人均可支配收入21870元。按照《官林镇总体规划》以及滨湖新城控详规等规划要求，坚持集体会审制，完成59个保留村庄环境整治点规划方案。强化建设管理，制订出台《官林镇建设管理工作流程》《官林镇加强内部审计工作的意见》等文件，为科学管理镇村建设提供制度保障。全年申报专利430件，其中发明专利220件。新认定国家高新技术企业5个、省级高新技术企业6个、省高新技术产品46种。围绕提升企业核心竞争力，引导企业注重科技创新，深化产学研合作。无锡江南电缆有限公司与西安交通大学共建院士工作站；江苏天石生物科技有限公司与上海海洋大学成立实习基地；无锡市江南橡塑机械有限公司与北京橡胶化工学院研制出国内首个全钢胎二次法成型机。投入300多万元，实施技防镇升级改造工作，新增监控点50个、摄像头56个。官林镇获"全国重点镇"称号，无锡市仅有三个镇入选。全年社保扩面1280人，企业职工住房公积金扩面1203人。发挥人力资源市场的辐射带动作用，转移农村劳动力1127人。创新慈善基金募集渠道，新增"天石助老""新日源助学"冠名基金。全年发放各类慈善救助款800

都山村概貌　　(官林镇　提供)

余万元。教育事业优先发展，官林体育馆、丰义中学教学楼竣工投用，钮家小学、丰义小学通过市级综合评估。群众性文娱活动蓬勃开展，举办官林第六届全民运动会。年内，五洲·国际华东商贸城一期开业运营(详见《商贸流通》类目《商品交易市场》分目)。

【工业经济逆势增长】 全年实现规模以上工业产值945.6亿元，工业用电量、燃气用量分别比上年增长13.5%、5%。江苏金辉集团公司、江苏三木集团有限公司、无锡江南电缆有限公司和无锡市凌峰铜业有限公司等龙头企业支撑有力，应税销售收入均居于全市前五位。金辉集团注重做精做尖，进一步巩固行业"话语权"；江南电缆公司坚持开放合作，开展收购重组和海外市场的拓展；三木集团注重提升内涵，进一步构筑总部经济。江苏新远程电缆有限公司、江苏东峰电缆有限公司、江苏海达电缆有限公司等规模骨干企业提质增效，应税销售收入平均比上年增长20%以上。老企业技改扩能和新项目启动实现同步推进，协调三木集团丁辛醇项目、比利时特明科氯化胆碱项目等18个投资超1亿元项目的推进，全年在建项目13个，总投资超18亿元；投产项目5个，计划新增年销售20亿元。

【"三农"工作稳步开展】 优化农村"三资"管理制度，科学制订村级考核办法。临津现代农业产业园与都山生态农业园互促并进，引进彩叶苗木、龙林有机种植、天都种养生态园、农业拮趣园等农业产业化项目6个，扩大园区品牌影响力。农业合作社成效明显，官林野鸭获中国绿色食品博览会金奖。全年投入水利基础设施建设资金4500万元，推进地方小农水工程和河道疏浚工程，年内，建设沟渠105千米、泵站14座、防洪护坡5.2千米，疏浚河道25千米、清淤35万立方米，薛家渎闸站建成，全镇防洪排涝能力得到提升。

【镇村建设持续推进】 东湖嘉园一期、滨湖小区二期总计6.6万平方米的安置房工程交付使用。官林实验小学、官林实验幼儿园城东校区主体工程完工。3500平方米的官林体育馆投用。改造和新建桥梁19座，中里桥通车，西环路、凌霞南路改造工程加快推进，农业园区12千米的道路浇筑、11.9千米农村公路提档升级全面完工。以打造镇级城市化管理示范镇为目标，创新镇容镇貌管理方法，扩大管理覆盖面。全年接办来访投诉162个，拆除违法建设59起、4600平方米。常态化整治镇区停车秩序、户外广告和农贸市场、学校周边等重点区域，加强对渣土运输、建筑垃圾倾倒的巡查处罚。设立官林镇公用事业管理办公室，整合环卫、绿化、物业、路灯、管网等职能，实行一体化管理模式，重点加强社会管理和市政维护，探索生活垃圾收运体系和小区物业管理模式的改革。全年收运垃圾2.2万吨，新增绿地4万平方米，安装路灯151个，完成天然气安装580户、自来水改水140户，改造农业看护房39户。

2014年官林镇各行政村、社区基本情况

表74

名　称	区域面积(平方千米)	户籍数(户)	户籍人口(人)	可分配收入(万元)	书　记	主　任
凌霞村	1.50	1336	4232	734	邓锡生	史卫君
官林村	0.70	1281	3706	617	宗和强	孙　强
滆湖村	3.70	899	2822	215	谢树良	谢树良(兼)
滨湖村	0.80	989	3018	492	钱锦林	曾中良
笠渎村	1.40	671	2154	313	宗达仁	孙　超

续表74

名 称	区域面积（平方千米）	户籍数（户）	户籍人口（人）	可分配收入（万元）	书 记	主 任
义庄村	3.90	1171	3739	679	史东棠	史林光
白茫村	8.00	1248	3816	261	蒋跃君	王洪明
杨舍村	7.30	1209	3599	274	张永兴	蒋勤南
桂芳村	6.80	959	2710	611	吴汉生	史建卫
钮家村	5.00	1128	3339	474	左建平	韩俊锋
都山村	8.50	2043	6966	2015	刘洪林	刘洪林(兼)
前城村	12.20	2171	6489	510	毛洪南	王建益
大儒村	2.80	776	2304	170	骆建其	周志洪
南庄村	4.70	1138	3529	115	吕明芳	张明华
丰义村	6.50	1550	4494	610	储云方	储浩生
东尧村	4.80	1035	3167	363	陆泉林	储正云
韶巷村	3.70	751	2259	321	施永平	薛伯华
戈庄村	4.60	892	2798	308	徐俊华	蒋晓明
官林社区	0.70	2479	4823	—	—	宗和强
丰义社区	6.50	711	1450	—	—	储云方

（薛菘）

杨巷镇

【概述】 区域面积86.42平方千米，辖行政村16个、社区2个，总人口46997人。全年地区生产总值32.1亿元，比上年增长2.1%。财政总收入2.16亿元，比上年增长28.7%；财政可支配收入9465.27万元；工业应税销售收入86.68亿元；流通应税销售收入4.27亿元，比上年增长11.6%；工业利税总额4.05亿元；工业后劲投入8.5亿元，比上年增长21.4%。外贸出口额1206万美元。农业总产值4.52亿元，比上年增长10%，其中多种经营收入3.26亿元，比上年增长10.1%。全年粮食总产量3.5万吨。农民年人均可支配收入17302元。年内，开展“企业重组突破年”“农业内涵提升年”“各项管理规范年”“队伍建设强化年”等活动，推动经济社会稳健发展。全年重组企业5个，新远程股份有限公司、弘欣控股有限公司等一批优质主体落户杨巷。引导企业以创新驱动、提质增效为重点，全年新增省级高新技术企业1个，完成科技合作项目3个，分别申报省级和宜兴市级工程技术研究中心1个，申报高新技术产品4种、实用和发明专利30件，授权发明专利2件。宜兴工业安装公司继续保持良好的发展态势，全年获“鲁班奖”1项，国家优质工程奖2项。加强平安建设和法治建设，健全不稳定因素动态排查化解机制，完善信访稳定星级村（居）及矛盾化解优秀案例评比机制，年内信访量持续减少。新建法治文化阵地1个，建成镇政法综治工作中心，全面完成村综治站、警务室、调委会规范化建设。坚持打防结合，完成3个小区和农业园区技防建设工程。完成农业看护房整治改造任务，至年底，整治全镇农业看护房178户，其中，拆除新建68户、5690.4平方米，改造出新105户、5235.4平方米，直接拆除5处、85.8平方米。金紫村完成土地承包经营权的确权试点工作。创建为省社区教育示范镇、无锡市学前教育现代化镇。

【现代农业内涵提升】 累计投资9000万元，发展现代高效农业。改善农业园区形象，如期完成主干道路黑色化改造、绿化亮化工程、入园口节点改造、技防设施建设。江苏筑博农林精品、江苏荆南山中药材、江苏国英水蛭生态科技园、宜兴市白云顶生态牧业等项目一期建设基本完成；上海梦之源、江苏筑博农林精品二期、江苏国英水蛭生态生态科技园二期等项目进入实质性建设阶段；无锡市盛农生态园艺、宜兴市远望蔬果生态种植园等一批高效农业继续加大投资。传统农业提档升级，通过技术合作、品牌培育、市场营销、规划布局等方式，整合提升花卉苗木、果蔬等七大传统产业。做好水稻品牌申报工作，协助2个粮食加工企业和3个基地合作，按照《杨巷镇绿色食品稻谷种植规程》生产绿色食品稻谷，成功申报“宜皇”“晶溪”牌绿色食品大米。

【镇村面貌持续改善】 完成《杨巷镇域总体规划（讨论稿）》《杨巷集镇环境综合整治三年规划》等。完成新芳新东路、新西路、北环路、新城路改造提标工程，北溪河景观带、河西广场、宝寿广场二期改造工程和潘戈路镇区段中兴路、革新路、新芳北环路绿化亮化工程，基本完成新芳农贸市场提升改造工程，全面启动杨巷北环路工程建设。按照“镇级城市化、城乡一体化”要求，加强小区物业管理，年内，有实现物业市场化管理的小区3个；推进环卫一体化管理，镇区垃圾清运实现机械化作业和全天候保洁。坚持打造亮点与长效管理并举，加强季度考核督查，巩固村庄环境整治成果。启动集镇环境整治三年行动，完成杨巷河西、新芳瑶塘里等8个镇中村环境整治。加大对兴杨公路等主干公路沿线环境整治力度，干线公路两侧房屋立面刷白出新60万平方米。

【社会事业和谐发展】 全年共发放低保金178万元、残疾人补助金110万元、尊老金109万元，城乡居民基本医疗保险参保率达100%。发展慈善事业，开展“1+10”结对帮扶活动，全年救助各类困难群众800余人，发放助医、助学、助困等各类救助金118万元。投入教育设施建设及各项经费540万元。完成杨巷中学食堂改造和风雨操场大楼楼面维修工程；年内，新芳中学、新芳小学食堂、教工宿舍改造等工程竣工投用。文体事业快速发展，推进“村（社区）文化服务标准化提升工程”两年行动计划，开展文化志愿者乡村行和戏曲节活动，杨巷镇连续三年获得宜兴市文化区域活动优秀组织奖。

宝寿广场二期改造工程　　（杨巷镇　提供）

【国家卫生镇复审通过】 年内，杨巷镇会同市卫生监督所、食品安全委员会办公室等部门多次检查学校、幼儿园、企业单位食堂。在中小学生中开展爱国卫生专题活动，对公共场所、食品行业等单位的从业人员等进行卫生健康知识培训。通过抽样测试，全镇群众健康知识知晓率达90%，行为形成率达85%。联合社区中心发放健康教育处方、家庭健康保健知识、农村居民卫生公约等资料2.3万余份，悬挂横幅5条。新建健教栏2个，新增墙面健教宣传9处，更新健教宣传内容20多处，发放灭鼠药6000余包、灭蟑药2000余包。9月，杨巷镇通过国家卫生镇复审。

2014年杨巷镇各行政村、社区基本情况

表75

名　称	区域面积（平方千米）	户籍数（户）	户籍人口（人）	可分配收入（万元）	书　记	主　任
塘门村	4.29	682	1947	208	潘凤仙（女）	周旭强
英驻村	5.28	896	2616	157	印德方	—
城典村	6.51	1140	3325	301	毛益民	董立平
新芳村	5.54	1331	3716	184	席　巍	—
安乐村	5.89	1016	3085	453	徐林芳	毛志明
革新村	4.99	947	2862	217	许志亚	富伟军
镇龙村	8.21	1179	3310	131	许为林	张建平
坝塘村	4.27	698	2139	163	贺国俊	—
黄家村	4.28	1149	3396	456	罗志平	马汝生

续表75

名　称	区域面积（平方千米）	户籍数（户）	户籍人口（人）	可分配收入（万元）	书　记	主　任
𠙶林村	2.98	532	1609	343	史志林	史志远
金紫村	4.28	534	1655	276	王凤清	张少东
邬泉村	3.76	644	1956	253	曹国群	曹国群(兼)
皇新村	5.94	763	2356	269	王小明	朱志南
西溪村	5.31	1101	3300	213	周亚娟(女)	曹清明
芳东村	4.31	1015	2995	133	徐小良	徐小良(兼)
芝果村	3.93	957	2960	130	沈正民	沈正民(兼)
杨巷社区	2.20	1343	2481	—	施志彬	韦青桥(女)
宝寿社区	1.50	750	1272	—	孙华平	毛鸽珍(女)

（倪许玉）

新建镇

【概述】 区域面积45平方千米，辖行政村6个、社区1个，总人口25911人。全年地区生产总值37.1亿元，比上年下降25.9%。财政总收入2.41亿元，比上年增长5.7%；可支配收入7217.91万元。应税销售收入109.7亿元，比上年下降8.59%。服务业增加值9.52亿元，比上年增长11.48%。自营出口创汇4483万美元，比上年增长7.63%；出口总额4500万美元，增长8%；社会消费品零售总额2.35亿元，比上年增长12%。农业总产值3.84亿元，比上年增长1.05%。粮食总产量6841吨。农民年人均可支配收入17863元，比上年增长4.3%。年内，举办企业法人、安全管理人员、特种作业人员培训班8期，参训400多人次。聘请安信公司专家对45个重点企业进行安全检查，消除安全隐患450多处。组织开展消防事故和液氨泄漏事故应急演练，全年未发生重大、特大事故和污染事件。启动《新建镇志》编撰工作。臧林小学举办105周年校庆，募集社会捐资助学金100万元。举办首届“大美新建”文化体育节、“迎国庆”体育比赛等系列活动10个。新建镇创建为江苏省创新型试点乡镇，闸上村、留住村创建为无锡市幸福村。“汤氏中医”入选无锡市非物质文化遗产，万氏针灸入选宜兴市非物质文化遗产。江苏华亚化纤有限公司获全市唯一的省级“信用示范单位”称号。

【工业经济稳中有进】 化纤纺织业继续保持全镇经济龙头地位，以江苏华亚化纤有限公司、江苏明阳化纤有限公司、江苏天地化纤有限公司为代表的化纤企业在全国行业内仍然保持较强的竞争力。冶金机电业快速增长，全年应税销售收入比上年增长12%以上，江苏共昌轧辊有限公司应税销售收入比上年增长13%以上，市永昌轧辊有限公司、市国昌轧辊有限公司应税销售收入均超过1亿元，轧辊集群的市场份额进一步提升。生物化工业稳步增长，无锡润新染料有限公司年应税销售收入比上年增长近40%。中等规模企业成长壮大，江苏信立织造有限公司、市盛鑫轧辊有限公司等规模企业年应税销售收入比上年增长50%以上，江苏禾业制带有限公司应税销售收入比上年增长30%以上。中小企业高速成长，无锡市悦华化纤有限公司、江苏振华造漆有限等应税销售收入均首次超过3000万元。帝斯曼(江苏)生物技术有限公司增资790万欧元建设“磷脂酶C”项目。引进山东豪艺棕纤制品有限公司，投资1.3亿元新上棕纤制品项目，盘活闲置土地40亩。

【转型发展取得突破】 商贸流通业快速发展，限额以上社会消费品零售总额超5000万元，增幅高于全市平均水平。全镇新设商业网点9个，新增电子商务企业5个，网上成交额突破2亿元，市艺蝶针织有限公司、市华宜针织有限公司、江苏国信合成革有限公司、市华龙塑木新材料有限公司成为市级重点电子商务企业。科技创新氛围浓厚。全年投入科研资金超9000万元，申请专利93件，新授发明专利12件，新认定省高新技术产品16种。江苏共昌轧辊股份有限公司所属工程技术研究中心在省级工程中心考核中获评“优秀”，并如期实施国家“十二五”科技支撑项目、江苏省科技支撑项目。有关企业与苏州大学、江南大学等6所高校实施科技合作项目6个。新增省研究生工作站1个，引进“双高”人才10人、留学归国人员4人，帝斯曼(江苏)生物技术有限公司、江苏国信合成革有限公司引进海外智力项目2项。

【“三农”工作稳步开展】 农业产业

安基村新农村建设　　（新建镇　提供）

结构进一步优化。全镇优质螃蟹养殖面积超1.7万亩，花卉苗木、景观草坪种植面积6000多亩。畜禽养殖面积3万多平方米，年出栏生猪2.4万头、肉鸡24万羽。臧林村“厚仁”牌水芹、闸上村“庙桥”牌错季黄桃、新建村“百顺”牌草莓产销两旺。农业基础设施优化，实施中央、省级小型农田水利工程项目各1个、市级小型农田水利工程项目5个，新建农桥2座，修建现代化泵站27座、沟渠3.6千米、农村道路2.7千米。年内，鸿强特种水产养殖冷库项目投用。投入300多万元，改造农业看护房134户、4500平方米。新增农业合作社5个，累计41个。

【社会事业全面发展】　新建中学、新建小学分别承接语文学科质量提升和二胡文化特色教育项目。投入300多万元建造的新建中学教学楼完成主体验收。投入40多万元改善新建中心幼儿园硬件设施。农村居民住院医疗保险参保率100%，城乡居民社会养老保险参保率达99%。全年改造危房20间，向618名低保对象发放低保金262万元，向755人次困难群众发放助医、助困、助残、助老金84.3万元，向全镇979名80周岁以上老人发放尊老金65.5万元，为2688名老人进行免费体检，为全镇2882名妇女免费实施“两癌”（乳腺癌、宫颈癌）筛查。落实“单独二孩”新政，投入60多万元的现代化预防接种、妇保、儿保门诊和全科医生工作站建成投用，标准化社区卫生服务站实现全覆盖。投入近100万元的技防镇二期工程如期完工，新增高清数字探头25个，新增及改建高清监控点19个，完成派出所监控中心改造。全年未发生大规模越级群访事件，未发生群体性讨薪事件。

【镇村环境不断优化】　在新宜金线安装路灯260个、新闸西路安装路灯63个，主干道路全面亮化。投入300万元改造三鑫路南段水稳层，完成沥青摊铺。投入420万元的艺蝶路、新儒路5.2万平方米绿化项目快速推进。推动艺蝶路、新儒路等主干道给排水、燃气管网工程。投入250万元，改造拓宽丰太线、前仁路4.8千米。投入160万元，铺设安康小区道路1270平方米、实现小区绿化7600平方米、新建路灯63个、建成门卫室1个，改善安置小区内部环境。出台《关于加强村庄环境整治长效管理的考核意见》，投入300余万元，加强村庄保洁队伍建设、配优保洁设施。实行保证金制度，设立保洁责任公示牌和党员责任区，通过月查季评，132个自然村实现长治久洁。

2014年新建镇各行政村、社区基本情况

表76

名　称	区域面积（平方千米）	户籍数（户）	户籍人口（人）	可分配收入（万元）	书　记	主　任
新建村	9.78	1780	4990	134	蒋金良	陈建平
南塘村	5.83	1296	3710	169	史胜中	史胜中(兼)
臧林村	5.79	1197	3361	138	赵顺根	储群峰
闸上村	7.35	1314	3813	195	邵红星	邵红星(兼)
留住村	9.09	1634	4717	119	韩国平	储国新
路庄村	6.43	1267	3626	258	苏余良	邓永平
新建社区	—	933	1694	—	蒋金良	蒋金良(兼)

（强倍）　**编辑　陆思迪**

和桥镇

【概述】 区域面积105.1平方千米，辖行政村14个、社区5个，总人口68272人。全年地区生产总值58.49亿元，与上年基本持平。财政总收入5.05亿元，比上年增长2.5%。财政可支配收入1.18亿元，与上年基本持平。应税销售收入104.89亿元，其中工业89.22亿元、流通15.67亿元。工业利税总额12.49亿元，利润5.99亿元。全社会固定资产投入23.83亿元，比上年增长3.4%。其中：工业后劲投入15.26亿元，比上年增长5.2%；服务业投资8.56亿元。到位注册外资1000万美元。农民年人均可支配收入19972元。全镇有耕地6.57万亩，全年粮食总产量4.44万吨，农业总产值7.77亿元，粮食生产实现“十一连丰”。和桥镇被住房城乡建设部等部门列为全国重点镇。北新村创建为江苏省社会主义新农村建设示范村，西鿍村创建为江苏省科普示范村，劳动社区创建为江苏省和谐社区示范社区。戴长生被评为“江苏好人”。

【工业经济平稳发展】 年内，总投资3.25亿元的3个重点工业项目签约，无锡市嘉鹏环保设备有限公司、无锡市兆星辐射防护科技有限公司、宜兴市鼎博环保机械科技有限公司等项目开工建设，无锡市永家线缆有限公司、宜兴市富陶金属构件有限公司等项目竣工投产，一期投资5亿元的无锡市兴盛新材料有限公司8万吨PBT熔体及纺丝项目试生产。环保、机电、新材料等行业创新转型步伐不断加大，新兴行业、科技企业在工业经济中的占比越来越大，企业自主创新能力和市场竞争力不断增强。市志鑫市政工程有限公司登陆天津股权交易所，凌志环保股份有限公司成为全市首个在“新三板”上市企业，宜兴威尼特集装袋有限公司、市海德分离机械有限公司成为全市行业排头兵培育企业。全年新增国家级高新技术企业2个、省级高新技术产品8种，承担市级以上科技计划项目6个，实施产学研合作产业化项目9个。申请发明专利100件，新增无锡知名商标4个。加强人才储备，引进海归人才5人、高级技术人员和高级管理人员20人、各类急需人才56人。镇政府重视稳控企业金融秩序，通过深化政银企合作对接、处置逃废债务行为、主动推进企业重组等举措，优化金融生态环境，掌握经济金融稳定工作的主动权。

【农业经济蓬勃发展】 农业总产值比上年增长3.4%，粮食生产实现“十一连丰”。高起点、高标准完成6万亩湿地农业观光园规划，其中核心区3万亩、产业辐射区3万亩。优质稻米、水产养殖、蔬菜瓜果等规模不断扩大，高效设施种植规模达1500余亩，其中大棚蔬菜550亩。北庄村成为远近闻名的蔬菜种植村，荣盛百亩芦笋种植基地生产的芦笋成为蔬菜市场的抢手货，鑫新蓝莓基地蓝莓亩产250千克，亩均利润2万余元。辰希缘农业园成为全市首个引进日本水凝纳米膜栽培技术设备种植有机蔬菜的企业，园内种植羊肚菌、红心猕猴桃、柠檬、健康蔬菜和有机稻麦1700余亩。全年落实各项惠农支农政策，开展农技指导和农机推广工作，共发放农业补助资金746.5万元。

【城镇建设统筹推进】 结合城乡发展实际，不断优化完善镇南新城、工业园区规划设计，科学编制老镇区控制性详细规划，分类完善保留村庄的规划编制，形成层次分明、衔接合理的城乡规划体系。加快推进中超水街、五洲国际城市综合体、富陶酒店、鹅洲公馆等重点工程，镇南新城初现雏形。和桥高级中学新校区建设进入收尾阶段。中兴二期、西和花园安置房竣工交付，大树人家二期安置房建设有序推进。基础设施更趋完善。推进和闸路南延段、创业大道西延段、裴家路新建工程和中心路改造工程，滆湖东路建成通车，海棠路西段、鹅洲东路南延段工程竣工，鹅洲西路改造完工并创建为城市管理示范街，提档升级农村公路11条。南高小区、和桥庭院等小区管道燃气入户工程主体完工，供水管网扩面和供电扩容工程快速推进；永兴货运停车场建成投用。镇区垃圾清运实现机械化作业和全天候保洁，全年清运垃圾9350吨，清理卫生死角420处。重点实施闸口、南新两个撤并老集镇环境改造工程，集镇面貌焕然一新。整治

大树人家小区 （和桥镇 提供）

小沿河、玉龙河等镇区河道环境，水质达标率持续上升。成立城乡综合管理委员会，整治违法建设、占道经营、河畔堆场、非法营运、违章停车等城镇管理顽疾，出新鹅洲西路、宜漕路和桥段沿线立面，提升镇区形象。

【生态环境综合治理】 严格落实主要入(太)湖河道“河长制”管理责任制度，实施控源截污、河道清淤、生态修复等治理工程，整治对小沿河、玉龙河等河道环境，重点监测断面、水功能区水质达标率持续上升。对16条河道实施氮磷拦截，实施面积25万平方米，并对河道两岸实施生态修复、绿化、亮化工程。全年清淤河道16条、8万立方米。综合治理扬尘、秸秆焚烧等大气污染，重点整治水泥、化工等行业，改善区域环境空气质量。成立徐家荡湿地综合管理委员会，加强徐家荡湿地的修复管护、招商引资和开发利用工作。完成累计投入1亿多元的徐家荡湿地主体水域退渔还湖和荷花湾湿地修复项目。开展农村环境连片整治工作，以水环境保护为重点，实施农村生活污水处理、生活垃圾收集、畜禽养殖整治、村庄环境综合整治等工程。推进农村生活污水分散处理工程，5个行政村、19套分散式污水处理设施全部安装到位，配套建设污水收集管网58.8千米，日收集处理污水590吨，项目范围内农村生活污水处理率达90%以上。

【社会事业全面发展】 全年投入5408万元完善学校硬件设施建设。和桥高级中学新校区基本竣工；中考、高考成绩优异，和桥高级中学本二录取人数超额完成市定指标，和桥中等专业学校对口单招过线率全市第一；和桥第二中学在全国啦啦操比赛中获第一名，和桥第二小学创建为国家级青少年俱乐部。提升养老服务水平，新建居家养老服务机构1个。劳动社区创建为省级和谐示范社区。推进村级公共文化服务标准化提升工程，创建五星级农家书屋1个、公共文化服务建设示范村4个。全年开展文体活动40多场(次)，文艺作品屡获市级金奖。社区卫生服务站实现全覆盖。开展就业培训1600人次，新增就业岗位1600个，转移农村劳动力900人，城镇登记失业率低于3.3%，社保扩面820人。救助困难群众3600多人次，发放慈善救助款650余万元。处理劳动争议投诉62批(次)，清欠职工工资182万元。加强治安防控体系建设，技防镇升级改造工程全面到位。

【北新村创建为省社会主义新农村建设先进村】 北新行政村西临滆湖，面积7.5平方千米，有村民小组32个、村民1020户，居住人口4835人。近年，北新村投入1000余万元，实施村级道路硬化、绿化、亮化工程，新建北新社区活动便民服务中心和北新、河东、陈家、老官庄4处休闲广场。同时，推进农村环境整治，实施长效化管理，完成中心组外墙出新刷白5万平方米，河道清淤21.6千米，污水纳管650户，户厕改造1020户。建立长效管理机制，成立10人的保洁队伍，确保村庄环境始终整洁。北新村先后创建为省卫生村、省生态村、无锡市新农村建设示范村、无锡市幸福村等。2014年1月，北庄村创建为江苏省社会主义新农村建设先进村。

2014年和桥镇各行政村、社区基本情况

表77

名　称	区域面积(平方千米)	户籍数(户)	户籍人口(人)	可支配收入(万元)	书　记	主　任
同里村	4.50	1159	3583	353	胡爱平	蒋镜桃
北庄村	7.10	1685	4835	367	路竹青	韩尧中
湖滨村	4.33	686	2316	103	孙惠军	许建康
大生村	4.20	843	2695	292	樊平平	郭根法
永兴村	9.80	2057	5519	617	吴建良	仇小华
西锄村	16.50	2050	6161	665	吴协南	吴桂良
中巷村	7.00	1566	4765	412	邵乃其	徐建业
北新村	7.50	979	3061	112	杨裕国	吴建新
王母桥村	7.50	1136	3378	428	陶小中	蒋小中
闸口村	9.60	1648	5274	145	陆　军	钱俊芝
福巷桥村	5.70	1282	4216	179	陈锡明	邵　方
钟溪村	3.73	685	2333	117	何志中	吴建平

续表77

名　称	区域面积（平方千米）	户籍数（户）	户籍人口（人）	可支配收入（万元）	书　记	主　任
北渠村	4.95	1133	3617	159	邵其新	冯华君
楝聚村	8.70	1638	5263	586	缪绿明	袁三九
兴业社区	1.65	1339	3255	—	李　辉(女)	李　辉(女,兼)
生建社区	1.60	1550	3479	—	钱锡明	钱锡明(兼)
劳动社区	1.00	1653	4097	—	闵健芬(女)	闵健芬(女,兼)
南新社区	2.25	127	179	—	李敖中	徐瑞芬(女)
海棠社区	1.00	42	246	—	董　良	秦均南

（颜婧烨）

高塍镇

【概述】 区域面积112平方千米，辖行政村14个、社区3个，总人口59849人。全年地区生产总值110.32亿元，比上年增长12.9%。财政可支配收入1.6亿元。应税销售收入593.85亿元，比上年增长7.43%。其中：工业应税销售收入409.03亿元，比上年增长14.9%；流通应税销售收入184.83亿元，比上年下降6.13%。工业利税总额13.59亿元，利润7.62亿元。全社会固定资产投资51.11亿元，比上年增长14.7%。其中：工业后劲投资32.48亿元，比上年增长16.5%；服务业投资18.63亿元，比上年增长11.8%。农民年人均可支配收入23101元。全年粮食总产量3.98万吨，农业总产值7.79亿元，比上年增长13.1%。电线电缆产业年应税销售收入300.58亿元，比上年增长17.5%；环保产业年应税销售收入64.43亿元，与上年基本持平。全镇有年应税销售收入超1000万元企业172个。开展百日环境综合整治集中行动，制订村庄环境整治及长效管理实施意见，改善村庄环境。全年投入养老、医疗、教育、卫生等社会事业6133.39万元，其中投入养老保障1039.03万元、医疗保险1118.12万元、社会救助376.24万元、教育1900万元、城镇管理800万元、社会治安管理900万元。

【经济发展稳中显优】 主导产业优势明显，全年线缆产业产值和销售收入均占工业总产值和工业销售收入的70%以上，环保产业产值和销售收入均占15%以上。规模企业支撑强劲，全镇应税销售超1000万元企业达178个，规模以上企业经济总量占全镇经济总量的88%以上，支撑作用显著。全镇全年有工业项目56个，总投资规模43.7亿元，其中投资超1亿元项目11个、市定重点投资项目6个。农业经济健康发展，粮食生产实现"十一连丰"。农业结构不断优化，特色农业、生态农业和旅游观光农业发展迅速。百亩高产水稻示范田亩产达725千克，"坤滆"牌河蟹获全国大赛金奖，万阳园艺场成为苏南地区最大的薄壳山核桃基地，韩珠葡萄亩产值超3万元。全年组建农民专业合作社5个，累计45个。鹏鹞生态园建设初具规模，成为无锡市重点农业园、精品园。

【产业转型激发新活力】 利用环科园平台，获科技部、环保部等中央直属部门信息、技术和政策扶持，助推产业加快转型、继续做大做强。积极推进政、产、学、研对接，与知名研发机构展开合作，化解产业层次不高、创新后劲不足等瓶颈制约。新增国家创新基金项目1个、"星火计划"项目3个、中欧合作项目2个、国家重点

高塍镇镇区　（高塍镇　提供）

新产品2种,立项省级项目34个。申请发明专利329件,授权发明专利32件。加快集聚人才,增强创新动力,全年成功申报国家"千人计划"专家2人、国家引智计划项目2人、省双创人才2人、博士集聚计划人才3人、"530"项目人才3人、"陶都英才"2人。制订出台促进环保产业发展的意见,对规模成长型环保企业实行奖励扶持。开展安全生产工作,推进安全生产的标准化建设,标准化验收工贸企业35个、化工使用和储存单位29个。全年举办安全生产培训12期、2100余人次。加强环境保护宣传教育,规范和完善企业环评审批工作,完成项目环评审批手续38个,排查28个化工企业的大气污染源并进行网上申报,3个企业通过清洁化生产考核验收。

【镇村环境综合治理】 开展环境综合整治,镇村面貌焕然一新。围绕"清污、治乱、造绿、提神"目标,组织开展百日环境综合整治暨国家卫生镇复审验收活动,对全镇主要道路沿线、绿化带、河道沟塘、集镇、居民小区及村庄进行全方位、立体式综合整治,年内通过国家卫生镇验收。新建生态桩木护坡1.7千亩,清淤河道11条。拓宽改造农村村道10千米,改造农村危桥3座。完成塍北路西延段、中桥路、中心街、江南路、教育北路、红塔西街、景湖路老路以及塍北东路等综合改造工程。

【社会事业全面推进】 全年实施惠民实事项目63个,总投资4.8亿元。续建拆迁安置小区住宅总面积29.28万平方米,滨水新城三期西地块、红星花园一期小高层部分、桃园岛小区、红星花园二期交付使用。建筑总面积3.4万平方米的高塍实验小学完成整体搬迁,范道农贸市场、高塍停车场交付使用,镇卫生服务中心、高塍消防指挥中心、范道敬老院食堂等工程进入装修阶段。新增就业岗位1800个,转移就业人数800人,完成社保扩面716人,调解劳资纠纷60起,为职工追讨工资420余万元。全年发放优抚金、重残金、尊老金、低保五保金、慈善救助金等资金750多万元。开展平安高塍、法治高塍建设,完善大排查、大接访、大调解工作机制,集中排查、解决对拆迁征地、环境污染、劳资纠纷等群众反映强烈的问题,提升社会满意度和群众美誉度。集中开展学校周边网吧、游戏室、棋牌室的整治和查处,维护平安和谐校园。

2014年高塍镇各行政村、社区基本情况

表78

名　称	区域面积(平方千米)	户籍数(户)	户籍人口(人)	可支配收入(万元)	书　记	主　任
高塍村	2.31	735	2246	882	沙玉琴(女)	沙玉琴(女,兼)
高遥村	6.06	1464	4370	240	吴振兴	吴振兴(兼)
胥井村	4.01	1010	3169	316	王加君	陈小平
塍西村	8.29	1649	5427	450	王盘华	王盘华(兼)
志泉村	8.32	1416	4319	424	蒋继中	周泽民
赋村村	6.93	1512	4393	214	蒋善勤	宋顺强
梅家渎村	10.84	1579	5254	531	杨伯民	裴初平
范道村	6.85	1261	3713	253	朱才华	朱才华(兼)
天生圩村	7.02	1124	3497	243	杜国农	陈培良
六圩村	7.70	1023	2998	301	王惠忠	凌洪兵
红塔村	3.38	924	2747	266	王再兴	吴丹平
徐家桥村	7.42	1524	4654	321	杜海民	陆国平
宋渎村	5.58	1178	3546	124	蒋建明	吴才良
肖张墅村	8.73	1560	5098	294	肖健生	肖健生(兼)
高塍社区	1.15	1956	4062	253	唐汉培	唐汉培(兼)
滨水社区	0.25	38	84	150	庄伟彦	—
红星社区	0.19	101	272	60	王再兴	吴丹平

(严菁菁)

万石镇

【概述】 区域面积43.77平方千米，辖行政村9个、社区2个，总人口26874人。全年地区生产总值39.35亿元，比上年增长9.8%。财政可支配收入8511.83万元。应税销售收入98.82亿元，其中工业应税销售收入89.81亿元、流通应税销售收入9.02亿元。工业利税总额6.95亿元，利润4.47亿元。全社会固定资产投资21.55亿元，比上年增长8.13%。其中：工业后劲投入16.52亿元，比上年增长9.1%；服务业投资5.03亿元，比上年增长12%。农民年人均可支配收入23027元。全年粮食总产量2.92万吨，农业总产值4.08亿元，粮食生产实现"十一连增"。新增省高新技术企业4个，高新技术产值占工业总产值的35%。全年申请国际专利3件、发明专利59件，万石镇创建为省科普示范镇。万石、南漕两所幼儿园创建为省优质幼儿园，万石镇创建为无锡市学前教育现代化建设示范镇。设立青年企业家成长基金等慈善冠名基金8个(累计12个)，基金规模超200万元，全年发放尊老、助学等慈善金80多万元。后洪村、漕东村、马庄村创建为省"水美乡村"。《万石镇志》《善美万石》出版发行。

【工业经济平稳发展】 有序推进市九洲封头锻造有限公司、市大平电力设备有限公司、江苏天诚伟业电液控制科技有限公司等建设项目，国际石材交易中心一期进入开工筹备阶段，宜兴北海封头有限公司、宜兴大平杆塔制造有限公司等企业引进国内外先进设备升级改造技术。全年完成工业后劲投入16.52亿元，比上年增长9.1%。组织开展政产学研合作8次，万石镇与常州大学签订全面合作协议。江苏金山环保工程集团研发太阳能复合膜餐厨垃圾处理技术并建设示范工程，艾伦·黑格材料科技中国(宜兴)研究院、江苏宏泰高分子材料有限公司、宜兴北海封头有限公司分别成功申报省"双创计划"团队、工程技术中心和海外引智项目，江苏巨珩新材料科技有限公司、市兴益特种变压器有限公司、市赛尔生物科技有限公司等企业获"陶都英才"人才项目资助，江苏宏力光电科技有限公司、宜兴百思机械有限公司、江苏健龙电器有限公司参与产品标准制订。全年引进市外资金4.15亿元，到账外资1334.89万美元，自营出口创汇4220万美元。落实镇领导挂钩联系企业、项目制度，定期开展现场调研，协调推进重点项目建设，专题举办企业转型升级辅导会、经济运行分析会、现代服务业发展研讨会、政银企合作座谈会，引导企业加快转型，帮助企业化解制约，提振企业发展信心。优化金融服务，运作市镇两级转贷平台，全年为企业解决转贷资金3亿余元。

【镇村建设统筹推进】 推进新镇区建设、老集镇改造和农村环境提升，构建"新型城镇化、农村现代化、城乡一体化"的镇村发展新格局。投资2000多万元改造万兴路延伸段、茶亭西路、石材市场3号路等镇区、园区和市场重点道路，推进万芳路、新星路北延工程，改造农村道路3千米、危桥2座，完成老街立面改造和华东石材市场入口景观建设，全镇绿化总面积超60万平方米，镇区主要道路亮化实现全覆盖。万善公园二期竣工，镇规划展示馆、闵惠芬艺术馆、文体中心进入布馆和装修阶段。升级改造农贸市场，苏家拆迁安置小区进入附属工程建设阶段。全年办理建设工程规划许可证54份、用地规划许可证23份，依法拆除违章建筑674平方米，整治违法用地19起，全年工程建设实现"零事故"。建立公共基础设施管理联巡机制和信息互通机制，常态化管护道路、排水等市政工程和绿化、亮化等公共设施。成立物业矛盾纠纷调解中心，提升西园一村、二村物业管理水平。制订《村庄环境整治长效管理工作实施意见》，巩固村庄环境整治成果。全年关停化工企业1个，审核清洁生产企业9个，完成污水纳管企业7个，全镇污水主管网范围内具备条件的企业做到"应纳尽纳"。"组保洁、村收集、镇转运、市处理"镇村垃圾一体化密闭收运体系保持全覆盖。实施村庄环境连片整治和东部片区水环境综合整治项目，建设分散式污水处理设施26套，新建生态驳岸9.4千米，清淤河道71条、41.8千米，种植河道坡面绿化4.9万平方米，后洪村、漕东村、马庄村创建为省"水美乡村"。

【农业经济持续增长】 按照"守住底线、先行试点"原则，稳妥推进重点改革，加快农业现代化进程，促进农业稳定发展和农民持续增收。后洪村、

万石镇交通道口 (万石镇 提供)

万石村分别完成市级农村土地承包经营权确权登记颁证和农村集体经济组织成员资格界定试点任务。新型主体加快培育。申报备案家庭农场9个,2个农民合作社申报省级扶持项目,12个农民专业合作社被列入市扶持名录,农民专业合作社入社农户占农户总数的92%。后洪村水芹协会获评中国"科普惠农兴农"先进集体。中央小农水工程和4个市级小农水工程全部完工,总投资2400万元,新建泵站34座、沟渠68千米,受益面积1.2万亩,农田水利基础设施建设基本完备,粮食总产量实现"十一连增"。丰汇现代农业产业园集聚现代农业企业21个,引进优质现代农业项目3个,流转土地250亩,全年总产值2.5亿元,占农业总产值的61.27%。新认定无公害农产品2种、绿色食品1种,"陶都牌"水芹被评为省著名商标。督查民主理财、村务公开、票据管理、资产管理等重点环节和操作规程,完善村级工程建设审批招投标程序,聘请中介机构进行决算审计,全年审计工程项目16个。

【社会事业全面发展】 突出民生优先,加大社会事业投入力度,镇级财政支出的70%用于社会保障和改善民生,8项政府实事工程基本完成。落实支农惠农政策,全年发放补贴590万元,受益农户6532户;发放农业保险理赔101万元;新增企业职工参保1317人、城乡居民基本养老保险3758人,城乡基本养老、失业保险覆盖率超98%;新增就业1027人,全镇有参加企业职工工资集体协商企业278个。推行社区卫生服务规范化管理和健康教育、预防、保健、康复、计划生育技术服务、一般常见病及多发病诊疗服务"六位一体"工作职责,免费为4108名65周岁以上老年人、慢性病人提供体检,完成城乡居民医疗保险1.37万人,建成镇、村亲子体验室各1个。镇村两级文体中心全部建设到位,村级文体中心功能更趋完备。举办第二届"善"文化节,开展"善心相连""与善同行""十大善美家庭"等活动,建设"善文化大讲堂"、《万善风》等宣传文化阵地。全年调解民间纠纷263起,协调解决"12345"政府公共服务热线及"政风热线""市长信箱""镇长信箱"等平台反映的问题263件,办结率100%,满意率98%。开展"六打六治"*打非治违专项行动,健全安全监管网络,安全生产培训、标准化创建成效明显。加强食品、药品安全监管和蔬菜安全可追溯体系建设,群众饮食用药安全获保障。

2014年万石镇各行政村、社区基本情况

表79

名　称	区域面积(平方千米)	户籍数(户)	户籍人口(人)	可支配收入(万元)	书　记	主　任
南漕村	7.16	1452	4552	904	张一维(女)	陈　亮
大尖村	4.13	1400	4405	261	虞建峰	吴晓东
万石村	2.67	656	2163	365	王　斌	钱　鹏
余境村	3.72	750	2508	331	刘若华	余建江
余庄村	4.18	895	2933	580	沈建国	宋小刚
后洪村	4.02	603	1979	138	濮焕中	周国良
漕东村	5.41	870	2755	128	吴　源	彭旭峰
黄土寺村	3.33	734	2422	190	王阿平	谢克中
马庄村	2.11	514	1713	117	徐焕斌	徐焕斌(兼)
万善社区	—	—	—	—	马俊峰	任　春(女)
南漕社区	—	—	—	—	—	贾文俊

(刘颖钰)

周铁镇

【概述】 区域面积73.2平方千米,辖行政村14个、社区1个,总人口56420人。全年地区生产总值62.32亿元,比上年增长2.3%。财政总收入6.66亿元,比上年增长3.3%;财政可支配收入2.05亿元,比上年增长24.24%。应税销售收入158亿元,比上年增长0.4%。其中:工业应税销售收入134.37亿元,与上年基本持平;流通应税销售收入23.64亿元,比上年增长40.7%。工业利税总额10.72亿元、利润7.97亿元。限额以上零售额2.3亿元,比上年增长535%。全社会固定资产投资29.06亿元,比上年下降

2.2%。其中：工业后劲投入19.53亿元，比上年下降8.5%；服务业投资9.53亿元，比上年增长13.7%。到位注册外资117万美元，比上年增长485%。农民年人均可支配收入23077元。粮食总产量3.2万吨，农业总产值5.97亿元，比上年增长5.2%。“三资”投入农业2060万元，新增现代高效农业面积40公顷，村级平均可分配收入达278万元。全年引进高级管理人员、高级技术人员32人，新增高新技术企业2个、国家级重点新产品1种、省高新技术产品15种、省级工程技术研发中心1个；完成国际合作项目1个，国内产学研项目6个，市级农业项目2个、工业项目3个、科技部支撑项目1个。申请国家发明专利143件，获专利授权13件。周铁镇创建为中国历史文化名镇、江苏省公共文化服务体系示范区。

【工业经济平稳发展】 全年工业总产值134.38亿元，与上年基本持平；实现利税总额10.72亿元，比上年增长7.7%；实现工业利润总额7.97亿元，比上年增长24.1%。55个规模以上工业企业完成工业产值95.68亿元，占全镇总量的79%。全镇有年产值超1亿元企业20个，其中无锡友方电工有限公司、江苏纵横浓缩干燥设备厂、无锡市凯利药业有限公司年产值比上年增长60%以上。全镇有52个企业销售收入比上年增长40%以上。全年有拟建工业项目9个、在建工业项目16个，完成工业后劲投资19.53亿元；签约投资项目6个，引进市外资金4亿元。无锡友方电工有限公司、江苏鑫中恒水工业装备有限公司被认定为国家级高新技术企业，全镇累计有国家级高新技术企业19个。华仁建设集团有限公司、江苏兆盛环保集团有限公司成为全国“重合同守信用”企业，市银燕进出口有限公司成为中国民营外贸500强。开展党政领导定企活动，设置建设环节行政审批代办员，健全政银企三方联动机制，促进固化“天乾系”担保企业的贷款存量和担保关系，帮助代偿企业争取贴息500余万元。

【城乡建设统筹推进】 坚持高起点规划、高标准建设、高效能管理，构建布局更合理、功能更完善、管理更有序的城乡一体化发展新格局。年内，总投资4000万元、建筑面积2.3万平方米的湖滨西区安置小区竣工交房。周铁公交客运中心建设工程、下邾集镇环境提升工程及漕分线、周铁农贸市场、解放路、学前路改造工程全部竣工。完成龙窝里、里渎沽、洋龙漕3个自然村90户、2.5万平方米的拆迁安置工作。做好历史文化名镇提档升级工程，有序推进历史街区市政设施及道路改造。城隍庙内部布展基本完工。田肚节点市政建设工程完工，“塘河水韵”公园全线贯通。整治占道经营、乱停乱放、乱搭乱建等违法行为，全年查处违法建设120起，拆除72起。开展建筑行业机械设备乱堆放专项整治，镇区秩序和环境卫生状况持续好转。提升安置小区物业管理水平，完善镇村垃圾集中收运体系，绿化养护、路灯维护完成市场化运营改革。

【“三农”工作成效显著】 坚持因地制宜，加快农业产业结构调整，夯实农业基础地位，农民收入水平不断提高，实现无锡市幸福村全覆盖。全年完成农业总产值5.97亿元，“三资”投入农业2060万元。新增现代高效农业面积40公顷、特色农业基地2个，成功申报绿色、无公害等农产品51种。推进现代蔬菜产业园建设，完善园区配套设施和公共服务平台建设，总投资2.5亿元、流转土地800多亩的垄上行生态农业、太湖缘蔬果等4个项目落户园区。全镇域开展村庄环境长效管理专项整治，前观、欧毛渎等6个行政村投入800余万元实施村庄环境整治亮点建设工程。加强河道长效管理，清淤镇村河道15条、土方11.6万立方米。加大水利设施建设投入，全年投资550万元，新建横塘河硬质驳岸1.8千米，修建市级小农水工程沟渠11.2千米。控制农业面源污染，2个农业循环项目完工，完成第五期、第六期省太湖流域水环境综合治理，完成太湖安全度夏任务。提升沿湖湿地水环境质量，实施沿湖2500亩芦苇收割及管护工作。开展农村“三资”管理专项整

竺西文化公园 （周铁镇 提供）

治，重点整改村级资金出借不规范、备用金制度不健全等薄弱环节，完善村级工程公开招投标、竣工验收、审计结算等程序。

【社会事业协调发展】 推进社保扩面，新增参保人数2059人。发放就业困难人员社保补贴238万元。推进劳动保障维权工作，全年处理劳资纠纷案件120起，为职工协调解决工资、工伤待遇550万元。落实低保政策，城乡低保、政府供养对象实现应保尽保。各村老年协会、居家养老服务站实现全覆盖。弘扬关爱救助之风，规范运行爱心基金20个，全年发放慈善基金360万元，救助3100余人次。总投资1800万元的分水行知学校建成投用，洋溪中学、周铁小学高标准通过教育综合督导考核。社区卫生服务站标准化建设基本完成，第五人民医院建设工程被列入市政府2015年度实事工程。组织举办文化区域互动等文艺汇演，开展竺山风筝节、竺山文化艺术节等群文活动。豆腐花制作技艺申报为市第三批非物质文化遗产项目。

【周铁镇成为中国历史文化名镇】 周铁镇历史悠久，源远流长。据史书记载，早在周朝，因设铁官于此而得名，有2700多年历史。境内历史遗迹众多，文化名人叠出。2011年起，周铁镇实施修复文化遗存、保护历史街区、建设文化工程等“文化周铁”建设。统筹考虑特色历史街区保护的点、线、面，投资1000多万元修复竺西书院、古码头等历史遗存，投资2000多万元贯通“塘河水韵”公园，投资5000多万元推进古街区保护，有机结合历史文化元素与现代生活，原住民几乎没有搬家，既保留了“原汁原味”传承，又使其“焕发了青春”。《周铁历史文化名镇保护规划》《周铁桥历史文化街区保护规划》先后通过省住建厅组织的专家论证。2014年2月，周铁镇被住房城乡建设部和国家文物局评选为第六批中国历史文化名镇。

2014年周铁镇各行政村、社区基本情况

表80

名　称	区域面积(平方千米)	户籍数(户)	户籍人口(人)	可分配收入(万元)	书　记	主　任
彭干村	6.80	1652	5172	370	周伟明	周伟明(兼)
王茂村	4.40	850	3142	164	王国荣	王卫良
棠下村	4.35	1010	3034	160	冯国忠	蒋乾生
周铁村	5.54	1715	5105	339	吴智君	蔡利群
东湖村	4.18	839	2692	185	陈年丰	周逸锋
前观村	2.52	480	1593	174	王育明	王锡良
龙亭村	2.18	427	1350	146	吴晓琴(女)	吴晓琴(女,兼)
分水村	7.20	2249	6926	668	吴　健	杭小芬(女)
下邾村	4.21	1389	4520	387	王祎程	—
沙塘港村	2.90	1085	3342	430	王仁安	杭益君
欧毛渎村	2.55	832	3102	177	杨永平	许望强
徐渎村	5.50	1415	4483	226	蒋胜军	蒋胜军(兼)
洋溪村	4.30	1110	3789	175	洪　涛	—
中新村	7.30	1478	4807	179	蒋法中	蒋法中(兼)
周铁社区	1.20	1554	3057	—	沈黎(女)	沈黎(女,兼)

(周冠男)

编辑　吕浩

丁蜀镇

【概述】 区域面积205平方千米，辖行政村28个、社区17个，总人口149122人。地区生产总值101.68亿元，比上年增长14.24%。财政可支配收入3.92亿元，比上年增长6%。工业应税销售收入177.45亿元，利税总额20.8亿元；工业后劲投入23.6亿元，比上年增长17%。流通应税销售收入31.52亿元；服务业后劲投入13.95亿元，比上年增长20.5%。自营出口3.90亿美元，比上年增长5.75%。农业总产值4.90亿元，粮食总产量3.42万吨。农民年人均可支配收入18955元。新增高新技术企业8个，累计40个。全年申请专利800件。累计建成富民合作社2个、合作联社2个、农民专业合作社160多个。农业基础设施进一步完善，农业示范园区项目建设不断推进，宜兴市陶都国兰生态农业专业合作社、江苏三正华禹环境工程有限公司、宜兴市神力农业科技发展有限公司、江苏紫峰农业科技股份有限公司等项目初见成效。西望村被评为江苏省美丽乡村，洑东村、大港村被评为江苏省生态村，双桥村被评为江苏省水美乡村。中国工艺美术大师、中国陶瓷艺术大师徐汉棠出资1000万元，成立徐汉棠教育基金会，并在由中央宣传部、中央文明办主办、中国文明网、央视网承办的“我推荐我评议身边好人”活动中，被评为“中国好人榜”——助人为乐好人。

【骨干企业支撑作用明显】 机电、冶金、陶瓷三大支柱产业经济总量占全镇经济总量的比重分别比上年增长4.8%、2.3%、2.3%，占全镇经济总量的78.8%。骨干企业发展稳健。宜兴新威集团有限公司、江苏亨鑫科技有限公司、江苏汉光甜味剂有限公司、江苏远航集团应税销售收入列全市前50位。宜兴东方石油支撑剂有限公司、宜兴王子制陶有限公司、宜兴市兴达合金材料厂应税销售收入比上年增长超50%，宜兴维多利亚家具有限公司、新嘉理（江苏）陶瓷有限公司等18个企业应税销售收入增幅超上年30%，宜兴华丰陶瓷有限公司、江苏富陶科陶瓷有限公司等8个重点成长型企业应税销售收入比上年增长超50%。自营出口保持增长，江苏汉光甜味剂有限公司全年出口7500万美元，宜兴新威集团有限公司全年出口6000万美元，宜兴东方石油支撑剂有限公司全年出口超1700万美元。宜兴华丰陶瓷有限公司、江苏锦绣苑陶瓷有限公司等6个企业出口实绩比上年增长超50%。江苏林龙电磁线有限公司、宜兴诺伏电工材料有限公司、无锡市航卓市政工程有限公司、江苏蓝翔线缆有限公司在天津股权交易所挂牌。

【科技人才工作优势渐显】 对接“千人计划”专家联谊会办公室、中韩技术交流协会等组织，大力引进高端技术及主导产业的关键环节紧缺人才。全年多次组织企业与上海交通大学、华中科技大学、西安交通大学等高校院所开展对接活动。4月，举办“‘千人计划’专家丁蜀行”活动，促成8名“千人计划”专家与企业“牵手”，建立4个“千人计划”专家工作站。其中：无锡市瑞尔精密机械有限公司与上海交通大学材料科学与工程学院博士生导师张德良合作，共同推进特殊用途粉末材料研发；江苏欧赛德科技有限公司与上海交通大学材料科学与工程学院博士生导师赵晓峰合作，共同开展发电厂锅炉管道的防护涂层技术攻关。同月，丁蜀部分企业与“千人计划”专家建立无机非金属材料产业协同创新联盟和金属及机械加工产业协同创新发展联盟，2个联盟共吸纳企业20个、“千人计划”专家25人。

【民生保障力度继续加强】 加强就业创业服务，全年提供就业岗位3100个，举办技能培训班19期，培训2383人，实现农村劳动力转移就业2462人，帮助168名就业困难群众实现就业。新增社保扩面1517人，新增公积金扩面1170人。广泛开展慈善救助活动，全年发放各类救助金452.9万元，惠及困难群众2317人。不断加大学校硬件投入，更新改造丁山实验小学、川埠小学、大浦小学、东坡小学等10所学校的教育设施，办学条件进一步改善。教育质量稳步提升，江苏省宜兴丁蜀高级中学高考成绩、江苏省宜兴丁蜀中等专业学校对口单招和毕业就业率在全市名列前茅。创新公共卫生服务体系，健康工程稳步推进，全年实施各类免费体检4.49万人次，紫砂村、毛旗村等10个村通过省卫生村复审。文化建设成效明显，“宜兴均陶技艺”入选第四批国家级非物质文化遗产。“六个有”*文化阵地建设有序推进，全年举办“道德讲堂”、社区文化艺术节等群众性文化活动28场（次）。

【城乡管理更加高效】 进一步完善管理机制，制订《丁蜀镇关于加强城乡综合管理工作的实施意见》，成立丁蜀镇城乡综合管理委员会，有效提升管理的服务效能和水平。扎实做好民生环保工作，全年整治漆包线生产企业6个、生猪养殖场8个。全面完成秸秆禁烧工作任务，全镇秸秆综合利用率达92%。完成向阳涧涧沟治理工程。扎实推进“治理太湖”工程，开展大港河、乌溪港、大浦港3条入太湖河道整治工作。加快建设农村生活污水收集设施，新建建新村、北塘村垃圾中转站，清淤河道8条。启动住家船整治，加强渔政执法和太湖湿地芦苇看护工作力度。扎实推进村庄环境整治，制订《丁蜀镇关于加强村庄环境长效管理工作的实施意见》，环境整治的长效性得到固化。高标准做好绿化管护工作，全年新增绿化11万平方米。

【亨鑫科技检测中心通过国家认可】 江苏亨鑫科技有限公司检测中心成

亨鑫科技检测中心　　(丁蜀镇　提供)

立于2012年,拥有华东地区最大的天线室内远场方向系统。该系统具有屏蔽效能高、静区电平低、测试精度高等特点,能保证天线辐射性能指标的准确测量和制造精度。该系统配备电气性能检测设备,主要包括(驻波、隔离、幅相、静态及动态互调)测试暗室以及天线可靠性试验设备,如电磁振动台、淋雨试验室、步入式高低温湿热试验箱、盐雾试验箱、模拟风载试验架等设施设备。该检测中心被确定为中国联通3个天线测试场地之一,其成熟的天线检测技术得到行业内广泛认可。6月,该检测中心通过中国合格评定国家认可委员会(CNAS)国家实验室认可,具备按相应认可准则开展移动通信天线产品的电气性能和环境性能检测服务的能力。

【首届国际健康与营养产业高峰论坛举办】 10月,"首届国际健康与营养产业高峰论坛"在丁蜀镇举办。论坛云集世界抗衰老医学会主席罗伯特·高德曼、英国抗衰老医学会会长海瑟·伯德、国家发展和改革委员会国际合作中心主任曹文炼、加拿大密西沙加市市长黑兹尔·麦考莲等270多位国内外专家和企业界、政界人士。与会人员就健康与营养的学术创新与研究、大健康产业与营养管理等议题开展讨论,从学术理念和技术角度,阐述健康管理意识的正解,探讨传播专业知识技能的有效途径。会议期间,宜兴市与加拿大安大略省密西沙加市签署友好城市备忘录。同时,国合·宜兴健康服务产业示范基地获授牌,落户丁蜀,其中包括引进一流医护人员的先进国际医疗中心,形成规模适度的养老服务体系和体育健身设施等服务体系,以推进健康与养老服务工程建设,满足人民群众日益增长的多样化、多层次健康与养老服务需求。

【公共自行车系统投用】 2013年6月起,镇政府会同多个部门,按照方便市民"办事、出行、购物"原则,并结合企事业单位、公交站台、居民小区、公园景点、商业区域的布点要求,对镇区范围内项目具体选点进行联合调研,经过论证和吸纳群众关于选址、车辆、桩位等建议,最终落实设点方案并启动工程建设。2014年1月1日,公共自行车系统正式建成投用。公共自行车系统共设站点33个、锁柱1298套、自行车1000多辆,基本实现镇区全覆盖。镇公共自行车系统与市公共自行车系统相联相通,借车卡与中心城区自行车系统"通借通还"。

【住宅小区物业管理工作启动】 8月,镇政府下发《关于进一步加强全镇住宅小区物业管理工作的意见》《关于加强住宅小区物业管理政策支持的意见》《关于加强市场化住宅小区物业服务的考核办法》和《关于加强村(社区)物业管理工作的考核办法》,组建镇物业管理办公室、镇物业管理服务中心、村(社区)物业管理服务站和镇综合执法局社区管理分队,四者之间采用线性组织结构方式实行垂直管理,形成"3+1"管理层级机构。镇物业管理办公室负责全镇物管行业的领导管理,考核全镇住宅小区物管工作,行使综合协调管理职责;物业管理服务中心负责对全镇物管工作的督促、考核、应急等营运工作,落实好物业管理办公室的行政指令;村(社区)物业管理服务站作为物管工作的责任主体,负责辖区内的物业综合管理工作;职能部门按各自权责范围,确保执法进小区,并落实好物业管理办公室协调指令。采取分类管理办法,将全镇145个住宅小区划分成5个物业管理责任片区,扩大物业管理覆盖面。

【老城区改造三年计划基本完成】 2012年起,着手改造具备整改条件的城区老旧住宅小区,至2014年12月,基本完成老旧小区"平改坡"和管道天然气改造计划。3年中,主要从房屋立面、道路管线、路灯绿化等改造入手,先后改造镇区彩陶新村、均陶新村、鑫圩新村、正新小区、鑫圩小区西区、高家桥教工小区、水泥新村、紫砂宾馆两侧住宅小区、民主路小学周边住宅小区等10个老旧小区,涉及住户4000多户。先后实施公园路沿线、紫砂新村、潘家自然村、大中街等老旧住宅"平改坡"工程,改造面积共计2.65万平方米。同步推进管道天然气改造入户工程,3年累计为1.54多万户老小区住户解决燃气入户问题。按一类公厕标准改造镇区老旧公厕6座,年底前完成并投入使用。

2014年丁蜀镇各行政村、社区基本情况

表81

名　称	区域面积（平方千米）	户籍数（户）	户籍人口（人）	可分配收入（万元）	书　记	主　任
定溪村	4.14	880	2674	494	沈　康	许伟中
双桥村	5.94	1386	4248	944	苏立清	冯志松
三洞桥村	3.57	1373	3744	395	周顺良	庄泽明
西望村	2.77	689	2202	515	范泽锋	范泽锋（兼）
紫砂村	15.11	975	3053	779	杜其松	董伯初
查林村	9.38	844	2647	1204	田洪生	周朋华
川埠村	19.25	1645	4808	576	王建祥	戴亚权
潜洛村	4.37	1074	3147	1961	许暗清	朱洪祥
洛涧村	9.25	1005	2961	1076	沈昌才	蒋建春
任墅村	6.61	1285	3602	709	李春明	俞小军
大港村	12.55	1249	3766	1028	崔玉连	沈伯清
上坝村	21.85	1254	3999	155	魏洪明	陈运达
洑东村	12.99	1718	4898	933	苏立顺	林仕秋
陶渊村	4.25	469	1361	409	蒋连达	崔益龙
塍里村	4.92	666	1977	779	周玉明	姜根明
建新村	3.94	527	1429	116	高东升	周福明
洋岸村	2.89	651	2027	189	强绍兵	蒋小平
洋渚村	2.59	726	2170	348	杨听大	顾国芳
渭渎村	3.54	822	2244	125	孙志平	沈东君
汤庄村	3.40	971	2043	160	杨锡听	沈雪锋
浦南村	3.11	944	2786	234	王开芳	许良西
大浦村	1.36	551	1628	242	张方群	张方群（兼）
方钱村	3.71	902	2808	291	陈建新	吴建伟
双庙村	3.62	668	2110	387	周达君	蒋跃平
施荡村	2.86	614	1782	242	李洪明	—
北塘村	3.14	670	2004	131	姚伯洪	徐雷军
张泽村	4.82	1309	4043	125	李益军	周　平
毛旗村	2.01	511	1529	104	陈菊平	陈菊平（兼）
蜀山社区	1.28	999	2537	272	李国强	周暗坤
蜀北社区	1.90	1344	2992	4	李国强（兼）	曹雪萍（女）
蠡墅社区	0.95	1758	4515	6	—	陈　瑾（女）
潘南社区	2.80	545	1212	475	王志强	李加瑞
南河社区	1.30	1751	4539	12	孙惠媛（女）	孙惠媛（女，兼）
丁山社区	1.18	2762	6964	11	单芳娣（女）	单芳娣（女，兼）

续表81

名　称	区域面积（平方千米）	户籍数（户）	户籍人口（人）	可分配收入（万元）	书　记	主　任
周墅社区	1.37	739	1944	447	侯建坤	周毅军
湖渎社区	2.90	4551	13268	30	周红芬(女)	周红芬(女,兼)
赵庄社区	0.28	599	1959	213	钱汉成	钱汉成(兼)
白宕社区	3.10	3598	9154	15	周雪芬(女)	徐　芳(女)
龙溪社区	0.51	285	552	394	许海明	许海明(兼)
公园路社区	3.20	3444	8817	20	—	王　华(女)
汤渡社区	0.26	306	819	550	王国强	王国强(兼)
画溪社区	3.09	3883	9261	12	王星晔	周丽琴(女)
大浦社区	0.79	71	248	1	庄良清	庄良清(兼)
张泽社区	0.65	188	300	2	吴仕娟(女)	吴仕娟(女,兼)
川埠社区	1.50	1270	2351	2	吕玉芳(女)	—

说明：丁山社区与解放社区于2014年6月合并，合并后称“丁山社区”

（吕俊昌）

湖汶镇

【概述】 区域面积118平方千米，辖行政村7个、茶场1个、社区1个，总人口23120人。全年地区生产总值17.82亿元，比上年增长10%。财政总收入2.35亿元，财政可支配收入8176万元，与上年基本持平。工业应税销售收入29.25亿元，利税总额3.11亿元；工业后劲投入1.3亿元，比上年增长10.1%。服务业后劲投入11.04亿元，比上年增长29.6%，服务业占全镇国内生产总值的50%。全年接待游客765万人次，旅游总收入24.25亿元，均比上年增长40%。农民年人均可支配收入22511元。新增高效农业面积2700多亩。举办和承办“2014湖汶文化旅游季暨新茶开采节”、“深氧度假，乐居湖汶”避暑季暨湖汶杨梅节、“共享青奥，避暑湖汶”主题旅游推介会、“深氧湖汶，味满深秋”旅游新闻发布会和“宜帮菜美食大赛”，扩大“深氧湖汶”旅游品牌效应。确定并实施总投资达2.3亿元的11项镇级实事工程及36件村级实事工程。重组成立慈善基金会5个，全年救助1282人次，发放善款126.21万元；建成镇残疾人康复中心；社保扩面456人，实现社会保障全覆盖。全年接待中央督导组、省部级领导15批(次)和来自广西、河南等地的考察团285批(次)。幸福村创建实现全覆盖，建成省级三星级康居示范点13个、二星级康居示范村3个和环境整洁村35个。张阳村被住建部列入江苏省农村规划示范点，银湖村创建为江苏省生态村，洑西村创建为无锡市美丽乡村休闲旅游示范村，竹海公园入选江苏十大避暑胜地。湖汶镇创建为省级生态旅游度假区，被评为省生态旅游示范区、省人口文化示范基地，篱笆园和绿缘农业观光园被评为全国休闲农业与乡村旅游示范点。

【旅游产业欣欣向荣】 坚持把发展旅游业作为转型发展的最优路径，追求特色效益最大化。加强市场研究，举办各类主题旅游节庆活动。定期在宁杭线各大城市投放湖汶镇四季旅游信息，通过市场运作，带动旅游发展。重新分类原有资源要素，打造竹海宾馆、乡村驿站、养生酒店、体验旅馆四类度假功能区。加大公共设施建设，全境三横二纵路网建设基本到位，接通张(公洞)灵(谷洞)慕(蠡洞)线和汤(度)省(庄)线的水、电、气，提升金沙泉路、金湖路、玉女大道的绿化美化水平。建设深氧健身公园，推进竹海复线工程，实施龙山登山步道和乡村旅游集聚区的亮化工程，满足游客多元化需求。创新旅游管理机制，建立严格的旅游主干道路保障体系及度假区程式化巡逻和定点值守。举办乡村旅游创业培训班，提高酒店旅馆从业人员服务水平，打造文明软环境，提升度假旅游量能和质态。全年竹海公园入园人数达45万人次，营业收入超4200万元，比上年增长40%，网上预定额跻身全省前十位。乡村旅游点市场火爆持续不减，特色民宿床位数增加至2000张。

【深氧避暑季暨杨梅节举办】 6月，2014“深氧度假，乐居湖汶”避暑季暨湖汶杨梅节在竹海风景区开幕。开幕式上，“江苏省宜兴阳羡生态旅游度假区”(以湖汶镇为核心区域)揭牌，“湖汶杨梅”地理标志证明商标注册申请发布。此次避暑季活动历时2个月，开展“红了杨梅，绿了湖汶”为主题的“乐跑湖汶”“乡村特产义卖”“杨梅自制DIY”“乡村音乐节”等令人耳目一新的创意活动，对外推介“深氧”“避暑”“乐居”等旅游新理念，向外界展示生机勃勃、健康养生、多姿多彩的新湖㳇，打响“深氧湖㳇”旅游品牌，吸引了大批到湖㳇避暑的游客，促进了旅游产业的快速发展。

【农业经济彰显地域特色】 遵循农业配套旅游发展思路，晴兰农业生态旅游养生谷、玉龙潭三十六工坊、绿缘生态园等不断完善旅游功能布局，成为休闲农业与乡村旅游的新景点。湖㳇镇创建成全省首个农产品质量安全监管示范镇。张阳花卉苗木专业合作社入选国家合作社名录库。“泽峰”“永红”牌茶叶通过绿色食品认证，“大地春”牌竹笋干、“盛洪”牌茶叶通过无公害食品认证，“阳羡”白茶、“百岁红”红茶、“大地春”红茶在“陆羽杯”“国饮杯”名优茶评比中获特等奖。以张阳村为试点的农村土地确权颁证工作稳妥推进，核对明晰农田762.96亩，解决了四址不清等历史问题，保障农民利益。推进农村山林承包及农村土地承包经营权流转工作，调查备案流转土地11738亩，激活农村资源要素，加快推进农业现代化发展。

【免费旅游直通车开通】 为进一步完善旅游公共服务体系，提倡绿色环保的低碳出行方式，10月，旅游免费直通车正式运行。该项目为全市首条旅游免费直通车线路，总投资1000万元，线路分高铁线和内环线，涉及张公洞、玉女潭、灵谷洞、陶祖胜境、竹海公园、篱笆园、绿缘山庄、竹海国际会议中心等景点。两条线路各由2辆大巴车营运（另有一辆机动车辆）。其中：高铁线从宁杭高铁宜兴站始发，终点为竹海国际会议中心，全程30.5千米，班车间隔50分钟；内环线由张公洞至竹海国际会议中心循环行驶，全程18.5千米，班车间隔30分钟。同时，精心制作直通车线路图和时刻表，设立旅游信息文化墙，通过冠名投资，新建景观站台32个。运行后，直通车为游客提供了全新便捷的旅游交通服务，国庆黄金周期间短驳游客1.2万人次。

【差异化发展成果亮相《焦点访谈》】 作为省级生态旅游度假区，按照差异化发展要求，根据市政府生态保护、旅游发展、致富地方的侧重考核总导向，镇明确“生态立镇，旅游兴镇”发展战略。通过宏观规划、转型发展、品牌营销、强镇富民四大工作，逐步告别传统靠山吃山的粗放型生产、生活方式，先后关停、淘汰与环境保护、旅游发展不相适应的各类企业200余个，同时，明确“一核四极”*的总体发展规划，发挥生态禀赋优势，发展现代服务业和生态旅游业，走上以破坏环境换取增长向环境优化增长转变的可持续发展之路，成为华东地区生态保护、旅游发展示范区。9月，作为中组部和中央电视台推荐的实行党的差异化考核制度后走出转型发展新路的基层典型代表，湖㳇镇的发展经验在中央电视台《焦点访谈》中被介绍。

【老年服务中心对外开放】 为顺应发展要求，推进居家养老事业，利用原中心小学的闲置房屋，投入近500万元，建成集老年活动、培训、用餐于一体的老年服务中心。设置棋牌室、乒乓室、康复室、影视室、图书室等免费活动室18个。根据老年人的需求，开设养生、书画、电脑、舞蹈等培训班10多个。开设公共老年食堂，按照年龄段确定用餐收费标准，60—69周岁每人每月100元，70—79周岁60元，80周岁以上30元，超出部分由镇尊老敬老基金会、邵柏芝基金会、竹海景区基金会共同承担。9月，老年服务中心开放。至年底，在中心用餐的老人有500多人，成为民生事业的一大亮点。

【特色化教育成效显著】 坚持教育优先发展目标，探索特色化教育模式，提升教育整体水平。8月，中心小学与中学合并成立市湖㳇实验学校，实行九年一贯制办学体制。投入5000多万元，建造设施现代、质量一流的一体化教学中心，新建人文馆、茶圣亭、彩绘墙等特色校园景观。设立助学关爱基金会，重视师资队伍建设，开展“外教进课堂”模式的英语特色教育，举办“养正大课堂”*7次，开设阅读课，培养青少年的鲜明特长和高尚情操。特色化教育模式激发了学生浓厚的学习兴趣，取得显著成绩，在中学作文竞赛中获无锡市一等奖、三等奖和宜兴市一等奖各1个，初一、初三英语和初二数学期末考试名列丁蜀学区第一。

免费旅游直通车启动仪式　　　　（湖㳇镇　提供）

2014年湖㳇镇各行政村(场)、社区基本情况

表82

名　称	区域面积(平方千米)	户籍数(户)	户籍人口(人)	可分配收入(万元)	书　记	主任(场长)
竹海村	22.20	871	2401	324	应华明	卢建军
㳇西村	25.80	1526	4210	220	曹志华	—
邵东村	14.50	752	2048	113	应明洪	谢　鸣
东兴村	18.40	1467	4240	182	勇兴成	王朝平
大东村	6.80	870	2380	619	宋文君	周　欣
银湖村	8.70	1130	2776	402	周伯青	陈建中
张阳村	16.30	853	2529	433	李上彬	殷岳平
阳羡茶场	4.70	469	1329	74	叶志军	叶志军(兼)
湖㳇社区	0.60	802	1207	—	李正海	—

(袁颖)

编辑　吴建群

宜城街道

【概述】 区域面积44平方千米，辖社区31个、行政村3个，总人口156185人。全年地区生产总值107.5亿元，比上年增长12.2%。应税销售收入301.84亿元，其中工业118.85亿元、流通182.99亿元。工业利税总额6.17亿元，比上年增长8%。三产增加值78.5亿元。财政可支配收入2.22亿元，比上年增长17.46%。城镇居民年人均可支配收入39600元，农民年人均可支配收入22453元。推进服务业重点项目建设。万达广场、麦德龙等一批高端城市综合体和品牌市场项目运营正常，宜兴八佰伴、九如城养老养生综合体、金三角大统华等项目正在有序建设中，苏宁生活广场、水上嘉年华、城东文化旅游综合体项目签约。商贸企业年应税销售超1000万元的175个，超5000万元的44个。全年专利申请155件，专利授权141件。有省高新技术企业7个、省工程技术研究中心2个、院士工作站1个、大学生实验基地4个、产学研合作基地5个。全年举办就业培训班70期，培训5600人次，实现劳动力就业8756人，比上年净增4660人。帮助2605名灵活就业人员申领社保补贴1025万元，其中城乡居民医疗保险321.2万元、老年农民和居民养老金703.8万元。为120个重症患者和特困家庭发放助困助医善款32.97万元，为310个贫困学生发放助学金58.62万元。宝东、城北、大同社区慈善超市全年为低保户发放生活用品折合18.77万元。

【全国社区睦邻文化建设推进会在宜城召开】 10月10—15日，由中国社工协会社区工作委员会和市政府联合主办的全国第五届社区睦邻文化建设推进会暨现代化幸福社区建设"宜城标准"专题研讨会在宜城召开，全国各地的特邀嘉宾、专家学者共1000余人参加。会议以"睦邻携手，与梦想同行"为主题，以提高社区居民幸福感、倡导社区睦邻新风、坚定社区睦邻文化自信、养成社区睦邻文化自觉、发挥社区睦邻文化在社区社会建设中的基础性作用为指导思想。会上，宜城街道作《弘扬睦邻文化，建设和谐宜城》的经验介绍。大会肯定了宜城街道在社区转型发展、物业管理、居家养老、老城区改造等方面的工作。专家们就推进睦邻文化建设、提升社区文化软实力、探索社区养老新模式等提出建议，把社区睦邻文化建设与社区建设"宜城标准"提升到中国社区工作示范样板的高度探讨，对宜城街道的典型做法做了点评。会议期间，宜城街道举办第七届邻居节开幕式、邻里百家宴、"携手筑梦比作为，在职党员比风采"文艺晚会、"睦邻携手，与梦想同行"辩论赛等活动。

【社区城市管理构建"条块结合"新模式】 贯彻落实全市城市管理工作会议精神，构建"条块结合"的社区城市管理新模式，加强社区管理，优化社区环境秩序，提高社区管理水平。年内招收24名城管队员充实社区管理中队，确保34个社区城管队员全覆盖。11月10日，街道召开"城管进社区"工作专题推进会，明确职责任务，强化措施落实，加强分工协作，社区管理中队建立日常巡查、联动执法、集中整治、互动联系等制度，全面解决社区内涉及城管职能的热点难点问题，大力配合社区、物业开展日常性管理工作，使"城管进社区"工作做到宣传进社区、服务进社区、执法进社区、成效进社区，为社区居民群众办实事做好事，为居民群众创造舒心顺畅、宜人宜居的人居环境。

【社区卫生服务水平优化提升】 加大财政投入力度，拓展社区卫生服务用地空间，投入450万元易地重建南园、城北、唐公服务站，新建土城、长新服务站，服务环境、服务能力得到优化和提升。根据市委、市政府有关政策，7月1日，街道接收从十里牌、红塔医院回归的第二批事业人员29人。兼顾中心、服务站、社区的实际情况，选择11个未设立服务站的城中社区配备健康管理员，为社区居民提供免费基本公共卫生服务，逐步建立契约式的家庭健康管理服务，居民建档率达72%。以市红十字会应急救护培训项目、公共卫生服务项目为抓手，直接面向社区、走进家庭，贴近居民。全年应急救护培训1300人，并代表宜兴市参加无锡市应急救护技能竞赛，获三等奖。根据无锡市有关工作要求，10月，宜城街道社区卫生服务中心在无锡市率先启动功能社区试点项目，该项目计划通过与市外国语学校开展为期两年半的健康管理服务，达到全面提高教师健康的目标。

【物业管理水平不断提高】 以创新发展和谐物业为核心，以城市环境综合整治为主题，深化星级小区评创工作，开展物业技能大比武活动，搭建坚实的物业服务平台，致力打造高品质的生态环境和高质量的人居环境。年内，加强对物业管理的考核督查，协调物业与业主关系，进一步杜绝小区弃管现象发生。深入开展星级小区评创工作，开展自管小区物业管理大检查8次、市场化小区大检查4次。严格按照考核评分细则，采取电话咨询、问卷测评、现场暗访、规范考核等形式，评比考核验收申报星级小区的准物业住宅小区15个、市场化住宅小区7个。全年街道物业管理中心处置应急维修8500次，实施较大维修项目360个，开具施工单3300张，投入资金1600多万元，及时解决群众诉求。办理"12345"政府公共服务热线的各类诉求和矛盾500起，处置率达100%。综合改造老旧小区环境，建立城区环境管理长效机制。全面调查摸底街道区域内的危旧房屋，登记和录入危房数据库的疑似危房122处、965户。落实蠡河花园、春江花园、春莱花园三个拆迁安置小区的市场化物业管理。组织开展由24个社区和17个物业服务企业参加的第三届物业技能大比武。茶东社区接受省示范城市创建工作组考评。

【老小区技防改造三年计划启动】 老小区技防改造是宜城街道2014年度十大实事工程之一。年初，街道党工委召开专题会议，计划投资2600万元，对126个小区实施技防改造，分三年实施完成。按照先试点后扩面、先散居小区后封闭小区的实施方案，散居小区按出入口1:1的比例、封闭小区按小区房屋幢数2:1的比例配置高清摄像探头，并根据小区现场条件安装车辆道闸及电子围栏。7月，大同西横街、东山富卓苑、袁桥和兴家苑3个试点社区完成建设并投入使用。至年底，有52个小区进入施工收尾、试运行阶段，提高了社区的综治防范能力和群众的生活安全度。为了加快施工进程，12月，对所有的散居小区进行技防设计，确保如期推进技防改造计划。

【邻居节第七次举办】 10月10—15日，举办以"睦邻携手，与梦想同行"为主题的第七届邻居节。该届邻居节充分整合各种资源，组织辖区内单位、共建单位、社会团体、外来人员参与，突出"大家庭"理念，引导群众将身上的实事、好事搬上舞台，走近身边、感动周边，使活动内容贴近实际、贴近生活、贴近群众。期间，举办百家宴、厨艺比赛、道德讲堂、文化走亲、辩论赛等文化活动70多场，参与群众6万余人次。邻居节既生动展示和反映了宜城街道精神文明建设和社区文化建设等方面的丰硕成果，又体现了新时期宜城街道社区居民蓬勃向上、团结和谐的时代精神风貌，形成了睦邻友好、互助和谐的社区睦邻文化品牌和特色。

【曲坊社区新市民学校】 由于地区差异，新市民（外来务工人员）在生活、风俗、文化等方面与宜兴当地人存在一定差异。为了帮助新市民更好地教育培养好子女，曲坊社区2013年1月成立了新市民学校。2014年，学校聘请社区5位退休教师为辅导员，周一至周五轮流负责维持学校纪律；邀请社区义工志愿者周六、周日上门为学生辅导作业，帮助他们解决学习中遇到的困难。社区定期向学生开放图书室、电子阅览室、文化室。年内，曲坊社区开展了一系列的活动：开展以"勿忘国耻，强我中华"为主题的教育报告会；以道德讲堂的形式开展庆"八一"、"勿忘国耻、强我中华"青少年征文演讲比赛，并邀请老战士讲抗日战争故事，激励新市民学生继承革命光荣传统，传承爱国精神；组织学生开展"我爱书香 快乐阅读""文明进社区 小小义工在行动""青春邀约话融入 法制教育伴成长"

宜城街道第七届邻居节开幕式 （宜城街道 提供）

"迎新春 送祝福 学感恩"四个"情暖冬日、共享阳光"系列活动；利用暑期组织学生开展禁毒健康教育活动，联合街道司法所、十里牌派出所结合主题举办法制教育知识竞赛活动，做到放假不放教，激励学生做遵纪守法的好少年；组织学生开展夹弹珠、跳绳、踢毽子等比赛。通过这些活动，新市民学生的责任心、自我管理能力得到增强，在克服困境中培养起顽强拼搏的精神，在团队竞赛中建立起自信和团队精神，在学习过程中积累了学习方法。同时，新市民学生家长有更多的精力投身于社会发展，创建更加和谐、美好的城市与社区。

2014年宜城街道各行政村、社区基本情况

表83

名称	区域面积（平方千米）	户籍数（户）	户籍人口（人）	可分配收入（万元）	书记	主任
城北社区	1.10	1590	5253	65	何伯勤	徐祖清
谈家干社区	2.40	1190	3454	310	郑利骏	蒋建平
徐坝社区	2.76	1212	4001	309	周晓良	张　云(女)
宜北社区	1.50	4836	14632	295	魏建华	谢勤明
宝东社区	0.91	1828	5485	67	蒋丽萍(女)	蒋丽萍(女,兼)
东虹社区	0.4	2778	7365	235	周　韦	周雪琴(女)
阳羡社区	0.56	2993	6186	102	吴凌云(女)	吴凌云(女,兼)
北虹社区	0.22	948	2630	155	徐佳倩(女)	徐佳倩(女,兼)
巷头社区	1.40	3736	3242	636	朱群锋	张祥元
曲坊社区	1.20	846	2146	117	张祖军	韦　琴(女)
阳泉社区	1.28	1493	3987	288	许建中	许建中(兼)
宝塔社区	1.20	3780	12315	166	许忠林	沈　娴(女)
和平社区	0.77	3274	9149	110	朱洪芬(女)	朱洪芬(女,兼)
茶东社区	1.16	1588	4764	120	王　芳(女)	王　芳(女,兼)
新华社区	0.52	1433	3954	35	储　慧(女)	储　慧(女,兼)
民主社区	0.35	2451	7712	68	陈丽君(女)	陈丽君(女,兼)
大同社区	0.50	1696	4945	130	张燕萍(女)	张燕萍(女,兼)
城南社区	0.32	2100	4598	110	陶锦荣	葛　佼(女)
土城社区	0.50	4232	12685	80	施建凤(女)	施建凤(女,兼)
荆溪社区	0.87	1574	2454	115	黄赛英(女)	黄赛英(女,兼)
下漳社区	1.94	2222	5860	130	徐小清	李彩华(女)
长新社区	2.34	4493	4315	50	沈敏华	林　娟(女)
袁桥社区	1.25	1169	3515	469	邵小强	魏岳峰
唐公社区	1.61	3077	9320	250	邵益民	谈　敏(女)
碓坊社区	0.35	1023	2397	110	陈法如	周孟大
岳堤社区	0.54	2563	8678	118	徐双喜	蒋发娟(女)
文峰社区	0.46	1350	3965	39	张丽敏(女)	张丽敏(女,兼)
荆东社区	0.60	3355	11700	12	徐　东	徐　东(兼)
溪隐社区	3.73	4063	12000	170	高敬平	蒋明娟(女)

续表83

名　称	区域面积（平方千米）	户籍数（户）	户籍人口（人）	可分配收入（万元）	书　记	主　任
东山社区	1.40	2429	7146	204	高伟明	范群英(女)
城东村	2.42	698	1958	308	王伟东	王岳军
沧浦社区	4.89	4193	10450	801	焦林生	王丽娟(女)
山林村	1.83	420	1245	185	闵熙君	胡伟军
南园村	5.70	893	3068	499	顾耀平	顾耀平(兼)

（蒋霄）

屺亭街道

【概述】 区域面积68.6平方千米，辖行政村12个、社区5个，户籍人口47775人。农民年人均可分配收入19049元。新增劳动力岗位7000个，转移农村劳动力1800多人。全面推进城乡低保一体化，低保额提标至每人每月560元。民生项目建设加快推进，屺亭老集镇、屺亭菜场完成改造，屺亭文化广场建成投用。东郊花园三期建成，五星花园五期项目主体封顶。围绕权力运行集中点、群众利益切入点、作风问题多发点，坚持破立并举，重点健全和完善干部队伍建设、工程建设、党风廉政建设等五个方面的制度，党员干部按规矩办事、用权意识显著增强。完成农村集体经济组织成员资格界定。年内，轸村村获宜兴经济综合实力十强村，屺亭村、后亭村通过市幸福村验收，屺亭街道创建成江苏省和谐社区示范街道。

【徐达章徐悲鸿铜像落成】 徐达章是晚清宜兴有名的画师，擅长人物肖像、山水、花卉，其子徐悲鸿是中国现代美术奠基者、美术教育家。4月，徐达章、徐悲鸿铜像落成仪式在徐悲鸿故居举行，北京徐悲鸿纪念馆馆长廖静文(徐悲鸿之妻)，中国人民大学徐悲鸿艺术研究院院长徐庆平(徐悲鸿之子)以及其他家属代表出席落成典礼。该铜像由中国人民大学艺术学院讲师陈浩波设计制作，坐落在徐悲鸿故居前院的草坪中，高约2.1米，重约800千克，纯铜制作。

【文化广场落成】 作为政府实事项目，文化广场占地面积30亩，总投资1000万元，于2013年12月开工建设，2014年6月底完工。该广场以“具有城镇休闲、文化娱乐、形象展示的多功能特色城镇绿地空间”为定位。以提供户外空间、尽享休闲娱乐，展示社区文化、促进社区和谐，平衡区域绿化系统、营造宜人绿色空间为目标。其布局为“一轴、三心、四区”：“一轴”为主要景观轴，串联着主要的功能和景观节点；“三心”为三处主要景观节点，即文化展示广场、林荫休闲带和市民活动广场；“四区”为市民活动区、文化娱乐区、服务管理区和林荫休闲区。

【亲亲宝贝幼儿园建成投用】 2013年，投资3000多万元、具有浓郁现代化气息的幼儿园——亲亲宝贝幼儿园开工建设。2014年5月竣工。该园坐落在东郊社区内，南临芜申运河和江苏省宜兴中学，北靠庆源大道，紧靠东郊花园一期、二期小区。该园占地面积9600平方米，建筑面积8700平方米。幼儿园外观欢快明洁，错落有致，富有现代气息；内部布局合理，功能齐全，各类现代化教学设备、户外体育器械及教室相关配套设施均按江苏省幼儿园教育技术装备标准配备。同年9月招生，入园儿童281人，分9个班级(含一个豆豆班)，按照要求每班配备两名教师一名保育员，专任教师持证率100%，大专以上学历占99%。年内该园创建为无锡市优质园。

亲亲宝贝幼儿园　　（屺亭街道　提供）

【社区建设】 年初，根据民政部、财政部《关于政府购买社会工作服务的指导意见》和市委、市政府《关于在全市推行政社互动的实施意见》的精神，屺亭街道成立城乡和谐社区建设领导小组，社区成立社区事务工作站，行政村成立村级综合服务中心。工作站和服务中心用房面积均达2500平方米，设置社区党群、综合治理、民政残联、卫生计生、文教体育、社会保障、为农服务、物业管理8个功能厅室和服务大厅。按照"居民自治，管理有序，服务完善，治安良好，环境优美，文明祥和"的标准创建，街道与社区事务工作站、村级综合服务中心签订公共服务购买合同，规范政府委托基层群众自治组织协助工作事项，推动基层政府简政放权，科学界定基层群众自治组织依法履职事项。年内，广汇、奔马、东郊、五星四个社区成立二级党委，实行社区带村的管理模式并执行街道办《关于进一步加强社区财务管理的意见》，资金由"供给制"改为"补贴制"，实行年度预算，根据社区规模等实际情况确定补贴额度，包干使用。

2014年屺亭街道各行政村、社区基本情况

表84

名　称	区域面积（平方千米）	户籍数（户）	户籍人口（人）	可分配收入（万元）	书　记	主　任
边庄村	7.57	1800	5098	369	丁志敏	—
文庄村	5.43	1260	3770	226	吴小南	邵其新
轸村村	3.31	824	2363	1059	雷正君	吴柏元
寺前村	3.37	608	1751	147	马金华	吴再勤
胜天村	3.29	599	1763	247	蒋　峰	岑亚萍（女）
邵谈村	1.65	445	1157	100	邹建南	欧伟皎
屺亭村	6.51	1395	4093	325	黄建平	褚锡伟
前亭村	4.15	1082	3131	169	—	堵宣强
后亭村	6.45	1527	4552	327	蒋泽伟	殷申华
学圩村	3.05	760	2282	100	汤国明	钱湘（女）
大塍村	3.15	812	2433	179	徐秀平	张忠新
虞山村	3.89	708	2450	165	丁永乐	史锡平
三阳社区	1.51	352	1060	119	陈爱民	周其洪
广汇社区	0.87	421	914	—	吕建强	吕建强（兼）
奔马社区	0.31	800	1599	—	朱群富	朱群富（兼）
东郊社区	2.59	886	2772	—	汤国民	马其能
五星社区	0.63	15	35	—	黄建平	黄建平（兼）

（宋亮）

新街街道

【概述】 区域面积84.82平方千米，辖社区11个、行政村7个，总人口29688人。农民年人均可支配收入22868元。年内，狠抓农村基础设施建设和农村经济管理，强化农副业产出，壮大村级经济实力。同时不断推进社会事业建设，提高农村教育水平、医疗条件，提高人民的生活质量和幸福感。全年小麦总产量4371吨、油菜总产量80.9吨、水稻总产量8392吨，水稻良种覆盖率95%。年产茶叶71.3吨、果品794.5吨。落实水稻直补面积1.5万亩，下发直补资金30.6万元；农资综合补贴折算面积2.1万亩，下发补贴资金217.6万元；下发良种补贴34.5万元；发放小额担保贷款40万元。发放省级生态林补偿基金54.4万元。杠山茶叶专业合作社、吴墟生态种养殖专业合作社、明珠青梅专业合作社及杜鹃花专业合作社被列入专业合作社省库名单。其中，前两个合作社通过省级“五好”专业合作社评审，后两个合作社被评为无锡市“五好”专业合作社。全年新组建专业合作社3个，入社农户102户，示范带动周边农户200多户致富；新办家庭农场2个，累计8个。

【农村经济管理有序推进】 加强农村集体土地流转管理，坚持对集体发包土地的合同履行情况进行长效监督管理，严格执行合同约定，明确职责。按照市政府办公室《关于宜兴市农村集体经济组织成员资格界定及管理工作的意见》精神，开展农村集体经济组织成员资格界定，确保农民合法权益，全面完成界定工作。全街道有村民小组356个，总户数16292户，涉农总人数47849人。按照市委《关于开展农村土地承包经营权确权登记工作的意见》精神，将水北村作为街道农村土地承包经营权确权登记颁证的试点村。至年底，该村土地承包确权登记颁证工作完成前期准备、调查摸底、清查核实、核对信息等重点工作，并根据承包土地的地形地貌、分片分区逐一绘制出农户承包地块的分布图。

【综合环境治理成效显著】 以迎接国家卫生城市复查为契机，组织社区环境整治活动，加强卫生督查，年内顺利通过国家卫生城市检查组的明查暗访。专项整治谢桥下湾组、铜峰林业组、原国道104线梅园段等管理薄弱节点，清理乱堆放、乱搭建，拆除违章建筑，出新立面，硬化道路，种植绿化树木，清理垃圾，从根本上改变脏乱差面貌。对新城苑、丰泽园东区、丰泽园西区、西花园二村、西花园三村、西花园五村等小区开展为期2个月的小区配套设施整改工作，小区面貌有了很大改观。对21个拆迁安置小区逐个开展环境综合整治，加强小区尤其是别墅区违法建设的监控，拆除历史性违章建筑，维护小区建设秩序。堂前社区和新乐、陆平等村组织大规模集中拆除违章建筑行动。全年拆除违建76起、1756平方米。

【社会事业统筹发展】 全面完成园区城乡居民医疗保险基层收缴工作，应参保22223人，参保率100%。全年低保对象新增26户、46人，调出40户、102人，调高95户、171人；动态管理低保户379户、682人，全年发放保障金144.5万元。全年向无固定收入重残对象发放补助款130万元。投资5900万元新建老年公寓。加强慈善救助，将半年度救助一次改为按季度救助模式，全年共向262名贫困对象发放慈善助医款55万元，向175名困难家庭学生发放助学款29.5万元，发放特困家庭临时救助款近30万元，向32名特困残疾人发放专项救助慰问金1.92万元。申报无固定收入重度残疾人8人，累计有无固定收入重度残疾人242人，月发放保障金11万元。继续实施农村困难群众危房改造工程，投入6.4万元帮助4户住危房的农村困难群众改造住房。投入600多万元改善办学条件，完善教学设施。新街小学扩建500多平方米的教学楼，新建200米塑胶跑道并铺设人造草坪，新建篮球场和排球场，更新部分室外体育器材；新街中学改建运动场、篮球场，完善绿化景观。此外，各校还加大硬件投入，实施教育设备一类学校创建活动。

【首批社区党委成立】 随着环科园经济的发展，各类高端人才纷纷向园区集聚，常住人口、流动党员越来越多，党员结构也呈现多样化趋势。为创新社会管理方式，更好地为基层群众工作，8月，新街街道首批社区党委——宜园社区党委〔下辖铜峰社区、梅园社区、南岳社区、南河社区、氿南社区、绿园社区党(总)支部〕和西氿社区党委〔下辖堂前社区、百合村、新乐村党(总)支部〕成立。社区党委按照“大事共议、实事共办、要事共决、急事共商”议事原则，推进党建工作联做、社区资源联享、服务难题联解、公益事业联办、生活环境联建、精神文明联创六大工程，坚持财产所有权不变、资产收益权不变、收益分配权不变、财务审批权不变、财务核算主体不变五个不变原则，协调各类资源，统筹抓好区域化党建和社会管理工作，创建党委核心作用突出、示范带动作用明显、居民群众满意的党建工作示范社区。

【堂前社区创建成省村庄绿化示范村】 堂前社区位于环科园西侧，南靠铜官山，北临西氿，辖区面积约9.11平方千米，下辖自然村7个、村民小组64个，有2629余户、7056人。2003年，堂前村成为宜兴第一批获“江苏省卫生村”称号的行政村，后又获“江苏省生态村”“江苏省综合治理先进村”等称号。2014年年初，堂前社区创建省村庄绿化示范村。在创建过程中，堂前社区建立村庄绿化建设领导负责制，明确职责和任务，实行示范点包干到个人、主要道路绿化专人管护，采取以社区为主体、单位和个人自筹相结合的多方位资金保障投入方式，因地制宜、适时适地地开展绿化项目建设，各项绿化资金投入累计达100多万元。2014年，社区有茶树500余亩，各类花卉、苗木200余亩，梨树园160余亩，青梅园200余亩，苗圃400余亩，绿化覆盖率35%以上，基本形成布局合理、机构优化、生态景观化的格局。7月，创建成省村庄绿化示范村。

2014年新街街道各行政村、社区基本情况

表85

名　称	区域面积（平方千米）	户籍数（户）	户籍人口（人）	可分配收入（万元）	书　记	主　任
南河社区	0.65	1728	4269	339	卫国建	万君华
铜峰社区	3.63	1350	4050	377	姚国强	李志强
南岳社区	1.45	1810	5035	337	杨国平	朱国军
谢桥社区	3.12	686	1826	809	杨利民	汤良其
梅园社区	5.79	986	2699	237	王伯文(女)	黄彩富
氿南社区	1.08	—	—	—	庞明华	庞明华(兼)
绿园社区	1.70	—	—	—	嵇亚萍(女)	嵇亚萍(女,兼)
堂前社区(振新社区)	9.11	2629	7056	559	钱建华	殷建忠
归径社区(紫霞社区)	12.19	1420	3933	353	周金福	曹杏秋
百合村	3.82	690	2238	125	蔡思超	白希坤
新乐村	6.27	925	2911	233	裔　琪	李志荣
陆平村	8.48	1376	4055	461	袁伯军	潘敖齐
水北村	3.17	605	1838	126	蒋伟年	蒋敖根
潼渚村	3.37	760	2228	292	周科星	强才军
吴墟村	5.21	938	2556	171	谈洪泉	—
铜山村	11.69	779	2259	465	韦志其	韦志其(兼)

（孙夏）

新庄街道

【**概述**】 区域面积40平方千米，辖行政村5个、社区3个，总人口34383人。全年地区生产总值19.65亿元。财政总收入2.82亿元，其中财政可支配收入0.72亿元。应税销售收入47.95亿元，其中工业应税销售收入32.28亿元、流通应税销售收入15.67亿元，工业利税总额4.27亿元。粮食总产量1.7万吨，农业总产值2.93亿元。农民年人均可支配收入17634元。全年31个规模以上企业完成工业产值22.7亿元。申报科技项目6个，申请专利34件，发明专利11件。60万平方米安置小区交付使用。苏阳村撤村建社区并与新庄社区合并。城乡医疗保险参保率达100%，9783人享受城乡居民养老保险。居家养老服务站实现全覆盖。以“新庄大讲堂”为载体，组织形式多样的学习教育活动，在年轻干部中开展“微党课”活动，进一步转变党员干部工作作风。机关领导干部在“两帮两扶”*活动中帮扶困难群众260余人。全年办理群众诉求200多件，解决突出问题40多个，为45个重点骨干企业解决项目建设、土地、资金等问题。

【**规模企业转型发展**】 通过推进产学研合作，鼓励企业加快技术改造、装备升级和品牌创建，传统产业有效提升。以江苏振球集团、江苏诺明高温材料股份有限公司为龙头的耐火保温行业年应税销售收入比上年增长7.83%，应税销售收入占行业应税销售收入的60.31%，入库税金占同行业总税金的58.07%。其中，市远洋船舶材料有限公司、江苏耐斯耐火材料有限公司应税销售收入分别比上年增长275.7%、149.2%。市晨虹照明电器有限公司、市华庆照明电器有限公司积极开拓海外市场，延伸产业链，拓展整灯制造市场，向LED项目转型，提升了产品的市场竞争力和企业的抗风险能力，年应税销售收入增幅均超30%。

【**观光农业初具规模**】 利用沿太湖生态资源，在渎边公路以东近6000亩临湖土地上建立多个休闲观光农业点。年内，由江苏银环现代农业科技有限公司投资100多万元的银环农耕文化展示馆建成，馆内展示宜兴和周边地区的古今各式农具、渔具等实物和图片。总投资1500多万元的市唐卉生态园创建为市乡村生态旅游示范点和无锡市农业旅游特色点，初步建成花卉与苗木种植、生态养殖、垂钓等农业项目外向型示范基地。观光农业的发展，既提升了农民的组织化程度，又带动了周围农户增收致富。

【生态建设成效明显】 围绕环境保护的敏感区域、群众诉求集中的重点行业和群众关注的热点问题，对照整治标准，加大建设和整改督查力度。加强垃圾收集转运的投入与管理，确保垃圾日产日清，使农村环境长效管理制度化、日常化、规范化。全年投入500余万元，对4条主要入太湖河道分别实施控源截污、河道清淤、生态修复、改水改厕等工程建设和星级管理，河道水环境明显改善。针对太湖安全度夏，投入资金516万元，组织出动打捞人员9292人次，打捞水藻、漂流物4.98万吨。实施化肥农药减施、生态拦截、节能减排等工程，控制夏、秋两季秸秆焚烧，提升区域内大气、水环境质量。街道成立农村环境长效管理工作领导小组，村(社区)成立由书记任组长、干部和群众代表组成的村庄环境长效管理小组，实行随机暗访、定期考核相结合，季查、年评的考核办法，形成健全的村庄环境长效管理组织网络和工作机制，确保村(社区)环境整洁。年内，核心村高标准通过省级卫生村复查。

【社会化帮扶体系不断完善】 街道慈善分会全年发放慈善资金33.36万元、临时救济款29.95万元，为658人次解决临时生活困难；筹措资金12万元，帮助特困户改造危旧房10户17间。开展各类献爱心活动，78名机关党员干部帮扶困难群众159人，帮扶资金6.36万元；总工会金秋助学12人，助学金0.92万元；“社会妈妈”全年结对64对，共资助爱心资金16.2万元；新庄中学八八届同学会爱心基金资助困难学子41人，发放助学金6.8万元。年内，江苏振球集团出资200万元成立“振球爱心助学”冠名基金，用于资助街道贫困家庭子女上学。

【依法治街扎实推进】 以建设“和谐平安新庄”为载体，突出稳定第一、安全至上，加大矛盾纠纷、安全隐患排查调处力度，维护稳定团结的社会局面。全年建立普法宣传阵地12个，建立社会治安警示阵地8个。开展广场法制咨询、“庆三八·维权周”法律知识竞赛、法制大篷车进校园等一系列法治文化宣传活动和法治街道、民主法治村、诚信守法企业等创建活动，提升全社会的法治文化素养。落实稳定工作责任和矛盾纠纷排查调处制度，全年群众信访比上年下降21%。集中开展矛盾纠纷、安全隐患排查25次，先后对7个重大项目进行稳定风险评估，实现社会矛盾纠纷“零激化”、非正常越级上访“零登记”，街道被评为全市维稳工作先进集体。

【集镇建设】 围绕市镇建设总体规划，高强度投入，高质量建设，集镇形态不断优化。全年投入近300万元，改造原大塍集镇和红梅、教工宿舍两个居民老小区环境，恢复整理镇区主要路段绿化带300余平方米。投资600余万元，建设新源菜场装潢工程及新源商业广场北侧市政附属工程。投资30多万元，养护33条总长50.6千米的农村公路。投资100余万元改造的开放式文体活动中心启用。总投资400余万元的李家桥、洪巷中桥建设工程先后竣工。长0.96千米的新西路延伸段工程建设完成工程总量的90%。为安置太湖大道、东氿北路建设和市储备用地拆迁腾地群众，2010年启动建设景湖人家、清溪人家、临泽人家等7个安置小区，涉及住户6000多户，拆迁面积近75万平方米。通过3年多建设，总建筑面积60多万平方米的景湖人家和清溪人家等5个安置小区年内竣工并交付使用，入住安置户1500余户。

【新庄小学创建成中国书法特色学校】 新庄小学推进学校艺术教育，把书法教育作为学校艺术教育的突破口，以“精心构建墨香校园，打造书法教育特色”为主题，以“培养有中华文化根基的现代人”为理念，以“乐学、正行”为校训，制定学校《文化建设报告》和《特色建设实施方案》。成立专家顾问小组，通过布置历代经典碑刻、悬挂知名书法家作品、设置临摹石桌、建设经典书法长廊、开设书法课、成立书法社团、评选写字教育先进班级和优秀指导老师、举办书法节等一系列文化特色活动，使整个校园充满书香，浸润墨韵。学校书法教育特色及校园文化建设多次被《江苏教育》和宜兴主流媒体报道。3月，该校通过中国教育学会的验收，创建成中国书法特色学校。

景湖人家安置小区 (新庄街道 提供)

2014年新庄街道各行政村、社区基本情况

表86

名 称	区域面积（平方千米）	户籍数（户）	户籍人口（人）	可分配收入（万元）	书 记	主 任
茭渎村	2.47	690	2194	304	王科强	徐 骏
核心村	4.73	1227	3986	256	黄 江	李 锋
洪巷村	5.16	1240	4163	368	黄振球	朱培源
曹家村	6.87	1669	5067	381	潘宇东	陈盘君
王婆村	3.67	927	2969	188	杨光辉	杨光辉(兼)
新庄社区	10.29	3745	11565	738	王建平	陈建元
东氿社区	3.29	885	2835	196	蒋杏金	顾华君
新塍社区	2.02	476	1513	158	韩小龙	韩小龙(兼)

（印江峰）

芳桥街道

【概述】 区域面积43.78平方千米，辖行政村8个、社区1个，总人口27910人。全年地区生产总值21.43亿元，比上年增长3.6%。财政总收入2.79亿元，比上年下降1.1%；可支配收入9453.33万元，比上年增长0.33%。应税销售收入49.55亿元，比上年下降0.69%。其中：工业应税销售收入47.82亿元，与上年基本持平；流通应税销售收入1.73亿元，比上年下降24.33%。工业利税总额4.1亿元、利润2.9亿元。全社会固定资产投资15.2亿元，比上年下降6%。其中：工业投资8亿元，比上年下降11.9%；服务业投资7.2亿元，比上年增长3%。新创办个体私营企业11个，累计381个。有规模以上企业32个，年产值34.16亿元。完成“新三板”前期签约工作的企业4个。签订产学研合作项目5个。引进国家级“千人计划”人才1人。全年建成国家级高新技术企业2个，新增无锡市级、宜兴市级工程技术研究中心分别为2个、1个，认定省高新技术产品4种，获授权发明专利72件。全年粮食总产量3.27万吨，农业总产值3.51亿元。农民年人均可支配收入19211元。新增就业岗位730个，农村劳动力转移就业766人，各类技能培训4500余人次，社保扩面450人，城乡居民保险实现全覆盖。发放各类救助款近100万元，救助580人次。最低生活保障从每人每月490元提高到560元。残疾人康复室、托养中心“双基工程”建设到位。培源中学中考继续保持较高水平，培源实验小学参展第八届国际发明博览会获银奖1个、铜奖3个。卫生服务中心和卫生服务站运行正常，老年人体检工作有序推进。落实廉政建设责任制，推行政务公开，公开办事制度、办事程序，所有5万元以上工程全面纳入政府招投标管理，接受全社会监督和舆论监督。全年处理各类劳动争议案件80起，涉及金额230多万元；破获刑事案件24起，查处治安案件131起，抓获违法犯罪人员128个；调处各类矛盾纠纷203起，受理“12345”政府公共服务热线127件。1月，忠孝文化园建成开园。4月，芳桥街道完成撤镇设街体制转变，委托国家级经济技术开发区——宜兴经济技术开发区管理。5月，举办首届目连文化节。7月，培源故居成功挂牌九三学社江苏委员会思想教育基地。11月，阳山荡水利风景区申报为省级水利风景区。

【城乡建设提档升级】 以入围省综合规划示范项目为契机，由南大建筑规划设计研究院对全街道总体景观设计方案做优化提升，该方案获2014年省专项创意规划设计银奖。年内，芳南苑一期、二期近18万平方米安置小区建成交房。完成街道建成区供电管线入地、芳滕路人行道以及芳滕路北段黑色化、芳桥河南岸改造、九龙路南延等工程，集镇区配套功能得到提升。继续完善阳山荡周边路网骨架建设，实施通政路拓宽改造工程，芳菲路、芳沁路实现环通。改造扶风集镇公房、农贸市场，改善扶风原集镇区面貌。排查全街危旧房，确保群众房屋住用安全。加强村庄环境整治长效管理考核工作，确保村庄环境干净整洁。完成阳山林相改造山体复绿工程、马塘桥绿化工程、培源路景观绿化工程以及部分村级亮点绿化配套工程。

【农业农村工作受重视】 探索新型农村管理和农业经营模式，发展规模高效农业。后村村土地确权登记试点工作完成，有效化解各类涉土矛盾，为2015年全面开展土地确权发证工作积累经验，同步完成全街道集体经济组织成员界定。在土地流转分红、管理服务外包等方面作有益尝

阳山荡风景区　　　　（芳桥街道　提供）

试，金兰村1200亩土地流转到位，宜兴市第一个集体家庭农场成立。扶风村投资120多万元扩建钢架大棚150亩，250亩的扶风草莓采摘园投产运行；后村村150亩蔬菜基地完成流转。实施阳山荡整体清淤工程，至年底，完成疏浚土方90万立方米，生态护坡11千米，阳山荡水系水质得到较大改观。农村小型分散式畜禽场粪污集中综合整治、农村河道年度清淤等工程完成建设并通过验收。

【文化事业创特色】 依托“九山四荡”山水资源、忠孝文化园忠孝文化和周培源、周处名人效应以及潮音寺宗教元素等，进一步挖掘和彰显芳桥街道的人文底蕴和文化魅力。年内，举办“忠孝庆团圆·芳桥愈和满”元宵游园会、“幸福芳桥·舞动你我”广场舞大赛、“活力开发区·精彩迎新年”企业文艺汇演等文化活。金兰村的农家书屋创建为宜兴市“五星级农家书屋。编修完成《芳桥镇志》初稿。创新制作二十四孝(景)书签，忠孝文化园布展提档升级工程全面启动。芳桥阳山荡旅游官网、“美丽芳桥”官方微博、“美丽芳桥”官方微信等全面开通。

【首届“目连文化节”举办】 为延续传统节日，振兴“忠孝文化”，自2010年，芳桥街道陆续修建“目连救母”雕像和周处忠孝园，并通过开展活动，打响芳桥街道“忠孝文化”品牌，促进旅游事业的发展。2014年5月，芳桥街道在阳山荡风景区举办以“扬民俗、富民生、传忠孝、兴旅游”为主题的首届“目连文化节”。该文化节包含高跷游园表演、特色民俗商品展销、水上极限运动展示、目连戏演出等多项活动，内容丰富、场面热闹，吸引市内外1.5万人次。活动期间，节日民俗展销店铺共实现营业收入30余万元。

2014年芳桥街道各行政村、社区基本情况

表87

名　称	区域面积（平方千米）	户籍数（户）	户籍人口（人）	可分配收入（万元）	书　记	主　任
芳桥村	8.05	1733	5370	187	桑贤强	丁焕平
阳山村	3.33	709	2320	122	丁国强	丁国强(兼)
后村村	2.88	592	1830	110	蒋锡君	周荣法
夏芳村	6.72	1339	4025	173	王建平	冯有农
华阳村	3.45	728	2358	122	杨立新	王国强
金兰村	3.80	840	2652	395	蒋仲良	吴志强
扶风村	5.34	977	2987	133	许建平	许丽强
屺山村	5.40	848	2710	165	黄福清	谢锡良
龙眼社区	1.20	1382	3155	—	陆卫强	徐　明
神龙居委	区域面积属于夏芳村	—	—	—	—	冯　虎

（堵玲燕）

编辑　吴建群　陆思迪

2014年宜兴市各镇、园区、街道主要指标

表88

镇 园区 街道	总面积 (平方千米)	人口 (人)	地区 生产总值 (万元)	财政 总收入 (万元)	农业 总产值 (万元)	粮食 总产量 (吨)	工业 销售收入 (万元)	流通 应销销售 (万元)	到位注册 外资 (万美元)	农民年人 均可支配 收入(元)
张渚镇	175.60	72507	785872	56623	54480	20246	1220406	133841	21	22561
西渚镇	66.60	28134	144959	12441	46353	18450	371769	5342	210	19202
太华镇	97.00	25080	128101	10928	16320	1913	260800	23962	910	17715
徐舍镇	180.00	100245	836623	59509	99861	97496	3098644	237924	100	17293
官林镇	121.00	72378	1965998	156421	53235	30777	10149035	145837	5507	21870
杨巷镇	86.42	47084	321042	21559	45210	35394	855539	42747	—	17302
新建镇	45.00	25911	371095	24138	38400	6841	964878	125063	—	17863
和桥镇	105.10	68272	584850	50451	77712	44447	961686	156733	1000	19972
高塍镇	109.00	59849	1103158	108692	77882	39779	4121539	1848262	1870	23101
万石镇	43.77	26874	393515	42055	40755	29246	924602	90159	1335	23027
周铁镇	73.20	56420	623231	66649	59715	31974	1351189	236407	117	23077
芳桥街道	43.78	27985	214285	27481	35085	32865	481663	17272	—	19211
丁蜀镇	205.00	149122	1016774	141225	49044	34166	1935998	315192	444	18955
湖㳇镇	118.00	23120	178186	23479	39683	4592	340500	19828	—	22511
宜城街道	40.00	156185	1074969	174632	3983	694	631272	1829916	—	22453
新庄街道	42.83	34383	196487	28237	29339	17010	363782	156730	—	17634
开发区	71.00	47994	1233417	205498	19606	25322	4360982	762818	1466	19049
环科园	103.00	60352	2310161	253213	103760	14857	6479063	2406490	5622	22868

说明：开发区含屺亭街道，环科园含新街街道和高塍镇中除总面积、人口、粮食总产量、农民人均可支配收入以外的数据

（市统计局　　提供）

宜兴市党史遗址

遗址名称：**长岗岭战斗旧址**
地　　址：张渚镇茗岭村长岗岭

遗址名称：**新四军北撤留守会议地址**
地　　址：张渚镇南门村新华组新大王庙

遗址名称：**苏浙公学旧址**
地　　址：太华镇太华村

人物·荣誉
PERSONAGE HONOR

新任市领导

蔡卫红

男，1968年2月生，江苏无锡人。1991年9月入党，本科学历。历任工程兵舟桥第八十九团见习排长、排长、连队党支部委员，司令部作训股副连职技术员、正连职技术员；无锡市马山区人武部正连职参谋、副营职参谋；江阴市人武部军事科副营职参谋、正营职参谋、科长，副部长、军事科科长（兼）；如皋市人武部部长、党委副书记；无锡军分区离职干部休养所政委、党委书记；宜兴市人武部政委、党委书记；2014年5月，任宜兴市委常委，市人武部政委、党委书记。

（市委组织部）

市内新增正高级职称人物名录

2014年，全市新增正高级职称23人，其中研究员级高级工艺美术师2人、研究员级高级工程师4人、主任医师14人、主任中医师1人、主任技师2人。2013年，全市卫生系统新增正高级职称16人，其中主任医师14人、主任中医师1人、主任护师1人。

2014年宜兴市新增正高级职称人物名录

表89

姓　名	性别	出生年月	工作单位	职　称
强德俊	男	1957-08	江苏省宜兴紫砂工艺厂	研究员级高级工艺美术师
谢　强	男	1966-12	宜兴长青藤文化艺术有限公司	研究员级高级工艺美术师
顾金炳	男	1962-05	江苏永康机械有限公司	研究员级高级工程师
李翠光	男	1965-11	江苏沪宁钢机股份有限公司	研究员级高级工程师
杨　荣	男	1968-02	华仁建设集团有限公司	研究员级高级工程师
高继领	男	1972-09	江苏沪宁钢机股份有限公司	研究员级高级工程师
费连心	男	1961-09	宜兴市人民医院	主任医师
蔡团序	男	1965-03	宜兴市十里牌医院	主任医师
王亚平	男	1965-10	宜兴市第二人民医院	主任医师
梁　军	女	1968-06	宜兴市第二人民医院	主任医师
周仲明	男	1968-09	宜兴市第二人民医院	主任医师
郝思春	男	1969-03	宜兴市人民医院	主任医师

续表89

姓　名	性别	出生年月	工作单位	职　称
蒋三荣	男	1969-06	宜兴市中医医院	主任医师
丁道正	男	1970-07	宜兴市疾病预防控制中心	主任医师
蒋建东	男	1970-12	宜兴市人民医院	主任医师
张　玲	女	1971-04	宜兴市人民医院	主任医师
司　刚	男	1971-05	宜兴市人民医院	主任医师
王达飞	男	1971-12	宜兴市肿瘤医院	主任医师
严立俊	男	1973-12	宜兴市张渚人民医院	主任医师
张　楷	男	1974-02	宜兴市人民医院	主任医师
任建军	男	1971-12	宜兴市人民医院	主任中医师
汤俊明	男	1963-05	宜兴市人民医院	主任技师
缪　英	女	1971-09	宜兴市疾病预防控制中心	主任技师

2013年宜兴市卫生系统新增正高级职称人物名录

表90

姓　名	性别	出生年月	工作单位	职　称
杨新翔	男	1962-10	宜兴市人民医院	主任医师
王　群	男	1965-06	宜兴市人民医院	主任医师
李天杰	男	1966-05	宜兴市中医医院	主任医师
徐永红	女	1967-08	宜兴市人民医院	主任医师
陈梓鸣	女	1967-09	宜兴市人民医院	主任医师
蒋国军	男	1968-02	宜兴市人民医院	主任医师
杜正强	男	1968-10	宜兴市第二人民医院	主任医师
史永光	男	1969-01	宜兴市十里牌医院	主任医师
吴小忠	男	1969-05	宜兴市第二人民医院	主任医师
任　军	男	1969-07	宜兴市人民医院	主任医师
沈国强	男	1969-07	宜兴市第二人民医院	主任医师
沈文东	男	1970-12	宜兴市人民医院	主任医师
魏　萍	女	1971-05	宜兴市人民医院	主任医师
马秀琴	女	1972-05	宜兴市人民医院	主任医师
陈建芳	女	1960-08	宜兴市人民医院	主任中医师
陈秀君	女	1966-04	宜兴市人民医院	主任护师

（蒋励）

宜兴市学术技术带头人名录

宜兴市第六轮学术技术带头人共101人。

宜兴市第六轮学术技术带头人名录

表91

姓　名	性别	出生年月	工作单位
马振杰	男	1977-04	江苏龙腾工程设计有限公司
史小明	男	1970-11	宜兴长乐弘陶艺有限公司
史　亮	男	1965-04	宜兴非金属化工机械厂有限公司
刘中华	男	1976-12	江苏亨鑫科技有限公司
华　健	男	1964-05	宜兴紫砂工艺厂
范伟群	男	1970-01	范家壶庄陶瓷艺术品有限公司
范泽锋	男	1976-06	宜兴爱宜艺术陶瓷有限公司
徐建华	男	1963-07	江苏省陶瓷研究所有限公司
蒋琰滨	男	1970-12	宜兴琰滨紫砂艺术品有限公司
吴玉民	男	1959-11	江苏宏泰高分子材料有限公司
马　军	男	1970-06	宜兴市中医医院
王达飞	男	1971-12	宜兴市肿瘤医院
朱红娣	女	1968-03	宜兴市人民医院
汤俊明	男	1963-05	宜兴市人民医院
许文辉	男	1963-03	宜兴市人民医院
吴小忠	男	1969-06	宜兴市第二人民医院
杨亚明	男	1968-12	宜兴市疾控中心
杨　松	男	1964-03	宜兴市人民医院
陈如华	男	1962-11	宜兴市人民医院
周苏君	男	1959-10	宜兴市人民医院
钱美芬	女	1971-05	宜兴市中医医院
葛志军	男	1970-01	宜兴市人民医院
蒋建农	男	1960-09	宜兴市人民医院
陆春华	男	1973-10	宜兴市广播电视台
蒋文艳	女	1969-01	宜兴市广播电视台
牟永花	女	1964-06	江苏同人生物科技有限公司
吴　炯	男	1964-01	众森源生物技术(江苏)有限公司
沈　立	男	1972-11	江苏森莱浦光电科技有限公司
邹湘坪	男	1970-04	合复新材料科技(无锡)有限公司
丁建惠	女	1968-09	宜兴市文化馆

续表91

姓　名	性别	出生年月	工作单位
韩志良	男	1969-05	宜兴市锡剧团
何　勇	男	1974-08	宜兴市文联
倪建林	男	1967-03	宜兴市农业机械技术推广站
周巨辉	男	1975-01	宜兴市交通建设集团有限公司
武保华	男	1972-01	宜兴市交通工程建设管理处
黄菊生	男	1973-09	市路通交通工程咨询监理有限公司
王杏芬	女	1966-10	宜兴市茶果指导站
刘　勃	男	1964-12	宜兴市水产畜牧站
朱乐平	男	1965-05	宜兴市土肥站
汤建卫	男	1976-10	宜兴市动物卫生监督所
张小虎	男	1962-05	宜兴市农技推广中心
陆志新	男	1965-12	宜兴市蔬菜办公室
陈俊义	男	1965-11	宜兴市农业技术推广中心
顾卫忠	男	1962-05	宜兴市茶果指导站
曹孟军	男	1966-03	宜兴市林业指导站
潘云枫	女	1969-11	宜兴市植保植检站
颜建法	男	1962-04	宜兴市林场
高建荣	男	1964-01	省陶瓷耐火材料产品质检中心
沈国强	男	1963-11	宜兴市高拓高分子材料有限公司
蒋东良	男	1966-05	宜兴市工业设备安装有限公司
曾鲁举	男	1972-11	华东瑞泰科技有限公司
陈　勇	男	1975-01	宜兴市电力勘察设计院
张文利	男	1963-04	宜兴格兰特干燥浓缩设备有限公司
张跃川	男	1970-03	宜兴市永固地基工程有限公司
储正相	男	1966-09	宜兴市燎原化工有限公司
吴　俊	男	1970-12	宜兴狮王木业有限公司
欧仕明	男	1962-09	宜兴市晶科光学仪器有限公司
宋坤忠	男	1982-07	江苏三木集团有限公司
夏亚芳	女	1972-06	无锡江南电缆有限公司
孙　骉	男	1978-12	宜兴市公共建筑建设管理中心
勇志锋	男	1976-04	宜兴市市政建设管理处
殷华东	男	1974-12	市建设局绿化处
付应江	男	1974-05	宜兴市森维电子有限公司
代　康	男	1966-05	江苏俊知技术有限公司
刘克胜	男	1969-09	江苏中江物联网科技有限公司
何英高	男	1972-06	江苏卓易信息科技股份有限公司

续表91

姓　名	性别	出生年月	工作单位
余建军	男	1968-07	江苏有为光子科技有限公司
张　军	男	1983-01	江苏鼎泽环境工程有限公司
陆隽鹤	男	1975-06	无锡市寰创环境科技发展有限公司
杭俊亮	男	1976-11	江苏一环集团有限公司
姚　忠	男	1979-04	江苏鹏鹞药业有限公司
钱梦亮	男	1983-10	江苏东光微电子股份有限公司
温尧林	男	1979-02	江苏凯吉生物科技有限公司
蒋　平	男	1982-08	无锡西玖环保科技有限公司
潘明霞	女	1977-11	江苏凌志环保工程有限公司
刘秀明	女	1970-06	江苏永康机械有限公司
傅　洁	女	1984-11	宜兴市规划局
方薛斐	男	1982-01	宜兴市方卫明均陶研究所
蒋　勇	男	1971-03	江苏协联热电有限公司
沈　睿	男	1968-03	徐舍镇农服中心
汪群华	男	1975-09	江苏三环实业股份有限公司
陈　同	男	1960-08	江苏艾特克阻燃材料有限公司
胡清平	男	1971-03	远东控股集团有限公司
徐浩然	男	1969-12	远东控股集团有限公司
冯太平	男	1969-12	宜兴市和桥高级中学
史维芬	女	1962-12	宜兴市汇文中学
庄　婷	女	1975-11	宜兴市实验小学
许敏芳	女	1973-09	宜兴市东域小学
吴剑英	女	1974-10	宜兴市第二实验小学
张　晓	男	1962-07	宜兴市阳羡高级中学
张曙辉	女	1972-02	宜兴市东山高级中学
邵　然	女	1975-01	江苏省宜兴中学
欧莉君	女	1973-03	宜兴市湖滨实验学校
罗永忠	男	1968-11	宜兴市外国语学校
俞　辰	男	1967-10	宜兴市张渚中等专业学校
顾爱芬	女	1967-10	宜兴市第一中学
储元璋	男	1967-02	宜兴市红塔中学
杭文明	男	1977-12	无锡市南方耐材有限公司
杨政宏	男	1973-01	江苏嘉耐高温材料有限公司
邵黎军	男	1981-07	江苏共昌轧辊股份有限公司
陈荣荣	男	1977-09	江苏华亚化纤有限公司

（嵇碧波）

新闻人物

徐汉棠

男，1932年5月生，丁蜀镇人，中国工艺美术大师、中国陶瓷艺术大师。在由中央宣传部、中央文明办主办，中国文明网、央视网承办的“我推荐我评议身边好人”活动中，被评为2014年12月“中国好人榜”——助人为乐好人。

1948年初中毕业后跟随父母学习陶艺，1952年师从“壶艺泰斗”顾景舟，1960年进入宜兴紫砂厂研究所工作，1975年进入中央工艺美术学院陶瓷系学习。1979年，与徐秀棠、鲍仲梅合作，以红木镶嵌手法开创紫砂嵌银丝装饰先河，其作品十五头嵌银丝咖啡具被北京故宫博物院收藏。1985年任紫砂二厂研究所所长。1992年，捐资10万元成立“顾景舟、徐汉棠教育儿童奖励基金”。2006年，捐资10万元给宜兴市慈善会丁蜀分会。2008年5月四川汶川大地震后，捐资2万元。2006年，获“中国工艺美术终身成就奖”和“首批中国民间文艺杰出传承人”荣誉。2014年9月，出资1000万元，成立丁蜀镇徐汉棠教育基金会，基金用于奖励优秀学生、资助贫困学生和其他教育公益事业支出。

（市文明办）

贾林康

男，1940年12月生，张渚镇人，张渚镇红十字会常务副会长。2014年1月，被中国党史党建网、中国爱国主义教育协会等联合授予首届“全国道

德榜样人物——道德之星”称号。5月，被中国党建网、中国爱国主义教育协会、中国爱心助学基金会等联合授予“中国梦劳动美——中国改革先锋成就者”称号。8月，被《人民政协报》《中华儿女》杂志社等联合授予“建设美丽中国时代先锋人物”称号。

1963年毕业于常州医学专科学校，在张渚人民医院从医38年。1988年至1998年任张渚中心预防保健所所长，2000年退休。1989年担任张渚红十字会负责人。至2014年，累计将18名孤儿培养成才，为17名台胞寻找到亲人。事迹先后被中央电视台、人民网等主流媒体宣传报道，特别是被全球华人网向120个国家和地区宣传报道，先后获中国红十字会先进会员、中国公益事业十大新闻人物唯一提名奖、2009年“中国好人榜”——助人为乐好人、中国公益事业十大功德人物、道德中国榜样人物等荣誉。

（王来根）

逝世人物

朱启祯

（1927-12—2014-04）

男，宜城街道人。外交部原副部长、前驻美国大使。1947年3月加入中国共产党。1948年毕业于上海圣约翰大学政治系。1948年6月起在上海市约友社做党的工作，后任上海市职业青年团体联合会主席。1949年11月进外交部工作。1963年任驻埃及使馆一等秘书。“文化大革命”期间，被下放到江西省上高县外交部“五七”干校劳动。1973年任驻澳大利亚使馆参赞。1978年任外交部美大司副司长，跟随邓小平赴美国进行中美建交谈判，为中美顺利建交作出了贡献。1982年任美大司司长。1984年至1989年任外交部副部长。1989年至1993年任中国驻美国第四任大使。1993年至1997年任第八届全国人大常委会委员、外事委员会副主任委员。1998年离休。2014年4月23日因病逝世。

闵惠芬

（1945-11—2014-05）

女，万石镇人。国家一级演员，著名二胡演奏家，被誉为“二胡皇后”。8岁开始学习二胡，12岁考入上海音乐学院附中，1969年毕业于上海音乐学院。先后在中国艺术团、上海乐团、上海艺术团、上海民族乐团担任二胡独奏演员。代表曲目有《江河水》《二泉映月》《听松》等。1979年起，先后在美国、加拿大、法国等10多个国家演出，被评价为“世界最著名的弦乐演奏家之一”。1980年首演的大型二胡协奏曲《长城随想》获高度评价和广泛流传。1981年身患癌症。1987年重返舞台，应邀参加首届中国艺术节，与中央民族乐团合作演出《长城随想》。1988年1月，与上海民族乐团合作首演《洪湖主题随想》协奏曲。随后又在上海、新加坡成功演出。1995年，和父亲、儿子三代同堂在南京、宜兴举办两场闵氏音乐世家音乐会。2004年受邀去中国台湾举办一场闵氏音乐世家音乐会。1999年12月至2009年12月任中国音乐家协会副主席。获第四届“上海之春”全国二胡比赛一等奖、上海文学艺术奖、第十二届“上海之春”创作二等奖、首届中国“金唱片奖”、宝钢高雅艺术奖、“全国优秀文艺工作者”称号。是第四届全国人大代表，第五至十届全国政协委员。2014年5月12日因病逝世。

（市史志办）

邹邵卿

（1924-01—2014-10）

男，山东省掖县人。1942年12月参加革命工作，1946年1月加入中国共产党。1942年12月至1946年6月任掖县城区亭子村农会长。1946年6月至1949年2月任掖县城区区委宣传干事、委员。1949年2月至1953年10月，历任江苏省江宁县五区宣传委员、县委宣传部教育科长，九区区委副书记、书记。1953年10月至1967年2月，历任江宁县政府办公室主任，县委宣传部副部长、部长，县委副书记。1967年3月至1969年4月被“靠边”批斗，在江宁县“五七”干校劳动。1969年4月至1971年7月，历任江宁县汤山公社革委会第二主任、县革委会生产指挥组副组长、伏牛山煤矿建工团副团长。1971年7月至12月任镇江地委工作组组长。1971年12月至1973年9月在“深挖‘五一六’反革命阴谋集团”运动中被迫害关禁闭。1973年9月至1974年4月在江宁县“五七”干校接受审查。1974年4月至1975年3月在江宁县晨光大队工作组工作。1975年3月至1977年7月生病休养。1977年7月至1983年9月任宜兴县委副书记。1983年9月至1985年5月任宜兴县人大常委会主任。1985年12月离休，享受地市级政治生活待遇。2014年10月14日因病逝世。

（老干部局）

赵国华

（1945-05—2014-12）

男，和桥镇人。1963年7月宜兴县第三中学（和桥高级中学）毕业，考入解放军南京炮兵工程学院学习。1966年4月就读于南京华东工程学院。1968年10月后，任五〇二七厂技术员、助理工程师、技术科副科长兼工程师、科长、副总工程师、总工程师。1984年5月加入中国共产党。1989年3月后，任中国兵器工业总公司西南兵工局工程规划处处长、车辆处处长、办公室主任、副局长。1993年11月后，任中国兵器工业总公司微车局局长，西南兵工局副局长、局长兼党委书记，兼任中国长安汽车公司、嘉陵集团公司董事长。1999年6月任中国兵器装备集团公司党组副书记、副总经理。2001年9月任国有重点大型企业监事会主席（副部长级）。是中共十五大代表。2014年12月11日因病逝世。

（沈孝林）

梁维琛

（1924-08—2014-12）

男，山东省临邑县人。1944年4月参加革命工作，1944年7月加入中国共产党。1944年4月至1947年7月，历任山东省齐临县县大队一小队战士、班长，齐临县警卫六旅十二团二营四连副排长、排长。1947年7月至1949年4月，历任渤海军区特务一团二营副连长，七师一团六连连长、团作战参谋。1949年4月至1955年7月，历任公安第十五师四四团二营副营长、三营营长、团教育股股长、团副参谋长、司令部军务科科长。1955年7月至1958年3月在南京海军学院学习。1958年4月至1960年4月任宜兴农校党总支书记。1960年4月至1964年7月任宜兴县丁蜀镇副镇长。1964年7月至1967年3月任句容、江宁、溧阳社教团副团长。1967年3月至1985年11月，历任丁蜀镇副镇长、革委会副主任、党委副书记、巡视员。1985年12月离休，享受地市级政治生活待遇。2014年12月29日因病逝世。

（老干部局）

编辑　吴建群

先进集体名录

【省(部)级以上先进集体】

2014年宜兴市获评的省(部)级以上先进集体

表92

被授予单位	被授予称号(荣誉)	授予单位
宜兴市	全国休闲农业与乡村旅游示范县	农业部、国家旅游局
宜兴市	2011—2014年全省社会治安综合治理先进集体	省委、省政府
宜兴市	2014年江苏省“法治县(市、区)”创建工作示范单位	省委、省政府
宜兴市	全国义务教育发展基本均衡县(市、区)	国务院教育督导委员会
宜兴市	全国文明城市提名城市(县级)	中央文明委
宜兴市	江苏省公共文化服务体系示范区	省政府
宜城街道巷头社区	全国科普示范社区	中国科协、财政部
宜城街道巷头社区	全国和谐示范社区	民政部
宜城街道沧浦社区	全国综合减灾示范社区	民政部
宜城街道谈家干社区	全国综合减灾示范社区	民政部
宜城街道袁桥社区	国家地震安全示范社区	国家地震局
市人民检察院	全国检察机关文明接待示范窗口	最高人民检察院
市人民法院法警大队	全国司法警察体能达标活动先进单位	最高人民法院
丁蜀镇公园路社区	全国和谐示范社区	民政部
丁蜀镇公园路社区	2014年度全国社区侨务工作示范单位	国务院侨办
江苏省丁山监狱辅导站	先进辅导站	司法部
无锡未成年人社会实践基地	全国教育系统先进集体	教育部、人社部
湖㳇镇张阳花卉苗木合作社	国家农民合作社示范社	农业部
无锡绿缘农业观光园	全国休闲农业与乡村旅游示范点	农业部、国家旅游局
西渚镇	江苏省全民健身工程示范镇	省委、省政府
市经济普查办公室	第三次全国经济普查先进集体	国务院第三次全国经济普查领导小组
官林镇	全国重点镇	住建部等
官林镇官林社区	全国和谐示范社区	民政部

续表92

被授予单位	被授予称号(荣誉)	授予单位
市地震局	全国县级防震减灾工作综合考核先进单位	国家地震局
宜兴移动公司	模范职工小家	中华全国总工会
华东宜兴抽水蓄能公司	会计基础管理规范化评估达标单位	国家电网公司
市供销合作总社	百强县级供销合作社	全国供销总社
周铁镇	第四批全国文明村镇	中央文明办
张渚镇善卷村	第四批全国文明村镇	中央文明办
环科园	国家首批低碳示范园区试点单位	发改委、工信部
环科园	苏南国家自主创新示范区	省政府
和桥镇西鄙村	全国人口和计划生育基层群众自治示范村	国家卫计委、中国计生协会
和桥镇第二小学	国家级青少年体育俱乐部	国家体育总局
市文化市场综合执法大队	查处侵权盗版案件有功单位	国家新闻出版总局

【省(部)级条线先进集体】

2014年宜兴市获评的省(部)级条线先进集体

表93

被授予单位	被授予称号(荣誉)	授予单位
宜兴市	全省信访工作先进县(市、区)	省信访工作联席会议
宜兴市	全省农家书屋示范县	省新闻出版局
宜兴市	全省农家书屋提升工程试点地区	省新闻出版局
宜兴市	2013年度平安县(市、区)	省综治委
宜兴市	2013年度全省综治(平安建设)先进集体	省综治委
宜兴市	江苏省创建无“小耳朵”标兵县市	省广播电影电视局
宜兴市	江苏省陶瓷文化生态保护实验区	省文化厅
宜城街道	全国区街镇党的群众路线教育活动先进集体	中国社会工作协会社区工作委员会
宜城街道	全国社区服务型党组织建设示范街道	中国社会工作协会社区工作委员会
宜城街道	江苏省第三次全国经济普查先进集体	省经济普查领导小组
宜城街道宝塔社区	江苏省和谐社区	省民政厅
宜城街道民主社区	江苏省优秀校外辅导站	省文明委
宜城街道民主社区	江苏省十佳巾帼志愿服务队	省妇联
宜城街道谈家干社区	江苏省地震安全示范社区	省地震局
宜城街道沧浦社区	江苏省地震安全示范社区	省地震局
宜城街道沧浦社区	江苏省充分就业示范社区	省人社厅
宜城街道巷头社区	江苏省科普示范社区	省科协
市科协	创新发展综合示范县级科协	省科协
市关工委	全省创建“五有五好”基层关工委优秀组织奖	省关工委
市农林局关工委	全省创建“五有五好”基层关工委优秀组织奖	省关工委

续表93

被授予单位	被授予称号(荣誉)	授予单位
市委机要保密局	2014年度全省机要系统先进单位	省委机要局
丁蜀镇党委	老干部工作先进集体	省委老干部局
丁蜀镇	江苏省实施妇女儿童发展规划示范乡镇	省政府妇女儿童工作委员会
丁蜀镇洑东村	江苏省生态村	省环保厅
丁蜀镇大港村	江苏省生态村	省环保厅
江苏省丁山监狱	2014年度全省司法行政系统先进集体	省人社厅、省司法厅等
江苏省丁山监狱	省级机关“六五”普法中期先进单位	省委宣传部、省司法厅等
江苏省丁山监狱党委	全省监狱系统先进党委	省监狱局党委
江苏省丁山监狱监管后勤党总支部	全省监狱系统先进党支部(总支)	省监狱局党委
江苏省丁山监狱三监区党支部	全省监狱系统先进党支部(总支)	省监狱局党委
江苏省丁山监狱六监区党支部	全省监狱系统先进党支部(总支)	省监狱局党委
江苏省丁山监狱电子第二党总支部	厅直系统先进党支部(总支)	省司法厅党委
江苏省丁山监狱指挥中心党支部	厅直系统先进党支部(总支)	省司法厅党委
湖㳇镇	江苏省生态旅游示范区	省旅游局、省环保厅
湖㳇镇	江苏省人口文化示范基地	省卫计委
湖㳇镇银湖村	江苏省生态村	省环保厅
西渚镇	2010—2013年度全省群众体育先进单位	省体育局
西渚镇	江苏省农村公路示范镇	省交通厅
西渚镇白塔村	江苏最具魅力休闲乡村	省委农办
国家统计局宜兴调查队	全省调查队系统办公室工作优秀	国家统计局江苏调查总队
国家统计局宜兴调查队	全省调查队系统综合统计工作优秀	国家统计局江苏调查总队
国家统计局宜兴调查队	全省调查队系统法规制度工作优秀	国家统计局江苏调查总队
国家统计局宜兴调查队	全省调查队系统住户调查工作优秀	国家统计局江苏调查总队
国家统计局宜兴调查队	全省调查队系统工业调查工作优秀	国家统计局江苏调查总队
国家统计局宜兴调查队	全省调查队系统生产投资价格调查工作优秀	国家统计局江苏调查总队
国家统计局宜兴调查队	全省调查队系统财会工作优秀	国家统计局江苏调查总队
国家统计局宜兴调查队	全省调查队系统纪检监察工作优秀	国家统计局江苏调查总队
官林镇	江苏省农村劳动力转移先进镇	省人社厅
官林镇农服中心	江苏省耕地质量建设与管理工作先进单位	省农委
官林镇团委	江苏省五四红旗团委	团省委
市建设局	全省建筑行业管理先进单位	省住建厅
市建筑安装工程管理处	全省建筑行业管理先进单位	省住建厅
宜兴移动公司	江苏省放心消费先进单位	省放心消费创建办公室
宜兴移动公司五星营业厅	江苏省工人先锋号	省总工会
市环保局	2014年度江苏省农村环境连片整治先进集体	省环保厅

续表93

被授予单位	被授予称号(荣誉)	授予单位
沪宜公路宜漕收费站	江苏省青年文明号	团省委、省交通厅
芜申运河水上服务区党支部	省交通行业第三批“百个先进堡垒党支部”	省交通厅党组
市公路管理处	省公路系统公路工作先进集体	省交通厅公路局
市委农办	江苏省村级“四有一责”建设先进县(市、区)	省委组织部、省农委等
市委农办	农业农村改革创新奖	省委农村工作领导小组
市委农办	全省农经农业系统工作效能建设成效显著单位	省农委
市粮食局	2013—2014年度安全生产先进单位	省粮食局
市粮食局	全省粮食系统先进集体	省粮食局
华东宜兴抽水蓄能公司	改革开放35年百项经典暨精品工程	中国建筑业协会等
华东宜兴抽水蓄能公司	全国电力行业设备管理工作先进单位	中国电力设备管理协会
华东宜兴抽水蓄能公司	2014年度综合管理对标第一名	国网新源控股有限公司
华东宜兴抽水蓄能公司	2014年度先进单位	国网新源控股有限公司
华东宜兴抽水蓄能公司	2014年度财务工作先进单位	国网新源控股有限公司
华东宜兴抽水蓄能公司	“安康杯”竞赛优胜单位	国网新源控股有限公司
华东宜兴抽水蓄能公司	2014年度运检工作先进单位	国网新源控股有限公司
华东宜兴抽水蓄能公司	2014年度安全生产工作先进单位	国网新源控股有限公司
华东宜兴抽水蓄能公司	2014年度发展工作先进单位	国网新源控股有限公司
华东宜兴抽水蓄能公司运维检修部	2014年度先进集体	国网新源控股有限公司
华东宜兴抽水蓄能公司办公室	2014年度巾帼文明岗	国网新源控股有限公司
市水利农机局	江苏省农机系统先进集体	省人社厅、省农机局等
市供销合作总社	全省供销合作社系统综合业绩考核“二十强县级供合作销社”	省供销合作总社
市供销合作总社	全省供销合作社系统“基层社建设优胜单位”	省供销合作总社
市供销合作总社	全省供销合作社系统“农民专业合作社建设优胜单位”	省供销合作总社
市委宣传部	2013—2014年度全省基层党员冬训工作示范县	省委组织部、省委宣传部
江苏省无锡未成年人社会实践基地	省社会实践基地测评一等奖	省文明办
岵亭街道	江苏省和谐社区示范街道	省民政厅
岵亭街道敬老院	“三星级”农村敬老院	省民政厅
太华镇	江苏省充分转移就业乡镇	省人社厅
环科园经济普查办	江苏省第三次全国经济普查先进集体	省经济普查领导小组
环科园	国家级环保服务示范园	省环保厅
环科园	江苏省工会工作模范开发区	省总工会
和桥镇西鿍村	江苏省科普示范村	省科协
和桥镇劳动社区	江苏省和谐社区建设示范社区	省民政厅

续表93

被授予单位	被授予称号(荣誉)	授予单位
高塍镇	江苏省充分转移就业乡镇	省人社厅
高塍镇	第十一届江苏省“五星工程奖”小戏金奖	省文化厅
宜兴日报社	2014年度先进集体	省县市报研究会
市体育局	2013年度体育彩票工作先进单位	省体育局
市体育局	2013年度体育彩票工作销售贡献奖	省体育局
市体育局	2013年度承办全国以上体育竞赛最佳组织奖	省体育局
市卫生监督所	2014年度基层卫生监督工作先进单位	省卫生监督所
市文广新局	江苏省五星工程奖	省文化厅
市锡剧团	江苏省“反邪教文化艺术作品”二等奖	省文化厅等
市档案局	省档案文化宣传工作先进单位	省档案局
市安监局	江苏省烟花爆竹安全监管工作先进集体	省安监局
市安监局	江苏省非煤矿山安全生产先进集体	省安监局
市安监局	江苏省安全生产新闻宣传先进单位	省安监局

【无锡市级先进集体】

2014年宜兴市被无锡市委、市政府、军分区表彰的先进集体

表94

被授予单位	被授予称号(荣誉)	授予单位
和桥镇	无锡市社会治安安全镇	无锡市委、市政府
和桥镇环安科	安全生产先进集体	无锡市委、市政府
丁蜀镇	无锡市农村重点工作城乡社会保障工作先进集体	无锡市政府
丁蜀镇安监科	2014年无锡市安全生产先进集体	无锡市政府
湖汶镇	安全生产先进单位	无锡市政府
徐舍镇	无锡市学前教育现代化镇(街道)	无锡市政府
屺亭街道	无锡市“三资三化”先进集体	无锡市政府
屺亭街道人武部	基层人武工作先进集体	无锡军分区

先进个人名录

【省(部)级以上先进个人】

2014年宜兴市获评的省(部)级以上先进个人

表95

姓　名	工作单位	被授予称号(荣誉)	授予单位
沈　立	江苏森莱浦光电科技有限公司	2013—2014年度全国“讲理想、比贡献,奋力实现中国梦”创新标兵	中国科协
孙成龙	江苏省丁山监狱	2011—2013年度全国监狱劳教(戒毒)工作先进个人	司法部

续表95

姓　名	工作单位	被授予称号(荣誉)	授予单位
崔俊杰	江苏省丁山监狱	2011—2013年度全国监狱劳教(戒毒)工作先进个人	司法部
刘兆虎	江苏省丁山监狱	2011—2013年度全国监狱劳教(戒毒)工作先进个人	司法部
李松柏	江苏省丁山监狱	全国监狱戒毒系统教育质量年活动先进个人	司法部
施义洪	江苏省丁山监狱	全国监狱戒毒系统教育质量年活动先进个人	司法部
冯　峰	宜兴地税局	国家税务总局督察内审人才	国家税务总局
翁　琴	市林业指导站	全国生态建设突出贡献奖先进个人	国家林业局
徐汉棠	徐汉棠工作室	中国好人	中央文明办
周小明　李彩英	市公安局	中国好人候选人	中央文明办
蒋宁鹏	环科园	江苏省社会治安综合治理先进个人	省委、省政府
许夕华	市文广新局	查处侵权盗版案件有功个人	国家新闻出版总局
杭科军	市文广新局	查处侵权盗版案件有功个人	国家新闻出版总局
章志康	市安监局	全国安全生产监管监察先进个人	国家安监总局、国家煤矿安监局

【省(部)级条线先进个人】

2014年宜兴市获评的省(部)级条线先进个人

表96

姓　名	工作单位	被授予称号(荣誉)	授予单位
芮凤梅	原红塔中学	关心下一代工作优秀人物奖	教育部关工委
薛根荣	市关工委	2013年度全省预防青少年违法犯罪工作先进个人	省综治委预防青少年违法犯罪工作领导小组
杨　杰	市远望蔬果专业合作社	江苏省青年农民创业之星	省关工委
何祖伟	无锡工艺职业技术学院	江苏省职业教育先进个人	省教育厅、省人社厅等
潘　旭	无锡工艺职业技术学院	江苏省学校优秀党务工作者	省委教育工委
陈志祥	无锡工艺职业技术学院	江苏省学校优秀共产党员	省委教育工委
林素琴	无锡工艺职业技术学院	2014年度全省教育信息工作先进个人	省教育厅办公室
黄晔华	无锡工艺职业技术学院	2012—2013年度全国计算机等级考试先进工作者	省教育考试院
钱昱良	市人民检察院	二等功	省检察院
史俊强	市人民检察院	全省检察机关电子数据取证大练兵竞赛业务能手	省检察院
周公集	市委机要保密局	江苏省党政机要系统先进工作者	省委办公厅、省人社厅等
徐　喆	市委机要保密局	2014年度全省机要系统先进个人	省委机要局
余　浩	市人民法院	二等功	省高院
尹建刚	市人民法院	司法警察业务能手	省高院
蒋　璐	市人民法院	2014年度全省法院信息工作先进个人	省高院
李松柏	江苏省江苏省丁山监狱	全省监狱系统优秀共产党员	省监狱局党委
周建国	江苏省江苏省丁山监狱	全省监狱系统优秀共产党员	省监狱局党委

续表96

姓　名	工作单位	被授予称号(荣誉)	授予单位
刘向荣	江苏省丁山监狱	全省监狱系统优秀共产党员	省监狱局党委
金　磊	江苏省丁山监狱	全省监狱系统优秀共产党员	省监狱局党委
周成亚	江苏省丁山监狱	全省监狱系统优秀共产党员	省监狱局党委
陈洪剑	江苏省丁山监狱	全省监狱系统优秀党务工作者	省监狱局党委
潘学军	江苏省丁山监狱	全省监狱系统优秀党务工作者	省监狱局党委
钱春强	江苏省丁山监狱	全省监狱系统优秀党务工作者	省监狱局党委
陈中华	江苏省丁山监狱	三等功	省监狱管理局
纪洪亮	江苏省丁山监狱	三等功	省监狱管理局
莫军炜	江苏省丁山监狱	三等功	省监狱管理局
钱春强	江苏省丁山监狱	三等功	省监狱管理局
沈振伟	江苏省丁山监狱	三等功	省监狱管理局
王　成	江苏省丁山监狱	三等功	省监狱管理局
王　栋	江苏省丁山监狱	三等功	省监狱管理局
王广富	江苏省丁山监狱	三等功	省监狱管理局
王开左	江苏省丁山监狱	三等功	省监狱管理局
徐雪理	江苏省丁山监狱	三等功	省监狱管理局
杨　炀	江苏省丁山监狱	三等功	省监狱管理局
张建美	江苏省丁山监狱	三等功	省监狱管理局
张　轶	江苏省丁山监狱	三等功	省监狱管理局
杜金兰	江苏省丁山监狱	三等功	省监狱管理局
崔立明	江苏省丁山监狱	三等功	省监狱管理局
刘佩彬	江苏省丁山监狱	三等功	省监狱管理局
陈　浩	江苏省丁山监狱	三等功	省监狱管理局
孙成龙	江苏省丁山监狱	三等功	省监狱管理局
施义洪	江苏省丁山监狱	三等功	省监狱管理局
金　磊	江苏省丁山监狱	三等功	省监狱管理局
宋亚飞	江苏省丁山监狱	三等功	省监狱管理局
刘新华	江苏省丁山监狱	三等功	省监狱管理局
潘学军	江苏省丁山监狱	三等功	省监狱管理局
卫春华	江苏省丁山监狱	三等功	省监狱管理局
陈春燕	江苏省丁山监狱	监狱好警察	省监狱管理局
张立群	江苏省丁山监狱	监狱好警察	省监狱管理局
毛　亮	江苏省丁山监狱	监狱好警察	省监狱管理局
韩加东	江苏省丁山监狱	监狱好警察	省监狱管理局
崔俊杰	江苏省丁山监狱	厅直系统优秀共产党员	省司法厅党委
季茂祥	江苏省丁山监狱	厅直系统优秀共产党员	省司法厅党委

续表96

姓　名	工作单位	被授予称号(荣誉)	授予单位
施　超	江苏省丁山监狱	厅直系统优秀共产党员	省司法厅党委
徐　贵	江苏省丁山监狱	厅直系统优秀党务工作者	省司法厅党委
王　成	江苏省丁山监狱	厅直系统优秀党务工作者	省司法厅党委
吴旭伟	市城管局	江苏省城市管理行政执法案卷工作先进个人	省政府法制办
曹婉芬	丁蜀镇丁山社区	最美家庭	省妇联
姚　娟	湖㳇镇经贸中心	江苏省第三次全国经济普查先进个人	省经济普查领导小组
贾　丽	太华镇	江苏省第三次全国经济普查先进个人	省经济普查领导小组
丁新华	官林镇统计站	江苏省第三次全国经济普查先进个人	省经济普查领导小组
孙　强	官林镇文化站	江苏省“群文之星”	省文化厅
王　俊	市建设局	全省城市环境综合整治先进个人	省住建厅、省环境综治办
王治国	市建设局	全省建筑业管理先进工作者	省住建厅
史　倩	市建设局	全省住建系统优秀服务明星	省住建厅
缪永洁	宜兴移动公司	先进个人	江苏移动公司、江苏移动公司工会
谢静静	宜兴移动公司	2013年为民服务标兵	江苏移动公司
戴双菊	宜兴移动公司	2013年为民服务标兵	江苏移动公司
徐　红	宜兴移动公司	2013年为民服务标兵	江苏移动公司
印　娜	宜兴移动公司	2013年为民服务标兵	江苏移动公司
吴玉娟	宜兴移动公司	2013年为民服务标兵	江苏移动公司
肖　迪	宜兴移动公司	2013年为民服务标兵	江苏移动公司
杨旭娴	宜兴移动公司	2013年为民服务标兵	江苏移动公司
蒋凌雪	宜兴移动公司	2013年为民服务标兵	江苏移动公司
吕　超	宜兴移动公司	2013年为民服务标兵	江苏移动公司
宋宇杰	宜兴移动公司	2013年为民服务标兵	江苏移动公司
吴　丹	宜兴移动公司	2013年为民服务标兵	江苏移动公司
王俊强	宜兴移动公司	2013年为民服务标兵	江苏移动公司
章秀芝	宜兴移动公司	2013年为民服务标兵	江苏移动公司
张　研	宜兴移动公司	2013年为民服务标兵	江苏移动公司
戴海燕	宜兴移动公司	省级优秀客户经理	江苏移动公司
施　伟	宜兴移动公司	优秀共产党员	江苏移动公司党组
蒋敏惠	宜兴地税局	江苏地税岗位标兵	省地税局
侯志文	宜兴地税局	最美江苏地税人	省地税局
顾文良	宜兴地税局	税收执法督察和内部审计先进个人	省地税局
许大明	宜兴环保局	中国环境报社宣传工作先进个人	中国环境报社
吴　敏	宜兴环保局	2014年江苏省农村环境连片整治先进个人	省环保厅
张丽萍	市公路处和桥工区	省交通行业第三批“百名先锋模范党员”	省交通厅党组
蒋干达	市委农办	全省村级“四有一责”建设先进工作者	省委组织部、省委农办

续表96

姓　名	工作单位	被授予称号(荣誉)	授予单位
蒋干达	市委农办	全省农工办系统先进工作者	省委农办
蒋静慧	市委农办	《江苏农村要情》优秀信息报送先进个人	省委农办
叶　青	市水产站	江苏省水产品质量安全专项整治工作先进个人	省海洋与渔业局
居万军	市农林局	江苏省2014年度林业统计先进个人	省林业局
马祥龙	华东宜兴抽水蓄能公司	2014年先进生产(工作)者	国网新源控股有限公司
王　霆	华东宜兴抽水蓄能公司	2014年安全生产先进个人	国网新源控股有限公司
杨　斌	华东宜兴抽水蓄能公司	2014年安全生产先进个人	国网新源控股有限公司
吴　璞	华东宜兴抽水蓄能公司	2014年优秀女职工干部	国网新源控股有限公司
陆凤金	市委宣传部	书香家庭	省委宣传部、省文明办等
马伟忠	市中骏市政有限公司	江苏好人	省文明办
苏南英	宜兴阳生化工有限公司	江苏好人	省文明办
戴长生	市新宇科教仪器研究所	江苏好人	省文明办
蒋　臣	环科园	江苏省第三次全国经济普查先进个人	省经济普查领导小组
谢叶华	环科园	江苏省非煤矿山安全生产先进个人	省安监局
李　军	高塍镇	2014年全省新任职专武干部集训优秀学员	省委组织部、省军区
李　慧	宜兴日报社	中国报业最美财务人员	中国报业协会
程　伟	宜兴日报社	2013—2014中国品牌媒体创新人物	第七届中国品牌媒体高峰论坛
程　伟	宜兴日报社	中国报业融合发展奖·十大创新人物	首届中国报业新媒体发展大会
吴海峰	市人民医院	2014年江苏好青年	省文明办、团省委等
王春来	市人民医院	省红十字会系统优秀志愿者	省红十字会
王丽琴	市人民医院	江苏省优秀共青团干部	团省委
陈进川	市安监局	江苏省非煤矿山安全生产先进个人	省安监局
钱夕林	市安监局	江苏省冶金等工贸行业安全生产先进个人	省安监局

【无锡市级先进个人】

2014年宜兴市获无锡市委、市政府、军分区表彰的先进个人

表97

姓　名	工作单位	被授予称号(荣誉)	授予单位
蔡　红	无锡工艺职业技术学院	优秀共产党员	无锡市委
张　敏	市建设局	优秀共产党员	无锡市委

编辑　吴建群

附录 · 索引
APPENDIX · INDEXES

文件索引

2014年中共宜兴市委重要文件索引

表98

文　　题	文　号	成文时间
中共宜兴市委关于深入开展党的群众路线教育实践活动的实施意见	宜发〔2014〕1号	2014年2月17日
中共宜兴市委宜兴市人民政府关于做好2014年农村工作的意见	宜发〔2014〕6号	2014年3月3日
中共宜兴市委宜兴市人民政府关于开展农村土地承包经营权确权登记试点工作的意见	宜发〔2014〕7号	2014年3月3日
中共宜兴市委宜兴市人民政府关于切实做好芳桥镇撤镇设街和委托管理工作的意见	宜发〔2014〕9号	2014年4月7日
中共宜兴市委关于贯彻落实中共中央《建立健全惩治和预防腐败体系2013-2017年工作规划》的实施意见	宜发〔2014〕12号	2014年4月17日
中共宜兴市委宜兴市人民政府关于促进经济和社会又好又快发展的意见	宜发〔2014〕18号	2014年7月8日
中共宜兴市委宜兴市人民政府关于加强社会稳定和信访工作责任落实与责任追究的暂行规定	宜发〔2014〕19号	2014年7月8日
中共宜兴市委关于加强基层服务型党组织建设的意见	宜发〔2014〕23号	2014年10月15日
中共宜兴市委宜兴市人民政府印发《宜兴市安全生产“党政同责、一岗双责”暂行规定》的通知	宜发〔2014〕27号	2014年10月22日
中共宜兴市委宜兴市人民政府关于在全市推行“政社互动”的实施意见	宜发〔2014〕28号	2014年10月29日

（潘娉娉　摘）

2014年宜兴市人民政府重要文件索引

表99

文　题	文　号	成文时间
市政府关于加强村庄环境长效管理工作的实施意见	宜政发〔2014〕25号	2014年3月1日
市政府关于市政府领导班子成员分工的通知	宜政发〔2014〕31号	2014年3月6日
市政府关于印发《宜兴市人民政府常务会议议事规则》的通知	宜政发〔2014〕51号	2014年3月24日
市政府关于建立健全矿产品生产运输秩序长效管理工作机制的实施意见	宜政发〔2014〕63号	2014年4月3日
市政府关于全面加强国土资源管理推进节约集约用地的意见	宜政发〔2014〕69号	2014年4月24日
市政府关于农村公路提档升级工程的实施意见	宜政发〔2014〕82号	2014年5月23日
宜兴市人民政府关于对宜兴市土地利用总体规划(2006-2020)进行原则性修改的请示	宜政发〔2014〕131号	2014年9月26日
市政府关于下达2014年度市定重点服务业项目计划的通知	宜政发〔2014〕139号	2014年10月24日
市政府下达2014年第一批市定重点工业项目计划的通知	宜政发〔2014〕147号	2014年11月1日
市政府关于发布《2015年城乡居民养老保险基础养老金标准》的通知	宜政发〔2014〕189号	2014年12月25日
市政府关于实施《宜兴市集体经营性建设用地流转试点工作方案》的请示	宜政发〔2014〕197号	2014年12月31日

（储超云　摘）

新闻存目

省级以上党报有关宜兴主要文章存目

表100

	时　间	作　者	标　题	版面
人民日报	2014-03-15	孙秀艳	大气污染治理是不赔钱的买卖	9
人民日报	2014-03-21	汪　涌	斯诺克中国赛全面升级	15
人民日报	2014-04-01	李　硕　张茜岚	斯诺克中国公开赛开杆	15
人民日报	2014-04-02	李　硕　张茜岚	丁俊晖晋级次轮	13
人民日报	2014-04-04	李　硕　张茜岚	丁俊晖晋级八强	23
人民日报	2014-04-07	李　硕　张茜岚	丁俊晖问鼎赛季第五冠	4
人民日报	2014-04-07	王伟健	鲜菜新芽知春味	7

续表100

	时　间	作　者	标　　题	版面
人民日报	2014-04-08	李　硕　张茜岚	斯诺克　中国越来越像大本营	15
人民日报	2014-04-23	王中苏	疏通服务群众的“中梗阻”	5
人民日报	2014-05-13	曹玲娟	从艺半世纪　超天才的二胡演奏家　闵惠芬	12
人民日报	2014-05-16	王伟健	夫妻二人车祸死亡　双方家属为保血脉对簿公堂	11
人民日报	2014-05-17	孙秀艳	从只能削减污染物到成为城市的能源工厂、水源厂、肥料工厂	9
人民日报	2014-05-22	林　晨	古琴家成公亮	24
人民日报	2014-06-09	姚雪春	看苏南如何集约用地	9
人民日报	2014-08-21	王　珏	文艺惠民　高潮迭起	6
人民日报	2014-11-05	李　硕	丁俊晖闯入四强	20
人民日报	2014-11-08	尹汉胤	宜兴茶韵	12
人民日报	2014-11-16	史志强	打造生态美丽新名片　宜居兴业看宜兴	23
人民日报	2014-12-04	李　硕	斯诺克英锦赛　丁俊晖无缘十六强	15
人民日报	2014-12-05	李　硕	丁俊晖登顶世界第一	23
人民日报	2014-12-14	吕　洋	宜兴向中国文学艺术基金会捐赠紫砂	12
人民日报	2014-12-23	干文静	爱粮节粮“节约之星”先进事迹发布	6
新华日报	2014-01-02	丁　骏　耿　联	储云书画陶刻艺术展在宁举行	6
新华日报	2014-01-10	李杨雷	徐悲鸿与邵逸夫友情深厚	6
新华日报	2014-01-21	王宏伟	宜兴紫砂有了品牌保护伞	6
新华日报	2014-02-20	史春杨　江锡民	宜兴进入海水淡化产业	5
新华日报	2014-02-27	史春杨　江锡民	泰锡宜将建城际铁路	2
新华日报	2014-02-27	陈　栋	宜兴研发推广消防主题手机APP软件	8
新华日报	2014-03-19	王宏伟	徐悲鸿家族书画展将在宜兴举行	5
新华日报	2014-03-25	浦敏琦	水处理协创中心在宜兴揭牌	5
新华日报	2014-04-01	浦敏琦	宜兴10兆瓦光伏电站并网成功	8
新华日报	2014-04-11	张蔚星	与徐悲鸿打官司的造假者	6
新华日报	2014-04-30	王宏伟	台湾民俗宜兴展绝技	5
新华日报	2014-05-13	徐　宁	琴艺留百世　弦断成绝响	5
新华日报	2014-06-11	张　华　赵成君	沪宁钢机　中国钢结构质量第一品牌	4
新华日报	2014-06-25	薛颖旦　王宏伟	宜兴　整治不作为慢作为乱作为	8
新华日报	2014-07-14	浦敏琦	无锡最长公路隧道在宜兴贯通	5
新华日报	2014-07-18	龚　倩	第四批国家非遗推荐名单公布	12

续表100

	时　间	作　者	标　　题	版面
新华日报	2014-07-31	江锡民	宜兴80个亿打造　东方水城	1
新华日报	2014-08-23	王　颖	江苏新增5个国家4A级旅游景区	5
新华日报	2014-09-02	振　兴　杜　晶	宜兴千余合作社15亿元红包送农民	4
新华日报	2014-09-12	浦敏琦	宜兴陶瓷博物馆获批海峡两岸交流基地	8
新华日报	2014-09-30	邵　峰　叶玲娜	宜兴国税三分局积极落实小微企业税收优惠政策	27
新华日报	2014-09-30	张　夷	全球幸福年会在宜兴举行	27
新华日报	2014-12-09	浦敏琦	好心带人出车祸　法院判决共担责	7
新华日报	2014-12-30	王宏伟	钱松喦父女作品无偿捐归故里	15

便民信息

【宜兴市公交线路走向及站点设置】

公交1路

宜北场站—金城花园—化工市场—广汇花苑—汇源路—宜红桥—交通职校(红塔医院)—运管处—常福桥—金三角车站—树人中学—农资公司—阳泉新村—1号桥—宜客隆—苏南商厦—通达大厦—亚细亚—中国联通—人民医院—沁园—茶西新村—荆溪新村—荆溪小学—五局大院—东山新村—地税局—怡丰花园—市政府(建设局)—供电局—旅游学校—市政总公司—吴冠中艺术馆—南中—陈家坳—艺术家村—洛涧(北)—高铁站(往返)

【首班:夏季5:30,冬季5:50;末班23:05】

公交2路

蔬果批发市场—广汇二期—广汇花苑—广源路汇源路—广汇社区—化工市场—金城花园—金三角车站—大亚达酒店—苏缆新村—1号桥—宜客隆—望湖花园—健康大厦—人民剧院—交通局—解放广场—育才学校—宜城中学—中兴新村—兴和花园—实验幼儿园—外国语学校—今日星城—新盛花苑—下漳花园—金色阳光花园—中医院—城东实验小学—东氿大道—苏宁天氿御城—东氿公园—省宜中—华悦氿峰—城东公交总站(往返)

【首班:夏季5:30,冬季5:50;末班21:00】

公交3路

金三角车站—树人中学—农资公司—陶瓷商城—巷头菜场—夹板市场—巷头小学—巷头村—十里牌派出所—裕红新村—阳泉新村—宜北桥/宜城交警中队—太滆菜场—亚细亚—中国联通—王府—老干部大学—锦绣菜场—富强新村—移动公司(岳堤南苑)—广电大厦—实验中学—老年公寓—荆阳新村—地税局—肿瘤医院—东山中学—龙潭新村—宜兴电大—工艺学院(往返)

【首班:夏季5:30,冬季5:50;末班21:00】

(说明:“宜北桥/宜城交警中队”站点表示由金三角车站往工艺学院方向站名为“宜北桥”,由工艺学院往金三角车站方向站名为“宜城交警中队”。)

公交4路

公交公司—宜北桥—太滆菜场—通达大厦—苏南商厦—望湖花园/氿滨广场—团氿花园—金三角车站—树人中学—农资公司—陶瓷商城—巷头菜场—夹板市场—红塍桥南埦—精密钢管厂—边庄村—交通建设集团—江旭集团—十里牌车站—爱德培训学校—杏里—灵谷化工—荆溪路—长青路—东梅—华创基地—腾飞路—永盛路—坤风集团—沃尔得公司—宜兴创业园—屺分公路—五星小区(往返)

【公交公司首班:夏季5:30,冬季5:50;末班:夏季18:00,冬季17:40;五星小区首班:夏季5:50,冬季6:10;末班:夏季18:20,冬季18:00】

(说明:“望湖花园/氿滨广场”站点表示由五星小区往公交公司方向站名为望湖花园,由公交公司往五星小区方向站名为氿滨广场。)

公交5路

公交公司—阳泉菜场—十里牌医院—农资公司—树人中学—金三角车站—大亚达酒店—苏缆新村—阳泉新村—公交公司—阳羡新村—宜城中学—育才学校—解放广场—水浮桥—茶西新村—荆溪新村—荆溪小学—五局大院—东山新村—地税局—怡丰花园—市政府(建设局)—供电局—旅游学校—市政总公司—吴冠中艺术馆—南中—陈家坳—艺术家村—洛涧(北)—洛涧村—洛涧(南)—亨鑫科技—紫砂村—紫

砂花园—通蜀新村—通蜀路中袁路口—通蜀村—东贤路通蜀路—丁山实验小学—高家桥—蠡墅菜场—嘉华广场—丁山邮电局—民主桥—国税丁山分局—丁蜀敬老院—公交三场(往返)

【首班:夏季5:30,冬季5:50;末班:21:00】

公交6路

公交公司—阳泉新村—1号桥—宜客隆—苏南商厦—通达大厦—亚细亚—中国联通—王府—老干部大学—锦绣菜场—富强新村—图书馆—公安局—地税局—怡丰花园—市政府(建设局)—供电局—旅游学校—市政总公司—吴冠中艺术馆—南中—陈家坳—艺术家村—洛涧(北)—洛涧村—洛涧(南)—亨鑫科技—紫砂村—紫砂花园—西施环岛—青龙河广场—双龙西路—紫砂之源广场—华都广场—丁蜀综合执法局—民主桥—丁山邮电局—嘉华广场—紫砂路东贤路—丁山幼儿园—东贤市场—公交三场(往返)

【首班:夏季5:30,冬季5:50;末班21:00】

公交7路

蔬果批发市场—交通职校(红塔医院)—运管处—常福桥—金三角车站—大亚达酒店—苏缆新村—阳泉新村—公交公司—阳羡新村—宜城中学—育才学校—解放广场—水浮桥—沁园—人民医院—实验小学—世纪大桥—龙泽苑—绿园新村—新城公寓—环科园地税分局—创业中心—太平洋保险—城南交警中队—汇文中学—苏欣医药—永隆工业—公交南站 (往返)

【首班:夏季5:30,冬季5:50;末班21:00】

公交8路

金三角车站—常福桥—运管处—交通职校—苏源电力公司—化工市场—墙地砖市场—巷头小学—巷头村—十里牌派出所—裕红新村—三里桥—阳羡高级中学—兴和花园—中兴新村—宜城中学—育才学校—虹亚房产—交通局—茶局巷—沁园—茶西新村—荆溪新村—荆溪小学—五局大院—东山新村—公安局—华兴小区—宜城街办(人社局)—实验中学北校区—人民法院—新港湾(南京银行)—丝绸花园—新城绿园—新城路永安路—金色年华—公交南站(往返)

【首班:夏季5:30,冬季5:50;末班:夏季18:00,冬季17:40】

公交9路

金三角车站→团氿花园→氿滨广场→望湖花园→建设新村→世纪大桥(阳羡村镇银行)→迎宾路→宜兴日报社→绿园新村→新城公寓→环科园地税分局→创业中心→新城绿园→新城路永安路→富康家园→公交南站(北)→南郊花园→实验中学→老年公寓→荆阳新村→气象局→丁香花园→龙潭路荆邑路→溪隐社区→融创·氿园→融创·氿园(北)→龙潭新村→体育中心→东山新村→五局大院→荆溪小学→荆溪新村→茶西新村→水浮桥→解放广场→育才学校→宜城中学→中兴新村→兴和花园→阳羡高级中学→三里桥→十里牌医院→农资公司→树人中学→金三角车站(逆时针单向循环)

【首班:夏季5:30,冬季5:50;末班:夏季18:00,冬季17:40】

公交10路

【红塔小学—宇星工贸—林凯物流—】蔬果批发市场—交通职校(红塔医院)—检测中心—蓝天小区一村—蓝天小区二村—蓝天大厦—金三角车站—树人中学—农资公司—十里牌医院—阳泉新村—宜北桥/宜城交警中队—太滆菜场—太滆花苑—虹亚房产—东虹桥—东虹新村—东方明珠—临溪花苑—中堂小区(妇幼保健所)—万达广场—枫隐路解放东路—逸品尚东—瑞德康城—荆邑大桥—宜兴电大—工艺学院(往返)

【首班:夏季5:30,冬季5:50;末班:21:00】

(说明:"宜北桥/宜城交警中队"表示从金三角往工艺学院方向站名为宜北桥,从工艺学院往金三角方向站名为宜城交警中队。)

公交11路

金三角车站→金三角新村→团氿花园→常安桥→常福桥→运管处→检测中心→蓝天小区一村→蓝天小区二村→祥和花园→尚福公寓→家乐美广场→亚龙汽车→广厦汽车城→西氿大桥→氿滨村→宜淀机械→中辰电缆→宝安电缆→西花园三村→西花园→丰泽苑西区→海德名园→宜园→水岸豪庭→龙泽苑→实验小学→中国联通→亚细亚→太滆菜场→宜城交警中队→阳泉新村→十里牌医院→农资公司→树人中学→金三角车站(逆时针单向循环)

【首班:夏季5:30,冬季5:50;末班:19:30】

公交12路

金三角车站→树人中学→农资公司→阳泉新村(西)→阳泉新村→公交公司→阳羡新村→中兴新村→今日星城→东域小学→东方明珠→阳光花苑→碧云花园→杏花新村→仁济医院→解放广场→交通局→人民剧院→中国联通→王府→老干部大学→锦绣菜场→富强新村→移动公司(岳堤南苑)→广电大厦→南郊花园→公交南站→金色年华→汇文中学(南)→汇文中学→城南交警中队→文昌路→武警医院→铜峰中学→水岸豪庭→龙泽苑→世纪大桥(阳羡村镇银行)→建设新村→望湖花园→氿滨广场→团氿花园→金三角车站(顺时针单向循环)

【首班:夏季5:30,冬季5:50;末班19:30】

公交13路

金三角车站→树人中学→农资公司→十里牌医院→阳泉新村→宜北桥→太滆菜场→亚细亚→中国联通→实验小学→龙泽苑→水岸豪庭→宜园→海德名园→丰泽苑西区(东)→丰泽苑西区→西花园→西花园三村→宝安电缆→中辰电缆→宜淀机械→氿滨村→西氿大桥→广厦汽车城→亚龙汽车→家乐美广场→尚福公寓→祥和花园→蓝天小区二村→蓝天小区一村→检测中心→运管处→常福桥→常安桥→团氿花园→金三角新村→金三角车站(顺时针单向循环)

【首班:夏季5:30,冬季5:50;末班:19:30】

公交14路

公交公司—阳泉新村—十里牌医院—农资公司—树人中学—金三角车站—团氿花园—望湖花园/氿滨广场—苏南商厦—通达大厦—太滆花苑—虹亚房产—育才学校—宜城中学—中兴新村—今日星城—东域小学—新盛花苑—东方花苑—乐祺新区—庆源大道—袁桥路—国立助剂—华创基地—便利中心—北极皓天—西高田—北高田—东高田—学圩—紫溪—百合大道塍兴路—南塘圩—大塍—生化厂(往返)

【公交公司首班夏季5:30,冬季5:50,末班夏季18:00,冬季17:40;生化厂首班夏季5:50,冬季6:00,末班夏季18:10,冬季17:50】

(说明:"望湖花园/氿滨广场"站点表示由公交公司往生化厂方向站名为望湖花园,由生化厂往公交公司方向站名为氿滨广场。)

公交15路

宜北场站→金三角车站→树人中学→农资公司→十里牌医院→三里桥→阳羡高级中学→紫竹苑(西)→地龙管业→华光玻璃→联合企业→宜城南方水泥→开发区管委会→金久混凝土→荆邑路袁桥路→庆源大道→乐祺新区→紫薇苑→紫薇苑(北)→巷头路惠兴路→华兴风机厂→紫竹苑→今日星城→新盛花苑→东方明珠(东)→东方明珠→东虹新村→东虹桥→解放广场→交通局→人民剧院→亚细亚→太滆菜场→公交公司→阳泉新村→苏缆新村→大亚达酒店→金三角车站→宜北场站(顺时针单向循环)

【首班:夏季5:30,冬季5:50;末班:夏季18:00,冬季17:40】

公交16路

宜北场站→金三角车站→大亚达酒店→苏缆新村→阳泉新村→公交公司→宜北桥→太滆菜场→亚细亚→人民剧院→交通局→解放广场→东虹桥→东虹新村→东方明珠→东方明珠(东)→新盛花苑→今日星城→紫竹苑→华兴风机厂→巷头路惠兴路→紫薇苑(北)→紫薇苑→乐祺新区→庆源大道→荆邑路袁桥路→金久混凝土→开发区管委会→宜城南方水泥→联合企业→华光玻璃→地龙管业→紫竹苑(西)→阳羡高级中学→三里桥→十里牌医院→农资公司→树人中学→金三角车站→宜北场站(逆时针单向循环)

【首班:夏季5:30,冬季5:50;末班:夏季18:00,冬季17:40】

公交17路

公交公司→阳泉新村→苏缆新村→大亚达酒店→团氿花园→氿滨广场→望湖花园→建设新村→世纪大桥(阳羡村镇银行)→氿东路团氿南路→龙泽苑→绿园新村→新城公寓→环科园地税分局→创业中心→太平洋保险→宜兴大众(4S)站→恒峰电缆→一环集团→江苏远航集团→环保科技大厦→南岳路绿园路→百合场路→南岳村→南岳山庄→南岳寺→南岳山庄→岳东路南岳路→岳东路(中)→鼎泽环保→中德钢构→宏成汽修→星河学校→兴业路→永隆工业→公交南站→公交南站(北)→谢桥→文峰电脑→华侨饭店→宜兴大酒店→富强新村→锦绣菜场→老干部大学→王府→中国联通→亚细亚→太滆菜场→公交公司(逆时针单向循环)

【首班6:00,末班17:30】

公交18路

公交公司→宜北桥→太滆菜场→亚细亚→中国联通→王府→老干部大学→锦绣菜场→富强新村→宜兴大酒店→华侨饭店→文峰电脑→谢桥→公交南站(北)→公交南站→永隆工业→兴业路→星河学校→宏成汽修→中德钢构→鼎泽环保→岳东路(中)→岳东路南岳路→南岳山庄→南岳寺→南岳山庄→南岳村→百合场路→南岳路绿园路→环保科技大厦→江苏远航集团→一环集团→恒峰电缆→宜兴大众(4S)站→太平洋保险→创业中心→环科园地税分局→新城公寓→绿园新村→龙泽苑→氿东路团氿南路→世纪大桥(阳羡村镇银行)→建设新村→望湖花园→氿滨广场→团氿花园→大亚达酒店→苏缆新村→阳泉新村→公交公司(顺时针单向循环)

【首班6:00,末班17:30】

公交19路

金三角车站→树人中学→农资公司→十里牌医院→三里桥→阳羡高级中学→兴和花园→中兴新村→宜城中学→育才学校→解放广场→水浮桥→茶西新村→荆溪新村→荆溪小学→五局大院→东山新村→体育中心→龙潭新村→融创·氿园(北)→融创·氿园→溪隐社区→龙潭路荆邑路→丁香花园→气象局→荆阳新村→老年公寓→实验中学→南郊花园→公交南站(北)→富康家园→新城路永安路→新城绿园→创业中心→环科园地税分局→新城公寓→绿园新村→宜兴日报社→迎宾路→世纪大桥(阳羡村镇银行)→建设新村→望湖花园→氿滨广场→团氿花园→金三角车站(顺时针单向循环)

【首班：夏季5:30，冬季5:50；末班：夏季18:00，冬季17:40】

公交20路

城东公交总站—华悦氿峰—省宜中—东氿公园—苏宁天氿御城—东氿大道—城东实验小学—中医院—和润新村—新盛花苑—东方明珠—阳光花苑—碧云花园—杏花新村—仁济医院—水浮桥—茶西新村—荆溪新村—荆溪小学—五局大院—东山新村—公安局—图书馆—宜兴大酒店—新港湾（南京银行）—宜兴日报社—龙泽苑（东）—龙泽苑—水岸豪庭—宜园—海德名园—丰泽苑西区（东）—丰泽苑西区—西花园—西花园三村—宝安电缆—优纳特机械（往返）

【首班：夏季5:30，冬季5:50；末班：夏季18:00，冬季17:40】

［说明：由优纳特机械往省宜中方向无“丰泽苑西区（东）”站点。］

公交101路

城东公交总站—东郊二期—东郊菜场—省宜中—东氿公园—苏宁天氿御城—东氿大道—中医院/城东实验小学—和兴佳苑—紫薇苑—东方花苑—新盛花苑—东域小学—今日星城—中兴新村—阳羡新村—宜北桥/阳羡新苑—太滆菜场—亚细亚—中国联通—王府—老干部大学—锦绣菜场—富强新村—宜兴大酒店—丝绸花园—新城绿园—新城路永安路—富康家园—公交南站（北）—公交南站—永隆工业—兴业路—星河学校—宏成汽修—中德钢构—创新创业园—三强环保—鹰普公司（东）—1号公路口—鹰普公司（南）—蓄能电站（往返）

【省宜中首班：夏季5:30，冬季5:50；末班：21:00；蓄能电站首班：夏季5:50，冬季6:10；末班：21:00】

（说明：“宜北桥/阳羡新苑”站点表示由城东公交总站往蓄能电站方向站名为宜北桥，由蓄能电站往城东公交总站方向站名为阳羡新苑。“中医院/城东实验小学”站点表示由城东公交总站往蓄能电站方向站名为中医院，由蓄能电站往城东公交总站方向站名为城东实验小学。）

公交102路

城东公交总站—华悦氿峰—省宜中—东氿公园—苏宁天氿御城—东氿广场—东氿1号—中堂小区（妇幼保健所）—临溪花苑—东方明珠—东虹新村—东虹桥—解放广场—水浮桥—沁园—人民医院—王府—老干部大学—迎宾路—宜兴日报社—绿园新村—铜峰中学—武警医院—丰泽苑西区—西花园—西花园三村—西花园五村—一环集团—恒峰电缆—恒峰电缆（东）—俊知工业园—兴业路—永隆工业—公交南站（往返）

【首班：夏季5:30，冬季5:50；末班：22:00】

公交103路

高铁站—洛涧（北）—艺术家村—陈家坳—南中—吴冠中艺术馆—市政总公司—旅游学校—供电局—市政府（建设局）—怡丰花园—气象局—丁香花园—龙潭路荆邑路—荆邑大桥—阳光花苑—东方明珠—新盛花苑—东方花苑—乐祺新区—惠兴路诸桥路—庆源大道—开发区管委会—嘉辉电子—东方迈吉—华创基地—便利中心—腾飞路—永盛路长乐路—荆邑路永盛路—坤风集团—沃尔得公司—宜兴创业园—屺分公路—五星小区（往返）

【高铁站首班：夏季5:30，冬季5:50；末班：19:30；五星小区首班：夏季5:50，冬季6:10；末班：19:30】

公交104路

高铁站—小马岭—梅园社区—明通企业—鹰普公司—三强环保—创新创业园—氿龙大厦—亿光电子—优纳特机械—宝安电缆—西花园三村—西花园—丰泽苑西区—武警医院—铜峰中学—绿园新村—宜兴日报社—迎宾路—世纪大桥（阳羡村镇银行）—建设新村—健康大厦—人民剧院—交通局—解放广场—仁济医院—杏花新村—碧云花园—瑞德康城—逸品尚东—东氿1号—凯宾斯基—科技文化中心—东氿广场—苏宁天氿御城—东氿公园—省宜中—华悦氿峰—城东公交总站（往返）

【首班：夏季5:30，冬季5:50；末班：22:00】

公交105路

公交公司—宜北桥—太滆菜场—亚细亚—健康大厦—望湖花园—氿滨广场—团氿花园—团氿湿地公园—中星湖滨城—湖滨实验学校—金三角车站—金城花园—化工市场—广汇花苑—中镓科技—宜北路—宜兴协联—荆溪北路—惠兴北路—银环精密钢管—博恩实业—佳诚太阳能—东郊花园—东郊菜场—东郊二期—实验小学城东分校—华悦氿峰—华悦氿峰（北）—城东公交总站（往返）

【首班：夏季5:30，冬季5:50；末班：夏季18:00，冬季17:40】

公交106路

蔬果批发市场—林凯物流中心—海关直通点—航道管理处—红星美凯龙—家乐美广场—尚福公寓—祥和花园—蓝天大厦—金三角车站—金城花园—化工市场—墙地砖市场—巷头小学—巷头村—四里桥—地龙管业—紫竹苑（西）—实验幼儿园—外国语学校—今日星城—东方花苑—紫薇苑—和兴佳苑—城东菜场—新城变电站—苏宁天氿御城—华悦氿峰—城东公交总站（往返）

【首班：夏季5:30，冬季5:50；末班：夏季18:00，冬季17:40】

公交107路

城东公交总站—华悦氿峰—省宜中—东氿公园—苏宁天氿御城—万达广场—金色阳光花园—下漳花园—东域小学—今日星城—中兴新

村—阳羡新村—公交公司—阳泉新村—苏缆新村—大亚达酒店—团氿花园—氿滨广场—望湖花园—建设新村—世纪大桥(阳羡村镇银行)—迎宾路/宜兴日报社—新港湾(南京银行)—华侨饭店—文峰电脑—谢桥—公交南站(北)—南郊花园(西)—森林公园(西)—梅园—小马岭—高铁站(往返)

【首班:夏季5:30,冬季5:50;末班:夏季18:00,冬季17:40】

[说明:"迎宾路/宜兴日报社"站点表示从城东公交总站往高铁站方向站名为"迎宾路(宜兴日报社)",从高铁站往城东公交总站方向站名为"迎宾路"和"宜兴日报社"两个站点。]

公交108路

红星美凯龙—家乐美广场—尚福公寓—中星湖滨城(西)—中星湖滨城—湖滨实验学校—团氿花园—金三角新村—金三角车站—树人中学—农资公司—十里牌医院—三里桥—阳羡高级中学—实验幼儿园—外国语学校—今日星城—和润新村—中医院—城东实验小学—东氿大道—苏宁天氿御城—东氿公园—省宜中—新庄大桥—王婆桥—钱墅人家(往返)

【首班:夏季5:30,冬季5:50;末班19:30】

公交109路

五星小区—屺分公路—宜兴创业园—沃尔得公司—坤风集团—永盛路—腾飞路—华创基地—东方迈吉—文庄大桥—杏里路—宜城南方水泥—联合企业—华光玻璃—地龙管业—紫竹苑(西)—兴和花园—中兴新村—宜城中学—育才学校—解放广场—水浮桥—茶西新村—荆溪新村—荆溪小学—五局大院—东山新村—地税局—荆阳新村—老年公寓—实验中学—南郊花园—南郊花园(西)—森林公园(西)—梅园—小马岭—高铁站(往返)

【五星小区首班:夏季5:50,冬季6:10;末班:夏季18:20,冬季18:00;高铁站首班:夏季5:30,冬季5:50;末班夏季18:00,冬季17:40】

公交110路

城东公交总站—华悦氿峰—省宜中—东氿公园—苏宁天氿御城—东氿大道—中医院/城东实验小学—枫隐路阳羡东路—万达广场—枫隐路解放东路—东氿1号—融创·氿园—溪隐社区—龙潭路荆邑路—丁香花园—气象局—荆阳新村—老年公寓—实验中学—南郊花园—公交南站—金色年华—新城路永安路—新城绿园—创业中心—环科园地税分局—新城公寓—水岸豪庭—水岸豪庭(北)—宜园—景湖天成花园—恒通路氿西路—西花园三村—宝安电缆—优纳特机械(往返)

【首班夏季5:30,冬季5:50;末班夏季18:00,冬季17:40】

(说明:"中医院/城东实验小学"站点表示由城东公交总站往优纳特机械方向站名为中医院,由优纳特机械往城东公交总站方向站名为城东实验小学。)

公交111路

红星美凯龙—家乐美广场—尚福公寓—祥和花园—中星湖滨城—湖滨实验学校—团氿花园—金三角新村—金三角车站—树人中学—农资公司—阳泉新村—1号桥—宜客隆—苏南商厦—通达大厦—亚细亚—中国联通—人民医院—沁园—茶西新村—荆溪新村—荆溪小学—五局大院—东山新村—肿瘤医院—东山中学—龙潭新村—宜兴电大—工艺学院(往返)

【首班:夏季5:30,冬季5:50;末班21:00】

公交112路

金三角车站→团氿花园→氿滨广场→望湖花园→建设新村→世纪大桥(阳羡村镇银行)→龙泽苑→水岸豪庭→铜峰中学→武警医院→文昌路→城南交警中队→汇文中学→汇文中学(南)→金色年华→公交南站→南郊花园→广电大厦→移动公司(岳堤南苑)→富强新村→锦绣菜场→老干部大学→王府→中国联通→人民剧院→交通局→解放广场→仁济医院→杏花新村→碧云花园→阳光花苑→东方明珠→东域小学→今日星城→中兴新村→阳羡新村→公交公司→阳泉新村→阳泉新村(西)→农资公司→树人中学→金三角车站(逆时针单向循环)

【首班:夏季5:30,冬季5:50;末班19:30】

公交113路

公交南站—南郊花园—实验中学—老年公寓—富卓苑—华兴小区—宜城街办(人社局)—五局大院—荆溪小学—荆溪新村—茶西新村—水浮桥—解放广场—交通局—人民剧院—健康大厦—望湖花园—氿滨广场—团氿花园—金三角车站—金城花园—宜北场站(往返)

【首班:夏季5:30,冬季5:50;末班夏季18:00,冬季17:40】

公交114路

城东公交总站—华悦氿峰—苏宁天氿御城—新城变电站—城东菜场—中医院—枫隐路阳羡东路—万达广场—枫隐路解放东路—逸品尚东—瑞德康城—荆邑大桥—龙潭新村—东山中学—肿瘤医院—公安局—图书馆—宜兴大酒店—丝绸花园—新城绿园—新城路永安路—金色年华—公交南站—南郊花园(西)—森林公园(西)—梅园—小马岭—高铁站(往返)

【首班夏季5:30,冬季5:50;末班夏季18:00,冬季17:40】

公交115路

凯宾斯基—东氿1号—逸品尚东—瑞德康城—荆邑大桥—溪隐府—体育中心—荆溪新村—君悦府邸—王府—中国联通—健康大厦—望湖

花园—氿滨广场—团氿花园—常安桥—湖滨实验学校—中星湖滨城—祥和花园—尚福公寓—家乐美广场—红星美凯龙(往返)

【首班:夏季5:30,冬季5:50;末班夏季18:00,冬季17:40】

公交116路

高铁站—小马岭—梅园—森林公园(西)—南郊花园(西)—南郊花园—广电大厦—移动公司(岳堤南苑)—富强新村—锦绣菜场—老干部大学—王府—中国联通—亚细亚—太滆菜场—宜城交警中队/宜北桥—阳泉新村—裕红新村—十里牌派出所—巷头村—巷头小学—红塍桥南塆—精密钢管厂—中镓科技—广汇花苑—广汇社区—广源路汇源路—广汇花苑(西)—广汇二期—蔬果批发市场(往返)

【首班:夏季5:30,冬季:5:50;末班18:00】

(说明:“宜城交警中队/宜北桥”表示从高铁站往批发市场方向站名为宜城交警中队,从批发市场往高铁站方向站名为宜北桥。)

公交117路

蔬果批发市场—林凯物流中心—海关直通点—航道管理处—红星美凯龙—家乐美广场—尚福公寓—中星湖滨城(西)—云溪大桥—景湖天成花园—宜园—海德名园—丰泽苑西区(东)—文昌路—城南交警中队—汇文中学—苏欣医药—永隆工业—公交南站—南郊花园(西)—森林公园(西)—梅园—小马岭—高铁站(往返)

【首班:夏季5:30,冬季5:50;末班:夏季18:00,冬季17:40】

公交181路(夜)

高铁站—小马岭—梅园—森林公园(西)—南郊花园(西)—南郊花园—广电大厦—移动公司(岳堤南苑)—富强新村—锦绣菜场—老干部大学—王府—中国联通—亚细亚—太滆菜场—宜城交警中队/宜北桥—阳泉新村—十里牌医院—农资公司—树人中学—金三角车站(往返)

【首班18:15;末班23:00】

(说明:“宜城交警中队/宜北桥”表示从高铁站往金三角车站方向站名为宜城交警中队,从金三角车站往高铁站方向站名为宜北桥。)

公交182路(夜)

高铁站—洛涧(北)—洛涧村—洛涧(南)—亨鑫科技—紫砂村—紫砂花园—西施环岛—青龙河广场—双龙西路—紫砂之源广场—华都广场—丁蜀综合执法局—民主桥—丁山邮电局—嘉华广场—紫砂路东贤路—丁山幼儿园—东贤市场—公交三场(往返)

【首班18:15;末班23:00】

公交151路

陶瓷城—陶瓷城步行街—陶瓷城(东)—凯富门酒店—公园路丁山路—丁山大桥—丁山汽车站—蛇墩—华都广场—四号井—紫砂路东贤路—丁山幼儿园—东贤市场—公交三场—周墅—丁蜀公交一场—三洞—虞墅—芳溪—前墅—后窑—双桥(西)—双桥菜场—双桥—高庄—八房桥—八房—井头—定溪—高头—乌溪—通溪路—张渎浜—洑东村—洑东街—兰山(—兰后—太湖疗养院—兰前—新港)(往返)

【陶瓷城首班夏季5:30、冬季5:50,末班夏季18:00、冬季17:40;兰山首班夏季5:40、冬季6:00,末班夏季18:10、冬季17:50】

(说明:括号内的站点为部分延伸到“新港”班次增加的站点,新港班次起讫站首班均为6:00,末班均为17:00,每一小时一班。)

公交152路

陶瓷城→陶瓷城步行街→凯富门酒店→公园路丁山路→丁山大桥→陶瓷博物馆→陶研所→丁山水泥厂→丁山休养所→东坡路丁山路→巨力吊装公司→赵庄村→丁山监狱→青龙河广场→西施环岛→紫砂花园→紫砂村→通蠡路陶都路→欧赛德钢涂→海科企业→一方科技→蠡河路通蠡路→园区管委会→通蜀路→丁山实验小学→高家桥→蠡墅菜场→紫砂路东贤路→嘉华广场→二院→白宕桥→龙溪公园→公园路丁山路→凯富门酒店→陶瓷城步行街→陶瓷城(顺时针单向循环)

【首班6:00,末班17:15】

公交153路

公交三场—东贤市场—丁山幼儿园—紫砂路东贤路—台山—丁蜀中学—紫砂工艺厂—蜀山社区—东坡书院—东坡中学—汤蜀路东坡东路—新西—显圣禅寺—木石—陶瓷产业园—东贤路通蜀路—丁山实验小学—东方嘉园—行政服务中心—丁蜀镇政府—青龙河广场—西施环岛—丁蜀交警中队—川埠小学—川埠幼儿园—川埠村委(往返)

【公交三场首班6:00,末班17:15;川埠村委首班6:15,末班17:35】

公交154路

陶瓷城→陶瓷城步行街→凯富门酒店→公园路丁山路→龙溪公园→白宕桥→二院→嘉华广场→紫砂路东贤路→蠡墅菜场→高家桥→丁山实验小学→通蜀路→园区管委会→蠡河路通蠡路→一方科技→海科企业→欧赛德钢涂→通蠡路陶都路→紫砂村→紫砂花园→西施环岛→青龙河广场→丁山监狱→赵庄村→巨力吊装公司→东坡路丁山路→丁山休养所→丁山水泥厂→陶研所→陶瓷博物馆→丁山大桥→公园路丁山路→凯富门酒店→陶瓷城步行街→陶瓷城(逆时针单向循环)

【首班6:00,末班17:15】

公交155路

公交三场→丁蜀敬老院→陶都中学→丁山交管所→汤渡桥→丁山路新民主路→新民主路兴陶路→陶

瓷城（东）→凯富门酒店→公园路丁山路→丁山大桥→丁山汽车站→蛇敦→华都广场→二院→嘉华广场→紫砂路东贤路→蠡墅菜场→高家桥→东方嘉园→蜀山社区→紫砂工艺厂→丁蜀中学→蔬菜批发市场→红星嘉苑→华润超市→公交三场（顺时针单向循环）

【首班6:00，末班17:15】

公交156路

公交三场→华润超市→红星嘉苑→蔬菜批发市场→丁蜀中学→紫砂工艺厂→蜀山社区→东方嘉园→高家桥→蠡墅菜场→紫砂路东贤路→嘉华广场→二院→华都广场→蛇敦→丁山汽车站→丁山大桥→公园路丁山路→凯富门酒店→陶瓷城（东）→新民主路兴陶路→丁山路新民主路→汤渡桥→丁山交管所→陶都中学→丁蜀敬老院→公交三场（逆时针单向循环）

【首班6:00，末班17:15】

公交157路

丁蜀公交一场—周墅—公交三场—丁蜀敬老院—国税丁山分局—民主桥—丁山邮电局—嘉华广场—紫砂路东贤路—台山—丁蜀中学—紫砂工艺厂—蜀山社区—东方嘉园—丁山实验小学—通蜀路—园区管委会—通蠡路—青云小桥—湖光路蠡河路—潜洛—西施路—亨鑫路—洛涧（南）—洛涧村—洛涧（北）—高铁站（往返）

【首班：夏季5:30，冬季5:50；末班：18:00】

【便民电话】

快递电话

顺丰快递：95338
EMS：11183
中国邮政：11185
申通：400-889-5543
中通：4008-270-270
圆通：95554
韵达：400-821-6789
速尔快递：400-158-9888
德邦物流：95353
优速物流：400-1111-119
全峰快递：400-100-0001
天天快递：400-188-8888
百世汇通：400-956-5656
宅急送：400-6789-000
UPS：400-820-8388
FedEx联邦快递：400-889-1888
DHL：800-810-8000

紧急电话
匪警：110
火警：119
急救中心：120
交通事故：122

医院电话

人民医院：87921000
中医医院：87927002
第二人民医院：87403261
肿瘤医院：87985932
十里牌医院：87932074
妇幼保健所：87929444

银行电话

中国银行客服电话：95566
建设银行客服电话：95533
工商银行客服电话：95588
农业银行客服电话：95599
交通银行客服电话：95559

特服电话

电话故障：112
报时台：117
电话号码查询：114
政府公共服务热线：12345
天气预报：96121
中国电信客户服务热线：10000
中国电信客户自助服务热线：10001
中国移动客户服务热线：10086
中国联通客户服务热线：10010

其他便民电话

电力问讯：95598
水上救助：12395
环境污染投诉：12369
白蚁防治：87963933
路灯报修：87111473
假伪品举报：12315　12365
地震问讯：87993551
自来水问讯：87222333
燃气抢修：87937999
国际航空问讯：87910100

宜兴市公安局网站有害信息举报电话：87977182、87977266

宜兴市机关效能监察投诉中心电话：87971988

宜兴殡仪馆电话：87063280

未成年人心理健康服务热线：81796111

青春期少女未婚先孕问题咨询电话：89012600

婚姻登记服务热线：87900512

宜兴电视台新闻：87994464

宜兴日报新闻：87962603

《宜兴年鉴（2015）》部分缩略语、专用词语注释

中央“八项规定”

一是中央政治局全体同志要改进调查研究，到基层调研要深入了解真实情况，总结经验、研究问题、解决困难、指导工作，向群众学习、向实践学习，多同群众座谈，多同干部谈心，多商量讨论，多解剖典型。二是要精简会议活动，切实改进会风，严格控制以中央名义召开的各类全国性会议和举行的重大活动，不开泛泛部署工作和提要求的会，未经中央批准一律不出席各类剪彩、奠基活动和庆祝会、纪念会、表彰会、博览会、研讨会及各类论坛；提高会议实效，开短会、讲短话，力戒空话、套话。三是要精简文件简报，切实改进文风，没有实质内容、可发可不发的文件、简报一律不发。四是要规范出访活动，从外交工作大局需要出发合理安排出访活动，严格控制出访随行人员，严格按照规定乘坐交通工具，一般不安排中资机构、华侨华人、留学生代表等到机场迎送。五是要改进警卫工作，

坚持有利于联系群众的原则，减少交通管制，一般情况下不得封路、不清场闭馆。六是要改进新闻报道，中央政治局同志出席会议和活动应根据工作需要、新闻价值、社会效果决定是否报道，进一步压缩报道的数量、字数、时长。七是要严格文稿发表，除中央统一安排外，个人不公开出版著作、讲话单行本，不发贺信、贺电，不题词、题字。八是要厉行勤俭节约，严格遵守廉洁从政有关规定，严格执行住房、车辆配备等有关工作和生活待遇的规定。

党的群众路线教育实践活动“八项承诺”

带头遵守党的政治纪律，带头密切联系群众，带头坚持求真务实，带头改进学风文风会风，带头改革创新，带头贯彻民主集中制，带头艰苦奋斗，带头廉洁自律。

党的群众路线教育实践活动“三项清理”

停止新建楼堂馆所和清理办公用房，清理规范创建达标，清理节庆论坛展会。

市委常委“六个带头”

带头学习教育、带头听取意见、带头查摆问题、带头开展批评和自我批评、带头整改落实、带头建章立制。

市委“十项规定”

改进调查研究，解决民生难题，精简会议活动，减少文件简报，规范出访活动，简化接待工作，改进新闻报道，严控文稿发表，厉行勤俭节约，坚持廉洁从政。

政协“三在前、三在先”

重大决策在党委决策之前，人大通过之前，政府实施之前；制定经济和社会发展中长期规划要先协商后决策，对重大人事安排和关于人民群众切身利益的重大问题要先协商后决定，制定重要地方性政府法规要先协商后通过。

纪委案件审理“三审一评”

联合审理直属单位案件、交叉审理申诉案件、使用简易程序审理党纪案件和案件质量检查考评。

组织工作“一报告两评议”制度

地方党委常委会每年向全委会报告工作时，专题报告年度干部选拔任用工作情况，并在一定范围内接受对本级党委干部选拔任用工作和新选拔任用领导干部的民主评议。

统战工作“四个能力”

政治把握能力、参政议政能力、组织领导能力与合作共事能力。

统战工作学习新党章“八个一”

开展一次读书活动，创建一个“同心实践示范基地”，举办一次培训班，召开一次民主党派领导班子作风建设研讨会，开展一次征文活动，举办一次书法、摄影展，开展一次系列社会服务活动，进行一次学习实践活动总结。

侨务工作“一整合、双建设、三服务”

社区和陶瓷城双向互动实现侨务资源和侨务工作的整合；建设好社区侨之家和陶瓷城侨务之窗；社区为侨服务，侨为社区服务，侨务为区域陶瓷产业服务。

行政审批“两集中、三到位”

部门行政审批职能向行政许可服务科室集中、部门审批服务科室向市行政服务中心集中，行政审批事项到位、人员到位、授权到位。

市总工会“三谈三化”

区域谈增长、行业谈工价、企业谈定额，区域协商行业化、行业协商二元化、企业协商复合化。

党建工作“1+1+N”模式

1个市级微信公众账号、1个镇级微信公众账号、N个村级QQ群或微信群。

党建“三级”联述联评联考

组织市（县、区）、镇（街道）、村（社区）党组织书记就抓基层党建工作情况分别向上一级党委进行专项述职；组织所辖基层党组织、党员和群众代表对市（县、区）、镇（街道）、村（社区）党组织抓基层党建工作情况进行民主评议；把抓基层党建工作情况作为市（县、区）、镇（街道）、村（社区）党组织领导班子和书记实绩考核的重要内容。

党建“双评议”

镇（街道）党（工）委、党员评议村（社区）党组织，群众、村（社区）党组织评议党员。

党员发展“四双”制度

双推荐、双结对、双公示、双票决。

领导干部“三责联审”

选人用人责任审查、机构编制责任审核和任期经济责任审计。

领导干部“四个一”

集中学习“领学一次”、对困难群众“走访一次”、对问题矛盾“接访一次”，与基层党员群众面对面“座谈一次”。

干部队伍建设“三员一网”监督

地方选派督导员、系统（行业）选聘监督员、单位选用联络员，构建立体、开放、高效的监督网络，增强对党员干部党内党外监督。

四风

形式主义、官僚主义、享乐主义和奢靡之风。

“三解三促”活动

领导干部下基层了解民情民意、破解发展难题、化解社会矛盾，促进干群关系融洽、促进基层发展稳定、促进机关作风转变。

三期叠加

增长速度换挡期,是由经济发展的客观规律所决定的;结构调整阵痛期,是加快经济发展方式转变的主动选择;前期刺激政策消化期,是化解多年来积累的深层次矛盾的必经阶段。

千人计划

围绕国家发展战略目标,从2008年开始,在国家重点创新项目、学科、实验室以及中央企业和国有商业金融机构、以高新技术产业开发区为主的各类园区等,引进2000名左右人才并有重点地支持一批能够突破关键技术、发展高新产业、带动新兴学科的战略科学家和领军人才来华创新创业。

双创计划

江苏省高层次创新创业人才引进计划。

政风行风热线“五位一体”

即“12345”政府公共服务热线、政风行风热线电台、电视、网络、报纸。

党员职工成才“双千计划”

通过两年时间,把1000名“两新”组织优秀工人、技术骨干和管理精英培养成党员,把1000名党员培养成技术骨干和管理精英。

非公有制企业文化建设“百千万工程”

组织1万个以上非公有制企业参与企业文化建设,评选1000个以上非公有制企业文化建设示范创建先进单位,培育300个非公有制企业文化建设示范单位。

党校课程设计“两个结合”

把学习理论与研究问题、总结经验、指导工作结合起来,把学习理论与改造主观世界、增强党性锻炼、提高思想政治素质结合起来。

“三公”经费

财政拨款的出国(境)经费、车辆购置及运行费、公务接待费。

“一府两院”

市人民政府,市人民法院、市人民检察院。

地界“四至”

一宗地的四边界限。

“双元双创”人才培养模式

通过校企合作的平台,按照职业岗位(群)和职业资格标准的要求,专业建设与产业发展、岗位需求与培养过程、技能培养与实际工作紧密结合的人才培养模式。

大学生村官“青蓝计划”

1名镇(街道)领导班子成员、1名退休老干部、1名村(社区)干部结对帮带1名大学生村官。

“双百”工程

百名经营管理人才、百名法律服务人才分别以企业管理咨询顾问、法律咨询顾问的身份,义务为中小企业提供服务,以推动中小企业发展的活动。

高端线缆产业“R&D”

指在高端线缆科技领域,为增加知识总量以及运用知识去创造新的应用进行的系统的创造性的活动,包括基础研究、应用研究、试验发展三类活动。

建筑业“BOT”“EPC”“BT”

BOT是指私人资本参与基础设施建设,向社会提供公共服务的一种特殊的投资方式;EPC是指公司受业主委托,按照合同约定对工程建设项目的设计、采购、施工、试运行等实行全过程或若干阶段的承包;BT是指通过招标确定项目建设方,建设方组建项目公司,由项目公司负责项目的融资、投资和建设,项目建成后由业主回购。

“5525”科技创新计划

在“十一五”期间,宜兴市的科技创新工作着重围绕“五个推进、五个突破”,即:全力推进政产学研合作,在促进科技成果转化上求突破;全力推进“三创”载体建设,在构筑创新创业服务平台上求突破;全力推进创新主体建设,在发展壮大高新技术产业上求突破;全力推进创新成果在农业和社会公共领域的应用,在促进社会全面进步上求突破;全力推进科技创新人才引育,在科技创新创业人才支撑上求突破。按照有限目标、重点突破的思路,围绕全面提高我市的科技创新能力,明确25项科技创新的主攻目标,并集成力量,瞄准目标,明确分工,强势推进,组织相机突破,实现以点带面,推动与促进宜兴市科技创新工作向纵深发展。

农超对接

农户和商家协议合作,由农户向超市、菜市场和便民店直供农产品的新型流通方式,主要是为优质农产品进入超市搭建平台。

农村“五共建”

经济共建,推动村级经济发展;文化共建,推进农村(社区)文化建设;文明共建,提高农村(社区)文明水平;实事共建,服务农村(社区)公益事业;教育共建,加强农村学校建设。

“八有”村书记

发展经济有办法、全面协调有成效、维护稳定有实招、服从大局有觉悟、埋头实干有形象、清正廉洁有威信、班子团结有合力、群众认可有口碑的村书记。

农业“130”计划

2010—2015年，每年引进不少于30个生物农业领军型创业人才项目。

“五好”农民专业合作社

服务成员好、经营效益好、利益分配好、民主管理好、示范带动好的农民专业合作社。

小麦“一喷三防”

在小麦生长期使用杀虫剂、杀菌剂等混配剂喷雾，达到防病虫害、防干热风、防倒伏目的。

安全监管“三同时”

建设项目职业病防护设施必须与主体工程同时设计、同时施工、同时投入使用。

质量技术监督“六打六治”

打击矿山企业无证开采、超越批准的矿区范围采矿行为，整治图纸造假、图实不符问题；打击破坏损害油气管道行为，整治管道周边乱建乱挖乱钻问题；打击危化品非法运输行为，整治无证经营、充装、运输，非法改装、认证，违法挂靠、外包，违规装载等问题；打击无资质施工行为，整治层层转包、违法分包问题；打击客车客船非法营运行为，整治无证经营、超范围经营、挂靠经营及超速、超员、疲劳驾驶和长途客车夜间违规行驶等问题；打击“三合一”(生产、住宿、仓储在一起)，“多合一”(生产、经营、住宿、仓储等在一起)场所违法生产经营行为，整治违规住人、消防设施缺失损坏、安全出口疏散通道堵塞封闭等问题。

食品药品监管“五整治”

整治虚假注册申报、违规生产、非法经营、夸大宣传、使用无证产品。

食品药品监管“四打击四规范”整治

严厉打击无证无照行为，规范食品生产经营者的主体资格；严厉打击销售、使用无合法来源食品和原料的违法行为，规范食品生产经营者的采购活动；严厉打击生产经营侵权仿冒和“五无”(无生产厂家、无生产日期、无保质期、无食品生产许可、无食品标签)食品违法行为，规范食品包装标签标识管理；严厉打击生产经营“两超一非”(超范围、超限量使用食品添加剂和非法添加非食用物质)等劣质食品行为，规范食品生产经营过程。

廉租住房“三审两公示”

镇(街道)政府初审，市住房、民政、公安等11个审核联动部门二审，市住房局三审；社区、“宜兴住房保障网”和《宜兴日报》两公示。

医疗行为“五常法”管理

常组织、常整顿、常清洁、常规范、常自律。

社会救济“五保”对象

对丧失劳动能力和生活没有依靠的老、弱、孤、寡、残的农民实行保吃、保穿、保住、保医、保葬的一种社会救助制度。

安置优抚“两参”人员

参加过为抵御外来侵略，完成祖国统一，捍卫国家领土和主权完整，保卫国家安全而进行武力打击和抗击敌方的军事行动的军人；参加过核试验及其保障任务的人员。

整治“一会所、两场所”

整治实行会员制的私人会所、只对少数人开放的场所、违规出租经营的场所。

单独两孩“八个一”宣传活动

开展一系列广场宣传咨询服务活动、播放一个月的电视宣传专栏、制作一套系列宣传展板、出刊一期报纸宣传专版、印发一份宣传折页特刊、举办一系列工作业务培训、编发一组宣传标语、开设一个网站专栏。

“五大”幸福家庭计划

家庭素质提升计划、家庭健康促进计划、家庭优生优育计划、家庭发展扶助计划、家庭文化建设计划。

计划生育“五清楚五服务”

摸清楚辖区流动育龄妇女底数、流动育龄妇女《婚育证明》持证和验证情况、流动育龄妇女避孕节育措施落实和孕环情监测情况、流动育龄妇女目前孕情以及是否符合政策情况、流动人口有无违法生育以及是否依法查处等情况，集中开展政策宣传服务、免费技术服务、需求调查服务、依法维权服务和向流动人口计划生育困难家庭送温暖服务各一次。

物业管理“六有五无二指南”

六有：有通风、降温、除湿、排水、防鼠和消防设施；有应急照明、视频监控、外线电话；有设备布局平面图、铭牌和管线阀闸标记和标识，主要技术参数对照图表；有设备易损、易耗零部件备件和日常维护工具、清洁除尘用具、保养器材；有工作职责、管理制度、操作程序、应急预案和日常巡检、维护、保养记录台账；有专职管理人员、值守巡检人员和与之对应的上墙图表。五无：无设备锈蚀、松动、油漆剥落和故障现象；无渗漏油、水、气现象；无管道堵塞、积水或潮湿凝露现象；无积尘、蛛网、霉斑等不洁现象；无乱堆放杂物或其他与管理无关的储物现象。二指南：制作每类设备紧急启动操作指南、紧急停止操作指南。

供电业扩报装

受理客户用电申请，依据客户用电的需求并结合供电网络的状况制定安全、经济、合理的供电方案。确定供电工程投资，组织供电工程的设计与实施，组织协调并检查用电客户内部工程的设计与实施，签订供用电合同，装表接电等。是客户申请用电到实际用电全过程中供电部门业务流程的总称。

供电黑启动

整个系统因故障停运后，系统全部停电（不排除孤立小电网仍维持运行），处于全“黑”状态。不依赖别的网络帮助，通过系统中具有自启动能力的发电机组启动，带动无自启动能力的发电机组，逐渐扩大系统恢复范围，最终实现整个系统的恢复。

环保“三同时”

建设项目中防治污染的设施与主体工程同时设计、同时施工、同时投产使用。

治理湖河“河长制”

各级党政领导以水环境治理保护第一负责人的形式担任“河长”，负责改善辖区内河道水生态、水环境和断面水质的制度。

《中华之光》活动

中央电视台2012始创的一个大型文化人物评选活动，旨在表彰为传播中华文化作出重大贡献的海外侨胞、台港澳同胞和国内各界知名人士。活动每年举办一次，评选出10名“传播中华文化年度人物”和1个集体。

“八礼四仪”教育

“八礼”为仪表之礼、餐饮之礼、言谈之礼、待人之礼、行走之礼、观赏之礼、游览之礼、仪式之礼；“四仪”主要是在学生7岁、10岁、14岁、18岁时，学校要分别为其组织入学仪式、成长仪式、青春仪式、成人仪式，以此教育引导未成年人提升文明礼仪素养。

文化“五个一”工程

一部好的戏剧作品，一部好的电视剧作品，一部好的图书（限社会科学方面），一部好的理论文章（限社会科学方面），一部好电影。

学校“双师”团队

由“双师型”教师组成的教学团队，“双师型”教师是高职教育对专业课教师的一种特殊要求，即要求专业课教师具备两方面的素质和能力。一要类似文化课教师那样，具有较高的文化和专业理论水平，有较强的教学、教研及教学能力和素质。二要类似工程技术人员那样，有广博的专业基础知识，熟练的专业实践技能，一定的组织生产经营和科技推广能力，以及指导学生创业的能力和素质。

监狱“十必谈”

在罪犯有以下十种情况发生时必须进行个别谈话教育：新入监或者服刑监狱、监区变更时；处遇变更或者劳动岗位调换时；受到奖励或者惩处时；罪犯之间产生矛盾或者冲突时；离监探亲前后或者家庭出现变故时；无人会见或者家人长期不与其联络时；行为反常、情绪异常时；主动要求谈话时；暂予监外执行、假释或者刑满释放出监；其他需要进行个别谈话教育的时候。

监狱“四爱”教育

爱社会、爱亲人、爱他人、爱自己。

法律服务“八个一”惠民工程

办好一件惠及民生案件、发好一张法律服务联系卡、举办一次法制讲座、办好一件法律援助案件、挂好一块便民服务公示牌、参与调解一起社会矛盾纠纷、提出一条法律建议、制作一块工作证吊牌。

丁蜀镇文化建设“六个有”

有1个以上的特色文化品牌、1名以上的专职文化辅导员、3支以上的特色文化团队、6个以上免费开放的公共文化服务项目、每年5次以上的文化培训、每年8次以上的文体活动。

湖汶镇特色教育“养正大课堂”

养正，即涵养正道。湖汶实验学校计划聘请1名高端精英人才、专家为学生授课，培育青少年的传统美德和浩然正气。

湖汶镇发展规划“一核四极”

一核为阳羡湖旅游度假中心；四极为宜兴竹海生态休闲区、溶洞人文旅游体验区、溪谷山乡特色游览区和龙池山生态观光区。

新庄街道“两帮两扶”

参加活动的领导班子成员均固定结对帮扶1名贫困生和1户贫困家庭；扶持1户专业户和若干规模企业。

宜兴市部分机构全称、简称对照

宜兴市部分机构全称、简称对照

表101

全　称	简　称
宜兴市人民代表大会常务委员会	市人大

续表101

中国人民政治协商会议宜兴市委员会	市政协
宜兴市人民代表大会常务委员会办公室	市人大办
中国人民政治协商会议宜兴市委员会办公室	市政协办
中国共产党宜兴市纪律检查委员会	市纪委
中国人民解放军江苏省宜兴市人民武装部	市人武部
中国共产党宜兴市委员会统一战线工作部	市委统战部
中国共产党宜兴市委员会农村工作办公室	市委农办
中国共产党宜兴市委员会市级机关工作委员会	市级机关党工委
中国共产党宜兴市委员会台湾工作办公室	市委台办
中国共产党宜兴市委员会老干部局	市委老干部局
中国共产党宜兴市委员会机要保密局	市委保密局
宜兴日报社	报社
宜兴市史志办公室	市史志办
中国共产主义青年团宜兴市委员会	团市委
宜兴市妇女联合会	市妇联
宜兴市科学技术协会	市科协
宜兴市归国华侨联合会	市侨联
宜兴市文学艺术界联合会	市文联
宜兴市残疾人联合会	市残联
宜兴市工商业联合会	市工商联
宜兴市发展和改革委员会	市发改委
宜兴市经济和信息化委员会	市经信委
宜兴市安全生产监督管理局	市安监局
宜兴市科学技术局	市科技局
宜兴市人力资源和社会保障局	市人社局
宜兴市机构编制委员会办公室	市编办
宜兴市国土资源局	市国土局
宜兴市交通运输局	市交通运输局
宜兴市水利农机局	市水利农机局
宜兴市文化广电新闻出版局	市文广新局
宜兴市人口和计划生育委员会	市人口计生委
宜兴市旅游园林管理局	市旅游局
宜兴市人民政府法制办公室	市法制办
宜兴市城市管理局	市城管局
宜兴市公用事业管理局	市公用事业局
宜兴市住房保障和房产管理局	市住房局
宜兴市人民防空办公室	市人防办
宜兴市口岸办公室	市口岸办

续表101

宜兴市商贸资产管理公司	市商贸公司
无锡市宜兴质量技术监督局	宜兴质监局
宜兴市烟草专卖局	市烟草局
华东宜兴抽水蓄能有限公司	宜蓄公司
中国电信股份有限公司宜兴分公司	宜兴电信公司
中国移动通信集团江苏有限公司宜兴分公司	宜兴移动公司
中国联合网络通信有限公司宜兴市分公司	宜兴联通公司
宜兴市盐务管理局	市盐务局
宜兴出入境检验检疫局	宜兴检验检疫局
中国宜兴环保科技工业园	环科园
宜兴经济技术开发区	开发区
无锡工艺职业技术学院	无锡工艺学院
宜兴市关心下一代工作委员会	市关工委
宜兴市生态文明研究与促进会	市生态文明研促会
宜兴市老区开发促进会	市老促会
宜兴市人民政府金融工作办公室	市金融办
中国银行业监督管理委员会无锡监管分局宜兴办事处	宜兴银监办
中国人民银行宜兴市支行	人行宜兴市支行
中信银行股份有限公司宜兴支行	中信银行宜兴支行
中国工商银行股份有限公司宜兴支行	工行宜兴支行
中国农业银行股份有限公司宜兴市支行	农行宜兴市支行
中国银行股份有限公司宜兴支行	中行宜兴支行
中国建设银行股份有限公司宜兴支行	建行宜兴支行
中国农业发展银行宜兴市支行	农发行宜兴市支行
交通银行股份有限公司宜兴支行	交行宜兴支行
招商银行股份有限公司宜兴支行	招商银行宜兴支行
上海浦东发展银行股份有限公司宜兴支行	浦发银行宜兴支行
兴业银行股份有限公司宜兴支行	兴业银行宜兴支行
江苏宜兴农村商业银行	宜兴农商行
中国人民财产保险股份有限公司宜兴支公司	中国人保宜兴支公司
中国人寿保险股份有限公司宜兴支公司	中国人寿宜兴支公司
中国太平洋财产保险股份有限公司宜兴支公司	太平洋财险宜兴支公司
中国太平洋人寿保险股份有限公司宜兴支公司	太平洋寿险宜兴支公司

2015年年鉴工作先进

【先进集体】

市委办公室秘书科　　市政府办公室综合科　　农林局办公室　　建设局办公室

商务局办公室	经信委办公室	教育局办公室	丁蜀镇党政办公室

【先进个人】

一等奖

李方舟　周　健　吴　笛　韩　进　周　静　谈婷婷　袁　颖　孙　夏

二等奖

杨秋石　金　晶　蒋　璐　蒋　励　杨芝琴　钱丽莎　林志军　杨　澜
季光明　蒋　宵　徐鹏程

三等奖

徐　增　蒋竹蔚　高雨陶　钱西濛　张　琦　唐振宇　郭晓唐　吕瑞芳
丛　煜　姜静晶　梅　玲　陆　诣

【优秀类目、分目、条目】

名　称	类别	作　者	责任编辑	页码
陶艺	类目	王明康	黄文婷	57
科技	类目	周　静	吕　浩	178
金融业	类目	史卫东　朱建平等	陆思迪	189
生态环保	类目	吴　笛　章　鹤　林志军　杨秋石等	李逸萍	263
教育	类目	王伟平　蒋才锋	王　雅	275
政法工作	类目	徐　增　金　晶　蒋　璐等	吕　浩	309
组织工作	分目	周　健	陈惠萍	78
机构编制与管理	分目	吴　伟	叶　绿	96
宜兴市关心下一代工作委员会	分目	倪锦豪	解丽莉	120
节能环保产业	分目	窦　康	叶　绿	140
新能源与光电子产业	分目	瞿　啸	叶　绿	143
种植业	分目	章　鹤	李逸萍	164
信息化建设·技术应用	分目	陈　晨　仇春波等	陆思迪	221
国土资源管理	分目	谈婷婷	朱　敏	232
食品药品监管	分目	唐振宇	朱　敏	239
新农村建设·综述	分目	蒋竹蔚	李逸萍	247
报业	分目	王凌珏	王　雅	288
社会救济	分目	沈江桥　唐晨光	朱　敏	326
湖 㳇镇	分目	袁　颖	吴建群	376
铜材加工产业面临五大问题	条目	武原野	叶　绿	135
房地产业·概述	条目	孙　蒙　周晓东	刘全忠	212
家庭农场蓬勃发展	条目	高耐洪	朱　敏	234
质量技术监督·概述	条目	杨　澜	朱　敏	237

央视报道宜兴“反扒夫妻”浴血擒贼事迹	条目	潘　煜	吕　浩	311
预防职务犯罪检察建议书首次公开宣告	条目	金　晶	吕　浩	312
淘宝网司法拍卖平台上线运行	条目	蒋　璐	吕　浩	313
公共法律服务体系全覆盖	条目	韩　进	吕　浩	315
基金救助形式创新	条目	骆鸿舜　董云燕	朱　敏	328
官林镇·概述	条目	薛　崧	陆思迪	359

《宜兴年鉴(2015)》审稿人员名单

(按姓氏笔画为序)

马建成	王立明	王学君	王　勇	史俊棠	吕国民	任　飞	刘文君
刘文君	孙海军	李　江	杨　旻	杨南华	吴春祥	吴荣芳	吴　斌
何祖伟	何　涛	闵曲成	沈　中	沈建民	沈　健	张益强	张　毅
陈　超	范　星	杭　竹	周公集	周达祥	周光明	周泉荣	周雪强
周微平	宗占君	宗伟方	胡国君	钮颂坚	秦　强	莫克明	夏红军
徐早其	徐群芳	殷　康	郭维勤	黄国明	戚顺元	葛丽敏	蒋干达
蒋志刚	蒋国成	蒋晓良	程　伟	舒志超	谢伯军	蔡　军	戴亚芳

说　明

1.本索引采用主题分析法编制，按汉语拼音顺序排列，同音字按声调排列，声调相同按下一字的音序排列。

2.标目后数字为页码，字码a为左栏，b为中栏，c为右栏。

3.索引设有条目（表格）索引、随文插图索引两部分。

条目(表格)索引

A

B

C

D

E

F

G

H

I

J

K

L

M

N

P

Q

R

S

T

Y

Z

图片索引

N

P

Q

R

S

T

W

X

Y

Z